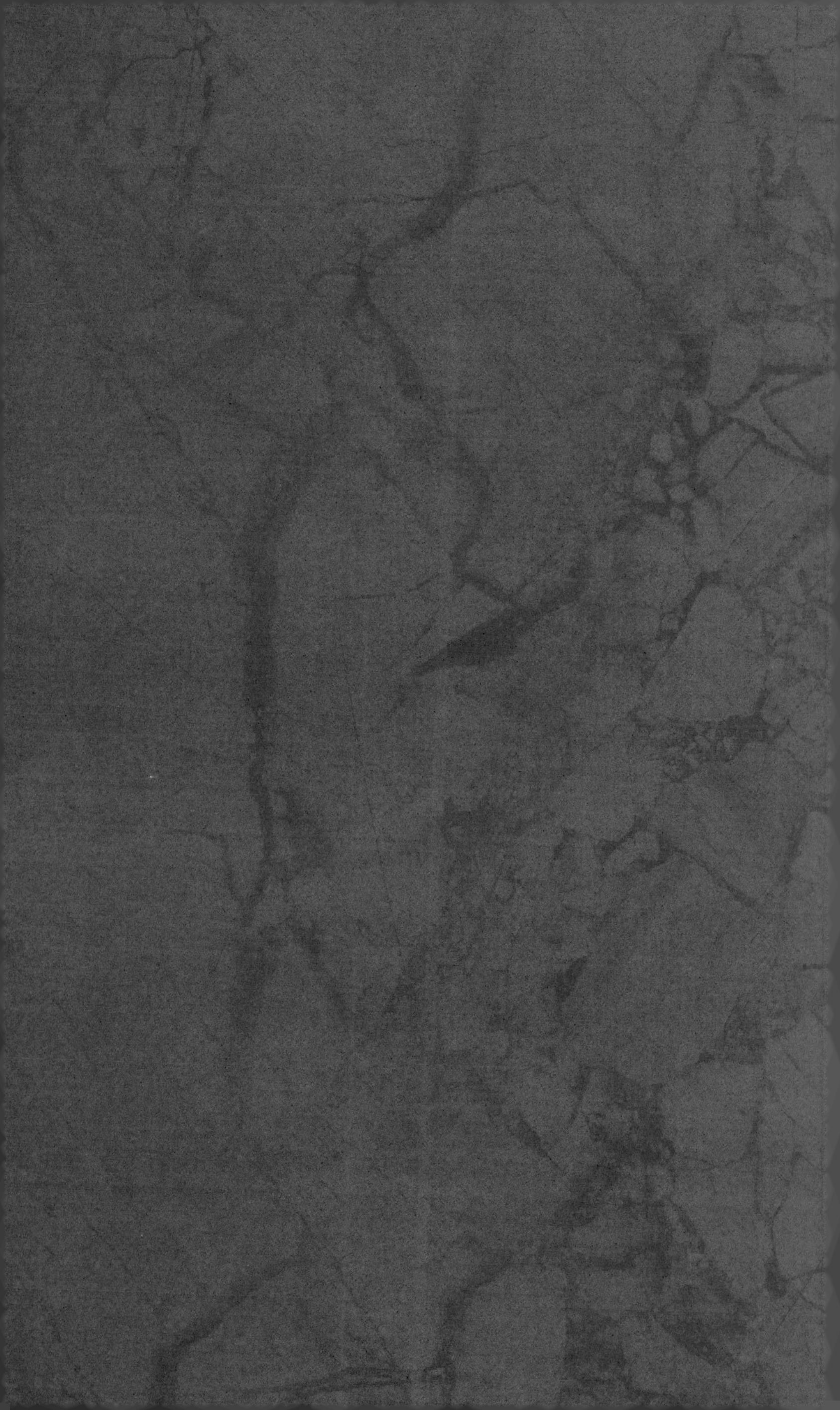

2

Medieval Philosophy

FREDERICK COPLESTON

科普勒斯顿哲学史

2

中世纪哲学

[英]弗雷德里克·科普勒斯顿 著　江璐 译

九州出版社
JIUZHOUPRESS

出版说明

每一个时代的哲学家、思想家都无法跳出自己的时代。正如尼采所言，我们永远都只能从特定的视角出发思考事物与世界。因而，哲学史家弗雷德里克·科普勒斯顿亦是从他的时代出发向我们讲授哲学的脉络。但也正是因为不可避免地置身于有限性和处境性之中，人类才追问关于意义的问题。关于本书具体观点可能具有的个人局限性和历史局限性，请读者明鉴。

本书为中山大学青年教师重点培养项目“走出中世纪——奥卡姆与他的同代人”（编号：18wkzd15）阶段性成果，特此说明。

九州出版社

出版总序

编辑约我为《科普勒斯顿哲学史》写序言，我首先自问有无资格为这部世界著名哲学史的中译本写序。思忖再三，找出三个理由，于是欣然命笔。

第一个理由，我是较早精读《科普勒斯顿哲学史》的中国读者。1982年底，我到比利时鲁汶大学留学，从哲学本科课程开始读，《古希腊哲学》和《中世纪哲学》这两门课的教材用的就是《科普勒斯顿哲学史》的第1、2、3卷[①]，我买了Image Books出版的每卷两册的口袋书，按照老师讲解的线索，仔细阅读这6册书，重点部分读了几遍，还做了几本读书笔记。此前我也读过罗素和梯利的《西方哲学史》，与那两本书相比，这部书线索清晰、资料翔实、重点突出，将我的西方哲学史水平提升了几个层次。中世纪哲学是《科普勒斯顿哲学史》的重头戏，第2卷的篇幅比其他部分更厚重，我来鲁汶大学的初衷是攻读中世纪哲学，那卷书对我来说是宝贵资料，几年里翻阅了好几遍，基本上掌握了中世纪哲学的发展线索和重点。在鲁汶硕士阶段读的都是经典，我也经常参考《科普勒斯顿哲学史》的相关部分。我的硕士论文写的是康德，《科普勒斯顿哲学史》第6卷的康德哲学写得也很精彩，使我获益良多。我把这套9卷本的丛书带回国内，讲授西方哲学史这门课时经常参考。

第二个理由，我写过《柯普斯顿传》[②]，为此与科普勒斯顿有过通信。中国社科院哲学所傅乐安先生在鲁汶大学进修期间，看到我经常阅读《科普勒斯顿哲学史》，我们回国之后，他主编《当代西方著名哲学家

---

① 《科普勒斯顿哲学史》初版为9卷本，再版为11卷本，赵敦华先生在本序中所提及的《科普勒斯顿哲学史》相关卷数信息对应9卷本相关信息。——编者注

② 《柯普斯顿传》为《当代西方著名哲学家评传：第六卷宗教哲学》（傅乐安编，山东人民出版社，1996年版）中的篇目，此处“柯普斯顿”即指本书作者科普勒斯顿。——编者注

114 MOUNT STREET LONDON W1Y 6AH TELEPHONE 01 - 493 7811

22 December, 1988

Dear Dr. Zhao Dunhua,

Thank you for your letter of the 9th December. I feel honoured that you have undertaken to write an introduction to 'my thought'. And I wish you all success.

As you request, I have written some autobiographical notes, which I enclose. They do not amount to much more than what is stated in such public reference books as the British Who's Who; but if you desire further factual information, I will try to supply it.

In your letter you ask for a photograph of myself. I enclose two.

In regard to books, you will see from the enclosed bibliography that I have published a good many books in addition to my History of Philosophy. I am asking my ordinary publisher to send you two or three of them. If they do not arrive within a reasonable time, please let me know. (I will pay for them, of course. If you find by any chance that the publishers enclose an invoice with the books, take no notice of it---or, better, send it to me.)

As to 'my thought'--for what it may be worth-- I could, if you wished, let you have some recollections of the development of my ideas about philosophy. But this depends on whether you thought that you would find such recollections of any use for your purpose.

With every good wish for a happy and prosperous New Year,

Yours sincerely,

Frederick C. Copleston

Frederick C. Copleston.

本图为科普勒斯顿给赵敦华老师的信件的扫描图

评传·宗教哲学》卷时，约我写《柯普斯顿传》。我对传主的生平和著述目录不熟悉，于是冒昧地给科普勒斯顿写信询问。科普勒斯顿立即给我写了回信，并附上照片和亲笔写的简历，以及 20 页的著述和二手文献目录。我把他的照片和自传的翻译写在传记里，兹不赘述。

科普勒斯顿（Frederick Charles Copleston，1907. 4. 10 —1994. 2. 3）不仅是足迹遍布西方世界的精力充沛的教师，而且是多产的作者。自 1934 到 1986 年，他发表了 150 篇论文和 250 多篇书评。他的著作除了 9 卷本的《哲学史》外，还包括《托马斯·阿奎那》《尼采——文化哲学家》《叔本华——悲观主义的哲学家》《中世纪哲学》《当代哲学》等，这些著作是对《哲学史》相关章节的补充和发挥。他写的《哲学和哲学家》《论哲学史》等专著论述了哲学史的方法论。20 世纪 80 年代之后，科普勒斯顿致力于东西方哲学比较研究，写了《哲学和文化》《宗教和哲学》《宗教和一元》等著作，提出了“一元形而上学”的思想。他还专门研究了俄国哲学，写了《哲学在俄国》《俄国的宗教哲学》。1987 年，为了庆祝科普勒斯顿的 80 岁寿辰，哲学界出版了论文集，评价了科普勒斯顿两方面重要贡献。一是对英语国家哲学史著述的卓越贡献。德语国家和法语国家早在半个多世纪之前，就有了宇伯威格（Friedrich Überweg）的《哲学史大纲》和布雷希耶（Émile Bréhier）的《哲学史》等权威著作，但长期以来，英语国家没有一部与之相当的权威著作。科普勒斯顿的《哲学史》填补了这一空缺。现在，在英语国家大学里，这部著作普遍被用作教材和参考书。第二方面的贡献是，科普勒斯顿用永恒哲学（Philosophia perennis）的传统融汇各种哲学资源。他是一个托马斯主义者，但坚持认为托马斯主义属于永恒哲学，托马斯主义产生之后，可在任何方向和时期继续发展。这意味着，中世纪之后，永恒哲学贯穿在近现代哲学之中。站在永恒哲学的立场，科普勒斯顿对历史和现当代各种哲学派别和理论做出积极评价，突出了托马斯主义与西方哲学其他流派综合调和的特征。他的哲学史方法论可以说是史论结合、以论带史的典范。

最后，《科普勒斯顿哲学史》在 20 世纪 90 年代已被介绍到我国，成为西方哲学史教学和研究的重要参考书。这部书的中译本问世，将在中国社会，尤其是哲学界产生更广泛的影响。本书各卷译者均为哲学学界优秀学者，其中第 5、8 卷的译者周晓亮研究员是我相识多年的学友，他对英国哲学有精深的研究，令我十分钦佩。同时，他还是一位翻译家，所译《人类理智研究》《道德原理研究》和《剑桥哲学史（1870—1945）》（两册）是我经常使用的案头书。其余各卷译者，梁中和、江璐等学者也各有所长，我相信由他们来翻译《科普勒斯顿哲学史》中译本，定能为这部世界哲学名著增光添彩。

是为序。

赵敦华
2020 年春节于北京大学外国哲学研究所

目　录

第二部分　加洛林复兴

第三部分　10 世纪、11 世纪和 12 世纪

第四部分 伊斯兰和犹太哲学：翻译

第五部分 13 世纪

第一章

引　言

1. 原先我是希望在我的这部哲学史第 2 卷中阐述整个中世纪时期的哲 1
学发展的，我所理解的中世纪哲学是在 8 世纪最后阶段的加洛林复兴（第一个出色的中世纪哲学家——约翰·司各脱·爱留根纳大约出生于公元 810 年）与 14 世纪末之间发展出的哲学思想及哲学体系。然而，我重新考虑了一下，认为用两部书的篇幅来叙述中世纪哲学更为合理。由于第 1 卷[①]结束于对新柏拉图主义的描述，而不包含对早期基督教作家那里出现的哲学观念的论述，我认为应当在当前这卷书中对这些观念加以讨论。诚然，在最宽泛的意义上，例如尼撒的圣格列高利和圣奥古斯丁那样属于罗马帝国时期的人在哲学上是属于柏拉图主义的，且不能被称作中世纪的；但他们仍确实是基督教思想家，而且对中世纪有着巨大的影响。若丝毫不了解圣奥古斯丁，我们就很难理解安瑟伦或波纳文图拉，而如不了解尼撒的圣格列高利和伪狄奥尼修斯的一些思想，我们也就不能理解约翰·司各脱·爱留根纳的思想。如此，我们也无须由于在中世纪哲学史的开头考虑那些在年代上属于罗马帝国时期的思想家而感到抱歉。

本书将从早期基督教时期开始，到 13 世纪末为止，囊括了包括邓斯·司各脱（约 1265—1308 年）在内的中世纪哲学。在第 3 卷中，我计
划讨论 14 世纪的哲学，尤其要强调奥卡姆主义。在那一卷中，我也将加 2
入对文艺复兴、15 世纪和 16 世纪哲学以及经院哲学思想之“白银时代”的讨论，虽然弗兰西斯·苏亚雷斯（Francis Suarez）直到 1617 年（即笛

---

① 《希腊和罗马哲学》，伦敦，1946 年版。（脚注若无特别说明，均为原书所附的作者注。下同。——编者注）

卡尔出生 21 年后）才去世。这个安排或许显得有些随意，在某种程度上也的确如此。但是，是否有可能在中世纪哲学与近代哲学之间划出一条严格的分界线，这是很难说的。此外，把笛卡尔和晚期经院学者放在一起固然有悖传统，却也有其道理。然而，我不打算采取这个路数，如果我在下一卷（即第 3 卷）写到了那些显得该属于“近代”的哲学家，我的理由主要是便于准备好在第 4 卷中能以系统性的方式，展开讨论从英国的弗兰西斯·培根和法国的笛卡尔起，直到包括康德在内的主要哲学系统之间的相互关联。然而，无论采取哪种区分方式，我们都要注意，用来划分哲学思想史的框架并不是天衣无缝的，过渡是渐进的，而不是突变的，其中有重叠和相互关联，后继的系统也不是被斧头从另一个系统上砍下来的。

2. 中世纪哲学在一段时间里曾被视为不值得认真研习的。在这一时期，人们想当然地以为中世纪的哲学是如此附庸于神学，以至于它实际上无法和神学相区分。当它们可被区分时，区别也不过是无意义的逻辑切割和文字游戏罢了。换句话说，人们想当然地以为欧洲哲学有两个主要阶段，即古代阶段（指的就是柏拉图和亚里士多德的哲学）和近代阶段。在中世纪，教会权威是最高统治者，人类理性却被沉重的脚镣束缚着，被局限在无用的充满空想的神学研习中，直到一位像笛卡尔这样的思想家终于冲破了枷锁，还理性以自由。在这样一个黑夜之后的近代阶段，思辨理性再次开始享受自由。在古代阶段和近代阶段，哲学可以被视为一个自由人，然而在中世纪它只是一个奴隶。

中世纪哲学自然遭受了一般意义上的中世纪通常受到的轻视，除此
3 之外，像弗兰西斯·培根和勒内·笛卡尔这样的人所使用的经院哲学式的语言无疑对人们如此看待中世纪思想家负有部分责任。就像亚里士多德主义者倾向于根据亚里士多德的批判来评价柏拉图主义一样，对显然由培根和笛卡尔所开创的这种运动持欣赏态度的那些人，也倾向于通过二者的眼睛去看待中世纪哲学。但他们没有意识到，弗兰西斯·培根反对经院学者所说的那些话（比如），并不能合理地应用在伟大的中世纪思想家身上，就算那些话或许可以应用在“堕落的”崇拜字母而忽视精神的晚期经院哲学家身上。如果从一开始就以这种眼光来看待中世纪哲学，我们或许根本

无法期待历史学家们会寻求对它的更贴近且直接的认识：他们没有见到和听到它，就谴责它了，他们对中世纪思想的丰富多样及深度一无所知——对他们来说，中世纪哲学同出一辙，是一场枯燥的文字游戏以及对神学家的盲从。更有甚者，他们的批判精神并不充分，他们没有认识到，如果说中世纪哲学家受到了外来要素（即神学）的影响的话，那么，近代哲学家同样受到了外来要素（虽说是神学之外的要素）的影响。对大部分这样的历史学家来说，如果有人对他们说，（比如）邓斯·司各脱应该被视为一个伟大的英国哲学家，至少应该与约翰·洛克一样伟大，这在他们看来是荒唐的；而在他们对大卫·休谟之敏锐表达赞扬时，他们却没意识到，中世纪晚期的某些思想家已经预见到了休谟之批判的很大一部分内容，而人们通常将这一批判视作这个著名的苏格兰人对哲学的独特贡献。

举例来说，我要援引格奥尔格·威廉·弗里德里希·黑格尔这位伟大的哲学家对中世纪哲学和哲学家们的论述。这是一个有趣的例子，因为黑格尔关于哲学史的辩证观显然要求将中世纪哲学描述为对哲学思想的发展有着必不可少的贡献，而黑格尔本人并不是中世纪哲学的粗俗反对者。黑格尔的确承认中世纪哲学执行了一项有用的功能，即用哲学术语来表达基督教的“绝对内容”，但他坚持认为这只是对信仰内容的形式化复述，其中，上帝被呈现为“外在”的。而且，如果我们还记得，对黑格尔来说 4
信仰是宗教意识的模态，且明确地低于哲学或思辨的立场，即纯粹理性的立场，那么他眼中的中世纪哲学显然只可能是名义上的哲学。相应地，他声称经院哲学实际上就是神学。就此，黑格尔不是指上帝并不同时是哲学和神学的对象：他指的是中世纪哲学探讨的对象即为真正哲学意义上的对象，可它却按照神学的范畴来讨论这些对象，而不是用哲学之系统性、科学性、理性和必然性的范畴和关联来取代神学的外在关联（比如世界与上帝的关系被视为外在效应与自由造物起因之间的关系）。所以，中世纪哲学在内容上是哲学，在形式上却是神学。而且，在黑格尔眼里，中世纪哲学的历史是单调的，人们徒劳地想要从中识别思想现实的进程及发展的不同阶段。

黑格尔关于中世纪哲学的看法受制于他自己特别的系统，也受制于他关于宗教和哲学、信仰和理性、直接和间接之关系的看法，在本书中我无法讨论这一点；但我希望指出，黑格尔对中世纪哲学的阐述是如何伴随着一种非常确实的对其历史发展的无知的。无疑，一位黑格尔主义者可能对中世纪哲学的发展有着真实的认识，然而恰恰因为他是一位黑格尔主义者，他会采取黑格尔对此的大体态度而来对待中世纪哲学；但是，即便承认并非黑格尔本人编辑和出版了他关于哲学史的讲稿，他也无疑并不拥有关于这一问题的真正的知识。比如，如果一位作者把罗杰·培根置于“神秘主义者”的类目之下，并且简单地认为“罗杰·培根特别讨论了物理学，却没有留下什么影响；他发明了火药、镜子、望远镜，于 1297 年去世”，我们怎么能认为他对中世纪哲学有着真切的认识呢？事实上，涉及有关中世纪哲学的信息的时候，黑格尔依赖腾纳曼（Tennemann）和布鲁克（Brucker）这样的作家，而关于中世纪哲学最早的有价值的研究在 19 世纪中期之前是没有的。

5 当然，在举黑格尔的例子时，我并不想责怪这位哲学家：我更多地是想突显我们对中世纪哲学的认识经由 1880 年起的现代学者的工作发生了巨大的转变。虽然我们很容易理解和原谅像黑格尔这样的人无意做出的错误表述，但在博伊姆克（Baeumker）、埃尔勒（Ehrle）、M. 格拉布曼（M. Grabmann）、德·沃尔夫（De Wulf）、佩尔斯特（Pelster）、盖尔（Geyer）、芒多内（Mandonnet）、佩尔策（Pelzer）等学者所做的工作出现后，现在我们对类似的误述很少会有耐心了。在文本出版以及对已出版的著作进行批判性编辑之后，在考拉奇[1]方济各会修士们出版了杰出的著作之后，在众多的“贡献丛书”[2]得以出版之后，在像莫里斯·德·沃尔夫所撰写的那样的历史学作品问世之后，在吉尔松（Gilson）所做的清晰的研究之后，在美国中世纪学院的耐心工作之后，我们就不可能再以为中世纪的哲学家都“同出一辙”，或认为中世纪哲学欠缺丰富性和多样性，又或者以为中世纪思想家统统都是在思想史上地位卑微、成就贫乏的人。

---

① Quaracchi，意大利地名，在佛罗伦萨附近。——译者注

② *Beiträge series*，由德国 Aschendorff 出版社推出的中世纪哲学和神学研究专著系列。——译者注

而且，像吉尔松那样的作者也帮助我们认识到了中世纪哲学和近代哲学之间的连续性。吉尔松指出了笛卡尔主义是如何比人们原先所以为的更依赖中世纪思想的。在文本编辑和阐释这条路上，我们仍有很多事要做（只需提到奥卡姆的威廉的《四部语录注疏》就可见一斑），但现在已经有可能用一种综合性的眼光来理解中世纪哲学各种思潮和发展、形式和结构、亮点和低谷了。

3. 然而，即使中世纪哲学实际上比人们有时所以为的要更加丰富多样，可它与神学之间的关系是如此密切，以至于这两者实际上不可区分。难道这不是真的吗？比如，难道大多数中世纪哲学家不都是司铎和神学家吗？难道他们不都是以神学家甚至护教者的精神来研习哲学的吗？

首先必须指出，神学和哲学之间的关系本身就是中世纪思想的一个重要主题，而且不同的思想家对这个问题有着不同的态度。中世纪早期的人们一开始努力地在人类理性的范围内尽可能地去理解启示给予的内容， 6
根据“我信仰，为的是理解”（“Credo, ut intelligam”）这个准则，将理性的辩证法应用在信仰的奥秘上来理解它们。这样，他们就奠定了经院神学的基础，因为把理性应用在神学内容（也就是启示内容意义上的神学内容）上，这是且仍然是神学：它并没有变成哲学。有的思想家的确在试图通过利用理性来洞悉奥秘的热情中走到了极致，乍看之下，他们是理性主义者，或许我们可以称其为黑格尔之前的黑格尔主义者。然而，将这类人视为近代意义上的“理性主义者”实际上是一种时代倒错，因为，就比如说安瑟伦或圣维克托的理查吧，当他们试图以“必然的根据”来证明圣三之奥迹时，他们没有任何默许削弱信理或损坏神圣启示之完整性的意图（我会在本书中再回到这个话题上来）。此时，他们当然是作为神学家来思想行动的，他们确实没有在哲学和神学之间划出一条非常清楚的界线，但他们也的确思索了哲学论题并展开了哲学论证。比如，就算安瑟伦首先是作为经院神学奠基人之一而具有重要地位的，那他也对经院哲学的发展做出了贡献，比如通过对上帝存在的理性证明〔而做出了贡献〕。不加解释就把阿伯拉尔称为哲学家，把安瑟伦称为神学家，这是不恰当的。不管怎样，在13世纪，我们找到了托马斯·阿奎那在神学和哲学之间做出的清楚区分，神学把启示的内容作为前提，而哲学（当然这也包括我们所说的“自然神论”）是明确独立于启示的人类理性的工作。确实，在同一世纪，波纳文图拉自觉且坚定地倡导那些或许可被称为完整主义[①]和奥古斯丁主义的观点；但是，就算这位方济各会的教会博士或许相信因为其本身的不完备，他对上帝的纯粹哲学的知识是不尽如人意的，那他也充分意识到，是存在着只需理性就可以确知的哲学真理的。他和托马斯之间的区别是这样被陈述的[②]：托马斯认为，**在原则上**有可能设想出一个让人满意的哲学系统，这一系统在例如有关上帝的知识这方面会是不完整的，却不是错误
7 的。波纳文图拉却认为，这种不完备性或者说不恰当性本身就具有可证伪的特性了，而这样一来，虽然一种真正的自然哲学在没有信仰之光的情况下是有可能的，但一种真正的形而上学在这个情况下则是不可能的。波纳文图拉认为，如果说，一位哲学家使用理性证明并支持了上帝的统一性，此时却不知道上帝是三个同一本性的位格的话，那么，他赋予上帝的统一性就不是神圣的统一性。

其次，托马斯在给予哲学以“宪章”的时候，完全是认真的。从一个肤浅的观察者的角度看，托马斯在断言信理神学和哲学之间有清晰的区分时，他似乎仅仅是在主张一种形式上的区分，此区分对他的思想没有任何影响，他在实践中也不重视这一区分。但这种看法与事实相去甚远，我们可以由一个例子看出这一点。托马斯相信启示教导的是处在时间之中的造物界，即非永恒的世界；但他也很坚决地宣称并论述说，哲学家本身既不能证明世界是从永恒之中被创造的，也不能证明它是在时间中被创造的，虽然哲学家能够指明世界是依赖于作为造物主的上帝的。在他所坚持的这个观点上，他就与（比如）波纳文图拉持不同意见。而他坚持上述观点这一事实也清楚地表明，他在实践中也认真地接受了他对哲学和信理神学之间所做的理论界定。

再次，即使说中世纪哲学实际上不过是神学，我们也得期望发现接

① 完整主义（integralism），天主教会的一个流派，即法国和意大利的致力于维护传统神学的结构、以保持现状为目的的新托马斯学派。——译者注

② 这个简明的陈述虽然有吉尔松的支持，但仍需要一定的修订。参见第245—249页。

受同一种信仰的思想家们也会接受同一种哲学，或者他们之间的区别仅仅局限在他们是如何把辩证法应用于启示内容的。事实却根本就不是这回事。波纳文图拉、托马斯·阿奎那、邓斯·司各脱、罗马的吉尔斯，以及我们可以非常确定地加上奥卡姆的威廉（William of Ockham），他们都接受同一种信仰，然而他们的哲学思想却完全不是在一切方面都相同的。他们的哲学是否同等地与神学诠释相兼容当然是另外一个问题（奥卡姆的威廉的哲学不能被看成与这些诠释完全兼容的）；但这个问题对我们现在要讨论的问题而言无关紧要，因为，无论这些哲学思想与正统神学相符合与否，它们是存在的，而且是不一样的。历史学家可以在中世纪哲学中找到 8
发展和区分的方法，而如果他能够做到这一点，很明显，〔前提就是〕必须有中世纪哲学这么个东西：没有其存在，也就不会有其历史。

我们将在这部作品中陆续考察有关哲学和神学之区分的不同观点，目前我就不就此多说了。但我们最好从一开始就承认，由于有基督教信仰的共同背景，将自身呈现在中世纪思想家面前以求解释的那个世界，也多少是有些共同点的。一位思想家无论坚持或否认哲学和神学之间有着一个清楚的区分，在任何一种情况下，他都把这个世界视为了基督教世界，而且也几乎不可能不这么做。在他的哲学论述中，他或许会对基督教启示不加考虑，然而，在他的思想背后，基督教的态度和信仰多少都会存在。不过这并不意味着他的哲学论述就不是哲学论述，或者说他的理性证明就不是理性证明了：对于每一个论述或证明，我们都必须以其本身的优缺点来评判，而不因为其作者是个基督徒就把它们打发为隐藏的神学。

4. 刚才我论证了确实有中世纪哲学这么个东西，或者即使大部分中世纪哲学家都是基督徒，他们也大多都是神学家，但无论如何是有可能有这么一个东西的。最后，我要讲讲本卷书（以及接下来的那一卷）的目的以及它对待其主题的方式。

我绝不企图阐述所有已知的中世纪哲学家的一切已知观点。换言之，我的哲学史的第 2 卷和第 3 卷并不打算成为中世纪哲学的百科全书。另一方面，我也不想对中世纪哲学仅做一个简述或给出一系列的印象。我致力于为中世纪哲学的发展和它所经历的各个阶段给出易懂而连贯的阐述，同时省略掉许多名字，挑选出那些因其思想内容而具有特别的重要性和意义，或代表并彰显了某种特别的哲学或发展阶段的哲学家以供考察。对某
9 些这样的思想家，我用了很大的篇幅来详细讨论他们的观点。这或许会使联系和发展的一般方式变得模糊；但就像我已经说过的那样，我的意图并非仅仅对中世纪哲学做一个简述；此外，或许只有对具有主导地位的哲学系统进行比较详细的讨论，我们才能展现中世纪思想的丰富多样性。把联系和发展的方式清晰地展现出来，同时对所选择的哲学家的思想展开较为详细的讨论，当然不是一件易事。此外，认为我选择哪些内容、忽略哪些内容，或我对篇幅的分配比例是每个人都可以接受的，这当然是愚蠢的：因为森林而忘记了树木，或为了树木而无视森林，这都是容易发生的；同时清楚地兼顾两者，却并不是件容易的事。然而，我认为这是一个值得尝试的任务，我也毫不犹豫地详细讨论了波纳文图拉、托马斯、邓斯·司各脱和奥卡姆的哲学。我尝试通过梳理从中世纪哲学早期的争论开始，经过它灿烂的成熟期，直到它最终的衰落，来解释它的普遍发展。

如果有人说到“衰落”，我们可以反驳说，他是作为哲学家而非历史学家这么说的。这是对的，但如果一个人想在中世纪哲学中发现一种理性的形式，他就必须要有选择的准则，那么在此程度上，他也必须是个哲学家。“衰落”这个词的确具有价值色彩和取向，所以谁使用这么一个词，也就显得他越境到了历史学家的合法领域中去了。在某种意义上，或许的确如此；但是，哲学史学者到底是什么，又或者他仅仅是这个概念之最狭隘意义上的一个历史学者吗？没有一个黑格尔主义者、马克思主义者、实证主义者以及康德主义者在写历史的时候是缺乏哲学视角的，那难道只有托马斯主义者才会因为做了真正必要的事而受到指责吗，除非哲学史因其仅仅是一连串的观点而不可理解？

用“衰落”这个词，我指的也就是字面上的衰落，因为坦白地说，我认为中世纪哲学有三个主要阶段。首先是预备阶段，这一阶段持续到 12 世纪，并包括这一世纪；然后出现的是建构性的综合阶段，即 13 世纪；最后，在 14 世纪，是解构性的批判、削弱和衰落。然而，从另一个角度出发，我毫不犹豫地承认最后一个阶段是一个不可避免的阶段，因为

从长期来看，这是有益的，因为它促使经院哲学家们发展他们的真理，并在批判面前更加坚定地树立他们的原理；它还促使他们去使用后来的哲学 10
所能提供的所有具有积极价值的东西。从一个观点出发来看，古希腊哲学的智者阶段（此处或多或少是在柏拉图的意义上来使用“智者”一词的）构成了一种退步，因为它的特征之一是建设性的思维之疲弱；但是，它确实也是希腊哲学的一个不可避免的阶段，而且，长远来看，人们可以认为它产生了有着积极价值的结果。至少没有一个珍视柏拉图和亚里士多德思想的人会认为智者们的活动和批判对哲学来说应该被视为一场无法缓解的灾难。

所以，本卷和下一卷的大致计划是呈现中世纪哲学的主要阶段和发展线索。我首先简要地讨论了教父阶段，接着提到了那些对中世纪有着实际影响的基督教思想家——波爱修、伪狄奥尼修斯，以及最重要的希波的圣奥古斯丁。在本书这一差不多充当引言的部分之后，我将讨论中世纪思想本身的准备阶段：加洛林复兴，经院学校的建立，关于普遍概念的争论以及不断增长的对辩证法的应用，11 世纪安瑟伦的建设性作品，12 世纪的经院学校——特别是沙特尔和圣维克托的学校。然后必须要简述的是阿拉伯和犹太哲学，但不是为了它们本身。因为我要讨论的首先是中世纪基督教世界的哲学，而阿拉伯人和犹太人是西方基督教世界全面认识亚里士多德系统的重要渠道。第二个阶段是 13 世纪的伟大综合，特别是波纳文图拉、托马斯·阿奎那和邓斯·司各脱的哲学。接下来的那个阶段，即 14 世纪，包括了新的方向和广义上的奥卡姆学派做出的摧毁性的批评。最后，我讨论了从中世纪哲学到近代哲学这一过渡阶段的思想。到时候，我就可以准备好在这部哲学史的第 4 卷中开始讨论什么是我们一般所谓的“近代哲学”了。

最后需要提到两点。首先，我并不认为用自己的观点和最近或当代哲学家的观点来替代以前哲学家的观点是哲学史学者应该做的事，好像 11
涉及的那些思想家并不知道自己要说的是什么一样。当柏拉图提出回忆说的时候，他并不是在申明新康德主义，另外，虽然圣奥古斯丁在笛卡尔之前就有与他相似的想法，而说到“如果我犯错，我即存在”（“Si fallor,

sum”)，然而试着把他的哲学强行塞入笛卡尔的模子中会是一个大错误。另一方面，近代哲学家提到的一些问题也已经在中世纪就被提出了——即使是在不同的历史和语境之下，关注的问题和回答的相似之处也是合理的。其次，质疑某个中世纪哲学家能否在自己的系统之外回应一位后来的哲学家所提出的这个或那个难点，并不是不合理的。所以，虽然我努力避免过多地提到近代哲学，但在某些情况下，我还是允许自己将中世纪哲学与后来的哲学加以比较，并讨论中世纪哲学系统是否有可能回应近代思想学者所遇见的困难。不过，我在这种比较和讨论中，非常严格地自我克制，这不仅仅是出于篇幅的考虑，而且也是为了尊重历史传统。

我要提到的第二点是：有人要求哲学史学者关注他所讨论的时期之社会和政治背景，并且阐明社会和政治因素对哲学发展和思想造成的影响——这在很大程度上要归因于马克思主义的影响。但即便不考虑到为了我们的哲学史有一个合理的方向这一事实，我们也必须集中于哲学本身而不是社会和政治事件和发展。认为一切哲学或任何特定的哲学的所有部分都同样受到了社会和政治**环境**（milieu）的影响仍是荒唐的。为了理解一位哲学家的政治思想，显然应该具有一些关于当时政治背景的知识，但要讨论托马斯关于本质和存在之关系的学说或司各脱关于存在概念之单义特性的理论，我们根本没有必要引入有关政治经济背景的内容。另外，哲学也受到了政治和经济之外的其他要素的影响。柏拉图受到了古希腊数学发展的影响；中世纪哲学虽然与神学不同，但确实受到其影响；对物理发展的考虑与笛卡尔关于物质世界的观点相关；生物学不是没有对柏格森产
12 生影响；等等。所以我认为，仅仅讨论经济和政治发展，是一个巨大的错误。而且，最终以经济史来解释其他科学的发展，这本身就隐含了马克思主义关于哲学理论的真理。篇幅本身不允许我过多地讲述中世纪哲学的政治、社会和经济背景，在此之外，我也有意无视那个无理的要求，即学者们要根据经济状况来解释“意识形态的上层建筑”。本卷书是关于中世纪哲学一个特定阶段的历史：它不是政治史，也不是中世纪经济史。

第一部分

中世纪前的影响

第二章
教父阶段

基督教和希腊哲学——希腊护教者（阿里斯提得斯、殉教者游斯丁、他提安、阿萨那戈拉斯、西奥菲勒）——诺斯底主义者和反对诺斯底主义的作家（圣爱任纽、希波律陀）——使用拉丁文写作的护教者（米努修·菲利克斯、德尔图良、亚挪比乌、拉克坦提乌斯）——亚历山大里亚的教理学校（克莱门、奥力振）——希腊教父（圣巴西流、尤西比乌斯、尼撒的圣格列高利）——拉丁教父（圣安波罗修）——大马士革的圣约翰——总结

1. 基督教作为一个启示宗教来到了世界：基督把他关于救赎、拯救 13
和爱的学说（而不是一个抽象的理论系统）给予了世界，把他的使徒遣出去，让他们传道，而不是去占据教席。基督教是“道路”，是要在实践中履行的通往上帝的道路，而不是古代世界的系统和学派之外的又一个哲学系统。使徒和他们的后继者们致力于使世界皈依，而不是要创建一种哲学系统。另外，就在他们的传道针对犹太人的时候，他们所面对的更多的是神学而非哲学的驳斥，而就非犹太人来说，除了圣保罗在雅典的著名讲道之外，我们没有获知他们是否面对了学院意义上的希腊哲学，或他们是否对后者有所接近。

然而，基督教迅速扎根并成长。此时，它不仅在犹太人和政治权威那里，还在异教徒的哲学家和作家那里引起了怀疑和敌意。一些针对基督教的攻击单纯源于无知、多心的猜疑，以及对未知事物的恐惧和扭曲

的、错误的阐释。然而，还有一些攻击是在理论层面上、在哲学基础上进行的，我们必须面对这样的攻击。这也就意味着要使用神学以及哲学的论述。在早期基督教护教者和教父那里有着哲学的要素；但要在那里找到一
14 个哲学系统，简直就是在做无用功，因为这些作者的兴趣首先在于神学，在于为信仰辩护。然而，在基督教更扎实地奠定下来、更加广为人知时，基督教学者就有可能发展思想和学说了，哲学要素也就逐渐得到了更多重视，特别是在要回应异教的职业哲学家的攻击的时候。

护教学在基督教哲学发展中的影响显然首先发端于基督教之外的一个原因，也就是充满敌意的攻击。但是，这个发展还有一个内在的、与外来攻击无关的原因。知识阶层的基督徒自然地感觉到一种要深入理解启示内容、在信仰之光中对世界和人类生活形成综合认识的渴望，只要他们可以做到这一点。就教父来说，后一个原因或许比前一个原因更晚以系统方式起作用，但它在奥古斯丁的思想里发展到了其影响的顶峰；而前一个原因，即想要深入理解信仰的教义（与后来的“我信仰，为的是理解”这个态度相似），是在一开始就起作用了的。一部分是出于一个单纯的要理解和欣赏的愿望，一部分是出于在异端面前对教义加以更加清晰的定义的需要，启示原本的内容就变得更加明确、“展开”了。这是在蕴含的内容被明显表述出来的意义上说的。比如，从一开始，基督教就接受了基督同时是神和人这一事实，但在历史进程中，这个事实的含义才被表述清楚并获得了神学定义的描述，比如，基督完美的人性隐含着他具有人性的意志。那么，这些定义当然是神学性质的了，而从暗含到明显表述的发展则是神学学科的一个进步；但是，在论述和定义的过程中，从哲学那里借用过来的概念和范畴得到了使用。而且基督徒们没有自己的哲学（在学术意义上所说的哲学）可以使用，他们很自然地转向当前的哲学，即从柏拉图主义发展出来的、掺入了很多其他要素的哲学。所以，作为一个粗略的概述，早期基督教作者的哲学观点在性质上可以说是柏拉图主义和新柏拉图主义的（也掺入了斯多亚主义）。从哲学上来看，柏拉图传统继续在很长时间
15 内主导着基督教思想。然而在这么说的同时，我们必须记得基督教作者们并没有对神学和哲学做清晰的区分：他们的目的更多地在于展现基督教智

慧或某种广义的“哲学”，这种哲学首先是神学的，虽然它包含了严格意义上的哲学要素。哲学史家的任务也就是区分这些哲学要素：我们不可能合理地期待他对早期基督教思想进行一个恰当的展现。原因很充分：按我们的设定，他并不是一个教义神学或圣经诠释学的历史学者。

一方面，异教徒哲学家们倾向于攻击教会和它的教义；另一方面，基督教护教者们却又倾向于从他们的对手那里借用武器，只要他们认为这些武器可以让他们达到自己的目的。由此，基督教作者们对古代哲学持不同的态度也就在预料之中了，他们有的选择把它视为基督教的敌人和竞争对手，或把它视为有用的资源和仓库，甚至是按神的旨意为基督教所做的预备。所以，在德尔图良眼中，异教徒的哲学只不过是这个世界的愚蠢表现，亚历山大里亚的克莱门却把哲学看作上帝的礼物，看作替基督来教育异教徒世界的手段，因为犹太人的教育手段曾经是律法。就像在他之前的游斯丁想过的那样，他确实认为柏拉图从摩西和先知那里（这是斐洛的观点）借用了智慧；但就像斐洛曾试图调和希腊哲学和旧约一样，克莱门也试着调和希腊哲学和基督宗教。最终，当然是克莱门而非德尔图良的态度获胜了，因为圣奥古斯丁在陈述基督教**世界观**（Weltanschauung）的时候大量使用了新柏拉图主义的观点。

2. 我们可以把早期护教者算作包含哲学要素的基督教作者中的第一组，他们特别关心在异教徒的攻击面前为基督教辩护（或者说对帝国权威展示基督教具有生存权），就像阿里斯提得斯、游斯丁、默利托、他提安、阿萨那戈拉斯和安提阿的西奥菲勒那样。在对教父哲学的简短概述中（我承认，添加这个概述仅仅是为了替本卷书的主题做准备），我们既不能提及所有的护教者，也不能全面地讨论其中的某一位：我的意图更多是要指出他们的作品中所包含的那种哲学要素。 16

（1）马尔西安·阿里斯提得斯（Marcianus Aristides）被誉为“雅典的哲学家”，他在约公元 140 年写了一部护教作品，献给了罗马皇帝安东尼·庇护（Antoninus Pius）。[①] 这部作品的很大一部分是用来攻击希腊和

① 原文摘录自《文本和研究》（*Texts and Studies*）第 I 卷所载的版本。

埃及的异教徒神灵的，对希腊人的伦理也颇有批判；但在开头之处，阿里斯提得斯声称“对世界的有序感到惊讶”，并且理解到“世界和其中的万物都是通过另一物的推动而运动的”，他还洞察到“推动者要比被推动者更有力量”，结论就是：世界的推动者就是“万物的上帝，他为人创造了一切”。这样，阿里斯提得斯以非常简略的形式给予了我们从世界中的设计和秩序，以及从运动的事实中所获取的论述，他把设计者和推动者与基督教的上帝视作同一的，接着，他又把永恒、完美、不可理喻性、智慧、善这些属性都赋予后者。由此，呈现给我们的就是一种很初级的自然神学，但这不是发自纯粹的哲学原因，而是为了替基督教辩护。

（2）在弗拉维乌斯·游斯丁（Flavius Justinus，也称“殉道者游斯丁”）的作品中，我们可以找到更明显的对哲学的态度，他于公元 100 年左右出生于那波利（那不勒斯），父母是异教徒。他于公元 164 年在罗马殉道。在与特立弗[1]的对话中，他宣称哲学是上帝给予人们最珍贵的礼物，为的是引导人找到上帝，虽说大部分人没有认识到其真实本性和统一性，但这么多哲学学派的存在就足以说明这一点。[2]而就自身而言，他先是师从一位斯多亚派学者，却觉得斯多亚学派关于上帝的学说并不让他满意。他又去找了一位漫步派学者，很快又离开了，因为他发现此人唯利是图。[3]离开这个漫步派学者后，他的热情依旧，又找到一位有声望的毕达哥拉斯派学者，但他本身缺乏关于音乐、几何和天文的知识，所以在他未来的老师眼中，他不适合做哲学。由于他也不希望在这些学问上花太多时间学习知识，所以他去找了一个柏拉图派学者，并且对非物质的理念这一学说感到相当欣喜，于是开始期待会得到关于上帝的清晰洞见，而他认为这正是柏拉图哲学的宗旨。[4]不久之后，他却结识了一位基督徒，后者向
17 他指出了异教徒哲学乃至柏拉图哲学的不足之处。[5]所以，游斯丁是一个皈依基督教的有文化的异教徒的例子。他觉得自己的皈依是一种历程，所

① Trypho，犹太拉比。游斯丁著有《与犹太人特立弗的对话》。——译者注
② 《文本和研究》，第 I 卷，2，1。
③ 同上，2，3。
④ 同上，2，4—6。
⑤ 同上，3，1，及以下。

以他就不可能对希腊哲学采取一种单纯负面和敌对的态度。

在《对话》(*Dialogue*)中，游斯丁关于柏拉图主义的话语足够清楚地表明了他对柏拉图主义哲学的尊重。他赞颂其关于非物质世界和本性之外的存在的学说，把后者看作上帝，虽然他后来确信关于上帝之确切、可靠和确定的知识（即真正的“哲学”）只有通过接受启示才能获得。在他的两卷《护教篇》(*Apologies*)中，他频繁使用柏拉图哲学的概念。当他提到上帝时，他用的说法是“工匠神”(“Demiurge”)[①]。我并不是在暗示游斯丁在使用柏拉图或新柏拉图主义的词句时，是准确地以柏拉图主义的方式来理解这些词语的：其实，使用它们，是他受过哲学训练以及他对柏拉图主义抱有好感的结果。所以，他也毫不犹豫地指出了基督教和柏拉图主义学说的相似性——比如说，在死后的奖赏和惩罚这一方面[②]。此外，他对苏格拉底的赞赏也是显而易见的。当苏格拉底借着**逻各斯**(logos)[③]之力，或将其作为工具，试图引导人们离开谬误转向真理的时候，恶毒的人却视他为不虔敬的无神论者，判他死刑；同样，跟从成为肉身的**圣言**(Logos)[④]的基督徒们唾弃假的神灵，却也被称作无神论者。[⑤]换言之，就像苏格拉底为真理服务的工作是对基督的整个工作的预备一样，对苏格拉底的审判也是基督和他的跟从者的判罪的前兆或预演。另外，人们的行动，并不像斯多亚学者想的那样，是完全被决定了的——人是按照自己的自由选择而正确或错误地行动的，罪恶的恶魔之行动使得苏格拉底以及和他一类的人被迫害，像伊壁鸠鲁那样的人却受到尊敬。[⑥]

所以，游斯丁并没有对神学和严格意义上的哲学做出清楚的区分：只有同一个智慧，同一个“哲学”；只有在基督之中并通过基督，哲学才完整地得到了揭示。对此，异教徒哲学中最好的要素，特别是柏拉图主义

---

① 《护教篇》，第Ⅰ卷，8，2。(“德慕格”，柏拉图《蒂迈欧篇》中的工匠神。——译者注)

② 同上，第Ⅰ卷，8，4。

③ 小写的“logos”，作为希腊哲学的概念，在国内一般译为“逻各斯”。然而大写的“Logos”在基督教中是“圣言”的意思。——译者注

④ 参见上一条注释。——译者注

⑤ 《护教篇》，第Ⅰ卷，5，3，及以下。

⑥ 同上，第Ⅱ卷，6(7)，3。

之中的要素，则是一种准备。异教徒哲学家把真理看作神性的，只有借着**逻各斯**之力，他们才这么做：而基督就是圣言，逻各斯本身成了肉身。这
18 一关于希腊哲学及其与启示之关联的观点对后来的作者有着很大的影响。

（3）按照爱任纽的说法[1]，他提安（Tatian）是游斯丁的学生。他是叙利亚人，受过希腊文学和哲学的教育，成了一名基督徒。没有什么实际的理由让我们怀疑他提安在一定意义上是殉道者圣游斯丁的学生这句话的真实性，不过，从他的《致希腊人》（*Address to the Greeks*）这部作品来看，他并不和游斯丁一样在更具精神性的那些方面对希腊哲学抱有好感。他提安声称，我们从上帝的工程中得知他；他提安有一个关于圣言的学说，他把灵魂（ψυχή）和精神（πνεῦμα）区分开来，教授在时间中的造物说，并且坚持自由意志；然而，所有这些方面他都可以从圣经以及基督教学说中获取；希腊学问和希腊思想对他来说用处不大，虽然他很难完全脱离其影响。实际上，他倾向于过分的严格主义，从圣爱任纽和圣耶柔米（St. Jerome）那里，[2]我们获知在游斯丁殉道之后，他提安离开教会，陷入了瓦伦廷派的诺斯底主义，接着他创立了禁戒派，不仅谴责喝酒和女人的装饰，甚至谴责婚姻本身，他说后者是玷污和淫乱。[3]

他提安一定承认人之心灵有能力从造物界出发来证明上帝的存在，而且他在对神学的发展中使用了哲学概念和范畴，比如，他认为圣言发自上帝单纯的本质，并不像人之言语一样“散发为空”，而是保留在其自存之中，而且是神性的造物工具。所以，他使用了人之思想和言语构造的类比来说明圣言的进程。此外，在坚持造物学说的时候，他所使用的语言让人想到柏拉图《蒂迈欧篇》中的工匠神。但如果说他使用了异教徒哲学中的术语和观念的话，他并不是出于任何好感而这么做的，而是因为他认为希腊哲学家们从圣经中接纳了它所拥有的真理，然而他们所添加的一切都是错误和扭曲。比如，斯多亚学派颠倒了神的预定的学说，把它变成了魔鬼般的宿命论。然而，这样一位显示出此种对希腊思想的敌意并且在异教

① 《反异端邪说》，1，28。
② 比如《反对约维尼安》（*Adversus Jovinianum*），1，3；《〈阿摩司书〉注疏》。
③ 《反异端邪说》，1，28。

徒的“诡辩”和基督教的智慧之间做了如此尖锐区分的作家，自己却陷入了异端，这的确是一种历史的讽刺。 19

（4）阿萨那戈拉斯（Athenagoras）对希腊人的态度则要更加委婉，也和殉道者圣游斯丁的态度相符，在大约公元 177 年的《为基督徒请愿书》（*πρεσβεία περὶ χριστιανῶν*）中，他把皇帝马可·奥勒留和皇帝康茂德称作“亚美尼亚人和萨尔玛提亚人的征服者，而且首先也是哲学家”。在此书中，这位作者所关注的是在无神论、食人肉宴会和乱伦这三个指责面前为基督教辩护。在回应第一个指责时，他做出了理性的基督教信仰一个永恒和精神性的神的辩护。首先，他引用了多个希腊哲学家，比如菲洛劳斯（Philolaus）、柏拉图、亚里士多德和斯多亚学派哲学家。他引了柏拉图的《蒂迈欧篇》，从而指出我们很难找到宇宙的造物者和父亲，而且就算找到了他，也不可能把他展现给所有人。于是他问道，为何要把信仰唯一神的基督徒们称作无神论者？诗人和哲学家们在神性的推动下，努力寻找上帝，而人们聆听了他们的结论：那么，拒绝聆听通过先知的嘴说话的上帝的精神本身，该有多愚蠢啊。

阿萨那戈拉斯接着指出，不可能存在多个物质性的神，而上帝使质料成形，他也必须是超越质料的（虽然他没有成功地说明上帝是与空间无关的），可毁灭的事物的原因必须是不可毁灭的、精神性的。他特别使用了柏拉图来为自己做证。所以，他采取了与殉道者圣游斯丁相同的态度。有一种真正的“哲学”或智慧，只有通过基督教的启示才能恰当地获得，而希腊哲学家们猜测到了真理的一部分。换言之，像马可·奥勒留这样有思想的人，由于非常尊重希腊思想家和诗人，即使不拥护基督教，应该也会欣赏和尊重它。他的初衷是神学和护教性质的，但在追求这个目的的同时，他使用了哲学论述和主题。比如当他试图证明肉身复活的学说是理性的，此时的他清楚表明他反对柏拉图的观点：他认为身体是整个人的一部分，而人并不仅是一个在使用身体的灵魂。[①]

（5）在写于约公元 180 年的《致奥托莱库斯》（*Ad Autolycum*）中， 20

① 《论复活》（*On the Resurrection*）。

安提阿的西奥菲勒（Theophilus of Antioch）同样向知识阶层的异教徒发出呼吁。在强调了道德纯洁性对任何要认识上帝的人来说都是必要的之后，他接着提到上帝的属性，上帝的不可理喻性、大能、智慧、永恒和不变性。就像人的灵魂本身并不可见，而是通过身体的运动而被感知那样，上帝本身也是不可见的，我们通过他的预定和他的工程而认识他。西奥菲勒在叙述希腊哲学家的观点时并不总是准确的，但他明显敬重柏拉图，他认为后者是“希腊哲学家中最值得尊重的”，[①]虽然柏拉图没有教授从无中造物（西奥菲勒清楚地肯定了这一点），而且在他关于婚姻的学说中也出了错（这一点西奥菲勒并没有正确叙述）。

3. 前面提到的用希腊文写作的护教者们关心的主要是回应异教徒对基督教的攻击。我们现在可以简短地考察诺斯底教的最大反对者——圣爱任纽。为了方便起见，我们还加上了希波律陀。他们两人都用希腊文写作，并且都抗拒在公元 2 世纪流行的诺斯底教，虽然说希波律陀的著作还有一个更广泛的兴趣，因为其中包含了很多关于希腊哲学和哲学家的内容。

诺斯底教把经文、基督教、希腊和东方要素统统混杂在一起，这个学说致力于用知识（gnosis）替换信仰，给那些喜欢自命为比普通基督徒更高明的人一种关于上帝、造物、恶之起源、救赎的学说。一般来讲，这点也就足够描述诺斯底教了。在“基督教”形式的诺斯底教之前，有着一种犹太诺斯底教，但前者只有在诺斯底教徒借用了某些特定的基督教主题这一方面，才可以被视为一种基督教的异端：它的东方和希腊的要素更为庞大众多，以至于我们不可能在普通意义上把诺斯底教称为一个基督教异端，虽然说在公元 2 世纪，它是一个真正的威胁，还引诱那些被奇异的神智学臆想所吸引的基督徒们，诺斯底教徒们把这些臆想当作“知识”贩卖。事实上存在着好几个诺斯底系统，比如色林都（Cerinthus）、马吉安（Marcion）、拜蛇派（Orphites）、巴西里德斯（Basilides）、瓦伦廷（Valentinus）的系统。我们知道马吉安曾经是个基督徒，但他遭受了
21 绝罚[②]；不过拜蛇派估计是有着亚历山大里亚犹太起源的，而就著名的诺

① 《致奥托莱库斯》，3，6。
② excommunication，神学专业术语，意为开除教籍。——译者注

斯底教徒如巴西里德斯和瓦伦廷（公元2世纪）来说，我们并不知道他们是否曾经是基督徒。

大体来说，诺斯底教的特征是神与物质之间的二元论，这虽然不是绝对的，但已经接近后来的摩尼教系统了。在神和物质之间出现的鸿沟，诺斯底教徒们就用一系列流溢或中间物来填充，基督也被置于其中。流溢之进程是通过救赎之路回归神而得以圆满的。

就像我们可以预料的那样，在马吉安的系统中，基督教要素具有显要地位。旧约中的神（即工匠神）要低于新约里的神，直到在基督耶稣身上展现之前，他一直是不为人知的。在巴西里德斯和瓦伦廷的系统中，基督教要素也就不那么重要了：基督被描述为在一个充满幻想的神性和半神性的流溢所组成的等级系统中的一个较低的本体（Eon，世代），其使命就只是把拯救性的知识或灵知传达给人。由于物质是恶，它就不可能是至高神所造的，而是因为"大太初"[①]而产生的，后者受到犹太人的崇拜，并把自己作为至高神显现。所以，诺斯底系统并非在完全的摩尼教意义上是二元的，因为被看作旧约中的神的工匠神并不是一个独立和原初的恶的原则（新柏拉图主义的要素在此非常显著，因此无法承认一种绝对的二元主义），它们共同的特征不是二元论的倾向，而是坚持灵知是救赎的渠道。它们采纳基督教要素，主要是由于想要吞噬基督教，用灵知来替代信仰。要更深入地进入不同的诺斯底系统之间的区分以及详细描绘流溢的进程，将是一项烦琐却无益的工作：指出其一般构架是东方和希腊（比如新毕达哥拉斯主义和新柏拉图主义）的主题，并或多或少地有些基督教要素。它们既是从基督教本身获取的，也是从伪经或伪造的文献中获取的，这样就足够了。对今天的我们来说，理解诺斯底教何以会对教会构成威胁或对任何一个健康的头脑具有吸引力，是很困难的；但我们必须记得，它是在错综复杂的各种哲学学派和神秘教派都试图来满足人的精神需求的那个时代兴起的。而且，密教和神智学系统被"东方智慧"的虚假光环围绕着，即 22
使在更近的时代，也没有完全失去对某些人的吸引力。

---

① "Great Archon"。"archon"为希腊文，指"开端"。——译者注

（1）圣爱任纽（St. Irenaeus，生于约公元137年或140年）在他的《反异端邪说》（*Adversus Haereses*）中反驳了诺斯底教徒，他确认了有一个唯一神创造了万物，是天地之造物主。比如，他使用了关于设计的论述和普遍认同的论述，并观察到那个异教徒哲学家通过理性从造物本身认识到了作为造物主的上帝的存在。[①] 上帝自由地创造了世界，而不是出于必然。[②] 然而，他从无中创造了世界，而并非是从先前就存在着的质料中创造世界的，如那些诺斯底教徒们借用“阿那克萨戈拉、恩培多克勒和柏拉图”[③] 所假装的那样。然而，人的心灵虽然能够借着理智和启示认识上帝，却不能把握上帝，后者的本质超越了人的理智：如同诺斯底教徒们那样，假装认识到无法言说的上帝的奥秘且逾越谦卑的信仰和爱，这纯粹就是自负和骄傲。转世说是错误的，而启示出来的道德法则并不取消，而是使得自然法得以完满与延展。总而言之，“宗徒们的教诲是真正的知识（gnosis）”。[④]

按照爱任纽的说法，诺斯底教徒们的大多数观点都是从希腊哲学家那里借来的。所以，他指责他们的道德是从伊壁鸠鲁和犬儒派那里借用来的，而他们又从柏拉图那里借用了他的灵魂轮回学说。爱任纽倾向于把诺斯底理论与希腊哲学联系到一起。

（2）希波律陀（Hippolytus，卒于约公元236年）在这一点上紧随爱任纽，按佛提乌（Photius）的说法，[⑤] 希波律陀是爱任纽的学徒，并且肯定使用了后者的训导和著作。在《哲学沉思》（*Philosophumena*，现在人们普遍认为此书是由希波律陀所著）一书的引言中，他公开了这么一个意图：他要指出诺斯底教徒是如何从希腊哲学家那里获得他们的不同观点的（尽管诺斯底教徒把希腊哲学家的观点变差了），他要借此揭示他们的抄袭行为，这个意图只是部分地实现了。为了更容易地做到这一点，他首先复述了哲学家们的观点，他的信息主要（如果说不是完全的话）来自特奥夫

---

① 《反异端邪说》，2，9，1。
② 同上，2，1，1；2，5，3。
③ 同上，2，14，4。
④ 同上，4，33，8。
⑤ 佛提乌，《书目》，121。

拉斯图斯（Theophrastus）的学述（doxography）。然而这个信息并不总是准确的。他针对希腊哲学家的指责主要在于，他们用精美的言语来赞美部分的造物界，而对于把这一切都按其智慧和预知自由地从无中创造出来的万物之造物主，他们却是无知的。

4. 前面提到的作者们用希腊文写作，但也有一组用拉丁文写作的护 23
教者，米努修·菲利克斯、德尔图良、亚挪比乌和拉克坦提乌斯，其中，最重要的是德尔图良。

（1）米努修（Minucius Felix）是在德尔图良之前还是之后写作的，这我们并不确定，但不管怎样，就像我们在他的《奥克塔维厄斯》（*Octavius*）[①]中可以看到的那样，和德尔图良相比，他对于希腊哲学的态度更加友善。他论述道，我们可以从自然秩序、有机体，特别是人的身体之设计当中确定地知道上帝的存在，上帝的统一性则可以从宇宙秩序的统一中推演出来；他肯定地说，希腊哲学家们也认识到了这些真理。所以，亚里士多德认识到了同一个神性，斯多亚学派则有着神性预见的学说，而柏拉图在《蒂迈欧篇》中说到造物主和宇宙之父的时候，几乎是在用基督教的术语了。

（2）然而，德尔图良（Tertullian）却是以另一种方式来论说希腊哲学的。他生于公元160年，父母为异教徒；他受到了法律训练（他在罗马从事法律职业）；他成了一个基督徒，却陷入了孟他努主义的异端，这是一种严格的过度的清教主义。他是最早的杰出的用拉丁文写作的基督徒，在他的著作中，他把对异教和异教徒的学问之鄙视表露得非常清楚明白。哲学家和基督徒之间、希腊的学徒（即谬误之友）与天的学徒（即谬误的敌人和真理之友）之间有什么共同点呢？[②]甚至苏格拉底的智慧也没有那么高的成就，因为没人能在不认识基督的情况下真正认识上帝，或在不知道圣神的情况下真正认识基督。另外，苏格拉底自己也承认他是被一个恶

① 此书为对话体著作，以对话的一方基督徒 Octavius Januarius 的名字命名。——译者注

② 《护教篇》，46。

魔[1]所引导的！[2]柏拉图说要找到宇宙的造物主和父亲是困难的，但最简朴的基督徒已经找到他了。[3]另外，希腊哲学家们是异端的来源，[4]比如瓦伦廷从柏拉图学派、马吉安从斯多亚学派借用了思想，而哲学家们本身从旧约那里借用了思想，并扭曲了它们，声称它们是自己的。[5]

然而，德尔图良虽然把基督教智慧和希腊哲学对立了起来，但他自己发展出了哲学主题并受到了斯多亚学派的影响。他肯定了上帝的存在是从其工程中所确知的，[6]并且基于上帝的非受造性，我们可以推论他的完美（Imperfectum non potest esse, nisi quod factum est：除非是有受造的东
24 西，才会有不完美）。[7]但他让人吃惊地声称，包括上帝在内的一切都具有外延，都是身体性的。“任何存在之物都是一种自成一类（sui generis）的身体性存在。只有不存在的东西才是缺乏身体性存在的。”[8]“因为谁会否认上帝是身体呢？虽然说‘上帝是精神’。精神是有其自身的身体性本体的，这是在其本身的形式中的。”[9]许多作者从中得出结论：德尔图良有着物质主义的学说，他认为上帝确实是一个物质性的存在，就像斯多亚学派认为神是物质性的那样。有人却认为德尔图良说“身体”的时候常常仅指本体，而当他认为上帝有物质性的时候，他实际上是在说上帝是具有本体性的。按照这一解释，当德尔图良说上帝是一个自成一类的身体（corpus sui generis），并说上帝既是身体（corpus）又是精神（spiritus）的时候，他指的也就是上帝是一个精神性的本体：他的语言是有误的，他的思想却是可以被接受的。当然，我们不能把这个解释看作不可能的，但是在提到人之灵魂时，德尔图良的确说到它是一个身体性的本体，因为它会承受痛

---

① 苏格拉底的“daimon”，在柏拉图对话中指“神灵”的意思，但在基督教语境中被用来指恶的精灵“demon”。或许是这个词的词义转变在这里造成了德尔图良的误解。——译者注

② 《论灵魂》，1。

③ 《护教篇》，46。

④ 《论灵魂》，3。

⑤ 《护教篇》，47。

⑥ 《论复活》，2—3。

⑦ 《驳赫莫根尼》，28。

⑧ 《论基督的肉身》（*De Carne Christi*），11。

⑨ 《驳帕克西亚》，7。

苦。[①]但是，他也是以模棱两可的方式来说灵魂之本性的，在他的《护教篇》(*Apology*)[②]中，他为恶人之肉身复活提供的理由是："灵魂不能够没有固体本体（即肉体）而承受痛苦。"最好的说法可能是，德尔图良的语言常常蕴含了一种十分过分的物质主义，他所指的或许并非他的语言通常所蕴含的。在他教授说婴儿的灵魂是从其父亲的精子中获取的，就像一棵苗（surculus, tradux）[③]一样时，他像是在教授一种清楚的物质主义学说；但是接受这种"灵魂遗传论"部分出自一个神学的原因，为的是解释原罪的传递，而后来有些作者也倾向于同样的观点，他们这么做也是出于神学的原因，同时显然没有意识到这一学说的物质主义意涵。当然，这并不表示德尔图良不是一个物质主义者；但至少这使得我们有所犹豫，而不是直接就认为他的一般含义和他所用的言语总是对应的。他认为意志是自由的，并且灵魂生来是不死的，从逻辑上来看，这些观点就很难与单纯的物质主义相契合。但这样不足以使我们理直气壮地否认他是个物质主义者， 25
因为他也可能有着某种物质主义的理论，却没有意识到他赋予灵魂的一些属性会与一个完整的物质主义立场不相容。

德尔图良为基督教思想所做出的最大的帮助是他在拉丁语中发展的神学术语，在一定程度上也包括哲学术语。所以，我们可以在他的著作中找到对"位格"（persona）一词的首次术语性使用，神性的位格是作为位格（Personae）而有其独特性的，然而它们并非不同的或分开的不同本体（substantiae）。[④]在他关于圣言[⑤]的学说中，他明确提到了斯多亚派、芝诺和克里安西斯（Cleanthes）。[⑥]然而，我们在这里并不专门讨论德尔图良的神学发展和他是正统还是非正统。

（3）在《反异教徒》(*Adversus Gentes*，约303年）中，亚挪比乌（Arnobius）在讨论灵魂的时候做了一些奇怪的叙述。他虽然肯定了灵魂

① 《论灵魂》，7；参见8。
② 《护教篇》，48。
③ 参见《论灵魂》，19。
④ 《驳帕克西亚》，12。
⑤ 《圣言，理智》。
⑥ 《护教篇》，21。

创造说，反对柏拉图主义的灵魂先存学说，却设立了一个比上帝低级的创造灵魂的主体。他又声称灵魂的不朽是被上帝白白赐予的（gratuitous），却否认灵魂本性是不朽的。使用这个白白赐予的论点的一个明显的动机是借此来说服人变成基督徒而过德性的生活。另外，他驳斥柏拉图关于回忆的理论。他认为我们除了一个观念之外，所有其他观念都是来自经验的，而那个不来自经验的观念就是上帝观念。他描绘了一个在孤独、沉默和无知中长大并如此度过其少年时期的孩子。他声称，结果是这个孩子什么都不会知道：他肯定不是通过所谓的“回忆”而知道任何东西的。柏拉图在《美诺篇》（*Meno*）中对回忆说的证明是没有说服力的。[①]

（4）灵魂是由上帝直接创造的，这种说法与任何一种形式的灵魂遗传说都是对立的，拉克坦提乌斯（Lactantius，约 250—325 年）已经在他的《论上帝之工程》（*De opificio Dei*）[②] 中清楚地肯定了这一点。

5. 圣爱任纽和希波律陀所抗拒的诺斯底教，就其与基督教的一些合理联系而言，是一种异端的思辨系统，或者更准确地说，是很多系统的集合。除了东方和基督教要素之外，它还吸收了希腊思想的要素。所以，它的效果之一是在那些夸大了诺斯底教和希腊哲学之联系的基督教作者那里引起一种坚定的对希腊哲学的反抗，他们把希腊哲学视为异端的温床。然而，它的另一个效果是促进人们努力建构一个非异端的“灵知”，一种基
26 督教的神学哲学系统。这一效果正是亚历山大里亚教义学校的特点，其中最著名的两个名字是克莱门和奥力振。

（1）提图斯·弗拉维乌斯·克莱门（Titus Flavius Clemens，亚历山大里亚的克莱门）生于公元 150 年，出生地或许是雅典。在公元 202 或 203 年，他来到了亚历山大里亚城，并于公元 219 年左右在那里去世。他受到了后来通过“我信仰，为的是理解”这个公式所归纳的那种态度的激励，而寻求在真实、正好是与虚假所对立的灵知中发展基督教智慧的系统性表达。在这个过程中，他跟随了殉道者圣游斯丁对待希腊哲学家的精神，即把他们的著作视作为基督教所做的预备，是对希腊社会的教育，为

---

① 《美诺篇》，2，20，及以下。

② 《论上帝之工程》，同上，19。

的是人们可以接受启示宗教，而非把这些看作愚蠢的和骗人的。神性的逻各斯一直都曾光照着灵魂；然而犹太人还受到了摩西和其他先知的启发，希腊人有他们自己的贤者、自己的哲学家，所以，哲学之于希腊人即是律法之于希伯来人。[①]克莱门确实认为，希腊人出于虚荣，借用并扭曲了旧约中的内容，在这一点上他再次跟随了游斯丁；但是，他也坚定地相信逻各斯之光使得希腊哲学家们能够获得许多真理，而哲学实际上就是那些在不同程度上在各个学派中可以找到的真理的总和，这些真理并不局限在某个特定的希腊学派之中，虽然柏拉图的确是所有哲学家之中最伟大的。[②]

但是哲学不仅仅是为基督教所做的预备：它也是理解基督教的帮手。只是具有信仰却不努力去理解的人〔之于那些努力去理解的人〕就像孩子之于成人：盲目信仰，被动接受，这并不是理想的，虽说科学、思辨、论证如果不与启示兼容也就的确不可能为真。换言之，亚历山大里亚的克莱门作为第一个有学问的基督徒，想要把基督教和哲学联系在一起，而且要使用思辨理性来对神学加以系统化发展。另外还有一点很有趣，他拒绝一切关于上帝的真实的**肯定性**知识：我们实际上只能得知上帝不是什么，比如，他并非一个属，也不是一个种，他超越了我们所具有的经验或我们能感知到的一切。我们在把所有完美的属性归于上帝的同时，必须记得我们用以称呼上帝的所有的名字都是不恰当的——并且因此在另一意义上，是 27
不适用的。此外，克莱门依靠柏拉图在《理想国》中对至善的论述，以及依靠哲学，坚持主张否定的道路（via negativa），后者受到神秘主义者的青睐，并且在伪狄奥尼修斯的著作中获得了其经典表述。

（2）奥力振（Origen），亚历山大里亚城教义学校最重要的成员，出生于公元185年或186年，学习了希腊哲学家们的著作，并且据说是阿莫尼乌斯·萨卡斯（Ammonius Saccas）的学生，后者正是普罗提诺的老师。他因学说中的某些内容及其祝圣神父的行为（据说他虽然自宫却还是在巴勒斯坦祝圣了一位神父）而受到主教会议的针对（公元231年和232年），不得不离开亚历山大里亚的学校。之后，他在凯撒利亚建立了一所

---

① 《杂缀集》，1，5。
② 《导师》，3，11。

学校，施行奇迹者圣格列高利（Gregory Thaumaturge, St.）是他在这个学校的学生之一。他于公元 254 年或 255 年去世，死因是他在罗马皇帝德基乌斯（Decius）的基督教迫害运动中遭受了酷刑。

奥力振是尼西亚大公会之前所有基督教作者中最多产、最博学的一个，而且他无疑意图做一个并且一直做一个正统的基督徒。但是他想要把柏拉图主义哲学和基督教融合的愿望以及他对寓意式解经法的热忱，使得他走向了某些异端的观点。所以在柏拉图主义或者说新柏拉图主义的影响下，他认为上帝是纯粹精神性的，是单一（μονάς）或纯一（ἐνάς）[①]，上帝超越了真理和理性、本性和存在——在他反驳异教徒哲学家凯尔苏斯[②]的那部作品中，他延续了柏拉图的思想说道，上帝是“在思想和本性之外的”（ἐπέκεινα νοῦ καὶ οὐσίας）——并从永恒中，而且出于他本性的必然性创造了世界。上帝是至善，他不可能曾“静止不动”，因为善总是趋向自我传达、自我渗透。另外，如果上帝在时间中创造了世界，而且在世界还未出现的时候就曾有“时间”，那么其不变性也就受到损伤了，而这是不可能的。[③]这两个理由都是在新柏拉图主义的基础上发展而来的。上帝的确是物质的创造者，因此也就是严格意义上的基督教造物主。[④]但是有着无限多的世界，一个世界接着另一个世界出现，并且每个世界都是不同的。[⑤]恶是缺失，并非肯定性的东西，所以我们也就不能指责上帝说他创
28 造了恶。[⑥]逻各斯或圣言是造物的模型，即“理念之理念”（ιδέα ιδεῶν）[⑦]，万物均依照着逻各斯所造，逻各斯是上帝和受造物之间的中介。[⑧]在神性之中的最终进程则是圣神，在圣神之下则是受造的精神。通过圣神之力，它们被提升成上帝的儿子，与圣子合一，并最终分有圣父的神圣生活。[⑨]

---

① 《论本原》(*De principiis*)，1，1，6。
② 《驳凯尔苏斯》(*Contra Celsum*)，7，38。
③ 《论本原》，1，2，10；3，4，3。
④ 同上，2，1，4。
⑤ 同上，3，5，3；2，3，4—5。
⑥ 《〈约翰福音〉注疏》，2，7。
⑦ 《驳凯尔苏斯》，6，64。
⑧ 《论本原》，2，6，1。
⑨ 参考同上，3，6，1，及以下；1，6，3。

上帝把所有灵魂都创造为同一质性，然而先存状态中的罪使得灵魂与肉体结合，因此灵魂之间的质性区分是由于它们进入世界之前的行为。在世间它们享有自由，但它们的行动不仅仅取决于它们的自由选择，也取决于上帝的恩宠，后者是与灵魂在进入身体之前的状态中的行为成正比的。然而，所有的灵魂（甚至是恶魔和魔鬼）最终都会通过受苦得到净化，到达与上帝的合一。这是一个关于万有复兴的学说（ἐπανόρθωσις, ἀποκατάστασις πάντων），此时，万有都会回归到它们的最终本原，而上帝将会是在万有中的万有。[①] 这当然也就蕴含着对正统的关于地狱的教义的否认。

关于奥力振的思想就说这么多，但这也应该清楚地表明了他尝试融合基督教教义与柏拉图主义或新柏拉图哲学。圣三之中的圣子和圣神虽在神性之中，但他提到它们的方式却体现出斐洛流溢论或新柏拉图主义思想的影响。关于逻各斯作为“理念之理念”以及关于永恒和必然的造物的理论是发自同一源头的，而先存的理论是柏拉图主义的。当然，奥力振采纳的哲学观点被他融入到了基督教的上下文和框架之中，这样他就可以被正确地视为基督教第一个伟大的折中主义思想家，虽然他也附加上他自由阐释的经文片段，但他对希腊思想的热忱有时将他引入了异端。

6. 公元 4、5 世纪的希腊教父主要关注神学问题。所以圣阿塔纳修（St. Athanasius，卒于公元 373 年）是亚流主义（Arianism）的最大对头；纳西安的圣格列高利（St. Gregory Nazianzen，卒于公元 390 年）以神学家的身份闻名，特别是因为他关于三位一体和基督论神学而著名；金口圣 29
约翰（St. John Chrysostom，卒于公元 406 年）被誉为教会最伟大的演说家，并以他关于圣经的作品闻名。这时候的教父在对待如同圣三一和位格合一的教义的时候，自然使用了这些哲学概念和表述；但他们在神学中对理性的应用并没有使得他们成为严格意义上的哲学家，我们在此也就必须略过他们。然而我们可以指出，圣巴西流（St. Basil，卒于公元 379 年）与纳西安的圣格列高利一样曾在雅典的大学学习过，并且在他的《致少

---

① 《论本原》，6，1—3。

年》(*Ad Adolescentes*)中，他推荐人们学习希腊诗人、演说家、历史学家和哲学家的学说，虽然他认为应该从他们的作品中进行筛选——剔除不道德的篇章：希腊文学和学问是教育的潜在工具，但道德教育要比文学和哲学素养更加重要（圣巴西流在自己对动物的描绘中很明显几乎完全依赖于亚里士多德的相关著作）。

虽然我们在此不考虑希腊教父们的神学思辨，但我们还是必须就这一时期出现的两位著名人物——历史学家尤西比乌斯和尼撒的圣格列高利——做一些说明。

（1）凯撒利亚的尤西比乌斯（Eusebius of Caesarea）于公元 265 年生于巴勒斯坦，于公元 313 年成为其出生地凯撒利亚的主教。他作为伟大的基督教历史学家而尽人皆知，其基督教护教学也使他具有重要性。此外，他对希腊哲学的态度也与此相关，因为他把希腊哲学（特别是柏拉图主义）视作为异教徒世界接纳基督教所做的预备，虽然他完全意识到了希腊哲学家的错误以及众多哲学学派之间的矛盾。然而，虽然有时他的发言十分尖锐，但他的总体态度是友好和赞赏的，这个态度在他十五卷本《福音之预备》(*Praeparatio evangelica*，简称《预备》）中表现得非常清楚。非常遗憾的是，我们无法看到尤西比乌斯为回应波菲利对基督教的攻击而撰写的二十五卷书，他对这位著名新柏拉图主义者以及普罗提诺的学生的回应，无疑能够在很大程度上揭示他的哲学思想；但是《福音之预备》不仅足以显示出尤西比乌斯与殉道者圣游斯丁、亚历山大里亚的克莱门以及奥力振持同样的态度，也足以证明他广泛阅读了希腊人的文学。他的确是个
30 非常有学问的人，而且他的著作是我们了解文本没能流传下来的哲学家的思想的来源之一。

考虑到其前人的态度，我们或许只期待尤西比乌斯特别欣赏柏拉图：的确，他在《预备》一书中用了三卷（第 11—13 卷）来讨论柏拉图。克莱门说柏拉图是用希腊文写作的摩西，尤西比乌斯同意这个说法，他认为柏拉图和摩西是一致的，[①]柏拉图可以被称作救赎工程的先知。[②]如同克莱

① 《福音之预备》，11，28。

② 同上，13，13。

门和奥力振，并且也如同斐洛一样，尤西比乌斯认为柏拉图借用了他在旧约中找到的真理；[1] 然而同时他也愿意承认柏拉图有可能是自己发现这些真理的，或者可能受到了上帝的启发。[2] 无论怎样，柏拉图不仅就他关于上帝的理念而言与希伯来人的圣经相符，而且在书信中也暗示了上帝的圣三观念。当然，在这一点上，尤西比乌斯是在新柏拉图主义的意义上诠释柏拉图的，并且指的是太一或至善、努斯或理性以及世界-灵魂这三个原则。[3] 理念则是上帝的思想，是逻各斯的思想，是造物的模型，而《蒂迈欧篇》中对造物的描绘和《创世记》中对造物的描绘是相似的。[4] 此外，就灵魂不死的学说而言，柏拉图也是与圣经一致的，[5]《斐多篇》中的道德学说也让尤西比乌斯想起圣保罗。[6] 甚至柏拉图的政治理想也在犹太人的神权统治中获得了实现。[7]

然而，柏拉图在肯定这些真理时仍然混入了错误的观念。[8] 他关于上帝和造物的学说被他的流溢论和他对物质永恒的接受所污染了，而他关于灵魂和永生的学说则受到了他的先存理论和转世学说的污染，等等。所以，即使柏拉图是一个"先知"，他也不过就是个先知罢了。他自己并未踏入真理的应许之地，虽说他已经离此地非常近了：只有基督教才是真正的哲学。另外，柏拉图的哲学是非常偏重理智的，就像鱼子酱之于大众，而基督教是所有人都可分享的，无论男人和女人、穷人和富人、有知识的人和没有文化的人，都可以成为"哲学家"。

这里不是讨论尤西比乌斯对柏拉图的诠释的地方：我们只需注意到
他和其他基督教希腊作者一样，在所有希腊思想家中把最高荣誉的棕榈枝 31
给了柏拉图。另外要提到的一点是，与所有早期基督教作家一样，他也没有对严格意义上的神学和严格意义上的哲学做出真正的区分。只有一个智

① 《福音之预备》，10，1；10，8；10，14。
② 同上，11，8。
③ 同上，11，16；11，20。
④ 同上，11，23；11，29；11，31。
⑤ 同上，11，27。
⑥ 同上，12，27。
⑦ 同上，13，12；12，16。
⑧ 同上，13，19。

慧，它只有在基督教中才是恰当和完整的：希腊思想家们只有预见到了基督教才能获得真正的哲学或智慧。而在所有那些预见到了真正的哲学的思想家当中，柏拉图是最杰出的；但他也只是站在了通往真理的门槛上。当然，柏拉图和其他希腊哲学家从旧约中借用的概念本身虽然在一定程度上是他们对“哲学”的理解的结果，但也使得像尤西比乌斯那样的基督教作者更加坚信他们对“哲学”有着非常广义的理解，即哲学中不仅仅包含了人类思辨的结果，也包含了启示的内容。事实上，尽管尤西比乌斯对柏拉图的评价非常友善，但他和其他作者确信希腊哲学家借鉴了旧约。从这一信念中，我们不可避免地得出这样的逻辑结论：如果没有上帝的直接光照的帮助，人类思辨在获得真理这一方面就无大用。因为那些甚至连柏拉图都犯下了的错误难道不是人类思辨的结果吗？如果你说希腊哲学中所包含的真理是从旧约即从启示中获得的，那么你也就将难以避免得出结论，认为希腊哲学中的错误是从人类思辨中得来的，并随之对这种思辨能力做出不利的判断。这种态度在教父当中很普遍，在中世纪，它于 13 世纪在波纳文图拉那里得到了清楚的表述，虽然它最终并未成为经院学的主导观点，即托马斯·阿奎那和邓斯·司各脱的观点。

（2）希腊教父中最有学问并且从哲学角度来看最有趣的人物要数圣巴西流的弟弟尼撒的圣格列高利（St. Gregory of Nyssa），他于大约公元 335 年出生在凯撒利亚（在卡帕多西亚，不在巴勒斯坦），在担任一段时间的修辞学教师之后成了尼撒的主教，于大约公元 395 年去世。

尼撒的圣格列高利清楚地认识到，启示的内容是通过信仰而不是理性思辨的逻辑过程被接纳的，也意识到信仰的奥秘不是哲学或科学性的结论：如果它们真是这样的结论的话，基督教生活实践中的超性信仰与希腊
32 世界的哲学论述就不可分辨了。另一方面，信仰也有理性的基础，从逻辑上来说，通过权威接受奥秘，要求某些基础真理——特别是上帝的存在——可以通过自然理性推理而得到确认，这是哲学可以论证的。相应地，虽然我们应该坚守信仰的优先性，但只有援引哲学的帮助才是正确的。伦理学、自然哲学、逻辑、数学都不仅仅是真理殿堂之中的点缀，它们也可以为智慧和德性的生活做出贡献：所以，我们不应该厌恶和排斥它

们，[①] 虽然上帝的启示应该被用来作为真理的试金石，因为人类理性必须由上帝的圣言来评判，而不是上帝的圣言该由人的理性来评判。[②] 而且，在教义方面，使用人类思辨和人之理性进行推论是正确的；但其结论只有在与圣经一致的情况下才有效。[③]

宇宙的秩序证明了上帝的存在，而从上帝必然的完美性中我们可以推导出他的统一性，也就是只有一个唯一的上帝。格列高利接着试图说明一个神性之中的三个位格。[④] 比如，上帝必须要有一个逻各斯、圣言或理性。他不可能次于同样具有理性和言语的人。但神性的逻各斯却不可能是一种短暂的存在，它必须是永恒的，同样，它也必须是活生生的。人心中的内在言语只是暂时的偶然，然而在上帝之中是不会有这种东西的：逻各斯与圣父在本性上是同一的，因为只有一个上帝，逻各斯和圣父之间的区别，即圣言和发出圣言者之间的区别，是一种关系上的区分。我们在这里不是要深入讨论格列高利的三位一体学说；但他在某种意义上试图“证明”教义的这个事实是有趣的，后来安瑟伦和圣维克托的理查试图演绎出三位一体，即通过必然的理由（rationibus necesariis）来证明它，格列高利的三位一体学说为这种尝试提供了先例。

然而，格列高利显然和安瑟伦一样，想通过辩证法的应用使奥秘变得更加易于理解，而非将奥秘“理性化”（即脱离教义的正统）。同样，他认为“人”一词首先用在共相之上，其次才用在个体的人身上。他的这一
理论也是为了使奥秘更能被人理解，他对这一示例的使用是这样的：“上 33
帝”这个词首要地应用在神性本质上（它是同一和唯一的），其次才用在神性位格上。它包括三个位格，如此，基督徒也就不会被人指责为主张三神论了。但就算这个例证被用来对抗三神论并使得这个奥秘更加易懂，它也是个不成功的例证，因为它蕴含了关于共相的超实在论式的观点。

圣格列高利关于共相的“柏拉图主义”在他关于《论人之工程》（*De*

---

① 《论摩西的生平》（*De Vita Moysis*）；《希腊教父文集》，第 44 卷，336DG，360BC。

② 参见《论灵魂和复活》（*De anima et resurrectione*）；《希腊教父文集》，第 46 卷，49C。

③ 参见《驳欧诺米主义者》；《希腊教父文集》，第 45 卷，341B。

④ 参见《教义训导讲话》（*Oratio Catechetica*）；《希腊教父文集》，第 45 卷。

hominis opificio）一书中表现得很清楚。在书中，他区分了天堂中的人（理想的人、作为共相的人）与地面上的人（经验对象）。前者，即理想的人或者说理想的人类，存在且只存在于上帝的理念中，而且是没有性别的，也就是说既不是男人也不是女人；而后者，即经验中的人类存在，则是理想的人的表达，并且具有特定的性别，理想的存在可以说被“分裂”或者被部分地表达在许多单个个体中。因此，按格列高利的说法，个体生物是通过造物从神性的逻各斯中的理想出发（而非通过流溢）而生成的。这个理论显然可以追溯到新柏拉图主义和斐洛主义，且也被约翰·司各脱·爱留根纳这位中世纪最早的杰出哲学家所采用，他深受尼撒的圣格列高利著作的影响。不过，要注意的是，格列高利从未想要表示历史上曾经有过理想的、没有性别的人；上帝关于人的理念只有在末世才会得以实现，此时（按照格列高利所解释的圣保罗的话来说）就将没有男女之分，因为天堂里面是没有婚姻的。

上帝出于善之充溢和爱而创造了世界，为的是有可以分有神性至善的受造物。虽然上帝是至善本身，并且出于善而创造了世界，但他并不是出于必然，而是自由地创造世界的。上帝把这自由的一部分也赋予了人，并且尊重人的自由，允许人选择恶，如果人愿意如此的话。恶是人自由选择的结果，上帝对此不负责。上帝预见到恶并且也允许恶，这是真的，但即便有如此预见，他还是创造了人，因为他也知道他最终会把人领到他身边。这样，格列高利接受了奥力振的“万有复兴”的理论：每一个人，乃至撒旦和堕落的天使，最终都会回到上帝那里——至少在经受苦难的炼化
34 之后。在某种意义上，每一个人都会回归理念，并被包含于其中，虽然格列高利确实接受了个人灵魂不死的学说。而万物回归到上帝那里，回归到它们所出发的本原那里，并且获得了上帝是“在一切之中的一切”这一状态，约翰·司各脱·爱留根纳也从圣格列高利那里借用了这一点。在阐释约翰·司各脱有些模棱两可的语言时，我们至少必须考虑到圣格列高利的思想，就算我们承认约翰·司各脱可能赋予了类似的话以不同的含义。

但就算尼撒的圣格列高利同意奥力振的万有复兴理论，他也并不与

奥力振一样接受柏拉图关于先存的想法。另外，在他的《论人之工程》[①]中，他写到，《论本原》的作者（即奥力振）被希腊理论误导了。灵魂并不局限在身体的某一部分上，它是“受造的本质（οὐσία γεννητή），是活生生的本质，具有理性，并且是与一个有机的、有感知能力的身体在一起的，在身体性的工具存在时，它的本质有着给予生命以及感知感性对象的力量”。[②]灵魂是单纯的，而不是复合的（ἁπλῆν καὶ ἀσύνθετον），有着超过身体寿命的能力。[③]但是，它最终还是会和身体再次结合。所以，灵魂是精神性的、无广延的。然而，它是如何与身体区分的呢？因为，按格列高利所言，身体（也就是一个具体的物质对象）是与本身无广延的质性相结合的。他在《论人之工程》中[④]说，诸颜色、固态、数量、重量等质性的统一就构成了身体，这些质性的分离则会造成身体的消亡。在上一章中，他也提出了一个难题：要么物质性的事物是来自上帝的，在这种情况下，上帝作为它们的源头就会在自身中包含物质了，那他也就会变成物质性的；或者，如果上帝不是物质性的，那么物质性的东西就不发源于他，而物质则是永恒的。然而，格列高利既拒绝承认上帝的物质性，也拒绝二元论。那么从他的这一观点出发得出的结论自然就是构成身体性事物的质性不是物质性的。确实，在断言上帝从无中造物的同时，他也声称我们无法理解上帝是如何从无中创造出各种质性的。但我们也可以合理地猜想，在上帝看来，构成身体的质性本身并非身体：它们实际上也不可能是，因为只有在它们的**结合与统一**中并且通过这种结合与统一，才有具体的身体。他可能受到了柏拉图在《蒂迈欧篇》中关于质性的学说的影响。但 35
是，它们难道不是精神性的吗？如果它们是精神性的，那灵魂如何与身体在本质上相区分呢？回答无疑会是：虽然结合在一起**构成**身体的那些质性不可能在抽象的考虑中被称作“身体”，但它们与物质有着本质性的关联，因为它们的功能就是构成物质。亚里士多德和托马斯关于质料和形式的学

① 《希腊教父文集》，第 44 卷，229，及以下。
② 《论灵魂和复活》；《希腊教父文集》，第 46 卷，29。
③ 同上，第 44 卷。
④ 第 24 章。

说中也出现了类似的困难。原始质料就其本身而言并非身体，然而它是身体的本原：那么，就其本身来看，它是否与非质料的和精神性的东西有区别呢？托马斯主义的哲学家们回答说，原始质料从不会仅凭自己而存在，而且它需要一定的量，这是具体身体的一个本质性框架要求，或许尼撒的圣格列高利也得对他的第一质性做类似的解释。另外，我们可以提一下，在某些涉及物质构成的现代理论中，也会出现相似的困难。我们可以合理地猜想，如果今天柏拉图还活着，他会欣然接受这些理论，但尼撒的圣格列高利却不太可能会效仿。

从已经叙述的内容中，我们可以清楚地看到，尼撒的圣格列高利受到了柏拉图主义、新柏拉图主义和斐洛著作的许多影响。比如，他提到人的目的是与神相似的“ὁμοίωσις θεῷ”，提到“从唯一者到唯一者的飞跃”、正义本身、爱和上升到理想的美的过程。但必须强调的是，虽然格列高利不可否认地使用了柏拉图的主题和表达，也在较小程度上使用了斐洛的思想，但他绝对不总是在柏拉图和斐洛的意义上理解这些内容的。相反，他使用了普罗提诺和柏拉图的表达，来阐明和表述基督教教义。比如“与上帝的相似”是恩宠的效应，是在上帝的行动之下的发展，人在此有着自由的合作，而在洗礼的时候，上帝的肖像（εἰκών）就被注入了人的灵魂。再者，正义本身并不是一种抽象的美德，甚至也不是努斯（Nous）中的一个理念，它就是居住在灵魂中的逻各斯，而它在灵魂之中的结果也就是被分有的美德。此逻各斯并不是普罗提诺的努斯，也不是斐洛的逻各斯：它是圣三中的第二个位格，在上帝和受造物之间也没有什么起中介作用的一系列在上帝之下的自立体。

最终需要提到的是，尼撒的圣格列高利是第一个真正创立了系统神
36 秘神学的人。这里他又使用了普罗提诺和斐洛的主题，但他是在基督教意义上并且在以基督为中心的思想框架之中使用它们的。理所当然地，人的心灵是适合认知感性对象的。在思索这些对象的时候，心灵能够获得有关上帝和他的属性的一些认知内容（符号神学，它部分地与现代意义上的自然神学有对等之处）。另一方面，虽然人在本性上有可感事物作为相应的知识对象，但这些事物不是完全真实的，它们是蜃楼和幻想，只是非质料

性的实在之符号或表象，而人在精神上是倾向于这样的实在的。灵魂中随之出现的矛盾引导其进入一个“神枯”（“ἀνελπιστία”）的状态，这就是神秘主义的诞生。因为灵魂受到上帝的引导，离开了它本来的认知对象，却不能见到通过爱来引导它的上帝：它进入了黑暗之中，有一部中世纪的著作则将其称作“不知之云”（与这个阶段相对应的是否定神学，它也影响到了伪狄奥尼修斯）。灵魂的进展中有两个运动，先是三一的上帝注入人的灵魂，灵魂则超越自身，最终进入“出神状态”（“ecstasy”）。奥力振把斐洛的出神状态解释成一种理智的活动，由于孟他努主义的各种出格的行为，任何一种其他形式上的“出神”都会让人起疑；但格列高利把灵魂出神放置在灵魂努力的顶端，首先并且首要地将其解释为一种出神的爱。

笼罩着上帝的黑暗首先是由于神性本质的完全超越性，而格列高利的结论是，甚至在天上，灵魂也总是要向前倾的，因为它受到了爱的吸引，而更加深入到上帝之中。一种静态的状态则要么是自满，要么是死亡：精神生活需要不断前进，而上帝的超越性在本质上也包含了同样的进程，因为人之心灵是永远不会理解上帝的。于是，在某种意义上，“神性”的黑暗永远留存，而格列高利确实认为，这个在黑暗之中的知识是高于理性知识的，不过这不是因为他厌恶人之理性，而是因为他意识到了上帝的超越性。

当然，圣格列高利关于灵魂上升的描绘与普罗提诺的灵魂上升在一定程度上是相似的；但同时这个描绘却完完全全是以基督教教义为中心的。灵魂的进程是神圣逻各斯的效应。而且他的理想也并非上帝单独的结合，而是基督之丰盈（Pleroma）的实现：一个灵魂的进程给他人带来了
恩宠和祝福，在个人中上帝的临在又影响到整个身体。他的神秘主义也 37
就完全是具有圣事意义的：在洗礼中，上帝的肖像（εἰκών）得到了恢复，通过圣餐达到了人与上帝的融合。总之，尼撒的圣格列高利的著作不仅是伪狄奥尼修斯和直到圣十字若望（St. John of the Cross）为止的神秘主义的思想源头，而且二者直接或间接地从中受到启发。它们也是那些描绘出灵魂进程的不同阶段，即从知识到爱最终到神秘主义生活和真福直观的基

督教哲学系统的源泉。如果说，像圣十字若望那样单纯的灵修作家处在一条可追溯到格列高利的传统中的话，那么，波纳文图拉这个神秘主义哲学家也是格列高利的思想继承人。

7. 在用拉丁文写作的教父中，最伟大的毫无疑问就是希波的奥古斯丁了。但由于他的思想对中世纪的重要性，我将以较长的篇幅单独考察他的哲学。在本节中，简短地提到米兰的主教圣安波罗修（St. Ambrose，约333—397 年）就足够了。

圣安波罗修具有典型的罗马人对哲学的态度，也就是对实践和伦理学内容感兴趣，对形而上思辨却没有多大能力和志趣。在教义和释经作品中，他主要依赖希腊教父；但是在伦理学上，他受到了西塞罗的影响。在写于约公元 391 年并以米兰的神职人员为听众的《论职务的职责》（*De officiis ministrorum*）中，他给出了那个伟大罗马演说家之《论义务》（*De officiis*）的基督教翻版。在此书中，圣人在分类和讨论美德时很忠实地跟从了西塞罗，但整个著作当然充满了基督教伦理观。而斯多亚派关于幸福的理想，即对美德的拥有，在此书中最终也由在上帝中的永恒幸福这一最终理想而得到补充。圣安波罗修倒是没有给基督教伦理加上什么新东西：他的作品的重要性更多地在于对后世思想的影响以及后来的作者对其作品在伦理学中的应用。

8. 就像我们已经见到的那样，希腊教父们主要受到了柏拉图传统的影响；但其中有一个因素为后来的拉丁西方对亚里士多德主义的热情接纳做了铺垫，这一因素就是最后一位希腊教父——大马士革的圣约翰的作品。

大马士革的圣约翰（St. John Damascene）大约于公元 749 年年底去
38 世，他不仅是“反传统者”的坚决反对者，也是神学领域的一个系统建构者，所以他可以被视为东方的经院学者。他明确说到他并不意图给出新的个人意见，而是要保存和传承那些神圣而博学的人的思想，因此在他的作品中去寻求新内容是徒劳的。然而在他对前人之思想的系统化和有序的表述中，我们可以说他具有一定的原创性。他的主要著作是《智慧之源泉》（*Fount of Wisdom*），在这本书的第一部分，他描述了亚里士多德的逻辑学和本体论，虽然也援引了亚里士多德之外的其他作家，比如波菲利。在

《辩论学》（*Dialectica*）的第一部分中，他表明了自己认为哲学和世俗的科学都是神学的工具和婢女的立场，在此他采纳了亚历山大里亚的克莱门和那两位格列高利的观点，这个观点可以追溯到亚历山大里亚的犹太人斐洛那里，在中世纪也被多次重复。[①] 在他这部伟大著作的第二部分中，他描述了异端的历史，在此使用了之前不同作者提供的材料，而在第三部分，即《论正统信仰》（*De Fide Orthodoxa*）中，他用四卷的篇幅有序地讨论了正统的教父神学。1151 年，这部著作的第三部分被比萨的布尔贡迪乌斯翻译成了拉丁文，并且被彼得·隆巴、大阿尔伯特和托马斯·阿奎那所使用。在东方，大马士革的圣约翰享有与托马斯·阿奎那在西方所享有的同等的声誉。

9. 即使仅凭上面的简短解释，我们也可以明显看到，除奥古斯丁之外，在希腊和拉丁教父的作品中，我们找不到系统性的哲学综合。希腊教父没有清楚地区分哲学和神学的范围，他们把基督教视为那同一个真正的智慧或“哲学”（爱智慧）。他们倾向于把希腊哲学视为对基督教的预备，这样，他们的主要兴趣就在于指出希腊哲学中对基督教真理的预见。在他们看来，希腊哲学中包含着这样一些真理，他们也很清楚希腊哲学之谬误。其中所包含的真理来自旧约，谬误则出自人类思辨的弱点以及希腊哲学家本身对原初性的执拗欲望和自负。他们从希腊哲学中采纳观点的时候，一般是由于认为这些观点会对解释、阐述基督教智慧有用（而不是为 39
了把它们纳入严格意义上的哲学系统之中），才会广泛接受。

然而，就像我们已经见到那样，在教父著作中是有着哲学要素的。比如他们使用了上帝存在的理性论辩，特别是从秩序和设计出发的论述；他们也就灵魂的起源和本性加以思辨；尼撒的圣格列高利的一些观点甚至可以算在自然哲学或宇宙论的范围内。然而，因为他们的论述，比如关于上帝存在的论述并没有真正以展开的、系统和严格的方式得以发展，所以要是把所有这些论述都一一阐释就会显得不合时宜。我想，这样做也是一个错误，因为只需一个简短的对教父学的论述就足以点明那些对基

---

① 《希腊教父文集》，第 94 卷，532AB。

督教哲学思想没有多少认识的人容易忘记的一点。在天主教哲学家中，托马斯·阿奎那在如今这个时代获得了显著的地位，他采用了亚里士多德系统的很大一部分，而由于“近现代”的早期思想家（如笛卡尔和弗兰西斯·培根）都谴责经院学的亚里士多德主义，因此人们有时想当然地认为基督教哲学（或者至少天主教哲学）指的就只是亚里士多德主义。然而，暂时不考虑当前的几个世纪，对教父思想的概览也足够表明，柏拉图（而非亚里士多德）才是在教父那里赢得了最高声望的希腊哲学家。这或许在很大程度上是因为新柏拉图主义在当时是有着主导地位并活跃着的哲学流派，也因为教父们不仅仅多少都是在新柏拉图主义之诠释和发展的眼光下来看待柏拉图的，而且与此相比，他们对亚里士多德也了解甚微，至少在大部分情况下都是如此。但是，无论出于哪个或哪些原因，教父们都倾向于把柏拉图看作基督教的先驱，而且他们所采纳的哲学要素大部分是从柏拉图主义传统中获取的，这也仍是事实。如果我们再补充一点，即教父时期的思想（特别是奥古斯丁的思想）不仅深深影响了中世纪早期，影响了如安瑟伦和波纳文图拉这样的杰出思想家，甚至影响了托马斯·阿奎那本人，那么，至少从历史角度来看，具有关于教父时期思想的知识就既是值得的，也是有价值的。

第三章
圣奥古斯丁（一）

生平和著作——圣奥古斯丁与哲学

1. 在使用拉丁文的基督教世界，奥古斯丁的名字最为突出，从文学 40
和神学角度来看，他都是所有教父当中最伟大的一个。他的名字直到13世纪仍一直主导着西方思想，就算与托马斯·阿奎那的亚里士多德主义及其学派相比，奥古斯丁的名字也不会丧失它的光彩，特别是这种亚里士多德主义完全不会忽视这位伟大的非洲哲学家，更不可能轻视他了。诚然，了解奥古斯丁主义对于理解中世纪的思潮而言是至关重要的。在本书中，对于奥古斯丁的思想的探讨不能得到它应得的丰富性，但我们必须对其加以探讨，即使只是概括性的探讨。

奥古斯丁于公元354年11月13日生于〔罗马帝国的〕努米底亚省（Numidia）的塔加斯特城（Tagaste）。他的父亲帕特利修斯（Patritius）是异教徒，母亲圣莫妮卡（St. Monica）是基督徒。他的母亲把他作为基督徒带大，但由于当时的一个虽然不太好却很普遍的习俗，奥古斯丁没有及时得到洗礼。[①] 他自小在塔加斯特的一位老师那里学习拉丁和算术的基本知识，但玩耍对他来说比学习更有吸引力，而且在玩耍过程中，他总是想要获胜。不久之后他开始学习希腊文，但是他痛恨这门课，虽然荷马史诗作为故事吸引着他。说奥古斯丁实际上不懂希腊语是不真实的，但他从

---

① 《忏悔录》，1，11，17。

来没有学会熟练地识读这门语言。

在大约公元 365 年时，奥古斯丁来到了马都拉（Madaura），在那里他打下了关于拉丁文文学和语法的知识基础。马都拉大体上仍是一个异教之地，普遍的氛围加上学习拉丁文经典所产生的影响很明显使得这个孩子疏远了他母亲的信仰，他在塔加斯特闲散的一年（369—370 年）也没有缓解这种疏远。370 年，他父亲成了天主教徒，并于同年去世，奥古斯丁开始在迦太基（Carthage）学习修辞学，这是他彼时曾见过的最大的城
41 市。大港口和市政中心放荡的生活方式，和从东方引进的宗教联系在一起的淫秽的仪式，再加上从南方而来的奥古斯丁已经成年、充满了活跃而强烈的情欲这一事实，使得他在生活实践中脱离了基督教的道德理想。不久，他就纳了一个情妇，并与她一起生活了超过十年。在迦太基的第二年，他就与她生了个儿子。虽然生活动荡，然而他的修辞学学习非常成功，而且他根本没有疏于学习。

西塞罗的《荷滕西斯》(*Hortensius*) 使得这位年轻人的思想开始追寻真理，在读过这本书后不久，奥古斯丁接受了摩尼教[①]的学说。在他看来，与基督教野蛮的理想和不合逻辑的学说相比，摩尼教学说对真理做出了合理的表达。基督徒们认为上帝创造了整个世界，而且他是善的，那么，他们又该怎样解释恶和苦难的存在呢？摩尼教徒们主张一种二元学说，这一学说认为有两个终极本原，一个是善的、光明的本原，即上帝或善神奥尔穆兹德（Ormuzd），一个是恶的、黑暗的本原阿里曼（Ahriman）。这两个本原都是永恒的，它们之间的斗争也是永恒的，这种斗争就反映在世间，世界是两个本原相互冲突的产物。在人身上，灵魂由光明构成，是善的本原所为，身体则由粗糙物质组成，是恶的本原所为。在奥古斯丁眼中，这个系统因看上去解释了恶的问题及其基要性的物质主义而值得认同，因为他这时还无法相信如何会有非质料性的、感官不可察觉的现实。他意识到自身的激情和感官欲望，觉得现在可以将这些归咎于他身外的一个恶的原因。而且，虽然摩尼教徒谴责性交和吃肉，还要求苦

---

① Manichaeanism，公元 3 世纪时由曼尼（Manes 或 Mani）所创，源于波斯，是波斯和基督教要素的混杂体。

修实践（比如斋戒），但这些实践仅仅是那些被选择的人而非那些“听众”必须要做的，而奥古斯丁认为自己属于后者。

这时，奥古斯丁在道德和精神上都远离了基督教，374年他回到了塔加斯特，在那里教了一年的语法和拉丁文文学。之后，在374年秋天，他在迦太基开了一所修辞学学校。他与情妇以及两人的儿子阿德奥达图斯（Adeodatus）住在一起，在这段时间里，他获得了诗歌奖（获奖的是他的一部戏剧，没有流传下来），并且发表了他的第一部散文作品《论美和恰 42
当》（*De pulchro et apto*）。奥古斯丁在迦太基的旅居一直持续到383年，就在他出发前往罗马前不久，发生了一件有重要意义的事：他受到了摩尼教徒不能回答的一些疑难的困扰，比如，人类思想之确定性来源的问题，以及为何这两个本原要处在永恒的冲突之中，等等。当时，恰好有一位名为福斯图斯（Faustus）的著名的摩尼教主教来到了迦太基。奥古斯丁决心就自己所遇到的难题向其寻求满意的解答，然而，尽管他发现福斯图斯是个和蔼而友好的人，但他在其言语中却并不能找到他所寻求的理性上的满足。于是，在出发去罗马的时候，奥古斯丁对摩尼教的信仰已经有所动摇了。进行这场旅行，一方面是因为迦太基的学生举止粗鲁，很难控制，而他听说罗马的学生行为得当，另一方面也是因为他希望能在帝国首都获得事业上的更大成功。抵达罗马之后，他开办了一所修辞学学校。然而，学生们虽然在课上都很规矩，却有着一个麻烦的习惯——在缴纳学费之前换学校。384年，他就到米兰谋取了一个市立学校修辞学教席，不过，在离开罗马时，他也丧失了对摩尼教的大部分信仰，并随即受到了学院派怀疑主义的吸引，虽然在名义上，他还是追随着摩尼教并且也接受摩尼教的一些观点，比如他们的物质主义。

在米兰的时候，由于米兰主教圣安波罗修的讲道，奥古斯丁开始更加友善地看待基督教了。然而，虽然又准备成为一个慕道者，但他还是没有被基督教的真理说服。而且，他的情欲对他来说还是太强了。他的母亲希望他能够和一个女孩结婚，希望婚姻能够转变他的生活，但他不能够为此等待必要的时间。他又纳了一个情妇来替代阿德奥达图斯的母亲，之前因为有了这档子事，他很遗憾地与后者分手了。此时，奥古斯丁读了一些由维克多利努斯（Victorinus）翻译成拉丁文的柏拉图主义著作，这些著作很有可能是普罗提诺的《九章篇》（*Enneads*）。新柏拉图主义的影响把他从物质主义的枷锁中解放出来了，并使得他能够接受非质料性的现实。
43 另外，普罗提诺将恶看作一种缺失（privation）而非某种肯定性的东西，这种看法向奥古斯丁揭示出，恶的问题如何能够不借助摩尼教的二元论而得到解决。换言之，在这一阶段，新柏拉图主义的作用在于使得奥古斯丁能够认识到基督教的合理性，他就此开始重新阅读新约，特别是圣保罗的作品。如果说是新柏拉图主义向他揭示了精神事物之静观以及理智意义上的智慧等观念，那么新约则向他指出，过一种与智慧一致的生活也是必要的。

通过与辛普利奇安努斯（Simplicianus）和彭提奇安努斯（Pontitianus）的会面，他的这些印象得到了证实。前者是一位年老的神父，他向奥古斯丁叙述了一位新柏拉图学者维克多利努斯皈依基督教的历程，结果这位年轻人也“热切期望能这么做”。[1] 而后者说起了埃及的圣安东尼的生平，这使得奥古斯丁厌恶自身的道德状况。[2] 从而也就引起了他内心强烈的道德挣扎，而这以在他自家花园里出现的那一幕为高潮。他在那里听到了墙外一个孩子的声音反复大喊：“拿起来读！拿起来读！”（Tolle lege! Tolle lege!）于是他随手翻开了新约，读到了圣保罗致罗马人的书信中的言语，[3] 这就决定了他的道德皈依。[4] 显而易见，此时发生的皈依是一种道德上的皈依，是意志的皈依，是随着理性的皈依而发生的。阅读新柏拉图主义著作是奥古斯丁理性皈依的工具；从人性的角度来看，他的道德皈依则通过安波罗修的讲道和辛普利奇安努斯以及彭提奇安努斯的话而获得了预备，并且经由新约而得到了证实并最终完成。他的第二个痛苦（道德皈依的痛苦）则更加强烈，因为他一方面已经知道该怎么做，另一方面却觉得自己没有力量去完成这个举动；然而，在恩宠的推动下，在花园里所读

① 《忏悔录》，8，5，10。
② 同上，8，7，16。
③ 《罗马书》，13，13—14。
④ 《忏悔录》，8，8—12。

到的圣保罗的话语给了他一种“真实的赞同”，他的生活也就此改变。这个皈依发生在公元 386 年的夏天。

奥古斯丁以他所遭受的肺部的疼痛为由，提出要辞去他在加西齐亚根（Cassiciacum）的教职，通过阅读、思索以及与朋友们的讨论，他致力于获得对基督宗教的更好理解。他以取自新柏拉图主义哲学的概念和主 44
题为工具，因此他关于基督教的思想仍然是非常不完整的，并且比他后来的思想带有更多的新柏拉图主义色彩。他的作品《反学院派》（*Contra Academicos*）、《论幸福生活》（*De Beata Vita*）和《论秩序》（*De Ordine*）都出自他从教职上退休的这一段时间。回到米兰之后，奥古斯丁写了《论灵魂之不朽》（*De Immortalitate Animae*），《独白》（*Soliloquia*）大约也是在这段时间写的。在同一时期，他开始写作《论音乐》（*De Musica*）。在公元 387 年的复活节前夜（圣礼拜六），奥古斯丁在安波罗修那儿领了洗，很快他就准备回非洲。他的母亲之前随他来到了意大利，在他们等待船只的时候，她在奥斯蒂亚（Ostia）去世了（《忏悔录》中著名的一幕就是在奥斯蒂亚上演的[①]）。奥古斯丁推迟了回非洲的时间，居住于罗马期间他写了《论自由意志》（*De libero arbitrio*）、《论灵魂的质量》（*De Quantitate Animae*）以及《论天主教会的习俗和论摩尼教习俗》（*De moribus ecclesiae Catholicae et de moribus Manichaeorum*）。公元 388 年秋，他起航回非洲。

回到塔加斯特之后，奥古斯丁创立了一个小型修道团体。在这一阶段（388—391 年），他撰写了《反摩尼教论创世》（*De Genesi contra Manichaeos*）、《论教师》（*De Magistro*）和《论真正的宗教》（*De Vera Religione*），并完成了《论音乐》。他也可能修改并完成了上面提到过的《论习俗》（*De moribus*）这部作品。在加西齐亚根，奥古斯丁决定绝不结婚，虽然他并没有明显地要寻求祝圣为神父。因为在公元 391 年，当奥古斯丁拜访希波这个在迦太基西面大约 240 千米开外的城市时，希波的主教违背了他的意愿而把他祝圣为了神父。希波的主教渴望得到奥古斯丁

---

① 《忏悔录》，9，10，23—26。

的协助，而后者在希波定居并创立了一座修道院。他参与了摩尼教的争辩，撰写了《论信仰的用处》（*De utilitate credendi*）、《论两个灵魂》（*De duabus animabus*）、《驳佛图纳的论辩》（*Disputatio contra Fortunatum*）、《论信仰和信经》（*De Fide et Symbolo*，奥古斯丁在非洲主教大会上做的一次关于信经的讲座的演讲稿），以及反对多纳图派信徒的《反对多纳图派的诗篇》（*Psalmus contra partem Donati*）。他开始对《创世记》做逐字注疏，然而，就像这部作品的名字"以文字意义论〈创世记〉之不完整卷"（De Genesi ad litteram liber imperfectus）所示意的那样，这部作品没有写完。另外《论不同问题》（*De diversis quaestionibus*，389—396 年）、《驳摩尼教徒阿迪曼图》（*Contra Adimantum Manichaeum*）、《论主耶稣在山间讲道》（*De sermone Domini in monte*，简称《讲道》）、《论欺骗》（*De Mendacio*）、《论节制》（*De Continentia*）以及各种注疏（这些注疏是就《罗马书》和《加拉太书》所做的），也都出自奥古斯丁刚祝圣为神父的这一时期。

395—396 年，奥古斯丁被祝圣为希波的助理主教，在祝圣后不久，他在住处建立了另一所修道院。396 年（也就是奥古斯丁祝圣后的一年
45 内）希波主教瓦勒留（Valerius）去世，他就取代了瓦勒留成了希波的主教，并在这一职务上一直待到去世。也就是说，他必须承担教区内的管理工作，那里的多纳图主义根深蒂固，他也就无法过自己宁静的祈祷和研习的生活。然而，不管个人倾向如何，奥古斯丁都在热切地投身于反多纳图派的斗争，并且在讲道、讨论和作品发表中，都以争辩的形式反对多纳图派。不过尽管这样，他还是找出时间来撰写作品，如《致辛普利奇安努斯论不同问题》（*De diversis quaestionibus ad Simplicianum*，397 年）、《论基督教教义》（*De Doctrina Christiana*）的一部分（这部书的第四卷是 426 年添加的）、《忏悔录》（*Confessions*）的一部分（全书在公元 400 年出版），以及《约伯书注》（*Annotationes in Job*）。奥古斯丁也和圣耶柔米这位伟大的学者就圣经的问题有信件来往。

公元 400 年，奥古斯丁开始撰写他最伟大的著作之一、总共十五卷的《论三位一体》（*De Trinitate*），于 417 年写完。401 年，他开始撰写十二

卷的《以文字意义论〈创世记〉》(*De Genesi ad litteram*)，于415年完成。同年（400 年），他出版了《论对无知者之信理教导》(*De catechizandis rudibus*)、《论福音书作者间的共识》(*De Consensu Evangelistarum*)、《论修士的工作》(*De Opera Monachorum*)、共 33 卷的《驳摩尼教徒福斯图斯》(*Contra Faustum Manichaeum*) 和《驳皮提里安努斯之作品》(*Contra litteras Petiliani*，皮提里安努斯是塞尔塔的多纳图主教）的第一卷（这部作品的第二卷是 401—402 年写的，第三卷则是在 402—403 年撰写的)。随后，他还撰写了其他反对多纳图派的著作，比如 402 年的《驳多纳图派语法家克里斯柯尼乌斯》(*Contra Cresconium grammaticum partis Donati*)，虽然有些出版物没有留存下来。他也撰写了反对摩尼教的作品。除了这些争辩的活动之外，奥古斯丁还在持续讲道和写信。致狄奥斯科鲁斯（Dioscorus）的那封信写于 410 年，在这封信中，他回答了一些关于西塞罗的问题。在此，奥古斯丁展开了他关于异教之哲学的看法，显示出他对新柏拉图主义的强烈偏好。

在此期间，罗马帝国皇帝颁布了反对多纳图派追随者的法令。在大约 411 年的一次会议之后，奥古斯丁得以把注意力转向另一派对手即伯拉纠主义者（Pelagians）身上。伯拉纠（Pelagius）夸大了人类意志在人的拯救中的作用，把恩宠的作用最小化，还否认有原罪。410 年，他在色勒斯丢（Coelestius）的伴随下来到了迦太基。在伯拉纠于 411 年离开前往东方之后，色勒斯丢在迦太基的一次公会上被开除了教籍。伯拉纠试 46
图使用奥古斯丁的《论自由意志》为自己的异端做辩护，然而奥古斯丁主教在他的《致马赛林努斯论罪人的功绩和他们罪的豁免，以及论儿童洗礼》(*De peccatorum meritis et remissione, et de baptismo parvulorum, ad Marcellinum*) 中清楚地阐明了自己的立场，同年（412 年）他写了《论圣神与文字》(*De spiritu et littera*)，之后是 413 年的《论信仰和作为》(*De fide et operibus*)、415 年的《驳伯拉纠论自然与恩宠》(*De natura et gratia contra Pelagium*) 和《论人之成义的实现》(*De perfectione iustitiae hominis*)。然而，他并不满足于与伯拉纠派的争辩。413 年，奥古斯丁开始写作共计 22 卷的《上帝之城》(*De Civitate Dei*，于 426 年完成)，这是他最伟大且最著名的作品之一，是在罗马帝国受到蛮族入侵的背景下写的。同时，他也为他的《〈诗篇〉注疏》（*Enarrationes in Psalmos*）中的许多部分做了准备。另外，他出版了《致奥罗希乌斯驳普利西廉主义者和奥力振主义者》（*Ad Orosium, contra Priscillianistas et Origenistas*），这部书是在反驳由西班牙主教普利西廉所发起的异端邪说。在更多的与伯拉纠主义争辩的过程中，奥古斯丁还写了《论伯拉纠的事迹》（*De Gestis Pelagii*，417 年）以及《论基督的恩宠和原罪》（*De Gratia Christi et peccato originali*，418 年）。这些似乎还不够，奥古斯丁还写完了《论三位一体》，又写了《〈约翰福音〉诠释》（*In Joannis Evangelium*，416—417 年）以及《致帕尔托斯诠释〈约翰福音〉》（*In Epistolas Joannis ad Parthos*，416 年），更不用提那些数目众多的信函和讲道了。

418 年，先是一场非洲主教大会，然后是皇帝霍诺留（Honorius），最后是教皇佐西玛（Zosimus）先后给伯拉纠派定了罪。然而这个争论并未就此了结。当俄克兰卢（Eclanum）的异端主教尤里安（Julian）指责奥古斯丁，说他发明了原罪这个概念的时候，圣奥古斯丁以《论婚姻和情欲》（*De nuptiis et concupiscentia*，419—420 年）这一作品做了回应。他在 420 年把《致教皇卜尼法斯反驳伯拉纠主义者的两封信》（*Contra duas epistolas Pelagianorum ad Bonifatium Papam*）的两卷献给了教皇，接着又在 421 年写了《反驳尤里安这位伯拉纠异端的辩护者》（*Contra Iulianum haeresis Pelagianae defensorem*，共六卷）。《论灵魂及其起源》（*De anima et eius origine*，419 年）、《致康森提乌斯反对欺骗》（*Contra mendacium ad Consentium*，420 年）、《驳那位反对律法和先知的人》（*Contra adversarium Legis et Prophetarum*）、《致劳伦提乌斯的信仰手册，论信、望、爱》（*Enchiridion ad Laurentium, De fide, spe, caritate*，421 年）、《致保利努斯·诺拉努斯论为亡者应做的照料》（*De cura pro mortuis gerenda, ad Paulinum Nolanum*，420—421 年）也写于这一时期。

426 年，奥古斯丁察觉到自己活不了多久了，于是为自己的教区任命了下一届主教，司铎俄拉克里乌斯（Eraclius），这一任命受到了教区人民的赞扬；然而，这位圣徒并没有就此终止自己的写作。426—427 年，他发表了《致瓦伦提诺努斯论恩宠和自由意志》（*De gratia et libero arbitrio ad Valentinum*）、《论责备和恩宠》（*De correptione et gratia*）以及《订正录》（*Retractiones*）的两部书，后者包括了他对自己作品的批判性概览，对确定其作品年表来说是非常有价值的。在这一时期，帝国的状况一日不如一日。429 年，根泽里克（Genseric）带领汪达尔人从西班牙进 47
入了非洲，而奥古斯丁仍在继续他的写作。他在 427 年发表了《圣经明鉴》（*Speculum de Scriptura Sacra*，这是圣经篇章的选集），在 428 年发表了《致任何人论异端邪说》（*De haeresibus ad Quodvultdeum*），接着发表了《致普洛斯佩鲁斯论圣人的预定》（*De praedestionatione sanctorum ad Prosperum*）以及 428—429 年的《致普洛斯佩鲁斯论坚持恩宠》（*De dono perseverantiae ad Prosperum*）。另外，奥古斯丁于 429 年开始写他的《反尤里安未完成的作品》（*Opus imperfectum contra Julianum*），这是对伯拉纠主义者尤里安所著的反对奥古斯丁的论著的驳斥。这部论著在几年前就已写成，不过直到 428 年这位圣徒才看到它；但他没有能够在有生之年完成这部驳论（这部著作也由此得名）。奥古斯丁也接触到了亚流主义。428 年他的《与亚流派主教马克西米努斯的对比》（*Collatio cum Maximino Arianorum episcopo*）和《驳斥异端马克西米努斯》（*Contra Maximinum haereticum*）得以出版。

公元 430 年的暮春或初夏，汪达尔人围攻希波，正是在这一年，奥古斯丁于 8 月 28 日在咏读悔罪的诗篇时去世了。波西迪乌斯（Possidius）说到他没有留下遗嘱，因为作为上帝的贫民之一，他没有任何可留下的东西。汪达尔人随后放火烧了这座城市，不过主教座堂和奥古斯丁的图书馆没有受损。波西迪乌斯写了奥古斯丁的生平，我们可以在拉丁教父的文集中找到这篇著作。“那些读了他（奥古斯丁）关于神圣事物的著作的人会受益匪浅；不过如果能够亲耳听到并亲眼见到他在教堂里的讲道，他们的收获会更大，特别是能够有机会享受与他亲密谈话的那些人。”①

2. 我提到了奥古斯丁的神学争论，并且列出了很多神学著作，这或

---

① 《圣奥古斯丁生平》（*Vita S. Aug*），31。

许会显得很奇怪；然而只要对他的生平和活动略加阐述，我们就会发现除了一小部分例外，奥古斯丁并没有撰写我们所说的那种纯粹的哲学作品。在这部书中，我们当然没有试图讨论奥古斯丁的纯粹神学教义。然而，为了阐明他的哲学学说，我们必须经常回溯到那些首先是神学论著的作品上去。这样，为了获得奥古斯丁关于认知的理论，就必须参考《论三位一体》中的相关篇章。《以文字意义论〈创世记〉》讨论了关于种子原理（rationes seminales）的理论，《忏悔录》则包含了有关时间的论述。对今天的我们来说，把神学和哲学主题混杂在一起，显得奇怪而不得法，因为
48 我们习惯了清楚地区分教义神学和哲学。但我们必须记得，奥古斯丁和其他教父以及早期基督教作者一样，并没有做这样清晰的划分。这并不是因为奥古斯丁没有能够认识到理智是可以不要启示就获得真理的，他更没有否定这一点。然而，他把基督教智慧看成了一个整体，试图用他的理解来穿透这一切，并在基督教的智慧之光中来考察世界和人生。比如，他知道可以推导出上帝存在的理性论证。然而，他更感兴趣的是实际上的认可，即意志对上帝积极的支持，而非对上帝存在的纯粹的理智认可。而且他也知道实际上意志对上帝的这种支持是需要神的恩宠的。简而言之，奥古斯丁没有采取两种不同的立场，即神学家的立场和考虑“自然的人”的哲学家立场，相反，他考虑的是如其实际所是的人、因罪堕落而后得到拯救的人、的确能够获得真理却需要恩宠来获得使人得救的真理的人。如果涉及说服某人相信上帝的存在，奥古斯丁会把这个证明视为人的整个皈依和救赎历程中的一个工具：他会承认这个证明本身是理性的，然而他会强烈地意识到，为了能给予这个证明以一个真实且活生生的肯定，必须要有道德预备；此外，按照上帝为现实中的人所做的打算，单单承认上帝的存在并不够，这种承认还要在恩宠的推动之下，引导人获得超性的对上帝天启的信仰，并引导人们按照耶稣的训导而生活。理性在将人带向信仰方面有其作用，而且，一旦人有了信仰，理性也会在洞悉信仰之内容的进程中发挥作用；然而，奥古斯丁感兴趣的首先是灵魂与上帝的全部关系。如同我们已经见到的那样，理性在他自身皈依的智性阶段发挥着作用，而在他皈依之后，理性也有其作用：通过总结自身经历，他随之考虑到，智慧的充溢

在于对所信仰的对象的洞悉，尽管在寻求智慧的过程中，理性有助于使人
为信仰做好准备。“上帝的预定和无可言喻的慈爱为灵魂带来了良药，它
在程度上和区分上都是完美的，因为它被划分成了权威和理性。权威要求
我们去信仰，并为我们理解信仰做准备。理性使得我们能够感知和认知， 49
虽说在考虑到该相信谁的问题上，权威并没有完全置理性于不顾。”[①]

这种态度是奥古斯丁传统所特有的。安瑟伦的目的在他所说的“我信仰，为的是理解”中表达了出来，而在 13 世纪，波纳文图拉也明确地拒绝了对神学和哲学领域做出清晰的界定。托马斯主义在教义神学和哲学这两个学科之间所做的区分，同时伴随着对这两个学科所采用的进程之模式的区分，这种区分毫无疑问是从更早一些的立场中不可避免地发展出来的。不过，撇开这一点不谈，这种区分很明显有其优势，它对应了启示和“没有启示之协助”的理性内容之间、超性和自然领域之间的现实且实在的区分。这立刻为超性学说和自然秩序中的人类力量的学说提供了保障。然而，从另一方面来看，奥古斯丁主义却有着这么一项优越性，即它总是考察人本来的样子，考察实际的人，因为实际上人只有一个最终目的，这是一个超性的目的。而且，在涉及现实的存在时，只有人是先堕落而后得救的。从来没有过一个纯粹的“自然的人”，一个没有任何超性使命和目的的人，现在没有，将来也不会有。托马斯主义当然没有否认具体的人只有一个超性目的，但它强调了超性和自然、信仰和理性之间的区分。相比之下，奥古斯丁主义一点都没有忽视超性信仰和恩宠之白白被给予这一特性，却总是在具体之中观察人，并且首先是对人和上帝之间现实的关系感兴趣。

如果情况如此，那么，我们必须要把奥古斯丁之“纯粹哲学性”观念从他的总体思想框架中解析出来，这才是顺理成章的。当然，要这么做，也就或多或少要从托马斯主义的立场出发来考察奥古斯丁主义，但这并不意味着这是一种不正当的做法，而是意味着我们要询问一个问题：从学院派对概念的理解出发，奥古斯丁的哪些思想是哲学的？当然，这的确

---

① 《论真正的宗教》，24，45。

意味着要把他的思想从完整的文本语境中抽离出来，但对于已经预设了某种哲学定义的哲学史，我们只能这么做。然而，我们要承认，对奥古斯丁哲学思想的这类考察——此时我们在托马斯主义的意义上使用哲学这个
50 词——会使人们觉得这位圣徒在哲学上建树不多，至少对一个在托马斯主义之学院性和客观性氛围中受到训练的人来说是这样，因为奥古斯丁从来没有构建过一个这种意义上的哲学系统，也没有以托马斯主义者所习惯的方式来发展、定义和巩固他的哲学思想。结果，我们常常很难确切地说出奥古斯丁在写出某个观念或陈述的时候指的是什么，也很难指出他是如何确切地理解这些思想的：他的思想通常都伴随着模糊性、引喻以及缺乏定义的感觉，这让人觉得不太满足、困扰和好奇。在我看来，那种严格的托马斯主义者认为，奥古斯丁的哲学中所包含的任何有价值的东西，在托马斯那里都得到了更好的表述，还得到了更加清晰的勾勒和定义。但事实仍然是，奥古斯丁传统即使直到今日也并未销声匿迹。或许恰恰是奥古斯丁思想中的那种不完整性以及缺乏系统性的特征，其“富于暗示性”，对其传统的长远流传有着积极的帮助，因为“奥古斯丁主义者”没有面对需要被接受、驳斥或解构的完整系统：他所面对的，是一种方法、一种启发、某些能够获得重要发展的基本思想，于是，他即便偏离了历史上的奥古斯丁确实讲过的东西，仍能够完全忠实于奥古斯丁的精神。

第四章
圣奥古斯丁（二）：知识

永福之下的知识——反对怀疑主义——经验知识——感知的本质——神性的理念——光照和抽象

1. 以奥古斯丁的“认识论”起头，或许会让人以为奥古斯丁关心的 51
是发展出一个就其自身而言的认识论，或要把这个理论树立为形而上学的方法论式的预备。然而这是个错误的印象，因为奥古斯丁可以说从未着手发展过某种认识论，或者在某种实在论式的认识论之基础上发展出一套系统的形而上学。如果说，斯宾诺莎，按他自己的话来讲，[①]致力于发展一个关于上帝或本体的哲学，因为这只是对一个能够使得心智和心灵得到满足，并给灵魂带来幸福的无限永恒对象的静观，那么，类似的说法更能用在奥古斯丁身上。后者强调了寻求真理的知识并不是为了纯粹的学院目的，而是为了带来真正的幸福、真正的永福（beatitude）。人觉察到了自己的不足，追求一个比自身更伟大的对象，一个能带来平安和幸福的对象，而对这个对象的认知则是获得这个对象的基本条件。但是他把知识视为一种有着服务一个目的的功能的东西，这个目的就是永福。只有智慧的人才能够幸福，而智慧也就预设了对真理的认知。然而毫无疑问，奥古斯丁把静观视为自身的目的。在《反学院派》中，当利坎提乌（Licentius）这个年轻人认为智慧在于对真理的追寻，并且，就像以后

① 《论智性的修正》（*De Intellectus Emendatione*）。

的莱辛（Lessing）那样，他声称幸福在于对真理的追寻，而非对真理的确实获得和拥有时，奥古斯丁反驳道，用智慧这个词来描述一个对真理没有认知的人是荒唐的。在《论幸福生活》[①]中，他说道，一个没能拥有他所力求拥有的东西的人是不幸福的，因此，在一个人获得他想要获取的东西之前，我们不能说他是真正幸福的。奥古斯丁本人追寻真理是因为他觉察到了对真理的需求，并且在获得所追求的对象之后，当他回顾自己的发
52 展，他把这解释为对基督和基督教智慧的追求，解释为神性之美对他的吸引。他把自己的这一经历普遍化了。然而，对自己的体验的这种普遍化并不等于说他的思想是完全主观性的，他的内心反思使得他能够揭示人之灵魂的动态。

然而，说奥古斯丁并非学院意义上的“知性论者”，并说他的哲学是以幸福为核心的，并不等于说他没有强烈地意识到确定性这个问题。然而，认为奥古斯丁专注于“我们**能**获得确定性吗”这个问题，那就错了。就像我们不久就会见到的那样，他的确回答了这个问题。然而，在他思想成熟的阶段，占据他的注意力的却是这个问题：“我们**如何**能够获得确定性？”我们能够获得确定性，这已经作为已知的东西得到前设了，然而遗留下来的是这么一个问题：“有限的、变化中的人如何获得关于永恒真理的确定知识？既然这些真理引导这心灵并超越了心灵。”在去除了对摩尼教的信仰之后，奥古斯丁受到了重新陷入学院派怀疑论的诱惑：在《反学院派》中，奥古斯丁表达了他克服这个诱惑的胜利。他表明，我们至少在有关某些事实的确定性上是毋庸置疑的。在这点得到了保证之后，阅读“柏拉图主义著作”让他想到这么一个问题：我们是如何能够不仅仅确定地知道永恒的必然真理，而且知道它们是永恒的必然真理的呢？柏拉图用回忆说来解释这个问题，而奥古斯丁是如何对此加以解释的呢？对这个问题的讨论本身无疑就引起了他的兴趣；不过他在其中也认识到，他所认为的那个正确答案是对上帝存在和运作的清晰证明。这样，对永恒真理的认知就应该引导灵魂通过其对认知的反思，来认知上帝本身和上帝的行动。

---

① 《论幸福生活》，2，10和14；4，27，及以下。

2. 就像我已经说过的那样，在《反学院派》中，奥古斯丁首先关心的是展现智慧与幸福有关，对真理的认知也与智慧有关；不过他也清晰地表明，即便是怀疑论者也确定地知道某些真理，比如那两个选言命题中，一个为真而另一个为伪。“我确认要么只有一个世界，要么有不止一个世界。而且如果有不止一个世界，那么要么就是有数量有限的世界，要么就是有数量无限的世界。”类似地，我知道世界要么没有任何开端和结尾，要么有开端却没有结尾，要么没有开端却将有结尾，要么既有开端也有结尾。换句话来说，我至少确信矛盾律。[①] 此外，就算我有时会错误地以为 53
显像和现实总是相符，我也至少对自己的主观印象是确定的。“我不会抱怨感官，因为以高于它们所能达到的标准来要求它们是不公平的：无论双眼看到什么，都是真切所见。那么，它们在水中见到的桨难道也是真切的吗？是真切的。因为，在明白它为什么这样呈现（弯的）的同时，如果插入水中的桨显现出来的样子是直的，我应该指责我的眼睛欺骗了我。因为双眼没有看到它在这种情况下所应看到的景象……不过有人会说，我如果对此加以认同，那我就上当了。那么就仅仅认同显像这个事实吧，那你就不会错了。因为我并不认为怀疑论者能够反驳如下发言的人：‘我知道这个对象对我来说显得是白的，我知道这个声音给我带来快感，我知道这个味道对我来说很好闻，我知道这在我尝起来是甜的，我知道这在我摸起来感觉是冷的。’”[②] 在以上文字中，奥古斯丁指的是伊壁鸠鲁主义者。很明显，他要说的是感官本身从来不会撒谎和欺骗我们，即便我们在判断这些事物就是以它们显现给我们的那种方式客观存在的时候会出错。桨显得是弯的，这并不是虚幻，因为如果它显得是直的，那就是我的眼睛出问题了。如果我接着判定说那只桨实际上本来就是弯的，那我就弄错了，但只要我只是说，“它对我来说显得是弯的”，那我说的就为真，而且我也知道我说的是真的。类似地，如果我从一间非常暖和的屋子里出来，并进入温水中，如果水对我来说显得凉，那只要我仅仅说“这水对我来说显得是冷的”，那我说的就是对我来说确定为真的话，而且没有一个怀疑论者能够

① 《反学院派》，3，10，23。
② 同上，3，11，26。

驳倒我。

此外，每一个拥有怀疑的人都知道他正在怀疑，这样，他至少无疑是知道这么一个真理的，也就是他正在怀疑这一事实。所以，每一个怀疑着是否有真理这种东西的人，都至少知道一条真理，这样，他能够怀疑的能力也就会使得他确信真理的存在。[①] 数学真理对我们来说也是确定的。当有人说七加三等于十的时候，他不是在说它们加起来应该为十，而是他知道它们加起来就是十。[②]

54 3. 但真实的存在又如何呢？我们是否确定地知道某个真实对象的存在呢？我们只限于知道某些抽象原理的知识和数学真理吗？奥古斯丁回答道，人至少对自身的存在是确定的。就算他怀疑其他受造的对象的存在，或怀疑上帝的存在，但他在怀疑这一事实也就显示出他存在着，因为他如果不存在的话，是不可能进行怀疑的。并且，提出人可能会受到欺骗而以为他自己存在，这也是没有用的，因为“如果你不存在，你也就不可能因为任何事情而受骗”。[③] 在这个意义上，奥古斯丁预见到了笛卡尔：如果我犯错，我即存在。

奥古斯丁把生命和理解与存在结合在了一起。他在《论自由意志》[④]中指出，对一个人来说，他自己存在这一点是非常清楚的，而这个事实只有在他有生命的时候，才是而且有可能是清楚的。另外，他很清楚自己理解他存在这个事实，也理解他活着这个事实。相应地，他就确定了三件事：他存在着，他活着，他理解。相似地，在《论三位一体》[⑤]中，他说到，怀疑论者暗示那个人是在睡着的时候、在睡梦中看到这些的，然而，这种说法是无用的，因为那个人所确认的并不是他醒着，而是他活着：“不管他是睡着了或是醒着，他都是活着的。”即使他疯了，他也仍然是活着的。而且，人也确定地意识到了他自己想要什么。如果有人说他想要幸福，那么认为他受到了欺骗就完全是不明智的。怀疑派哲学家们可能

---

① 《论真正的宗教》，39，73。
② 《论自由意志》，12，34。
③ 同上，2，3，7。
④ 同上，2，3，7。
⑤ 同上，15，12，21。

会对身体感官以及我们如何受到了它们的蒙骗而喋喋不休，但是他们并不能推翻心灵自身所具有的确定知识，心灵获得这些知识并不需要感官的中介。[①]“我们存在而且我们知道我们存在，我们爱这个事实以及我们对此的知识。在我所提及的这些事物中，没有受骗的担忧来困扰我们，因为我们并非通过身体感官获得它们的，就像我们从那些外部事物获得感知那样。”[②]

所以，奥古斯丁认为，我们通过内心经验和自我意识而得知的那些东西，是具有确定性的：那么，就我们对外部对象（即我们通过感觉而得知的那些事物）的认知而言，他是怎么想的呢？我们在这方面是否具有确定性？我们能够在关于感官对象的判断中欺骗自己，这一点奥古斯丁是知道的。他的一些言辞也表明他意识到了感性印象的相对性，比如，关于热或冷的判断在一定程度上取决于感知器官：然而，他没有考虑到，感官所 55
能把握的那些对象构成了人性理智的本来对象。由于他的兴趣主要在于灵魂面对上帝的定位、物体对象对他来说是心灵上升到上帝的起点，在这一视角下，甚至灵魂本身也就只是个更加恰当的起点罢了：我们应该回到内心，那里是真理的居所。而且我们应该把灵魂这个上帝的肖像用作通往上帝的踏脚石。[③]然而，就算是有形态的事物，即感官的对象，在本质上也是可变的。此外，与灵魂相比，前者是一个不像后者那么恰当的对上帝的展现。就算把注意力集中在感性事物上会引起非常有害的错误，我们仍然要依赖感官以获得大部分知识。另外，奥古斯丁并不想对感性对象采取一种纯粹的怀疑论态度。承认感性认知中会有错误的可能性是一码事，拒绝承认感性的任何可靠性则全然是另一码事。所以，在提到哲学家们可以质疑感官却无法反驳关于自我存在的意识之后，奥古斯丁接下来马上说道：“我们不应该怀疑关于通过身体感官所得知的对象的真理，因为通过它们我们获知天体和地面。”我们也通过他人的知识和经验学到了许多东西，而我们有时会出错并不是我们不相信一切证明的依据，因此我们有时会

① 《论自由意志》，15，12，21。

② 《上帝之城》，11，26。

③ 参见《论真正的宗教》，39，72；《讲道》，330，3；《订正录》1，8，3；等等。

在感官对象上出错也不是采取一种完全的怀疑主义的依据。“我们必须承认不只我们自己的感官，连别人的感官也给我们添加了许多知识。”[①] 对实际生活来说，相信感官是必要的。[②] 那个认为我们永不该信任感官的人在此所犯的错误要比他信任感官而会犯的任何错误都更加严重。因此，奥古斯丁说，我们“相信”感官，而且我们信任它们，就像我们信任别人的证言一样。但是，他常常在与直接的内在知识相反的意义上使用“相信”一词，却没有暗示这种“相信”是缺乏恰当动机的。所以，当有人告诉我关于自身心灵状况的事实，比如他理解或希望这个或那个，我也就“相信”，当他所说的是有关人性心灵的为真的事实而并不仅仅特指他自己的心灵时，“我认识到并给予我的认可，因为我通过自我意识和内省，知道他说
56 的为真”。[③] 详细地说，奥古斯丁或许通过他的“如果我犯错，我即存在”而预见到了笛卡尔，然而，他并不关心外部世界是否存在这个问题。他并不怀疑它的存在，虽然他足够清楚地认识到我们有时会就外部世界做出错误判断；并且证据也不总是可信，不管这些证据来自我们自己的感官还是他人的。由于他对永恒真理的认知和这个知识与上帝之间的关系尤其感兴趣，他很少想到要花太多时间来考虑我们对于感官的可变对象的认知。事实上，他的“柏拉图主义”与他灵修的兴趣和视角，使得他不把具有形态的物体当作认知的本来对象，因为它们是可变的。而且因为我们对于它们的认知依赖感官之身体器官，后者与对象本身一样并不总是保持在同一状态。如果我们没有获得感官对象之“真实知识”，那么这不仅仅由于认知主体的不足，也由于对象中的某种根本的不足。换句话说，奥古斯丁对感官认知的态度与其说是笛卡尔主义的，不如说更多地是柏拉图主义的。

4. 所以，最低层次的知识是感官认知，它依赖感性。奥古斯丁从他的柏拉图主义心理学出发，将感性视为灵魂把感官作为工具来使用的行动。感知并不属于身体，而是通过身体而属于灵魂（Sentire non est corporis sed animae per corpus）。灵魂使得身体获得生命，然而，当它在一个特别

① 《论三位一体》，15，12，21。
② 《忏悔录》，6，5，7。
③ 《论三位一体》，9，6，9。

的部分上（即某一个特定的感觉器官上）增加或加强它的活动的时候，它
就执行了感性的能力。[①] 从这一理论出发，我们可以得知感性认知中的任
何缺陷都必然发自感性工具（即感觉器官）的可变性，以及感性之对象的
可变性，这的确也是奥古斯丁所认为的。人之理性灵魂在它自身之中并通
过它自身思考永恒真理，从而获取真的认知并获得真实的确定性。而在转
向物质世界并且使用身体性的工具的时候，它不可能获取真正的认知。顺
着柏拉图的理论，奥古斯丁认为真正认知的对象是不变的，从而也就必然
可得出，对于变化中的对象的认知并非真正的认知。这种类型或阶段的认
知对实际生活来说是不可缺少的，然而那个专注可变者的领域的人忽视了 57
不变者的领域，而后者是人类灵魂就其最完满意义上的知识而言的相应
对象。

当然，严格意义上的感性是人和动物所共有的，但是人能够拥有也确实拥有关于有形态的事物的理性知识。在《论三位一体》中，奥古斯丁指出动物能够感知到有形态的事物并且记住它们，以及能够寻找有用的，避开有害的。然而，它们却不能有意将东西归入记忆或按意愿回忆起它们，也不能够执行任何涉及理性应用的行动。所以，就关于感官对象的知识而言，人的知识是高于动物的知识的。而且，人能够对具有形态的事物做出理性判断，并认识到它们与永恒标准的相似。比如有人判断某个对象要比另外一个更美，他的这种比较的判断（如果我们承认美具有客观性的话）就蕴含着对美之永恒标准的参照。而对于这条或那条线更加直或不直、这个图形是一个画得很好的圆等判断，也蕴含着对理想的直线和完美的几何圆形的参照。换言之，这种比较性的判断也包含了对“理念”的参照（“理念”不能被理解为纯粹主观的）。“更高的理智的任务则是以没有形态的、永恒的思考来判断具有形态的事物；而那些没有形态的永恒的思考如果不是高于人类心灵的，也就肯定不会是不变的了。然而，除非我们自身的某些东西被添加到它们上面，否则我们不能把它们作为我们衡量具有形态的事物的标准……但我们自己用以考虑有形态的时间中的物体的能

---

① 《论三位一体》，12，2，2。

力的确是理性的。而它并非人和动物共有的，而是从我们心灵的理性实体中获取的，通过这个实体，我们依赖并追随那智性的不变的真理，这个实体受到这个真理的委托来支配和引导更低一级的事物。”[①]

奥古斯丁指的是，最低层面的知识——只要它能够被叫作知识的话——是感性认知，这是人和动物都具有的。而最高层面的知识是人所特有的，这是灵魂本身对永恒事物的思考（智慧），没有感性的参与。然而，
58 在这两个层面之间，有一种中途驿站，在那里，心灵依照永恒且无形态的标准来判断有形态的对象。这一层面的知识是属于理性层面的，所以它是人所特有的，动物则没有，但它也涉及道德对感官的运用，并关系到可感对象，所以它要比对永恒和无形态的对象的思考要低一层。另外，这种对理性的低一级的运用是针对行动的，智慧则是思辨的而不是实践的。“我们用以对时间性物体加以良好运用的行动，与对永恒事物的思考是有区别的，前者被看作知识，后者则被视为智慧……就这个区分而言，我们必须要理解智慧属于思辨，知识则属于行动。”[②] 理想的状况是，思辨性的智慧应该增长，同时我们的理性也要在部分上关注对那些可变且具有形态的事物的良好运用，“因为如果没有这种运用，生活就无法继续”。当然，前提是我们要在对时间性的物体的关注之中，使其服务于获得永恒事物的目的，“轻松地经过前者，而信守后者”。[③]

这种观点显然是柏拉图主义的。二者都将感官对象与永恒的非质料性现实进行对比，对可感对象做出了同样的描绘，同样几乎不情愿地承认了实践知识之于生活的必要性，同样坚持“理论性”静观，坚持对灵魂的净化以及将其从感性的奴役中解放出来，从而得以参与知识性的上升。然而，如果我们把奥古斯丁的态度视为一种单纯的对柏拉图主义的采纳，那就错了。柏拉图和新柏拉图主义的主题当然得到了使用，然而奥古斯丁的兴趣总是首要地在于获得人之超性的目的——永福，而这在于拥有上帝以及对上帝的直观。虽然他有时使用从柏拉图传统那里接纳的智性主义的论

---

① 《论三位一体》，12，2，2。
② 同上，12，14，22。
③ 同上，12，13，31。

述方式，但在其思想总体框架中，占据首席地位的总是爱：我的爱是我的负重（Pondus meum, amor meus）。[①] 就连这一点，也确实在柏拉图主义中有相似的部分，但我们必须记住，对奥古斯丁来说，目的并不是获得一个非人格性的神，而是一个人格神。事实上，他在柏拉图主义学说中找到了他认为可以很好地被采纳并用以阐释根本的基督教生活哲学的部分。

5. 感官的对象，即具有形态的事物，比人之理性要低级，后者以它们与一个标准相比如何不足来判断它们。但也存在着其他的知识对象，它 59
们超越了人的心智，从这个意义上讲，它们是为人的心智所发现的，心智必然认可它们，而不会想要修正它们或认为它们并不是它们所是的那样。比如，我见到一幅艺术作品，并判断它很美或不怎么美，这个判断不仅意味着一个美的标准的存在、一个客观标准，也意味着我有关于这个标准的某些知识。因为，除非我拥有某些关于美的标准、美本身、美的理念的知识，否则我如何能够判断这个拱门或这幅画在美上面不完美、不足够呢？除非有着某种客观标准，它并非如同那些美的**事物**一样可变且不完美，而是不变、持衡、完美且永恒的，否则我所谓的客观判断该如何成立呢？[②] 另外，几何学家思考的是完美的圆周和线，并按照这个完美的标准来评判那些近似于圆周和线的图形。圆形的东西是时间性的并且会消亡，然而圆形本身、圆形的理念、圆的本质是不变的。再者，我们可以把七个苹果和三个苹果加在一起变成十个苹果，而我们所数的苹果是可感并可变的对象，它们是时间性的并且会消亡，然而在它们之中所考虑的独立于事物的七和三这些数字为数学家所认识，并且加在一起成为十，他发现这个真理是必然和永恒的，不受制于感官世界和人的心智。[③] 这些永恒的真理对所有人来说都是一样的。感知则是私人的，这指的是某个东西在一个人看来是冷的，在另一个人看来却并不一定是冷的；而数学真理对所有人来说都是一样的，个人的心智则应接受它们并且承认它们具有绝对真理和有效性，这是不受制于心灵自身的反应的。

---

① 《忏悔录》，13，9，10。
② 参见《论三位一体》，9，6，9—11。
③ 同上，12，14，22—23；12，15，24。《论自由意志》，2，13，35；2，8，20—24。

奥古斯丁在这个问题上的态度很明显是柏拉图主义的。比如，善和美的标准对应了柏拉图的第一本原或 ἀρχαί，即那些范型式的理念，理想的几何图形则对应柏拉图的数学对象，τὰ μαθηματικά，它们是 διάνοια 的对象。所以，针对奥古斯丁的理论，有关柏拉图理论可提出的同一个问题在这里重现了，也就是“理念在哪里”。（当然，我们必须记得，对这两
60 位思想家来说，这里的“理念”并非主观的观念而是客观的本质，而对于“哪里”的询问也不是指地点，因为“理念”按其预设是非质料性的，这个问题要问的是我们可以称之为本体论境域或地位的东西。）新柏拉图主义者认识到，在承认有一个非人格和非质料性的本质之领域时会产生困难，这个至少在柏拉图发表的著作中**明显**被指定给本质的条件，把柏拉图的理念阐释为上帝的思想并将它们“置于”努斯即神学的心智中，后者作为发出的自立体，从太一中流溢而出（参见斐洛关于理念被包含在逻各斯之中的理论）。我们可以说奥古斯丁接受了这个观点，同时我们要考虑到他并没有接受新柏拉图主义的流溢说这一事实。范型式的理念和永恒的真理在上帝之中。“理念是事物的某种原型或持衡不变的本质，它们自身不是受到塑造的，而是永恒存在并且没有变化的，它们被包含在神性的理性中。”[1] 如果希望避免不得不说上帝是通过非理性的方式创造世界的，我们就必须接受这个理论。[2]

6. 一个难题却随之产生。如果人的心智把握到了范型式的理念和永恒真理，而这些理念和真理都在上帝的心智之中，那么不就可以得出“人性的心智可以把握上帝之本质”这一结论吗？因为上帝的心智及其所涵括的内容在存在上都是与上帝的本质同一的。有的作者相信奥古斯丁确实是这么认为的。在哲学家中，马勒伯朗士（Malebranche）声称他关于心智把握上帝中的永恒理念的理论在奥古斯丁那里得到了支持，而他表示心智所把握到的并非神性本质本身（这是获得永福的人的超性直观），而是作为向外（ad extra）可被分有的那一方面的本质，也就是作为造物界的范型的本质。通过这个说法，他试图避开那个看似合理的结论，即在这种情

---

① 《论理念》，2。

② 参见《订正录》，1，3，2。

况下，人的心智把握到了上帝的本质。同样，本体论者也声称他们关于灵魂对上帝之直接直观的理论在奥古斯丁那里得到了支持。

现在，不可否认的是，奥古斯丁的某些文本本身确实倾向于这样一个诠释。然而，考虑到奥古斯丁有时像是在传授本体主义，我能很清楚地看到，如果考虑到他的整体思想，这种诠释是不可容许的。我当然不会如此大胆地认为奥古斯丁从来不会有不一贯性，然而我的确相信对奥古斯丁的本体论式的诠释和他的灵修学说非常不相配，如果还有其他的文本支持 61
一种非本体主义的诠释的话（这样的文本的确存在），那些显得有本体主义观点的文本就应该被赋予一种次要的地位和从属性的价值。奥古斯丁非常清楚地意识到，人可以在认识到永恒和必然的真理（比如数学原理）的同时却完全不是一个善的人：这样的人没有在这些真理的最终奠基中认识到它们，但他毫无疑问认识到了真理。那么，奥古斯丁如何可能认为这样一个人认识到了上帝的本质呢？他在他的灵修学说中是如此强调道德净化的必要性在于接近上帝，并且意识到对上帝的直观属于那些在来生得救了的人。而且，一个在精神和道德上都远离上帝的人能够认识到坎特伯雷大教堂要比一个金属结构掩蔽棚屋更美，就像奥古斯丁本人在皈依之前就能够察觉到感性美的不同程度一样。在《忏悔录》的一段著名的话中，他申明："我太晚开始爱你，哦，你，美本身，这么古老却又这么年轻；我太晚开始爱你……以一种畸形的方式，我委身于你创造的那些美的事物。"[①] 同样，在《论灵魂的质量》[②] 中，他清楚地确认了一点，即对美的静观发生在灵魂上升阶段的终点。于是，在这个学说的观点下，在我看来，说奥古斯丁认为灵魂在把握了永恒和必然的真理时也就把握到了神性心灵，这是不可理喻的。那些似乎暗示他的确这么认为的章节可以通过他借用了柏拉图和新柏拉图主义表述的这个说法来解释，但这些表述从字面上看和他思想的大体方向并不相合。要说出奥古斯丁究竟如何设想被人性心智所把握的永恒真理的状态（他有可能从未解答过这个问题的本体论层面），看来是不可能的。在我看来，与其采取一个纯粹新柏拉图主义或本体论式的

① 《忏悔录》，10，27，38。

② 《论灵魂的质量》，35，79。

诠释，不如认为在上帝之中的永恒真理和理念具有一种生成理念的功能，也就是说，发自上帝而去照亮人之心智的“光”使得心智能够见到永恒真理中的不可变的特性和必然性。

然而，我们可以补充另一个对奥古斯丁的本体主义式诠释的进一步
62 反驳。这位圣徒用对永恒和必然的真理的认识来证明上帝的存在，他论述道，这些真理需要一个不变和永恒的奠基。我们现在不再深入这个论证，但值得指出的一点是，如果这个论证在一定程度上是合理的，那它很清楚地预设了心智有可能认识到这些真理，却并未同时认识到上帝，即有可能同时在怀疑或否认上帝的存在。如果奥古斯丁准备好对某人说，“你怀疑或否定上帝的存在，但你必须承认你认可绝对的真理，而我将向你证明，对这些真理的认识蕴含了上帝的存在”，那么他几乎不可能认为那个怀疑者或无神论者有着对上帝的或者对神性心智的现实内容的任何直观。这番考虑在我看来排除了本体论式诠释的可能。但在进一步推进这个主题之前，我们有必要对奥古斯丁的光照论做一定的叙述，因为这会使得理解他的观点变得更加容易，虽然我们必须承认，对这个理论的诠释本身也有一定的不确定性。

7. 奥古斯丁说，除非这些不变的真理像是被太阳的光芒照射，否则我们是不能够认识到它们的。[1] 照亮理性的神性之光来自上帝，他是“智性之光”，在他之中、经由他并通过他，这一切对理智来说可见的事物才变得可见。[2] 在这个为奥古斯丁学派所共有的光照学说中，奥古斯丁采用了新柏拉图主义的主题，这个主题源自柏拉图将至善的理念比作太阳，[3] 至善的理念照亮了它下面的智性对象或理念。对普罗提诺来说，太一或神是太阳，是超越性的光。然而，使用光的隐喻并没有非常清楚地告诉我们奥古斯丁的意思是什么。我们必须恰当地借助《论三位一体》[4] 中的章节来理解。这位圣徒在其中说到，心灵的本性是这样的：“当它面对自然秩

---

① 《独白》，1，8，15。
② 同上，1，1，3。
③ 《理想国》，514—518。
④ 《论三位一体》，12，15，24。

序中的智性对象的时候，按照上帝的安排，它是在不具有形体的光中见到它们的，这个光自成一类，就像肉眼在具有形体的光中见到周围的对象一样。”这些话语像是在表明，这里谈论的光照是一种精神性的光照，而且它对于心智的对象所执行的功能就如同阳光对肉眼的有形物体所执行的功能一样：换言之，正如太阳光使得有形之物变得肉眼可见，神性的光照则 63
使得永恒真理变得对于心智可见。因此我们似乎可以得出，既不是光照本身，也不是上帝这智性的太阳被心灵所见到，而是必然和永恒的真理中的必然性和永恒性的特点通过上帝的活动而变得对心灵可见。这肯定不是本体主义的理论。

但是，奥古斯丁为何要设定这么一个光照呢？他为何认为它是必要的呢？因为人的心智是可变的、有时间性的，因此不变和永恒的事物就超越了它，并显得超出了它的能力。“当人性的心智知道并爱自身的时候，它不知道也并不爱任何不变的东西。”[①] 此外，如果真理“与我们的心智等同，那它也会是可变的”，因为我们的心智现在或多或少地认识到了真理，这个事实也就显示出我们的心智本身是可变的。而实际上，真理既不比我们的心智更低级，也不与其等同，而是“高于后者而且比后者更加完美”。[②] 所以我们需要神性的光照，为的是让我们理解超越我们心智的东西，“因为没有一个受造物是自己照亮自身的，无论它是多么理性和智性，它是通过对永恒的本真（Truth）的分有而被光照的”。[③]“上帝把人的心智创造为理性的和智性的，借此，人就收到了上帝的光芒……并且他以自身照亮了人的心灵，这样，不只是那些通过真理而得到展现的事物，连真理本身都能够被心灵的眼睛见到。”[④] 这种光芒照耀在真理上，使它的不变和永恒的特性对于时间性的、可变的人类灵魂变得可见。

其实，就像我们已经看到的那样，奥古斯丁已经明确说过，神性的光照是被授予的，并且是自成一类的（sui generis）。那么，我们似乎就不

---

① 《论三位一体》，9，6，9。
② 《论自由意志》，2，13，35。
③ 《〈诗篇〉注疏》，119；《讲道》，23，1。
④ 《〈诗篇〉注疏》，118；《讲道》，18，4。

能把光照论还原成对如下真理的单纯论述，即上帝维持着并创造了人的理智，而理智的自然之光是一种被分有的光。托马斯主义者希望以托马斯给予奥古斯丁的同样的敬重来对待奥古斯丁，他们自然也就不太愿意承认这两位伟大的神学家和哲学家之间有着彻底的分歧，并且倾向于以一种弱化二者思想差异的方式来解释奥古斯丁。然而最该强调的是，圣奥古斯丁所说的“光”指的不是理智自身或理智的活动——就算它的活动有着上帝的
64 常规协助——因为恰恰是由于人类理性的不足，他才设定出神性光照的存在和活动。说奥古斯丁设定出了一个特殊的神性光照是错误的，而托马斯否认这种光照的必然性就是对的，这种态度是可以理解的，但是，如果企图坚持说两位思想家所说的是同一回事，就算认为托马斯是把奥古斯丁模糊地借助隐喻所说的思想清楚地表达出来了，这样一种对两人思想的调和似乎还是走得太远了。

我已经表明，我接受这样一种对奥古斯丁的诠释，即神性光照的功能是使得永恒真理中必然的要素对我们的心灵可见，而我反对一切形式的本体主义的诠释。这个反对很明显包括了对这样一种观点的反对，即按奥古斯丁所说，心灵直接见到了例如美的理念，而且是以这个理念在上帝之中那样的形式见到它的。但我也不愿意接受这样一种观点，即按奥古斯丁所说，上帝的确把美的理念或任何一种规范性的理念（也就是说，我们做出关于这些理念的比较性或程度性的判断，比如这个对象比那个更美，这个行动比那个更加正当，等等）以已经完成的形式注入到了人的心灵之中。这种极端的观念生成式的看法会使得神性光照的功能成为一种分离的积极理性的功能：事实上，上帝本身也就会是一个在本体上分离的积极理性，他把观念注入到人的心灵之中，人的感性和理性却没有起到任何作用，而是仅仅扮演着被动的角色（这里提到积极理性当然不是在暗示奥古斯丁是以亚里士多德的心理学术语来思考或讨论的）。在我看来，这样一种诠释并不能让人满意，虽说它无疑有很多益处①。依照奥古斯丁的说法，针对心灵活动的神性光照可以类比于针对视觉活动的太阳光芒，虽

---

① 比如参见伯塔列（Portalié）在《天主教神学词典》（*Dictionnaire de théologie catholique*）中的文章。

然阳光使得有形物体变得可见，但奥古斯丁肯定没有把它视为在人之主体中创造对象的图形。另外，虽然神性光照在奥古斯丁的思想中具有回忆说在柏拉图哲学中那般的位置，以至于光照看上去似乎可以满足一些产生观念的功能，但我们必须记住，奥古斯丁的问题是关于确定性的，而非关于 65
我们的概念或观念的内容的：与判断或理念的内容相比，它其实更多地涉及确定性判断的形式和规范性理念的形式。奥古斯丁在《论三位一体》中提出[①]，心灵“通过身体的感官收集关于有形之物的知识”。此外，在讨论到概念形成的地方，他也似乎是在考虑人类心灵在感性对象中发觉智性对象，也就是执行着一种至少在某种形式上与抽象等同的活动。然而，比如当心灵认识到一个物体或多或少是美的，亦即按照一个不变的标准来判断一个对象的时候，心灵是在永恒理念的规范性行动之光照下做出判断的，而这个永恒的理念本身是心灵不可见的。美自身以这样一种方式光照着心灵的活动，以至于心灵能够发现对象与标准之间或多或少存在相似，虽然心灵并不直接认识到美自身。在这层意义上，奥古斯丁的光照说提供了柏拉图回忆说的功能。另外，虽然奥古斯丁并没有清楚地说明**我们是如何获得**七、三和十的观念的，但光照的功能并非为人们注入这些数字的观念，而是照亮了七加三等于十这个判断。从上面已经提到过的那个章节[②]以及其他章节来看，[③]我们可以得出一个观点：当我们独立于感官而获得关于有形对象的概念（比如一匹马的概念），并且通过自我意识和诠释而获得比如灵魂这样非质料性的对象的概念时，我们关于这些对象的确定的判断是在永恒理念的规范性活动之“光照”下而得出的。如果光照有着产生观念的功能，就像我相信奥古斯丁的观点确实包含了这样一点一样，那么，这个功能并非指概念的内容（好像光照注入了内容似的），而是指我们就这个概念所做出的判断的质性，或我们对这个对象中的某一特性的认识，以及它与规范或标准间的关系，而这些并不包含在那个东西的单纯概念之

---

① 《论三位一体》，9，3，3。

② 同上。

③ 《独白》，1，18，15；《〈约翰福音〉注疏》，35，8，3；《论三位一体》，9，15，24；等等。

中。如果是这样的话，那么奥古斯丁和托马斯之间的区分就并不在于它们针对抽象事物的态度（因为无论奥古斯丁是否明确地这样说，按上面的诠
66 释，他的观点就至少**要求**某种形式的抽象），并且实际上，奥古斯丁也认为在上帝的造物和维持性行动之外，我们还有必要在心灵对永恒和必然真理的认知中，设定一种上帝的特殊光照行动，托马斯则并非如此。就这个光照论的观点而言，我们可以理解圣奥古斯丁是如何将永恒真理中的必然性和不变性视为对上帝存在证明的构建，而它是无法以一种存在论的诠释得到解释的，因为，如果心灵感知上帝或神圣的理念，它也就不需要任何关于上帝存在的证明了。奥古斯丁并没有详细地解释概念之内容是如何形成的，这或许是让人遗憾的，却还是可以理解的，因为他虽然对心理观察感兴趣，但这并不是出于一种学术的动机，而更多地是出于灵修和宗教的动机：他首先关心的是灵魂与上帝的关系，而虽然永恒的真理之必然性与不变性（与人之心灵的偶然性和可变性相对立）以及光照论的学说有助于阐明此关系并且激发灵魂朝向上帝，但涉及概念构成本身的探讨就不会与"我将认识到我，认识到你"（Noverim me, noverim Te）有这么明显的关联了。

总而言之，圣奥古斯丁向自己提了这么一个问题：我们如何获得关于必然真理的知识？从经验中，他清楚地看到我们的确是具有这样的知识的。但我们不能简单地从感官经验中获得这样的知识，因为有形态的对象是偶然的、可变的和有时间性的。我们也不可能从自己的心灵出发创造出真理来，因为我们的心灵同样是偶然的、可变的。而且，这样的真理统领和支配我们的心灵，把自身强加在我们的心灵之上——如果它们依赖于我们，事情就不会是这样。从这里我们可以得知，我们是在那唯一必然、不变和永恒的存在（也就是上帝的行动）之下，才能够获知这样的真理的。上帝就像照亮我们心灵的太阳，或一个教授我们的老师。在这一点上，诠释的困难开始了。现今的作者们倾向于这么一个解释，即我们关于有形对象的概念之内容是通过感官经验和对经验的反思获取的，神性理念的调节性影响（也就是上帝的影响），使得人能够认识到受造物与永恒的超越感
67 性的实在之间的关系。对于后者，在今生今世却没有直接的直观，而且，

上帝之光使得心灵能够在必然判断所表达的概念间的关系上发现必然性、不变性和永恒的要素。然而，由于奥古斯丁使用了隐喻，并且他的兴趣首先并不在于对知识进程加以系统性和“经院学式”的悉心定义，所以要获得对他的思想的权威诠释，得到一种能恰当地解释他给出的所有论点的诠释，也就显得是不可能的。

第五章

圣奥古斯丁（三）：上帝

从永恒真理出发来证明上帝存在——从受造物出发和从普遍共识出发的证明——不同的证明作为同一进程的不同阶段——上帝的属性——范型说

68 1. 说在奥古斯丁给出的几个上帝存在的证明中，最核心且最受人青睐的那个证明是从思想出发的，也就是从内心出发的，这或许是真的。这个证明的出发点是心灵要把握到一个必然且不变的真理，即一个“你无法声称是你自己的或者我的或者任何人的真理，而是所有人都见得到并且把自己同样赋予一切人的真理”。[①] 这个真理是高于心灵的，所以，心灵必须在它面前低头并接受它：心灵没有构建它，也不会修正它；心灵认识到这个真理高于自己并且统领自己，而非相反。如果这真理是低于心灵的，那么心灵可以改变或修正它；而如果它与心灵等同且具有相同的特性，那么它自身就会是可变的，就像心灵是可变的那样。心灵在其对真理的理解方面会有不同，会时而或多或少清晰地认识到它，真理却是保持不变的。“所以，如果真理既不低于心灵，也不与它地位相同，那么也就只能是真理高于心灵并且比它更加卓越了。”[②]

但是永恒的真理必须建立在存在之上，必须反映一切真理的根基。就像人的想象反映了作为其根基的人类心灵之不完美和变化多端的特性那

① 《论自由意志》，2，12，33。
② 同上。

样，就像感性的印象反映了它们所扎根的有形对象那样，永恒的真理揭示了它们的根基——本真自身，反映了上帝的必然性和不可变性。一切本质标准都是如此。比如，当我们判断某一行为或多或少地是正当的，我们是在按照一个本质的、不变的标准来如此评判的，也就是依照一个本质或“理念”来评判的：人的行动在具体形式上会有不同，但标准是保持不变的。在这永恒和完美的标准之下，我们对具体的行动做出判断，而这一标准必须扎根于那永恒和全然完美的存在。如果有着绝对真理的领域，它也只有在具有一个真理的根基的条件下才能够被理解，即“本真，在他之 69
中、凭借他并且通过他，这些事物在一切方面都为真”。[①]

这个把上帝视为永恒和必然的真理之根基的论述不仅仅为“奥古斯丁学派”所接受，而且在好几位卓越的哲学家（比如莱布尼茨）的思想中重新出现了。

2. 圣奥古斯丁的确从外部物质世界出发证明了上帝的存在，但他就此所做的论述更多地是一种暗示、提示或总结性陈述，而非在学院意义上所展开的证明。他并不关心要对无神论者证明上帝的存在，而是想要展现一切造物都宣扬着上帝，灵魂则能够在自身中体验到上帝，那活生生的神。他所感兴趣的是灵魂面对上帝的动态结构，而非对辩证论述加以构建，并获得一个纯粹理论性的结论。以纯粹理智的赞同来承认有一个至高无上者存在是一回事，要把真理带给自身则是更高的要求。灵魂寻求幸福，而很多人在自身之外去寻找幸福：奥古斯丁试着指出，受造物是不可能给予灵魂所要寻找的完美幸福的，它朝上指向那活生生的上帝，他必须在心中去寻找。如果我们要首先避免把奥古斯丁的证明看作理论意义上的逻辑证明，其次要避免将其贬低为对托马斯更好地表达出的内容所做的不恰当的且微不足道的表述，那我们必须记住他那根本的宗教性的和精神性的态度。这两位的目的并不完全一样。

在《〈诗篇〉注疏》第 73 首中，奥古斯丁说道：“我既然看不到你的灵魂，又该如何知道你是活生生的呢？我如何知道呢？你会回答的，因为

---

① 《独白》，1，1，3。

我说话，因为我行走，因为我工作。傻瓜！从我身体的运作中，我就知道你是活生生的，你难道不能从受造物的工程中认识到造物主吗？”此时，他实际上是从上帝的运作之效应出发证明上帝的存在的，但他不是为了证明而展开证明的：他是通过注疏的形式，在他的释经过程中提到这个证明的。同样，当他在《上帝之城》[①]中声称，“世界以及一切可见物体的秩序、规划、美、变化和运动，都在默默地表明它只可能是由上帝创造的，
70 上帝是不可言喻、不可见的伟大者，是不可言喻、不可见的美”，他更是在提醒基督徒一个事实，而不是要为上帝的存在提供一个系统性的证明。另外，奥古斯丁对《创世记》[②]加以注疏的时候说道：“造物主的能力和他的大能以及统治万物的力量是每一个受造物持续存在的原因，而且如果这个力量有朝一日停止统领他所创造的万物，那同一时刻不仅万物之种类将会停止存在，它们的所有本性也会消失……”这里，他是在陈述上帝维持万物这一事实及其必要性，在提醒他的读者一个已经公认的事实，而不是在哲学上对其进行证明。

奥古斯丁又以简短的形式给出了如今被我们称为普遍赞同的论述。他说：“真正上帝的力量是如此之大，以至于一旦理性受造物运用它们的理性，它就无法完全不让这些受造物有所察觉。因为除了少数本性已经非常败坏的人之外，全体人类都承认上帝是世界的创造者。”[③]就算有人认为有多个神灵存在，他还是试着去构思“神灵中有一位神”是“比任何其他的东西都要更加完美和崇高的存在者……所有人都认可神在尊严上超出一切其他的物体”。[④]毫无疑问，安瑟伦在他的“本体论证明”中把“不能设想有任何东西比他更加伟大的那位”视为普遍的关于上帝的观念，是受到了奥古斯丁这些言辞的影响。

3. 吉尔松教授在他的《圣奥古斯丁研究入门》（*Introduction à l'étude de Saint Augustin*）[⑤]中说到，在奥古斯丁的思想中确实有着对上帝存在的

---

① 《上帝之城》，11，4，2。
② 《以文字意义论〈创世记〉》，4，22，22。
③ 《〈约翰福音〉注疏》，106，4。
④ 《论基督教教义》，1，7，7。
⑤ 第 2 章。

长篇证明，这个证明包含了好几个阶段。[1] 先是开始的怀疑阶段，以及通过“如果我犯错，我即存在”对该怀疑做出的驳斥，这是在方法上为追求真理所做的预备，即向心灵保证它能获得真理。灵魂接下来考虑感性世界。然而，它在这个世界中没有发现它所寻求的真理，于是转向了内心，在那里，它先考虑了自身的可错性和可变性，发现了超越灵魂并且不依赖它的不变真理。这样，灵魂也就被带领到对上帝作为一切真理之根基的认识中去了。

吉尔松先生所勾勒出来的对上帝存在的完整证明不仅毫无疑问代表 71
了那位圣徒的思想，而且有着这么一个巨大的优势，也就是心灵不仅将从思维，即从永恒真理出发的证明变得重要，而且将此“证明”与灵魂对上帝作为幸福之源泉、作为客观的福祉的寻觅结合在一起，而且是以这样一种方式，其中，证明并不仅仅停留在学术性的和理论性三段论链接的地步。此观点也通过奥古斯丁的第 241 篇讲道中的一段话[2] 得到了证实，在那里，这位圣徒描绘了灵魂询问感知物体并聆听它们宣告可见世界、变换中的物体的美是不变的美之创造和映照，灵魂在内心中追求这个不变的美，它发现了自身，并意识到了灵魂要优先于身体。“人们见到了这两样东西，对它们加以思索，对它们两者进行探求，并发现在人身上，它们当中的每一个都是可变的。”

所以，心灵在发现身体和灵魂都可变的时候，便转而去寻找那不变的东西。“这样，通过他所创造的物体，他们获得了关于上帝造物主的认知。”奥古斯丁完全没有否认被我们称作“自然”或“理性”的关于上帝的认知；然而这个关于上帝的理性认知与灵魂对使得它幸福的本真的追求紧密相连，而这个认知也就被视为上帝对灵魂的一种自我启示，这种启示在基督的完全启示中得到满全，并在祈祷者的基督徒生活中获得肯定。所以，奥古斯丁没有在自然和启示神学之间做清晰的二分，这并非因为他没有见到信仰和理性之间的区别，而更多地是因为他把灵魂对上帝的认识置

---

① 也参见 C. 格伦沃尔德（C. Grunwald）的《中世纪上帝证明史》（*Geschichte der Gottesbeweise im Mittelalter*），载于《论文集》（*Beiträge*），6，3，第 6 页。

② 《讲道》，241，2，2 和 3，3。

于它和灵魂对上帝作为幸福之唯一对象及源泉的精神追寻的紧密关联中来考察。当哈纳克责备奥古斯丁没有理清信仰与科学之间的关系的时候，[1] 他没有认识到，这位圣徒首先关心的是对上帝的精神上的体验。在奥古斯丁眼里，信仰和理性都在一个作为有机的统一体的经验中有着自己的位置。

4. 奥古斯丁坚持认为受造物的世界反映和展现了上帝，即使它是以一种非常不恰当的方式这么做的；他还认为，“如果发现在物体的本性中有着值得称赞的东西，不论判断它是值得小的或大的称赞，都必须把它
72 用在对上帝之最完美和不可言喻的赞美之上”。受造物的确有着变成非存在（not-being）的倾向，然而当它们存在的时候，它们是具有这个形式的，而这是对那种不会损坏或消失的形式的映照。[2] 所以，自然的秩序和统一都在申明造物主的统一，[3] 如同受造物中的善的真实实在展现了上帝的善那样，[4] 宇宙的秩序和稳定则展现了上帝的智慧。[5] 而另一方面，上帝作为自存（self-existent）的永恒和不变的存在（being），是无限的，并且作为无限者，他是不可完全被把握的。上帝是他自己的完满，是“纯一的”，这样，他的智慧和他的知识、他的至善和大能都是他自己的本质，这是没有偶性的。[6] 所以，上帝凭借他的精神性、无限性和纯一超越了空间，就像凭借自己的永恒超越了时间一样：“上帝自身不在时间的间隔或空间的延展之中，但他在自身不变和至高无上的大能之中，他是内在于世界万物的，因为万物都在他之中，他也外在于万物，因为他是在万物之上的。所以他既不在时间的间隔也不在空间的延展中，但他在他的不变永恒之中，比万物都要久远，因为他先于万物，又比万物要年轻，因为同样地，他也在万物之后。”[7]

---

① 《教义史教科书》（*Lehrbuch der Dogmengeschichte*），第 3 版，第 3 卷，第 119 页。

② 《论自由意志》，2，17，46。

③ 同上，3，23，70。

④ 《论三位一体》，11，5，8。

⑤ 《上帝之城》，11，28。

⑥ 《论三位一体》，5，2，3；5，11，12；6，4，6；6，10，11；15，43，22。《〈约翰福音〉注疏》，99，4；等等。

⑦ 《以文字意义论〈创世记〉》，8，26，48。

5. 上帝从一切永恒起就知道他所要创造的万物。他并不是因为创造了它们才认识到它们的，事实正好相反：上帝先知道了造物界的万物，虽然后者是只有在时间中才产生的。受造物的物种在上帝中有其理念或原理（rationes），而上帝从永恒而来就在他自身之中见到了他能够创造并且将要创造的万物，这些是对他的可能映照。他在造物之前将它们当作在他之中的，视其为万物之范型，但他把它们创造为它们所存在的那样，也就是对其神性本质的外在的有限映照。[①] 上帝从不在缺乏知识的情况下做任何事，他预见到了他所要创造的一切，但他的知识并非明确的认知活动，而是“同一的永恒、不变和不可言喻的直观”。[②] 凭借这个永恒的认知活动、这个直观（其中没有过去或未来），上帝见到、“预见到”了哪怕是人的自由行动，他在“之前”就知道了“我们会求他什么，什么时候求他，他将会俯下听谁或不听谁，以及听什么内容”。[③] 在这里我们却无法对最后一点进行恰当的讨论，它必然涉及对奥古斯丁恩宠论的考虑。 73

上帝在静观自己的本质时，在自身中见到了一切可能的有限本质，它们是对他的无限完满的有限映照，这样，万物的本质或原理就从一切永恒出发，在神性心灵中被呈现为神圣理念，虽说按照前面所提到的奥古斯丁关于神之纯一性的学说的看法，这不能被理解为在上帝中有着“偶质”，也就是有着在本体上与上帝之本性相区分的理念。在《忏悔录》[④] 中，奥古斯丁声称受造物的永恒“原理”在上帝那里是保持不变的。在《论理念》（*De Ideis*）[⑤] 中，他解释道，神的理念是“某种原型形式或事物稳定和不变的原理，它们自身不是被塑造的，而是永恒地被包含在神的心灵中，并永远保持同样。它们既不产生，也不消亡，然而一切产生和消亡的事物都是依照它们而被塑造的”。对这一点的推论是，受造物有着本体性的真理，因为它们体现或例示了神性心灵中的模型，而且上帝自身是真理

---

① 参见《以文字意义论〈创世记〉》，5，15，33；《致奥罗希乌斯驳普利西廉主义者和奥力振主义者》，8，9。

② 《论三位一体》，15，7，13。

③ 同上，15，13，22。

④ 《忏悔录》，1，6，9。

⑤ 《论理念》，2。

的标准。这个范型论学说当然受到了新柏拉图主义理论的影响。按照这个理论，柏拉图的范型理念被包含在了努斯中，虽然对奥古斯丁来说，理念是包含在圣言（Word）中的，它不是一个下属的自立体（hypostasis）——比如像新柏拉图主义中的努斯那样——而是真福圣三中的第二个位格，是与圣父同本性的。[①] 从奥古斯丁那里，范型说传递到了中世纪。我们或许可以认为它是奥古斯丁学派的特点，但必须记住，托马斯·阿奎那也没有否认它，虽然他对它的表述比较谨慎，以至于其表述中不会隐含着“上帝中会有在本体上有着区分的理念存在”的观点，这会破坏上帝的纯一。因为在上帝中，除了三个位格之间的区分之外，是没有别的实际区分的。[②] 然而，尽管阿奎那在这一点上跟从了奥古斯丁的思路，但在13世纪坚持范型说和神性理念呈现在上帝圣言中的学说的却是波纳文图拉，我们可以将他对此的坚持视为他对亚里士多德这个形而上学家的反感，因为后者抛弃了柏拉图的理念。

① 《论三位一体》，4，1，3。

② 参见例如《神学大全》，Ia，15，2和3。

第六章

圣奥古斯丁（四）：世界

从无中开始的自由创造——质料——种子原理——数字——灵魂和躯体——不死——灵魂的起源

一旦给出了奥古斯丁思想的大体态度及其复杂性，我们就会惊讶地发现这位圣徒也对物质世界本身有着不少兴趣：他的思想集中于灵魂与上帝的关系，但他的普遍哲学却包含了关于有形世界的理论，他这个理论包含了从之前的思想家那里拿来的要素，他把它们放置在了一个基督教的框架中。然而，认为奥古斯丁纯粹是为了自己的理论而机械性地借用先前的思想则是一个错误：他强调了那些在他看来最能体现自然与上帝的关系及其对上帝的依赖性的那些理论。 74

1. 有一个理论是异教哲学家们没有发展出来的，但这个理论是奥古斯丁与其他基督教作家所共有的，即造物发自上帝之自由行动的从无到有的创造。在普罗提诺的流溢说中，世界被描绘为以某种方式从神发出的，同时神却没有以任何方式变少或改变，然而对普罗提诺来说，神不是以自由的方式行动的（因为这样一个行动就他看来会预设在神中有改变），而是出于本性的必然性（necessitate naturae），至善是必定要流溢出来的。除了一两位非常有可能受到基督教影响的异教徒哲学家之外，从无到有的自由造物学说是无法在新柏拉图主义那里找到的。奥古斯丁或许认为柏拉图教授了一种在时间上从无到有的造物说，但尽管亚里士多德对《蒂迈欧篇》的诠释也如此认为，但这仍然是不怎么可能的。然而，无论奥古斯丁是如何看待柏拉图关于物质的观点的，他自己清晰地表述了从无到有的自由创造学说，并且这对于他坚持上帝的绝对首席地位并坚称世界完全依赖上帝的做法是至关重要的。万物的存在都源于上帝。

2. 但如果假设万物是从某种没有形式的质料中被造的呢？这种无形式的质料会不会不依赖上帝呢？奥古斯丁说，首先你是在说一种绝对没有
75 形式的质料呢，还是在说一种只有与完全塑造成形的质料相比没有形式的质料呢？如果是前者，那么你说的那个就等同于乌有。“上帝从中创造万物的那个既不具有形态也不具有形式的质料，在乌有之外仍是乌有。”然而，如果你说的是后者，也就是那些没有完整形式，却有着初始形式的质料，也就是有能力获得形式的那种质料，那么，质料的确就不完全是乌有的了，而是某物，它所具有的存在是它从上帝那里获得的。“就算宇宙是从某种无形式的质料中创造出来的，这个质料本身也是从某种完全的无中创造的。”[①] 在《忏悔录》[②] 中，奥古斯丁把质料与有形物体的可变性联系在一起（这就等于在说质料是具有潜能的要素），并且认为如果他可以把它称作“无”或可以说它并不存在，他就会这么做。但如果它是可以获得形式的那种能力，它也就不能被称作绝对的无。另外，他在《论真正的宗教》[③] 中说道，不仅拥有形式是善的，能够获得形式的能力也是善的，而善的也就不可能是绝对的无。然而这种并非绝对是无的质料本身也就是上帝创造的，在时间上，它不在具有形式的事物之先，而是与形式同时获得受造。[④] 另外，他把“上帝从无所创造的无形态的质料”与《创世记》第1章第1句中作为上帝最先创造之物的天地等同起来。[⑤] 换言之，奥古斯丁是在初步地表述一条经院学说，即上帝从无中一并创造了形式和质料，而并非在一切形式之外创造了一种绝对的无形式的“原始质料”，虽然如果我们选择将奥古斯丁的表述视作对于更加详尽的经院学说的初步表达，我们也应该记得这位圣徒并不那么关心要为了哲学本身来展开某个哲学学

---

① 《论真正的宗教》，18，35—36。
② 《忏悔录》，12，6，6。
③ 见上述引文。
④ 《以文字意义论〈创世记〉》，1，15，29。
⑤ 《反摩尼教论创世》，1，17，11。

说，而是想强调万物对上帝的本质依赖性，并且强调一切有形事物的可灭的本性，即使它们曾是在存在中被构造的。它们都从上帝那里获得存在，但它们的存在都与它们的可变性连接在一起。

3. 有一个为奥古斯丁本人和他的追随者所钟爱，却被托马斯拒绝的理论，它是关于种子原理的（即在时间中要发展的那些事物的种子的理论），这个理论的目的是提升上帝的主动性，结果却贬低了受造物的因果行动。所以，甚至人（至少是考虑到他的身体，而暂时不讨论灵魂的起 76
源）也是在种子原理中受造的，“物体是以不可见的、潜在的和原因式的形式获得受造的，它们之后会产生，但还没有被造”。[①] 种子原理是事物的种子，或者说是不可见的能力或潜力，它是由上帝于太初在潮湿的元素中创造的，并在其时间性的展开中发展成不同种类的物体。我们能在普罗提诺的哲学中找到关于这些种质性的潜力的理念。毫无疑问，奥古斯丁也从中发现了这个理念。最终，它回溯到了斯多亚学派的种子原理（希腊文中的 λόγοι σπερματικοί），不过这个理念的内容是很模糊的。实际上，圣奥古斯丁从未认为它们是经验对象，或认为它们是可以被见到或触摸的：它们是不可见的，具有原初的形式，或是一种可以按照上帝的安排而发展出形式的潜力。种子原理并非纯粹被动的，而是有着自我展开的倾向，虽然在某些情况下（如缺乏所需的条件和环境以及其他的外在动因）会阻碍或阻止它们的发展。[②] 波纳文图拉在这一点上坚持奥古斯丁的理论，他把种子原理比喻为玫瑰花的花骨朵（ratio seminalis）：这还并不是玫瑰花，但如果必要的积极动力都在，而没有那些消极的阻碍性因素，它就会发展为花朵。

奥古斯丁就这些不属于直接经验的对象表述了一个很模糊的理论，而如果考虑到他**为何**要表述这个理论，上述情况就显得不那么令人吃惊了。这个表述是释经的结果，而不是一个科学问题，这个问题是在释经过程中出现的。依照《德训篇》（*Ecclesiasticus*）[③]，“永生的天主，一举创造

① 《以文字意义论〈创世记〉》，6，5，8。

② 《论三位一体》，3，8，13。

③ 《德训篇》，18，1。

了万物”，而另一方面，按照《创世记》，比如鱼和鸟等生命都是在创世的第五“日”才出现的，地上的牛羊野兽则在第六“日”才出现（奥古斯丁没有把“日”解释为我们现在的二十四小时的一日，因为太阳也是第四“日”才被创造的）。那么，这两个表述该如何相互调和呢？也就是说，有一处认为上帝同时创造了万物，另一处又说有些事物是在另一些事物之后才被创造的，也就是说**并非**一切事物都是同时被创造的。圣奥古斯丁解决
77 这个问题的方式是说上帝的确在太初同时创造了万物，然而他并没有以同一状态创造它们：许多事物，一切植物，鱼、鸟等动物和人自身，都是上帝以不可见的、潜在的和潜能性的方式，在种子和它们的种子原理中创造的。以这个方式，上帝在太初创造了一切植物（虽然它们在地面上还没有实际生长），[①]同时创造了人本身。所以，奥古斯丁会通过在《德训篇》和《创世记》之间做出区分来解决二者之间的明显冲突。如果你是在说实际的形式上的完满，那么《德训篇》并不是指这一点，《创世记》则是在这个意义上来说的；如果你把种子性的创造包括入内，那么《德训篇》指的就是这个。

为什么奥古斯丁不满足于普通意义上的“种子”，亦即可见的植物的种子、谷物等呢？因为在《创世记》中，大地是在绿草的种子**之前**就让其生长出来的，[②]而就其他生物的繁衍而言也是一样。所以，他觉得有必要回溯到另一类种子。比如，上帝在太初创造了小麦的种子原理，按照上帝的安排和行动，它也就在指定的时间发展成了实际的小麦，实际的小麦则包含普通意义上的种子。[③]另外，上帝并未在太初的行动中创造一切种子和卵子，所以，它们也需要一个种子原理。每个物种与其一切未来发展和特殊的成员，都于太初之时在一个恰当的种子原理中就被创造出来了。

从上面所说的内容出发，我们应当清楚地看到，这位圣徒在首要地考察的并不是一个科学问题，而是一个经文诠释的问题。所以，要由此推论说他是拉马克（Lamarck）或达尔文（Darwin）意义上的进化论的支持

---

① 《以文字意义论〈创世记〉》，5，4，7—9。
② 《创世记》，1，11。
③ 《以文字意义论〈创世记〉》，5，4，9。

者或反对者，是毫无意义的。

4. 圣奥古斯丁使用了柏拉图的数字主题，这又回溯到了毕达哥拉斯主义。当然，当他说到完美和不完美的数字，抑或诠释圣经中关于数字的段落的时候，他对数字的论述在我们眼里会显得充满了想象甚至是臆想。但总体来说，他把数字视为秩序和形式、比例和规律的本原。所以，理念是永恒的数字，而身体是时间性的数字，它们在时间中自我展开。身体的 78
确可以以不同的方式被视作数字，因为作为整体，它也就具有一定数目的有序和相互关联的部分，后者则是按顺序发展出来的（比如植物发芽，长出叶子，开花结果，散播种子），或具有一定数目的在空间中分布的部分，换句话说，也就是列举出内在的数字、地点或空间的数字和时间的数字。“种子原理”是隐藏着的数字，身体则是显现出来的数字。另外，就像数学数字是由 1 开始并以整数结束的那样，万物的秩序由至高纯一（即上帝）开始，纯一赋予那些或多或少完美的统一体以存在，而且映照在这些统一体之中。这种数学数字和形而上数字之间的对比当然是从普罗提诺那里来的，而总的来说，奥古斯丁对数字的讨论没有在毕达哥拉斯和柏拉图主义的传统的基础上再增添任何实质性的内容。

5. 拥有质料的造物的顶峰是人，他拥有身躯和不死的灵魂。奥古斯丁明确说到人是由身体和灵魂构成的，他写道：“拥有身体的灵魂并不构成两个人，而是一个人。”[1] 为何有必要提到如此明显的一点呢？因为奥古斯丁说到灵魂是一个本来的实体（一个分有理性的实体，它适于统领身体：substantia quaedam rationis particeps, regendo corpori accomodata）[2]。另外，他甚至把人定义为“一个使用有死的、尘世间的身体的理性灵魂”。[3] 对灵魂的这种柏拉图主义的态度在奥古斯丁关于感性的理论中有着间接影响，就像我们已经见到的那样，他把感性描述为灵魂将身体当作工具使用的活动，而非全部心理和生理机体的活动：感性实际上是发生在灵魂推动身体某一部位的活动中的暂时的强化。灵魂要比身体更高级，它不会被身

---

① 《〈约翰福音〉注疏》，19，5，15。

② 《论灵魂的质量》，13，21。

③ 《以文字意义论〈创世记〉》，7，21，28。

体影响，但它感受得到身体在外部刺激下而发生的变化。

6. 人类的灵魂是一种非质料性的本原，虽然它也如同禽兽的灵魂一样使得身体具有生命。比如，有人会说或甚至会认为他的灵魂是空气做的，但他永远不会知道它是空气做的。另一方面，他很明白他是有理性
79 的，他在思考，而且他没有任何理由认为空气能够思考。而且，灵魂的非质料性和实体性保证了它的永生。在这一点上，奥古斯丁使用了那些可追溯到柏拉图的论证。[①] 比如，奥古斯丁使用了《斐多篇》中的论述，即灵魂是生命的本原，而由于两个对立面是不可调和的，所以灵魂不可能死亡。除了这个论述并非在任何情况下都具有说服力这一事实外，对奥古斯丁来说，不对这个论证加以修改也是不可接受的，因为这看上去意味着灵魂是自存的或是上帝的一部分。所以，他改写了这个论证，通过表明灵魂分有了生命本身（Life），它从一个本原本身（Principle）那里获得其存在和本质，这个本原不容许任何对立。他论证道，灵魂从这个本原（此本原当中没有对立）那里所获得的存在恰恰就是**生命**，所以它不会死亡。然而，这个论证很明显可以用来说明动物的灵魂也是不死的，因为它也是生命的本原，而这也就证明得太多了。所以，必须要结合另外一个同样来源于柏拉图的论证来证明，大意是说灵魂认识到了不可摧毁的真理，而这也就证明了它自身也是不可摧毁的。在《论灵魂的质量》[②] 中，奥古斯丁在人和禽兽的灵魂之间做了区分，禽兽的灵魂具有感知能力却没有论辩和认知能力，而人类灵魂兼有上述两种能力。所以，这个论述是只针对人的灵魂的。柏拉图论述道，人类灵魂是有能力认识到理念的，后者是永恒的和不可摧毁的，这样就表明了，人的灵魂与理念是相似的，是“神性”的，也就是说，是不可摧毁的和永恒的。奥古斯丁没有肯定灵魂先存论，却以一种类似的方式证明了灵魂的永生。另外，他从对永福的渴望、对完美幸福的渴望来加以论证，这成了奥古斯丁主义者（比如波纳文图拉）最青睐的一个论证。

7. 奥古斯丁明确认为灵魂是由上帝创造的，然而在灵魂起源的确切

---

① 参见《独白》，2，19，33；《书信》，3，4；《论灵魂之不朽》，第1—6章。

② 《论灵魂的质量》，28，54，及以下。

时间和形式方面他却并不很清楚。他似乎在考虑某种形式的柏拉图主义的
灵魂先存理论，同时拒绝将灵魂进入肉体视作对进入人世前所犯下的错误
的惩罚。对他来说，主要问题在于，上帝到底是分别创造了每一个个体灵
魂，还是在亚当的灵魂中创造了所有人的灵魂，以至于灵魂是从父母那里
遗传下来的（灵魂遗传说）。第二种观点看上去在逻辑上涉及一种对灵魂 80
的物质主义观点，而实际上奥古斯丁的确不支持任何这类观点，而且他坚
持认为灵魂并不是通过局部的蔓延而出现在身体之中的。[①] 然而，出于神
学的而非哲学的理由，他倾向于灵魂遗传说，因为他认为这种方式可以把
原罪解释为灵魂中遗传下来的瑕疵。如果原罪被视为一种积极的东西而非
本质上的缺失，那么在肯定上帝对每一个单个人类的灵魂的个体创造时，
的确会出现一个困难——虽说它并非一个不可逾越的困难。然而，撇开这
一点不顾，对灵魂之精神和非质料性的明确肯定与灵魂遗传说不相融这一
事实仍然不可改变。

① 《书信》，156。

第七章

圣奥古斯丁（五）：伦理学

幸福和上帝——自由和义务——对恩宠的需要——恶——两座城市

81 1.奥古斯丁的伦理学与或许会被我们称为典型希腊式伦理学的学说之间的共同点在于，它们都是以人的幸福为核心的，并且为人的行为预设了一个目的，即幸福，但这种幸福只能从上帝那里找到。伊壁鸠鲁把人的最高善放置在人的身体中，而把人的希望置于人本身。[①]但“理性的生物……则是如此受造的，以至于他自身不可能是那个使他幸福的善”。[②]人处在变化之中，并且对自身来说是不够的，他只能在获得了比他自身更高的那个对象之后，才会找到他自身的幸福，也就是获得那不变的对象。甚至美德本身也不可能是那个目的：“并不是你灵魂的美德而是那给予你美德的他让你快乐，是他启发你的意愿，并给予你能力去如此行动的。”[③]会给人带来幸福的并不是伊壁鸠鲁或斯多亚理想，而是上帝自身：“所以说，对上帝的追求就是对永福的渴望，而获得上帝就是获得永福本身。”[④]人追求幸福或快乐，而幸福意味着获得一个对象，奥古斯丁从自身经验中清楚地知道这一点，虽说他在哲学中找到了对这一事实的肯定；他也从自身经验中得知，这个对象就是上帝，虽说在认识到这一点的时候，他得到了普罗

---

① 《讲道》，150，7，8。
② 《书信》，140，23，56。
③ 《讲道》，150，8，9。
④ 《论天主教会的习俗和论摩尼教习俗》，1，11，18。

提诺哲学的帮助。但当他说幸福是从获得并拥有那永恒和不变的对象即上帝那里去寻找的时候，他所想的并不是纯粹哲学性的和理论性的对上帝的静观，而是一种在爱中与上帝的结合以及对上帝的拥有。实际上，他所想的是与上帝的超性合一，上帝以恩宠协助的方式包容基督徒：我们不能从奥古斯丁的思想中明确区分出一种自然的、超性的伦理，因为他考虑的人是具体的人，而具体的人就具有一个超性的使命。他认为，新柏拉图主义
者们认识到了基督所揭示出来的东西，新柏拉图主义则是对真理的并不恰 82
当的和部分的认识。

奥古斯丁的伦理学首要地是爱的伦理：人通过意志朝向上帝，并最终获得上帝，享用上帝。“所以，当意志这个中介性的善紧紧抓住那不变的善的时候……，人就在其中找到了有福的生活。”[①]“因为，如果上帝是人的最高善……我们便可清晰地推出，好的生活也就是以全心、整个灵魂和整个心灵爱上帝，因为寻找至高善也就是好好生活。”[②]确实，在引用了圣玛窦[③]所记录下来的基督的言语“你应全心，全灵，全意，爱上主你的天主”，以及“你应当爱近人如你自己”之后，奥古斯丁认为，“自然哲学就在此，因为一切自然事物的原因都在上帝造物主那里”，他还声称“伦理学也在此，因为只有通过爱他们所应该爱的那些事物，我们才会塑造善的和诚实的生活，也就是爱上帝和你的近人”。[④]这样，奥古斯丁的伦理学是环绕着意志的动态运动的，这也是爱的动态运动（我的负重是我的心：pondus meum, amor meus），[⑤]虽然幸福的获得（即“对不变的至善的分有”）对人来说，只有在受到恩宠的协助之下，只有在他领受了“造物主所白白赐予的恩宠”的条件下，才是可能的。[⑥]

2. 然而，意志是自由的，自由意志要服从道德义务。希腊哲学家们将幸福界定为行动的目的，而我们不能说他们没有关于义务的观念。但是

① 《论自由意志》，2，19，52。
② 《论天主教会的习俗和论摩尼教习俗》，1，25，46。
③ 22，37—39。（中文译文摘录于《思高圣经》。——译者注）
④ 《书信》，137，5，17。
⑤ 《忏悔录》，13，9，10。
⑥ 《书信》，140，21，14。

由于对上帝和上帝的造物有着清晰的概念，相比古希腊人，奥古斯丁能够给予道德义务一个更加坚定的形而上基础。

义务的必要基础是自由。意志是自由的，可以转身离开不变的至善，而流连于可变的善益之物，意志把灵魂的善益之物或躯体的善益之物视为其对象，而并不想到上帝。意志必然追求快乐和满足。事实上，这种快乐只能在上帝那里找到，他是不变的至善，但人在此生没有对上帝的直观，他会把他的注意力放在可变的善益之上，并在其中流连忘返，用这些善益之物替代上帝，“这种离开和转向是不可强迫的，而是自愿的行动”。①

83 于是，人的意志有转向上帝或离开上帝的自由，但同时人的心灵必须承认这样一个真理，即它所追寻的幸福只有在对不变的至善（即上帝）的拥有那里才能找到，但朝向善的方向也是由上帝安排的，并且也是他所意愿的，他是造物主。离开上帝时，意志是与在人之本性中得到表达的神的律法相悖的，人的本性由上帝为他自己所创造。所有的人都在某些程度上意识到道德的标准和律法：“甚至那些最渎神的人……也会正确地责备和正确地赞扬人之行为中的很多事情。”他们是如何能够这样做的呢？除非他们看到了那些人该依照它来生活的标准，即便他们自己并不在他们的行为中服从这些律法？他们是在哪里见到这些律法的呢？这些律法不在他们自己的心灵之中，因为他们的心灵是可变的，而“公正的规则”是不可变的；这些律法也不在他们的性格之中，因为他们照理说是不公正的。奥古斯丁用他那常用但晦涩的方式说到，他们是在“那被称作本真（Truth）的光明的书中”读到这些道德律法的。道德永恒的律法被铭记在人的心上，“就像指环压印在蜡上的印记一样，指环本身并不留在那里”。的确，有些人多多少少见不到律法，但就连这些人也“有时被那无所不在的真理之光辉所触动”。② 所以正如人的心灵在上帝的光照中见到了永恒的理论真理那样，它也在同样的光照中见到了实践真理或那些应该引导自由意志的原理。人就其实际的本性而言是朝向上帝的；但他只有通过遵从那些映照上帝永恒律法的道德律法，才能够实现本性的动态结构，而这些律法不

① 《论自由意志》，2，19，35。

② 《论三位一体》，14，15，21。

是任意的规则，而是由上帝的本性以及人与上帝的关系产生的。律法不是上帝随意突然想出来的，上帝要我们遵从这些律法，因为他创造了人，也就要人成为他为人所设定的那种样子。所以，意志是自由的，但同时要履行道德义务，爱上帝则是一种义务。

3. 然而，人与上帝的关系是有限受造物与无限存在之间的关系，结果则是如果没有上帝的帮助，没有恩宠，人们就无法跨过两者之间的鸿沟：甚至在开始意愿要爱上帝的时候，恩宠就已经是必要的了。“当人试图凭借自己的力量而不借助上帝那解放人的恩宠来过正义的生活的时候，
他就随之被罪征服；但在自由意志中，他却有能力相信那解放者并领受恩 84
宠。”[①]“所以，给予律法，是要让人能够去寻求恩宠；而给予恩宠，是要让律法能够得到履行。”[②]“通过律法，我们的意志显示出其软弱，而恩宠会治愈它的病弱。”[③]“没有恩宠就无法实现的教导和施令的律法将人的软弱展现在他眼前，为的是这样得到证明的软弱会去救世主那里寻求帮助，他会治愈意志，使得意志能够去做其自身的软弱认为不可能的事。”[④]

这里不是讨论奥古斯丁关于恩宠学说及其与自由意志间的关系的地方，这在任何情况下都是个困难的问题。不过我们必须认识到，当奥古斯丁把对上帝的爱当作道德律法的本质的时候，他指的是意志与上帝的合一，而意志是需要恩宠所引发的提升的。一旦考虑到他是对具体的人——也就是被赋予了超性使命的人——加以考虑和思索的事实，这也就是顺理成章的。而这也就意味着他用圣经的智慧来补充和完成哲学的智慧。为了做系统性的说明，我们可以区分哲学家奥古斯丁和神学家奥古斯丁，然而在他自己眼中，真正的哲学家是在具体之中如其所是地考察现实的人，而如果不考虑到救赎和恩宠的工程，就无法看到实际情况中的现实。

4. 如果说，道德的完美在于爱上帝，在于让意志朝向上帝并将一切其他的能力（比如感性能力）与这个朝向相协调，恶则在于使意志脱离上

---

① 《〈罗马书〉中部分语句解释》（*Expos. quarumdam prop. ex epist. ad Rom.*），44。
② 《论圣灵与仪文》（*De spir, et litt.*），19，34。
③ 同上，9，15。
④ 《书信》，145，3，4。

帝。但是恶本身——道德上的恶——是什么呢？它是一种实在的东西吗？首先，它不可能是在由上帝所创造这种意义上的实在的东西：道德上的恶之原因不是造物主，而是受造的意志。善的事物之原因是神的善，恶的原因则是从不变的至善转身而去的受造意志：[①] 恶是受造意志从不变和无限的善的转离。[②] 但严格来说，恶不能被称作某个“东西”，因为这个词蕴含了一种实在的现实，而如果道德上的恶是一种实在的现实，那造物主就是它的起源，除非有人愿意认为某些受造物也有从无到有的造物能力。于是，恶是“脱离本质并且趋向于无有（non-being）的……它趋向于使得
85 那些本来具有存在的东西停止存在”。[③] 一切具有秩序和度量的事物都是由上帝所创造的，但在那离开上帝的灵魂中有着秩序的紊乱。意志本身是善的，但缺乏正确的秩序或者对正确秩序的缺失，则是恶的，而人这行为者要对此负责。所以，道德的恶是在受造的意志中对正确秩序的缺失。

恶作为一种缺失，这是普罗提诺的学说，在那里，奥古斯丁找到了对摩尼教的回应。由于恶是缺失而非实在的东西，我们也就不会再面对这样一种选择：是要说善的造物主创造了道德的恶，还是要发明一种终极的恶的本原来解释恶。总体上，经院学派从奥古斯丁那里接受了这个学说，有几位近代著名哲学家也追随这个思想，比如莱布尼茨。

5. 如果说，道德的原则就是爱上帝，恶的本质是离开上帝，那么人类就能够被划分为两大阵营，即那些爱上帝且比自身要更宁愿选择上帝的人的阵营，和那些更宁愿选择自己而非上帝的人的阵营：人最终是借着他们意志的特性、借着他们主导性的爱的特性而得到标注的。奥古斯丁将人类的胜利视为这两大原则之辩证法的历史，一个原则构成了耶路撒冷城，另一个构成了巴比伦城。“让每一个人扪心自问，他爱的是什么；而他将发现，他是这两座城中哪一座的公民。”[④] “有着两种爱，这两种爱区分了在人类中所创立的这两座城市……在两者的混合中，世世代代已流

---

① 《手册》(*Enchirid*)，23。
② 《论自由意志》，1，16，35。
③ 《论天主教会的习俗和论摩尼教习俗》，2，2，2。
④ 《〈诗篇〉注疏》，64，2。

逝。”[①]“你已经听说并知道有两座城，目前它们在身体上是混合在一起的，而在心中则是分离的。”[②]

对基督徒来说，历史必然有着深远的重要性。在历史中，人堕落；在历史中，人获得拯救；在历史中，在地上的基督的身体逐渐生长和发展，上帝的计划逐渐实现。对基督徒来说，与启示内容脱离的历史失去了其重要性：所以，奥古斯丁从基督教的观点来看待历史，而且他的总体态度首先是灵修和道德性的，这也就不足为奇了。如果说奥古斯丁思想中有一个历史哲学的话，“哲学”这个词就必须在一个广泛意义上被理解为基督教智慧。对历史事实的知识可能主要是一种自然的知识，比如关于亚述 86
和巴比伦帝国的存在和发展的知识。但用来诠释这些事实以及对其赋予意义并加以评判的原理却并不源于这些事实本身。时间性和会消失的一切是在永恒的角度之下得到评判的。奥古斯丁倾向于把注意力集中在亚述的那一个在他看来（在道德意义上）是巴比伦城化身的方面，而这在现代历史学家看来却并不十分可以理解。然而，奥古斯丁并不想充当一个一般意义上的历史学家，而是想要给出一个他眼中的历史“哲学”，而他所理解的历史“哲学”是发现历史现象和发生的灵修意义和道德意义上的重要性。确实，如果能有这么一种历史哲学的话，基督徒至少会与奥古斯丁一起同意，只有基督教的历史哲学才能够达到恰当性：比如，在非基督徒看来，犹太民族的地位与它在基督徒眼中所占据的地位是极端不同的。如果要反驳说（很明显我们可以这样做），这涉及对历史的神学诠释，即从信理的角度来解读历史，这个反驳不会给奥古斯丁造成任何困难，因为他从不假装要在神学和哲学之间做出极端的区分，而这种反对意见已经预设了这样一个区分。

---

① 《以文字意义论〈创世记〉》，11，15，20。
② 《〈诗篇〉注疏》，136，1。

第八章

圣奥古斯丁（六）：国家

国家并不等同于巴比伦城——异教徒的国家没有体现真正的公义——教会高于国家

87 1. 就像我已经提到过的那样，奥古斯丁认为，就如同在个人身上一样，在历史中有着两种不同的行为准则、两种爱间的斗争。一种是对上帝的爱以及对他的律法的服从，另一种则是对人自身的爱，对欢愉的爱，对世界的爱。于是，既然他在普世教会中看到了对天上的城市耶路撒冷的实现，那他自然也应该在国家，尤其是在异教徒的国家看到巴比伦城的实现，而奥古斯丁在这个方面的态度之后果则是人们不禁会认为，对奥古斯丁来说，上帝之城就可以等同于作为一个可见社会的教会，巴比伦城则等同于国家。他难道没有问过这些问题？“如果没有正义，王国不就是强盗班子吗？一个强盗班子不就是一个小王国吗？”他不是认可那海盗对亚历山大大帝的回应吗？那海盗说：“因为我用的是小船，于是我被叫作强盗，而你，因为你用的是一个舰队，你就被称作皇帝了？”[①] 亚述和异教的罗马是通过不公、暴力、劫掠、压迫而建立、发展和维持的：这难道不是认可了国家和巴比伦城就是一回事吗？

不可否认的是，奥古斯丁认为巴比伦城在历史上最充分的体现在异教的亚述和罗马帝国那里，就像他肯定认为耶路撒冷城、上帝之城展现在

---

① 《上帝之城》，4，4。

教会那里一样。然而，天上之城和地上之城的思想是道德性和灵修上的思想，其内容不是确切地与任何实际的组织相吻合的。比如，某人可以是一个基督徒并属于教会；但如果他的行为原则是自爱而非对上帝的爱，那么他在精神上和道德上就属于巴比伦城。另外，如果国家的一个官员在其行动中以对上帝的爱为引导，如果他追求正义和仁爱，他就在精神上和道德上属于耶路撒冷城。“现在我们见到一位耶路撒冷的公民、一位天上王国
的公民，他在地上有着职责；比如，他穿着紫衣，作为行政官、营造官、 88
省长、皇帝，掌管着地上的公务，然而，如果他是一位基督徒，如果他是信众的一员，他则举心向上……所以，当我们见到他们在从事巴比伦的事务之时，见到他们在地上的国家做一些地上的行动之时，我们不要对地上王国的公民感到绝望。我们也不要马上就祝贺我们见到的一切从事天上事务的人，因为甚至那最危险之人的儿子，有时也会端坐在摩西的尊位……但是，会有选择的那一天，此时他们会被分开，会非常仔细地把这个和那个区分开来。”[①] 这样，即便巴比伦城在道德和精神意义上会被倾向于认为与国家等同，特别是异教国家，耶路撒冷城则与作为一个可见组织的教会等同，这种等同也不是完全的：我们无法合理地得出结论说，因为比如某人是一个教会的职员，他就必然是属灵的耶路撒冷城的公民了，因为按他的精神和道德状况，他也可能属于巴比伦城。而且，如果国家必定要和巴比伦城同一，那么就没有一位基督徒可以问心无愧地在国家中掌管公务了，他甚至都不能做一个公民，如果他有办法的话，而圣奥古斯丁肯定没有这么一个观点。

2. 但是，如果说这样的国家和巴比伦城并不能简单地混为一谈，奥古斯丁绝不认为这样的国家是建立在正义之上的，他也不会认为真正的正义会实现在任何现实的国家之中，至少不会在一个异教国家中。即便是在异教国家，也会有一定的公正，这是足够显而易见的，然而真正的公正却要求必须敬拜上帝，就像他所要求的那样。异教的罗马却没有这样来敬拜，在基督教阶段，它也尽其所能地阻止对上帝的敬拜。那么，如何可以避免

---

① 《〈诗篇〉注疏》，51，6。

这么一个结论，即真正的正义不应被包含在国家的定义里呢？因为如果正义不应当被包含在国家的定义中的话，那么人们就不可能否认异教的罗马帝国是一个国家。相应地，奥古斯丁也就把社会定义为了“就其所爱的事物所达成的共同协定而联合起来的理性受造物的集合”。[①] 如果它所爱的事物是善的，那么这就是一个善的社会，而如果它所爱的事物是恶的，那这就会是一个恶的社会。然而，就民族的定义而言，也就是关于民族所爱
89 的对象是善的还是恶的，他却什么都没有写，所以，这样的一个定义甚至也可以用在异教的国家上。

当然，这并不是指在奥古斯丁的眼中，国家存在于一个非道德的领域：正好相反，国家和个人也应该遵从同样的道德律法。他要指出的一点是，国家不会是真正正义的化身，也不会是一个真正的道德的国家，除非它是一个基督教国家：是基督教使得人成为好公民的。国家本身作为暴力工具是扎根在原罪的结果之中的，而且，因为有原罪及其后果，国家才是一个必要的机构。然而一个公正的国家是不可能的，除非它是一个基督教国家。“没有一个国家会比那建立在基石上、由信仰和坚实一致而维系的国家要更加完美地建立和维持着的了，在那里，上帝——那至高和最真实的善——为所有人所爱，而在他之中，人们没有虚假地互相相爱，因为他们因上帝而相互爱着。”[②] 换言之，如果由国家治理其自身的话，它是通过对这个世界的爱而被塑造的；然而它可以由更高的原则来指导，这些原则必然源于基督教。

3. 我们可以从中得出两个重要的推论。第一，基督教会将试图用它自己的天上的行动原则来引导公民社会：它有着在地上做酵母的派遣。奥古斯丁关于基督教会和它的派遣的构想在本质上是一个动态的、社会性的构想：教会必须通过它的原则渗透国家。第二，教会是唯一真正完美的社会，并且是绝对高于国家的，因为如果国家必须从教会那里获得原则，它就不会高于教会或与其处在同一级别。在对于这个观点的坚持上，奥古斯丁站在了中世纪相对于国家提升教会地位这一做法的前沿。而他在反对多

---

① 《上帝之城》，19，24。
② 《书信》，137，5，18。

纳图派的时候寻求国家的帮助，正是这种思想的合理结果，因为在他看来，教会是一个更高的社会，基督把世俗的王国交付给了教会，教会也就有权使用世俗的权力。[①]然而，如果说奥古斯丁关于教会与国家之关系的观点成了西方基督教的特征而非拜占庭的特征，我们并不能由此推论说他的观点一定是倾向于削弱公民和社会生活的。就像克里斯托弗·道森所指出的那样，[②]虽然奥古斯丁把国家的神圣光芒给剥去了，但他却坚持自由 90
人格和道德责任的价值，即便是反对国家，在这个意义上，他使得“一种取决于自由人格和朝向道德目的的共同努力的社会秩序的理想成为可能”。

① 参见《书信》，105，5，6；35，3。

② 《圣奥古斯丁的纪念》（*A monument to St. Augustine*），第76—77页。

第九章

伪狄奥尼修斯

著作和作者——肯定的道路——否定的道路——对三位一体的新柏拉图主义诠释——关于造物的模糊学说——恶的问题——正统还是不正统？

91 1. 在中世纪，那些被视为圣保罗在雅典的皈依者——亚略巴古的狄奥尼修斯（Dionysius the Areopagite）之著作的作品不仅在神秘主义者和神秘神学的作者之中享有很高声望，而且在职业神学家和哲学家那里（比如在大阿尔伯特和托马斯·阿奎那那里）也是如此。当然，对于这些作品的崇敬和尊重在很大一部分是由于弄错了作者的身份，原因是原作者使用了一个笔名，即“司铎狄奥尼修斯，写给他的司铎兄弟提摩太”。[1] 公元533年，安提阿的大主教塞维鲁（Severus）借狄奥尼修斯的著作来支持他的一性论学说，我们大可认为这一事实意味着这些著作在当时就已经被认为是具有权威性的了。但是，即使塞维鲁使用了这些著作来支持异端邪说，它们作为圣狄奥尼修斯的作品的地位以及它们的正统性却没有受到任何怀疑。在东方教会中，它们流传得非常广泛，忏悔者马克西姆（Maximus the Confessor）在公元7世纪对其进行了注疏，而大马士革的圣约翰在8世纪也受到了它的吸引，虽说以弗所的希帕提乌斯（Hypatius of Ephesus）质疑过其真实性。

---

① 《上帝的名字》之“导言”（*Exordium* to the *Divine Names*）。

在西方，教皇马丁一世（Martin I）在公元 649 年的第一届拉特兰大
公会提到了这些作品，并认为它们是那位狄奥尼修斯的真迹。大约 858
年，约翰·司各脱·爱留根纳在秃头查理（Charles the Bald）的要求之
下，从希腊文翻译了这部书。希腊文稿是 827 年由拜占庭皇帝米海尔二世
（Michael Balbus）送给美男子路易（Louis the Fair）的。约翰·司各脱除
了翻译了伪狄奥尼修斯的作品，还对它们做了注疏，这也成了西方基督
教的注疏系列中最早的一部。比如，圣维克托的雨果（卒于 1141 年）使
用爱留根纳的翻译注疏了《天上的圣统》（*Celestial Hierarchy*），而罗伯
特·格罗斯泰斯特（卒于 1253 年）和大阿尔伯特（卒于 1280 年）也对
这些著作做了注疏。在约 1261 年，托马斯·阿奎那为《上帝的名字》做 92
了注疏。所有这些作者（比如加尔都西会修士丹尼）都接受了这些著作的
真实性，然而随着时间的推移，人们也就不可避免地认识到它们包含了从
发展成形的新柏拉图主义那里获得的要素，并且它们实际上是在试图调和
新柏拉图主义和基督教。因此，它们的作者应该是一位比历史上的亚略巴
古的狄奥尼修斯要晚许多的作者。然而，这些作品的真实性问题与它们在
基督教立场下的正统性问题并不相同。即使在公元 7 世纪，批判者们开始
攻击这些作品的真实性，它们的正统性也没有受到攻击。认识到它们并不
是真实的，不一定就要承认它们与基督教学说不相宜，虽然要在它们是由
圣保罗本人的学徒所著这个**先天**基础上维持它们的正统性明显是不可能的
了。就其对一元论的驳斥而言，我个人认为这些学说是正统的，然而就其
关于真福圣三的学说而言，我们至少得问问它们能否与基督教的正统教义
相调和。无论它们的作者有何种意图，这些文字不仅像托马斯所承认的那
样模糊，而且从字面上来看，也很难与奥古斯丁和托马斯所教授的三一学
说相调和。我们或许可以反驳说，道成肉身的信理没有得到足够的关注，
这对基督教是至关重要的。但作者显然是支持这一点的，而且在任何情况
下，不过多地论述某一条特定的信理（即便是一个核心的信理）也不等于
在否认它。综观狄奥尼修斯的相关章节，我们似乎并不可能认为它们在这
一点上肯定非正统，除非有人愿意同样否认比如圣十字若望（他是一位教
会博士）的神秘学学说的正统性。

虽然现在没人认为这些作品确实是由亚略巴古的狄奥尼修斯所作，但人们至今无法发现它们的真实作者。它们很有可能是在公元 5 世纪末的时候撰写的，因为它们明显包含了新柏拉图主义者普罗克洛（Proclus，公元 418—485 年）的思想。有人猜测作品中出现的人物西罗台奥斯（Hierotheus）是叙利亚神秘主义者史蒂芬·巴尔·萨戴利（Stephen Bar Sadaili）。如果伪狄奥尼修斯的作品确实在某种程度上依赖普罗克洛的哲
93 学的话，那它们就不可能在公元 5 世纪最后几十年之前被撰写，又因为公元 533 年的大公会提到过它们，它们也不可能写于 500 年之后太久。所以，把它们的撰写时间定在 500 年左右无疑是正确的，而认为它们来源于叙利亚也是合情合理的。作者是一位神学家，毫无疑问是神职人员，但他不可能如同一两位作者仓促假设的那样是塞维鲁本人。无论如何，虽然确定作者究竟是谁会很有趣，但或许我们不怎么可能获得比假设更确定的信息。此外，这些作品的主要价值也并不来自作者的魅力，而是其内容与影响，这些作品是《上帝的名字》(*De divinis Nominibus*)、《神秘神学》(*De mystica Theologia*)、《论天上的圣统》(*De coelesti Hierarchia*)、《论教会的圣统》(*De ecclesiastica Hierarchia*）以及十封信。这些作品被印在米涅（Migne）的《希腊教父文集》(*Patrologia Graeca*）第 3—4 卷中，不过对这些文本的批评性的编辑工作已经开始了。

2. 有两条接近上帝——这一切静观的中心——的道路：一条肯定的道路（καταφατική）和一条否定的道路（ἀποφατική）。在前一条路或方法中，心灵从“最普遍的表述开始，经由中介性的概念（前进到）特殊的名号”，[①]因此也就是从“最高的范畴”[②]开始的。在《上帝的名字》中，伪狄奥尼修斯采用了这个肯定的方法，指出善、生命、智慧、能力这些名号在一种超越的意义上可以被用于上帝；而如果将它们使用在受造物上的话，我们就是在以一种衍生的方式使用它们。因为它们都源于上帝，并且以不同的程度分有这些在上帝那里可找到的质性，这些质性却并不是以内在的质性形式，而是以实体性统一的形式在上帝中被找到的。所以，它是以善

① 《神秘神学》，2。

② 同上，3。

的观念或名字开始的，而这是最普遍的名字，因为存在着的或可能的万物，都是以某种程度分有善的。然而，它也表达了上帝的本性："善的只有一个，即上帝。"[1] 作为善的上帝是造物界那满溢的源泉及最终目的，而"从善发出光，它是善的肖像，所以，善以'光'的名字来描述，因为它是在这个肖像中被揭示出来的东西的原型"。[2] 这里，新柏拉图主义的光
的主题被引入了，而伪狄奥尼修斯对新柏拉图主义的依赖也部分展现在了 94
他的言语中：他说到了至善是美，是"本质之上的美"，还使用了柏拉图《会饮》中的言辞，这些言辞重新出现是在普罗提诺的《九章篇》中。此外，在《上帝的名字》第13章中，[3] 伪狄奥尼修斯把"元一"称作"所有名号中最重要的一个"。显然，他这样写依靠的是普罗提诺关于元一为最终原理的学说。

那么，简单来说，肯定的方法指的就是用在受造物中找到的德性来称呼上帝，也就是用与上帝的精神性本性相契合的那些德性，虽然这样的德性并不以与在受造物那里相同的方式存在于上帝之中，因为它们在上帝那是没有任何不完美的，而且在以不同的名字来称呼上帝的本性的时候，它们之间是没有实际区分的。这位作者写到，[4] 我们在肯定的道路上，以最高的范畴为起点，这是因为我们应该以与上帝最相近的东西为起点，而肯定他是生命和善，这要比说他是石头和空气更加真实。"生命"和"善"指向那现实地在上帝之中的东西，而他仅仅是在比喻的意义或在他作为这些事物的原因的意义上是石头或空气。然而，伪狄奥尼修斯却特别谨慎地强调，就算某些名字能比其他的更好地描述上帝，它们也远远无法代表我们所拥有的对上帝的恰当的知识或概念，通过把上帝说成是超本质性的本质、超本质性的美等等，他正是要表达出这一信念。他并不是在简单地重复柏拉图主义传统的语词，而是在表达一个真理，即在上帝那里确实找得到的那些名字无限地超越了我们对这些名字所体验到的内容。比如，如果

---

① 《上帝的名字》，2，1；《马太福音》，19，17。
② 《上帝的名字》，4，4。
③ 同上，13，1。
④ 《神秘神学》，3。

我们说上帝是有理性的，我们并不是在把人的理性（也就是我们直接经验到的，并且从中获得名称的那种理智）赋予上帝：我们指的是，上帝是**更高的**，比我们作为理智所体验到的那种要无限地更高，而通过把上帝称作超理性或超本质性的理性就最佳地表达出了这个事实。

3. 伪狄奥尼修斯主要是在他的《上帝的名字》和〔已经失传的〕《符号神学》（*Symbolical Theology*）以及《神性概述》（*Outlines of Divinity*）中来探讨肯定的道路的。否定的道路则是把上帝从受造物的不完美中排除
95 出去，这是《神秘神学》的特征。这两条道路的区分来自普罗克洛，经由伪狄奥尼修斯的发展，传入了基督教哲学和神学，也被比如托马斯·阿奎那这样的神学家和哲学家所采用。但是，相比于肯定的道路，伪狄奥尼修斯是更加青睐否定的道路的。在这条路上，心灵以否定那些离上帝最远的东西——比如“醉或愤怒”——属于上帝为起始点，[①] 接着，我们继续向上逐步地否定上帝具有受造物的所有属性，直到我们来到那“超本质性的黑暗”。[②] 由于上帝完全是超越性的，我们“通过否定或移除一切存在之物”才能最佳地赞颂他，也就像“人在创作大理石雕塑的时候，把一切阻碍人们见到那潜在的形象的部分都去除，而由此在其所蕴藏的美中，那隐藏在下的雕塑本身展现了出来”。[③] 人倾向于就神性来构成拟人化的设想，所以我们有必要通过“去除的道路”（via remotionis）来剥去这些人性的、太人性的设想；但是伪狄奥尼修斯的意思并不是说我们可以从这个进程获得一种清晰的关于上帝本身是什么的认识：与雕塑的比较不可以误导我们。如果心灵从它关于上帝的理念那里剔除出了人的思维模式和对神性不恰当的设想，它就进入了“无知的黑暗”[④]，在其中，它“抛弃了一切知性的认知，并且被包裹在那全然不可触及和不可见之物当中，和他那全然不可知者……统一……在一起”；[⑤] 这是神秘学的领域。然而，这种“无知

---

① 《神秘神学》，3。

② 同上，2。

③ 同上。

④ 那部中世纪作品《不知的云》（*The Cloud of Unknowing*）无疑是直接或间接地在伪狄奥尼修斯作品的影响之下写作的。

⑤ 《神秘神学》，1。

的黑暗”的出发点并非对象本身的不可理喻性，而是人之心灵的不足，它因为光的充裕而失明了。毫无疑问，这个学说部分地受到了新柏拉图主义的影响，但是在基督教神秘学神学家那里（特别是在尼撒的圣格列高利那里）能够找到，而格列高利的著作虽然在语言和表述上受到了新柏拉图主义的影响，却也是个人经验的表达。

4. 新柏拉图主义对伪狄奥尼修斯的影响在他关于真福圣三的学说中表现得特别明显，因为他似乎是由要在位格间的区分后面找到那个元一（One）的愿望所推动的。当然，他容许位格间的区分为永恒的区分，而且圣父并非圣子，圣子也不是圣父。不过，如果能够获得对他所说的内容 96
的一个清晰阐释，那么看上去在他的观点中，位格间的区分就是在展现的层面上的区分。这里提到的展现是一种永恒的展现，区分也是上帝中的永恒区分，这要与上帝在多种多样的造物界中的外在展现区别开来。然而，上帝本身超越了展现的层面，他是没有区分的统一。当然，我们可以试图指出，上帝的本性依照正统的三位一体学说是同一的、没有部分的，与每一个神性的位格在本质上也是同一的，以此来为伪狄奥尼修斯语言的合理性辩护。但是，不是说一定如此但非常有可能的是，这位作者不仅仅受到了普罗提诺关于元一的理论的影响，还受到了普罗克洛关于那个超越了统一、善和存在等属性的最初本原的影响。那超本质性的统一现实似乎代表了普罗克洛的第一本原，而在本性上同一的三个位格间的区分代表了新柏拉图主义关于流溢的设想，流溢是最终的神或绝对者的自我展现或启示中的一个阶段，虽说是一个永恒的阶段。当我们说到作为统一和三位一体的超越一切的上帝的时候，他并非我们所知道的那种统一和三位一体……“我们（虽然）使用‘三位一体’和‘统一’这样的名称来称呼超越了存在形式下的一切名称、一切表达的那位，他超越了存在。（那超越性的上帝）没有名字，也不能被理性把握……甚至用‘善’这个名称来称呼他，也并非因为我们认为这样一个名称是合适的……”[①]（上帝）“不是统一或善，也不是精神，也不是子或父……他也不属于非存在的或存在的

① 《上帝的名字》，13，3。

范畴”。[1]

的确，就作者的意图而非实际话语而言，这样的表述是可以得到辩护的。为此我们可以指出，说比如“父”这个概念属于第一个作为位格的位格，而非属于子，是正确的。虽然神性的实体存在于个数上的统一之中，并且在三个神性位格的每一个之中，但它并没有内在的实际区分。而且，允许在第一位格上用“父”这个概念，就这里的目的而言，是因为这个概念是人类语言中能找到的最好的一个概念，它是借用自人性的关系，
97 在类比的意义上运用在上帝身上的。这样，我们的心灵中关于“父”的观念的内容就并非不符合上帝中的实在。另外，伪狄奥尼修斯肯定提到了“在关于上帝的超本质性的学说中的一种区分”，他指的是三位一体的位格以及分别使用于各个位格的名称，[2]他也明确否认他在“混淆和抹灭神性中的区分”。[3]他确认，如“超生命力”“超智慧”之类的名称都属于“整个上帝”，而“具有区分的名称（即‘圣父’‘圣子’和‘圣灵’的名称）是不可以互换的，也不是普遍使用的”。[4]而且，尽管三个神性位格“在一个全然没有区分和超越性的统一中”拥有“相互的持守（abiding）和交融（indwelling）”，这是“没有任何混杂的”。[5]然而，虽然伪狄奥尼修斯关于真福圣三所要说的，大都可以从神学正统出发来加以诠释或受到辩护，我们却不可能不觉察到，有着一个很强的趋势要回归到在位格的区分的背后那个超超越性的（super-transcendent）和没有区分的统一。也许事情的真相是，伪狄奥尼修斯，虽然在意图上是正统的三位一体主义者，但他受新柏拉图哲学的影响是如此之大，以至于他试图调和这两种元素之间的张力，并且在论述中将其表现了出来。

5. 针对世界与上帝的关系，伪狄奥尼修斯谈到了上帝进入到宇宙万物的流溢（πρόδος）[6]，但他试图把新柏拉图主义的流溢说与基督教的创世

① 《神秘神学》，5。
② 《上帝的名字》，2，5。
③ 同上，2。
④ 同上，3。
⑤ 同上，4。
⑥ 同上，5，1。

说结合在一起，他不是泛神主义者。比如，上帝将存在赋予万物，他也就通过从自身中创造出存在的事物而被说是成为多样，然而同时，上帝甚至在他的“自我多样化”的行动中仍然是元一，甚至在流溢的进程中也是没有分化的。[①] 普罗克洛强调，在先的本原在流溢的进程中不会减少，伪狄奥尼修斯也重复了他关于这个问题的学说；但是，新柏拉图主义的影响似乎并不意味着他没有清晰地认识到造物与造物主意志或与造物行动的自由之间的关系，因为他倾向于把造物视为上帝的善的自然的和（甚至是）自发的效果，即便上帝是有别于世界的。上帝以不可见的、没有将自身变成 98
多数的形式而存在于一切个体性的、分离的和多个的事物之中，而且，尽管这些事物都分有那发自上帝的善，尽管它们在某种意义上可以被设想为上帝的“延伸”，然而，上帝自身并没有参与它们变成多个的过程：简而言之，世界是神性的善的溢出，而不是上帝本身。在上帝的超越性以及内在性这一点上，伪狄奥尼修斯是清楚的，但是，他喜欢把世界描述为上帝满溢的善的流溢，也喜欢把内在的神性进程与外在的造物的进程相比较，这使得他把造物说成好像是上帝自发的一种活动，好像上帝是出于本性的必然性创造万物的。

上帝是万物超越性的原因，伪狄奥尼修斯多次肯定了这一点，另外他还解释道，上帝通过范式性或原型性的理念创造了世界，这些理念是存在于上帝之中的“预先规定”（“προορισμοί”）。[②] 另外，上帝是万物的目的因，作为至善将万物吸引至万物。[③] 所以，他是“万物的起源和终点”，[④]“作为原因，是万物之起源，作为它们的最终目标，则是万物的终点”。[⑤] 这样，上帝有一个出发，也有一个回归，有一个成为多的进程和一个内在交融的过程以及回归。这一思想在那位“亚略巴古的”哲学翻译者约翰·司各脱·爱留根纳那里成为基本思想。

6. 由于伪狄奥尼修斯非常强调神性的善，那他也就有责任对存在以

① 《上帝的名字》，2，11。
② 同上，5，8。
③ 同上，4，4，及以下。
④ 同上，4，35。
⑤ 同上，5，10。

及随之而发的恶的问题加以关注。他在《上帝的名字》中[①]讨论了这个问题，其讨论至少部分地依赖普罗克洛的《论恶的自存》(*De subsistentia mali*)这本书。首先，他强调，如果恶是某种肯定的东西，那么我们就得说上帝是它的原因，然而实际上，恶根本就不是什么肯定的东西：确实地说来，恶并非一种存在。如果有人反驳说，因为恶能有创造性，有时候甚至能使得善出现，所以它必然是肯定性的，比如放纵是节制的对立面，是某种恶的东西，有着肯定的存在。对此，狄奥尼修斯的回应是，确切地作为恶来看，没有任何东西是有创造性的，只有在被看作善的时候，或通过善的行动的时候，某物才具有创造性：恶本身却只会摧毁和贬低。恶自身
99 不具有肯定的存在，这从善和存在同义这一点来看就显而易见了：任何事物都具有从善发出的存在，并且作为存在它们是善的。这是否意指恶和不存在确实等同呢？伪狄奥尼修斯确实会认为正是如此，然而，他真正的意思在下面的话语中得到了表达："一切受造物，在它们具有存在以及来源于善这个方面，都是善的，而在缺乏善这一方面来看，则既不是善的也不具有存在。"[②]换言之，恶是一种缺陷或缺失：它不是简单的不存在或缺乏存在，而是缺乏某种应该在场的善。比如，罪人在他具有存在、生命、实在、意志这一方面，是善的；恶在于缺乏了一种应该在那里却实际不在的善，在于他的意志与道德的标尺具有错误的关系，在于缺乏这样或那样的美德，等等。

结论是，没有一个受造物在被视作一个存在物的时候会是恶的。甚至恶魔们也在它们的存在这一点上是善的，因为它们是从至善那里获得它们的存在的，而这个存在依然是善的：它们是恶的，但不是由于它们的存在和自然结构，而"仅仅是由于它们缺乏了天使的美德"。[③]"它们被称为恶，因为它们抛弃了本来的美德，从而造成缺失和缺乏。"坏人也是如此，他们被称作恶人，是因为"缺乏善的质性和活动，并且因其软弱而出错和堕落"。"所以，恶并不作为恶内在于恶魔或我们之中，而仅仅是我们的一

① 《上帝的名字》，4，18，及以下。
② 同上，4，20。
③ 同上，23。

种本来美德的完满的缺失和缺乏。”[1]

自然中的、非道德的恶也以同样的方式得到了探讨。“没有一种自然的力量是恶的：自然中的恶在于事物缺失了实现其自然功能的能力。”[2]而且，“丑陋和疾病都是形式上的缺陷以及缺乏秩序”，这不是完全的恶，“而是较小的善”。[3]质料本身也不可能是恶，因为“质料也在秩序、美和形式中拥有一席之地”：[4]质料不可能本来就是恶，因为它是由至善创造的。我们没有必要追溯到两个不同的最终本原，即善和恶。“总而言之，善来源于那纯一的普遍原因；恶则出于多种部分的缺陷。”[5]

如果说有人渴望恶，那么恶作为欲望的对象，就一定会是某种肯定 100
性的东西。这时，伪狄奥尼修斯回应说，一切行动都是以善为对象的，然而行动却会是错误的，因为行动者会在“正当的善或对象应该是什么”这类问题上出错。至于罪，罪人有能力得知真正的善和什么是真正正确的，所以，“他的错误”也就在道德上归咎于他。[6]另外，那种说预定甚至会违背人的意愿把人引向美德的反驳是愚蠢的，因为“侵犯自然不与预定相称”：预定准备了自由抉择并且尊重它。[7]

7. 作为结论，我们可以说，虽然费迪南·克里斯蒂安·保尔（Ferdinand Christian Baur）[8]在说伪狄奥尼修斯把基督教三位一体的学说减缩为仅仅是对基督教概念的形式化运用而缺乏基督教内容，以及其系统并不允许有一个特别的道成肉身的时候太过火了，然而，必须要承认的是，他的思想所采用的新柏拉图主义哲学和他所信仰的基督教信理（我们没有任何实际理由可以否认这一点）之间，的确有着一种张力。伪狄奥尼修斯的意图是在两种要素中获取一种和谐，是要在新柏拉图主义哲学的框架和样式中来

---

① 《上帝的名字》，24。
② 同上，26。
③ 同上，27。
④ 同上，28。
⑤ 同上，30。
⑥ 同上，4，35。
⑦ 同上，33。
⑧ 在他的《关于三位一体和上帝成人的基督教学说》（*Christliche Lehre von der Dreieinigkeit und Menschwerdung Gottes*），第 2 卷，第 42 页。

表达基督教神学和基督教神秘学。而特别的道成肉身则是异教徒新柏拉图主义者（比如波菲利）所反对的主要的基督教观点之一。而且，虽然就像我已经说过的那样，我们没有理由说伪狄奥尼修斯否认了道成肉身，然而他对道成肉身的接受却没有很好地融入他的哲学体系之中，它在他的诸多作品中也没有起到太多的作用。我们完全可以设想，如果基督教中世纪思想家没有轻信这位作者的笔名，他的著作是否还能在他们身上产生那样的影响，这一点是有待商榷的。

第十章
波爱修、卡西多尔、依西多尔

波爱修对亚里士多德思想的传递——自然神学——对中世纪的影响——卡西多尔论七艺和灵魂的精神性——依西多尔的《词源学》和《语录》

1. 如果古代世界的哲学传入中世纪的一个渠道是伪狄奥尼修斯的作 101
品，那么另一个渠道就是波爱修（Boethius，约 480—524/5 年）的作品，在某种意义上，两个渠道互补。波爱修是一位基督徒，曾在雅典学习，之后在东哥特人国王狄奥多里克手下任高官，最后因为被安上了叛国的罪名而被处决。我用“互补”这个词是因为波爱修至少把关于亚里士多德逻辑的知识传到了中世纪，而伪狄奥尼修斯则使得早期中世纪的哲学（特别是约翰·司各脱·爱留根纳的哲学）饱含了由新柏拉图主义思辨而来的要素。在关于希腊和罗马哲学的那一卷书中，我已经列出了他的作品，[①] 在此就不重复了。在这里，我们只需回忆起，他把亚里士多德的《工具论》翻译成了拉丁文并加以注疏，也对波菲利的《导论》(*Isagoge*）进行了注疏，还撰写了多部原创的逻辑作品，这就足够了。另外，他还写了几部神学小作品，并在监狱里撰写了著名的作品《哲学的慰藉》(*De Consolatione Philosophiae*）。

我们不太确定的是，波爱修是否依照他原本的计划翻译了亚里士多

① 《希腊和罗马哲学》，第 485 页。

德《工具论》之外的其他著作。但他现存的著作提到了亚里士多德的几个著名的学说。中世纪时期较早的思想家们特别关注共相问题的讨论，这个讨论发源于波菲利和波爱修的某些作品，但他们很少注意到在波爱修的作品中所能找到的亚里士多德的形而上学学说。中世纪最早的伟大理论思想家约翰·司各脱·爱留根纳受到了伪狄奥尼修斯以及其他新柏拉图主义作
102 家的影响，而不是亚里士多德的影响。直到 12 世纪末和 13 世纪初，西方能接触到亚里士多德的全部著作时，人们才试图达成亚里士多德主义上的综合。但这无法改变波爱修在他的著作中融入了重要的亚里士多德理论这一事实。比如，在他反驳优迪克（Eutyches）的神学著作中，[1]他清楚地提到了“质料”，这是有形物体之共同的基底，作为基础，它也使得物体（即有形体的实体）中的实体性变化成为可能，而由于无形体的物体中没有质料，一个非质料性的实体也就不可能变成另一个实体。此外，有形体的实体也不会变成一个非质料的实体，反之亦不可能。这个讨论是在神学框架中进行的，并且有着一个神学目的，因为波爱修希望指出，在基督中，神性本性和人性本性是相互区分的，且两者都是实在的，这是对优迪克的反驳，因为后者认为“与上帝的结合也就意味着人之本性的消失”；[2]然而，这个神学框架包含了一个哲学讨论，其中所使用的范畴是亚里士多德主义的。类似地，在《论三位一体》（*De Trinitate*）中，[3]波爱修提到了与质料相关联的本原，也就是形式。比如，土并不是因为是一种没有质性的质料而为土的，而是因为它是一种独特的形式（波爱修使用了希腊文短语 ἄποια ὕλη 来指“无质性的质料”，毫无疑问他是从阿芙罗蒂西亚的亚历山大那里借用这个短语的[4]）。另一方面，上帝，神性的实体，是无质料的形式，而且不可能是一个基底。作为纯形式，他是纯一的。

而且，在《论三位一体》中，[5]波爱修列出了十个范畴或谓词（Praed-

---

① 《驳优迪克》，6。

② 同上，5。

③ 2。

④ 参见后者的《论灵魂》，17，17；以及他的《〈论灵魂〉增补篇》（*De Anima libri mantissa*），124，7。

⑤ 4。

icamenta），并进一步解释道，当我们把上帝称作“实体”（substance），我们并不是说他是在与受造物之为实体的相同意义上是实体的：他是“那个超越了实体性的实体”。同样，如果我们谓述上帝的一个质性，比如“公正”或“伟大”，我们也不是指他有着内在的质性，因为“他是公正的，这与他是上帝是一回事”，而且“人不过是伟大的，而上帝是崇高本身”。在《驳优迪克》（*Contra Eutychen*）[①] 中，出现了波爱修著名的对“位格”的定义，即“理性本性之个体实体”（naturae rationalis individua substantia），这一定义为托马斯·阿奎那所采纳，并成了经院学的经典定义。

2. 在关于真福圣三的学说中，波爱修大部分时间是在回应奥古斯丁；但是在《哲学的慰藉》中，他沿着亚里士多德的思路，初步发展出了一种 103
自然神学，这就意味着他把自然神学作为哲学的最高部分与信理神学区分开了，与前者不同，后者的前提是来源于启示的。在第三部书中，他至少提到了关于上帝作为不动的推动者之存在的理性论述，而在第五部书中，[②] 他讨论了调和人的自由与上帝的预知的明显困难。“如果上帝见到万物并且不会出错，那么我们必然可以由此得出，他的预定预见到了未来。因此，如果从永恒中他不仅预知人的作为，而且预知他们的考虑和意志，那么就不可能有自由意志。”[③] 回应说并非因为上帝知道它们，所以它们会发生，而是因为它们会发生，所以上帝知道它们，这并不是一个让人满意的回答，因为这样就意味着时间性的事件和受造物在时间中的行动是上帝永恒预见的原因。我们更应该说，严格说来，上帝并没有“预见”到任何东西：上帝是永恒的，而永恒被定义为“同时且完美的对没有终止的生命的拥有”（interminabilis vitae tota simul et perfecta possessio），这是一个著名的表述。[④] 他的知识是关于以永恒方式呈现给他的那些内容、关于一个永不会消失的瞬间的知识，而非他对那些对他来说是未来的事物的预见。这样，关于一个当前事件的知识赋予这个事件以必然性，所以，上帝

---

① 12。
② 2，及以下。
③ 5，3。
④ 5，6。

对人的自由行动的知识并没有使得这些行动变成预先就规定好的以及必然的（在不是自由的这个意义上来说的）。从人的角度来看，这些行动是未来的，从上帝的角度来看，这些行动则是当下的。上帝直观的永恒与“行动的未来质性是同时的，他的直观永远是当下的”。

波爱修不仅使用了亚里士多德的思想，还使用了波菲利和其他新柏拉图主义作者（比如西塞罗）的思想。而且，把哲学或思辨科学划分为物理、数学和神学，这有可能是直接从波菲利的《导论》那里采纳的，但我们必须记住，波菲利本身就受惠于亚里士多德。无论如何，考虑到前面所提到的主导基督教哲学的新柏拉图主义特征，波爱修思想中的亚里士多德要素要比那里的新柏拉图主义要素更加突出和重要。的确，他描述神性的善及其流溢的方式让人想到新柏拉图主义。（在《哲学的慰藉》中，[1]他
104 说“上帝的实体只在于善而不是任何他物”。）在讨论到造物发自上帝的时候，[2]他有时也使用“流出”（defluere）一类的概念。但是，对于上帝和世界之间的区分以及关于基督教造物的学说，他是非常明确的。所以，他明确肯定了上帝“没有任何变化，通过执行那唯独由他所知的意志、由他自身所做的决定，来塑造世界并使得它存在，而世界原来绝对是不存在的，他也不是出自他自身的实体而创造世界的”。[3]他否认神性实体下坠到了外部（in externa dilabatur），[4]也否认“存在的万物都是上帝”。[5]

3. 波爱修非常重要，因为他把当时能找到的亚里士多德的知识中的很大一部分传播到了早期中世纪。而且，他把哲学范畴运用到了神学上，这促进了神学学科的发展，而他对哲学概念的运用和定义对神学和哲学都有所帮助。最后，我们可以提到他撰写注疏所产生的影响，因为这种文体在中世纪学者那里成了一种最常用的写作方式。尽管作为一位具有原创性的独立哲学家并不特别出色，然而，波爱修作为一位知识的传播者和试图使用哲学概念来表达基督教信理的哲学家，仍具有重要的意义，他的哲学

---

① 3，9。
② 参见《论六天造物》（*Lib. de hebdom.*），173。
③ 《论公教信仰》（*De Fide Catholica*）。
④ 《哲学的慰藉》，3，12。
⑤ Quomodo Substantiae。我当然不是要暗示在亚里士多德那里有着关于造物的学说。

术语不仅来自新柏拉图主义者，还来自那位后来在中世纪最伟大的哲学综合中发挥卓越影响的哲学家的思想。

4. 卡西多尔（Cassiodorus，约 477—565/70 年）是波爱修的学生，和他的老师一样，他也一度服务于东哥特人国王狄奥多里克。在他的《论自由学问的诸艺和学科》[*De artibus ac disciplinis liberalium litterarum*，这是他的《要理》（*Institutiones*）的第二部书] 中，他讨论了七种自由艺术，也就是那三种关于言辞的科学（scientiae sermocinales，包括语法、逻辑和修辞）以及四种实在科学（scientiae reales，包括算术、几何、音乐和天文）。他并不以创新或原创为目的，而是致力于为他从其他作者那里积累的学问做一个综述，[①] 他关于诸艺的书（与马奇安努斯·卡佩拉的书一样）在早期中世纪被当作教科书广泛使用。在《论灵魂》（*De anima*）中，卡西多尔在证明人的灵魂之精神性时，使用了奥古斯丁和克劳迪安努斯·马莫图斯（Claudianus Mamertus，卒于大约 474 年）的思想。虽然灵魂不可能是上帝的一部分，因为它是可变的而且能够作恶，但它并不是质 105
料性的，也不可能是质料性的，因为它能够获得精神性的东西来作为其知识的对象，而且只有本身是精神性的东西才能认识到精神性的东西。作为精神性的东西，灵魂完整地在整个身体中，也完整地在身体的各个部分当中，它是不可分且没有外延的，但它在身体的各个部分都运作着，比如在感官中，它时而以更强的程度、时而以较弱的程度运作着。[②]

5. 这样，卡西多尔更加是“传播者”而非原创思想家，同样的描述也可以用在依西多尔（Isidore，卒于大约 636 年）身上，他在西哥特王国成了大主教，他的百科全书《起始或词源学二十部书》（*Originum seu Etymologiarum libri XX*）在中世纪非常流行，每个重要的修道院图书馆都有收藏。在这部作品中，依西多尔讨论了七艺，加入了很多科学性和半科学性的事实和理论，其讨论主题来自圣经、司法、医学，以及建筑、农业、战争、航海等。即使考虑到君主的行为举止，他仍然展现出了对君主权力的神圣起源、市民社会中的道德、法律和正义至高无上的

① 《论灵魂》，12。
② 同上，4。

权威性的信任。除了《词源学》(*Etymologies*)之外，依西多尔的《三部语录》(*Libri tres sententiarum*)也被广泛使用，它收集了来自奥古斯丁和大格列高利的神学和道德论点。他关于数字的论述《数字篇》(*Liber Numerorum*)讨论了圣经中出现的数字，这部著作常常充满了想象，并且在赋予数字神秘意义上走到了极致。

第二部分

加洛林复兴

第十一章

加洛林复兴

查理曼——阿尔昆和宫廷学校——其他学校，教学计划，图书馆——拉巴努斯·莫鲁斯

1. 公元 771 年，卡洛曼（Carloman）去世，查尔斯（查理曼）成了 106
法兰克领地的唯一统治者，随后由于他摧毁了伦巴德王国，加上他的大体政策，于是他在这个世纪末成了西方基督教世界至高无上的君主。在公元 800 年 12 月 25 日，他被教皇加冕为皇帝，这象征着他的帝国政策取得胜利，法兰克势力达到顶峰。法兰克王国之后将会分裂，而帝国的皇冠会移给德国，但在这一时刻，查理曼是西方基督教世界毫无争议的主宰者。他有能力开始重整和改革的工作，这在墨洛温王朝已是一个迫不及待的需求。皇帝绝不仅仅是个简单的士兵，甚至也不是简单的士兵加政治组织者，通过扩展和改进教育，他也站在了提高臣民文化水平的工作的核心。为了达到这个目的，他需要学者和教育领袖，又因为在法兰克王国境内不太容易找到这样的人，他必须从国外引进人才。早在公元 5 世纪，罗马化了的高卢的古老文化就几乎已经开始流失了，而在公元 6 世纪和 7 世纪，它处在非常低的水平；仍然存在的学校除了传达宗教教导之外，只是在教阅读和写作以及一些初级的拉丁文知识。为了改变学问和教学的这种让人叹息的状况，查理曼任用了像比萨的彼得（Peter of Pisa）和执事保罗（Paul the Deacon）这样一些外国学者，他们两位都是意大利人。前者在查理曼的宫廷学校教书的时候，似乎已经是一位年长之人了，而后

者（执事保罗·瓦尔纳弗里德）是在 782 年来到法国的，他的目的是为他
107 作为战俘的兄弟寻求自由，他在 782—786 年教授希腊文，随后退居蒙特卡西诺（Monte Cassino）。他在那里撰写了他的《伦巴德人史》（*History of the Lombards*）。宫廷学校的另一位意大利教师是阿奎莱亚的保利努斯（Paulinus of Aquileia），于 777—787 年在那里教书。

在意大利文法学家之外，我们还可以提到两位作为难民来到法国的西班牙人：阿果巴德（Agobard，在 816 年他成了里昂的大主教）和狄奥多尔夫（Theodulf，他成了奥尔良的主教，并于 821 年去世），后者熟悉拉丁经典并且自身就是一位拉丁文诗人。恰巧我们所知的最早的昆体良（Quintilian）的中世纪手稿就来自狄奥多尔夫的私人藏书。然而，从在查理曼的教育工程中展现出的实际重要性来看，一位著名的英国学者——约克的阿尔昆——使这些意大利人和西班牙人都黯然失色。

2. 阿尔昆（Alcuin，约 730—804 年）在约克接受了早期教育。这个国家的教学从 669 年起有了进步，当时，一位希腊修士——塔尔苏斯的台奥多尔（Theodore of Tarsus）作为坎特伯雷的大主教来到英国，与他一同到来的有修道院长哈德里安，他们发展了坎特伯雷的学校并丰富了它的图书馆。像圣本笃·波斯哥（Benedict Biscop）和阿尔德海姆（Aldhelm）那样的人继续了他们的工作，前者创立了韦尔茅斯（Wearmouth，674 年）和雅罗（Jarrow，682 年）的修道院，后者在台奥多尔和哈德里安（Hadrian）那里学习，之后组织了威尔特郡（Wiltshire）的马姆斯伯里（Malmesbury）修道院，并成了这里的修道院长。然而，盎格鲁-撒克逊学术的另一位更加重要的人物是伟大的释经者和历史学家比得（Bede，674—735 年），他是雅罗修道院的一位司铎和修士。他的朋友和学生艾格伯特（Egbert）在比得去世前不久成为约克大主教，通过艾格伯特的努力，约克的学校成了英国具有领导地位的文化和教育中心，并且以藏书的丰富而闻名。

在约克，阿尔昆特别受到了阿尔伯特（Aelbert）的影响，并与他一同旅行到罗马，在旅途中遇到了查理曼。当阿尔伯特在 767 年继任艾格伯特成为约克的大主教时，学校的主要工作就转移到阿尔昆身上了。然而在

781 年，阿尔伯特把他派去罗马，在帕尔马他第二次遇见查理曼，这位国王利用这次会面催促这位英国学者到他那里去服务。在获得自己的国王和主教的允许之后，阿尔昆接受了邀请，并在 782 年接手了宫廷学校的领导工作，除了 786 年的一次短暂的英国旅行和 790—793 年的一次长期旅行之外，他直到 796 年都占据着这个职位，796 年他接受了图尔的圣马丁修 108
道院长的职位，并在那里度过了余生。

有可能在 777 年左右，查理曼写了一封信给富尔达的修道院长保古尔夫（Baugulf），[①]他在信中鼓励了这位修道院长和他的修院对学习的热忱，而这仅仅是体现他对教育事业的一贯关怀的例子之一。然而，与查理曼的名字特别联系在一起的学校是所谓的宫廷学校（Palatine School），这虽然不是这位皇帝的新发明，但其发展却要归功于他。在查理曼之下得到发展之前，这所学校的存在像是为了训练王子和高层贵族子弟去学习如何过骑士生活的。然而这位皇帝把重点放在了精神训练上。他的改革的结果是学生看上去来自比宫廷更广泛的领域。法国的作者共同声称这所宫廷学校是巴黎大学的起源，但我们必须记住这位皇帝的宫廷是在亚琛（Aachen 或 Aix-la-Chapelle），而不是在巴黎，虽然秃头查理（卒于 877 年）似乎把它挪到了巴黎。然而，巴黎大学最终是由巴黎的多所学校合并发展而来的，所以在某种意义上，我们可以说宫廷学校是巴黎大学的一个遥远的前身，即使这个关联多少有些松散。

查理曼组织宫廷学校的主要助手是阿尔昆，从他的著作中我们可以对教学大纲形成一些想法。阿尔昆肯定不是一位原创性的思想家，而他以对话形式撰写的教育作品大部分依赖他之前的作者。比如，《论修辞》（*De Rhetorica*）使用了西塞罗的作品，并添加了其他作者的成分，而在其他作品中，阿尔昆借用了多纳图斯（Donatus）、普里西安（Priscian）、卡西多尔、波爱修、依西多尔和比得的思想。但是，虽然他作为作者缺乏原创性，并且是平庸的，而且他几乎不能称得上哲学家，但他作为教师似乎是杰出的、成功的，加洛林复兴的几位最知名的人物（比如拉巴努斯·莫

① 然而，如果保古尔夫是 788 年才当上修道院长的，那么这封信就不可能写于这一年之前。

鲁斯）就是他的学生。当退休到图尔的圣马丁修道院时，他继续教学工作，正如一封著名的写给皇帝的信中所示的那样。在这封信中，阿尔昆
109 描述道，他把圣经的蜂蜜传授给某些年轻人，用古希腊罗马的文学来使另一些年轻人沉醉：对于一些人，他用语法研究的苹果喂养，而对于另一些人，他则指出点缀蓝色天空之星球的秩序（查理曼对天文学有着浓厚的个人兴趣，两人就这个主题相互通信）。

在图尔，阿尔昆用他从约克（那里有全西欧最好的图书馆）带来的手稿的抄本充实了图书馆。他还致力于改进抄写手稿的方式。在 799 年的一封信中，[①]他提到自己与图尔之“落后”的日常抗争，并从中得出结论，改革的道路并不总是容易的。可以肯定的是，阿尔昆也关注到了对圣经手稿的精确抄写和修正，因为他在 800 年[②]和 801 年[③]给查理曼的信中明确提到了这一点。但不确切的是他在武加大（Vulgate）[④]修订版的制作过程中到底扮演了什么角色，这次修订是受皇帝之命而进行的，并以“阿尔昆版本”为人所知。然而，考虑到这位学者在推行皇帝改革的过程中占据的重要位置，似乎只有认为他在这项重要工作中起到了领头作用，才是唯一合理的。这项工作止住了手稿渐渐败坏的过程。

3. 至于其他学校的发展（也就是说在宫廷学校和图尔学校之外的那些学校），我们可以提及附属于圣加伦、科尔比以及富尔达的修道院的学校。这些修道院不仅给那些将要成为宗教团体成员的学生提供教育，也给其他学生提供教育，虽然好像有着两种分开来的学校：为前一类学生设立的修道院内部学校（schola claustri）和给后一类学生设立的外部学校（schola exterior）。所以在圣加伦，修院内部学校是在修道院的围墙区域之内的，外部学校则设在外部建筑中。虔诚者路易（Louis the Pious）的一条法典（817 年）规定了修道院只能为那些要献身于修士生活的人设立学校，但这条规定似乎没有得到多少注意。

---

① 《书信》，4，172。
② 同上，195。
③ 同上，205。
④ 圣耶柔米翻译的拉丁文圣经，中文习惯按音译作“武加大”。——译者注

如果把宫廷学校视为一种独特类别的学校，那么其他的学校也就可以被主要划分为两种类型：一是主教学校或主教座堂团体学校，二是修道院学校。至于教学大纲，在神学和释经之外，特别是对于那些为司铎生涯或修行生活做预备的学生来说，它还包括对三艺（语法、修辞和逻辑）和 110
四艺（算术、几何、天文和音乐）的学习，亦即包含了七艺。然而就这些主题而言，几乎没有新的原创性作品。因此，举例而言，语法包含了文学，而学习语法就在于对普里西安和多纳图斯的作品以及阿尔昆教科书的学习，虽说当时的人对古代的语法学家的作品做了一些注疏，比如司马拉格都斯（Smaragdus）对多纳图斯的作品做了注疏；也有一些不怎么引人注目的语法作品，比如克莱门斯·司各脱（Clemens Scotus）的《语法学》（*Ars grammaticae*），他于查理曼晚期在宫廷学校教书。阿尔昆的手册讨论了逻辑。如果需要更多的知识，我们就需要到阿尔昆所依赖的那些作者（比如波爱修）的作品那里去找。在9世纪，几乎没有什么几何学和天文学方面的作品，虽然音乐理论由于《音乐手册》（*Musica enchiriadis*）而有了进展，这部书被认为是由威尔登的修道院长霍格尔（Hoger，卒于902年）所著。图书馆（比如圣加伦的图书馆）在9世纪有显著的增长，其中的藏书大多是神学和宗教作品，此外还有法律、语法作品，以及一定数量的古典著作。清楚的是，就哲学而言，逻辑或辩论（按照亚里士多德的看法，后者是对哲学的预备，而不是哲学本身的一个分支）是仅有的得到研习的内容。在9世纪，思辨哲学家只有一位，那就是约翰·司各脱·爱留根纳（John Scotus Eriugena）。查理曼的复兴旨在传播已经存在的学问，其成绩是非常卓越的。但是除了约翰·司各脱的系统，它没有引发更多原创性的思想和思辨。如果加洛林帝国和它的文化能够存续下来并继续蓬勃发展，之后无疑将出现原创作品的阶段。然而实际上，它却注定要陷入黑暗时代，在中世纪正面的、建设性的和原创性作品的发展阶段能够实现之前，需要另一个复兴。

4. 说起与加洛林复兴相关的重要人物，我们就不得不提到拉巴努斯·莫鲁斯（Rhabanus Maurus）这个名字，这么做是出于他对德国教育的重要性。他生于大约776年，曾是阿尔昆的学生，后来在富尔达的修道

院教书，822 年他成了那里的修道院长。在 847 年他被任命为美因茨的大
111 主教，并在此职位上一直待到 856 年他去世。拉巴努斯关心的是神职人员的培育，为此他撰写了三卷本的《论神职人员之授职》（*De Institutione Clericorum*）。除了教会职务的进阶、礼仪、讲道者的培训等，这部作品也讨论了七艺。但拉巴努斯的这部书与他的《论物之本性》（*De rerum naturis*）相比并没有显示出更多的原创性，后者是一部百科全书，在很大程度上来源于依西多尔。总的来说，这位作者几乎完全依赖于先前的作者，比如依西多尔、比得和奥古斯丁。至于释经，他更喜欢那种神秘性的和比喻性的诠释。换言之，这位日耳曼的教师（Praeceptor Germaniae）是加洛林复兴的忠实产物，他是一位对学问有着真正的激情、对神职人员的知识培育有着浓厚兴趣的学者，但在思想上，他显然是没有原创性的。

第十二章

约翰·司各脱·爱留根纳（一）

生平和著作

9 世纪最引人注目的现象之一就是约翰·司各脱·爱留根纳的哲学系 112
统，它就像平原上的一块巍峨的岩石那样突出。我们已经见到，这个世纪里出现了生气勃勃的教育活动和对学问及学术不断增长的兴趣（考虑到当时的标准、物质条件和机会），但很少有原初思辨。这是一个事实，在一个保护和传播知识的时代，这也没什么可让人惊讶的。但更值得注意的是，一系列独立的大范围的原初思辨没有任何先兆地突然出现，随后也没有得到延续。如果约翰·司各脱只是局限于对一两个特殊的内容加以思辨的话，我们或许不会如此吃惊，但他实际上创造出了一个系统，这是中世纪第一个伟大的系统。当然，我们可以说他的思想在很大程度上建立在尼撒的圣格列高利等前人的思辨之上，部分也建立在伪狄奥尼修斯的作品上，这是真切的。但在读他的《论自然的划分》（*De Divisione Naturae*）时，我们还是很难避免产生这样一种印象，即感觉到自己是在观察一个有活力的、深刻的和有原创性的头脑在与前面的作者作为素材遗留给他的范畴、思考模式以及思想做斗争，这些素材是他的工作对象和工具，他把它们塑造成了一个系统，赋予其整体以一种为他所独有的气氛、色彩和语调。试想一下，如果约翰·司各脱生活在后来更加丰富的哲学发展阶段，他的思想会朝着什么方向发展？这虽然没什么好处，但的确是有趣的：实际上，我们面对的是一个具有卓越能力的头脑，但它受制于自身所处的时代以及可用素材的缺乏。然而，根据更晚的哲学（例如黑格尔哲学系统）来解释约翰·司各脱的系统当然是错误的，这些哲学本身也受制于它之前
113 的思想发展和当时的历史状况。然而，我们也不能因此免于努力发掘约翰的思想中的独特性，它们在一定程度上改变了他从之前的作者那里借用的思想和范畴的意义。

我们对约翰·司各脱的生平了解不多。他大约于 810 年出生在爱尔兰，后在一座爱尔兰修道院里学习。“爱留根纳”（Eriugena）指的是“属于爱尔兰人民”（belonging to the people of Erin[1]），“司各脱”（Scotus）一词则无须被理解为指涉了与苏格兰的任何联系，因为在 9 世纪，爱尔兰以“大苏格兰”（Scotia Maior）之名为人所知，爱尔兰人则被叫作“司各提”（Scoti）。可以确定的是，他是在爱尔兰的一座修道院里习得希腊文知识的。在 9 世纪，一般来说，希腊文学习是爱尔兰修道院的专项。当然，比得也取得了关于这门语言的工作知识，然而阿尔昆和拉巴努斯·莫鲁斯都没有任何值得一提的希腊文知识。前者在他的注疏中使用了希腊文，然而，他虽然肯定至少认识希腊文字母，但这些希腊文词语却是他从其他作者那里借用的。而且，总体而言，已经有人指出，这些希腊文短语在手稿中出现表明了手稿是由爱尔兰人所著或与爱尔兰作家有联系抑或受其影响。比如，圣加伦对希腊文的关注正是来自爱尔兰修士。然而，即便手稿中希腊词语的出现表明了间接或直接的爱尔兰影响，即便在 9 世纪希腊文学习是爱尔兰修道院的特点，但若想就此得出“一切使用了希腊短语的爱尔兰作者都在真正意义上学习并掌握了希腊文”的结论，就是极端轻率的，更不用说“一切爱尔兰修士都会希腊文”这个结论了。使用了希腊短语，这本身并不能证明一个人实际上认识希腊文，就像使用“fait accompli”（“既成事实”）这个短语，本身也无法证明一个人有真实的法语知识，对希腊文的认识远超基础知识的爱尔兰修士无疑更是少数。无论如何，约翰·司各脱·爱留根纳都位列其中，因为他在法国时就能够翻译尼撒的圣格列高利和伪狄奥尼修斯的希腊文作品了。他甚至试图用希腊文

① Erin 是爱尔兰的雅称。——译者注

赋诗。把约翰对这门语言的知识视为在这个世纪或者在整个爱尔兰的修道院中的典型情况是荒唐的：事实上，对9世纪来说，他是一位卓越的希腊文学者。

在9世纪40年代，约翰·司各脱跨过海峡来到法国。不管怎样，在
850年之前，他在秃头查理的宫廷之中，并在宫廷学校占据了一个重要 114
的席位。没有确凿的证据表明他曾被祝圣为司铎，但不管他是否为平信徒，他都被兰斯的大主教安克马尔（Hincmar）劝说去参加了关于预定论的神学辩论。他的作品《论预定》（*De praedestinatione*）就是这次辩论的成果，却两边都不讨好，使这位作者被怀疑是异端。接着，约翰把注意力转移到了哲学上。858年，在秃头查理的要求之下，他开始把伪狄奥尼修斯的作品从希腊文翻译为拉丁文。这些书籍是皇帝米海尔二世在827年赠送给虔诚者路易的，但它们还未曾被恰当地翻译过。于是，约翰不仅着手翻译它们，而且除了《神秘神学》这部作品，他还出版了伪狄奥尼修斯作品的注疏，尽管教皇尼古拉一世（Nicholas I）抱怨这些注疏的出版没有征求他的意见。约翰·司各脱也发表了忏悔者马克西姆的作品《疑难》（*Ambigua*）以及尼撒的圣格列高利的《论人之工程》。后来，他好像也注疏了约翰福音和波爱修的《哲学的慰藉》和其神学小作品（*opuscula*）。

然而，约翰·司各脱最为人称誉的作品是《论自然的划分》，他可能是在约862—866年撰写了这部书。这部作品包括五个部分，并且是以对话的形式写就的，在当时这种写作形式很流行，也被阿尔昆和其他人广为使用。这部作品不是很容易诠释，因为作者企图根据伪狄奥尼修斯和新柏拉图主义提出的那种思路来表达基督教教导和奥古斯丁的哲学学说，这样就给讨论约翰·司各脱究竟是正统的基督徒还是几乎（虽然并不是全部）已经成为一位泛神论者保留了余地。那些认为他具有正统意图的学者可以指出他说过“圣经的权威必须在一切事物上都得到坚持”[①]，而那些认为他把哲学看得比神学更高、认为他是黑格尔理性主义先驱的学者，则能够指出例如他所说的“一切没有得到理性肯定的权威（即教父们）都显得薄

① 《论自然的划分》，1，64。

弱，真正的理性则不需要由任何权威来支撑”[1]。然而，只有当《论自然的
115 划分》中的学说首先得到了阐述，我们才能有益地讨论诠释的问题，虽然
这也就等于预先指出有着一个关于其正确诠释的争论了。

约翰·司各脱似乎没有比秃头查理活得更长，后者卒于 877 年。关于约翰的后半生，编年历有着不同版本的叙述，比如有的说他成了阿瑟尔尼修道院的院长并被僧侣们谋杀，但这些叙述都鲜有历史证据，它们可能只不过是传说，或是混淆了他和另外一位约翰。

---

① 《论自然的划分》，1，69。

第十三章

约翰·司各脱·爱留根纳（二）

自然——上帝和造物——借着肯定和否定的道路对上帝的认识；范畴无法运用在上帝身上——那么，如何能够说上帝创造了世界呢？——圣言中的神圣理念——作为分有和神灵显现的受造物；受造物在上帝之中——人之本性——万物朝向上帝的回归——宇宙回归视域下的永恒的惩罚——对约翰·司各脱系统的诠释

1. 在《论自然的划分》第 1 卷的开头，约翰·司各脱在对话中借老 116
师之口解释了“自然”的含义，这一对话发生在老师和学生之间，而“自然”指的也就是存在和不存在的万物之整体，而他给出了不同的普遍划分的方式。比如，感官认知到的事物或由理智所把握到的事物是那些存在的东西，那些超越了理智能力的对象则是不存在的东西。另外，蕴藏在种子（semina）中却没有实现的东西“也不存在”，从种子中已发展出来的则“存在”。另外，仅仅作为理智之对象的那些物体可以被称为存在的东西，那些质料性的、会在时空之中消逝的对象则可以被称作不存在的东西。同样，人之本性如果通过罪而远离上帝，那它也可以被称作“不存在”，而在通过恩宠与上帝和解之后，它开始存在。

“自然”这个概念对约翰·司各脱·爱留根纳来说不仅意味着自然世界，也包括上帝和超自然的领域：它指的是现实的整体。[①] 所以，当他主

① 参见《论自然的划分》，3，1。

张[1]将自然分为四种，即创造的而非受造的自然（Natura quae creat et non creatur）、受造并且创造的自然（Natura quae et creatur et creat）、受造却不创造的自然（Natura quae creatur et non creat）、既不创造也不受造的自然（Natura quae nec creat nec creatur）时，很明显是把上帝和受造物都变成了自然的种类，他看上去像是在表述一个一元论学说。如果我们从字面意思来理解这些言语，也确实应该得出这样的结论。然而，在第 2 卷的开
117 端，在一段较复杂的论述中，他表明了他的意图：他并不是主张受造物确实是上帝的一部分或主张上帝是一个属，受造物则作为种从属于他——虽然他保留了对“自然”的四重区分，并且说到，上帝和受造物都必须被视为在一起构成了一个整体（universitas）、宇宙或全体。恰当的结论是，约翰·司各脱并不企图主张一个泛神论一元论的学说，或要否认上帝和受造物之间的区别，虽然他的哲学解释或对受造物从上帝发出并回归上帝这一进程的理性化本身意味着泛神论以及对这个区别的否认。

2.“创造的而非受造的自然”当然就是上帝本身了，他是万物的原因，而他本身是没有原因的。他是开端或第一本原，因为万物都是从他那里发出的，他是“中介”（medium），因为万物在他之中，并且通过他而自存和运动着，他也是目的或目的因，因为他是受造物之自我发展和完满的运动的规定。[2]他是第一因，把万物从乌有（de nihilo）带入存在之中。[3]这个关于上帝的学说是与基督教神学相符的，也包含了一种对神性之超越和自存的表述。然而，约翰·司各脱继续说道，上帝可以说是在造物中被创造的，是在由他创造的东西中被创造的，是在那些开始存在的东西中存在的。如果以为约翰·司各脱是在主张一种进化论泛神论并且坚持认为自然在一般意义上是指在他者中的上帝（God-in-His-otherness），那就是一种时代错误了。因为他接着解释道，[4]上帝在受造物中“显现”或展现自身，受造物则是神的显现（theophany）。从正统的角度来看，他用的一些例子

① 1，1。
② 1，11。
③ 1，12。
④ 同上。

的确有些不可取，比如当他说，就如同人之理智在现实思考的意义上进入现实中时，我们可以说它在其思考中被创造了，同样，我们也可以说上帝是在从他发出的那些受造物中被创造的。这个例证似乎是在暗示受造物是上帝的实现，然而，无论约翰·司各脱用的是什么例子，以及他是怎样接受了从新柏拉图主义流传下来的哲学传统的，他的意图显然是要保留上帝和受造物之间的实在区分，而上帝在与造物界的关系中也明显是那个创造 118
的而非受造的自然。他非常强调这个表述的真实性。

3. 在获取对“创造的而非受造的自然”的某些知识的时候，我们可以使用肯定（καταφατική）或否定（ἀποφατική）的方法。当使用否定的方法时，我们否定神性本质或实体是“那些存在的”东西中的一个，亦即我们可以理解的那些东西；而在使用肯定的方法时，我们用“那些存在的”东西来谓述上帝，在这个意义上，原因展现在了效果之中。[①] 这两层神学方法是约翰·司各脱从伪狄奥尼修斯那里借来的，他自己也明确承认了这一点。[②] 他也从同一作者那里借用了一些说法，比如上帝不应被称为“真理”“智慧”或“本质”，而应该被称为“超真理”“超智慧”和“超本质”，因为没有一个从受造物那里借用来的名称可以在其严格的原意上运用到上帝身上，它们是在比喻（metaphorice）或转喻（translative）的意义上被运用在上帝身上的。另外，在接下来的一个段落中，[③] 约翰·司各脱沉湎于一种非常巧妙的辩证法，以表明肯定的方法的使用与上帝不可言说和不可理解的特性的学说并不矛盾，而否定的方法是最根本的方法。比如，以肯定的方法，我们说上帝是智慧，而以否定的方法，我们说上帝不是智慧。这乍看上去是一个矛盾，但实际上，当我们说上帝是智慧（Wisdom）的时候，我们是在“比喻”的意义上（经院学者们会说“在‘类比’的意义上”）来使用“智慧”一词的，而当我们说上帝不是智慧的时候，我们是在其严格的基本含义上（也就是说，在人之智慧的意义上，这是我们唯一可以直接体验到的智慧）使用这个词的。所以，这不

① 1，13。
② 1，14。
③ 同上。

是什么实在的矛盾，仅仅是用词上的矛盾，通过把上帝称为“超智慧”，这个矛盾也就得到了调和。这样，从字面上看，用“超智慧”来谓述上帝会显得是心灵在肯定的道路上的活动，但如果我们更加仔细地来审视这个问题的话，我们将会发现虽然这个表述在形式和字面上属于肯定的道路（via affirmativa），但心灵没有任何内容或观念对应“超”这个词。因此，这个表述实际上属于否定的道路（via negativa）。把“超”这个词附加到“智慧”上去，等同于否定。“超智慧”这个谓词在字面上是没有否定的，
119 然而就心灵的内容来看，它存在着一个否定。所以，否定的道路是奠基性的，而且我们并不假装在定义那“超越”本身，上帝的不可述说和不可理喻性没有遭到破坏。当然，如果我们说对“超”这个字的使用**简单地并且仅仅**等同于一种否定，那就会出现一种显而易见的反驳（一位逻辑实证主义者会提出类似的反驳），亦即我们在使用这个表述的时候，我们的头脑中没有任何含义，这个表述也没有意义。约翰·司各脱虽然没有讨论这个实际的困难，但他提到，例如，当我们说上帝是超智慧的时候，我们指的是他**比智慧要更多**，这也就对这个困难提供了一个解决方案。如果是这样的话，那么“超”这个加上去的字也就不是简单地与否定等同，因为我们可以说“石头不是智慧”，而我们在说“上帝不是智慧”和“石头不是智慧”时，指的是两码事。我们指的是，当“智慧”被理解为人的智慧的时候，那么上帝就不是智慧，因为他比人的智慧要**多**，石头不是智慧，则是因为石头比智慧要**少**。这个思想似乎在约翰·司各脱用来做结论的例子中也得到了表明。“（上帝）是本质”为肯定，“他不是本质”是否定，“他是超本质性的”则同时是肯定和否定。[①] 于是，正题和反题就以辩证的方式结合在了合题之中。

那么，如果说上帝不能被恰切地称作智慧，因为这个概念并不能谓述纯粹质料性的东西，那我们就更不能把亚里士多德十范畴中的任何一个用在上帝身上了。比如，质量肯定是不能用来谓述上帝的，因为它蕴含着外延，而上帝是没有外延并且不占空间的。[②] 确切地说，上帝甚至都不是

① 1，14。
② 1，15。

实体（οὐσία），因为他是无限超越于实体的，虽然他能够在一种转喻的意义上被称作实体，因为他是一切实体的创造者。诸范畴是建立在并被运用在受造物之上的，并且完全无法运用在上帝身上："上帝"这个谓词既不是一个属，也不是一个类或附质。上帝超越了谓词（praedicamenta）或可谓述者（praedicabilia），就此而言，约翰·司各脱显然不是一元论者，然而他以伪狄奥尼修斯的方式来强调神之超越性。真福圣三的神学确实告诉我们在上帝之中可以找到关系，但这并不等于说上帝中的关系属于"关系"这个范畴。这个词是在比喻或转喻的意义上被使用的，而且，当其被运用在神性位格上的时候，它并不以其原本的可理解的含义被使用：神性 120
的"关系"超出了关系。总之，我们虽然能从受造物那里得知上帝存在**这个事实**，却无法获知他是**什么**。我们知道他比实体更多、比智慧更多等等，但对于那个更多是什么、实体或智慧在运用于上帝时是什么，我们无法得知，因为他超越了一切理智，无论是天使的理智还是人的理智。

4. 虽然范畴之于上帝的不可应用性学说看上去把上帝的超越性以及他和受造物之间的清楚区分放在了一切怀疑之外，然而，对动作[1]（facere）和承受（pati）等范畴的思索使得约翰·司各脱得出了一个非常不同的结论。在一个非常精妙的讨论中，[2]他指出，"承受"很明显是不能用来谓述上帝的，同时，动作和承受都涉及运动。我们是否有可能认为上帝有运动呢？不可能。那么创造也不能用在上帝身上了。但是，在这种情况下，我们该如何诠释圣经里说上帝创造了万物的教导呢？首先，我们不可以认为上帝在创造世界之前存在，因为如果这样的话，不仅上帝变成了在时间之中，而且他的创造也会变成他身上所发生的一个偶然事件，这两个假设均是不可能的。所以，上帝的创造必须与他一样是永恒的。第二，即使创造是永恒的，并且与上帝同一，而非上帝的一个偶性事件，我们也不能说上帝有运动，因为运动涉及动作这个范畴。那么，说上帝创造了万物是什么意思呢？"当我们听到上帝创造万物时，我们应该理解，这指的是上帝在

---

① 拉丁文原意为"制造，做……事"，这里采用的译名引自苗力田编，秦典华译：《亚里士多德全集（第一卷）：工具论》，北京：中国人民大学出版社，1990年，第5页。——译者注

② 1，70—72。

万物之中，也就是说在万物的本质之中。因为只有他才是真正的存在。另外，被真正说成是存在于这些存在之物中的每一个的，只有上帝。”[①] 这句话会显得非常接近泛神论和斯宾诺莎的学说，这还是较温和的说法，所以，约翰·司各脱在这个讨论之前提到理性与信仰间的关系也就不足为奇了，[②] 在此他说到，理性是先于权威的，而且真正的权威即“理性的力量所找到的真理，并且在教父的作品中为了供后世使用而流传下来”。结论是，圣经的言辞、表达和陈述虽然适合未受过教育的人，却必须经过那些具有诠释能力的人的解释。换言之，约翰·司各脱不认为自己是不正统的
121 或有不正统的倾向，但他对圣经的哲学诠释有时显得等同于对圣经的理性化处理以及把理性置于权威和信仰之中的做法。然而，这个观点不应该被过分地强调。比如，尽管他引用了泛神论的篇章，但他仍然重申了上帝是从无中创造万物的，而且，显而易见的是，当他拒绝说上帝去创造或创造了这个世界的时候，他并没有打算否认造物，而是要否认上帝是以我们唯一能理解的方式——也就是作为一种偶然质性并且属于一个特定的范畴——来造物的。上帝的存在和本质以及他的创造的行动在本体上是纯一和同一的，[③] 而且我们用在上帝身上的一切谓语实际上都是在指那纯一的不可理喻的超本质。[④]

事实似乎是，约翰·司各脱在坚持上帝和受造物之间的区分的同时，也希望坚持上帝作为囊括一切的现实（Reality）这个概念，至少当上帝被置于更高的理论层面（altiori theoria）来看待的时候。所以，他指出[⑤] 自然的第一和第四个区分——创造的而非受造的自然和既不创造也不受造的自然——只有在述说上帝的时候才是有效的，上帝是第一动力因和目的因。而第二和第三个区分——受造并且创造的自然和受造却不创造的自然——只有在述说造物界的时候才是有效的。不过他接着说道，[⑥] 因为每

---

① 1，72。
② 1，69。
③ 1，77。
④ 1，75。
⑤ 2，2。
⑥ 同上。

一个受造物都可以被还原为一个本原，所以造物主和造物界可以被视为同一的。

5. 第二个主要的自然的划分，即受造并且创造的自然，指的是“原始的原因”，在古希腊人那里被称作“πρωτότυπα”（原型）、“ἰδέαι”（理念）等。[①]这些原始的原因或预定（praedestinationes）是受造的物种之模型因，并且存在于上帝的圣言之中：它们其实是神的理念，是所有受造的本质之原型。那么，它们怎么能被说成是“受造的”呢？约翰·司各脱认为，圣言或圣子的永恒出生涉及原型的理念或模型因在圣言中的永恒构建。圣言的出生不是时间性的，而是一个永恒的进程，那些预定的构建也是如此：如抽象地来看，圣言之于原型的在先，是逻辑性的而非时间上的在先。这些原型的涌现因此是圣言的“出生”之永恒进程的一部分，在这个意义上，它们可以被说成是受造的。[②]然而，圣言相对于原型的在逻辑上为先以及原型对圣言的依赖意味着，虽然圣言从未有过这些原型，但它们并非 122
在任何意义上都与圣言一起为永恒（omnino coaeternae）（原因）的。[③]

那么，在何种含义上我们可以说原始原因是创造的呢？如果要推崇这样的观点，即原型（πρωτότυπον）发散（diffunditur）在万物中，以此给予它们以本质，或者它渗透在它所创造的一切事物中，[④]那么我们自然会倾向于对此做泛神论的解释。然而，约翰·司各脱重复说道，[⑤]圣三位一体“从无中创造了它所创造的万物”，这就意味着原型只有在模型因的意义上为一种原因。除了那些永恒地被预先规定好的事物之外，没有任何东西再被创造，而那些永恒的预定（praeordinationes）或神之意愿（θεῖα θηλήματα）是原型。一切受造物都是从这些原型“分有”而来的，即人的智慧是从智慧本身分有而来的。[⑥]为了这一学说，他大量采用了伪狄奥尼修斯和马克西姆的思想，似乎还企图使得他的哲学思辨与正统基督教神

---

① 2，2。
② 2，20。
③ 2，21。
④ 2，27。
⑤ 2，24，第 580 栏。
⑥ 2，36。

学相调和，但他的语言却会让人产生一种印象，似乎他走到了允许范围的边缘，而且他的思想倾向于哲学泛神论，尽管他的意图是正统的。而他正统的意图可以十分清楚地从他经常给出的“提醒”（cautelae）中看到。

在圣言中，是否有许多以现实的和本体的方式构成的预定（praedestinationes）呢？约翰·司各脱的回答是否定的。[①] 数字发自单子（monas）或单元，在其出发中，它们变成了复多，并且获得了一个秩序，但如果就它们在单子中的起源而言，它们并不构成多数，而是相互之间没有分离。存在于圣言之中的原始原因也是这样，它们是同一个，而且相互没有实际区分，虽然它们在有序的复多的效应中是诸多。单子不会变得更少或通过数字的衍生而经历变化，同样，原始原因也没有因其效应的衍生而经历减少的过程，虽然从另一角度来看，这些效应是包含在原因中的。在这一点上，约翰·司各脱坚持新柏拉图主义的立场，按照这个立场的说法，本原并不因其效应的流溢而经受变化或减少。这样看来，他的哲学中也具有可在新柏拉图主义中观察到的那个张力，亦即在流溢的理论和不允许流溢或出发来损害本原之完整性的做法之间的张力。

123 6. 受造却不创造的自然则包含了受造物，它们在上帝之外，构成了狭义上的自然世界，这是上帝从无中创造出来的。约翰·司各脱把这些受造物称作“分有”，并且认为它们分有于原始的原因，而这个原始的原因直接分有于上帝。[②] 所以，原始原因仰望最高本原，俯视它们的诸多效应，这个学说明显具有新柏拉图主义之流溢说的色彩。然而，“分有”指的是“从……衍生”，并且是把希腊文的“μετοχή”或“μετουσία”[③] 解释为“μεταέχουσα”（后来有的）或“μεταουσία”（后面的、第二本质）的意思。[④] 他说到，分有其实就是第二本质从一个更高的本质而来的一个衍生。就像水涌出泉口并注入河流一样，神性的善、本质、生命等等在万物之泉中，首先注入到了原始原因中，并使得它们存在，然后经过原始原

① 参见3，1。
② 3，3。
③ 两者均指“分有”。——译者注
④ 同上。

因，进而注入后者的效应之中。[①]这显然是一个流溢的比喻，约翰·司各脱得出这样一个结论：上帝是真实存在的一切，因为他创造了万物并且在万物中被创造，“如同亚略巴古法官圣狄奥尼修斯所说的那样”。[②]神性的善通过造物界逐步发散，它“创造万物，在万物中被创造，以及存在于万物之中”。[③]这听起来像是纯粹流溢类的泛神论学说，但约翰·司各脱同样主张神性的善从无创造了万物，而且他解释道，从无（ex nihilo）并不意味着先存有任何有形式或无形式的、可以被我们称为“无”（nihil）的质料性的东西：相反，“无”指的是一切本质或实体的否定和缺席，而且事实上指的是被创造的万物之否定和缺席。[④]造物主不是从某个东西（ex aliquo）中创造出世界的，而是从完全的无（de omnino nihilo）中造物的。于是，约翰·司各脱再次试图把基督教信理和新柏拉图主义关于流溢的哲学结合起来，这种尝试导致了诠释的多样化，根据我们将其思想中的一个要素或另一个要素视为更加具有奠基性的情况，会产生不同的诠释。

下面的思考使得这个张力变得更加显而易见。受造物构成了神性的自我展现或神的显现，而不仅是对神性的“分有”。理智或感性的一切对
象都是“那不显现者的显现，对那隐藏者的展现，对被否定者的肯定（参 124
照否定的道路），对不可把握者的把握，对不可理解者的理解，无形体者的形体，超本质者的本质，无形式者的形式”，等等。[⑤]就像人的心灵一样，它本身是不可见的，却在言语和写作以及手势中变得可见或展现出来，同样，不可见且不可把握的上帝在自然中展现其自身，所以，这是一种真正的神的显现。现在，如果造物是神的显现，是其自身不可把握、不可见和隐藏者的神性之善的启示的话，难道这不就意味着有一个对那万物所发自的无（nihilum）的新诠释吗？相应地，约翰·司各脱在后面一节解释道，[⑥]无指的是“神性之善的那不可言喻、不可把握和无法接触的

---

① 3，4。
② 同上。
③ 同上。
④ 3，5。
⑤ 3，4。
⑥ 3，19。

光明”，因为那不可把握者可以以卓越的方式（per excellentiam）被称为“无”，这样，当上帝在他的显现中呈现时，他可以说是从无进入到有（ex nihilo in aliquid）。神性之善在其自身看来可以被视为完全的无（omnino nihil），虽然它在受造物中开始存在，“因为它是整个宇宙的本质”。说约翰·司各脱有绝对主义学说，并由此得出结论说他指的是上帝从其自身看来（也就是说撇开他的“显现”而言）是个逻辑性的抽象，这是一种时代错乱。但在他关于造物的学说中，看上去的确有两条不同的思路，亦即基督教关于“在时间中”的自由的造物学说，以及新柏拉图主义的关于神性之善通过“流溢”的必然发散的学说。或许，他试图坚持基督教学说，但同时要对此给出一种合理的哲学解释。当然，当时在神学和哲学以及两者各自的相关领域之间没有清晰的划分，这助长了这样一种态度，即导致一位思想家可能先接受一条启示信理（如三位一体），接着真心诚意地去“解释”它或对其加以演绎，从而使这个解释实际上把信理的内容转变了，同时他又不是我们今天意义上的理性主义者。如果我们要在黑格尔之前把约翰·司各脱称作黑格尔主义者，我们必须记住他极有可能没有意识到自己在做什么。

在约翰·司各脱的哲学中，受造的自然与上帝间的确切关系很难得
125 到确定。世界在一种意义上（在其“原理”中，在原始原因中，在上帝造物的意志之中）是永恒的，这没有什么困难。如果这位作者在坚持主张世界既是永恒也是受造的时候，仅仅是指它作为被上帝预见到并意愿的对象是永恒的，而作为受造者，它是时间性的并且在上帝之外，那这不足为奇。然而他坚持说世界不在上帝之外，并且在上帝之中既是永恒的也是受造的。[①] 至于第一点，即世界不是在上帝之外，我们应该用分有和“接纳”（est igitur participatio divinae essentiae assumptio：是神性本质的分有和接纳）的理论来理解它。[②] 由于受造物衍生于上帝并且是从上帝那里获得它们所拥有的一切实在的，因此，与上帝隔绝的话，它们就什么都不是，这样，在这个意义上我们可以说，在上帝之外没有任何东西：如果神性活动

① 见 3，5，及以下的长篇讨论。

② 3，9。

离开它们，受造物也就会停止存在。但我们还要再进一步。上帝从永恒中见到他会立志造物。而如果说他从永恒见到受造物，那他也是从永恒创造了它们的，因为直观和行动在上帝那里是同一的。另外，因为他在自身中见到了受造物，他也就在自身中创造了受造物。所以我们可以得出结论说，上帝和受造物没有分开，而是统一和同一的（unum et id ipsum），造物界在上帝中自存，而上帝“以一种神奇且不可言喻的方式”被创造在造物界中。这样，上帝“在自身中包含并囊括了一切可感事物的自然，而这不是指他在自身中包含了一些在他之外的事物，而是指他从实体来看就是他所包含的一切，一切可见事物的实体都是在他之中创造的。[①] 正是在这一点上，约翰·司各脱提出了他关于受造物所发出的“无”是神性之善的诠释。[②] 他的结论是，上帝是万物，从他自然的超本质性（in qua dicitur non esse）出发，他被自身在其原始原因中、在神的显现中所创造。[③] 最终，通过自然秩序，上帝把万物引导回自身，引导入神性的自然，这是万物发出的地方，所以，他是第一因和目的因，是万物中的万物（omnia in omnibus）。

我们可以提出这样的反驳。首先，约翰·司各脱说上帝是创造的而非受造的自然，接着把上帝与受造却不创造的自然等同起来，那么这两点
该如何调和呢？如果我们把神性自然视为那自在者，就是把它视为没有原 126
因的，是无本原者（ἄναρχος）和无原因者（ἀναίτιος），[④] 但同时，它也是万物之原因：于是，它被合理地称作“创造的而非受造的自然”。从另一角度出发，把上帝看作目的因，作为宇宙进程节奏的界定时，他可以被称作“既不创造也不受造的自然”。另一方面，考虑到他从其本性之隐藏的深渊中发出并开始显现这一点，他首先是显现在原始原因或永恒原理（rationes aeternae）之中的。它们与圣言是同一的，圣言包含了它们，因此，在他“创造”原始原因或本质之本原时，也就是说，在他创造圣言和

---

① 3，18。
② 3，19。
③ 3，10。
④ 3，23。

包含在圣言中的原理的时候，上帝对自身显现，获得了自我意识，并且创造了自身。所以，上帝是“受造并且创造的自然”。在神性进程或神之显现的第二个阶段，上帝在原始原因的效应中开始存在，而由于这些效应有着一个界定并且包含了所有一切受造的效应，以至于除此之外没有其他效应了，所以，他也是那“不创造的自然”。①

7. 约翰·司各脱用他自己的哲学术语对圣经中六天造物的叙述做出了寓意性的（allegorical）解释，②在第4卷中他讨论了人。就人而言，我们可以说他是个动物，也可以说他不是一个动物，③因为他虽与动物共享营养、感性的功能，但他也具有理性能力，这是他独有的，把他提升到了一切生物之上。然而，在人身上却并没有两个灵魂，即一个动物性灵魂和一个理性灵魂：只有一个单纯的并且在身体的任何部位都以完整形式临在的理性灵魂在施行不同的功能。所以，约翰·司各脱愿意接受对人的“理性生物”（animal rationale）的定义，“生物”被理解为属，理性则为种差。另一方面，人之灵魂是在上帝的肖像中被创造的，与上帝相似，并且这个与上帝的相似性表达了人的真实实体和本质。作为在任何一个现实的人中的存在，它是一个效应；而作为在上帝中的存在，它是一个原始原因，虽然这只不过是看待同一事物的两种不同方式。④从这个角度出发，人可以被定义为某个在神之心灵中永恒被造的理性观念（Notio quaedam intellectualis in mente divina aeternaliter facta）。⑤存在着人之实体、与上帝的相似性或对上帝的分有，这一点可以为人之心灵所知，就像人之心
127 灵可以知道上帝存在这一事实，但他的实体是什么，人的心灵是无法得知的，就像它无法知道上帝是什么一样。然而，从一种观点看，人是可定义的；从另一种观点看，人是不可定义的，因为人的心灵或理性是按照上帝的形象创造的，而上帝的形象（像上帝本身一样）超出了我们的理解能力。在这个关于人之定义的讨论中，我们既能察觉到亚里士多德的要素，

① 3，23。
② 3，24，及以下。
③ 4，5。
④ 4，7。
⑤ 同上。

也能察觉到新柏拉图主义和基督教的要素，因此在此内容上会出现不同的态度和观点。

约翰·司各脱强调了人是造物界中的小宇宙，因为人在自身中包含了物质世界和精神世界，他与植物共同享有生长和营养的能力，与动物共同享有感知和情绪反应的能力，与天使共同享有理解的能力：实际上，他是波塞多尼奥斯（Poseidonius）所说的“纽带”（δέσμος），连接质料性和精神性、可见和不可见的造物。从这个观点出发，我们可以说生物的每一个属都在人之中，而不是说人在生物这个属之中。[①]

8. 自然之进程的第四个阶段是那既不创造也不受造的自然的阶段，也就是作为万物之规定和目的的上帝，作为万物和在万物中的上帝。这一阶段是回归上帝的阶段，对应着从上帝发出的进程，因为在自然的生命中有着节奏，由于造物界是从原始原因发出的，它也会回归这些原因。“因为整个运动的终点也就是开端，因为它由于其本源才受到界定，因此它的运动起始于此，并且一直都渴望回归本源，在那里它会获得安宁。对此，我们要认识到不止感性世界的部分，整个世界的部分都是如此。其终点是其开端，它渴望其本源，而找到本源后它停止存在，这并不是因为此时它的实体消逝了，而是因为它回到了它发自其中的原理。”[②]所以，这个阶段是宇宙的进程，并且涉及整个造物界，虽说约翰·司各脱跟随尼撒的圣格列高利把可变的和非精神性的物质描绘为偶性的复合，而后者作为显像[③]是会消逝的。

在造物界作为整体的宇宙进程之外，还有一个专门是基督教的关于人回归上帝的主题（虽然约翰·司各脱常常对此做一定的“理性化”）。堕落的人通过成为肉身的圣言被引回到上帝那里，圣言接纳了人性，并在 128
这个人性中拯救了众人，而约翰·司各脱强调了人类在亚当之堕落以及在基督复活中的团结性。基督把人类重新领回到上帝身边，虽然并不是所有人都以同样的程度与上帝结合，“他把有些人复原到人性先前的状态，而

① 4，8。
② 5，3。
③ 1，34。

把另一些人神化，使其超越于人性”。然而除了在他本身那里之外，人性没有在任何其他人那里与神实体性地结合在一起。[①] 所以，约翰·司各脱肯定了道成肉身的独一性以及基督的人性与神性的关系。然而，他在提出人性回归到上帝的几个阶段的时候，似乎展现了一个不同的、不那么正统的观点。这些阶段是：[②]（a）人的身体解体为感性世界的四大元素；（b）身体的复活；（c）身体转化成精神；（d）人性整体回归到永恒和不变的原始原因；（e）本性和原始原因回归上帝。“因为上帝将是万有中的万有，在那里，只有上帝存在。”然而，即便这种后来的观点乍看之下与正统神学（特别是基督独一无二的地位）显得非常不相符，约翰·司各脱却并非想要表示在上帝中有着实在的泛神论式的吸收，因为他接着表示他并不想暗示个体的实体会消失，而只是表明它们会得到提升。他使用了在火中变得白热的铁的例子，并且说到，虽然铁转变成了火，铁的实体却留存了下来。所以在说到人的身体变成了精神的时候，他指的是人的身体之荣耀或“精神化”，而非实体上的转化。而且我们要记住，约翰·司各脱特意表明了他的学说是建立在尼撒的圣格列高利及其注疏者马克西姆的学说之上的，他还说了，他的学说应该相应地在这一点之下得到理解。他说，为了不被以为他由于青睐希腊人的说法而完全忽视了拉丁学者，他还加上了圣安波罗修的言论。虽然天与地都会消亡并消逝（它们的消亡被解释为一种回归本原，即 reditus in causas，指的也就是受造的物质世界停止存在），但这并不意味着人之个体灵魂在其回归本原的过程中也会停止存在：它们的神化（deificatio）不再意味着它们是在实体上被吸
129 入上帝中的，如同光穿透空气却并没有毁坏空气或改变它的实体那样。就这一点而言，约翰·司各脱的态度是明确的。

在宇宙“回归”这一例上，约翰·司各脱同别处一样试图把圣经和教父们的教诲与新柏拉图主义传统的哲学思辨结合在一起，或者说，他试图根据这种思辨来表述基督教的世界观（Weltanschauung）。由于基督教智慧被看作一个整体，启示神学和哲学之间也没有任何清晰的区分，所

① 5，25。

② 5，8。

以，约翰·司各脱的思辨方法的应用在有些情况下必然意味着一种实际上的理性化，无论他的意图是多么正统。比如，虽然他坚持认为回归到上帝那里并不是指个体的人的消灭或完全吸收，而且他对此给出了明确的表述，但他把质料视为用来描述向下运动的神性出发的术语，这种态度使得他认为[①]在堕落之前，人是没有性别区分的，并且在复活之后，他们会回归到这个状态（为了巩固这个说法，他提到了圣保罗、圣格列高利和马克西姆）。人如果没有堕落，就没有性别上的区分，并且在其原始原因中，人性是没有性别区分的：所以，回归本原（reditus in causam）也就包括回归到在原因中（in causa）的人性状态，并且从作为堕落之后果的那个状态中获得解放。回归本原是自然之宇宙进程的一个阶段，这样，约翰·司各脱就必须坚持身体的复活是出于本性而发生的，是通过本性而非恩宠（natura et non per gratiam），[②]虽然他用尼撒的圣格列高利、马克西姆和圣埃皮法尼乌斯（St. Epiphanius）来支持这个观点。另一方面，至少在神学上，恩宠当然是要在此起到作用的。与此相应，约翰·司各脱把并非一切人都会获得的神化视为上帝自由的礼物和预定，这是恩宠的作用，是他企图把启示与他的思辨系统之诠释相结合的一个例子，当然，他这种企图无疑有着早期基督教作者之作品的支持。一方面，约翰·司各脱必须至少要在一个方面把复活视为上帝借着耶稣之自由恩宠而运作的结果，因为他是有着基督教意图的。然而，另一方面，他关于万物回归上帝的哲学学说也就意味着他必须在某种程度上把复活看作一个自然的和必要的历程， 130
这不仅因为人性本身必然要回归其本原，还因为万物都要回归其本原并且会永远留存，而实际上，宇宙回归是包含在人这个小宇宙中的人之本性当中的。[③]

9. 但是，如果在人性中和通过人性会发生宇宙之回归，那么，就像圣保罗所说的那样，上帝就将是“万有中的万有”，那么，如何有可能维持神学上正统的关于判了罪的人之永恒的惩罚的学说呢？圣经教诲道，最

---

① 5，20。
② 5，23。
③ 5，25。

终不悔罪的堕落的天使和人将会受到永罚，另一方面，理性却告诉我们恶不会是没有终止的，因为上帝将是万有中的万有，而恶是与上帝相对立的，上帝是善。[①] 我们该如何在调和这两个观点的同时又不拒绝权威或理性呢？约翰·司各脱的回答[②]是非常精妙的，并且给出了关于他的“理性化”的一个极好的例子。上帝创造的东西没有一样会是恶的：所以，恶魔和恶人的实体或本性必然是好的。关于这一点，他引用了伪狄奥尼修斯的观点。恶魔和恶人将永不会被消灭。上帝所创造的一切都将回归上帝，一切“本性”也将包含在上帝之中，包括人性，这样一来，人性也就不可能受到永罚。那么，如何解释圣经所描述的那些惩罚呢？首先，它们不可能是身体的和质料性的；其次，它们也只能引发上帝没有创造的事物，也就是在这个意义上在“自然”之外的那些事物。这样，上帝并没有创造恶魔和恶人的变态的意志，要受罚的也就是这种意志。然而，如果说万物都要回归上帝，而上帝将是万有中的万有，那么惩罚怎么会包含在上帝之中呢？而且，如果恶以及一切亵渎都消失了，那还有什么东西余留下来以受罚呢？惩罚必然在于上帝永恒地阻止这些意志趋向于关注在地面上被渴求的那些对象之影像，这些影像被保留在记忆中。于是，上帝将是万有中的万有，而一切恶都将消逝，然而恶的意志将会受到永罚。不过很明显的是，从正统神学的角度来看，“恶”和“受罚”都要被置于引号之内，因为约翰·司各脱已经把圣经理性化了，为的是满足他哲学系统的迫切需求。[③] 一切人性，所有的人都毫不例外地将以精神性的身体复活并完全拥有自然的各种益善，虽然只有那些被择选的人才将享受“神化”。[④]

131 于是结论就是：神性是万物之目的和规定，万物将回归到它们的永恒原理中去，并留存在那里，“不再被称作受造物”，因为上帝要万物在万物之中，“每一个受造物都会逝为烟影，转变到上帝之中，就像在太阳升起之际群星消失不见一样”。[⑤]

---

① 5，26—27。
② 5，27—28。
③ 5，29—36。
④ 5，36。
⑤ 3，23。

10. 尽管《论自然的划分》并没有获得其作为系统形而上学的卓越性质所应获得的影响，但它还是被一系列中世纪作者使用，比如欧塞尔的勒米基乌斯（Remigius of Auxerre）和本内的阿马尔里克，再比如贝伦加利乌斯（Berengarius）、拉昂的安瑟伦（Anselm of Laon）和马姆斯伯里的威廉（William of Malmesbury）（后者称赞了这部著作，虽然他不同意约翰·司各脱对希腊作者的偏好），还有欧坦的霍诺里乌斯（Honorius of Autun），伪阿维森纳（Pseudo-Avicenna）则在其写于12世纪中叶或下半叶的《论具有理性者》（*De Intelligentiis*）中，借用了此书的内容。然而，阿尔比派（Albigensians）采纳了这本书，而本内的阿马尔里克（12世纪末）在泛神论的意义上使用了约翰·司各脱的学说，这些事实使得这本书在1225年受到了教皇霍诺里乌斯三世（Honorius III）的谴责，他下令烧毁此书，虽然这个命令没有得到彻底的执行。对《论自然的划分》的谴责自然引发了约翰·司各脱是否为一位泛神论者的争论。

约翰·司各脱在意图上是正统的，这一直是我的观点。但为了支持这个论点，我们可以通过总结性论述的方式提及几个方面。首先，他大量使用了他确认为正统的作者的作品和思想，并觉得自己的思想与他们的思想也是相符的。比如，他广泛使用了尼撒的圣格列高利、伪狄奥尼修斯（他认为这是亚略巴古的圣狄奥尼修斯）的作品，而且为了显得他没有忽视拉丁文作品，也引用了圣奥古斯丁和圣安波罗修的论述来支持他的观点。另外，约翰·司各脱认为他的思辨也是建立在圣经本身的基础上的。比如，关于自然的四个阶段的理论，即“上帝是万有中的万有”，就在圣保罗的话中有其原型：[①]“万物既服了他，那时，子也要自己服那叫万物服他的，叫神在万物之上，为万物之主。”而身体在复活时成为“精神性”的学说则依赖了圣保罗所说的身体在播种时是可朽坏的，而在复活时是不可朽的，并且复活了的身体是“属神”的身体等话语。另外，约翰·司各 132
脱在他对造物的描述中使用了《约翰福音》第1章中的通过他万物得到创造的圣言（Logos）的概念，而神化的主题在教父的作品中则是普遍的。

① 《哥林多前书》，15，28。

然而，就算约翰·司各脱如此写作，就好像他的系统在圣经和传统中都具有基础，可是，难道没有可能他是在有意地对圣经做理性化处理吗？说得直白一点，他难道没有可能“言不由衷”吗？他不是说[①]权威发自真正的理性，而理性从不来自权威吗？任何一个没有获得理性认可的权威都显得薄弱，真正的理性却不需要任何权威的认可，权威不是别的什么东西，而是由理性力量找到的真理，它们在教父作品中由他们为了后世的使用而传承下来。这不正表明他并不重视权威吗？在我看来，从上下文来判断，约翰·司各脱在这里说起权威的时候，他指的并不是圣经的言语，而是教父们的教导以及他们对圣经言语的诠释。当然，虽然权威在其必须有良好信誉的意义上来说，确实必须建立在理性之上，约翰·司各脱说到的“权威就是由理性所找到并由教父所传承下来的真理”这句话，就其言语来说，从神学角度来看（我的意思是在与关于传承的正统信理相比的情况下）是无法被接受的。但是，举例而言，约翰·司各脱所指的，并不是三位一体的信理，而仅仅是由理性所找到的却非启示的真理，而且，这位或那位教父尝试对信理做出的解释是他理性的努力却不是最终的解释。他不是想说，对于在圣经中找到的并且由比如圣奥古斯丁所保留下来的信理本身，我们可以合法地加以质疑，而是要说，圣奥古斯丁给出的对这条信理的理性发展虽然值得我们敬重，却因为是理性的功绩，因此不能与信理本身被置于同等的地位。所以，这就是他的观点。如果圣保罗说上帝将是万有中的万有，这是一条启示了的真理，然而在要确定圣保罗说这句话时指的是什么以及我们该如何确切理解它的时候，理性
133 就是最终申诉的法庭。我并不是在试着建议说这种态度在神学上是可取的：我要说的是无论他的实际观点到底可不可取，约翰·司各脱并不是在质问信理本身，或是在申明他有权否认某一条信理，而是在申明他有权来诠释信理，他的“理性化”正在于此。他在以圣经为根据的时候并非言不由衷，因为他真诚地相信，对于启示的内容，我们必须理性地加以诠释，此外我们可以这么说，〔启示的内容〕要由哲学来诠释。这一部分

① 1，69。

是因为他在神学和哲学之间没有做清晰明了的区分。他的系统以“基督教智慧”为前提，包括由理性单独发现的真理（比如上帝的存在）和启示出来、而非由理性单独发现的真理（比如在神性之中的三个神性位格的统一），而且他的系统是一种把基督教智慧视为一个有机的和具有内在联系的整体加以思辨性解释的尝试，同时没有在哲学和启示的领域之间做任何清晰的划分，这个尝试也就不可避免地涉及一定的理性化。我重申，我不是在试着为约翰·司各脱的理性化做辩护，而是要解释他的态度。我的论点是，把他的“理性化”解释得仿佛是在其后的哲学和神学有了清晰区分的前提下所做的那样，这是错误的：他的态度与后来的那些试图通过必然的理由（rationibus necessariis）证明三位一体的中世纪神学家们没有本质区别。如果约翰·司各脱有意成为一名狭义上的“哲学家”而非其他角色的话，我们就要把他称作一个现代意义上的理性主义者，然而他是神学家和哲学家的结合（如果有人坚持要说他混淆了这两个角色，也可以），从心理上来看，他的理性化与他对启示的信仰是很相容的。所以，当他说到他并不想要显得是在抵抗使徒或最高和神圣的权威（summae ac sanctae auctoritatis）之证据的时候，他是很诚恳的。他的真实态度在他的这么一句话[①]中很好地得到了标示：“我们不可评判圣洁教父的意见，而是要以虔敬和敬重之心来接受它们，虽然我们可以（在他们的意见之中）选出与神圣的言语更好地相契合的那些。”比如，约翰·司各脱接受永罚的信理，因为这是得到了启示的，他诚恳地接受它，但并不认为这条信理会阻止他试图以能与他的系统的其他部分最好地契合的那种方式来诠释它。他把这个系统视为根本地根植于启示的。

讨论看上去已经偏题了，但实际上并非如此。比如，启示、基督教 134
信理清楚地教导说，世界是上帝从无中创造的，还说受造物不是上帝。约翰·司各脱的普遍系统要求受造物回归上帝，而且上帝必须在万物之中。由于约翰·司各脱认为这两点都建立在神学上，所以他必须以理性的方式调和它们，通过这种方式，回归上帝（reditus in Deum）并没有导向它看

① 2，16。

上去会导致的那种结论，亦即泛神论式的吸收，对上帝和受造物之间的区分的表述也并不与保罗的“上帝将是在万物中的万有”的说法相冲突。和解的进程会使他陷入那种或许会被托马斯主义神学家称为“理性化”的地步，不过他做的提醒（cautelae）——例如受造物回归上帝并“变成”上帝，并不是“为的是消失”（ita ut non sint），而是“为了变得更好”（ut melius sint）——并不是为了讨好神学家，却仍是言不由衷的。它们是约翰·司各脱要保留基督教学说，或被他（无论是正确还是错误地）视为基督教学说的内容这一愿望的恳切表现。

我们已经指出，约翰·司各脱的思想中有着基督教和新柏拉图主义要素之间的张力，但我们要重新强调这一点，因为它牵涉到与他有关的“理性化”的问题。逻各斯对应了新柏拉图主义中的努斯，而想要保存基督教信理和被约翰·司各脱视为真实哲学的原则之愿望中出现了理性化的过程。与经由伪狄奥尼修斯所继承下来的新柏拉图主义的传统相符，约翰·司各脱认为[①]上帝在他自身之中，那创造的而非受造的自然，对他自身而言是不可洞察、不可知的，因为他是无限的和超越本质的，只有在他的神之显现中才变得对自己可见。这当然是新柏拉图主义学说的回声，即因为思想和自我意识要涉及主体和客体的对立，所以元一、至高神在思想之上，在自我意识之上。这样，上帝在自身中对受造的思想就是不可理喻的，这当然是基督教的看法，然而他自己并非洞察自身的，这并不是基督教的学说。所以，如果约翰·司各脱希望同时保留这两者的话，他就必须要以某种方式来调和这两个立场，通过把蕴含了原始原因的圣言之发出看作第一个“神的显现”。他试图这么做，如此一来，在圣言中以及通过圣言，上帝就变得（不是在时间意义上的变化）具有了自我意识，对自身显
135 现。他想要保存基督教信理的愿望是足够恳切的，但这两种要素之间的张力是不可避免的。如果考虑到约翰·司各脱的一些特别的孤立的言论，我们就不得不说他是一个泛神论者或自然神论者。比如，他说自然的第二和第三阶段之间的区分仅仅是因为人之理性的形式[②]，这本身显然是泛神论

① 例如3，23。
② 2，2。

的，而他说上帝和造物界之间的实体性区分总是得以保持，这显然是自然神论的。我们看上去或许应该简单地选择这一组或那一组言论，而这种态度恰恰也造成了这样一个观点，即约翰·司各脱是一个自觉的泛神论者，他只是并不真诚地在口头上对正统做了让步。然而，如果我们意识到他也是个诚恳的、企图将基督教信理与一种总体上为新柏拉图主义的哲学加以调和的基督徒，我们也就能够认识到，虽然存在着这种张力以及把基督教信理理性化的趋势，但考虑到这位哲学家的主观出发点，他的确完成了一种让人满意的调和。这当然没有改变这样一个事实，即单独来看，他的某些论述确实肯定了泛神论，而其他像是关于永恒惩罚的论述则无法与正统的神学教导相调和，由于有着此类言论，《论自然的划分》最终被教会权威所谴责。然而，无论这部作品是否正统，它都展现了一个强大而精确的头脑，这是一位思辨哲学家的头脑，他远远超越了同时代的其他思想家。

第三部分

10世纪、11世纪和12世纪

第十四章
共相问题

查理曼身后的状况——波菲利和波爱修文本中关于此讨论的源头——这个问题的重要性——夸张的唯实论——洛色林的“唯名论”——圣彼得·达米安对辩证逻辑的态度——香蒲的威廉——阿伯拉尔——普瓦捷的吉尔伯特和索尔兹伯里的约翰——圣维克托的雨果——托马斯·阿奎那

1. 人们或许曾经期待查理曼对文学和学术的复兴能够引发哲学之循序渐进的发展，而且（由于已经有措施来保留已经获得的知识和文化）思想家们也应该能够扩展知识并追寻更加思辨的道路，特别是在约翰·司各脱·爱留根纳已经为西欧提供了一个哲学思辨和系统的例子的情况下。然而，事实并非如此，哲学领域之外的历史因素让查理曼帝国陷入了一段新的黑暗时期，即10世纪的黑暗时期，它使得加洛林复兴所承诺的前景遭遇了幻灭。 136

文化的进步在某种程度上取决于查理曼治下出现的中央化趋势的维持，然而在他去世之后，帝国被分割，而伴随着查理曼继承人之间的划分的，是封建制的发展，也就是权力的分散。由于贵族们事实上只有用领地才能嘉赏，因此他们在获得领地的同时，也就趋向于变得越来越不受制于君主：他们的利益有了分歧和冲突。教会的高层领袖变成了封建制的君主，修道院的生活堕落了（比如，当时习惯于任命平信徒担任修道院长），主教职务被用来奖励或犒劳国王的仆人。教皇制或许企图检查和修补法

137 兰克王国日渐恶化的状况，但它自身也已处在精神和道德威信的低谷，而且由于教育和学术主要都掌握在修士和神职人员的手里，查理曼帝国的分裂之不可避免的后果就是学术和教育活动的败落。直到 910 年克吕尼（Cluny）的创立，才开始出现改革，而克吕尼改革的影响当然也是渐渐才出现效应。圣邓斯坦（St. Dunstan）曾经在根特的克吕尼修道院里待过，他把克吕尼的理想介绍到了英国。

阻止加洛林复兴的成果走向成熟的，除了内部因素（比如政治上的解体，这使得 10 世纪时帝国的皇冠从法国转移到德国，又比如修道院和教会生活的败落、教皇制的恶化），也有外部因素的影响，比如诺曼人在公元 9 世纪和 10 世纪的进攻（他们摧毁了财富和文化中心，阻碍了文明的进程），还有萨拉森人和蒙古人的进攻。内部的衰败加上外部的危险和攻击，使得文化进展变得不可能。保存或试图保存已有的东西，是唯一可行的路线：学术和哲学的进展则是未来的事了。对哲学的兴趣依然存在，大部分集中在关于辩论问题的讨论上，特别是关于共相问题的讨论。这个讨论的出发点是由波菲利和波爱修的一些文本提供的。

2. 波爱修在他对波菲利之《导论》[①] 的注疏中引用了波菲利，指出波菲利当前拒绝断定属和种到底是自存的物体，还是说它们只存在于概念中，以及它们如果是自存的，那么到底是质料性的还是非质料性的，问题还包括它们是否分离于可感事物，因为如此高深的内容不能在一部导论中得到阐释。波爱修本人却接着讨论了这个问题，首先，他提到了这个问题的困难性以及在考虑这个问题的时候必须要仔细。然后，他指出有两种构成观念的方式，其中，观念的内容不是确切地以像它存在于理念中那样，可以在思想之外的对象中被找到的。比如，我们可以把人和马结合在一起，形成一个人头马的观念，这样就把自然不允许结合在一起的东西在
138 思想中结合在一起了，而这样任意构成的观念是“不为真的”。另一方面，如果我们形成了关于一条线的观念，也就是几何学家所说的线，那么，虽然在思想之外的现实之中确实没有这样一条单独的线存在，但这个观念并

① 《拉丁教父文集》（*Patrologia Latina*），64，第 82—86 栏。

非“伪”的，因为物体包含了线，而我们要做的无非就是把线分离出来，并抽象地考察它。结合（比如把人和马结合在一起构成了人头马）制造出了伪的观念，然而，抽象制造的却是真的观念，就算那被设想的物体并不以抽象的或分离的形式存在于思想之外的现实之中。

这样，属和种的观念就是后一种类型的，由抽象获得。人性的相似之处是从个体的人身上抽象而来的，这个相似性在思考的考察之下，则是种的观念，而属的观念是通过对不同种之间的相似性的考察而得来的。所以，“属和种是在个体之中的，然而，作为思想，它们是共相”。它们“自存于感性物体之中，被理解时却是没有身体的”。在外在于思想之处，对属和种来说，都只有同一个主体，即个体，然而这并不妨碍它们被分开来考虑，就像同一条线可以是凸的或凹的，却并不妨碍我们产生不同的关于凹凸的观点并赋予它们不同的定义一样。

所以，波爱修提供了对这个问题作亚里士多德主义的解决的材料。虽然他接着说到，他并不认为在柏拉图和亚里士多德之间进行判定是合适的，然而他是顺着亚里士多德的思路去思考的，因为他的书讨论了亚里士多德所著的《范畴篇》。不过尽管波爱修以温和唯实论的立场为共相问题提供了解决方案，而且他对波菲利的引用以及他对这些引文的注疏引起了早期中世纪对此问题的讨论，但中世纪学者提出的第一个解决方案不是站在波爱修的立场上的，而只是一种实在简单的极端唯实论。

3. 那些缺乏深思的人会认为，早期中世纪学者在讨论这个问题的时候是在省察一个无用的问题或沉迷于无益的辩论技巧，但一个简短的思索便足够指出这个问题的重要性，至少在我们考虑其内涵的时候是这样。

虽然我们所见到和触摸到的是个体事物，但当我们思索这些事物的时候，我们就不得不使用普遍的观念或词语，比如我们说“我所见到的这个特定的对象是一棵树，确切地说是一棵榆树”。这样一个判断肯定了某个特定对象属于一个特定的类别，并且肯定了它属于树这个属、榆树这个 139
种。然而，除了当前所见的这个对象之外，这些概念还会用在其他的很多对象之上，而这些概念也或许对应了同样的观念，这是明显的。换句话说，在思想之外的对象是个体的，而概念是普遍的，具有共相的特性，因为它们可以没有区分地被用在多个个体之上。然而，如果外在于思想的对象是个体的而人的概念是普遍的，那么我们显然就需要发现它们之间的关系。实际上，自存的对象是个体的，而概念是普遍的，这也就意味着，如果概念之普遍性指的是它们仅仅是观念，那么，普遍的概念在思想之外的实在中就没有基础，这样，在思想和对象之间也就出现了一个裂缝，我们的知识的正确性也就由于是以普遍概念和判断来表达的而无论如何都有理由被怀疑。科学家以抽象和普遍的概念表述他的知识（比如他不对这个特定的电子做表述，而是对电子做普遍表述），而如果这些概念在实在中没有任何基础，那么他的科学也就是任意的构建，与实在没有任何联系。由于人之判断具有普遍性或使用了普遍概念，比如在“玫瑰是红的”这样的命题中，这个问题也的确触及了人的认知，如果关于“普遍概念在思想之外是否存在着一个基础”这个问题之回答是否定的，那么就会出现怀疑主义。

这个问题可以通过多种方式被提出。而且，从历史角度来说，它在不同的时间有着不同的形态。比如，可以用这么一种形式来问：“在思想之外的现实中，什么——如果说有着这样东西的话——对应着思想中的普遍概念?”这可以被称作本体论的进路，早期中世纪学者是在这个形式下讨论这个主题的。或者我们可以问，我们的普遍概念是**如何**形成的。这是心理学的进路，重点也与第一条进路不一样，虽然这两条进路是紧密联系在一起的，而且我们很难只讨论本体论问题而不在某种形式上也回答那个心理学问题。此外，如果要提出一个概念主义的解决方案，即普遍概念仅仅是概念构建，我们就可以问道，对所有实践目的均为事实的科学知识是如何可能的。但是，无论这个问题以何种方式来提出，以及它获得何种形
140 式，它都具有根本的重要性。或许诸因素中的一个会让人产生一种印象，认为中世纪学者们在讨论一个相比之下不太重要的问题，这个因素就是他们主要把注意力局限在实体这一范畴的属和种之上。这个问题即便是在这种局限的形式中也并非不重要，然而，如果这个问题在提问时同样涉及其他的范畴，会让人更加明显地看出它涉及至少大部分的人类知识。显而易见，这个问题最终是关于思想与现实间关系的知识论问题。

4. 中世纪学者为这个问题给出的第一个解决方案以“夸张的唯实论”闻名。按时间顺序，这是第一个解决方案，因为此观点的反对者有一段时间被称为“现代学者”（moderni），而比如阿伯拉尔则把此观点称作“老的学说”（antiqua doctrina）。按照这个观点，我们的种属概念对应着一个在思想外、在对象中存在的实在，一个自存的实在，个体则分有这个实在。所以，人或人性的概念也就映现着一个实在，即人性或人之本性的实体，它在思想外以其被思考的那种方式存在，也就是说，作为一个统一的实体而存在，所以个体都分有它。对柏拉图来说，人的概念映现了在个体“之外”并与其分离的人性的理想，而个体或多或少都呈现了或“模仿”了这个理想。中世纪的唯实论者则相信此概念映现了一个在思想之外存在的统一实体，个体分有这个实体，而且它们都是其偶性的样式。这样的观点当然是极端天真的，并显示出对波爱修关于此问题之讨论的彻底误解，因为它认为，除非概念所映现的对象必须以与其在思想中确切存在相同的方式而存在于思想之外，否则此概念就是纯粹主观性的。换言之，它认为唯一能拯救我们的知识之客观性的道路是坚持一个天真地认为在思想和事物间有着确切对应的观点。

比如，唯实论已经蕴含在如弗里德吉希乌斯（Fredegisius）这样的人的学说之中了。他在图尔接替阿尔昆成为圣马丁修道院的院长。他认为，每一个名字和概念都预设了一个相应的实在的现实（比如黑暗或无）。唯实论也蕴含在约翰·司各脱·爱留根纳的学说中。在欧塞尔的勒米基乌斯（841—908 年）的学说中，我们找到了关于这个观点的陈述，他认为种是对属的实体性分有（partitio substantialis），而属（比如人）是很多个体的 141
实体性统一（Homo est multorum hominum substantialis unitas）。此类陈述如果被理解为是在说个体的多数有着一个共同的、在数量上为一的实体，那么顺理成章的结论就是，个体的人只在偶性上相互区分。图尔奈主教座堂学校的图尔奈的奥多（Odo of Tournai，卒于 1113 年，他也被称为康布雷的奥多，因为他曾担任康布雷的主教）也毫不犹豫地得出过这个结论，他认为，在一个孩子出生时，上帝创造了一个已经存在的实体之新的特性，而非一个新的实体。从逻辑上看，这个极端唯实论应该会以单纯的一元论为结果。比如，我们有着关于实体和存在的概念，并且就着极端唯实论的原则，从而会认为我们使用实体这个概念来指称的一切对象都是同一实体之样式。这种态度可能影响到了约翰·司各脱·爱留根纳，他就此可以被合理地称作一位一元论者。

就像吉尔松教授和其他人所指出的那样，那些在早期中世纪坚持极端唯实论立场的人是作为逻辑学家来做哲学的，因为他们认为逻辑和实在的秩序是完全平行的。而且，举例而言，因为“柏拉图是人”这个句子中的“人”和“亚里士多德是人”中的“人”是相同的，所以在柏拉图和亚里士多德之间的实在秩序中，有着一个实体性的同一性。然而我想，认为极端唯实论者单纯是受到了逻辑考虑的影响，这是一个错误：他们也受到了神学考虑的影响。在图尔奈的奥多那里，这一点就很清楚，他使用极端唯实论来解释原罪的传递。如果把原罪理解为人的灵魂之实在的感染，我们就面临着一个明显的困难：我们要么必须说每次一个孩子出生时，上帝都从无中创造了一个新的人性实体，结果就是，上帝对这个感染负责，要么我们就必须否认上帝创造了个体灵魂。图尔奈的奥多指的是灵魂遗传说的一种形式，也就是说，人性或亚当的实体被原罪感染，并传递给下一代，上帝创造的则只是一个已经存在的实体之新的特性。

判断早期中世纪学者之言语中包含的确切含义并不总是一件易事，就
142 像我们并不总能确定一位作者是否完全认识到了他的言语之蕴含，或者他是在争论中强调某一点——或许是作为一个针对人的论述（argumentum ad hominem）——而没有刻意想要令他的表述以其字面意义来被理解。所以，当洛色林说，在用法允许的情况下，真福圣三的三个位格也可以被称作三个神，因为每个存在者都是一个个体时，安瑟伦（1033—1109 年）则质问道，不理解多个人在种上是同一人的话，我们如何能够理解有多个位格，其中每一个都是完美的上帝，是一个上帝。[①] 从这个表述来看，把安瑟伦视为一个极端的或夸张的唯实论者，的确也是对这种表述的顺理成章的诠释。从这里涉及的神学信理来看，就像在神性中只有一个实体或本

---

① 《论对三位一体的信仰》，2。

性一样，在所有人之中都有且只有一个实体或本性（也就是说在数目上是同一的）。然而，安瑟伦此处或许是在就人而论（ad hominem），而且他要问的问题是，若没有意识到人之种的统一（让我们假设，无论事实是否如此，洛色林否认共相具有**任何**实在性），我们怎么能够认识到神性位格在同一神性（这是**在数目上**为一的本性）之中更强的统一呢？安瑟伦或许是一位极端唯实论者，然而对他的问题的后一种诠释的支持意见是，他显然把洛色林理解为要说共相没有实在，而仅仅为词语之声（flatus vocis）。而且，在《论语法家》（*Dialogus de Grammatico*）[①]中，他区分了第一实体和第二实体，并且提到了亚里士多德的名字。

5. 如果极端唯实论者那里隐含的原则是思想和思想之外的实在之间的确切吻合，那么极端唯实论之反对者的原则就是只有个体才是存在的。所以，欧塞尔的埃里克（Eric of Auxerre，海利克斯，841—876 年）认为，如果有人试图认为白或黑是绝对存在的，并且不需要依存于其中的实体，他也就无法指出任何一个相应的实在，却必须指一个白色的人或一匹黑色的马。普遍名字没有与其对应的普遍的对象，它们唯一的对象就是个体。那么，普遍概念是如何产生的呢？它们的功能以及它们与实在的关系是什么呢？智性和记忆都无法把握一切个体，所以，思想汇集（coarctat）了多个个体，并形成了种的观念（比如人、马、狮子）。但动物或植物的 143
种本身已经过多，思想不能同时把握它们，于是它就把种汇集在一起而构成了属。然而，属也有很多，思想就在汇集（coarctatio）的进程中更进一步，形成了更加广泛、具有更广外延的概念“实体”（οὐσία）。这乍一看是一种唯名论立场，还会让人想起密尔的速记笔记理论。然而，在缺乏更多的记载的情况下，确认这就是埃里克的主张是莽撞的。或许他只想强调，只有个体才存在，也就是否定极端唯实论，同时他也关注对我们的普遍概念的心理学上的解释。我们没有足够的文本依据来确保我们可以确定地说，他否认普遍概念具有任何实在的基础。

就洛色林（Roscelin，约 1050—1120 年）的学说之诠释而言，出现

① 10。

了一个类似的困难。他先在苏瓦松和兰斯学习，然后在贡比涅（他的出生地）、洛什、贝桑松和图尔教书。除了写给阿伯拉尔的一封信之外，他的作品均已散佚，我们必须依赖其他作者（比如安瑟伦、阿伯拉尔和索尔兹伯里的约翰）的叙述。这些作者的确非常明确地表明了洛色林是极端唯实论的反对者。他坚持认为只有个体存在，然而他具有肯定内容的学说却不很清楚。依照安瑟伦的记载，[①] 洛色林认为共相只是一个**词语之声**，与此对应，安瑟伦把洛色林算作当时逻辑学中的异端。安瑟伦接着说道，这些人认为，颜色就是身体，而人的智慧就是灵魂。他认为，这些“逻辑上的异端”的主要毛病在于他们的理性受到了想象的限制，以至于他们无法摆脱影像并考虑抽象和纯粹智性的对象。[②] 洛色林说过，共相是词语，普遍的词语，这一点我们不可否认，因为安瑟伦的记载非常清楚。然而，要确切评价他以此想说的是什么，这就困难了。如果我们或多或少地把安瑟伦诠释为一个亚里士多德主义者，也就是说不是一个极端的唯实论者，那么，我们也就必须说他对洛色林学说的理解是，他认为后者蕴含了否认共相具有任何形式的客观性的观点；而如果我们把安瑟伦诠释为一位极端
144 唯实论者的话，那我们可以认为，洛色林只是在以强调的方式否定极端唯实论。当然，不可否认的是，那个提出共相只是**词语之声**的说法如果从字面上来理解，不仅是对极端唯实论和温和唯实论的否定，也是对概念主义的否定，并且否定了共相概念在思想中的临在。然而，我们没有足够的证据可以说洛色林认为概念是这样的，如果他真的对此有任何关注：情况或许是这样的，他下定决心否定极端唯实论，否定共相在形式上的自存；他简单地把词语中的共相（universale in voce）与自存的共相对立起来，指出只有个体是存在的，而共相并不在思想之外作为共相存在，但他并没有说到思想中的共相（universale in mente），他或许默认了说到共相时指的就是它，又或者根本就没有想到它。所以关于这一点，我们可以从阿伯拉尔写给巴黎主教的那封议论洛色林的信当中[③] 以及他的《论划分和定义》

① 《论对三位一体的信仰》，2；《拉丁教父文集》，158，265A。
② 《论对三位一体的信仰》，2；《拉丁教父文集》，158，256B。
③ 《拉丁教父文集》，178，358B。

（*De divisione et definitione*）一书中的一些话语那里清楚地看到，按照洛色林的思想，一个部分只是个词语，因为当我们说整体由部分组成的时候，关于由部分所构成的整体的观念"仅仅是个词语"，因为客观实在是多个个体事物或实体。但我们不能因此就轻率地得出结论说，如果洛色林要表明他的立场，他会准备好主张我们没有关于由部分所组成的整体的观念。难道他不是简单地认为我们关于由部分所组成的整体的观念是纯粹主观的，而且唯一的客观实在是多个单个的实体吗？（同样，他似乎也否认三段论的逻辑统一性，并把它分解成了不同的命题。）按照阿伯拉尔的说法，洛色林所说的整体和概念的观念只是词语，与他所说的种仅仅是词语是同出一辙的。如果上述诠释就整体和部分的关系来说是合理的，我们也就可以把它应用到他关于属和种的理论上去，并且认为他把属种等同于词语是对其主观性的肯定，而非对"有着一种普遍观念的存在"的否定。

当然，在诠释洛色林的时候没有争论的必要。他或许的确是一个天真的、完全意义上的唯名论者，我也肯定不准备说他并非一个完全的唯实论者。索尔兹伯里的约翰好像就是在这种意义上来理解他的，因为他说"有人认为，词语本身是属和种，虽然这种观点早就遭到了驳斥，并 145
且与其作者一同消失了"，[①]这句话中的"作者"指的肯定就是洛色林，因为，同一位作者在《元逻辑》（*Metalogicus*）[②]中写到，把种和属与词语画上等号的做法与洛色林一同消失了。虽然洛色林有可能是一个纯粹的唯名论者，而且从字面上来看，关于他学说的片段性记载肯定是支持这种诠释的，但毫不怀疑地断定他关注过"我们是否有属或种的观念"这个问题，显然是不可能的，更不用说断定他对此加以否认了，就算他的言论指明了这一点。我们能够确定的只有，无论洛色林是不是唯名论者或概念论者，他都是一位公开的反唯实论者。

6. 之前已经说到，洛色林提出了一种"三神论"，这引起了安瑟伦的敌对，他因此受到谴责，不得不在1092年的苏瓦松公会上收回他的理论。逻辑学家插手神学，此类做法的确是像圣彼得·达米安那样的人对他们

---

① 《政治家》，7，12；《拉丁教父文集》，199，665A。
② 《元逻辑》，2，17；《拉丁教父文集》，199，874C。

产生敌意的主要原因。漫步派逻辑学家或智者以及从意大利来的平信徒们（比如帕尔马的漫步学者安瑟姆斯）从一个学术中心转移到另一个，试图把矛盾律放在一边，他们卖弄言辞和技巧，自然将逻辑放在了一个非常不光彩的位置，然而如果他们仅仅局限在言辞讨论之上，或许就只是让人生厌。但当他们把逻辑用到了神学上的时候，他们就陷入了异端，并且触怒了神学家。所以，图尔的贝伦加利乌斯（约 1000—1088 年）认为，偶性无法脱离支撑它们的实体而独立存在，他由此否认变质说[①]这条信理。贝伦加利乌斯是一位修士而非漫步派者，但他无视权威的态度似乎是 11 世纪的一群逻辑学家所特有的。主要由于这种特性，圣彼得·达米安申明逻辑是多余的，圣艾默兰的奥特洛（Otloh of St. Emmeran，约 1010—1070 年）则表示有些逻辑学家更多地相信波爱修，而非圣经。

圣彼得·达米安（St. Peter Damian，1007—1072 年）对人文学科和逻辑都没有什么好感（他说这些东西是无用的），因为它们不关注上帝或
146 灵魂的救赎，虽然这位圣徒自己作为神学家和作者当然也使用了逻辑。然而，他确信逻辑是一种非常低级的追求，它在神学中的使用仅仅是工具性的和从属性的，这不仅因为信理是启示真理，还因为即便是理性的最高本原也可能无法应用在神学上。比如，在彼得·达米安看来，上帝不仅是道德价值和道德律法的主宰者（在这一点上他应该会对克尔凯郭尔有关亚伯拉罕的思索有好感），也能使得历史时间“不发生”，不曾出现；而如果这显得与矛盾律发生了冲突，那只能说明矛盾律存在着不足：这只显示出逻辑相对于神学的低下。简而言之，逻辑的地位是婢女的地位，如同女主人的女仆（velut ancilla dominae）。[②]

查纳德的吉尔哈德（Gerard of Czanad，卒于 1046 年）也使用过这个“婢女”的观点，他是威尼斯人，成了匈牙利查纳德的主教。吉尔哈德强调了使徒们的智慧要比亚里士多德和柏拉图的智慧更加优越，并且申明，逻辑必须做神学的婢女（ancilla theologiae）。这的确常常被以为是托马斯

---

① Transubstantiation，神学术语，指的是饼和酒在弥撒中被变成了耶稣的身体和血，变质说指的就是在这个变化中，饼与酒的实体变了，然而作为其表象的偶性没有变。——译者注

② 《论天主之大能》（*De div. omnip.*）；《拉丁教父文集》，145，63。

主义关于哲学之领域的观点，然而，如果预设了托马斯对哲学和神学这两个相互分离的领域所做的界限划分，婢女的思想其实并不与他所表明的哲学之本性相契合：这其实更多地（就像莫里斯·德·沃尔夫所说的）是“一群人数有限的神学家”的想法，这些人不会应用新的复杂的科学。然而，他们自己却没有避免使用逻辑，而且当大主教兰弗朗克（Lanfranc，大约生于1010年，并一直担任坎特伯雷大主教，直到1089年去世）说到“并非逻辑本身而是对逻辑的滥用要被谴责”的时候，他只不过是在说一件人尽皆知的事实。

7. 与一位圣徒和严厉的神学家的对立，也是阿伯拉尔生平的主题之一。阿伯拉尔与香蒲的威廉之间的对立构成了共相讨论史的第二阶段。不过，前面那个对手只影响到阿伯拉尔的生活，却没有动摇他在对极端唯实论的战役中所获得的最终胜利。

香蒲的威廉（William of Champeaux，1070—1120年）在巴黎和兰斯学习，之后在贡比涅那里跟随洛色林学习。但他接受了与洛色林截然相反的理论，他在巴黎主教座堂学校教授的理论是极端唯实论。阿伯拉尔在巴黎听过他的课，我们得根据他来得出威廉的学说的有关信息。按照阿伯拉尔的记载，威廉所持的理论是，同一本质性的本性在所涉及的种的每个个 147
体成员中同时完整临在，而这在逻辑上会带来一个不可避免的后果：一个种的诸成员之间的区分不是实体性的，而仅仅是偶性。[①] 如果是这样的话，阿伯拉尔说到，那么在某地的柏拉图中的实体与在另一处的苏格拉底中的实体是同一个。这一实体成为柏拉图是通过一组偶性，成为苏格拉底则是通过另一组偶性。这样一种学说当然是早期中世纪极端唯实论的形式，阿伯拉尔也轻而易举地展现出了其蕴含的困难。比如，如果人这个种是实体性的，由此即完整地在苏格拉底和柏拉图两人中同时临在，那么苏格拉底必然就是柏拉图，而他就必然要同时身处两地了。[②] 另外，这种学说最终会导致泛神论，因为上帝是实体，而所有实体都将与神性实体保持同一。

---

① 《受难史》（*Hist. calam.*），2；《拉丁教父文集》，178，119AB。

② 《论属与种》（*De generibus et speciebus*）；库桑（Cousin），《阿伯拉尔之未曾编辑出版过的作品集》（*Ouvrages inédits d'Abélard*），第153页。

在此类批评的压力下，香蒲的威廉改变了他的理论。他抛弃了同一理论，接纳了无区分的理论，并且说到，同一个种的两个成员是同一个东西，但这不是从本质上来说（essentialiter），而是没有区分地说（indifferenter）。我们从阿伯拉尔那里获知这个信息，①他显然把这个新的理论视为一种遁词，就好像威廉现在在说苏格拉底和柏拉图不是同一却也没有区分一样。然而，威廉的《语录》（*Sententiae*）②残篇却很清楚地说明了他的观点。在书中，他说“一”和“同”这两个词可以通过两种方式来理解，一是按照其不区分性，二是按照其本质的同一性（secundum indifferentiam et secundum identitatem eiusdem prorsus essentiae）。他接着解释道，彼得和保罗是“无区别地”为人的，或是按其无区别性（secundum indifferentiam）而拥有人性的，因为彼得是有理性的，而保罗亦如此，彼得是有死的，保罗亦如此，等等。然而，他们的人性不是同一个（他指的是他们的本质或本性在数目上不是同一个），却是相似的（similis），因为他们是两个人。他还说到，这种统一性不适用于神性，当然他指的是神性在三个位格中都是同一的这一事实。这个残篇虽然语言晦涩，却很清楚地反对极端唯实论。当威廉说到，彼得和保罗在人性中按其无区别性是同一
148 的，他指的是他们的本质是一样的，而且这种相似性是人之普遍概念的基础，这个概念“可以没有区分地”被应用在彼得或保罗或任何一个其他人身上。无论阿伯拉尔在面对这个改变过的理论时会想到什么，或者他会在何种解释之下来攻击这个理论，它实际上看起来是在否认极端唯实论；而且与阿伯拉尔自己的观点没有多大区别。

需要提及的是，上述内容是一种简略的描述，阿伯拉尔和威廉之间的辩论的确切发生过程并不是很清楚。比如，我们很确定威廉在被阿伯拉尔驳倒之后退隐到圣维克托修道院并在那里教书，随后他成了马恩河畔沙隆的主教。然而不确定的是，他是在辩论的哪一个阶段退隐的。他有可能当在巴黎教书的时候就改变了他的理论，随后在阿伯拉尔的又一次攻击之下退出了争吵，无论这个攻击合理与否，他到了圣维克托并在那里继续教

---

① 《受难史》，2；《拉丁教父文集》，178，119B。

② 列斐伏尔编，第 24 页。

书，或许还奠定了这个修道院的神秘学传统之基础。然而，依照德·沃尔夫的说法，他退隐到了圣维克托并且在那里教授他的新理论，即无区分论。学界认为，威廉持有三个理论：（a）极端唯实论的同一论；（b）无区分论，阿伯拉尔对它与前一种理论不加区分地进行攻击；（c）反唯实论的理论，在提出这条理论时，他应该是在教授了前面两个理论后，退隐到圣维克托去了。这或许是正确的，阿伯拉尔对无区分论的解释和批判也可以是对此说法的支持。然而，如果阿伯拉尔的解释是为了争辩而做的，那么此解释就是有问题的。我则倾向于赞同德·沃尔夫的说法，即认为无区分论包含了对同一论的否定，也就是说它不仅仅是一种语言上的遁词。无论如何，这个问题不太重要，因为所有人都认可香蒲的威廉先提出了极端唯实论而后又放弃了这个立场。

8. 在辩论中打败了香蒲的威廉的人是阿伯拉尔（Abelard，1079—1142年），他出生在南特附近的勒帕莱[1]，因此获得了“勒帕莱的漫步学者”（Peripateticus Palatinus）的称号，并且在洛色林和威廉那里学习逻辑。之后，他开办了自己的学校（先在默伦，然后在科尔贝伊，之后在巴黎），他在那里与他之前的老师展开了辩论。后来他把注意力转移到了神学上，在拉昂的安瑟伦那里学习，并于1113年开始在巴黎教授神学。与赫洛伊丝（Héloise）的那段事的结果是，他必须退隐到圣丹尼斯修道 149
院。1121年，他的书《论神性统一和三位一体》（*De Unitate et Trinitate divina*）在苏瓦松被谴责，之后，他在塞纳河畔诺让创立了慰藉者（Le Paraclet[2]）学校。1125年他离开了这所学校，为的是在布列塔尼成为圣吉尔达斯修道院的院长，虽然在1129年他又离开了这座修道院。不管怎样，1136—1139年他在巴黎的圣热纳维耶芙修道院教书，索尔兹伯里的约翰是他在那里的学生。然而，圣伯纳德在1141年指控他持有异端，于是他在桑斯公会被定罪。他向教皇英诺森二世（Innocent II）的上诉使得他又一次被定罪并且被禁止教书，之后，他退隐到克吕尼，并在那一直待到去世。

---

① Le Pallet，Palet 或 Palais。（其拉丁文形式是 Palatium，其形容词形式为 Palatinus。——译者注）

② “慰藉者”是圣神之别名。

阿伯拉尔明显是个好斗的人，对其对手毫不留情：他嘲笑他的哲学和神学老师香蒲的威廉和拉昂的安瑟伦。他也自私且难以相处，虽然他也很重感情：显然，他离开了圣丹尼斯和圣吉尔达斯这两所修道院，因为他无法与那里的修士和平相处。然而，他是一位有着巨大能力的人、一位杰出的逻辑学家，在这一方面他远远超出了香蒲的威廉。他不是一个可以被忽视的平庸之辈，我们也知道他的出类拔萃和他逻辑上的娴熟，而他对其他教授的攻击无疑给他赢来了广大听众。他的神学介入却使得他在那些对逻辑和思维之机智本来就没有多少好感的人眼里就像一个危险的思想者。阿伯拉尔特别受到了圣伯纳德的毫不放松的敌意的追逐，后者似乎在这位哲学家身上见到了撒旦的代言人。当然，他竭尽全力以保证阿伯拉尔被定罪。在他对阿伯拉尔的诸种控告中，他指责阿伯拉尔持有关于三位一体的异端学说，阿伯拉尔非常倔强地否认这个指控的真实性。或许，就其意图而言，这位哲学家并不是通常意义上的理性主义者（他并不想否认启示或通过理性化解释消除奥秘）；但在同时，在他把逻辑应用到神学上的时候，他的确显得像是触犯了神学的正统，就算他其实并无此意。在另一方面，恰恰是把逻辑应用到神学上才使得神学进步成为可能，并促进了 13 世纪的神学经院学走向系统化。

150 就像我们已经见到的那样，阿伯拉尔毫无困难地指出了香蒲的威廉之极端唯实论在逻辑上将带来的荒谬结果；然而，提供一个更加让人满意的理论对他来说也就义不容辞了。他接受了亚里士多德对共相的定义，这是波爱修传给我们的（即“在多个物体中的也就本来是要被用来谓述的，它的确不是单个的”：quod in pluribus natum est praedicari, singulare vero quod non）。接着他又表明了，并非一个东西而是一个名字被用来谓述了。他还得出这样的结论，即“这种共相性只能被说成是属于词语的”。[1] 这听上去就像传统上被认为由洛色林所持的纯粹唯名论观点（阿伯拉尔在他那里求过学），但他愿意说有普遍和特殊的词语，这表明我们不能马上得出结论，认为阿伯拉尔否认与普遍词语相对应的任何实在，因为他肯定没有

---

① 《致入门者》（*Ingredientibus*），盖尔编，16。

否认特殊词语有着与共相对应的实在，在这个情况下，这种实在是个体。另外，阿伯拉尔接着［在《逻辑“出于朋友之要求”》(*Logica nostrorum petitioni sociorum*）中］区分了词语（vox）和概念（sermo），并提到，共相并非词语（Universale est vox），而是概念（Universale est sermo）。他为何要做这样的区分呢？因为词语指的是一个物理物体的词（词语的声音），是一物，没有一物可以用来谓述另一物；而概念指的是就其与逻辑内涵之关系而言的词，它是用来谓述的。

那么，这个由普遍名称（nomen universale）所表达的普遍概念或普遍观念（intellectus universalis）的逻辑内涵是什么呢？思想通过普遍概念“获得了很多物体之普遍和混杂的图像……当我听到‘人’这个词的时候，我的脑海中浮现出一个特定的形态，这个形态与个体的人之间的联系在于它与所有人都普遍相连，而不是其中任何一个所特有的”。按照阿伯拉尔的观点，这样的阐述的确会让人以为根本就没有普遍概念，而只有混杂的图像，按照混杂程度和没有区分的程度，被分为属或种之图像。然而他接着又说，普遍概念是通过抽象构造的，并且通过这些概念，我们认识到对象中是什么，虽然我们并非把它作为其在对象中的确切形式来认识它的。“因为，当我只在实体之本性或身体之本性中来考虑这个人，而并没有考虑到他在生物之本性、人之本性或语法学家之本性中的时候，显然，我只理解到在此本性中的是什么，却并未理解它所含有的一切。”他又解释道，当他在说我们关于人的观念是“混杂”的时候，他指的是通过抽象，本性也就摆脱了一切个体性，并且是如此得到思考的，即它不再具有与一个特别的个体的任何特殊关系，而是可以被用来谓述一切个体的人。总而 151
言之，那个在种和属的观念中所把握到的，在物中也是有的（观念并非没有客观联系），然而它在物中的形式却与其被把握的形式不一样。换言之，极端唯实论是错误的。但这并不意味着共相是纯粹的主观构建，更不是在说它们仅仅是词语。当阿伯拉尔说共相是词语（nomen）或概念（sermo）时，他指的是，普遍概念的逻辑统一性涉及谓词，谓词则是一个词语，而非物（res）或单个物体。如果我们希望与索尔兹伯里的约翰一同把阿伯拉尔称作“唯名论者”的话，我们就必须同时承认他的“唯名论”只是对极端唯实论的否定以及对逻辑和实在秩序间的区分的肯定，却不涉及对普遍概念之客观基础的任何否定。阿伯拉尔的学说虽然在语言上有些含糊，却预示了后来发展出来的“温和唯实论”。

在《基督教神学》(*Theologia Christiana*)和《神学》(*Theologia*)中，阿伯拉尔追随了圣奥古斯丁、马克洛比乌斯(Macrobius)和普里西安的脚步，他认为范型形式(formae exemplares)或有关属和种的神性理念在上帝的思想中，他就这一点称赞了柏拉图，并在新柏拉图主义的意义上理解后者。他认为，柏拉图把理念视为在神的思想中的，希腊人把神的思想称为努斯(quam Graeci Noyn appellant)。

9. 阿伯拉尔关于共相问题的讨论确实是决定性的，因为它通过指出，我们能够在否认极端唯实论的同时却并不需要否认属和种的一切客观性，给了极端唯实论一个致命的打击。虽然 12 世纪的沙特尔学派(与圣维克托学派相对立)倾向于极端唯实论，但与沙特尔相关联的两个著名人物，普瓦捷的吉尔伯特和索尔兹伯里的约翰，打破了这个古老的传统。

(1)普瓦捷的吉尔伯特(Gilbert de la Porrée，或 Gilbertus Porretanus)于 1076 年生于普瓦捷，后来成了沙特尔的伯纳德的学生，他自己也在普瓦捷教了超过 12 年的书。他后来在巴黎教书，不过在 1142 年他成了普瓦捷的主教。他于 1154 年去世。

就每个人都具有他自己的人性或人之本性这一点而言，普瓦捷的吉尔伯特是持有坚定立场的；[1] 不过他对于个体之内在构建有着特殊的观
152 点。在个体中，我们必须区分个体物体的偶性附着其上的个体化了的本质或实体以及实体性形式(formae substantiales)或本生形式(formae nativae)。[2] 这些本生形式在它们于同一个种或属的对象中相同这层意义上是普遍的，事实也似乎是这样，它们在上帝那里有着它们的范型。当思想在考虑物体中的本生形式的时候，它会把它们从包裹着它们并使得它们变得具体的质料中抽象出来，并在抽象中单独考虑它们：思想此时考虑的也

---

① 《波爱修之〈论基督的两个本性〉注疏》(*In Boeth. de dual. nat.*)；《拉丁教父文集》，64，1378。

② 《对波爱修之〈论三位一体〉之注疏》；《拉丁教父文集》，64，1393。参见索尔兹伯里的约翰，《元逻辑》(*Metalog.*)，2，17；《拉丁教父文集》，64，875—876。

就是属和种，它们是自存之物（subsistentiae），而非以实体形式存在的对象。[1] 比如，属只是通过把那些虽不同种却相似的物体加以比较之后所获得的自存之物之集合（collectio）。[2] 他指的是，种的观念是通过对相似的个体对象之相似的本质性规定或形式加以比较，并将其汇集到一个观念之中而获得的。属的观念则是通过对那些虽不同种，却有一些共同的本质性规定或形式的对象进行比较而获得的，比如马和狗由于都是动物而有共同性。这个形式，如同索尔兹伯里的约翰就吉尔伯特的学说所说的那样，[3] 在感性对象中是感性的，然而在被思想所把握时，是脱离感性的，也就是说以非质料的形式。然而它在每个个体中是个体的，在一个种或属的所有成员中却是普遍的。

吉尔伯特关于抽象和比较的学说清楚地显示出，他是一位温和的唯实论者而非极端唯实论者。然而，在他要把他的关于个体本质或实体以及普遍本质（“普遍”指的是在多个个体中的相似）间的区分的学说运用在真福圣三学说上的时候，这个奇怪的学说使他陷入了困境，他想把上帝（Deus）和神性（Divinitas）、圣父（Pater）和圣父性（Paternitas）区分成不同的东西，就像他在苏格拉底和人性之间所做的区分一样。他被指控损害了上帝的同一，并被指控传授异端，圣伯纳德是攻击他的人之一。1148 年，他在兰斯大公会上被定罪，收回了那些具有冒犯性的论点。

（2）索尔兹伯里的约翰（John of Salisbury，约 1115—1180 年）于 1136 年来到巴黎，并在那里听了阿伯拉尔、普瓦捷的吉尔伯特、小桥的亚当（Adam Smallbridge）和罗伯特·普莱（Robert Pulleyn）等人的课。
他成了坎特伯雷大主教的秘书，先后在大主教台奥巴尔德（Theobald）和 153
圣托马斯·贝克特（Thomas à Becket, St.）手下任职，随后在 1176 年被任命为沙特尔的主教。

约翰说到，在人们讨论共相问题的时候，世界变老了：人们讨论这

① 《拉丁教父文集》，64，1267。
② 同上，64，1389。
③ 同上，64，875—876。

个问题所用的时间比皇帝们征服和统治世界的时间还要长。[①] 但是，任何人在感性物体之外寻找属和种都是在虚度光阴：[②] 极端唯实论是错误的，而且与亚里士多德的学说相悖，[③] 约翰在逻辑辩论上青睐亚里士多德。他说到，《命题篇》（*Topics*）要比那些现代学者在学校里经常讨论的所有逻辑书更有用。[④] 属和种不是物体，而是物体的形式，思想在比较物体之相似性后，在普遍概念中对其加以抽象和统一。[⑤] 抽象地来看，普遍概念或属和种是思想的构建（figurata rationis），因为它们在思想之外的实在中并不是作为共相而存在的；这里提到的构建则是对物体的比较和从物体中进行抽象，这样，普遍概念也就不乏客观的基础和所指了。[⑥]

10. 我们已经提到，圣维克托学派倾向于温和唯实论。所以，圣维克托的雨果（1096—1141 年）或多或少地接纳了阿伯拉尔的立场，并持有一个明确的抽象学说，他也把此学说用在了数学和物理学上。在数学领域，要关注的是以不混杂的方式混杂地行动（actus confusos inconfuse）[⑦]，也就是一种在隔离意义上的抽象的行动，比如隔离出线或面，虽然这两者都不是脱离身体而存在的。在物理学上，物理学家也以抽象的方式考察四大元素之属性，虽然在具体实在中，它们都是以不同方式混合在一起的。同样，逻辑学家以隔离或抽象的方式（也就是说在一个统一的概念中）考虑物体的形式，虽然在现实的实在中，感性物体的形式并不是脱离质料而存在的，也不是作为共相而存在的。

11. 所以说，温和唯实论的托马斯主义学说的基础在 13 世纪之前就奠定了，而且确实是阿伯拉尔彻底驳斥了极端唯实论。当托马斯声称共相并非实存的物体，而只在个体之中存在的时候，[⑧] 他重申了阿伯拉尔和索
154 尔兹伯里的约翰在他之前所说的话。比如，人性，人之本性，只有在这个

① 《政治家》，7，12。
② 《元逻辑》，2，20。
③ 同上。
④ 同上，3，10。
⑤ 同上，2，20。
⑥ 同上，3，3。
⑦ 《教学指导》，2，18；《拉丁教父文集》，176，785。
⑧ 《反异教大全》，1，65。

或那个人中具有存在，它在概念中属于人性之普遍性，这一点却是抽象的结果，这是在“它是主观建构”这层意义上来说的。[①]但是，这并不等于说普遍概念是虚假的。如果我们要把一个物体的种的形式抽象出来，同时认为它也的确在以抽象的形式存在着，我们的思想就是错误的，因为这里涉及一个针对物体本身的错误判断。然而，虽然思想在普遍概念中是以与其具体存在方式相异的形式来把握一个物体的，但我们关于这个物体本身的判断却并不是错误的。那个在物体中以个体状态而存在的形式得到了抽象，也就是说，思想通过一个非质料性的行动而使其成为它所独有的关注对象。所以，普遍的种的概念之客观基础是物体客观的和个体的本质，通过思想的行动，这个本质就从个体要素中被解放出来，按照托马斯的理论也就是从质料中解放出来，并在抽象中得到考察。比如，思想从个体的人身上抽象出人性之本质，这在人的种之成员中是相似的，在数目上却不是同一的；普遍的属的概念之客观基础则是几个种所共有的一个本质性规定，比如人的种、马的种、狗的种等等，共同具有“动物性”。

所以，托马斯否认了两种形式的极端唯实论，即柏拉图的唯实论和早期中世纪学者的唯实论。然而与阿伯拉尔一样，他也并不愿意全盘否定柏拉图主义，即由奥古斯丁发展出来的柏拉图主义。理念（范型式的理念）是存在于神的思想之中的，虽然它们从本体上看与上帝并无区分，在现实中也并不是多，而且就这个真理来说，柏拉图主义是有合理性的。[②]所以，托马斯承认这几点：一、物前的共相（universale ante rem），同时他强调物前的共相既不是一个自存的物体，也并不脱离物体而存在（柏拉图）或在物体中存在（早期中世纪极端唯实论者），因为这是上帝在认识他自己的本质，而这个本质是可以在某种特定的受造物那里、在上帝之外得到模仿的；二、物中的共相（universale in re），这是具体的个体物体的本质，在种的成员中，它们是相似的；三、物后的共相（universale post rem），这是抽象的普遍概念。[③]毋宁说，在《四部语录注疏》（*Commentary*

① 《神学大全》，Ia，85，1，针对 1；Ia，85，2，针对 2。
② 《反异教大全》，3，24。
③ 《四部语录注疏》，2；第 3 编，2，针对 1。

on the Sentences）中所使用的“物中的共相”的概念是要在托马斯的一般
155 概念框架中加以解释的，也就是说，作为普遍概念之**基础**，这个奠基是具体的本质或物体的“是什么”（quidditas rei）。[①]

中世纪晚期，奥卡姆的威廉和他的追随者重新拾起了共相问题，并给出了一个不同的解决方案。但“只有单个物体是作为自存的东西存在的”这一原则却保留了下来：14 世纪的新潮流并不是有利于唯实论的，相反，它是远离唯实论的。在下一卷中，我将讨论这个运动的历史。

---

① 阿维森纳也区分了物前的共相、物中的共相和物后的共相。

第十五章

坎特伯雷的安瑟伦

作为哲学家的安瑟伦——在《独白》中对上帝存在的证明——在《宣讲》中对上帝存在的证明——关于真理的观念以及安瑟伦思想中其他的奥古斯丁主义要素

1. 安瑟伦（Anselm）于 1033 年生于皮埃蒙特地区的奥斯塔。在勃艮 156
第、阿夫朗什以及后来在贝克的预科学习之后，他加入了本笃会，后来成了贝克的修院的副主持（1063 年），再后来成为院长（1078 年）。1093 年，他接替他以前的老师、朋友和修会上级兰弗朗克，成了坎特伯雷的大主教，最后在这个职务上离开人世（1109 年）。

安瑟伦的思想可以说大体上属于奥古斯丁传统。与那位伟大的非洲博士一样，他把他主要的思考努力奉献给了对基督教信理的理解，而且在《宣讲》(*Proslogium*)[①] 中，他对自己态度的表述也具有明显的奥古斯丁精神的烙印。“主啊，我并不企图洞悉你的深奥，因为我认为我的理智绝不足以做到这一点，但我渴望在某个程度上理解你的真理，我的心相信它和爱它；我相信，我会理解。因为我也相信，除非我信仰，否则我就不会理解。”这种“我信仰，为的是理解”的态度是奥古斯丁和安瑟伦两人所共有的，而且当安瑟伦在他的《上帝为何降生为人》(*Cur Deus Homo*) [②] 中提出如果我们不试着去理解，我们信仰的内容就会是疏忽时，他与奥古斯

① 《拉丁教父文集》，158，227。
② 同上，158，362。

丁的意见是完全一致的，当然在实践中，对安瑟伦来说它就是将论辩或推理应用在信理之上，这不是为了从这些信理上剔除奥秘，而是为了尽人的心智之所能，洞悉它们，发展它们，并觉察它们的蕴含。而这样的进程的结果（比如他关于降生和拯救的著作《上帝为何降生为人》）使得安瑟伦在神学发展和思辨中具有其重要性。

157 至此，把论辩应用在神学内容上，神学还是神学。而除非哲学范畴之于启示信理的应用必然涉及对这些哲学范畴的讨论和发展，否则安瑟伦也不太可能会因为他的神学思辨和发展而在哲学史上获得一席之地。实际上，安瑟伦使用“我信仰，为的是理解”这个格言时，不仅仅局限于理解那些得到启示却无法通过思辨而获得的真理，而是将其扩展到了那些确实得到信仰但也可以由人之理性而获得的真理，比如上帝的存在。即使是奥古斯丁，也并没有把此格言仅仅局限在前者之上。而且，在作为信理神学家而写的作品之外，他还有作为自然神学家或形而上学家而撰写的著作。凭此，安瑟伦就该在哲学史上获得一席之地，因为他对这个被叫作自然神学的哲学分支做出了贡献，不管他关于上帝存在的论证到底被认为是成立的还是不成立的。他系统性地发展了这些论证，这个事实不仅本身就很重要，而且使得他的作品有资格得到哲学史学者的认真考察。

安瑟伦就像圣奥古斯丁一样，没有在神学和哲学的领域之间做出一个清楚的区分，而且他的思想倾向可以这样描绘：基督徒应该尽人类心智之能，努力理解并理性地领会他所信仰的一切。那么我们信仰上帝存在，也信仰真福圣三的信理。所以我们也就应该使用我们的理性来理解这两条真理。从一个在哲学和信理神学之间做了清楚区分的人（比如托马斯主义者）的观察点出发，上帝的存在就属于哲学的领域，对第二条真理——即三位一体——的理性应用则属于神学领域。托马斯主义者会认为第一条真理是可以由人类理性证明的，第二条真理却无法通过人类理性来证明——即便人类心智在奥秘得到启示之后能够就此做出真理性陈述，也能反驳人类理性可能提出的异议。然而，如果站在安瑟伦的立场上，也就是说，处在把哲学和神学加以清楚划分之前的精神状态，我们就容易明白第一条真理可以证明的事实。加上对于理解我们所信仰的一切的欲求，以及将尝试

满足这个愿望视为义务，这些自然带来了证明第二条真理的尝试，而且事 158
实上安瑟伦也提到了用“必然理性”[①]对位格的三位一体进行证明，以及用同一方式表明，若没有基督，人是无法得到救赎的。[②]如果想要把这称作“理性主义”（也曾经有人这么做），那我们首先应该弄清楚这里要说的理性主义指的是什么。如果它指的是一种否认启示和信仰的思想态度，那么安瑟伦当然不是理性主义者，因为他承认信仰的首要地位以及事实存在的权威，而且只有从它们出发，他才去继续理解信仰的内容。然而，如果要把“理性主义”这个概念也延展到那种试图证明奥秘的思想态度，这并不是因为奥秘没有得到信仰的承认或证明就要被拒绝，而是因为有想要理解所信仰的一切的愿望，也因为我们没有首先清楚地定义我们获得那些不同真理的方式。如果这样认为，那么我们当然可以把安瑟伦的思想称作“理性主义”，或者说它接近理性主义。但如果有人提出他可能会拒绝三位一体的信理，比如说他无法找到对此的必要理由（rationes necessariae），这就体现出了对安瑟伦的态度的一种彻底误解：他先信仰信理，之后才试图来理解它。除非先清楚地意识到安瑟伦没有意图去损害基督教信仰的健全，否则关于他“是否是理性主义的”这类争论是毫无意义的：如果我们坚持要如此来诠释安瑟伦，仿佛他生活在托马斯之后，并且有着对神学和哲学的清楚区分，我们就犯了时代错误，对他有了曲解。

2. 在《独白》（*Monologium*）[③]中，安瑟伦从在受造物身上找到的完美程度出发，发展出了对上帝存在的证明。在第一章中，他把论述应用在善上面，在第二章中则把论述用在了“大”上面，而就像他告诉我们的那样，这里的“大”指的并不是量的大小，而是像智慧那样的一种质性，某基底对此拥有得越多，那就越好，因为量的大小并不表明质的高超。在经验对象中，这样的质会以不同的程度出现，所以，论述也就从经验观察（比如说对善的程度的观察）出发，所以是一种后天的（a posteriori）论 159
述。但关于不同完美程度的判断（安瑟伦当然认为此判断是有客观基础

① 《论对三位一体的信仰》，4；《拉丁教父文集》，158，272。
② 《上帝为何降生为人》；《拉丁教父文集》，158，361。
③ 《拉丁教父文集》，158。

的）蕴含了对完美标准的参照，而“物体是以不同程度分有于善”的事实表明这个标准本身是客观的，例如存在着所有好的物体都分有了它的绝对善，这些东西或多或少按情况与其近似。

这类论述的性质是柏拉图式的（虽然亚里士多德也在他的柏拉图主义阶段辩论过“有更好也就有最好”），在托马斯·阿奎那的第四条路中又一次出现了。就像我说到的那样，它是个后验的论证：它并不是从绝对善的观念出发推导到绝对善的存在的，相反，它从观察到的善的程度出发，推导到绝对善的存在，从智慧的程度出发，推导出绝对智慧的存在，绝对善和绝对智慧则与上帝同一。当然，展开了的论述形式必然会导致一个证明，它既是对关于不同程度善的判断之客观性的证明，也是对安瑟伦拿来做此论述之基础的原理的证明，即如果对象具有有限程度的善，它们就一定是从绝对善本身那里获得这个善的。绝对善是在本质上（per se）为善的，而不是通过他者（per aliud）为善的。要注明的还有，这个论述只能被应用在那些本身并不包含局限和边界的完美上面：例如它不能被应用在量化的大小上（不管这个论述到底是否有效并有证明力，这不是由史学家来决定的）。

在《独白》第三章中，安瑟伦把同样的论述用在了存在上面。只要是存在着的，就莫不是通过某物而存在或不通过任何东西而存在的。后一个假设却是荒诞的。如此一来，只要是存在着的，就必须通过某物而存在。这指的是，所有存在的东西不是通过一个其他的东西而存在，就是通过它们自身而存在，或通过存在的一个原因而存在。然而，甲必须通过乙而存在，乙通过甲则是不可设想的：那么，选择就在于认为有多个没有起因的原因和认为只有一个这样的原因之间。直到这里，论述还是一个从因果性出发的简单论述，然而他论述道，如果某物有多个通过自身而获得存在（也就是说自立和无起因的）的存在者，有着一个万物均分有了它的自
160 在之物，此时的安瑟伦就进而引入了一个柏拉图式的要素。在这里，论述变得类似于已经描述过的那个论述，所蕴含的是如果有多个存在之物拥有同一个形式，那么在它们之外，必须有一个独个的存在之物，此物就是这个形式。所以，只可能有唯一的自存之物或最终的存在者，而这必定是所

有存在的一切当中之至善、至高和最大的。

在第七和第八章，安瑟伦讨论了万物之因和受造万物之间的关系，还论述了一切有限的物体都是从无有中（ex nihilo）创造的，而不是从先前就有的无知或作为质料的万有之因中获得创造的。他仔细解释道，说一个物体是从无有中创造的，并不是说它是把无有作为质料而得以创造的：他指的是，一个物体的创造并非出于某一个其他的物体，而且之前它在上帝的思想之外是没有存在的，现在它却有了存在。这应该足够明显了，然而有时有人会以为，说一个物体是从无有中创造的，要么是指把无有变成了存有之物，要么是指我们可以考虑“从无中不会产生任何物体”（ex nihilo nihil fit）这个观察。然而安瑟伦清楚地表示，从无有中创造不是指如同从质料中一样从无有中（ex nihilo tamquam materia）而造，而仅仅是指不从任何一物（non ex aliquo）受造。

至于自有者（Ens a Se，出于自身之物）的属性，我们能用来描述它的只有那些如果拥有绝对会比不拥有要好的属性。[①] 比如，对金子来说，做金子要比做铅好，但是对人来说，如果他是金子做的，那并不更好。有身体比什么都不是要好，但对一个精灵来说，有形体并不比没有形体好。是金子做的只是在相对意义上比不是金子做的要好，有形体也只是相对地比没有形体要好。但是，有智慧绝对比没有智慧要更好，活着绝对比没有生命要好，公正绝对比不公好。所以，我们必须用智慧、生命、公正来描述至高存在，但我们不能把“有形的”或“金的”用在至高存在之上。然而，由于至高存在不是通过分有，而是通过自身的本质而拥有其属性的，因此他就是智慧、正义、生命等等。[②] 另外，由于至高存在不可能是由部分组成的（否则这些部分就会在逻辑上为先，那么他就不会是至高存在），这些属性也就等同于神性本质，是单纯的。[③] 再者，由于他的单纯和精神性，上帝必然应该是超越空间的，由于他的永恒，他必然是超越时间

① 《独白》，第十五章。
② 同上，第十六章。
③ 同上，第十七章。

的。[①] 他在每一个物体中都是以完整的形式临在的，却不是以地点的方式
161 或确定的方式存在的，而且万物对他的永恒来说都是临在的。他的永恒不能被理解为无穷尽的时间，而应该被理解为没有止境以及十全十美地存在的生命（interminabilis vita simul perfecte tota existens）。[②] 当我们指的是神学的本质时，我们可以称其为实体，但如果我们指的是实体这一范畴，那么我们就不能称其为实体，因为他是不会有变化也不会支撑偶性的。[③] 总结来说，如果我们把运用在受造物上的名号用在他身上，毫无疑问，我们必须意识到这些名号的指谓是不同的（valde procul dubio intelligenda est diversa significatio）。

接着，安瑟伦在《独白》中继续为一性之中的三个位格提供根据，但他没有给出清楚的指示，表明他意识到自己正在离开一门学科的领域，进到另一个领域之中。虽然这个主题对神学家来说是有趣的，但我们不能再跟随他了。不过，我们所说的已经足以表明安瑟伦对自然神学有着实际的贡献了。柏拉图式的要素很明显，而且，除了一些零星的表述之外，《独白》中并没有刻意的对类比的讨论。不过，他为上帝的存在给出了一个比奥古斯丁的论证更具系统性的后天证明，还小心地讨论了神之属性、上帝的不变性及永恒等。由此可见，把安瑟伦的名字与“本体论上帝证明”联系在一起，从而影射他对哲学发展的唯一贡献就是给出了这样一个在有效性上至少存疑的证明，是多么地错误。他的作品或许在同时代思想家和紧跟在他之后的那些人身上并没有太多影响，因为他们关注的是其他问题（逻辑问题、对教父的意见的调和等），然而在中世纪哲学之一般发展的框架中来看，我们必须承认，他是经院哲学和神学的主要贡献者，这不仅因为他的自然神学，还因为他把逻辑运用到了信理上。

3. 在《宣讲》中，安瑟伦发展出了所谓的“本体论证明”，其起点是关于上帝作为一个实在和一个存在者的观念。他告诉我们，由于他的弟兄修士的恳求，也由于考虑到《独白》之复杂性，他开始探寻是否可以找到

---

① 《独白》，第二十至二十四章。
② 同上，第二十四章。
③ 同上，第二十六章。

一个自足的论述，仅这个论述就可以证明我们就神性实体所信仰的一切内容。这样一来，就有一个论述可以完成他前面的那部小作品中许多补充性论述的功能了。最终，他认为他发现了这么一个论述，出于方便起见，我 162
们可以把这个论述表述为三段论的形式，虽然安瑟伦自己是以对上帝的祈祷的形式来展开这个论述的：

> 上帝是没有任何比他更伟大者可以被设想的那个：
>
> 但是没有任何比他更伟大者可以被设想的那个必然存在，不仅仅在思想之中，在观念中，而且也在思想之外存在：
>
> 所以上帝存在，不仅仅在观念中，在思想中，而且也在思想之外存在。
>
> 大前提只是给出了关于上帝的观念，人对上帝所具有的观念，就算他否认上帝存在。
>
> 小前提是明显的，因为如果有着任何没有可以被设想为比他更伟大的那个仅仅存在于思想之中，那么他就不是没有任何比他更伟大者可以被设想的那个。这样，可以有一个更加伟大的得以思考，也就是在思想外的实在以及在思想中所存在的那个。

这个证明以关于上帝是那个对此不能有更伟大者被设想的观念为起点，也就是以绝对完美为出发点：这是我们在说上帝的时候**所指的**。

那如果这样一个存在者只具有观念中的实在的话，也就是说只存在于我们的主观观念之中的话，我们可以设想一个更伟大的存在者，即一个在客观实在中存在的存在者。这样我们就可以得出关于上帝作为绝对完美的观念，比如关于一个具有实存的存在者的观念。安瑟伦则论述道，在这种情况下，我们无法在具有关于上帝的观念的同时又否认他的存在。如果某人把上帝设想为一个超人，打个比方说，他很正确地否认这个意义上的上帝存在，然而他实际上并没有在否认上帝观念的客观性。如果这人有着正确的关于上帝的观念，而且是在“上帝”这个概念的意义上这么想的，那么他只会是在口头上否认上帝的存在。当他认识到这个否认实际上会涉及什么的时候（即在说那由其本质而必然存在的存在者——那个必然的存在者——不存在），却仍然表达出这种否认，那么他就犯下了简单的自相矛盾的错误：只有那傻瓜，那个愚人（insipiens），才会**在心中**说，“没有上帝”。那绝对完美的存在者是这样一个存在者，他的本质就是要存在的，而且必然包含了存在：这是一个必然的存在者，说这个必然存在者不存在则是一种概念上的矛盾。

安瑟伦想要使他的论证成为一个对我们就神之本性所信仰的一切的证明，而且由于这个论证涉及绝对完美的存在者，于是上帝的属性也就内
163 在地蕴含在这个论证的结论之中了。我们仅仅需要问我们自己，这样一个无法被设想为更伟大的存在者的观念到底蕴含了什么，这样即可见到，上帝必然是全能、全知、至高公正的，等等。而且，在《宣讲》中推演出这些属性的同时，安瑟伦也关注到了所提到的概念之清晰性。比如，上帝不可能撒谎：这是否标志着全能的一种缺失？他的回答是：并非如此，能够撒谎要被称作无能而非能力，被称作缺陷而非完美。如果上帝会以一种与他的本质不相符的方式行动，那在他身上就有了一种能力的缺乏。当然，可以反驳道，这预设了我们已经知道上帝的本质会蕴含些什么，而上帝的本质却恰恰是在这里要阐明的。但是，安瑟伦大概会回应道，他已经确定了上帝是完美无缺的，这样上帝就既是全能的也是真诚的：这里所涉及的只是展现出完美的全能的实际含义，并揭示出一个关于全能的错误观念的错误之处。

高尼罗（Gaunilo）在他的《为愚人辩护反驳安瑟伦在〈宣讲〉中之辩论书》（*Liber pro Insipiente adversus Anselmi in Proslogio ratiocinationem*）中，对安瑟伦在《宣讲》中给出的论证进行了攻击。其中，他说到，我们关于某物的观念并非对其存在的保证，而且安瑟伦犯了从逻辑秩序逾越到实在秩序的错误。我们同样可以说，可能存在的最美丽的岛屿也在某处存在，因为我们能设想它们。在他的《反对为愚人做回应的高尼罗的辩护书》（*Liber Apologeticus contra Gaunilonem respondentem pro Insipiente*）中，这位圣徒否认了这两者可以等同，因为上帝的观念是一个关于十全十美的存在者的观念；而且，如果绝对完美包含了存在，那么这个观念就是

一个关于存在且必然存在的存在者的，而一个最美丽的岛屿的观念并非必然存在者的观念：即便在纯粹的逻辑秩序中，这两个观念都不对等。如果上帝是可能的，也就是说，如果那个关于完美无缺和必然的存在者的观念不包含矛盾，那么上帝就必然存在，因为说有一个**仅仅**可能的必然存在者是荒唐的（这是一个概念上的矛盾），而**仅仅**可能的美丽的岛屿并不矛盾。对安瑟伦的论证之主要反驳（笛卡尔曾提到、莱布尼茨曾试图回应这个反驳）是这样的：我们并不先天地知道关于上帝、一个无限和绝对完美的观念是关于一个**可能**存在者的观念。**我们**或许见不到这个观念里有什么矛
盾，但是，那些反驳者说到，这种“否定性”的可能性与“肯定的”可能 164
性是不一样的。这并不等于说在这一观念中真的没有矛盾。这一观念中没有矛盾，只有在我们后天地展示上帝存在时才是清楚的。

《宣讲》中的证明没有立即引起太多兴趣。但在13世纪，波纳文图拉使用了它，此时他更加侧重心理而非逻辑，托马斯却拒绝了这个证明。邓斯·司各脱偶然用它作为辅证。在“近代”，它获得了一段特别的（如果不说“奇特”的话）生涯。笛卡尔采用并改进了它，莱布尼茨用一个仔细和天才的方式为其做了辩护，康德则攻击了它。在学校中，它渐渐被抛弃，虽然有个别思想家还是承认其有限性。

4. 在奥古斯丁主义者对安瑟伦的哲学所描述的几点特征中，我们可以提及他关于真理的理论。当他讨论判断中的真理时，[①] 他追随了亚里士多德的观念，并表明真理在于判断或命题表述了实际存在的东西或否认了不存在的东西，被指谓的那个东西则是真理的原因，真理本身在于判断（符合论）。但在讨论了意志中的真理（正直）之后，[②] 他接着说到了存在者或本质的真理，[③] 并认为物体的真理在于它们“应该”是其所是而存在，也就是说在于它们对在上帝关于它们的理念的实现或相符合之上而存在，上帝是至高的真理以及真理的标准。当他从判断的永恒真理推导到真理之原

---

① 《论真》（*Dialogus de Veritate*），2；《拉丁教父文集》，158。

② 《论真》，4。

③ 同上，7，及以下。

因的永恒（即上帝[①]）的时候，他步了奥古斯丁的后尘。所以，上帝是永恒的和自存的真理，是世界万物之本体性真理的原因。永恒的真理只是原因，而判断的真理只是（永恒真理的）效果，物体的本体性真理则同时为（永恒真理的）效果和（判断的真理的）原因。这种本体性真理的奥古斯丁主义观念，以及其所预设的范型论，都在 13 世纪的托马斯那里得到了保留，虽然他当然更加强调判断的真理。所以，托马斯对真理的典型定义是“物与思想之相符”（adaequatio rei et intellectus），安瑟伦的定义则是“唯独通过思想所把握到的正确性”（rectitudo sola mente perceptibilis）。[②]

安瑟伦在其关于灵魂与身体间的关系的一般讨论方式中，由于缺乏
165 这两者相结合的形质说理论，因此他跟随了柏拉图和奥古斯丁主义的传统，虽然与奥古斯丁一样，他完全清楚灵魂和身体构成了人，他也肯定这一事实。他在《宣讲》[③]中关于神性之光的语句让人想起奥古斯丁的光照论：那个光芒是如此之强，一切真理发源于它，真理照亮了理性的心灵（Quanta namque est lux illa, de qua micat omne verum, quod rationali menti lucet）。

总体上我们可以说，虽然安瑟伦的哲学处在奥古斯丁传统之中，但他的表述要比奥古斯丁思想中相应的部分更加系统化，他的自然神学是这样的，并且在对逻辑的系统性使用这一点上，也显示出了时代发展的痕迹。

---

① 《论真》，10。
② 同上，11。
③ 第十四章。

第十六章

沙特尔学派

巴黎的普世主义以及12世纪对科学的系统化——地域主义、人文主义——沙特尔的柏拉图主义——沙特尔的形质说——初期的泛神论——索尔兹伯里的约翰的政治理论

1. 中世纪对欧洲文化发展所做的最大的贡献之一是大学体系，而最 166
伟大的中世纪大学毫无疑问是巴黎的那些大学。直到13世纪初，这个神学和哲学研究的伟大中心才在形式上获得其确定的章程。但在一种非技术性的意义上，我们可以说，巴黎的学校在12世纪时已经构成了“大学”（“university”）。的确，在很多方面，法国的学问的主宰地位在12世纪比在13世纪更为突出，因为在13世纪，其他的大学（比如牛津大学）获得了声誉，并开始显现出它们自己的精神。至少就欧洲北部而言正是如此：至于南部的大学（比如博洛尼亚大学），在1158年就从腓特烈一世（Frederick I）那里获得了它的章程。然而，虽然法国在12世纪是精神活动的伟大中心，这个事实引出了那句常常被引用的名言“意大利有教皇，德国有帝国，而法国有知识”，但这当然并不意味着只有法国人才追求知识。欧洲文化是跨国界的，法国的精神领袖地位在于学生、学者和教授都大批地来到法国的学校。从英国来的有小桥的亚当和亚历山大·奈克汉姆（Alexander Neckham）（他们是12世纪的逻辑学家）、巴斯的阿德拉尔德和罗伯特·普莱、圣维克托的理查（卒于1173年）和索尔兹伯里的约翰；从德国来的有圣维克托的雨果（卒于1141年，他是神学家、哲学家和神

秘主义者）；从意大利来的有彼得·隆巴（Peter Lombard，约 1100—1160 年），他是著名的《四部语录》（*Libri Quattuor Sententiarum*）的作者，这部著作在中世纪被多人注疏，比如托马斯·阿奎那和邓斯·司各脱。所
167 以，巴黎大学可以说代表了中世纪欧洲文化的国际性，就像教皇制代表了中世纪宗教的国际性（或更确切地说，超国家的特性）一样。虽然这两者当然是紧密联系在一起的，因为统一的宗教也就给予了知识界一个共同的面貌以及一种共同的学术语言，即拉丁语，这是教会的语言。这两个联合——宗教的和文化的联合——如此紧密地结合在一起，我们可以说它们是实效的或实际的联合，神圣罗马帝国的政治联合体却更多地是理论上的联合而缺乏实效。因为，虽然绝对君主制是以后才发展出来的，但是民族主义已经开始增长了，尽管封建制、中世纪政治的地区特性和经济机制以及共同的语言和知识界面貌，都抑制了它的增长。

这个处在增长和扩展中的大学生活自然在对科学、知识和当时的思索之分类和系统化尝试中找到了其知识界和学院界的表达，这个尝试在 12 世纪就已经可见了。我们可以举两个例子，圣维克托的雨果的系统化以及彼得·隆巴的系统化。前者在其《教学指导》（*Didascalion*）[①]之中多少追随了亚里士多德主义的分类。所以，逻辑是科学之恰当的预备和导论，并且涉及概念而非物体。它被分为语法和辩论方式（Ratio Disserendi），辩论方式又分为证明（Demonstratio）、可能性的辩论部分（Pars Probabilis）和辩谬部分（Pars Sophistica）（即逻辑、修辞和辩谬）。以逻辑为导论的科学被划分为理论科学、实践科学和“机械学科”这几大类。理论科学包含了神学、数学（算术，讨论物体之数量的方面；音乐，讨论比例；几何，讨论事物的外延；天文，讨论事物的运动）和物理（其主题是物体的内在本性和内在质性，所以比数学要更加深入）。实践科学分为伦理学、家政学和政治。“机械学科”则包含七种“不自由的学科”，即所谓的“寄生学科”（scientiae adulterinae），因为手艺人是从自然那里借用形式的。这些“不自由”的学科是羊毛纺织、武器制造和木工等，以

① 《拉丁教父文集》，176。

及航海和商业（后者在雨果看来“推动民族和解、平息战争、增强和平以及把私人的商品转变为所有人共同使用的”），还有农业、狩猎（包括烹调）、医药和表演。很明显，雨果的分类不仅来自经过波爱修之传达的 168
亚里士多德，也建立在像塞维利亚的依西多尔这些作者的百科全书的基础上。

彼得·隆巴在圣维克托的学校里接受教育，在巴黎的主教座堂学校教书，最终在1150—1152年成了巴黎的主教。他撰写了《四部语录》（简称《语录》）。这部作品虽然就内容而言缺乏原创性，却产生了巨大的影响，因为它激励其他作者对信理给出系统化的和详细的解释。此外，一直到16世纪末，它自身也是手册和许多注疏的对象。隆巴自己承认，他的《语录》是一部教科书，[①] 其意旨就是收集教父们关于神学学说的意见或语录（sententiae），它的第一部书是关于上帝的，第二部则关于受造物，第三部关于道成肉身和救赎以及美德，第四部则关于七件圣事和末世的事物。大部分的摘录和学说是从圣奥古斯丁那里来的，虽然拉丁语世界的其他教父在书中也被提到了，甚至大马士革的约翰也出现了，虽然学者们已经证明，隆巴只读过比萨的布尔贡迪乌斯对《学问之泉》（*Fons Scientiae*）所作的拉丁文翻译的一小部分。有一点是足够明显的，《四部语录》主要是一部神学著作，不过隆巴提到的是那些通过自然理性而被理解、在它们通过信仰而被信仰之前就可以被理解的东西：比如上帝的存在、上帝对世界的造物和灵魂的不死。

2. 我们已经见到，12世纪不断发展和不断扩大的知识界生活表现为巴黎“大学”的主要地位，表现为对知识分类和系统化的最早尝试。但是，巴黎的地位并不意味着地方学校没有昌盛。其实在中世纪，地方上的生活活力和趣味是宗教和知识界生活之国际性特点的一个补充。比如，虽然有些学者来巴黎学习并留在那里教书，但其他人回到了他们自己的国家或省份，或成为他们当地教育机构的成员。事实上，当时有着一种学术专门化的趋势，比如博洛尼亚由于法学院闻名，蒙彼利埃（Montpellier）则

---

① 参见《四部语录》，前言。

169 由于医学闻名，神秘神学则是巴黎城外的圣维克托学校的一个著名特色。

12 世纪的地方学校中最昌盛和最有趣的就是沙特尔的学校了，在那里，亚里士多德的某些学说开始变得显要，当然它们也还是很强力地与柏拉图主义混合在一起。这所学校也和人文研究联系在一起。所以，沙特尔的台奥多利希（Theodoric of Chartres）于 1121 年开始管理这所学院，之后在巴黎教书，但 1141 年又回来任职，他接替普瓦捷的吉尔伯特，成为那里的教长（chancellor）。他的《七章篇》（*Heptateuchon*）讨论七艺，他还与那些反人文主义者——即那些“科尼菲西乌斯者”（Cornificians）[①]，他们诋毁学术和文学体制——激烈论战。孔谢的威廉（William of Conches，约 1080—1154 年）在沙特尔的伯纳德门下学习，在巴黎任教，并成了金雀花王朝的亨利二世的教师，他也攻击了科尼菲西乌斯者，而且自身也关注语法研究，因此，索尔兹伯里的约翰说他是沙特尔的伯纳德之后最有才华的语法学家。[②] 但是索尔兹伯里的约翰（1115/20—1180 年）才是与沙特尔的名字联系在一起的最有才华的人文哲学家。他虽然没有在沙特尔受教育，但就像我们前面见到的那样，他在 1176 年成了沙特尔的主教。他是人文学科的捍卫者，且熟悉拉丁语经典（特别是西塞罗）。他厌恶风格上的粗野，把那些反对风格和修辞的人称作“科尼菲西乌斯者”。他对文笔风格非常细致用心，代表了 12 世纪哲学人文主义的精华，就像圣伯纳德在他的赞歌和灵修作品中代表了人文主义一样，虽然他或许并不全然出于此用意。在下一个世纪（13 世纪）的哲学家的作品中，我们无论如何也找不到这样的拉丁文造诣了，他们大多数关心内容而非形式。

3. 沙特尔学校虽然在 12 世纪从繁荣走向了衰落，但它本身有着悠长的历史。它是在公元 990 年由富尔伯特所创立的，他是欧里亚克的吉伯特（Gerbert of Aurillac）的学生。后者是 10 世纪的一位非常杰出的人物、人文主义者和学者，在兰斯和巴黎教书，多次访问德意志皇帝的宫廷，先
170 后成了博比奥的修道院院长、兰斯大主教和拉韦纳的大主教，并登上了

① 此名源于索尔兹伯里的约翰笔下的一个讽刺人物科尼菲西乌斯（Cornificius）。——译者注

② 《元逻辑》，1，5。

教皇的宝座，成为西尔维斯特二世（Sylvester II），于 1003 年去世。创建于 10 世纪的沙特尔学校甚至到 12 世纪仍保留着一种特殊的保守精神和风格，这体现在它的柏拉图主义传统上，特别是它对柏拉图《蒂迈欧篇》和波爱修的那些同样具有柏拉图主义倾向的作品的忠诚。所以，于 1114—1119 年担任沙特尔学校校长和 1119—1124 年在那里任教长的伯纳德认为，质料在获得其形式之前，是以混沌的形式存在的，这是在秩序从混乱中被树立之前。伯纳德被索尔兹伯里的约翰称为“我们时代的柏拉图主义者中最完美的一个”[①]，他也认为自然是一个有机体，而且同样秉持柏拉图世界灵魂的理论。在此跟随他的有图尔的伯纳德（Bernard of Tours，西尔维斯特），后者在 1156 年左右任沙特尔的教长，并撰写了一首名为《论世界之整体》（*De mundi universitate*）的诗，他使用了卡尔西迪乌斯（Chalcidius）对《蒂迈欧篇》的注疏，从而把世界灵魂描绘为一个有生命的本性，依照上帝或努斯中存在者的理念，它从原始质料之混沌中塑造出自然物体。孔谢的威廉走得更远，他把世界灵魂与圣神等同起来，这个学说最终使得他受到了圣台奥多利希的威廉（William of St. Theodoric）的攻击。于是他收回了这个学说，并解释说他是一名基督徒而非学园的成员。

关于同出自《蒂迈欧篇》之精神并与这些思辨结合在一起的，还有沙特尔学校的极端唯实论。虽然就像我们已经见到的那样，两名与沙特尔联系在一起的最出色的人物，普瓦捷的吉尔伯特和索尔兹伯里的约翰，并不是极端唯实论者。沙特尔的台奥多利希的学生阿拉斯的克拉伦巴尔德（Clarembald of Arras，他于 1152 年成为阿拉斯的修士长，1160 年成为那里的总执事）在他对波爱修的《论三位一体》的注疏中反对普瓦捷的吉尔伯特，他继而认为，在所有人中，只有同一个人性，并且单个的个人只是按照偶性的不同才有了区分（propter accidentium varietatem）。[②]

4. 沙特尔学校的成员不仅青睐柏拉图的《蒂迈欧篇》，也对亚里士多德展现出了敬重。他们不仅追随了亚里士多德的逻辑，还介绍了他的形质

① 《元逻辑》，4，35。

② W. Janssen 编，第 42 页。

说：实际上在12世纪，这个学说是在沙特尔首次亮相的。依照沙特尔的伯纳德的说法，自然对象是由质料和形式组成的。他把这些形式叫作生成的形式（formae nativae），并把它们描绘为上帝中的理念的复制。我们是
171 从索尔兹伯里的约翰那里获得这一信息的，他告诉我们，伯纳德和他的学生试图在柏拉图和亚里士多德之间加以中介或调和。[①] 就像我们已经见到的那样，对图尔的伯纳德来说，物体的形式也是上帝中的理念的复制，阿拉斯的克拉伦巴尔德则把质料描述为总是在变动的状况，而且是物体的变化性或变换性（vertibilitas），形式则是物体的完满和整全。[②] 他把亚里士多德的质料放在柏拉图关于质料性物体之变化性和无常的学说之下加以解释。孔谢的威廉在坚持德谟克利特的原子论时，[③] 确实提出了他自己的思路。但总的来说，我们可以说沙特尔学校的成员接受了亚里士多德的形质说，虽然他们以《蒂迈欧篇》中的学说对它进行解读。[④]

5. 认为自然物体由质料和形式组成，而形式是上帝中的理念（即范型的复制）的学说在上帝和造物主之间清楚地作出了区分，所以，它不是泛神论的。但是，这个学校的有些成员却使用了一些如果从字面上来理解而不加分解就会自然而然地被理解为蕴含了泛神论元素的术语。所以，沙特尔的台奥多利希（他是伯纳德的弟弟）认为，“一切形式都是一个形式；神性的形式是所有形式”。他还认为，神性是每个物体的存在之形式（forma essendi），而造物界被描绘为出自元一的多的创造。[⑤] 而且，阿拉斯的克拉伦巴尔德论述道，上帝是物体的存在形式，由于存在的形式必须在每一个物体所在之处临在，于是上帝也就以本质的形式永远存在，且无处不在。[⑥] 然而，虽然这些文本如果孤立地从字面上来看是泛神论和一元论性质的，但这并不显得沙特尔的台奥多利希和阿拉斯的克拉伦巴尔德想

① 《元逻辑》，2，17。

② W. Janssen 编，第 44 和 63 页

③ 《拉丁教父文集》，90，1132。

④ 在注疏波爱修的《驳优迪克》或《论基督的两个本性和一个位格》（*Liber de duabus Naturis et una Persona Christi*）的时候，普瓦捷的吉尔伯特提到了形质说。《拉丁教父文集》，64，1367。

⑤ 《论六天造物》（*De sex dierum operibus*），W. Janssen 编，第 16、21、108、109 页。

⑥ W. Janssen 编，第 59 页。

要教授一种一元论学说。比如，在说了神性形式为一切形式之后，台奥多利希马上说到，虽然神性形式是因为它是万物之完满和整全而为一切形式的，但我们不能由此得出结论说，神性的形式就是人性。台奥多利希的理论看上去必须从范型论的角度来理解，因为他明确说到神性形式不可能得到表现，所以也就不可能是人或马或石头之现实的具体形式。同样，阿拉斯的克拉伦巴尔德关于范型论的一般学说和他坚持质料性物体之形式是复 172
制、图像的说法，与完全的泛神论是不相符的。这些语句像是在教授从波爱修那里借用来的流溢说，而有可能与在波爱修那里一样，它们只不过是在表达台奥多利希和克拉伦巴尔德那种对流溢的字面理解罢了：从某种意义上说，这些话都是老一套的话，可以说是由于源自古时候因而被奉为圣典，不应被过分强调。

6. 索尔兹伯里的约翰虽然并不是在沙特尔受教育的，然而我们可以在这里顺便提到他在《政治家》（*Polycraticus*）中所描述的关于国家的学说。圣座和帝国间的争吵以及授权争辩自然使得参与争论的作者们不得不表达他们关于国家职能和其统治者的观点，即便有时仅仅是顺便提及的。其中一两位作者不仅仅提及了，还给出了一个政治理论的大致勾勒。所以，劳腾巴赫的曼尼戈尔德（Manegold of Lautenbach，11 世纪）甚至提出，统治者的权力是建立在与人民的契约之上的。[1]他还声称，[2]如果国王放弃了依法治国而成了暴君，那么我们可以认为他破坏了作为他的权力基础的契约，因此他可以被人民废除。此类涉及法律和司法领域的思想对国家来说是有本质意义的，并且涉及了自然法，而民法是自然法的表达，这些思想的基础在于西塞罗、斯多亚学者和罗马法律学家的文本。而它们在索尔兹伯里的约翰的思想中重现了，他使用了圣奥古斯丁的《上帝之城》和圣安波罗修的《论义务》的思想。

虽然索尔兹伯里的约翰在劳腾巴赫的曼尼戈尔德之后没有提出任何简洁的理论，但他坚持认为君主不在法律之上，并且声称，不管那些为君主辩解的人会传播何种与此对立的观点，他都不会容许君主不受任何制度

---

① 《致吉博哈尔德书》（*Liber ad Gebehardum*），30 和 47。

② 同上，47。

和法律的制约。但是，当说到君主要受法律制约的时候，他指的是什么呢？至少在一定程度上，他想到的（并且这也确实是他的主要考虑）是自然法，这与斯多亚学派认为有一个与一切实证法都相宜或应该相宜的自然法的学说相吻合。这样，君主并不可以随意颁布与自然法以及公平（aequitas）相悖的或无法调和的实证法；公平是物之间的和谐，它把每人应得的给予了他（rerum convenientia, tribuens unicuique quod suum est）。实证法对自然法和自然公平加以定义，并加以运用。统治者对此的态度则
173 显示出他到底是君主还是暴君。如果他的立法定义、运用或补充了自然法和自然公平，他就是一个君主；如果它们触犯了自然法和自然公平，他就是个暴君，随自己的性情行事，而没有履行其职务的职能。

在索尔兹伯里的约翰说君主也受法律制约的时候，他在法律之下所理解的是否是别的东西呢？他是在否认君主在任何情况下都要遵从已经定下的法律吗？认为君主在某种意义上要遵从此国的风俗与其祖先的立法，遵从当地的法律系统或已经树立的由来已久的传统，这是一个共识。此外，虽然索尔兹伯里的约翰的政治作品没有显示出他对封建制的思考，因为他在极大程度上依赖罗马时期的作家，但是，认为他就此也有同样的看法是合情合理的。他对君主的权力和职责的判断表达出了这个共同的看法，虽然他是通过罗马法的媒介对此加以讨论的，他肯定没有预见到要把罗马法律学家的格言“君主所认可的也就具有法律效力”（Quod principi placuit legis habet vigorem）在专制主义的意义上运用到封建君主身上。

因为索尔兹伯里的约翰称赞了罗马法，并把它视为欧洲最伟大的文明因素之一，于是他也就面临着对上面所提到的格言加以诠释，同时却不牺牲他关于君主权力受限的信念的必要。首先，乌尔比安（Ulpian）是如何理解他自己这个格言的呢？他是一个律师，目的是给予皇帝的立法和律令（constitutiones）以合法性，并解释其法律效力。依照罗马共和国的律师的说法，法律指导法官，而在帝国时代，很明显皇帝自身是实证法的来源，律师们则要解释这一地位的合法性。对此，乌尔比安说道，虽然皇帝的立法权威源于罗马人民，然而通过王法（lex regia），人民把立法权威转交给皇帝，并让皇帝代表自身的效力和权威。因此，一旦有了这个权

威，皇帝的意志也就有了法律的效力。换言之，乌尔比安只是在解释罗马皇帝立法的合法性，却并没有想要树立一个政治理论去解释皇帝有权无视一切自然公平和道德原则。当索尔兹伯里的约翰在特别提到乌尔比安之格
言的时候说到，如果人们说“君主不受法律制约”，这不能被理解为他可 174
以行不义，而是要被理解为他应该出于真正的对正义的热爱而非出于对惩罚的惧怕而追随公平，惩罚并不适用于君主。这时，他所表达的是封建制的律师的一个普遍传统，也并未与乌尔比安的格言相悖。在中世纪晚期，当有的政治理论家把乌尔比安的格言从皇帝身上解脱下来，将其转移给每个国家的君主，并以专制主义的意义来解释它的时候，他们抛弃了中世纪的一般看法，同时把乌尔比安的法律格言变成了对专制君主政治理论的一种抽象表述。

总的来看，我要说的是索尔兹伯里的约翰接受了教会权力的首席权（君主是从教会的手中获得宝剑的：Hunc ergo gladium de manu Ecclesiae accipit princeps），[①] 同时展开了他对君主和暴君所做的区分，并获得逻辑结论，承认诛杀暴君是合法的。实际上，因为暴君是与共同善相对立的，于是有时诛杀暴君是义务，[②] 虽然他提出了一条奇怪的规定，说为此不可使用毒药。

---

① 《政治家》，4，3。

② 同上，8，10。

第十七章

圣维克托学派

圣维克托的雨果；上帝存在的证明，信仰，神秘主义——圣维克托的理查；上帝存在的证明——圣维克托的戈弗雷和瓦尔特

175 巴黎城墙外的圣维克托修道院属于奥斯定会。我们已经见到香蒲的威廉和这个修道院有联系。在被阿伯拉尔击败之后，他退隐至此。但这个学派主要是因两个人的著作而具有重要性，其中一位是德国人圣维克托的雨果（Hugh of St. Victor），另一位是苏格兰人圣维克托的理查（Richard of St. Victor）。

1. 圣维克托的雨果 1096 年出生于萨克森的一个贵族家庭，早年在哈尔伯施塔特附近的哈默斯莱本（Hamersleben）修道院学习。在领了衣钵之后，他在 1115 年去了巴黎，在圣维克托修道院继续他的学习。在 1125 年，他开始授课，并且从 1133 年一直到他去世都在领导这个学校。从信理和神秘学来看，他是同时代最出色的神学家之一。他也不反对在七艺中培养人。他认为，正确地研习七艺，会对神学进步有益，他还认为一切知识都是有用的。“学习一切东西，以后你会发现没有任何东西是多余的。”[①] 从哲学角度来看，他的主要作品是一共七部书的《教学指导》，他讨论了七艺（三部书）、神学（三部书）和宗教默想（一部书）。不过他关于圣事神学的著作对神学家来说也是重要的。他也撰写了释经和神秘学作

---

① 《拉丁教父文集》，176，800C。

品，以及一部对伪狄奥尼修斯的《天堂的圣统》（*Celestial Hierarchy*）所作的注疏，他使用的是约翰・司各脱・爱留根纳的拉丁文翻译。

前面已经提到雨果对科学所做的分类和系统化，这是与在 12 世纪已
经可以察觉到的系统化趋势联系在一起的，并且部分是出于把逻辑运用
在神学上的缘故。在共相讨论的上下文中，[①]我们也已经提到他关于抽象
的理论，这两点指出了他思想中的亚里士多德主义的那一面，而他的心
理学说却是典型的奥古斯丁主义的。“认识不到他存在的人不是真正有智 176
慧的，而如果有人真的开始思考他是什么，他也就会见到他不是那些他
在其自身中可见到的那一切，也非他所能见的一切。因为在我们这些能
理性思维的人身上，虽然可以说灵魂被注入肉体并与其相容，但它可以
通过理性，从肉体之实体上区分开来，并由此而被视为不同的。”[②]换言
之，意识和内省不仅是灵魂存在的证据，也是其精神性和非质料性的证
据。而且，灵魂自身就是一个人格，它作为一个理性的精神，通过自身
从而具有自身的人格性。而且身体在人性人格中只通过它与理性精神之结
合才构成一个要素，[③]而此结合的形式并不是组合，实际上是一种“附着”
（“apposition”）。[④]

雨果对自然神学的系统性进展所做的贡献是给出了一个从内心和外在出发的后天的证明。其证明之第一行是建立在自我意识这一经验事实之上的，即对一个可以通过纯粹理性方式所“见”的自我（而非质料性的自我）的意识。至于自我意识对理性存在物之必要性，雨果认为，由于灵魂不总能意识到其存在，有时它并不存在。但它无法自己给予自身以存在：这样，它的存在也就来自另一存在者，而这一存在者必定是一个必然的存在者和自存者，即上帝。[⑤]这个证明是有些压缩，它涉及“一个理性原理之原因必须自身也是理性的”“无穷倒退是不可能的”等前提。其“内在性”当然会让人想起奥古斯丁，但这个证明并不是奥古斯丁从灵魂对永恒

① 详见第 153 页。
② 《拉丁教父文集》，176，825A。
③ 同上，176，409。
④ 同上。
⑤ 《论圣事》（*De Sacramentis*），3，7；《拉丁教父文集》，176，219。

真理的认识出发给出的证明，它也不预设一个宗教，更不预设神秘性的经验，因为它建立在灵魂的自我意识这一自然经验上，而且对经验的这种依赖是雨果对上帝存在的证明之特性。

第二个证明是从外部经验出发的，① 这建立在关于变化这一事实的经验之上。物体不停地生成并毁灭，而由这样的变化中的物体所组成的全体之自身必须也有一个开端。所以，它也就要求一个原因。没有任何一个缺乏稳定性、会停止存在的东西是可以离开外部原因而生成的。这样一个证
177 明的思想包含在大马士革的圣约翰之《论正统信仰》之中；② 但圣维克托的雨果企图对大马士革的圣约翰论证过程中的缺陷加以修补。

在这个以变化为出发点的证明之外，雨果还给出了一个由几部分组成的目的论式证明。③ 在动物世界中，我们见到，感官和欲求都是在对象中找到满足的：在一般世界中，我们见到多种多样的运动（这里指的是地点之间的运动），然而这些运动是有序地处在和谐之中的。而且，生长是经验事实，而由于生长意味着添加了新的东西，它就不能单独由那生长的东西完成。雨果总结得出，这三个考虑排除了机遇，设立了一个预见，这种预见负责生长以及依照规律指引一切。④ 在这种形式里，上述证明明显不怎么有说服力，但它建立在经验事实之上，经验事实是其出发点，这是雨果的证明之一般特性。雨果采用了孔谢的威廉关于质料之原子结构的理论。这些原子是简单的身体，它们能够生长，也会减少。⑤

所以，雨果坚信，对上帝存在的自然认识是可能的，但他同样坚持信仰的必要性。我们必须要有信仰，这不仅因为灵魂是通过默想之目（oculus contemplationis）在自身之内把握上帝以及发自上帝之中的那些的（et ea quae in Deo erant），这个默想之目却由于罪而变得混浊，而有了信仰的必要，也因为超越人类理性之能力的奥秘也要我们来相信。这些奥

① 《论圣事》，3，10；《拉丁教父文集》，176，219 和《四部语录注疏》，1，3；《拉丁教父文集》176，45。
② 《论正统信仰》，1，3；《希腊教父文集》，94，796A。
③ 《拉丁教父文集》，176，826。
④ 参见《论正统信仰》，1，3；《希腊教父文集》，94，795B。
⑤ 《论圣事》，1，6，37；《拉丁教父文集》，176，286。

秘在理性之上（supra rationem），在此，必须由启示和信仰使得我们认识这一切，然而，它们与理性相符（secundum rationem），而非与理性相悖（contra rationem）；它们自身是理性的，而且能够成为认知的对象，但它们不能在此世成为严格意义上的认知对象，因为人的思想过分薄弱，特别是在其带着罪之阴影的状态下。认知就本身而言比信仰更高，后者是思想就不在场的事物的确定性，信仰高于意见，却低于科学或知识，因为这两者是将对象作为直接临在而认识的，〔那些有知识的人〕要高于那些相信权威的人。所以我们可以说，圣维克托的雨果在信仰和认知之间做了一个明确的区分，他虽然认识到了后者的优越性，却不因此而怀疑前者的必要性。他关于知识高于信仰的学说与黑格尔的学说绝不等同，因为黑格尔肯 178
定不认为在此世中能够至少自然地以信仰来取代知识。

然而，虽然罪导致默想之目变得模糊，而思想在恩宠之超性的影响之下，能够逐步上升到对上帝自身的默想。所以，超性的神秘主义是此世中的认知上升过程之桂冠，就像对上帝的真福直观是天上的认知上升过程之桂冠一样。这里不是进入讨论雨果的神秘学学说的地方。然而值得指出的是，圣维克托的神秘主义传统不是一个简单的精神奢侈品；他们的神秘神学构成他们的神学和哲学综合的一个完整组成部分。在哲学中，上帝的存在是通过对理性的自然运用得到证明的，在神学中，思想获知上帝的本性并将其运用到在信仰中所获得的启示内容之上。然而，哲学知识和神学（思辨）知识是关于上帝的知识：比它们更高的是对上帝的经验，是直接的对上帝的知识，这是通过神秘经验而获得的，是一种爱中的知识或知识中的对上帝的爱。而另一方面，神秘知识并不是完整的直观，在神秘经验中，上帝对灵魂的临在也由于强烈的光芒而变得不可明见。这样，在关于上帝的知识以及直接的关于上帝的神秘知识之上，是天上的真福直观。

2. 圣维克托的理查出生在苏格兰，但很早就去了巴黎，并进入了圣维克托修道院。大约在 1157 年，他在那里成了修道院副主持，于 1162 年成了主持，并于 1173 年去世。在这座修道院的这些年里，他度过了一段困难的时期，因为修道院院长，一位名为埃尔维西乌斯的英国人，浪费了其资产并败坏了其纪律，他的举止丝毫不受约束，以至于教皇亚历山大三世（Alexander III）把他称作“另一位皇帝”。1172 年（理查去世的前一年），他好不容易才引退。然而，虽然这位院长是一个不受约束而且目空一切的人，但修道院的主持在身后留下了对他良好的榜样、圣洁的生活以及优美作品的记忆——就像修道院的挽词告诉我们的那样。

在中世纪神学中，理查是一位重要人物，他的主要作品是六卷本的《论三位一体》（*De Trinitate*），但他也是一位哲学家以及神秘神学家。他发表了两本关于默想的书，即《本杰明短篇》（*Beniamin minor*，这是关于为了默想而预备灵魂的）和《本杰明长篇》（*Beniamin maior*，这是关
179 于默想之恩宠的）。换言之，他是与圣维克托的雨果相称的继任者，并且与后者一样，他坚持在对真理的追寻和探索之中，我们都必须使用理性。“我经常读到只有一个上帝，他是永恒、非受造的、无比伟大的、全能和万物之主……。关于我的上帝，我读到，他是同一和三位的，一个实体，三个位格：所有这一切我都读到过；然而，我却并不记得我曾读到过所有这些是如何得到证明的。”[①] 而且，“在这些事物之中，权威是充足的，论证却不这样；在这一切内容中，没有经验（experimenta desunt），证明也变得稀少，所以我认为，如果我就算无法满足但还是能够些许帮助一下那些勤奋之人的思想，那我就该做点什么”。

安瑟伦的那种一般态度明显地体现在上述引文中：我信仰，为的是理解。从预设的基督宗教的内容出发，圣维克托的理查开始着手来理解它们并证明它们。就像安瑟伦所声称的，他想要用“必然的理由”来证明真福圣三，同样，理查也在他的《论三位一体》开篇声称，[②]在这部著作中，他的意图是，只要上帝恩许，他就要为我们所信仰的内容得出其不仅可能，而且必然的理由。他指出，必定有着那些必然存在的东西之理由；所以，由于上帝必然是三位一体，那对此事实就必然有着一个理由。当然，从上帝必然为三位一体（上帝是必然的存在者）这一事实中，我们无法得出“我们能认识到这个必然性”的结论，而理查的确也承认我们不能完全

---

① 《论三位一体》，1，5；《拉丁教父文集》，196，893BC。
② 《拉丁教父文集》，196，892C。

理喻信仰之奥秘，特别是关于真福圣三的奥秘。[1] 但是，这也并没有妨碍他的那种展示在神性之中有多个位格必然可以从“上帝是爱”的事实中得出的努力，以及证明在一个本性中的三位一体的努力。

理查关于三位一体的思辨在后来的经院神学中有很大的影响；但是，从哲学角度来看，他对上帝存在的证明有更大的意义。他坚持认为，此类证明必须建立在经验之上：“我们应该从我们不会对其产生任何怀疑的那一类东西出发，凭借我们通过经验而得知的那些东西，理性地推出我们就那些超越了经验的东西应该思考些什么。”[2] 这些经验的对象是偶然的对象，这些东西会生成和毁灭。我们只能通过经验来得知此类东西，因为会 180
生成和毁灭的东西不可能是必然的，所以，其存在就不能以先天的方式得到证明，只能通过经验得知。[3]

所以，这个论述的出发点是经验之偶性对象提供的。然而，为了使我们在此基础上做出的理性推理获得成功，我们还必须从一个显然牢固且不可变化的真理基础出发，[4] 也就是说，论述需要一个坚固和确定的原理作为基础。此原理是，每一个存在或能够存在的东西，都是出于自身而存在或从他者那里获得存在的；而每一个存在或能够存在的事物不是永恒具有存在的，就是在时间中有一个开端。对矛盾律的这一运用使得我们可以构成一种对存在的划分。任何存在着的东西都必然属于如下四种情况之一：（a）永恒的并且发自其自身的，也就是自存的；（b）并不永恒也不发自自身的；（c）永恒但不发自自身的；（d）不永恒却发自自身的。这种将存在的东西分为四类的逻辑划分可以被直截了当地还原为一个三分的结构，因为一个不永恒却发自自身的东西是不可能的（一个有生成的东西明显不可能给予自身以存在或必然存在）。[5] 所以，在时间中的开始和基于自身的存在是不相符的，我们也就要回到经验中的物体上，并对此运用这个原则。经验中的物体，就像我们在人身上、在动物界和植物界中可见的

---

① 《拉丁教父文集》，196，72A。
② 同上，196，894。
③ 同上，196，892。
④ 同上，196，893。
⑤ 参见同上，196，893；同上，196，893。

那样，就像在自然本身中能观察到的那样，是会毁灭的并且是偶然的：它们有生成。如果说，它们是有生成的，那么它们就不是永恒的。而不永恒的物体就不可能是出于自身的，就像已经说过的那样。所以，它们必然出自他物。然而，最终要有一个出于自身的存在物，即必然的存在物，因为如果没有这么一个存在物，那任何物体之存在就都没有一个充足的理由了：没有任何东西会存在，然而，事实上却有东西存在，就像我们从经验中得知的那样。如果有人反驳说必然会有一个出于自身之物，然而这很有可能就是世界本身，那么理查会回应说，他已经排除了这个可能性，因为他指出了我们可以经验到组成世界的万物之偶然性。

如果说在这第一个证明中，理查的进程显示出一个与安瑟伦不同的明显转变，那么在他的第二个证明中，他就站在了我们熟悉的安瑟伦式的
181 立场上。[①] 有着不同的变化着的善或完美，这是一个经验事实，比如，理性的要比没有理性的更高级。从这个经验事实出发，理查接着论述道，必然有一个最高的完美，没有任何比它更伟大或更好的完美了。由于理性者高于非理性者，这个至高的实体就必然是有理性的，而更高的不可能从比它更低的物体那里获得它所拥有的一切，那么，至高的存在者就必然出于自身而获得存在和存有。这必然就意味着它是永恒的。必定要有一个永恒、出于自身之物，就像已经展现的那样，因为如果不是这样的话，也就不会有任何东西存在，然而经验告诉我们有东西存在，而且如果说更高级的不会从低于它的物体那里获得其存有，那么，必然是那至高实体为永恒和必然的存在物。

在第三个证明中，理查试图从可能性的思想出发证明上帝的存在。[②] 在整个宇宙中，除非有着从自身而来或从他者那里获得存在的可能性（能够存在的能力），否则不会有任何东西存在。一个缺乏存在能力的物根本就毫无存在可言，它是完全不可能的；而一个物体若要存在，则必然要从可能性的基础那里获得其存在之可能性（posse esse）。（宇宙中的物体不可能从自身获得其存有，这一点无法自证。理查预设了这一点，在他的

① 《论三位一体》，1，11；《拉丁教父文集》，196，895—896。

② 《论三位一体》，1，12；《拉丁教父文集》，196，896。

第一个证明中，他已经表明，“出于自身”是与“时间性”“生成性”不兼容的。）这个可能性的基础是万物之可能性和存在的源头，必然是依赖其自身的，是最高的。一切本质、一切能力、一切智慧都必须依赖于这一根基。这样，后者就必然是作为所有本质之根基的最高本质、作为所有能力之源泉的最高能力、作为所有智慧之源头的最高智慧，因为要一个源头给予他者以比它自身更高的存有，是不可能的。然而，除非有一个智慧内在于其中的理性实体，否则就不可能有智慧：所以，必然有着一个理性和最高的实体，最高的智慧就在其中。所以，一切可能性的根基就是最高实体。

当然，这些论述是理性和推理性理智的练习，这个理智是理性之目（oculus rationis），它高于想象力之目（oculus imaginationis，其所视的是有形世界），却低于智性之目（oculus intelligentiae，通过它，人静观上 182
帝本身）。[①] 在较低的层面，感性的对象直接被视为当下的；在中间的层面，思想通过推理的方式思考那些不直接可见的东西，比如从效果推导到原因或相反；在较高的层面，思想所视的是上帝这不可见的直接的当下对象。[②] 所以，静观之层面是感性感知之精神性的类比，它与后者类似，与推理思维不同，是直接的和具体的，虽然与后者不同的是，它是纯粹的精神活动，指向的是一个纯粹精神性的对象。理查所做的，从在造物界中所认识到的上帝之美开始到在恩宠之行动下所获得的心灵之异化（mentis alienatio）的六个阶段的知识的划分，影响了波纳文图拉撰写的《心向上帝的旅程》（*Itinerarium Mentis in Deum*）。

3. 圣维克托的戈弗雷（Godfrey of St. Victor，卒于 1194 年）撰写了一部《哲学之泉》（*Fons Philosophiae*），他在书中把学科加以分类，并讨论了哲学家和哲学传播者，如柏拉图、亚里士多德、波爱修和马克洛比乌斯，他以一章的篇幅讨论了共相问题，并声称他找到了此问题的解答。圣维克托的瓦尔特（Walter of St. Victor，卒于 1180 年之后）是著名的抨击

---

① 《论静思之恩宠》（*De gratia contemplationis*），1，3，7；《拉丁教父文集》，196，66CD，72C。

② 《论静思之恩宠》，1，3，9；《拉丁教父文集》，196，110D。

作品《驳法兰克之四大迷宫》(*Contra Quattuor Labyrinthos Franciae*)的作者，这部著作是对辩证神学的代表阿伯拉尔、彼得·隆巴、普瓦捷的彼得和普瓦捷的吉尔伯特的抨击。照瓦尔特看来，他们都满怀亚里士多德的精神，以经院学的轻佻态度对待真福圣三和道成肉身这些不可言喻的对象，吐出许多异端且满是错误的言语。换言之，圣维克托的瓦尔特是个守旧分子，他不代表圣维克托的真正精神——雨果这位日耳曼人和理查这位苏格兰人在辩证神学和神秘主义上所体现出来的精神。无论如何，辩证神学在随后几个世纪中奠定了其地位，并在伟大的系统性综合中取得了胜利。

第十八章

二元主义者和泛神论者

阿尔比派和卡特里派——本内的阿马尔里克——迪南的大卫

1. 在 13 世纪时，圣多明我用讲道来驳斥阿尔比派。这个派别就和卡特里派（Cathari）一样，12 世纪就已经在法国南部和意大利广泛分布。这些派别的主要学说是一种类似摩尼教信条的二元论，它经由拜占庭传播到了西欧。有两个最终本原，一个为善另一个为恶，前者是灵魂之原因，后者则是身体和质料的原因。他们从这个假设中得出结论：身体是恶的，应该通过苦修来克服，所以，结婚和生儿育女是错误的。宣扬这一学说的派别人丁兴旺的话会显得很奇怪，但我们要记得，他们认为只需要少数完美者（perfecti）实践此苦修生活，而那些不很高等的追随者可以安全地去过较正常的生活，而他们在死亡之前从“完美者”中的一位那里获得祝福就足够了。要记住的还有，同时考虑到阿尔比派和卡特里派从教会和世俗势力那里获得的关注，把生育和婚姻斥为邪恶，这自然会带来结论说婚姻和同居多少是一样的。另外，卡特里派否认宣誓和一切战争的合法性。自然而然地，这些派别被视为对基督教文化的一种威胁。至今仍然存在的韦尔登派（Waldenses）发自卡特里运动，它一开始也是二元主义者的派别——虽然后来它被吸纳到了宗教改革运动中，并以反罗马和反教权主义的立场为宗旨。[①] 183

① 我们对阿尔比派学说的知识来源并不丰富，而且这一运动的历史有些模糊。

2. 本内的阿马尔里克（Amalric of Bene）在沙特尔附近出生，大约于1206或1207年在巴黎去世，去世前是神学教授。托马斯·阿奎那说，[①]“有些人说到，上帝是万物之形式本原，人们认为，这是阿马尔里克主义者的观点”。波兰的马丁（Martin of Poland）则说，阿马尔里克认
184 为，上帝是万物之本质及万物之存在。显然，他是在泛神论的意义上诠释约翰·司各脱·爱留根纳的学说和沙特尔的台奥多利希与阿拉斯的克拉伦巴尔德所使用的言辞的。他甚至说到，圣三的诸位格是受造物，这三者都成了肉身，并且每一个人都与基督同样是神。他的一些追随者似乎从这个学说中得出结论认为，罪是个不真实的概念，原因是如果每一个人都是神性的，那么他“犯罪”也就无从谈起了。无论阿马尔里克是否有意支持真正的泛神论，他都被指责为异端，并且不得不收回他的学说。在他死后的1210年，他的学说还与约翰·司各脱·爱留根纳的一些学说一起受到了谴责。

3. 如果说对本内的阿马尔里克来说，上帝是万物之形式，那么，对迪南的大卫（David of Dinant）来说，上帝则等同于原始质料，这是在万物之可能性的意义上说的。我们对于迪南的大卫之生平知之甚少，对于他所使用的文献来源以及他的学说本身同样如此，因为他的作品在1210年遭到谴责，1215年在巴黎被禁，于是也就散佚了。大阿尔伯特[②]说他有一部作品《论篇即论区分》（*De tomis, hoc est de divisionibus*），巴黎大公会的文件（1210年）则提到他有一部名为“诸章节”（Quaterni）或“诸小节”（Quaternuli）的作品，虽然比如盖尔认为这两个标题指的都是同一部作品，由数章组成。无论怎样，我们都得通过大阿尔伯特、托马斯·阿奎那和库萨的尼古拉（Nicholas of Cusa）的摘录和报道来了解他的学说。

在《神学大全》[③]中，托马斯说到，迪南的大卫“非常愚蠢地肯定上帝是原始质料”。在另一处[④]，他说大卫把物体分为三类：身体、灵魂和永

① 《神学大全》，Ia，3，8，文中。
② 同上，Ia，4，20，2，其中的问题。
③ 同上，Ia，3，8，文中。
④ 《反异教大全》，2，17，1，1。

恒的实体，身体由质料（Hyle）构成，灵魂由努斯（Nous，或理智）或思想构成，永恒的实体则由上帝构成。这三个构建性的源泉是三个不可分之物，而这三个不可分之物是同一的。所以，任何有形物体都是那不可分的存有（质料）之模态，所有的灵魂则是另一个不可分之物（努斯）的模态。然而，这两个不可分之物是同一的，大卫认为它们就是上帝，是纯一的实体。“可见，（依照大卫来说）不仅一切有形物体只有一个实体，就连一切灵魂也都只有一个实体，而此实体就是上帝本身……很明显，上帝是所有身体和所有灵魂的实体，而且上帝和质料以及思想（Mens）是同一 185
实体。”[①]

迪南的大卫试图用逻辑来证明这一点。因为两种实体如要相互区分，必须借由一个区别来相互区分。然而，如有着一个区分，那就意味着有着一个共同的要素。正如质料与思维不同，在原始质料（prima materia）中也就要有一个区别（differentia），即一个形式和一种质料，在此情况下我们就会陷入无穷倒退。[②] 托马斯如此叙述这个论证。[③] 若事物之间毫无区分，它们即为同一的。而无论什么物体相互区分，它们都通过区别而相互不同，在这种情况下，它们就必然是组合的。但是，上帝和原始质料都是简单的、非复合的。所以，它们在任何方面相互都没有区分，所以必然同一。就这个论述，托马斯回应道，如同人或马那样的组合物的确是通过诸区别（differentiae）而相互区分的，但单纯的物体并非如此：单纯的物体可以说（严格来说）是不同的（diversa esse），却不是区分（differre）。换言之，他指责大卫在玩弄概念，并选择了一个蕴含着在上帝和质料中有组合的概念来说明上帝与质料的不同。

为什么大阿尔伯特和托马斯都认为这一泛神论体系值得关注呢？虽然其理论支持或多或少是逻辑诡辩。这里的原因或许并不在于迪南的大卫有着深远的影响以至于他们担心大卫的异端会有损于亚里士多德。大卫从哪些文献中得出了他的理论，这一点是有争议的。然而，学界普遍同意的

① 大阿尔伯特，《神学大全》，IIa，t. 12，q. 72，第 4 部分，第 2 节，n. 4。
② 同上，Ia，t. 4，q. 20，第 2 部分；《〈形而上学〉注疏》（*In Metaph.*），t. 4，c. 7。
③ 《神学大全》，Ia，3，8，反驳意见 3。

是，他使用了《物理学》和《形而上学》中提到的关于古代唯物主义的论述，而且他明显使用了亚里士多德关于原始质料和形式的思想。1210 年，谴责了大卫的作品的巴黎大公会也禁止在大学里教授亚里士多德的自然哲学。托马斯很有可能希望指出，迪南的大卫之一元论其实完全不是亚里士多德学说的结论。在上面已经引用过的对质疑的回应中，托马斯还特别提到了《形而上学》。

第四部分

伊斯兰和犹太哲学：翻译

第十九章
伊斯兰哲学

讨论伊斯兰哲学的原因——伊斯兰哲学的起源——阿尔法拉比——阿维森纳——阿尔加则——阿维洛伊——但丁和阿拉伯哲学家

1. 在一部以中世纪基督教世界思想意义上的中世纪思想为主题的书 186
中，见到一章关于阿拉伯人的哲学，或许会使得一位初次与中世纪哲学打交道的读者感到惊异。然而，在历史学家那里，伊斯兰哲学对基督教的影响（无论是积极的还是消极的）如今已是常识了，且很难避免被加以论述。阿拉伯哲学是亚里士多德的全部作品被介绍到西方所经由的主要渠道之一。但中世纪伊斯兰世界的伟大哲学家，如阿维森纳和阿维洛伊，不只是传播者或注疏者，他们改变和发展了亚里士多德的哲学，多少依照了新柏拉图主义的精神。他们中有几位就几个要点而言，以一种与基督教神学和信仰不兼容的方式诠释了亚里士多德——不管这种诠释正确与否。[①] 所以，举例而言，亚里士多德以阿维洛伊赋予他的形态出现在中世纪基督教思想面前时，自然显得是基督教智慧（也就是广义上的基督教哲学）的敌人。这个事实在很大程度上解释了 13 世纪许多基督教传统的坚持者对亚里士多德的抵制，他们把这位异教哲学家视为奥古斯丁、安瑟伦和其他伟大的基督教哲学家的敌人。这种抵制有着程度上的区分，从对新事物的粗
糙憎恶和惧怕，一直到像波纳文图拉这样的思想家的理性反对。然而，如 187

① 的确，有一些伊斯兰哲学家（如阿维森纳）通过他们的作品促成了对亚里士多德的基督教诠释。

果我们记得，像阿维洛伊这样的穆斯林哲学家声称他给出了正确的亚里士多德诠释，而且此诠释在重要问题上是与基督教信仰相左的，那么这种抵抗也就变得更加容易理解了。这也解释了对伊斯兰哲学家们的那些关注——当然，特别是托马斯·阿奎那的关注。托马斯不仅认为亚里士多德系统是对基督教神学作逻辑表述的一个珍贵工具，而且认为它是真正的哲学，因为这样的思想家们必须要指出，亚里士多德主义并不必然包含穆斯林赋予它的诠释：他们自己要脱离阿维森纳，并把自己的亚里士多德主义与后者的加以区分。

为了完全理解托马斯·阿奎那和其他人的反驳，我们必须知道一些中世纪伊斯兰哲学。但这一必要性还出于另一个有关的理由，那就是巴黎出现了一个哲学家流派，他们声称代表完整的亚里士多德主义，这个学派的领袖是托马斯的著名对手之一，布拉班特的西格尔。这些“整体”（“integral”）亚里士多德主义者自认为是真正的亚里士多德主义者，他们在说到真正的亚里士多德主义的时候，指的是阿维洛伊——那位亚氏最真实意义上的诠释者所诠释的亚里士多德主义。所以，为了理解这个学派以及巴黎的争端的一个重要阶段，很明显我们必须了解阿维洛伊在哲学史上的地位和他的学说。

然而，虽然我们必须对中世纪伊斯兰哲学加以讨论，但本卷书的篇幅不容许我们就伊斯兰哲学本身加以讨论。它自身的确也有特别的有意义之处（比如，它与伊斯兰神学的关系，在这两者间试图达成的调和和它们之间的紧张关系，以及伊斯兰哲学和伊斯兰文化总体间的关系，都内在地有意义）。但是在这里，读者必须仅仅期待于获得对伊斯兰哲学的一个简短勾勒。这里的讨论不是为了它自身——讨论它，是为了说明它对中世纪基督教思想的影响。这个或许片面的讨论并不意在贬低穆斯林哲学家们的成就，也不涉及否认伊斯兰哲学本身有着内在的意义：只因为本书的整体目的和范围所需（当然，也考虑到篇幅），这里的讨论才不得不这样。

2. 如果说阿拉伯哲学是以上述方式与基督教哲学产生了联系的话，
188 那它与基督教也有着根源上的联系，因为是叙利亚的基督徒首先把亚里士多德和古代世界的其他哲学家的作品翻译为阿拉伯语的。〔此过程的〕

第一阶段由在美索不达米亚的埃德萨城（尚勒乌尔法）的学校翻译为叙利亚文的希腊作品构成。这个学校于 363 年由尼西比斯的圣厄弗冷（St. Ephrem of Nisibis）创建，在 489 年被皇帝芝诺关闭，因为聂斯托利教派（Nestorianism）[①] 在那里盛行一时。在埃德萨，亚里士多德的一些作品（主要是逻辑作品）和波菲利的《导论》被翻译成叙利亚文，这个工作在波斯、尼西比斯和甘地萨珀拉 [②] 得以延续。所以，亚里士多德和柏拉图的著作被翻译成了波斯语。公元 6 世纪，亚里士多德、波菲利以及伪狄奥尼修斯的著作在叙利亚的一性论派（Monophysite）[③] 学校中被翻译为叙利亚文。

第二阶段是叙利亚文被翻译成阿拉伯语的阶段。甚至在穆罕默德（Mohammed，569—632 年）之前，就已经有一些与阿拉伯人一起工作的聂斯托利派（Nestorian）基督徒了，他们大部分是医生。750 年，阿拔斯王朝取代了倭马亚王朝，叙利亚的学者被邀请到了巴格达的阿拉伯宫廷。首先被翻译的是医学作品；但过了一段时间，哲学作品也得到了翻译，832 年，一所翻译学校在巴格达创立，这个机构产出了亚里士多德、阿芙罗蒂西亚的亚历山大（Alexander of Aphrodisias）、特密斯提乌斯（Themistius）、波菲利和阿莫尼乌斯作品的阿拉伯语版本。柏拉图的《理想国》和《法律篇》也得到了翻译，（在 9 世纪上半叶）所谓的《亚里士多德之神学》也得到了翻译，后者汇编了普罗提诺《九章篇》的部分章节（第 4—6 章），这部作品被误认为是亚里士多德的作品。此外还必须提到《原因之书》（*Liber de Causis*），它实际上是普罗克洛的《神学要义》（*Institutio Theologica*），却也被认为是亚里士多德的作品。这些错误，再加上对新柏拉图主义者的亚里士多德注疏的阿拉伯语翻译，使得在阿拉伯人那里，对亚里士多德的新柏拉图主义式的诠释变得流行。虽说在亚里士

---

① 神学术语，基督教异端流派之一，他们认为基督的人性和神性相互没有结合，彼此都各自对应一个位格，即基督也有两个位格，与此相对的是正统教义中的二性一位说，即基督的两个本性在基督的一个位格中得以统一。——译者注

② Gandisapora，古地名，位于当今伊朗的胡齐斯坦省。——译者注

③ 神学术语，指的是认为基督只有一个本性的学说，被教会视为异端。正统神学认为，基督身上有两个本性：人性和神性。——译者注

多德和新柏拉图主义以外，还有其他的影响（也就是伊斯兰教本身以及东方宗教思想，比如波斯的宗教思想）使得伊斯兰哲学成形。

3. 穆斯林哲学家可以被分为两组，东方的一组和西方的一组。在接下来的 3 节中，我将简单讨论东方那一组的三位哲学家。

189 阿尔法拉比（Alfarabi）属于巴格达学派，在大约 950 年去世。他是上述影响的一个绝佳例子。他致力于把亚里士多德的逻辑介绍到阿拉伯文化界，从而通过对哲学和神学的分类，使哲学变得自觉，与神学相区分。逻辑是对真正意义上的哲学的导论和预备；哲学则被他划分到了物理学之列，包括特殊科学（心理学也包括在内，认识论则被看作心理学的一部分）和形而上学（物理学和形而上学是理论哲学的两个分支），以及伦理学或实践哲学。他对神学的划分包括：（a）神之全能和公正；（b）神之统一性以及其他属性；（c）死后奖罚的学说；（d）与（e）：个人的权利和穆斯林的社会关系。阿尔法拉比把哲学区分开，并不是想取代或削弱伊斯兰神学：他想让形式化和逻辑形式服务于神学。

另外，阿尔法拉比使用了亚里士多德的论辩来证明上帝的存在。所以，他假设了世界万物是被动地受动的，这个思想能够与伊斯兰神学很好地相容。他论述道，它们必然从一个第一推动者（即上帝）那里获得它们的运动。而且，这个世界中的物体是偶然的，不是必然存在的：它们的本质不包含它们的存在，就像它们生成和毁灭这一事实所显示的那样。因此我们可以得出，它们是从别处获得它们的存在的，最终我们必须承认有一个本质地、必然地存在的存在者，这是一切偶然存在者之存在的原因。

另一方面，就阿尔法拉比的大体系统而言，新柏拉图主义的影响就显而易见了。所以，流溢的主题被用来展示智性或世界灵魂是如何从至高神或元一那里发出的，而宇宙是如何从思想或理念中发出的，又是如何从更高的或更加外层的境域下降到较低的和更加在内的境域的。身体由质料和形式组成。人之智性则受到了宇宙智性的光照，这是人之主动智性（即阿芙罗蒂西亚的亚历山大之 νοῦς ἐπίκτητος，“获取的理性”）。另外，人之智性的光照解释了我们的概念与物的“相符”这一事实，因为神之中的理
190 念同时是人之思维中的概念的范式和源泉，亦即物中形式的范式与源泉。

这个光照的学说不仅与新柏拉图主义有联系，也与东方神秘主义有联系。阿尔法拉比本人成了神秘学派或苏非派的一员，他的哲学有着一个宗教定位。人的最高使命是认识上帝，而且正如宇宙的普遍进程是从上帝那里的出发和在上帝那里的回归，人也必须如此。在流溢进程中，他从上帝那里发出，并受到了上帝的光照，寻求回归上帝以及与上帝的相似。

4. 东方这一组最伟大的穆斯林哲学家无疑就是阿维森纳（Avicenna）或伊本 · 西拿（Ibn Sīnā，980—1037 年）了，他真正在伊斯兰世界创立了一个经院系统。[①] 他是波斯人，生在布哈拉附近，接受的却是阿拉伯语的教育。他的著作数量非常浩大，其中大部分是用阿拉伯语写的。他少年老成，按顺序学习了古兰经、阿拉伯文学、几何、法律、逻辑。他超越了自己的老师，于是又自学了神学、物理学、数学和医学，16 岁时他就已经在行医了。随后，他花了一年半的时间来学习哲学和逻辑，但直到偶然发现一本阿尔法拉比的著作，他才能够满意地理解亚里士多德的《形而上学》。他已经读了《形而上学》40 遍之多，却无法理解它，他这么告诉我们。他余下的生活既忙碌又充满了历险。他在多个苏丹手下任大维齐尔（Vizir），同时也行医。他在旅途中经历了大起大落、受宠或失宠于王公。但他一直都是哲学家，无论身处何方，他都在进行研究和写作，甚至在监狱里和马背上都不例外。他在 57 岁时，在进行了赎罪仪式、悔罪与慷慨布施并给予他的奴隶以自由之后，在哈马丹去世。他的主要哲学著作是《治疗论》（*Aš-Šifā*），这部书在中世纪以《充足篇》（*Sufficientiae*）的名字为人所知，它包含了逻辑、物理学（包括诸种自然科学）、数学、心理学和形而上学。《拯救论》（*Najāt*）则是个文集，内容来源于前一部作品，但在章节排列上有所不同。

阿维森纳将哲学划分为广义上的逻辑（即哲学的导论）、思辨哲学 191
（物理学、数学和神学）以及实践哲学（伦理学、家政学和政治学）。这没有什么特别之处，除了一点：神学被他划分为了第一神学（与本体论和自然神论相等同）和第二神学（涉及伊斯兰教主题），这就把伊斯兰神学与

① 伊本 · 西拿经由“阿维森纳”这个名字为中世纪世界所熟知，“阿维森纳”这个名字来自希伯来文的“Aven Sina”。

希腊人的神学区分开了。然而，他的形而上学虽然既借鉴了亚里士多德，也借鉴了新柏拉图主义，却体现出了自己的特点，这就显现出，无论从先前的哲学家们那里借鉴了多少，阿维森纳是仔细和独立地构思出他的系统的。他还把它塑造成了一个有特点的系统。比如，虽然阿维森纳在把对存在的研究看作形而上学内容这一点上与亚里士多德相同，但他使用了不同于亚里士多德的例子，从而显示思想是以必然的方式把握到存在的，虽然这通常是通过经验来获得的。我们可以想象有一个突然被创造出来的人，他既不能看也不能听，飘浮在空中，他的肢体不能相互触碰。在此情形下，他也就不能使用他的感官，并通过视觉或触觉来获取存在的概念，那他是否就不能够构成这个概念呢？不是这样的，因为他会意识到并肯定他自己的存在，这样，就算不能通过外在经验来获得存在的概念，他也至少能通过自我意识来获得它。[①]

在阿维森纳的眼中，必然性的概念也是一个初始概念，因为对他来说，万物皆为必然。然而我们又有必要在两种必然性之间加以区分。在世界中的一个特别的物体不是出于它自身而必然：它的本质并不必然蕴含存在，就像它生成和毁灭这一事实所展现的那样。但它在这么一种意义上是必然的，即它的存在是由一个外部原因之必然行动所规定的。相应而言，对阿维森纳来说，一个偶然的存在指的也是其存在是因为一个外在原因的必然行动，而不是由于其自身的本质。这样的存在之物是有原因的，而且这样是“偶然”的。但是无论如何，其原因之行动是确定了的。

由此，他论辩说原因链不可能是无限的，因为否则的话任何物体也就都没有原因了，但必然要有一个第一原因，它自身是没有原因的。这个没有原因的原因，即必然的存在，不可能是从另一物那里获得其本质的，
192 也不可能脱离其本质而存在，因为由部分组成的物体也就蕴含着一个先于它的统一性的原因：所以，在必然存在者那里，本质和存在必然为一。这个至高的存在者就其自身而言是必然的，然而，“偶然”的物体并非就其自身而言必然，而是通过他者而必然。这样，当“存在”这一概念分别被使用在必然者和偶然者身上时，它有着不同的含义。它们不是同一属的

① 《治疗论》，1，281 和 363。

种。事实正好相反：存在是真正地、恰当地和原本地属于必然存在者的，然而却只第二性地和类比地谓述偶然物。

和可能性与必然性的区分紧密相连的是潜能与现实的区分。潜能，正如亚里士多德所说，作为一物成为另一物之变化的原理，要么存在于施动者中（主动潜能），要么存在于受动者中（被动潜能）。另外，潜能和现实还有程度的区分，从最下面的极限（即纯粹的潜能，这是原始质料）一直到最高的极限（即纯粹现实，这是必然的存在者），虽然阿维森纳没有在字面上使用“纯粹现实”这一词。从这一观点出发，阿维森纳接着展现了神是真理、善、爱和生命的观点。比如，一直为现实的那个存在者没有潜能或缺失，就必然是绝对的善，而因为神性属性相互之间在本体上是没有区分的，于是神性的善也就必然与绝对的爱是同一的。

由于神是绝对的善，他必然倾向于发散出他的善，将其辐射出来，这就意味着他是以必然的形式来造物的。由于神是必然的存在者，他的一切属性均必定是必然的：所以，他必然地是造物主。这又蕴含了这么一个结论，即如果神必然是造物主且是永恒的，那么造物就必然是永恒的。而且如果神是出于他的本性之必然而造物的，那么在造物上就是没有选择的自由的，即神不可能以另一种方式造物或创造出不同于他确实创造的事物的东西。但神能够直接地造物，而且是只通过如同他自身这样的存在者而造物：对神来说，也就不可能直接地创造出有质料的物体。所以，从神发出的逻辑上的第一存在者是第一智性。这智性是受造的，从这个意义上说，它是从神那里发出的：它领受了它的存在，以此方式，开始有了一种二元。在元一中是没有二元的，在原初智性中有着本质和存在的二元，其
中，存在是被领受的；那里也有着知识的二元，其中，原初的智性认识到 193
元一或神是必然的，并且认识到它自身是“可能”的。由此，阿维森纳演绎出了十个智性。这展现出了增长的多数，并在神的统一与造物界的多之间搭了一座桥梁。第十个智性是“形式的赋予者”，形式是在原始质料中被领受的，后者是纯粹的潜能（或更确切地说是“缺乏”形式的潜能，并由此在这个意义上为“恶”）。这样，在种之中，也就有了多数的可能性。分离的智性只在种上相互区分，这是通过它们在流溢的过程之中离元一的

远近以及不断减少的单纯性而区分的。但由于质料是个体化的原理，同一个种的形式能够在具体个体物的多个之中，虽然首先要让原始质料脱离它的无规定状态，并能领受种的形式。

第十智性在作为形式的赋予者（Dator formarum）的职能之外还有另一个功能，因为它也执行人身上的主动智性的功能。在对抽象的分析中，阿维森纳不把人之智性视为能够作为抽象的最后一个步骤，对共相的把握是在纯粹智性的状态下发生的，这就意味着，智性从潜能的状态进入到一个纯粹出于它的自身能力而活动的状态，然而，一个动者除了在外在于它却与它相似的动者之影响下以外，是不能够从被动的潜能进入到现实之中的。所以，他区分了主动的和被动的智性，却让主动智性成为分离的和独一的，它光照人的智性，并将它对本质（即物之后的本质或共相，以与物之前和物之中的本质加以区分）之智性和抽象的把握赋予了人之智性。

阿维森纳关于必然造物的思想，加上他否认元一对繁多的具体事物都具有直接的知识，都使得他偏离了古兰经的神学，然而他竭力试图把自己的亚里士多德式的新柏拉图主义系统与正统伊斯兰教义相调和。比如，他不否认人之灵魂的不朽，虽然他有关于主动智性之分离性的学说；他也坚持在身后有着赏罚的学说，虽然他以理性的方式来解释它，他认为奖赏
194 是对纯粹智性的对象的认知，而惩罚是没有此类认知的。[①] 虽然他对造物以及世界与神之关系的分析和解释必然涉及流溢论，然而在这一点上，他却倾向于泛神论。他试图通过肯定从神直接或间接发出的万有之本质与存在间的区分，从而保证他能避开泛神论。伊斯兰教关于神之万能的学说如果“以思辨的方式”来加以诠释的话，则可能倾向于泛神论。也很有可能是阿维森纳系统的一些基本原则本就青睐泛神论；不过他并非有意要成为泛神论者的。

当 12 世纪阿维森纳的部分作品被翻译为拉丁文的时候，基督教世界

---

① 要注意的是，阿维森纳关于被动或可能智性的唯一性的学说必然蕴含了对人格不朽的否认。主动智性之唯一性的学说却不是必然地蕴含这一否认的，无论主动智性是与一个下属的实体等同或是与神作为光照者等同。对亚里士多德来说，他自己或许不会相信人格不朽，但是对人格不朽的否认不能**必然**从他关于主动智性的学说中得出，却可以从阿维洛伊的学说中必然推导出来。在这一点上，我们要清晰地区分阿维森纳与阿维洛伊的立场。

第一次发现自己面对着一个紧密连接的系统，这必定会对某些人产生很强的吸引力。所以，贡迪萨利努斯（Gundissalinus，卒于 1151 年）把西班牙人约翰尼斯·希斯庞努斯（Joannes Hispanus，阿文德斯）所做的西班牙语译本翻译成了拉丁文，并在他的《论灵魂》(*De Anima*）中使用了阿维森纳的思想。他跟随了阿维森纳的心理学（并引用了后者的“浮在空中的人”的比喻）——虽然在把主动智性看作光照的源头并将其与上帝等同起来的时候，他脱离了阿维森纳的观点，而跟随了奥古斯丁的理论。另外，在他的《论世界之发出》(*De Processione Mundi*）中，他试图把阿维森纳的宇宙论与基督教学说相调和，虽然他在这一点上所开的先例没有后来者。在能够获得亚里士多德的《形而上学》整部书之前，我们无法确定哪些学说是阿维森纳的，而哪些是亚里士多德的。所以，罗杰·培根认为，阿维森纳一定是全面跟随亚里士多德的，虽然他（培根）还没有《形而上学》的第十三卷和十四卷，所以无法核实这一假设之真伪。结果，第一位有力的阿维森纳反对者，奥弗涅的威廉（卒于约 1249 年）就把阿维森纳的宇宙论当成了亚里士多德本人的。威廉说，这个宇宙论是错误的，因为它承认在造物进程中有中介，由此容许受造物有神性的力量，从而否认了神的自由，并肯定世界的永恒，把质料当成了个体化的原理，而把分离的智性当作人之灵魂的效果因。无论如何，威廉自己跟随阿维森纳，把 195
本质和存在的区分介绍到了拉丁文的经院学中。另外，他拒绝了阿维森纳关于主动智性的理论，但他也将其与上帝等同了起来。其他思想家——如哈勒斯的亚历山大、拉罗谢尔的约翰和大阿尔伯特——在否认分离的主动智性的学说时，都使用了阿维森纳关于抽象和光照之必要性的理论，而罗杰·培根和罗杰·马斯顿认为阿维森纳的错误仅仅在于没有把分离和进行光照的主动智性与上帝等同起来。在这里我不再更多地谈论阿维森纳的影响了（它需要用另一本专著来谈）。在此我们可以说，他在至少三个主题上影响了拉丁文的经院学，它们分别是：认识和光照的主题；本质和存在间的关系的主题；质料作为个体化之原理的主题。[①] 此外，一位拉丁经院

① 就阿维森纳的影响而言，参见罗兰-戈瑟兰（Roland-Gosselin）为《论存在者与本质》所作的注疏，第 59 和 150 页。

学者对阿维森纳做出了批判当然并不意味着经院学没有从阿维森纳那里获取任何内容。比如，托马斯就认为有必要对这位穆斯林哲学家关于可能性的讨论进行批判，[①] 然而这并不意味着托马斯没有部分通过阿维森纳的学说发展出他自己的观点，就算要评估后者的作品对这位最伟大的经院学家的影响之确切程度仍然是困难的。然而，司各脱在阿维森纳那里受到的影响要比托马斯给他的影响大得多，虽然说他是阿维森纳的门徒肯定不恰当。

5. 在此，我们还要提到阿尔加则（Algazel，1058—1111 年），他有一段时间在巴格达授课。他站在穆罕默德正统的角度反对阿尔法拉比和阿维森纳的观点。在他的《伊斯兰教法》（*Maqāsid*）或《哲学家们的意图》（*Intentiones Philosophorum*）中，他总结了这两位哲学家的观点，这一论述由贡迪萨利努斯翻译成了拉丁文，如果单独就它来看，你会得到一种印象，觉得阿尔加则同意他所表述的意见。所以奥弗涅的威廉把阿尔法拉比、阿尔加则和阿维森纳绑在一起，视他们为“亚里士多德追随者”并加以攻击，却不知阿尔加则接着在他的《对哲学家们的驳斥》（*Destructio philosophorum*）[②] 中接着批判了哲学家的系统。此书试图展示哲学家们是
196 如何自相矛盾的。后来，这本书激发阿维洛伊撰写了《对哲学家们之驳斥的驳斥》（*Destructio destructionis philosophorum*）。在他的《宗教科学之复兴》（*Revivification of the Religious Sciences*）中，他给出了确定的见解，针对阿维森纳的流溢说和世界永恒的学说，为正统的世界在时间之中受造和从无中受造的学说作了辩护，于此，他把因果间的关系视为依赖神之力量而非依赖受造物之任何因果性的活动。哲学家见到的是结果或通常的连接，并由此推导出因果关系。但实际上，某一事件随着另一事件发生，单纯是因为上帝的大能和行动。换言之，他秉持着一种机缘论的学说。

阿尔加则完全不只是一位希望对抗他的希腊化先驱之非正统倾向的哲学家：他还是一位著名的苏菲（Sufi），一位神秘学和灵修作者。离开

---

① 参见《论潜能》，5，3；《反异教大全》，2，30。

② 更加确切地说是《哲学家们间的不融贯性》（*Incoherentia philosophorum*）。

他在巴格达的工作之后，他退隐到叙利亚，在那里过着苦修和默想的生活。的确，有时他从退隐中复出，不管怎样，他是有门徒的：他甚至在退隐之地图斯[1]创立了一所某种意义上的神学院以及一个苏菲派。不过，他生活的主要兴趣在于在神秘主义的意义上复兴宗教。他不仅仅使用了前人的伊斯兰文献，还使用了新柏拉图主义的思想，甚至使用来自犹太教和基督教的思想，创建了具有位格主义（即非泛神论）特征的灵修系统。阿尔加则的一些表述乍一看会显得蕴含或涉及了泛神论，但他的新柏拉图主义更多是用来服务于宗教神秘主义而非思辨的。他并不倾向于把神与世界等同起来。但是，他把伊斯兰教关于预定和神是万物之因的学说与非常强的宗教神秘主义融为一体，这使得他进入了某种泛神论。闪米特的一神论，如果在新柏拉图主义之下来诠释，并与神秘主义融合在一起，估计不会让他进入任何其他方向。在纯粹的哲学思辨领域，他显示出了某种怀疑的态度。他也代表了宗教神秘主义对唯理主义的抗拒，以及伊斯兰神学家对亚里士多德主义哲学的抗拒。

6. 在 10 世纪的西班牙发展出来的灿烂的伊斯兰文明为西方的穆斯林哲学家们提供了背景，这一文明此时比西方基督教世界所能提供的要优越
得多。西方那一组的第一位哲学家是伊本·马萨拉（Ibn Masarrah，卒于 197
931 年），他从伪恩培多克勒（Pseudo-Empedocles）那里获取了思想，而阿芬帕斯（Avempace）或伊本·巴哲（Ibn Bājja，卒于 1138 年）以及阿布巴瑟（Abubacer）或伊本·图菲利（Ibn Tufail，卒于 1185 年）代表了神秘学潮流；然而，这一组中最伟大的毫无疑问是阿维洛伊，他在西方组中占据了阿维森纳在东方组中所代表的同等显著的地位。

阿维洛伊（Averroes）或伊本·路西德（Ibn Rušd，拉丁学者口中的 Commentator），1126 年生于科尔多瓦，是一位法官的儿子。在学习了神学、法律、医学、数学和哲学之后，他先在塞维利亚、后在科尔多瓦的法庭任职。1182 年，他成了哈里发的御医。随后，他失宠于哈里发曼苏尔，从宫廷里被驱逐了出去。他后来跨海去了摩纳哥，于 1198 年在那里去世。

阿维洛伊深信亚里士多德的天才是人之智性的最后顶峰，他自然也

---

① Tūs，地名，在当今的伊朗境内。——译者注

就把很大的精力都贡献在了撰写诠释上面。这些诠释有三种类型：（a）较小型的或“中型”的诠释，其中，阿维洛伊给出亚里士多德学说的内容，加上他自己的解释，而且以一种并不常常容易让人区分他与亚里士多德之观点的方式对其加以发展；（b）大型诠释，其中，阿维洛伊先是给出亚里士多德本身的作品之一部分，然后加上他的诠释；（c）小诠释（释义或纲要），其中，他给出亚里士多德所得出的结论，略去了证明和历史参照，这是拿来给无法读文献或更长的诠释的学生阅读的。（显然，他是在撰写大型诠释之前撰写中型诠释和纲要的。）他对亚里士多德的整个《工具论》所作的中型诠释和纲要都保存了下来，另外，他对《后分析篇》《物理学》《论天》《论灵魂》和《形而上学》的所有三种诠释之拉丁文翻译也保存了下来。在这些和其他诠释的拉丁文翻译之外，基督教学者们还拥有阿维洛伊对阿尔加则的回应（即《对哲学家们之驳斥的驳斥》）、几部逻辑著作、关于抽象智性与人之间的关系的一封信、一部关于灵魂真福的著作，等等。

形而上学的范围从作为最低界限的纯粹质料，一直延展到作为最高界限的纯粹实现，即神。在这些界限之间，则是由潜能与现实所组成的
198 存在物，这构成了生成的自然（Natura naturata）。（对此的拉丁文翻译，Natura naturans 和 Natura naturata，最终又在斯宾诺莎的系统里出现了。）原始质料与非存在者是等同的，它是纯粹的潜能，缺乏任何规定，不能作为创造性现实的条件：所以，它与神是同等永恒的。然而，神从潜能或纯粹质料那里获得或引出质料性物体的形式，并创造了诸智性，一共为十个，它们与天穹外在地联结在一起。这样，他就避开了阿维森纳的流溢论，也排除了真正意义上的泛神论。然而，万物的创造或生成，是被规定了的。

然而，即便阿维洛伊拒绝了流溢说，这使得他在某种意义上要比阿维森纳更加正统，他也没有像阿维森纳那样接受个人灵魂不朽的学说。阿维洛伊实际上跟随了特密斯提乌斯和其他诠释者的看法，认为质料智性（intellectus materialis）与主动智性（intellectus agens）是同一个实体，并且两者在死后都会留存，然而他又跟随了阿芙罗蒂西亚的亚历山大的看

法，认为这个实体是分离的，并且只是一个智性。（它也是月的智性，这是最低一层的天穹。）个体人中的个体被动智性在主动智性的作用下，变成“获取了的智性”，它被主动智性以一种方式吸取，这样，在身体死后它虽然得以留存，却不是以人格性、个体的形式，而是作为人这一物种之共同的智性而存在的。所以，有不朽，但这并不是人格性的不朽。托马斯·阿奎那和其他经院学者非常严肃地驳斥了这一点，虽然拉丁阿维洛伊主义者将此视为哲学真理。

然而，比阿维洛伊的学说更有趣的是他对于哲学与神学之间一般关系的见解。他认为，亚里士多德是人类科学的完满者，[①] 是人类完美之榜样，并创建了最高的真理系统。在他的诠释下，亚里士多德认为，主动智性是唯一的，而且亚里士多德也接受质料之永恒一说。阿维洛伊必须试图把他的哲学思想与整体伊斯兰神学加以调和，这主要是因为他崇拜一个异教哲学家，而准备指责他为异端的人并不在少数。相应地，他用所谓的“双重真理”理论来对此加以调和。依照阿维洛伊的看法，这却并不意味着一个命题能够在哲学中为真，却在神学中为伪，或反之：他的理论 199
是，同一条真理，在哲学中被清晰地理解，在神学中却以比喻的方式得到表达。一个命题只有在哲学中才能获得科学性表述，但是这同一条真理在神学中也得到了表达，却是以一种不同的方式。古兰经中用的比喻以普通人、没有学问的人也能理解的方式表达出真理，而哲学家们把比喻的外壳剥去，获得了“没有隐蔽”的真理，也就不会陷入表象。阿维洛伊有关哲学和神学之关系的看法与黑格尔的有些类似，正统伊斯兰神学家是不会接受这一点的，他们也的确没有接受。但是，说一个命题在哲学中为真，然而在神学中，却是一个与此命题恰恰相反的命题为真，这不是个荒唐的说法。阿维洛伊所说的只是把神学置于哲学之下，使得后者成为前者的判官，这样，来决定哪些神学学说需要用比喻的方式来阐释，并且以哪种方式来加以阐释，就是哲学家的任务。拉丁阿维洛伊主义者接纳了这一看法，然而，正是这一看法使得伊斯兰神学家们对阿维洛伊乃至对哲学产生

① 《论灵魂》，3，2。

了敌意。至于据说是阿维洛伊所说的那些话，如果从字面上来看，则蕴含了某个命题，比如“主动智性在数目上是独一的”这个命题，在哲学中为真，在神学中却为伪，这被人视作在以讽刺的方式说神学学说是胡言乱语。当阿维洛伊说到，有的命题在拒绝哲学的保守人士之信仰主义神学中为真时，他指的是这个命题是在那个科学敌人之学派中为“真”，也就是说，这就是为伪。他对传统主义者不屑一顾，就像传统主义者对他不屑一顾那样。他在这一主题上的态度使得伊斯兰教的西班牙禁止了对希腊哲学的研习，并焚烧了哲学著作。

7. 至于阿维洛伊在拉丁基督教世界的影响，我要以后再讨论，但这里或许值得一提的是但丁（Dante，1265—1321 年）对阿拉伯哲学家们的态度。[①] 当学者们开始严肃且没有偏见地询问为什么但丁（他把穆罕默德放置在了地狱之中）在他的《神曲》（*Divina Commedia*）中不仅把阿维洛伊和阿维森纳放置在灵薄狱[②]，还把布拉班特的西格尔放在天堂的时候，
200 但丁对阿拉伯哲学家的态度的问题就出现了。他甚至让托马斯 · 阿奎那说出对他的赞颂，而前者是西格尔的坚决反对者。很明显，但丁把这些人当作哲学家来对待，而由此把两位伊斯兰思想家放在了他能够安置到的最高位置：由于他们不是基督徒，他不认为他们能够完全从地狱中被解放出来，所以就把他们放置在了灵薄狱。西格尔则是一位基督徒，所以但丁把他安置在了天堂之中。他借托马斯之口说出对前者的赞美之辞，并把西格尔安置在托马斯的左边，将大阿尔伯特安置在托马斯的右边，这个是可以理解的。我们可以想起，托马斯主义的系统预设了一种仅仅建立在自然理性之上的哲学，而单纯在自然理性之上建立哲学恰恰是布拉班特的西格尔所申明要做的：我们没有必要认为但丁同意西格尔的所有论点，但他把后者看作了“纯粹哲学”的象征。

然而，为什么但丁认为阿维洛伊、阿维森纳和布拉班特的西格尔是例外呢？这是否仅仅因为他们是哲学家呢？又或者说，这是否因为但丁认

---

① 关于同一主题的更多叙述，见第 439—440 页。

② Limbo，释义为“地狱的边缘”，是在天堂、地狱和炼狱之外的地方。一般认为没有洗礼就死去的婴儿会在灵薄狱，没有洗礼却道德高尚的异教徒们也在那里。——译者注

为自己受到了穆斯林的影响呢？布鲁诺·纳尔迪（Bruno Nardi）[1]已经指出（此外，亚新·帕拉齐欧[2]重新拾起了这个主题），但丁在他的哲学的几点重要内容上受益于阿尔法拉比、阿维森纳、阿尔加则和阿维洛伊的系统，比如，上帝的光的学说、智性的理论、天穹的影响、只有灵魂之理性部分才是直接和真正被创造的思想、理解需要光照，等等。其中的一些思想在奥古斯丁那里也可以找到，事实的确如此。但纳尔迪也指出，但丁远不是一个纯粹的托马斯主义者，他受到了穆斯林的很大影响，特别是受到了阿维洛伊的影响。这也就解释了，为什么他把伊斯兰哲学家中最著名的诸位特殊对待，还把拉丁世界最伟大的阿维洛伊主义者安置在了天堂。

---

① 《关于但丁的托马斯主义和西格尔的问题》(*Intorno al tomismo di Dante e alla quistione di Sigieri*)，载于《但丁年鉴》(*Giornale Dantesco*)，XXII，5。

② 《伊斯兰和〈神曲〉》(*Islam and the Divine Comedy*)，缩减版英文译本，伦敦，1925 年。

第二十章

犹太哲学

卡巴拉——阿维斯布罗——迈蒙尼德

201 1. 犹太人中间的哲学之起源要归功于与其他民族和文化的交往。所以，在这部《哲学史》的第 1 卷中，我已经讨论过了斐洛，那位亚历山大里亚的犹太人（约公元前 25—公元 40 年）。他试图调和犹太教经文神学和希腊哲学，从而创造出一个具有柏拉图传统（关于理念的理论）、斯多亚思想（关于逻各斯的学说）和东方思想（中介存在者）要素的系统。斐洛在他的哲学中非常强调上帝的超越性。对神性之超越性的坚持则是卡巴拉学说（Cabala）的特点，这种学说受到了希腊思想（特别是柏拉图理论）的塑造。卡巴拉包括两部作品，《创造之书》（*Jezîrah*，造物。它大概是在公元 9 世纪中叶之后撰写的）和《光明之书》（*Sohar*，光明。它从 13 世纪初开始就逐渐成形，大约在 1300 年由一位西班牙的犹太人编撰成书）。随后也出现了对它们的增补和注疏。卡巴拉哲学展现出了新柏拉图主义关于流溢和在上帝与世界之间的中介存在者学说的影响。有一条影响到《光明之书》中流溢哲学构建的新柏拉图主义渠道，那就是在拉丁经院学者们中间被称作阿维斯布罗的那位西班牙犹太人的思想。

2. 所罗门 · 伊本 · 伽比罗（Salomon Ibn Gabirol）或阿维斯布罗（Avicebron，拉丁经院学者们以为他是阿拉伯人，并如此称呼他）大约于 1021 年出生在马拉加，在萨拉戈萨受教育，于 1069 或 1070 年去世。他自然受到了阿拉伯哲学的影响，他的主要著作《生命之泉》（*Fons Vitae*）

原本是以阿拉伯文撰写的，但它的阿拉伯文原本没有留存下来，我们只有西班牙人希斯庞努斯（阿文德斯）和多明尼戈·贡迪萨利努斯的拉丁文译本。这部作品包含五卷书，对基督教经院学者产生了很大影响。

新柏拉图主义的影响在阿维斯布罗的哲学之流溢框架中体现了出来。存在者等级的顶端和一切有限存在者的源头当然是上帝，他是纯一的，并且
不可由推理理性所认知，他只有在迷狂状态下的直观中才可被把握到。在这 202
一点上，阿维斯布罗还添加了一条特别的关于上帝意志的学说，通过上帝的意志，一切从他流溢出来的比他低的存在者都被创造出来。上帝的意志就如同上帝本身一样，超越了质料和形式的组合，并且只有在神秘的体验中才能被把握。但是，上帝的意志与上帝之间的确切关系并不容易加以定义。在上帝的本质和上帝的意志之间所做的区分会显得把后者变成了一个不同的自立体，虽然在另一方面，上帝的意志被描绘为向外行动着的上帝本身，作为表象中的上帝。无论如何，这里用意志替代了逻各斯。从上帝那里经由上帝的意志（不管他是在另一方面来看的上帝还是一个不同的自立体）发出了宇宙精神或世界灵魂，这低于上帝，并且由质料和形式——普遍质料（materia universalis）和普遍形式（forma universalis）——组成。从世界灵魂那里，又发出了纯粹的精神和身体性的物体。

然而，关于阿维斯布罗的系统，有趣的一点并不是流溢框架，而是关于在上帝之下一切存在者普遍有着形质复合的学说，这个学说至少间接来自普罗提诺，并且影响了基督教经院学的一个传统。正如个体形式是从世界灵魂中发出的那样，精神性的质料也是从世界灵魂中发出的，这在智性和理性灵魂中临在，身体性的质料也是从世界灵魂中发出的。这样，质料**本身**并不是包含身体性的，它是万物中的局限和有限性的原则：它是受造物之中的形质复合，这使得其与上帝产生了区别，因为在上帝中是没有组合的。比如，波纳文图拉这位与托马斯·阿奎那同时代的伟大的方济各会会士也持有这样一种关于受造物中普遍形质复合的学说。然而，在每一个存在者中都有着复多的形式，并且在它自身中还有多个完满性的程度，就像人这个小宇宙那样，他拥有身体性的完满，以及营养生命、感性生命和理性生命之完满。每一个身体性的物体都拥有身体性的形式（forma

corporeitatis），但它还获得了存在等级中的一个特定位置，这是通过领受一个或复多形式而完成的，通过这些形式，它成了（比如）生物、动物、狗。学者们一直认为阿维斯布罗的学说是奥古斯丁学派关于复多形式理论
203 的真正来源，但我们即便承认这一点，也仍必须记住这个学说与奥古斯丁学派的哲学契合得很好，因为奥古斯丁本人就教授过，较低级的形式的功能是为了引导到更高的形式，而且就那些被表象在人之知识中的形式而言，亦是如此。也就是说，对较低阶段的存在的静观应该使得思想进入到更高的阶段。

3. 犹太中世纪最有趣的哲学家当然是摩西·迈蒙尼德（Moses Maimonides），他于1135年出生于科尔多瓦，1204年在开罗去世。他不得不离开摩尔人的西班牙，因为那里已经对哲学家不利了。在《对疑惑者的指引》（*Guide of the Doubting*）中，他试图在哲学中给予神学一个理性基础。哲学对他来说即亚里士多德的哲学，他把后者尊为在先知之外的人类理性能力之最伟大的例子。我们必须牢牢地依靠在感性认知中被给予我们的那些内容，以及理智能够严格证明的那些：如果旧约中的陈述与理智单纯得出的结论相悖，那么我们就必须以寓意的方式来阐述这些陈述。然而，这一观点并不意味着迈蒙尼德在亚里士多德持有与圣经相左的观点的任何情况下，都抛弃了神学学说。比如，神学告诉我们世界是在时间中、从无中被创造的，这也就意味着，上帝必然是质料和形式的创造者，且世界不可能是永恒的。如果世界的永恒能够通过理智得到证明，以至于其对立面明显被看出是不可能的，我们就必须相应地对圣经中的训导加以诠释。但事实上，圣经的训导是清楚的，用来证明世界永恒的哲学论证却是不成立的：我们也就必须在这一点上拒绝亚里士多德的学说。柏拉图比亚里士多德更接近真理，但他甚至接受有着不是受造的质料的学说。根据迈蒙尼德的看法，如果要旧约中明白提到的奇迹被允许发生，那么质料和形式的从无中受造就是必要的。因为如果上帝能够使自然法则不起作用，他就必然是自然的绝对君主，而他如果不是完全意义上的造物主，他就不会这样。对狂热分子来说，迈蒙尼德对圣经中关于上帝的描述之寓意性阐释会显得他是为了希腊哲学家而背叛了圣经，身在法国的一些犹太人甚至试

图借用宗教审判的协助来反对这种“异端”。但事实上，他只是在说神学 204
之外可能也还有一个确定真理的源泉罢了。换言之，他赋予哲学以合法性，由此也影响了西班牙犹太人对哲学的兴趣，即便他的主要影响在于神学领域。我们已经表明了他不是亚里士多德的盲目崇拜者。迈蒙尼德认为，亚里士多德在教授到世界永恒这一点上出了错，就算哲学无法证明时间中的造物，它还是能够指出，支持亚里士多德观点的论述都是不成立的、站不住脚的。

迈蒙尼德以不同的方式证明了上帝的存在，其证明部分地依赖阿尔法拉比和阿维森纳的自然神学，他从受造物推论到作为第一动者、必然的存在者和第一原因的上帝。他借用亚里士多德在《物理学》和《形而上学》中的论述来进行这样的论证。但如果说迈蒙尼德已经提出了后来托马斯提到的大部分论述类型，我们就必须意识到，他要比后者更加坚定地认为肯定的谓词无法用在上帝身上。上帝是纯粹的实现，没有质料也没有潜能，无限地远离受造物。而且就“质性”而言，我们可以说上帝不是什么，而不能说他是什么。他是纯一和超越的（在上帝和世界之间，有着诸智性或诸纯粹精神构成的等级），但我们无法构建任何合适的关于上帝的肯定的思想。当然，托马斯会承认这一点，但迈蒙尼德更加坚持否定的道路（via negativa）。然而，我们可以说上帝有那些活动，比如造物和预定的行动，这就要我们认识到名字的区分并不对应在上帝自身中的任何区分，上帝是不会改变的。与阿维斯布罗不同，迈蒙尼德承认上帝对个体的受造物有着特定的预定，虽然对质料性世界而言，情况只在涉及人的时候是这样的。主动的智性是第十个智性（即没有“质料”的那个智性），但被动的智性同样是不死的。他承认，永生只在有限范围内属于那些正义之人。但他坚持意志的自由，人通过自由意志成义；而且他否认天体和天穹对人之行为的规定性影响。总之，摩西·迈蒙尼德比阿维斯布罗更好地对希腊哲学与犹太教正统作了调和，而且值得注意的是，亚里士多德系统的影响在前者的哲学中要比在后者的哲学那里更加明显。

第二十一章

翻　译

被翻译的作品——从希腊语和阿拉伯语翻译过来的作品——翻译的影响以及对亚里士多德主义的反抗

205 1. 在 12 世纪之前，中世纪哲学家们可以接触到的是亚里士多德的《工具论》的一部分，它包含在波爱修的拉丁版本——即《旧逻辑》（*Logica vetus*）当中，但整部《工具论》早在 12 世纪就已经可供拉丁哲学家们使用了。所以在 1128 年左右，威尼斯的詹姆斯把《前分析篇》《后分析篇》《论题篇》和《辩谬篇》从希腊文翻译为拉丁文，《工具论》中这些新获得翻译的书卷被称作《新逻辑》（*Logica nova*）。在《范畴篇》和《解释篇》之外，《工具论》中的其他作品看上去至少部分地以波爱修译本的形式一直保存到了 12 世纪。但不管怎样，在 12 世纪中叶，《工具论》被全部翻译成了拉丁文。要注意的是，西班牙的詹姆斯的译本是从希腊文翻译过来的，亨利 · 亚里斯提卜（Henricus Aristippus）在 1162 年之前所著的《天象学》（*Meteorologica*）的第四部书也是如此。亨利 · 亚里斯提卜是西西里卡塔尼亚的总执事，这个岛屿是翻译工作的一个重要的中心。所以，托勒密（Ptolemy）的《天文学大成》（*μεγάλη σύνταξις*）和《光学》（*Optics*）、欧几里得的一些作品以及普罗克洛的《物理学要义》（*Elementatio physica*）是在 12 世纪的西西里被从希腊文翻译成拉丁文的。

西西里是翻译工作的一个中心，西班牙是另一个，后者最著名的翻译学校是托莱多的学校。在大主教雷蒙手下任职期间（1126—1151 年），希斯庞努斯（阿文德斯）把阿维森纳的逻辑学从阿拉伯文翻译成了拉丁文（由西班牙文转译），多明尼戈·贡迪萨利努斯则（在其他学者的协助之下）翻译了阿维森纳的《形而上学》、《物理学》的一个部分、《充足篇》（*De Sufficientia*）、《论天和论宇宙》（*De Caelo et Mundo*）以及《论宇宙》（*De Mundo*），还有阿尔加则的《形而上学》以及阿尔法拉比的《论科学》（*De Scientiis*）。多明尼戈·贡迪萨利努斯和希斯庞努斯则把阿维斯布罗的《生命之泉》从阿拉伯文翻译成了拉丁文。

在这组学者中，克雷莫纳的吉尔哈德（Gerard of Cremona）是一位出
色的人物，他于1134年在托莱多开始他的工作，1187年去世。他把亚里
士多德的《后分析篇》（包括特密斯提乌斯的注疏）、《物理学》、《论天》、 206
《论宇宙》、《论生成与毁灭》、《天象学》（前三部书），肯迪（al-Kindi）的
《论智性》（*De Intellectu*）、《论睡眠和幻象》（*De Somno et Visione*）、《论
五本质》（*De quinque Essentiis*）以及《原因之书》和其他一些作品从阿
拉伯语翻译成了拉丁文。

托莱多翻译学校在13世纪仍有其重要性。所以，迈克尔·司各脱（Michael Scottus，卒于1235年）在托莱多翻译了亚里士多德的《论天》、《论宇宙》、《论灵魂》、关于动物学的著作、《物理学》，还有阿维洛伊对《论天》《论宇宙》以及《论灵魂》的注疏，以及阿维森纳给《动物志》所作的注疏。德国人赫尔曼则翻译了阿维洛伊关于《尼各马可伦理学》的"中篇注疏"以及他就同一部著作所作的参考手册和关于《修辞学》《诗学》的注疏。赫尔曼作为阿斯托尔加的主教卒于1272年。

2. 从已经提到过的说法来看，以为拉丁的经院学者完全依赖从阿拉伯语翻译过来的文献，或以为从阿拉伯语翻译过来的作品总是出现在从希腊语翻译过来的作品之前，这些看法都是错误的。所以，亨利·亚里斯提卜用希腊文翻译《天象学》第四部书就在克雷莫纳的吉尔哈德用阿拉伯语翻译同一作品的前三部书之前。另外，《形而上学》在被从阿拉伯语翻译之前，已经有了部分希腊文翻译。[1] 在1210年的巴黎，从希腊文翻译

① 圣托马斯《波爱修的翻译》。

过来的《形而上学》就已经在被人们使用了，它并不像以前的人们所认为的那样仅仅包含前三卷和第四卷的一小部分。它被称为“旧形而上学”（Metaphysica vetus），进而与从阿拉伯语翻译过来的版本相区分，后者是克雷莫纳的吉尔哈德和迈克尔·司各脱（在 13 世纪的上半叶）所做的翻译。这些译本缺了第十、十三和十四卷，以及一些小片段。在 13 世纪下半叶，人们将穆尔贝克的威廉（William of Moerbeke）从希腊文翻译过来的版本（在 1260 年之后）冠以“新形而上学”（Metaphysica nova）或“新翻译”（Translatio nova）之名。托马斯所做的注疏就是基于这个译本的。为人所知的还有一个“中期翻译”（translatio media），大阿尔伯特就是在此译本的基础上做注疏的，托马斯也知道这个译本。

至于亚里士多德的伦理学著作，在 12 世纪末，就已有了《尼各马可伦理学》的第二部和第三部书的翻译。这个译本是从希腊文翻译过来的
207 （或许是波爱修本人的译文），并且以“旧伦理学”（Ethica vetus）之名为人所知，而后来的（第一部书的）译本，则以“新伦理学”（Ethica nova）之名为人所知。后来有了一部完整的译本，其译者一般被认为是罗伯特·格罗斯泰斯特，前三部书是在旧伦理学和新伦理学的基础上所做的修订。《大伦理学》（*Magna moralia*）是墨西拿的巴托罗美乌在国王曼弗雷德的统治下（1258—1266 年）做的翻译，但在 13 世纪，人们只知道《欧德谟伦理学》（*Eudemian Ethics*）的第七部书。

《论灵魂》是 1215 年之前从希腊文翻译过来的，迈克尔·司各脱从阿拉伯语翻译出的译本在此之后。穆尔贝克的威廉又从希腊文进行了翻译，或许这个翻译是对前面从希腊文翻译过来的版本的修订。同样，在克雷莫纳的吉尔哈德从阿拉伯语所做的两个翻译之前，也已经有一个从希腊文翻译过来的《物理学》版本，而从希腊文所翻译过来的《论生成与毁灭》先于克雷莫纳的吉尔哈德从阿拉伯语翻译过来的版本。《政治学》是大约 1260 年由穆尔贝克的威廉从希腊文翻译过来的（这部作品没有从阿拉伯文翻译过来的版本），可能他在 1267 年左右也翻译了《家政学》。这位卓越的人物大约出生于 1215 年，于 1286 在科林斯主教的职务上去世，他不仅将亚里士多德的作品从希腊文翻译了过来并重新编辑了较早的译本

（所以使得他的朋友托马斯·阿奎那可以撰写他的注疏），还从希腊文翻译了阿芙罗蒂西亚的亚历山大、辛普利希乌斯、约翰·菲洛普努斯和特密斯提乌斯的一些注疏。此外，他也翻译了普罗克洛的一些作品以及后者对柏拉图之《蒂迈欧篇》的注疏。[①] 他为普罗克洛的《神学要义》所做的翻译让托马斯认识到，《原因之书》并不像人们先前以为的那样是亚里士多德的作品，而是建立在普罗克洛的作品之上的。亚里士多德的《修辞学》也是穆尔贝克的威廉翻译的。至于《诗学》，中世纪的人们所拥有的只有德国人赫尔曼对阿维洛伊的注疏的翻译。[②]

现代的考察表明，从希腊文所做的翻译普遍早于从阿拉伯文所做的翻译，而且，就算从希腊原文所做的翻译往往并不完整，阿拉伯文-拉丁文的版本也马上要让位于从希腊文做的新的、更好的翻译。我们再也不能 208
说，中世纪的人们对亚里士多德没有真正的认识，而只知道他的学说的变相描述、经阿拉伯哲学家之手被扭曲的描述了。然而，我们可以说，他们并不总能将出自亚里士多德的东西和并不出自他的内容区分开来。当托马斯·阿奎那认识到《原因之书》并非亚里士多德著作时，情况有了很大的进步。他已经意识到，阿维洛伊的注疏并不能被视为对亚里士多德哲学之无可置疑的诠释，就算他似乎至少有一段时间认为伪狄奥尼修斯基本上就是亚里士多德的一位追随者。事实上，中世纪的人们并非没有可信的亚里士多德著作的版本，他们只是缺乏历史知识：比如他们没有恰当地认识到亚里士多德与柏拉图的关系或新柏拉图主义与柏拉图和亚里士多德之间的关系。只有那些不熟悉托马斯的亚里士多德注疏的人，才会否认他是一位称职的亚里士多德诠释者。然而，认为托马斯也具有现代学者可获得的关于希腊哲学历史和发展的知识也是愚蠢的。他很好地应用了他所能获得的信息，但这些信息是很有限的。

3. 亚里士多德以及他的诠释者的作品的翻译，以及阿拉伯思想家作品的翻译，为拉丁经院学者提供了丰富的知识素材。特别值得一提的是，

---

① 由于西塞罗和卡尔西迪乌斯〔的工作〕，西方是知道柏拉图《蒂迈欧篇》的，但直到12世纪，《美诺篇》和《斐多篇》才得到（亨利·亚里斯提卜的）翻译。

② 关于托马斯实际在多大程度上使用了威廉的翻译，这一问题已得到了广泛的讨论。

他们获得了关于在方法上不受制于神学的哲学系统的知识，这些系统体现为人之思想关于宇宙的反思。亚里士多德、阿维森纳、阿维洛伊的系统为人类理性打开了一个广阔的视域，而且中世纪的人们很清楚，这些系统所包含的真理是不受制于基督教天启的，因为它是由一位古希腊哲学家和他的伊斯兰诠释者所获取的。由此，新的翻译有助于在中世纪人们的思想中阐明哲学和神学之间的关系，并对这两门学科之界限的界定做出非常大的贡献。当然，与他的诠释者的系统相比，亚里士多德的系统自然占据了中心地位，而且他的哲学在那些对他充满赞赏的拉丁学者眼中，也往往是以人类理性之努力的不可再超越的至高成就的面目出现的，因为它构建了他
209 们所知的人之思想的最坚持和最广泛的努力，这是真切的。但是，他们也很明白这是理性运作的结果，而非天启的信理。从远处回顾过去，我们会觉得中世纪的一些人夸大了亚里士多德的天才（我们也知道他们并没有意识到亚里士多德思想中存在着不同的层次或阶段）。但我们应该暂时让自己身处他们的位置，并试图想象一下，见到那无论如何都能算人类思想所获得的最高成就，也就是面对一个就其完整性和严谨的推理而言在中世纪早期都无与伦比的系统，一位中世纪哲学家会产生多么深刻的印象。

然而，虽然人们无法忽视亚里士多德的系统，但它并没有普遍地受到欢迎和肯定。这大部分是因为《原因之书》（直到托马斯发现真相）、所谓的《亚氏神学》（*Theologia Aristotelis*）（其实是普罗提诺的《九章篇》的摘录）以及《论奥秘之奥秘》（*De secretis secretorum*，由一位 11 世纪或 12 世纪开始时的阿拉伯哲学家所撰写）被当成了亚里士多德的作品，所以后者的哲学往往会造成假象。另外，把这些作品当作亚里士多德的，也就自然显得阿拉伯诠释者的新柏拉图主义诠释是合理的。所以在大约 1210 年，在由桑斯大主教科尔贝埃的彼得（Peter of Corbeil）担任主席的巴黎大公会中，公开或私下教授亚里士多德的“自然哲学”及其注疏是遭到禁止的。违背这个禁令会有受到绝罚的危险，而且这一禁令是针对巴黎大学的。“自然哲学”很有可能包括亚里士多德的形而上学，因为当教皇使节库尔松的罗伯特（Robert de Courçon）在 1215 年批准通过巴黎大学的章程的时候，亚里士多德的形而上学和自然哲学作品以及这些作品的纲

要遭到了查禁，迪南的大卫、本内的阿马尔里克以及西班牙的莫里斯（指的大概是阿维洛伊这个摩尔人，即 Maurus）的学说也都被禁止了——虽然学习亚里士多德的逻辑学是被允许的。对《伦理学》的研习也没有被禁止。

就像已经提到的那样，这些禁令的出现大部分是由于一些不属于亚里士多德的著作被当成了他的。本内的阿马尔里克的著作包含在了 1215 年的禁令之中，他所坚持的学说与基督教信理相左，而且如果在当时被以为是亚里士多德作品的上下文中来看亚里士多德的哲学，这些学说自然会显得能在其中找到一些支持。而迪南的大卫——这位异端哲学家的作品也 210
被禁了——的确声称他的著作是以《形而上学》为根据的，这部作品从拜占庭传入，在 1210 年之前就从希腊文翻译成了拉丁文。在这些考虑之外，我们还可以提到一个毋庸置疑的事实，即亚里士多德坚持世界的永恒。所以，在传统主义者的眼中，亚里士多德的系统显得会是对正统的威胁（特别是当它与迪南的大卫、本内的阿马尔里克和阿维洛伊的哲学联系在一起时），这是很正常的。亚里士多德的逻辑很久以前就已经得到了运用，虽然完整的《工具论》的流通相对较晚。然而，亚里士多德完整的形而上学和宇宙论学说是新鲜东西，经由异端哲学的阐释而显得越发危险。

然而在 1231 年，教皇格列高利九世（Gregory IX）在坚持禁令的同时，指定了一个由欧塞尔的威廉（William of Auxerre）、普罗万的斯蒂芬（Stephen of Provins）和欧蒂的西蒙（Simon of Authie）所组成的神学家委员会，专门修订那些被禁止了的亚里士多德著作。这项措施显然意味着这些书籍并非在根本上有问题，所以，人们对禁令基本采取视而不见的态度。英诺森四世（Innocent IV）把这项禁令扩展到了图卢兹，但到此时，禁令已经无法再阻止亚里士多德主义的传播，从 1255 年起，所有已知的亚里士多德著作都在大学里正式得到教授。教廷没有针对大学采取任何措施，虽然在 1263 年，乌尔班四世（Urban IV）重申了这个禁令。这或许是由于担心阿维洛伊主义，但这次重申的禁令仅仅是一纸空文。教皇应该完全清楚穆尔贝克的威廉在他自己的宫廷中翻译亚里士多德被禁的著作，而 1263 年禁令的颁布应该是为了抑制阿维洛伊主义，却并非真正想要终结对亚里士多德哲学的一切研习。无论如何，这一禁令没有起到任何效果。最终在 1366 年，乌尔班五世（Urban V）的使节要求巴黎艺学院的授课资格候选人必须对已知的所有亚里士多德作品都有一定的认识。中世纪的人们很早就清楚，像《原因之书》这样的作品是不符合亚里士多德主义的。另外，亚里士多德的哲学并不与阿维洛伊所给出的诠释密切相连，而是可以与基督教信仰相融合（当然，除了在阿维洛伊主义者的眼里）。实
211 际上到那时，神学家们也用从亚里士多德系统中拿来的概念来表述信仰的信理本身。

对教会和学院权威关于亚里士多德的态度的这一简短概括表明，亚里士多德主义最终获胜了。但这并不意味着 12 世纪和 13 世纪的所有中世纪哲学家都欢迎亚里士多德，或者说他们都以同样的方式理解亚里士多德：中世纪思想的活跃性和多样性在接下来的篇章中会得到清楚的阐述。亚里士多德的影子笼罩和主导着中世纪的哲学思想，这种说法有其正确之处，却非全部事实。如果我们想象中世纪哲学是由对这位伟大的希腊哲学家的每个词语的奴性接受获得启发并以此为特点的，那么我们对中世纪哲学的思想是非常不恰当的。

第五部分

13世纪

第二十二章
导　论

巴黎大学——大学作为封闭的和有特权的联合体——课程设置——巴黎的宗教团体——13 世纪的当下思潮

1. 在 13 世纪，主要的哲学家和神学家们都在一段时间内与巴黎大学 212
有联系，它是附属圣母座堂学校和巴黎其他学校的教师和学生们集体发展出来的。大学的章程是 1215 年由教皇使节库尔松的罗伯特批准通过的。哈勒斯的亚历山大、波纳文图拉、大阿尔伯特、托马斯 · 阿奎那、阿夸斯帕尔塔的马修、罗杰 · 马斯顿、米德尔顿的理查、罗杰 · 培根、罗马的吉尔斯、布拉班特的西格尔、根特的亨利、拉蒙 · 柳利、邓斯 · 司各脱（卒于 1308 年）等人都曾在巴黎大学学习或任教，其中一些人两者都经历过。然而，其他高等教育中心的重要性逐渐增长，也获得了它们自己的传统。所以，牛津大学就与罗伯特 · 格罗斯泰斯特、罗杰 · 培根、邓斯 · 司各脱等人的名字联系在一起。巴黎大学是亚里士多德主义胜利的中心。牛津的名字则让人想起奥古斯丁传统与“经验主义”混合而成的那一特性，就像在罗杰 · 培根的哲学中表现出来的那样。然而，不管牛津、博洛尼亚以及当时教皇的宫廷有多么重要，巴黎大学仍是 13 世纪基督教世界最重要的高等教育中心。学者们会来到巴黎学习，然后回到牛津或博洛尼亚去教书，这样，这所伟大学校的精神和理想也都被他们带了回去。甚至那些从未进入巴黎大学的学者也受到了巴黎的影响，比如罗伯特 · 格罗斯泰斯特，他或许从未在巴黎上过学，但肯定受到了巴黎的教授们的影响。

213 巴黎大学的国际化特性，以及它后来在对基督教的理性表达和辩护中所具有的重要性，自然使得对其范围内的宗教正统的维护成了事关圣座利害的一件大事。所以，有关阿维洛伊主义的争辩就必须放在大学的国际性状况的上下文中来考虑：就哲学和神学而言，它代表了中世纪的知识界文化，而且在知识界内，一个与基督教不相容的思想系统的传播会造成与罗马的纷争。另一方面，认为某一特定的传统会得到非常严格的施行也会是个错误。的确，托马斯·阿奎那在接纳和传播亚里士多德主义的时候也遇到了麻烦，但此类麻烦并不是长期的，而且就算亚里士多德哲学最终成了大学知识界生活的主导，在13世纪和14世纪，其他的哲学流派仍然有着很宽阔的空间。

2. 为了建构大学，这些机制都必须获得正式的特许状，无论它是从教皇还是皇帝那里获得的（那不勒斯大学从皇帝腓特烈二世那里获得了特许状）。之后是大学从国王那里获得特许状。这些特许状都赋予了教授和学生很多特权，这些特权都被小心守护着。其中两项最重要的特权是内部执法权（这在例如牛津大学等学校中仍然保留至今）和授予学位的权力（附带了教学的许可）。学生们不用服兵役（除非是在特殊情况下），大学则通常被免除了很多税务，特别是地区性的税务。在欧洲北部，教授们控制大学，校长由选举产生，欧洲南部的大学在行政管理上常常明显是民主的。但无论在哪种情况下，大学都是个基本独立和封闭的团体，在教会和国家面前保有自己的特权。在这一方面，今天的牛津大学和剑桥大学比欧陆的大学更忠实地代表了中世纪的传统和实践，后者的校长和教授是由国家任命的。

3. 在中世纪，学生们进入大学的年纪比现在要小很多，比中世纪更晚的时候也是如此。这样，13或14岁的男孩就会开始上大学了，而且如
214 果记住这一点的话，那么获得博士学位所需的就读年限也就不那么显得令人诧异了。按照大学的要求，诸艺的课程要花费大约四年半到六年的时间（虽然说，在牛津要求大约七年），而有时，学生必须在他能够接着学习神学之前，在学院里证明自己的资质。在神学课程中，他需要花费4年去听《四部语录》的讲座，之后，如果他此时为26岁的话，他就能成为一名学

士，并且要在随后的两年内就圣经中的两卷讲课。之后他可以就《四部语录》讲课，而最后，在数年的学习和辩论之后，他可以获得博士学位，并且教授神学，为此，最小的年龄要求是 34 岁。为了教授诸艺，最小年龄要求是 20 岁。在巴黎有着一个增加获得博士学位的最低年龄的趋势，而在牛津，诸艺的课程耗时更长，神学课程则比巴黎的耗时要短。

那些获得博士学位并离开大学的学生被称作“非驻持教师”（magistri non regentes），留下来任教的学生则被称为“驻持教师”（magistri regentes）。然而，虽然有很多学生属于第一种类型，但漫长的大学学习显然是为了培养专职教授和老师而设计的。

至于课程安排，13 世纪大学的普遍实践是举行讲座或听取关于某些特定文本的讲座。这样，除了像语法家普里西安或多纳图斯的作品以及某些特定的经典文本之外，亚里士多德的作品都在时间的推移之下逐渐主导了整个艺学院。此外，引人注目的是，“拉丁阿维洛伊”主义主要是由这个学院的教授们所代表的。在神学方面，圣经和彼得·隆巴的《四部语录》占据了中心地位，教授们通过对它做出评注表达自己的观点。除讲座之外，课程的另一主要成分是辩论，它的形式是“常规”辩论（disputatio ordinaria）或“全体”辩论（de quolibet：任选问题）。在所谓的任选问题辩论（disputationes de quolibet）中，师生们可以在很广泛的主题类型中加以选择。这种辩论在重大节日之际举行，而且是在严格意义上的辩论举行之后，也就是说，在一个辩护者或回应者（respondens）与诸反对者（opponentes）之间的辩论之后，教授对全部的内容、论述、反对和回应加以总结，并以他思虑得出的对争论问题的解决方案（determinatio）
结束整个活动，在此，他是以“我如下回应”（Respondeo dicendum）的 215
话语来打头的。最后的结果由教授整理，随后发布在一篇《任选问题》（*Quodlibet*）中。（托马斯给我们留下了 11—12 篇《任选问题》。）常规辩论也会以一个确定解决方案结束，并且作为一篇《常规问题》（*quaestio disputata*）得到发表。也有其他形式的辩论，但上面两种（常规辩论和任选问题辩论）是最重要的形式。它们的设立是为了加强学生对某个特定主题的理解，增强他的辩论能力以及驳回反对意见的能力。实际上，普遍地来说，中世纪的大学教育旨在传递一组特定的知识和对它们加以操作的熟练能力，而不是像在现代研究机构中那样以实际知识的增加为目的。当然，学者们也旨在以思辨的方式增长知识，但一些知识（比如科学知识）的增长在中世纪教育中地位甚微——虽然在 14 世纪的巴黎和维也纳，科学有了一些进展。

4. 宗教团体在巴黎和牛津的生活中十分重要，特别是 13 世纪时创立的两个托钵修会——多明我会（Dominican Order）和方济各会（Franciscan Order）。前一个修会于 1217 年在巴黎成立，后者几年之后同样在巴黎成立，随后，这两所修会都要求将它们的神学教授纳入大学之内，而且它们的教授和学生应该享有大学特权。大学的教师团体强烈抗拒这些要求，但多明我会于 1229 年获得了一个教席，于 1231 年获得了第二个教席，同年，方济各会也获得了第一个教席（他们没有再另外获得第二个教席）。克雷莫纳的罗兰（Roland of Cremona）和圣吉尔斯的约翰（John of St. Giles）是多明我会的头两位教授，哈勒斯的亚历山大则是方济各会的第一位教授。1248 年，多明我会的全体大会决定在科隆、博洛尼亚、蒙彼利埃和牛津设立总学（studia generalia，即修会总体的学院，人们将其与各教省的学院加以区分）。1260 年，奥斯定会（Augustinian Order）在巴黎开了一所学院，第一个正式的博士是罗马的吉尔斯，而加尔默罗会（Carmelite Order）于 1253 年在牛津、于 1259 年在巴黎各自开了一所学院。其他修会也一一效法。

宗教团体（特别是多明我会和方济各会）在知识界取得了伟大成就，
216 并造就了出类拔萃的人物（我们只需想一想多明我会的大阿尔伯特和托马斯·阿奎那，以及方济各会的波纳文图拉和哈勒斯的亚历山大）。但他们不得不面对众多的反对，而这无疑部分出于嫉妒。他们的反对者不仅要求修会不得同时占据一个以上的教席，甚至开始攻击修会的地位。于是，圣阿莫尔的威廉（William of St. Amour）于 1235 年发表了一个小册子，名为《论近来的危险》（*De periculis novissimorum temporum*），它致使托马斯·阿奎那书写了《反那些攻击上帝之敬拜的人》（*Contra impugnantes Dei cultum*）。圣阿莫尔的威廉的小册子遭到谴责。甚至到 1257 年，在俗圣职人员仍被勒令禁止发表任何攻击修会成员的作品。然而，虽然有此禁令，阿布维尔的吉尔哈德（Gerard of Abbeville）仍然以《反对敌视基督徒的成全》（*Contra adversarium perfectionis christianae*）一文使争论死灰复燃。无论波纳文图拉和托马斯在哲学问题上有多少分歧，他们两人是团结一致地坚决为修会做辩护的，且都发表了对吉尔哈德这一作品的回应，而他们又引发了利雪的尼古拉（Nicholas of Lisieux）的反击，后者为在俗圣职人员辩论。在俗圣职人员与修会成员之间的争论在这之后也在不同情况下发生过，但就主要问题（即在大学设立属于修会的教席）而言，判决是有利于修会成员的，而且这个判决也没有被撤销。然而，值得一提的是随之而来的后果，那就是路易九世的宫廷司铎索邦的罗伯特（Robert de Sorbon）在 1253 年为培育神学学生而创立了索邦学院，招收在俗学生。如果把索邦学院以及类似的学院之创建视为在俗圣职人员与修会成员之间争论的“结果”，我在此想要说的不过是，此类学院或许部分是为了与修会成员的影响和职位相抗衡而创立的。此外，其创立肯定是为了使修会成员所提供的这一类型的教育和培训的益处覆盖更广阔的领域。

5. 在 13 世纪，人们可以区分不同的思潮，这在修会中最终往往会变得或多或少集中于传统学派。第一种是保守性质的奥古斯丁流派的思想，对亚里士多德主义持保留态度，其态度有着不同的表现，从明显的敌意到部分的接受都有。这一思潮是方济各思想家的特点（其实也是第一代多明
我会成员的态度），由格罗斯泰斯特、哈勒斯的亚历山大和波纳文图拉代 217
表。第二种是亚里士多德流派的思想，这成了多明我会的特点，由大阿尔伯特（部分地）和托马斯·阿奎那（完全地）所代表。第三种是阿维洛伊主义者，由布拉班特的西格尔所代表。说到第四种，我们还得考虑像罗马的吉尔斯和根特的亨利这样的独立和折中的思想家。至于第五种，在 13 世纪与 14 世纪相交之际，有邓斯·司各脱这样的伟大人物，他以亚里士多德主义复兴了方济各传统，而且是他（而非波纳文图拉）成了他的修会的博士。我无法深入探讨 13 世纪所有哲学家的思想细节，然而我会努力让他们的主要特征清晰地浮现出来，使其展现出一个或多或少共同的框架之中的思想之多样，并指出不同传统的形成和发展。

第二十三章

奥弗涅的威廉

讨论奥弗涅的威廉的原因——上帝和受造物，本质和存在——上帝的直接造物和在时间中的造物——有关上帝存在的证明——形质说——灵魂——知识——作为一位过渡阶段思想家的奥弗涅的威廉

218 1. 奥弗涅的威廉（William of Auvergne，或巴黎的威廉）是一部《论三位一体》（*De Trinitate*）或《论第一原理》（*De primo principio*，约 1225 年）、一部《论灵魂》（*De Anima*）、一部《论受造物之宇宙》（*De universo creaturarum*，约 1231 年）以及其他较小论著的作者。他在 1228—1249 年担任巴黎的主教，1249 年去世。的确，他并非中世纪最著名的思想家之一，但我们必须关注这位哲学家和神学家。在他担任巴黎主教之际，正值格列高利九世任命了那个修订亚里士多德著作的委员会并由此默认了修正教会对这位异教哲学家的态度。实际上，他在《论灵魂》中说到，虽然亚里士多德常常与真理相悖并因此必须被拒绝，然而，他的学说在与基督教信理相容的时候，就应该被采纳。此时，奥弗涅的威廉代表了格列高利九世所采取的态度。他的基本思想路线延续了奥古斯丁、波爱修和安瑟伦的传统，但他不仅知道亚里士多德的著作，也知道阿拉伯和犹太哲学家的著作，并毫不犹豫地广泛使用他们的思想。总之我们可以说，在奥弗涅的威廉身上，我们见到的是一位思维敏捷而开放的坚持传统者。他乐意接受新思潮，也完全意识到了阿拉伯哲学家以及亚里士多德本人与基督教教义的相左之处。所以，他是 12 与 13 世纪之交的代表人物。如果我们讨

论 13 世纪早期的思想家，他是有资格被加以考虑的。另外，他是一名在俗司铎，当那些托钵修会获得它们的第一个教席时，他统领着巴黎的主教区。就此，我们也就有了充足的理由在进而讨论方济各会和多明我会的思想家之前，先来讨论他的哲学思想。他自己也并不是一位可以被忽视的人 219
物，他的思想是有活力、有独创性和系统性的。

2. 奥弗涅的威廉从阿维森纳那里采纳了本质和存在之分，并将其作为受造物之有限性和依赖性的解释。是（esse）、存在，除了在一物（上帝）中，并不属于任何事物的内理（ratio）或本质。在上帝那里，存在与本质却是同一的。对于所有其他物，存在都只是"以偶性的方式"对其加以谓述的，也就是说，它是通过分有（per participationem）而属于它们的。如果我们思虑有限事物，我们就认识到，在其内理或本质本性与其存在之间是有着一个区分的，它的存在并不是必然的。但我们如果思虑必要的存在，就会意识到它的本质是不可能脱离其存在而被把握的。总而言之，"在（上帝之外的）任一物中，存在者（ens）是一回事，是（esse）或物性（entitas）则是另一回事"。[1]这指的是，只有上帝才是纯粹的存在，存在即其本质，而物体并不是以本质的形式存在的，它们的存在不出于必然，却出于所获得的、领受到的。所以，上帝以外的物体与上帝的关系必然是受造物与造物主的关系。据此，威廉得出结论，流溢论是错误的：[2]上帝是绝对纯一的。物体并不作为上帝的部分而在先地存在于上帝之中，正如它们在像水从泉中涌出那样从上帝流出的情况下必然如此。它们仅仅是先前存在于模型形式（formae exemplares）之中的，而后者与上帝是同一的。上帝把自己视为万物之模型因。[3]

3. 如果说奥弗涅的威廉拒绝了新柏拉图主义和阿拉伯的流溢论，那么他同样拒绝了中介者参与造物这一观点。亚里士多德和他的追随者所设立的智性的等级在实在之中没有任何基础：[4]上帝直接创造了世界。据此，

① 参见《论受造物之宇宙》，1，3，26；2，2，8。《论三位一体》，1 和 2。
② 《论受造物之宇宙》，1，1，17。
③ 同上，1，1，17。
④ 同上，1，1，24，及以下。

他就单个物体而言执行着预定。奥弗涅的威廉则详细指出了动物的直觉性活动，以此来说明神之预定的运作。[①] 另外，亚里士多德关于世界永恒的学说被驳斥了。不管人们会说什么，无论他们以多大的努力试图为亚里士多德做辩护，他认为世界是永恒的，没有一个起始，这是一个确凿的事实，阿维森纳在这一点上也跟随了他的意见。[②] 相应地，威廉不仅为亚里士多德和阿维森纳持有这一观点提供了理由，甚至试图改进他们的论述，
220 从而使他们有着最佳的体现，之后他又驳斥了这些论述。比如他认为，如果上帝在世界被创造之先，那么在造物之前，就必须要有无限长的时间。又比如他认为，在造物前有空洞的时间。这些思想都建立在把时间与永恒混杂起来的基础之上。关于在造物之前必然有无限长的时间的思想，只有当永恒与时间相同的时候（也就是说，如果没有永恒，如果上帝在时间之中）才是有说服力的。而关于造物之前空洞的时间的思想也是毫无意义的，因为在造物之前不可能会有时间。我们必须说，上帝在造物之前、存在于世界之前，这是千真万确的，但同时我们必须记住，此类言辞是从时间的延续那里借用来的。使用在永恒者身上就必须以类比的方式，而不是同名同义的方式。

然而，正如奥弗涅的威廉所述，[③] 除非接着实在地证明自己的立场，否则只是反对某人的意见并指出其论述的不足之处是不够的。所以，他给出了支持在时间中造物的种种论据，其中的一些后来在波纳文图拉那里重现，托马斯则声称它们是不成立的。比如，威廉论述道（而且就是用他的对手的话语来辩论的），如果世界是永恒存在的，那么在当下这一刻之前，就已经经过了无限长的时间。但是，经过无限长的时间是不可能的，所以世界不可能是永恒存在的。所以，它是在时间中受造的，也就是说，我们可以指定一个最早的时间片刻。另外，如果认为土星与太阳的轮转之比为1比30，那么自造物起，太阳的轮转次数也就会是土星轮转次数的30倍。然而，如果世界是永恒存在的，那么土星和太阳也就都已经轮转了无限多

① 《论受造物之宇宙》，1，3，2—5。
② 同上，1，2，8。
③ 同上，1，2，11。

次。那么，一个无限该如何成为另一无限的 30 倍呢？

从已提到的那些论述，我们可以清晰地看到，奥弗涅的威廉在坚持奥古斯丁关于上帝直接和自由地在时间中造物的学说的同时，没有简单地否认新柏拉图主义的流溢观念或亚里士多德的关于一个永恒世界的思想。相反，他非常有力且确切地做出了细节上的论述，驳回了对手的论据，还扩展了对自己论点的系统性证明。他之所以能这么做，主要由于他熟悉亚里士多德和阿拉伯哲学家著作的一手资料。他不仅毫不犹豫地使用亚里士 221
多德的逻辑和范畴，还使用了亚里士多德的思想。比如，我们已经提到他使用了阿维森纳对本质和存在所做的区分，实际上，他是第一位将这个区分当作自己哲学的一个明确的基本观点的中世纪经院学者。这个区分使得他能够清楚地发展出受造物与造物主的关系，在此之上，威廉还加上了类比的学说。至于他所说的有限物体通过“分有”拥有存在，他说到，读者不必因为同一词语或概念既被用在上帝那里也被用在受造物上这一事实而感到不安或困扰，因为这并不是在同一意义（univoce）上或以同等方式来使用的：它首先被使用在上帝身上（他即为存在），却只是以衍生意义被使用在受造物身上（它们只是具有存在，参与分有）。也就是说，通过上帝的造物行动，它们领受了存在，于此而存在。而他评论道，健康是用来谓述人、尿液、药物和事物的，但它并非以同一含义或同一方式来进行谓述的。[①] 健康的例子多少有些陈腐，然而它还是表明奥弗涅的威廉已经理解了类比的学说。这对有神论哲学来说是至关重要的。

4. 至于上帝存在的证明，奥弗涅的威廉并没有使用亚里士多德甚或迈蒙尼德的证明，这是一个众所周知的事实。他没有为亚里士多德的上帝作为不动的第一推动者给出证明，虽然他肯定是把上帝看作第一动力因的。他那特别的证明是一个至少会让人想起安瑟伦所采用的论述线索的证明，就算他并没有重述安瑟伦的证明。这里所提到的证明是从那些通过分有而存在的存在物推导到那“凭借本质的存在”（per essentiam）的存在者的。这立即让人想起从偶然性出发的证明，它出现在了阿拉伯和

---

①　《论三位一体》，7。

犹太哲学中，但威廉宁可从一个概念推导到另一概念。比如，“合一的存在”（esse adunatum）这个概念有着一个相关的概念“不是被引发的存在”（esse non causatum），“被引发的存在”（esse causatum）则蕴含了“不是被引发的存在”“第二存在”（esse secundarium）和“第一存在”（esse primum），等等。[①] 威廉提到了“对立者之类比”（analogia oppositorum），并指出一个概念或词语是如何必然蕴含了它的相关概念或词语的。这样，格伦沃尔德就可以说，[②] 威廉宁可要一个纯粹的甚至语法的证明模式。其
222 中，他从一个词语推出另一个词语，后者蕴含在前者中，或是它的前设。他也说到，这个论述并不显得给人一个为真的印象，而且，假如它是一个纯粹从语言层面出发的论述，那么我们就可以反驳说，“被分有的存在”（esse participatum）和“被引发的存在”这些词语或概念肯定蕴含着“凭借本质的存在”和“不是被引发的存在”这些词语或概念。然而，我们却没有证据说“凭借本质的存在”和“不是被引发的存在”确实存在，除非先指出了有着一个“被分有的存在”或“被引发的存在”。否则的话，这个证明就并不比安瑟伦的先天证明更具有证明力度。然而，虽然威廉就这个证明的出发点而言并没有充分发展出它的经验特性，但他的论述并不是完全基于语言层面的，因为他指出了生成的物体不可能是依赖自身的或自发的。贫缺的存在（esse indigentiae）要求一个充足的存在（esse sufficientiae）作为其存在的根据，就像潜在的存在（esse potentiale）需要现实的存在将其置入现实的状态中一样。整个宇宙都要求有一个必要的存在者作为其原因和根据。换言之，虽然我们常常会产生一种印象，好像威廉仅仅是在分析概念并将它们实体化，然而他给出的证明不仅仅是逻辑性的或语言性的，而是形而上学的。

5. 奥弗涅的威廉接受了亚里士多德的形质复合说，但他拒绝认同阿维斯布罗关于智性或天使是以形质形式复合起来的观点。[③] 很显然，亚里士多德并不认为理性灵魂中含有原始质料（materia prima），因为他明确

---

① 《论三位一体》，6。

② 《中世纪的上帝存在证明的历史》（*Gesch. der Gottesbeweise im Mittelalter*）；载于《论文集》，6，3，第 92 页。

③ 《论受造物之宇宙》，2，2，8。

说到这是一个没有质料的形式，而阿维森纳给出的关于原始质料的描述也明显是在说同一回事。按照这个描述，原始质料是可感实体的潜能，可感实体是原始质料的最终实现。另外，天使中的原始质料会有什么用处呢，它会有何种功能呢？质料本身是一种死的东西；它无法以任何方式参与智性或精神运作，甚至无法领受此类运作。由于威廉已经使用了本质和存在的区分，用以解释受造物的有限性以及它们与上帝的绝对区分，为此他也就不需要普遍的形质复合了。而且，因为他考虑到，如果假设在天使之中有原始质料存在，将更可能阻碍对它们的纯粹精神性运作的解释，而不是使解释变得容易，所以，他把原始质料局限在可感世界之中，就像后来的 223
托马斯所做的一样。

6. 就像在《论灵魂》中所论述的那样，奥弗涅的威廉在他的心理学中结合了亚里士多德和奥古斯丁的主题。所以，他特别采纳了亚里士多德关于灵魂为“潜在地具有生命的自然有机物体之完满”[①]（perfectio corporis physici organici potentia vitam habentis）的定义，虽然他告诫读者，他并不是把亚里士多德作为一位没有问题的权威而引用的，而是想要展现出这个定义的真实性。每一个人都很清楚他有一个灵魂，因为他意识到他有理解力，也进行判断，[②]但灵魂并不是人之本性的一切。假如它果真如此，那么，（举例而言）一个与空气物体所结合的人性灵魂也就仍然是一个人，然而实际上并非如此。因此，亚里士多德说灵魂与身体间的关系就如同形式与质料的关系，在这一点上他是对的。[③]然而，这并不妨碍他说灵魂是实体，因为它必然不是实体就是偶性，然而它不可能是偶性；他也使用了奥古斯丁将灵魂比作竖琴演奏家的比喻，而将身体喻为竖琴。人可能看上去有三个灵魂，第一个是生命的原理（植物灵魂），第二个是感性的原理（动物灵魂或感性灵魂），第三个则为理知之原理（理性灵魂）；但是，稍稍思索一下我们就会发现这是不可能的。如果在人身上有着一个与理性或人性灵魂相区分的动物灵魂，那么人性——人之本性就不会包含动物性。

① 《论灵魂》，1，1。
② 同上，1，3。
③ 同上，1，2。

然而实际上人也是动物，因为他是人，而人性包含了动物性。[①] 也就是说，人身上只有一个灵魂，执行不同的功能。它是受造的并且是唯独由上帝注入的，不是由父母所生或从质料之潜能而来的，[②] 而且它是不死的，就像威廉接着论述的那样。他有些论述的起源可追溯到柏拉图。比如，如果一个恶的灵魂之凶恶并不损害或摧毁其存在，那么，身体的死亡怎么会摧毁它呢？[③] 而且，由于身体从灵魂那里获得生命，而灵魂的能力是使得身体活起来，而身体本身是死的（也就是缺乏生命的），那么，身体停止活动的事实并不能摧毁内在于灵魂之中的生命能力。[④] 另外，灵魂能与分离的实体（substantiae separatae）相通，所以也就与后者一样不死；但由于人
224 的灵魂是不可分的并且是同一的，我们可以由此得出，人的灵魂之整体（而不仅仅是其理性部分）是不死的。[⑤]

但是，虽然威廉接受了漫步派关于灵魂为身体之形式的学说（我们在此必须有所保留，因为在灵魂与身体之结合方面，他有时也使用了柏拉图-奥古斯丁主义的表达），但他跟随了奥古斯丁的想法，拒绝认可在灵魂和它的功能之间有着实在的区分。[⑥] 只有实体才能理解或意愿，偶性则不可能如此。所以，是灵魂本身在理解或意愿，虽然它是针对不同对象或在面对同一对象时以不同的方式（时而通过把握它们，时而通过欲望它们）执行自身的功能的。从这里就自然得出，亚里士多德在主动和被动理智之间做出的区分必须被拒绝。奥弗涅的威廉的确也通通拒绝了关于主动理智和智性心象（species intelligibilis）的学说。亚里士多德的追随者们和其著作的注疏者们丝毫没有任何实际反思就囫囵吞下了关于主动理智的理论，然而我们不仅可以提出论据来证明此理论的不足，还可以提出很好的论据（比如，关于灵魂之单纯性的论据）来证明其对立面。这样，我们就得把主动理智视为一种无用的虚构而加以拒绝。[⑦] 当然，更何况威廉也拒

① 《论灵魂》，4，1—3。
② 同上，5，1，及以下。
③ 同上，6，1。
④ 同上，6，7。
⑤ 同上，6，8。
⑥ 同上。
⑦ 同上，7，3。

绝了阿拉伯哲学家们关于**分离**的主动理智的观点。对于这一观点，他跟随阿维洛伊的看法，（或许正确地）认为它是亚里士多德的。

7. 到了主动理智方面，奥弗涅的威廉不再追随亚里士多德和阿拉伯哲学家，而是选择了奥古斯丁。在他的知识论中，我们也可见到奥古斯丁的影响。像奥古斯丁一样，他强调了灵魂的自我认识和它直接的自我意识，并且（又是与奥古斯丁一样）把感性的重要性最小化。的确，人倾向于关注有形体的事物，那些感性之对象，这也就是人会忽视自我意识的被给予性，甚至会愚蠢到否认非质料性灵魂之存在的原因。同样真切的是，对感性认知而言，感官是必要的。很明显，有形体的对象在感官上制造了物理性的印象。但智性形式是抽象的和普遍的，通过它们，我们得以认识有形世界中的对象，而这些形式既不能源自对象本身，也不可能源自此类对象之心理印象（phantasm），因为对象和图像（image）两者都是个体 225
的。那么，我们关于感性对象的抽象和普遍的观念是如何产生的呢？它们是由知性自身制造的，并不是纯粹被动的，而是主动的；它们是在它自己本身面前以及之中的这些（显得是由可感事物而发被理智所获得的学科）之源起者［effetrix earum (scientiarum quae a parte sensibilium ei advenire videntur) apud semetipsam et in semetipsa］。[①] 这种活动是灵魂本身的一种活动，虽然它是在感性印象出现的时候被执行的。

那么，那里有对抽象和普遍观念之客观性的什么保障呢？保障就是如下事实：理智不仅是主动的，也是被动的；然而就上帝而言，它是被动的，但就感性物体而言则不然。上帝在理智中不仅印下了第一原理，还印下了我们关于感性世界的抽象观念。在《论灵魂》[②] 中，威廉明确地教授道，不只第一原理（最初的并且由自身所知的规则：regulae primae et per se notae）以及道德律法（正直之规则：regulae honestatis）是以这种方式被认知的，感性对象之理知形式也是如此。人之灵魂占据了两个世界交界处的位置（本身就如同在两个世界的地平线上那样被构造和安排：velut in horizonte duorum mundorum naturaliter esse constitutam et ordinatam），其

① 《论灵魂》，5，6。
② 同上，7，6。

中一个世界是感性对象的世界，它通过身体与此相连，另一个世界并非柏拉图的普遍理念或亚里士多德的分离的智性，而是上帝本身，造物主本身（creator ipse）。他是模型（exemplar），是镜子（speculum），是生命之书（liber vivus）。他展现在人的理智面前，以至于后者可以通过这个方式读取原理、规则和可理解的形式，如同它们在上帝之中那样（不需要任何第三方中介：absque ullo alio medio）。奥弗涅的威廉把亚里士多德和阿拉伯哲学家那里的主动理智转变成了上帝本身，又把这个理论与奥古斯丁的光照论结合在一起，后者被阐释为了具有产生观念的功能。

8. 用整整一章来专门讨论一个并不在中世纪最著名的思想家行列之中的人物不免使人诧异。然而，奥弗涅的威廉不仅因其是一个有力的和系统性的思想家而具有意义，他的例子还说明了，亚里士多德和阿拉伯哲学家们的形而上学、宇宙论和心理学思想会以何种方式影响到一位处于更早的传统之中却思想开放的人物。奥弗涅的威廉很愿意接受亚里士多德主义者的思想；比如，他采纳了亚里士多德对灵魂的定义，并使用了阿维森纳在本质和存在间做出的区分。但他首先是一位基督教哲学家。另外，除了
226 对奥古斯丁的个人偏好，他并不是那种当亚里士多德学说或被认作亚里士多德学说的思想在他看来与基督教信仰不相符的时候，却仍会采纳这些学说的人。所以，他毫不犹豫地拒绝了亚里士多德关于世界永恒的学说、新柏拉图主义和阿拉伯哲学的关于流溢以及通过“中介”造物的思想、关于一个分离或同一的并且在神之下的主动理智的理论。然而，以为他仅仅止步于因为这些思想与基督教不兼容而拒绝它们，那就错了。因为很明显，令他满意的是，这些有抵触的观点的论据不合逻辑且不充足，而他自己的观点的论据则是符合逻辑的。换言之，他是一位哲学家，并且作为哲学家而写作，就算在他的著作中，我们见到神学和哲学的主题被放在同一本书中来讨论，这个特点对于其他大部分中世纪哲学家来说，也是普遍的。

这样，我们可以说，奥弗涅的威廉是一个过渡性的思想家。通过对亚里士多德和阿拉伯及犹太哲学家们的著作的熟悉，加上对这些人的理论之有限的接纳，他为圣阿尔伯特和圣托马斯那种更加完整的亚里士多德主义铺垫了道路。然而在另一方面，他对亚里士多德及其追随者的一些主导

观点的排斥也为像波纳文图拉那样的奥古斯丁主义者的反亚里士多德主义态度铺就了道路。就像我之前所说的那样，他是 12 世纪和 13 世纪交界的体现：我们可以说，他使得 12 世纪以友好的态度会见了 13 世纪，却全然不是以缺乏批评的仰慕或全盘接纳的态度来会见的。

虽然在亚里士多德主义的影响力和对它的接受的增长方面，我们有理由把奥弗涅的威廉视为一位过渡性的思想家。也就是说，作为从较早的奥古斯丁主义发展到托马斯的基督教亚里士多德主义的过渡阶段，他的哲学同样可以被视为奥古斯丁主义本身发展的一个阶段。相比之下，安瑟伦对亚里士多德主义的运用颇少，认识也有限；但后期奥古斯丁主义被迫关注亚里士多德，而我们见到 13 世纪中期邓斯·司各脱试着创立一个综合，奥古斯丁主义将在这一综合中借助亚里士多德得到阐释和辩护。当然，我们是否要把这些思想家视为在亚里士多德之影响下对奥古斯丁主义加以改变和扩展的奥古斯丁主义者，或把他们视为不完全的亚里士多德主义者，227
这是有待争论的。从是否采纳威廉的这一个或那一个观点出发，人们也会对他的哲学产生相应的不同评价。但除非打定主意仅仅根据托马斯主义来对待中世纪哲学，否则我们还是应该准备承认，奥弗涅的威廉可以被看作既为邓斯·司各脱也为托马斯铺就了道路。或许，两种判断都是对的，虽然它们是从不同角度出发而得出的。在某种意义上，托马斯之前的任何一位使用了亚里士多德思想的中世纪哲学家都是在为一个更加完整的对亚里士多德主义的采纳铺垫道路，而承认这一点并不困难；然而，若要问亚里士多德主义的要素是否被用来服务奥古斯丁传统，以至于所得出的哲学中典型奥古斯丁主义主题占了上风，或者说这些要素是否被用来创建一个确定以亚里士多德主义为系统而定位的哲学，也是合理的。如果有人提出这个问题，就奥弗涅的威廉而言，有着一个确凿的回答；所以，吉尔松先生可以肯定地说，“13 世纪复杂的奥古斯丁主义者几乎完整地由奥弗涅的威廉所代表了”。而且，虽然没有任何东西可以阻挡亚里士多德学派的扩张，但“威廉的影响肯定在很大程度上减缓和限制了其进展”。①

---

①　《中世纪的哲学》，第三版，1944 年，第 423—424 页。

第二十四章

罗伯特·格罗斯泰斯特和哈勒斯的亚历山大

一、罗伯特·格罗斯泰斯特的生平和著作——光的学说——上帝和受造物——关于真理和光照的学说

二、哈勒斯的亚历山大对哲学的态度——上帝存在的证明——上帝的属性——受造物中的组成——灵魂、理性、意志——亚历山大哲学的精神

228 在讨论中世纪哲学的时候，要确定以何种方式来为不同的思想家分组并不是一件易事。因此，人们完全可以把牛津和巴黎分开讨论。在牛津，形而上学和心理学的普遍倾向是保守的、奥古斯丁主义的，同时人们在经验研究中发展出了某种兴趣，这两种因素的结合也就使得我们有理由将牛津的从罗伯特·格罗斯泰斯特到罗杰·培根的哲学发展过程视为一个持续性的发展。而就巴黎而言，一方面是哈勒斯的亚历山大和波纳文图拉的奥古斯丁主义，而另一方面是圣阿尔伯特和托马斯的亚里士多德主义，再加上这两所学校之间的关系，会使人们希望把它们紧密连接在一起加以讨论。然而，这种方法有其弊端。比如，罗杰·培根在哈勒斯的亚历山大去世（1245 年）之后很久才去世（约 1292 年），他稍许提到过后者的作品。他也在圣阿尔伯特（卒于 1280 年）之后才去世，对后者，他似乎有着特殊的敌意。所以，在讨论了这两位思想家之后再讨论罗杰·培根，似乎能更加让人满意。就算如此，我们也可以留着罗伯特·格罗斯泰斯特，

将其与罗杰·培根放在一起讨论。然而事实仍是，格罗斯泰斯特是在牛津谴责包括托马斯在内的人物所持有的那一系列论点（1277 年与 1284 年）之前好多年去世的（1253 年），而罗杰·培根在谴责时仍然活着，并对 1277 年的这个谴责做出了批评，因为他觉得这涉及他本人。我承认很多说法可以支持另一种组合方式，其中，这种方式可以更关注精神上的类似而非时间顺序。然而，我决定先讨论牛津的罗伯特·格罗斯泰斯特和巴黎的哈勒斯的亚历山大，然后讨论亚历山大的弟子、13 世纪奥古斯丁传统的伟大代表波纳文图拉。之后，我会再讨论圣阿尔伯特和托马斯的亚里士 229
多德主义，以及接踵而来的反驳，在此之后才讨论罗杰·培根，虽然他与格罗斯泰斯特在思想上有近似之处。

一、罗伯特·格罗斯泰斯特

1. 罗伯特·格罗斯泰斯特（Robert Grosseteste）约 1170 年生于萨福克郡，并于大约 1221 年成了牛津大学的校长。1229—1232 年，他是莱斯特的总执事，1235 年他成了林肯的主教，他占据这个职务一直到 1253 年去世。除了翻译之外（我们已经提到，他或许直接从希腊文翻译了《伦理学》），罗伯特·格罗斯泰斯特撰写了《后分析篇》《辩谬篇》《物理学》的注疏（虽然《物理学》的“注疏”更多地是一个纲要而非注疏），也为伪狄奥尼修斯的著作撰写了注疏。罗杰·培根说格罗斯泰斯特“完全无视亚里士多德的著作及其道”（neglexit omnino libros Aristotelis et vias eorum），[①] 这句话不应被理解为他不了解亚里士多德的作品，而应该如此理解：格罗斯泰斯特虽然熟悉亚里士多德的思想，却以一种不同的方式来探讨哲学问题。培根的另一些话也阐明了这一点，因为他说到格罗斯泰斯特依赖亚里士多德之外的其他作者，也依赖自己的经验。

罗伯特·格罗斯泰斯特所发表的原创著作有《论万物之同一形式》（*De unica forma omnium*）、《论智性》（*De Intelligentiis*）、《论原因之状态》（*De statu causarum*）、《论潜能和现实》（*De potentia et actu*）、《论

① 《学习指南》（*Compendium studii*），Brewer 编，第 469 页。

真》（*De veritate*）、《论命题的真》（*De veritate propositionis*）、《论上帝的所知》（*De scientia Dei*）、《论从上帝那里流溢出来的原因之顺序》（*De ordine emanandi causatorum a Deo*）和《论自由意志》（*De libero arbitrio*）。《论灵魂》（*De Anima*）的真实性还不确定。在诸如刚才所提到的那些作品中，非常明显的是格罗斯泰斯特是立足于奥古斯丁传统中的。虽然他了解亚里士多德的哲学并使用了后者的一些主题，但他把对经验科学的兴趣与他的奥古斯丁主义结合在了一起，这影响了罗杰·培根，并激发了后者的赞赏。这也使得培根说到，他的老师比任何人[1]都了解科学，而且能够借助数学来解释原因。[2]格罗斯泰斯特还撰写了《论诸艺之用》（*De utilitate artium*）、《论声音的产生》（*De generatione sonorum*）、《论天穹》（*De sphaera*）、《论复活节日期的计算》（*De computo*）、《论星之产生》（*De generatione stellarum*）、《论彗星》（*De cometis*）、《论气压》（*De impressione aeris*）、《论光》（*De luce*）、《论线、角和形状》（*De lineis, angulis et figuris*）、《论位置之本性》（*De natura locorum*）、《论虹》（*De iride*）、《论颜色》（*De colore*）、《论太阳的热》（*De calore solis*）、《论
230 不同的地点》（*De differentiis localibus*）、《论元素的压力》（*De impressionibus elementorum*）、《论有形物的运动》（*De motu corporali*）、《论天穹外物体之运动》（*De motu supercaelestium*）、《论运动和时间之极限》（*De finitate motus et temporis*）和《人是否是小宇宙？》（*Quod homo sit minor mundus*）。

2. 罗伯特·格罗斯泰斯特的哲学环绕着光的思想，这是奥古斯丁学派所钟爱的。在《论光》[3]中，格罗斯泰斯特指出，最初的有形体的形式（有的人将此称为身体性）在他的判断之下为光。光与质料结合在一起——也就是说，与亚里士多德所说的原始质料结合——构成了一个无维度的单纯实体。为何格罗斯泰斯特要把光当作第一的有形体形式呢？因为光的本性是发散性，并且他使用了光的这个特性来解释一个由无维度的形式和无维度的质料组合构成的实体是如何需要三维的。如果我们假设光

---

① 《学习指南》，第 472 页。
② 《大著作》，布里奇斯（Bridges）编，1，108。
③ 鲍尔（Baur）编，第 51 页。

的功能是自我倍增和发散，这样也就是实际的外延之原因，那么我们就必须得出结论说光就是第一的有形体形式，因为第一的有形体形式不可能通过一个第二的或在它之后的形式而产生外延。另外，光是一切形式中最尊贵的，与分离的智性有着最大的相似，以此为由，它也是第一的有形体形式。

光（lux）向所有方向发散，为“球形”，并在其发散的最远处构成的最外层的天，即苍穹，这一层天只由光和原始质料构成。从苍穹的每一部分，都有光（lumen）向这一层天的中心发散，这种光（经验之光）是精神性的身体，或更恰当地说是有形体的精神（corpus spirituale, sive mavis dicere spiritus corporalis）。[1]发散是通过自我倍增和产生光的方式进行的，这样，在其间也就产生了一个新的天穹，直到九个同心的天穹完成为止，最里面的一层是月亮。这一层天穹又会产生光，而在光抵达中心的时候，光的稀散或发散会比外面几层时少，由此就产生了由火、气、水和土构成的月下的四层球形。这样，可感世界中就有着十三层球形，其中有九层天穹，它们是不灭的和不会改变的，而那月下的四层球形则是会消亡并且有变化的。

每一种具有外延的物体拥有光的程度都由其在有形物体的等级之中的位置决定，光是一切有形物体之美丽和完满（species et perfectio corporum omnium）。[2]格罗斯泰斯特也用光来解释颜色，他声称颜色是
包含在透明体中的光（lux incorporata perspicuo）。[3]在纯净透明体中（in 231
perspicuo puro），光的丰盈是白色，而在不纯的透明体中，光的稀少则为黑色（lux pauca in perspicuo impuro nigredo est）。他在此意义上阐释了亚里士多德[4]和阿维洛伊关于黑色是一种缺失的表述。光还是运动的原理，而运动其实就是光倍增的力量（vis multiplicativa lucis）。[5]

3. 这样，光就被视为有形体的东西或有形物的一个组成要素。但是，

---

① 第55页。

② 第56页。

③ 《论颜色》，第78页。

④ 《物理学》，201a 6；《形而上学》，1065b 11。

⑤ 《论有形物的运动和光》（*De motu corporali et luce*），第92页。

格罗斯泰斯特还把光的概念扩展到了精神性的世界层面。所以，上帝是纯粹的光芒，是永恒的光芒（当然，这不是在有形体意义上来说的）。上帝也是“万物之形式”，但格罗斯泰斯特很小心地解释道，上帝不是作为进入万物之实体的形式而与它们的质料结合在一起的。相反，他是它们的模型形式。[①] 上帝在万物之先，但是，“在……之先”要被理解为在说上帝是永恒的，而受造物是时间性的：如果它被理解为在说有一个共同的时间延续，上帝和受造物都在其中，那么这个陈述就错了，因为造物主和受造物在任何程度上都没有共同点。[②] 我们可以自然地想象出有一个时间，它在造物之前，上帝在其中，就像我们自然地**想象**宇宙之外的空间一样。然而，在这种问题上依赖想象正是错误的源头。

4. 在《论命题的真》中，[③]格罗斯泰斯特说到，言语之真或者说意见的真是言语或意见与物之相符（veritas sermonis vel opinionis est adaequatio sermonis vel opinionis et rei），但他更关注“本体上的真”，这是奥古斯丁主义对真的看法。他愿意接受亚里士多德“陈述的真是言语与物之相符或物与理解之相符”的观点，但是，真实际上指的是物体与永恒圣言之间的相符。通过圣言，它们得到表述（quo dicuntur），真就在于它们与圣言之间的相符。[④] 某一事物为真，是因为它与圣言相符，也就是说它与它的模型相符。这种相符只能由心灵把握，所以，真也就可以就着安瑟伦的话，被定义为唯独通过心灵而被把握到的正确性（rectitudo sola mente perceptibilis）。[⑤]

由此可得，除了在至高真理（即上帝之光）中，没有任何受造的真理可以被把握。奥古斯丁见证了这一事实：受造真理只因为其永恒的原
232 理（ratio eterna）之光降临在人之心灵才成为可见的。[⑥] 那么，那些卑鄙和不纯洁者能获得真理，这又是怎么一回事呢？他们不会见到上帝，上帝

① 《论万物之同一形式》，第 109 页。
② 《论从上帝那里流溢出来的原因之顺序》，第 149 页。
③ 《论命题的真》，第 144 页。
④ 《论真》，第 134—135 页。
⑤ 同上，第 135 页。
⑥ 同上，第 137 页。

只能凭借纯净的心灵而被见到。答案是，心灵并不直接认识到圣言或永恒的原理，然而，它能够在圣言的光照之下认识真理。就像身体的眼睛在太阳的光照之下见到有形对象，而并不需要直接目视太阳甚至可以背对太阳一样，心灵在神之光照下获取真理，却并不同时直接认识上帝这至高真理（Veritas summa），甚至并不一定会认识到它是在神的光芒中见到真理的。[①] 所以，格罗斯泰斯特虽然追随了奥古斯丁主义的神之光照的学说，却明确地拒绝以任何会蕴含着对上帝的直观的方式来诠释它。

我不能继续更深入地讨论格罗斯泰斯特关于数学、光学等的观点了：上述的内容足以说明，格罗斯泰斯特的哲学建立在奥古斯丁主义传统上，而他是了解并愿意使用亚里士多德主义的思想的。

二、哈勒斯的亚历山大

5. 方济各会中有一派狂热者，他们对学问和其他对生活之需要的妥协采取敌对态度，他们认为，这是对那炽爱天使之父（Seraphic Father）[②] 那种单纯的理想主义的背叛。但是，这些“属灵派”（“Spirituals”）是不受圣座喜爱的。事实上，方济各会培育了一系列杰出的神学家和哲学家，第一位显赫人物是英国人哈勒斯的亚历山大（Alexander of Hales），他于1170 年和 1180 年之间出生在格洛斯特郡，大约在 1231 年加入了方济各会，1245 年去世。他是巴黎的第一位方济各会神学教授，并在去世前几年一直在位。他的后继者是拉罗谢尔的约翰。

我们很难确认哪些哲学贡献应当被视为哈勒斯的亚历山大个人的，因为被归入他名下的那部引起罗杰·培根苛刻批判的《神学大全》包含了从其他思想家那里获取的要素，特别是在其后半部分；而且，这部书似乎是在亚历山大去世十年之后才获得其最终形式的。[③] 然而无论如何，这部作品代表了西方哲学发展的一个阶段，以及此发展中的一个倾向。它之所 233
以代表了一个阶段，是因为亚里士多德哲学作为一个整体得到了清晰的认

① 《论真》，第 128 页。
② 对方济各会创始人亚西西的圣方济各的称呼。——译者注
③ 下文的参考按照考拉奇（Quaracchi）版本的卷数和部分加以标注。

知及使用；它代表了一个倾向，是因为它对亚里士多德所采取的态度是批判性的，也就是说，亚历山大不仅攻击了亚里士多德和亚里士多德主义者的一些学说，还认为异教徒哲学家们都没有能力阐述一个让人满意的“哲学”（这里的“哲学”是在广义上说的，因为他们没有基督教的天启）：一个在山上的人能比在山脚下的人见到山谷中的更多东西。所以，他追随的是基督教的前人（教父们，特别是圣奥古斯丁、波爱修、伪狄奥尼修斯、安瑟伦、维克托学派）而非亚里士多德。

6. 人的那种缺乏协助的理性是无法获得真福圣三学说的，因为人的理智是软弱的。[①] 但是，上帝的存在可以为所有人所知，无论他们是善的还是恶的。[②] 亚历山大把上帝的存在（因为他存在：quia est）与上帝的本性（他的所是：quid est）加以区分。他教授道，所有人都能通过受造物而认识到上帝的存在，此时，他们认识到上帝是效果和目的因。[③] 然而，虽然理性的自然之光是不足以获得关于神之本性就其自身的知识的，但这并不意味着关于上帝本性的一切认知都是自然理智无法获取的，因为后者是可以知道一些关于上帝的事实的。比如，考虑到他在受造物中的运作就可以认识到他的大能和智慧，那些不处在恩宠状态下的人也可以获得这一程度的认知。[④] 这种类型的知识不是同名同义的，而是类比性的。[⑤] 比如善是谓述上帝和受造物的，但它以本性的形式（per naturam）被谓述于上帝这一与他的本性相同一的存在者。上帝是一切善之自存的源头，同时，善被以分有的形式（per participationem）谓述于受造物，因为受造物依赖上帝，是上帝运作之结果，并从他那里领受了一定程度的善。

在证明上帝存在的时候，亚历山大使用了不同的论据。于是，他使用了圣维克托的理查从偶然性出发的证明、大马士革的圣约翰从因果性出发的证明以及圣维克托的雨果从灵魂关于有一个开端的知识出发的证明。然而，他也使用了圣奥古斯丁从真理之永恒出发的证明，并接受了后

---

① 1，第 10 条。
② 1，第 15 条。
③ 1，第 21 条。
④ 1，第 15 条。
⑤ 1，第 21 条。

者从完美之理念出发的证明（奥古斯丁在《宣讲》中提及了它）。[①] 另外，他认为，不知道上帝的存在是不可能的。[②] 这个命题是让人惊异的，但 234
我们必须牢记一些清楚的区分。比如，我们必须要在习性知识（cognitio habitu）和现实知识（cognitio actu）之间加以区分。亚历山大说，前者是一种自然地烙印在理智上的习性，它使得理智能够认识上帝，并且显得和蕴含的知识差不太多——如果我们能够把“蕴含”的认知称作“知识”的话。大阿尔伯特语带嘲讽地评论道，这种区分是一个“奇迹般的解决方法”（solutio mirabilis）。[③] 现实的知识本身必须被区分开来，因为它会使得灵魂的认知变成非本质性的，或使灵魂将注意力集中到受造物身上。因为就第一种类型的现实认知而言，灵魂不可能不认知到上帝的存在，尽管看起来对上帝的现实认知在此甚至是“蕴含在内”的。但是，当灵魂由于罪和错误而背离上帝，从而把它的注意力投入到受造物上的时候，它会无法意识到上帝的存在。然而，在后一种情况下，我们又得在对上帝的以普遍方式（in ratione communi）的认知和在恰当意义上（in ratione propria）的认知之间，引入另一个区分。比如，那个把钱财和感性享受当作他的幸福的人，也在某种意义上认识上帝，因为上帝是真福本身（Beatitude）。但是，他没有一个关于上帝的真切的概念，也就是说，他没有从恰当意义上理解上帝的概念。同样，拜偶像者也是以普遍方式认识到上帝的，比如他通过把上帝认知为“某物”（Something）来认识上帝，却没有以上帝本身的形式来认识他，即在恰当意义上来认识他。这样的区分的确显得牵强附会，但亚历山大此时所考虑的，是圣保罗所说的“异教徒也认识上帝，却不是把他作为上帝来荣耀的”这句话，[④] 以及大马士革的圣约翰所声称的关于上帝的认识自然而言地烙印在心灵中的话。[⑤] 认为人的心灵不可能没有一点关于上帝的认识，这个观点是奥古斯丁学派的特点，但是，由于的确有拜偶像者或公开的无神论者，因此任何一名坚持这一观点的作者都

---

① 1，第 25 条。

② 1，第 26 条。

③ 《神学大全》，第 1 页，第 4 论述，问题 19。

④ 《罗马书》，1。

⑤ 《论正统信仰》，1，第 1 和第 3 章；《希腊教父文集》，94，790 和 794。

不得不在隐含的和明确的认识、在关于上帝的以普遍方式的认识与关于上帝的恰当意义上的认识之间，引入一个区分。

7. 亚历山大讨论了不变性、单纯性、无限性、不可理喻性、宏大、永恒、统一、真、善、大能和智慧这些神的属性，也提出了异议，并给出
235 了对这些普遍提问的回应和对异议的回答。他以之前的作者为依据，并引用了例如奥古斯丁和安瑟伦这样的权威的话；他所发展出来的学说并不具有特别的原创色彩，但其结构安排却是系统且细致的；此外，他还加入了很多普遍的哲学反思。比如，当讨论神之本性的统一性时，亚历山大首先讨论的是一般意义上的统一性。他把统一性（unitas）定义为“存在物的不可分割性”（indivisio entis），并将统一者（unum）定义为“于其自身不可分割的存在物，却可以与其他物体分割开来”（ens indivisum in se, divisum autem ab aliis）。[①] 接着，他讨论了统一性和存在、真和善之间的关系。[②] 至于对上帝的知识，亚历山大跟随着奥古斯丁和安瑟伦的观点，认为上帝在他自己之中和通过他自身认识万物。受造物的模型或永恒的“理念”在上帝之中，虽然它们就其自身而言并不构成一个多数，反而与唯一的神之本质同一。由此，上帝通过认识他自身而认识了万物。那么，他到底是如何认识恶和罪的呢？他只把它们作为一种缺陷——也就是善的缺乏——来认识。如果亚历山大跟随伪狄奥尼修斯说到，光被赋予了认知的能力，它也就会认识到这个或那个物体是无法领受它的行动的：它也就不会认识到黑暗本身，后者与光没有任何关联。当然，这也就蕴含着一种观点：恶并不是一种实在的东西，而是一种缺失，[③] 因为假如恶是某种实在的东西的话，我们就必然要持有一种二元论观点，或者必须说，恶在上帝那里也有个模型。

在讨论上帝的意志时，亚历山大提出了上帝是否能够命令人们做违反自然法的事情这样一个问题。这个问题的直接来源是圣经诠释的一个难点；比如说，如何解释上帝命令以色列人去摧毁埃及人，但是这个问题当

① 1，第 72 条。
② 1，第 73 条。
③ 参见 1，第 123 条，及以下。

然有着更广泛的意义。他回答道，上帝不可能命令人们去做在形式上与自然法相悖的行动；比如，他不可能想要人们去追求上帝以外的任何其他目的，因为上帝从本质上来说就是最终目的。上帝也不可能命令以色列人去偷窃，在这个词的恰当意义上来理解，它意味着一个违背上帝自身的行为，而这是罪。然而，上帝可以剥夺埃及人的财产，并且命令以色列人取走它。他也可以命令以色列人拿走任何属于其他人的东西，因为这只会影响到以受造物为目的的秩序（ordo ad creaturam），但他并不是命令他们出于贪婪（ex cupiditate）而拿走它的，因为这样的话就会影响到以上帝为目的的秩序（ordo ad Deum），这将引起上帝的自相矛盾。[①] 同样，上帝可 236
以在涉及以受造物为目的的秩序方面，命令先知何西阿（Osee）[②] 和一个不是他妻子的女人性交；然而他不可以命令何西阿出于情欲（ex libidine）而如此行动，因为这将影响到以上帝为目的的秩序。亚历山大在这里所做的区分有些隐晦且并不总能让人满意，但无论怎样，他不相信道德律法是建立在上帝随意的命令（fiat）之上的，就像后来的奥卡姆所认为的那样。

8. 就质料和形式而言，上帝都是世界的直接造物主，而世界不是永恒的，这一点也可以得到证明。[③] 这样，亚历山大拒绝了亚里士多德关于世界永恒的观点，不过他接受了形质复合的学说。每一个受造物那里都有这样的复合，因为“质料”等同于潜能。然而，在每一个受造物那里，都有一个更加根本的复合，即“通过它而是”（quo est）与“所是”（quod est）的复合。[④] 这看起来像是本质和存在的区分，但“所是”更偏向于指具体的存在者，比如一个人，“通过它而是”指的则是抽象的本质，比如人性。不管怎样，这是“思想上”的区分，因为我们至少能在某种意义上用“通过它而是”来谓述“所是”，就像我们说这个存在物是一个人那样。人和他的人性之间没有实在的区分，然而，人性是被领受的。在上帝那里，没有依赖性，没有领受，所以也就没有“所是”（神：Deus）与“通过它而

① 1，第 276 条。
② 旧约圣经里的一位先知。——译者注
③ 2，第 67 条。
④ 2，第 59—61 条。

是”（神性：Deitas）的组合。

9. 哈勒斯的亚历山大给出了七个关于人之灵魂的定义或描述，这与他一贯的依赖传统的精神相符，他还为这些定义做了辩护。比如，灵魂可以被定义为“与上帝相似的生命气息”（Deiforme spiraculum vitae）[①] 或“分有理性的实体，与身体相结合并起着统领的作用”（substantia quaedam rationis particeps, regendo corpori accommodata），[②] 又或者是“由上帝所创造的精神性实体，恰恰是它使得属于它的身体活起来”（substantia spiritualis a Deo creata, propria sui corporis vivificatrix）。[③] 另一些定义则来自圣奥古斯丁、大马士革的圣约翰和塞涅卡。亚历山大坚持认为，灵魂并不只是简单的在实体性形式意义上的实体，它本身就是存在者（ens in se），毫无保留地就是实体，由“智性”的质料和形式组成。如果说在这一方面，他追随了柏拉图和奥古斯丁的传统，甚至提出灵魂一定是一个实体，因为它与身体的关系就像水手和船的关系一样，那么他还坚持认为，
237 灵魂使得身体获得生命。天使也是生命气息（spiraculum vitae），但天使不是身体之生命气息（spiraculum vitae corporis）；灵魂则是身体生命的原理。

每个人性灵魂都是上帝从无中创造的。[④] 人之灵魂并不发自上帝的流溢，不是神性实体的部分，[⑤] 也不由繁殖而生——像那些持灵魂生殖说的人（traducianist）[⑥] 宣称的那样。原罪并不需要灵魂生殖说理论来解释。[⑦] 灵魂与身体之结合的方式正如同质料与形式的结合方式（ad modum formae cum materia）。[⑧] 但是，这必须要在奥古斯丁主义的意义上来阐释，因为理性灵魂与身体的结合正如同动者与被动者之间或形式性的满

---

① 参见《论精神和灵魂》（*De sp. et. an.*），第 42 章（被收录在奥古斯丁的作品之中；《拉丁教父文集》，40，811）和圣奥古斯丁《以文字意义论〈创世记〉》，7，第 1—3 章。

② 奥古斯丁，《论灵魂的质量》，第 13 章，n. 22。

③ 卡西多尔，《论灵魂》，第 2 章。

④ 2，第 329 和 322 条。

⑤ 2，第 322 条。

⑥ 基督教的一种异端，代表人物包括德尔图良。—— 译者注

⑦ 2，第 327 条。

⑧ 2，第 347 条。

全与通过它而得以满全者之间（ut motor mobili et ut perfectio formalis suo perfectibili）的结合。[1]灵魂有着三种力量，即生长或营养力量（vis vegetativa）、感性力量（vis sensitiva）和理性力量（vis intellectiva）。虽然这些能力不可被称作灵魂的部分（在“部分”这个词的严格意义上来说），[2]但它们相互之间还是有区分的，并且也分别与灵魂之本质相区分。所以，亚历山大为奥古斯丁所提出的灵魂与其能力间的同一性给出了如此的阐释，即这种同一性是指实体的，而不指灵魂之本质。[3]灵魂如没有其能力也就无法自存，而这些能力也不能脱离灵魂而独立存在。然而，就像存在（esse）与运作（operari）并不等同一样，本质（essentia）与能力（potentia）也不等同。

主动理智和被动理智是理性灵魂的双重殊异（duae differentiae），前者指的是灵魂的精神形式，而后者指的是它的精神性质料；主动理智与灵魂并非相分的，前者是属于后者的。[4]但是，与亚里士多德的灵魂之理性能力的分类一起，亚历山大也给出了圣奥古斯丁和大马士革的圣约翰的分类，并试图在这些分类之间加以调和。比如，在亚里士多德哲学中，“理智”（intellect）指的是通过抽象的手段获取对智性形式之认知的能力，[5]因此它也就对应着奥古斯丁主义的“知性”（ratio），而不是奥古斯丁主义中的“理智”（intellectus）或“智性”（intelligentia），因为后者涉及精神对象。亚里士多德意义上的“理智”却涉及有形物体之中的形式，涉及把它们从心理印象（phantasmata）中抽象出来，然而，奥古斯丁意义上的“理智”却涉及不在有形体内的精神性形式，而一旦牵涉到对这些高于人之灵魂的形式的认知，那么理智如果没有受到上帝的光照，就会无能无力。[6]至于这个光照确切来说是什么，亚历山大没有提供清晰的阐释，但 238
他至少表明了，就有形物体的世界而言，他接受了亚里士多德关于抽象的

① 2，第 345 条。
② 2，第 351 条。
③ 2，第 349 条。
④ 2，第 372 条。
⑤ 2，第 368 条。
⑥ 2，第 372 条。

学说，虽然就精神世界而言，需要奥古斯丁的学说来对亚里士多德的学说加以补充。我们也可以说，亚历山大正确地认识到，漫步派的分类是一种心理学分析，而在奥古斯丁的分类中的是对应着认知对象而进行的划分。

亚历山大为自由意志给出了三个定义：安瑟伦的定义（凭自身来服从正直的能力：potestas servandi rectitudinem propter se）、圣奥古斯丁的定义（知性和意愿的能力，通过这个能力，并在协助着它与抗拒恶的恩宠之下，善被择选：facultas rationis et voluntatis, qua bonum eligitur gratia assistente et malum eadem desistente）以及圣伯纳德的定义（由意志之不可遗失的自由和不可扭曲的理性判断而发的同意：consensus ob voluntatis inamissibilem libertatem et rationis indeclinabile iudicium）。他试图在这三者之间加以调和。[①] 自由抉择（liberum arbitrium）是上帝和灵魂所共有的，但它在此既不是以同名同义的方式也不是以一词多义的方式，而是以类比的方式被谓述的，它首先被用来谓述上帝，其次用来谓述受造物。[②] 在人身上，自由抉择与理性或意志相统一，是同一个机能或功能。而只有在这个意义上，它才可以用与理性和意志相区分的概念来表述：事实上，它并不是灵魂的一个独立的能力。而且，因为它是与理性和意志结合在一起的，就自然的自由而言，它是无法从灵魂中分离开来的。跟随着圣伯纳德，亚历山大在择选的自由（libertas arbitrii）和商榷的以及赞同的自由（libertas consilii et complaciti）之间做了区分。他声明，后者可能会丢失，而前者不会。

10. 哈勒斯的亚历山大是有讨论意义的，因为他的主要著作是系统性思维之持续努力的体现，他是基督教神学和哲学的经院学代表人物。就形式而言，这些著作属于中世纪的《大全》（*Summas*）阶段，有着这类作品共同的优缺点。它具有这些作品的言简意赅、排列有序、枯燥无味和缺乏发展的特点。从我们的角度来看，我们希望会有更多的发展。至于内容，一方面，亚历山大的《大全》是与过去紧密相连的，因为这位作者下定决心要忠于传统，他频繁地引用奥古斯丁或安瑟伦、伯纳德或大马士革的约

---

① 参见 2，第 393—396 条。
② 2，第 402 条。

翰的思想，而非发展他自己的论述。但这并不意味着他只是单纯地想让权威成为他的根据（也就是仅仅说起著名人物的名字），因为他常常引用前人的论据。但这仍然意味着，甚至在他写作时就需要的那些详细论述是缺席的。不过，他的作品当然是一部《大全》，顾名思义就是个综述。另一 239
方面，这部作品展现出了对亚里士多德的了解，虽然它并未经常明确提到他的名字，但它使用了漫步派的学说。然而，试图将从亚里士多德那里拿来的要素与奥古斯丁以及安瑟伦的学说加以调和的愿望是一直都在的。他的大体倾向是将受到上帝启示的基督教思想家与哲学家对立。亚历山大并没有给人这样一种印象，让人觉得他是一位针锋相对的作者，也没有让人觉得他把哲学和神学混为了一谈，[①] 但他主要关心的是关于上帝和基督的认识。这样的说法也就等于是在说他忠实于奥古斯丁学派的传统。

---

① 参见 1，第 2 条。

第二十五章

波纳文图拉（一）

生平和著作——精神——神学和哲学——对亚里士多德主义的态度

240 1. 圣波纳文图拉（St. Bonaventure，Giovanni Fidanza）于1221年出生在托斯卡纳的巴尼奥雷焦。[①] 当他还是孩子的时候，他的母亲有一次求助亚西西的圣方济各而大病康复，他因此加入了方济各会，但入会时间无法确定，或许是在1240年前后。但不管怎样，他加入修会后必定还来得及在巴黎跟着哈勒斯的亚历山大学习，后者在1245年去世。亚历山大的学说显然给他的这位学生留下了深刻的印象，因为波纳文图拉在《第二部语录注疏前言》（*Praelocutio prooemio in secundum librum Sententiarum praemissa*）中申明，如同在《四部语录》的第一部书中那样，他跟随着教师们的普遍意见，特别是“我们自己的教师和已故却留在我们美好记忆中的神父亚历山大兄弟”。在后面的几部书中，他也不会偏离他们的步履。[②] 换言之，波纳文图拉汲取了方济各会的传统（即奥古斯丁主义的传统），并决心坚持这个传统。这个决心或许会被认为仅仅出于一种虔诚的保守主义，以及波纳文图拉对巴黎的新哲学思潮的毫不知情或至少视而不见。但他给《四部语录》撰写的注疏是1250—1251年撰写的（他在1248年开始讲授《路加福音》），在此期间，他不可能已经在巴黎上了学却对

① 古名为Bagnorea，现名为Bagnoregio。——译者注

② 在《四部语录注疏》，2，23，2，3；II，p. 547中，亚历山大再次作为“我们的父亲和教师”出现了。

亚里士多德哲学一无所知。另外，我们之后也会见到他对这种哲学所采取的确定的态度，这种态度不是无知的结果，而是发自反思和理性的确信。

如同托马斯·阿奎那一样，波纳文图拉也卷入了修会成员与世俗神职人员的纠纷。1255 年，他被排挤出大学，即不被承认是大学的博士和教授。他或许在 1256 年重新被录用了，但不管怎样，由于教皇的干涉， 241
他和阿奎那在 1257 年 10 月都被大学接受了。之后，他是大学的神学教授（就接受度而言）。如果没有在 1257 年 2 月 2 日被选为他的修会的会长，他毫无疑问会继续担任这个教职。执行他的职务的日常功能也就使得他无法过那种固定在某一地的教授生活。另外，在这个时代，在他的修会内，就其精神、时间和职能而言，也还有着意见分歧。波纳文图拉面对着一项维持和平或重塑和平的困难任务。然而，在 1259 年，他撰写了《心向上帝的旅程》，1261 年则写了两篇圣方济各的生平。1267 年或 1268 年，他写了《论十诫汇编》（*Collationes de decem praeceptis*，这是复活节的讲道）、《论圣神之十种恩赐》（*De decem donis Spiritus sancti*，约 1270 年）。1273 年他写了《六天造物汇编》（*Collationes in Hexaēmeron*）。《短论》（*Breviloquium*）则是在 1257 年之前撰写的。圣经注疏、简短的神秘学作品、讲道和涉及方济各会的书信在他生命的各阶段构成了他的其他著作。

虽然 1265 年波纳文图拉成功地让教皇同意收回任命他为约克大主教的决定，但在 1273 年他还是被任命为了阿尔巴诺的主教和枢机。1274 年，他出席了里昂大公会，在那里他就东方教会与罗马的统一做了讲道。然而，就在公会结束时他去世了（1274 年 7 月 15 日），并被安葬在里昂，下葬时教皇格列高利十世（Gregory X）在场。

2. 波纳文图拉不仅自己是一个拥有很深学问的人，他还在方济各会鼓励发展研习。对一位方济各会圣徒来说，这会显得奇怪，因为很难说这个修会的创建者预见到了他的兄弟们会献身于学问。但是，对波纳文图拉来说（就像对我们来说）显而易见的是，一个主要由神父（而且这些神父的圣召包含讲道）组成的修会，除非其成员（至少是那些要成为神父的成员）学习圣经和神学，否则它完全不可能实现其使命。然而，不获得哲学知识，就不可能学习经院神学，所以，神学和哲学学习都是必要的。一旦

承认了这个普遍原则（而且我们也必须承认它），那么给学习设定一定的
242 限度就不太实际了。学生们如果要在哲学和神学中受训练，就必须要有教授，而教授们不仅自己要有能力，而且要教育他们的后继者。此外，如果传教工程也包含与有学问的人打交道——或许也包括和异端打交道，那它就不能从先天基础出发来对或许值得推荐的学习设个界限。

我们的确可以增强这些实际考虑，这就为方济各会内部的学术发展提供了合法性。但是，对波纳文图拉而言，还有一个同等重要的考虑。就与上帝的合一为人生之最重要的目标这一点而言，波纳文图拉是完全忠实于圣方济各的精神的。但是，他也清楚地见到，如缺乏对上帝和与上帝有关的事物的认知，这个目标是无法达到的，至少此类认识全然不是在阻碍人与上帝的合一，而是可以使得灵魂更容易与上帝更亲密地结合。不管怎样，他推荐研习圣经和神学，并且他自身也进行这样的研习。他推荐和研习的不是那些与上帝没有联系的问题，这也就是他不喜欢和不信任亚里士多德的形而上学的原因，在后者当中没有任何与神性的个人的联系，也没有基督的位置。就像吉尔松先生已指出的那样，圣方济各的生平和波纳文图拉的学说有着平行对应的地方，因为就像前者的个人生活以与上帝的神秘结合为巅峰那样，后者的学说也以其神秘学学说为巅峰；而就像方济各通过基督接近上帝并具体地在圣言之光中见到万物一样，波纳文图拉则坚持认为，基督教哲学家必须要在与造物的圣言之间的关系之中思考世界。他明确地说道，基督是一切学问之媒介和中心。这样，他也无法接受亚里士多德的形而上学，因为后者不仅根本不知道关于基督的任何事情，甚至排斥了柏拉图的模型说。

最终，方济各会接受了邓斯·司各脱为它的杰出博士。然而，虽说这样做是对的，而司各脱无疑是一位天才的人物、一位具有伟大思辨和分析能力的人物，但我们或许还是可以说，波纳文图拉在思想上——就像在时间上一样——比司各脱更接近那位炽爱天使之父。确实，他获得炽爱天使博士（Seraphic Doctor）这个名号不是没有理由的。

3. 波纳文图拉对研究的目的和价值的看法在很大程度上取决于他自己的爱好和精神倾向，也受到了他在哈勒斯的亚历山大手下受到的训练以

及他作为方济各会成员身份的影响，这自然就把他放在了奥古斯丁传统之 243
中。圣奥古斯丁的思想环绕着上帝和灵魂与上帝的关系，而因为与上帝联系着的人是在历史中的、具体的和实在的人，他脱离了恩宠，并又因为恩宠而被拯救。所以，奥古斯丁讨论的是具体的人，而非“自然的人”，也就是撇开他的超性使命不做考虑的人，并抽象地不考虑超性恩宠在他身上的运作。这意味着，奥古斯丁没有在哲学和神学之间做任何严格的区分，即便他在理性的自然之光和超性的信仰之间进行了区分。当然，在哲学中，讨论“自然状态”中的人是有一定合理性的，因为恩宠的秩序是超性的，而我们可以在恩宠的秩序和自然的秩序之间加以区分。但是，我想要指明的仅仅是，如果有人主要关注灵魂如何接近上帝，就像奥古斯丁和波纳文图拉那样，那么他的思想也就要围绕着具体的人，而具体的人也就是具有超性使命的人。把人放在“自然状态”中加以考虑是一个合理的抽象。但是，这个合理的抽象却不能引起一个关注思考实在的历史秩序的人的兴趣。这基本上是一个进路和方法的问题。奥古斯丁和波纳文图拉都没有否认自然和超性之间存在着区别，但因为两人首先都对实际的历史上的人（亦即，再重复一次，具有超性的使命的人）感兴趣，他们自然倾向于把神学和哲学的主题融为一种同一的基督教智慧，而不是在哲学和神学之间做一个严格的方法论上的区分。

人们可以反驳说，在这种情况下，波纳文图拉不过是一位神学家罢了，而非一位哲学家。但是，我们也可以对奥古斯丁的情况作如此回答：如果说，哲学家要被定义为一位研究存在或终极原因的人，或一位对任何其他我们愿意视之为哲学家的研究对象的内容进行探究的人，且此时不涉及启示，并完全不考虑信理神学（即基督教之天启和超性秩序），那么，奥古斯丁或波纳文图拉都无法被称作哲学家。但是，如果我们愿意承认对那些被普遍认为是哲学主题的内容加以讨论的人都是哲学家的话，那么，
他们两人都必须被视为哲学家。比如，波纳文图拉有时会讨论灵魂从借受 244
造物而获得对上帝的认识上升到直接的和内在的对上帝的体验这一进程中的不同阶段。在讨论这些阶段时，他没有清晰地划分什么本应属于神学，什么则应属于哲学。但这没有改变如下事实，即当他讨论通过受造物而获

得的对上帝的认知的时候，他发展出了关于上帝存在的证明，而且这些证明是有理有据的，因此可以被视为哲学论述来加以讨论。而且，波纳文图拉对质料性世界的兴趣首先是对它作为展现上帝的世界的兴趣，在其中，他乐于发现三位一体上帝的痕迹（vestigia）。但这没有改变如下事实：他对世界之本性及其构建所持的某些观点具有宇宙论的、哲学的特征。把波纳文图拉的哲学学说隔离开来，也就会在一定意义上影响到他的系统的整体性，这是真的。但是，他的系统中确实有着哲学学说，这一事实令他有资格在哲学史上获得一席之地。另外，就像我马上要提到的那样，他对哲学——特别是对亚里士多德系统——采取了一种非常坚决的态度。就这一点而言，他也就赢得了哲学史上的一个地位。我们也很难把克尔凯郭尔排除在哲学史之外，虽然以对哲学这个概念的理解而言，他对哲学的态度是具有敌意的，因为他就哲学做哲学：如果这样，我们就更不能排除波纳文图拉了，他对哲学的态度要比克尔凯郭尔的态度包含更少的敌意。另外，他还代表了一种针对哲学的特殊立场，也就是那种认为不仅有着一个基督教哲学，而且每一个独立的哲学作为哲学都必定有缺陷甚至可能出错的立场。不管这一立场是否正确、是否合理，它都值得在哲学史上获得讨论。

波纳文图拉是属于奥古斯丁传统的。但我们要记住，自奥古斯丁起已经过去了很长时间。自经院学得到发展以来，思想得到了系统化，亚里士多德的形而上学也已完全被西方基督教世界所熟悉。波纳文图拉注疏了彼得·隆巴的《四部语录》，他熟悉亚里士多德的思想：因此，我们可以期待从他的作品中找到比在奥古斯丁那里多得多的经院学因素和经院学方
245 法。此外，他也接纳了亚里士多德的不少思想，因为波纳文图拉完全没有一味拒绝亚里士多德：正好相反，他将后者当作自然哲学家来尊重，即便他对亚里士多德的形而上学（或至少神学）不以为然。所以，从 13 世纪的角度来看，波纳文图拉的系统是一种现代奥古斯丁主义，是经历了许多个世纪并在与亚里士多德主义的关系中得到了反思而发展出来的奥古斯丁主义。

4. 那么，波纳文图拉关于哲学与神学之一般关系的看法是什么呢？他对亚里士多德主义的看法又如何呢？这两个问题可以一并考虑，因为第

一个问题的答案也就决定了第二个问题的答案。

就像前文已经提到的那样，奥古斯丁在信仰和理性之间做了区分，波纳文图拉自然追随了他的脚步。他引用了奥古斯丁的言语，即我们所信仰的来自权威，我们所理解的则来自理性。[①]从这里，人们可能会以为哲学和神学是两种互相分离的学问，而且让人满意的独立的哲学至少在理论上是可能的。的确，波纳文图拉确实给信理神学和哲学做了明确和清晰的区分。比如在《短论》中，[②]他说神学从上帝那里起始，上帝是至高的原因，哲学则以他为终点。换言之，神学从启示那里获得内容，并从上帝本身那里出发，进而考察他运作的结果；哲学则从可见的效果出发，进而推论到作为原因的上帝。而且，在《以神学为诸艺之基础》（*De Reductione Artium ad Theologiam*）中，[③]他把"自然哲学"划分为了物理、数学和形而上学，而在《六天造物注疏》（*In Hexaēmeron*）中，[④]他把哲学划分为了物理学、逻辑学和伦理学。

就以上论述而言，我们怎么能够认为波纳文图拉没有为哲学和神学给出任何严格的区分呢？回答是，他在不同学问之间采取了一个方法论上的区分，但他坚持认为，一位哲学家除非有着信仰的光芒的引导，并在信仰之光中进行哲学思索，否则就无法发展出一个让人满意的形而上学或哲学系统。比如，他清楚地意识到，哲学家即使没有启示的协助，也可以得到上帝存在的结论。就算他先前没有因为他自己的理性和圣经的证据而坚
信这一点，亚里士多德的哲学也足以说服他相信这个事实。但他并不满足 246
于说，如此获得的关于上帝的认知是不完全的，需要启示来变得完满。他还进一步说，此类纯粹理性的知识有且必然会在重要的地方有谬误。他以经验的方式证明了这一点。比如，虽说"柏拉图派中最高尚的普罗提诺和学院派的图利"[⑤]关于上帝和灵魂的观点都优于亚里士多德，但两人还是陷入了谬误，因为他们不知道人之超性的目的，不知身体的真正复活和

---

① 奥古斯丁，《论信仰的用处》，11，25；波纳文图拉，《短论》，1，1，4。

② 《短论》，1，1。

③ 《以神学为诸艺之基础》，4。

④ 《六天造物注疏》，4，2。

⑤ Tully，也就是西塞罗。—— 译者注

永恒的真福。[①]没有信仰的光照，他们是不可能认识这些的，可他们恰恰陷入了谬误，正是因为他们没有获得信仰之光。同样，一位单纯研究形而上学的人会获得关于最高原因的认识，但如果他只是一位研究形而上学的学者，那他就会到此为止。而如果满足于此，他就错了，因为他把上帝思考为与上帝本身不同的那样，他并不知道上帝是同一的，却又拥有三个位格。“哲学学问是通往其他学问的道路；但那个止步于此的人会陷入黑暗。”[②]换言之，波纳文图拉不是在否认哲学家获得真理的能力，但他认为仅满足于哲学的人（也就是单纯是哲学家的人）必然会陷入谬误。通过理性，人可以获知唯一上帝的存在，接着，他会在信仰之光中认识到，这样一个统一体是本性在三个位格中的统一，这是一回事。然而，如果他在得出唯一上帝的统一之后就止步不前，这就又是另一回事了。在后一种情况下，人肯定了上帝的统一性，却把三个位格排除在外，这么做也是在犯错。如果有人反驳说，这不一定是排除了三个位格，因为一位哲学家可以完全不顾天启，这样，他的哲学认知虽然是不完整的，却仍然是有效且正确的。毫无疑问，波纳文图拉会回答道，如果那人只是一位哲学家并且停留在哲学之中，他也就会坚信上帝只是本性为一，而非有三个位格。为了能够允许这个知识变得完整，他就必须已经拥有信仰之光。信仰之光并不提供关于上帝存在的理性论述（即在哲学上，“上帝”的确存在），但它保证哲学能够“开放”，并且它不是如此自闭，以至于会产生错误。

从这些前提中，我们也就很容易得出波纳文图拉关于亚里士多德主
247 义的看法了。亚里士多德作为自然哲学家是卓越的。也就是说，就可感物体而言，这一点波纳文图拉是承认的：只不过他不承认亚里士多德是一位真正的形而上学家，也就是说，亚里士多德的形而上学并不让人满意。有些人认为，亚里士多德在其他学问中是如此卓越，也就自然而然地认为他必然在形而上学领域也获得了真理。但这并不成立，因为为了构建一个让人满意的形而上学系统，信仰之光是必须要有的。此外，亚里士多德在其他学问中如此卓越，恰恰是因为他的思想和兴趣就在那里，使得他并不

① 《六天造物注疏》，7，3，及以下。
② 《论赐予》（*De Donis*），3，12。

倾向于构建出一个可以指向更远的、超出自己的哲学。所以，他拒绝在世界之外去寻求世界的原理：他驳斥了柏拉图的理念，[①]并把世界视为永恒的。[②]他从对柏拉图理念论的否定中，不仅可得出对造物的否定，也能得出对上帝关于单个个体的知识以及神之预先的知识的否定。[③]而且，阿维洛伊至少认为亚里士多德持有关于唯一理智的学说，从而也就会得出他否认了个体的人在死后会有真福或受到惩罚的结论。[④]总而言之，亚里士多德比柏拉图或普罗提诺犯了更多的错误。

如果牢记天主教哲学家在实践中的态度，我们或许会更清晰地看到波纳文图拉对哲学和神学之间关系的想法。比如，天主教哲学家发展出上帝存在的论述，但是波纳文图拉此时并没有成为无神论者或打算否认对三位一体的信仰：他在他已经相信的内容之光照下做哲学，而且他得出的结论不是一个会排除三个位格的神的统一。另一方面，他关于上帝存在的论述是理性论述：其中，他没有提到信理，而这些证据的价值本身也基于它们的哲学性优势或劣势。从心理学角度来看，哲学家是在他已经拥有的信仰之光中来进行他的论述的，他在研究哲学的时候也没有抛弃信仰，他的信仰则帮助他提出正确的问题和避免错误的结论，虽然他在哲学论述之中，没有对信仰做任何形式上的运用。托马斯主义者当然会说，对哲学家来说，信仰是一个外在的规范，而且哲学家是不考虑信仰的——就算他不否定信仰；而且一位异教徒至少理论上能够在哲学中获得同一的结论。波 248
纳文图拉却会回答说，就算哲学不可以在这个或那个形而上学论述中在形式上运用信仰，但哲学家必定是在信仰之光中进行哲学研究的，而且这是一件积极的事情：信仰的活动对哲学家的思想有着积极的影响，而如果没有它，哲学家必定会陷入谬误。我们无法确切说波纳文图拉只相信一个不加区分地包含了哲学和神学真理的基督教智慧，因为他承认有一个学问的分类，其中包含哲学。但是，只要承认了后一点，我们就可以说，他的理

① 《六天造物注疏》，6，2。
② 同上，4。
③ 同上，2—3。
④ 同上，4。

想是一个基督教智慧。其中，圣言之光不仅仅光照着神学，也光照着哲学真理，如果没有它，这些真理都是无法获得的。

我已经提到过，波纳文图拉肯定是讨论过哲学问题的，他有权被放在哲学史之中，我也不认为这会有任何严肃的争议。但是，他仍然是一位神学家，并且作为神学家而写作。他并不把哲学问题和难点作为纯粹的哲学对象来讨论。托马斯·阿奎那首先也是一名神学家，他也首先作为神学家来写作。但他的确详细讨论了哲学问题，甚至撰写了一些哲学著作。波纳文图拉却没有这么做。我们今天不会把《语录》注疏视为哲学著作。所以，吉尔松在对波纳文图拉哲学思想的杰出研究之中说到，有着一个可以清晰地定义其精神和内容的波纳文图拉哲学系统，这就显得有些夸张了。我们已经看到，波纳文图拉承认哲学是一门单独的、与神学相区分的学问。但就自身而言，他可以被称作一位“偶然”（per accidens）的哲学家。在某种意义上，就任何一位首先是神学家的中世纪思想家而言，这都是真的，甚至在说托马斯的时候也是这样。但这种说法在针对一位首先关注灵魂与上帝之关系的思想家的时候才是最恰当的。另外，吉尔松或许也倾向于夸大波纳文图拉对异教徒哲学（特别是对亚里士多德）的敌意。我确实承认波纳文图拉攻击过亚里士多德的形而上学（这是一个不可否认的
249 事实），而且他认为，任何一位仅仅身为哲学家的哲学家必然会陷入谬误。但在这个语境中，我们应该想起这一事实：托马斯本人也坚持认为启示在道德上是必要的。就此，托马斯和波纳文图拉的意见是一致的。在异教徒与基督教不相容的地方，他们都排斥了异教徒的哲学，虽然他们对于哪些具体的地方要被排斥以及我们要在多大程度上跟随亚里士多德，有着不同意见。

然而，虽然我认为吉尔松所拥有的天赋能掌握单个思想家的精神，并能对其进行清晰的形象描绘，致使他夸大了波纳文图拉哲学的系统性的一面，并且就异教徒哲学家而言，在波纳文图拉和托马斯的观点之间，他所见到的对立要比事实上存在的要大。但我不能苟同 M. 费尔南

德·范·斯坦伯尔根（M. Fernand Van Steenberghen）的断言[1]，即“波纳文图拉的哲学是折中的、被新柏拉图主义化了的亚里士多德主义，并被放在了服务于奥古斯丁神学的位置上”。波纳文图拉大量使用亚里士多德主义，这是完全真实的。但在我看来，他的哲学启发是那种因为没有更好的称呼而被暂时称为“奥古斯丁主义”的思想。我在提到奥弗涅的威廉时也已经提到，采用了某些挑选出来的亚里士多德学说的奥古斯丁学派神学家是否应该被称为不完全的亚里士多德主义者或修正奥古斯丁主义者，这在很大程度上取决于立场和态度。但是，现在我们所讨论的这位人物的所有兴趣都集中于灵魂上升到上帝的进程，并如此强调上帝的光照活动。另外，范·斯坦伯尔根先生在批评吉尔松先生时说道，这位人物从未为了哲学本身而发展出一套哲学。那么，在讨论这位人物的时候，在我看来，“奥古斯丁主义”也就是唯一适合用来描述他的思想的词语了。这么做，至少符合“大体决定部分”（maior pars trahit minorem）这一原则，也至少因为精神必须优先于文字。

---

① 《亚里士多德在西方》（*Aristote en Occident*），第 147 页。

第二十六章

波纳文图拉（二）：上帝的存在

波纳文图拉之上帝存在证明的精神——从可感世界出发的证明——关于上帝的先天知识——安瑟伦的论证——从真理出发的论证

250 1. 我们已经见到，和圣奥古斯丁一样，圣波纳文图拉的兴趣首先在于灵魂与上帝的关系。这个兴趣影响了他对上帝存在之证明的讨论。他首先关注的是去展现这些证明是灵魂上升到上帝之进程的几个阶段，或针对灵魂上升到上帝的进程来讨论它们。我们要意识到，作为这些证明之结论的上帝并不是单纯的智性之抽象原理，而是基督教意识中的上帝，作为我们的祈祷对象的上帝。当然，我不是要说，在“哲学家们的上帝”和（宗教）经验中的上帝之间有着任何鸿沟或不可调和的紧张关系。但因为波纳文图拉首要地是对作为敬拜和祈祷的对象的上帝和作为人之灵魂的最终归宿的上帝感兴趣的，他也就倾向于把这些证明视为不同的阶段，以此来使得我们注意到上帝的自我展现——不管是在质料世界还是在灵魂本身内部的展现。确实，就像可期待的那样，与从质料世界出发的证明相比，他更多强调了从内心出发的证明。他也确实从外部的感性世界出发，证明了上帝的存在（圣奥古斯丁曾这么做）。他也指出，从对有限的、不完满的、组合的、变化的和偶然的存在者的认识出发，我们可以上升到对无限的、完满的、纯一的、不变的和必然的存在者的认识。然而，他没有系统地展开这些证明，但原因并不在于波纳文图拉不能使用逻辑来对其加以展开，而在于他深信上帝的存在对灵魂而言通过内省自身就如此明了，以至于外部的受造物只起到提醒我们的作用。在他写到“天穹叙述上帝之荣耀，苍穹宣扬他双手的工程”（Coeli enarrant gloriam Dei, et opera manuum eius annuntiat firmamentum）的时候，他的态度也就等于《诗篇》的态度。所以，有限和偶然的物体之不完满性就要求并证明了一个绝对完满——即上帝——的存在，这是真的。但是，波纳文图拉以真实的柏拉图主义的方式
问道：“如果理智并未认识到那没有缺陷的存在者，那么它如何知道这个 251
存在者有缺陷、不完满呢？”[①] 换言之，关于不完满的观念也就预设要有一个完满的观念。这样，完满或完美的观念也就不是单纯可以由否定或抽象而得来的了，对受造物之有限和不完满的思考也就仅仅被用来提醒灵魂，或用来让灵魂对那在它而言已经明了和已知的对象获得一个更加清晰的意识。

2. 波纳文图拉从来没有否认过可以从受造物出发来证明上帝的存在：正好相反，他在《四部语录注疏》中[②] 声明，上帝可以通过受造物而被认知，就像原因可以通过效果而被认知那样。他接着说道，这种模式的认知对人来说是自然的，因为对我们而言，感性物体是我们获得“智性”（intelligibilia）对象（即超越了感知的对象）的认知手段。真福圣三不可能以同样的方式，凭借理性的自然之光得到证明，因为我们无法通过否定受造物的特定质性或界限而得出三个位格，也不可能由肯定的方式将受造物的某些属性赋予上帝。[③] 所以，波纳文图拉很清楚地教授到，自然的和“哲学性的”关于上帝的认识是可能的。另外，针对通过感性物体进而认识上帝这个途径，他提到了关于心理上的自然性，这一点在性质上是亚里士多德主义的。在《六天造物注疏》中，[④] 他论述道，如果存在着一个被创造的东西，那么也就必然要有一个第一存在者，因为必然要有一个原因：如果有一个从他者而来（ab alio）的东西，那么也就必然有一个凭

① 《心向上帝的旅程》，3，3。

② 1，3，2：“为什么上帝可以借着受造物得以认知”（Utrum, Deus sit cognoscibilis per Creaturas）。

③ 《四部语录注疏》，1，3，4。

④ 《六天造物注疏》，5，29。

借自身（a se）的存在者。而如有一个组合的东西，那么也就必然要有一个单纯的存在者，因为动者要被归因到不动者（quia mobile reducitur ad immobile）。最后一句指的显然是亚里士多德对不动的推动者的证明，虽然波纳文图拉提到，亚里士多德只是说他沿着这一思路一直论述到世界之永恒，而在这一点上，这位哲学家错了。

类似地，在《论三位一体之奥秘》（*De Mysterio Trinitatis*）[①]中，波纳文图拉给出了一系列简短的论述，以展现受造物是如何清晰地宣称上帝之存在的。比如，有着一个依赖他者的存在者（ens ab alio），就一定要有一个不依赖他者的存在者（ens non ab alio），因为没有任何东西能够将它自身从一个非存在的状态带入一个存在的状态，最终，必然要有一个自身存在着的第一存在者。另外，如果有一个可能的存在者（ens possibile），
252 即可能存在或不存在的存在者，那么也就一定有一个必然的存在者（ens necessarium）。它没有不存在的可能性，因为要解释一切可能的存在者是如何开始存在的，就需要它来作为根据。如果有一个潜在的存在者（ens in potentia），那就必然要有一个现实的存在者（ens in actu），因为如果不是通过一个凭借自身而在现实中的动者的话，就没有一种潜能能够进入到现实。最后，也必然有一个纯粹的现实（actus purus），一个处在纯粹现实之中的存在者，它没有任何潜能，它就是上帝。而且，如果有一个可动的存在者（ens mutabile）的话，也就必然要有一个不变的存在者（ens immutabile）。因为就像那位哲学家所证明的那样，运动（或变化）必须要在不动（不变）的动者那里寻求它的原理，而且它的存在是以不动的存在者为目的而存在的，后者是它的目的因。

波纳文图拉使用的那些亚里士多德论述的章节的确会让人觉得，他关于将灵魂上升到上帝的进程视为受造物对上帝存在的见证的那些论述并不成立。但是，他在不同的地方[②]清晰地提到，他把可感世界看作上帝的映照，并认为感性知识（或通过感官或对感官对象的反思所获得的知识）从形式上看，是灵魂之精神性上升阶段的第一步，在此生中，这

① 《论三位一体之奥秘》，1，1，10—20。
② 比如，他的《心向上帝的旅程》第一章。

一上升进程的最高阶段是通过心灵之巅峰（apex mentis）或意识之火花（synderesis scintilla）而达到的对上帝的经验认知（就这一点，他展现出了对奥古斯丁和维克托学派传统的忠诚）。而在《论三位一体之奥秘》中，在上面我们引用过的证明的同一章里，他着重肯定了上帝的存在无疑是一个自然地根植在人之心灵里的真理（上帝存在这一事实对人的心灵来说是无法质疑的，如同它是以自然的方式植入人心中那样：quod Deum esse sit menti humanae indubitabile, tanquam sibi naturaliter insertum）。接着，在对他就此已经说到的那些内容做补充的时候，他宣称，有第二条展现上帝之存在为不容置疑的真理的道路。这第二条道路在于展现每一个受造物所宣扬的都是不容置疑的真理，而且在这里，他给出了他的一系列证明，或更确切地说，一系列表明受造物的确宣扬了上帝之存在的征象。接着，他添加了展现上帝之存在的不容置疑的第三条路，并随之给出了他就安瑟伦在《独白》中给出的证明的版本。波纳文图拉肯定了上帝的存在是自明的，而且无法被质疑，这完全是毫无疑问的：问题恰恰是，他在说这一点的时候指的到底是什么。我们将在下一节中对此加以讨论。

3. 首先，圣波纳文图拉并不认为每个人都有明确和清晰的关于上帝的认识，更不用说每个人自出生或会运用理性时起就有这样的认识了。他 253
清楚地意识到了拜偶像者和那种愚人（insipien，即在心中说上帝不存在的那种傻子）的存在。拜偶像者的存在当然并没有带来太多困难，因为拜偶像者和异教徒并不否认神的存在，他们只是有一个错误的神的观念。但愚人的情况如何呢？比如，他发现不虔敬者在此世并不总会受到惩罚，至少有时他们还显得比很多好人都过得好。从这里，他得出结论说，并没有上帝的预见，这个世界也没有一个神性的主宰者。[1] 此外，在对这个反驳做回应的时候，他还明确地肯定，[2] 试图证明那些自明的东西、那些谁都不质疑的东西的存在是无用的。虽然就客观证据而言，上帝的存在是无法质疑的，但他的存在却可以由于我们缺乏思虑（propter defectum considerationis ex parte nostra）而被质疑。这不就显得波纳文图拉其实就

① 《论三位一体之奥秘》，1，1，结论。
② 同上，12。

是在说，上帝的存在从客观上来说是无法质疑的（也就是说当我们考虑到证据的时候，这是无法质疑且符合推理的），但从主观上来说是可以被质疑的吗（也就是说，因为这个或那个人没有足够关注客观证据）？那么，如果这就是波纳文图拉在声称上帝的存在无法质疑且不证自明时所想表达的，那他的观念是如何与托马斯的观点相区分的呢？

答案似乎是这样的。虽然波纳文图拉没有预设在每一个人心中都有明确而清晰的关于上帝的观念，但他更没有预设每个人或多或少都有些对上帝的直观或体验。不过，他肯定预设了每一个人都有着对上帝的模糊的意识，这是一种蕴含的知识，且无法被完全否定。唯独经由内在的反思，它会变成一个明确而清晰的意识，虽说它有时会需要对可感世界之思索的协助。所以，关于上帝的普遍知识是蕴含的知识，而非明确的知识。但若说它是蕴含的，这是在唯独通过内在反思而变得明确这个意义上来说的。托马斯承认有一个关于上帝的蕴含的知识。他在说这一点的时候，指的却是通过对感性世界事物的思索和从效果到原因的推理，心灵有能力获得关
254 于上帝存在的知识。波纳文图拉在说蕴含的知识的时候，所指的含义却更多，也就是说，他指的是实际存在的关于上帝的知识，是模糊的意识，但可以变得明确，而不需借助感性世界。

如果把此观念运用到波纳文图拉的具体例子上，我们就能更好地理解它。比如，每一个人都具有对幸福的自然渴望（对真福的欲求：appetitus beatitudinis）。但是，幸福在于对至高善（即上帝）的拥有。所以，每一个人都渴望上帝。但是，如果没有一点关于所渴望的对象的认识（缺乏任何类型的认识：sine aliquali notitia），也就不可能有任何渴望。所以，上帝或至高善是存在的，这个认识自然地根植于灵魂之中。[①] 与此类似，理性灵魂有着关于它自身的认识。但是，对灵魂来说，上帝是最显明、最就其自身而言可知的。所以，在灵魂中，已经植入了关于它的上帝的认识。如果有人反驳说灵魂作为对象是与它的认识能力相符的，上帝则不然，那我们就可以回应说，如果此话为真，那么灵魂就永远不会获得对

① 《论三位一体之奥秘》，1，1，7。

上帝的认识，而这很明显是错的。[①]

依照以上论述路线，人之意志也就自然地以至高善（上帝）为定位。但是，除非至高善——上帝的确存在，否则，此意志的定位就不可解释。不仅如此，这个定位也预设了对上帝的先天知识。[②]这个知识不一定要是明确的或清晰的，因为如果它真的如此，那就不可能有无神论者了。它是蕴含着的、模糊的。如果反驳说此类蕴含和模糊的知识根本就不是什么知识，我们可以回答道，一个没有偏见的人在思索他灵魂朝向幸福的定位的时候，会意识到他意志的朝向也就蕴含着存在一个相符的对象，而此对象（即完满的善）一定存在，它就是我们称呼中的上帝。他会意识到，这一追寻蕴含着对上帝的暗示，因为人们不可能去追寻一个**全然**不为人所知的对象。所以，通过对自身的思索、对自身之依赖性的思索和它自身对智慧、平安或幸福之渴望的思索，灵魂就能认识到上帝的存在甚至上帝的临在，以及上帝在它之中的运作：对它来说，不必到外部去寻觅，它只需追随奥古斯丁的建议，进入自身。这时它就会见到，它一直都有着某种上帝 255
的痕迹、某种对上帝的模糊意识，以及关于上帝的“实际”认识。追寻幸福（每一个人都必然要追寻幸福）却否认上帝的存在，这实际上犯了自相矛盾的错误；这实际上是在口头上否认了意志所承认的内容，或在涉及智慧而言，在口头上否认了理智所承认的内容。此论述线索是否有效，不是我在此想要讨论的。很明显，对此论述，我们可以反驳说，如果没有上帝，那么对幸福的追求就是无意义的（frustra），或可能有着上帝之存在以外的其他原因。但至少有一点是清楚的：波纳文图拉没有以后来受到洛克攻击的那种天赋观念之粗糙形式预设一个关于上帝的天赋观念。而且，当波纳文图拉声称灵魂知道上帝对它来说是最显明的时，他也并没有在声称一种本体主义（ontologism）或声称灵魂能立即直观到上帝。他指的是灵魂认识到自己的依赖性，并在反思中认识到它就是上帝的肖像：它在上帝的肖像中发现上帝。因为它必然能认识到自身，意识到自身，也就至少

---

① 《论三位一体之奥秘》，10。

② 当我在这里提到意志的一种“自然”面向时，我并不是在严格的神学意义上使用这个词，而是指具体的人的意志指向对上帝的到达，同时也不考虑是否存在一种见到上帝的自然欲望（desiderium naturale videndi Deum）的问题。

能以蕴含的方式认识上帝。通过思考其自身，它可以使蕴含的意识变得显明，而无须涉及外部世界。这里是不是在比在形式上更广的意义上来说的（也就是说，所指的要多于外部世界没有被明确提及这一点）或许是有争议的。

4. 我们已经看到，对波纳文图拉来说，从外部世界出发的论述预设了某种关于上帝的意识。因为他问到，如果心灵先前并没有关于完满的意识，它是如何得知感性事物的有缺陷和不完满的呢？只有通过与完满的对比，它才能够认识到受造物的不完满。当讨论到他从《独白》中所采纳的安瑟伦的证明阐述时，我们必须接受这一观点。

在《语录》注疏中，[①] 波纳文图拉回到了安瑟伦的论述那里。人们无法设想一个比上帝更伟大的存在。但是，无法被设想为不存在的，要比可以被设想为不存在的更加伟大。所以，由于人们不可能设想一个比上帝更伟大的存在，因此也就不可能设想上帝的不存在。在《论三位一体之奥秘》中，[②] 他引用并以较大的篇幅阐述了这个论述。同时他指出，[③] 如果有人有着错误的关于上帝的观念，且没有意识到上帝就是那位人们不可能设
256 想有比他更伟大的存在，这个人就会产生怀疑。一旦心灵意识到关于上帝的观念到底是什么，它也就必然会认识到上帝的存在是无法被质疑的。它还会认识到，上帝的不存在甚至根本无法被设想。至于高尼罗对“一切可能岛屿中最好的那个”的反驳，波纳文图拉回答道，[④] 这里并不存在任何可比性。因为在那个无法设想比它更伟大的存在者的概念中是没有矛盾的，而在那无法设想有比它更完美的东西的岛屿之观念中，是有着概念上的矛盾的（形容矛盾：oppositio in adiecto[⑤]），因为“岛屿”指的是一个不完满的东西，“而无法设想有比它更完美的东西”指的却是一个完美的存在者。

---

① 1，8，1，2。

② 1，1，21—24。

③ 同上，结论。

④ 《论三位一体之奥秘》，1，1，6。

⑤ 传统逻辑中的一个术语，也就是说在描述一个主词的时候附加给它的描述性概念（adiectum）与它构成了矛盾。——译者注

这种论述的方法会显得是纯粹逻辑式的，但如同已经说过的那样，波纳文图拉并不把完美的观念视为仅仅通过对受造物之不完美的否定而获得的东西，而是将其视为我们对受造物之不完美的认识的必要前提，这至少是在人对完美之渴望（即蕴含着先前就有的对此的意识）这个意义上说的。波纳文图拉预设了一个实际的关于完满的天赋观念（与柏拉图和奥古斯丁的传统相符），这其实除了上帝在灵魂上的印痕之外，不可能为别物。不过，这不是在说灵魂是完满的，而是指灵魂领受了关于完满的观念，或是在说，在上帝之光中，通过神之光照，关于完满的观念得以形成。此观念不是否定性的，对它的认识在具体的存在中是不可以被否认的，因为此观念自身的临在必然蕴含着上帝的存在。就这一点而言，我们可以注意到至少在波纳文图拉和笛卡尔之间存在着的相似。[①]

5. 最受奥古斯丁青睐的上帝存在的证明是从真理和永恒真理之存在出发的那个：波纳文图拉同样使用了这一论述。比如，每个肯定命题都肯定了某个事物为真；但是，任何真理的肯定也就肯定了一切真理之原因。[②]就算有人说，某人是头驴，无论这一陈述正确与否，它都肯定了最早的真理的存在，而即使有人声称没有真理，他也肯定了这种否定为真，他的这一声称也就蕴含了真理之根基和原因的存在。[③]除了通过第一真理之外，
没有一条真理能够被发觉，而它（一切其他真理都通过它而被发觉）是一 257
条不容置疑的真理：所以，由于第一真理即为上帝，因此上帝的存在是不容置疑的。[④]

然而我要重申，波纳文图拉并不只是在进行一个字面的或逻辑的论述。在《六天造物注疏》中，[⑤]他指出，那个说“没有真理”的人是自相矛盾的，因为此人肯定了“没有真理”这一说法为真。他说到，灵魂之光是真理，它明照着灵魂，以至于后者无法否定真理的存在，除非它要自相

① 参见吉尔松对《方法论》（*Discours de la Mèthode*）之评注中关于完满之观念的那一处。

② 《四部语录注疏》，1，8，1，2，结论。

③ 同上，5 和 7。参见《论三位一体之奥秘》，1，1，26。

④ 《论三位一体之奥秘》，1，1，25。

⑤ 《六天造物注疏》，4，1。

矛盾。对任何真理的肯定则同时肯定了一切真理之原因。而在《心向上帝的旅程》中，[①]他认为，心灵只有在神性之光中，才会把握永恒的真理并做出确定和必要的结论。除非在真理本身的引导之下，否则，理智就无法确定地把握到任何真理。否认上帝的存在并不只是简单地犯了自相矛盾的逻辑错误，它同时否认了心灵获得确定性之必要源泉的存在，否认了那个光照着一切来到这个世界的人的光芒：这也就是以源自那源泉的东西的名义来否定源泉本身。

① 《心向上帝的旅程》，3，2，及以下。

第二十七章

波纳文图拉（三）：受造物与上帝的关系

模型论——神之认知——不可能从永恒中造物——由否认模型论和造物而来的错误——受造物与上帝的相似，类比——这个世界是可能的世界中最完美的世界吗？

1. 我们已经看到，波纳文图拉所采取的证明的思路不是引向亚里士多德的那个超越且自足的不动的推动者（虽然他毫不犹豫地使用了这位哲学家的思想，而且在他认为恰当的时候引用了后者的叙述），相反，他的思路是引向上帝，那个同时超越的和内在的上帝、引导我们意志的上帝，他是真理本身，是一切特殊真理之根基，也是神性之光，通过他在灵魂之中的光照，对确定真理的把握得以成为可能。上帝是在人性灵魂和自然之中得到映照的原型，是完满者，通过他，人之灵魂获得关于完满的观念。它向灵魂揭示了它一直在寻求的对象，虽然是以一种半意识的方式；而上帝其实一直都是在它之中运作的。关于上帝的更多的认识则是通过启示得来的，这是哲学认识之冕，并向灵魂打开了通往更高层次的精神生活以及通往与上帝合一的可能性的道路。以这种方式，上帝存在的论述也就与灵魂的精神生命密切结合在一起。所以，哲学和神学就融为一体，前者引导后者，后者则阐明了前者的深层含义。 258

我们可以在波纳文图拉的模型论中见到另一种类似的哲学与神学的融合，这在他眼里是至关紧要的。在《六天造物注疏》[①] 中，他指出模型

① 《六天造物注疏》，1，13。

论是形而上学的核心。他说，形而上学家以对受造物的考察为起点，也就是说以特殊的实体为起点，进而研究非受造的、普遍的实体（当然，这不是在泛神论的意义上来说的）。这样，就普遍讨论的是万物之起源的原理
259 这一方面而言，他类似于一位自然哲学家，后者也考察事物之起源。在把上帝视为最终目的这一方面，他的讨论对象与道德哲学家所讨论的对象有些重合。后者也把至高善视为最终目的，并关注实践和思辨秩序中的幸福。但是，在形而上学家把上帝这至高存在者视为万物之模型因这一方面，他的对象就是他所独有的了（不与他人相通，而真正为形而上学家：cum nullo communicat et verus est metaphysicus）。不过，如果他想获得关于模型说的真理，那么形而上学家就不能在"上帝是万物之模型因"这一事实面前止步不前，因为造物之媒介（medium）是圣父的肖像，以表达圣父，以及作为万物之模型。它就是圣言。如果仅仅作为哲学家，他就不能获得关于圣言的确切认识，这是真切的。[①] 但如果只满足于做一位单纯的哲学家，他就会陷入错误：他必须受到信仰之光的照耀，从单纯的哲学走出，并意识到圣言是万物之模型因。所以，关于模型论的纯粹哲学学说为圣言神学铺就了道路，而反过来，圣言神学则阐明了哲学所获得的真理。从这个意义上说，基督不仅是神学的媒介，还是哲学的媒介。

从这个立场出发，我们也就可以得出一个关于亚里士多德的明显结论。柏拉图获得了一个关于原型理念或本质的学说，而且无论柏拉图本人是否想到过这一点，新柏拉图主义者都至少把这些理念"放置在"了神之心灵中。这样，奥古斯丁也能够就此而称赞柏拉图和普罗提诺。亚里士多德却抛弃了柏拉图的理念，并猛烈攻击了他的理论（在《形而上学》开端和结尾处，以及其他很多地方，他谴责了柏拉图的理念：in principio Metaphysicae et in fine et in multis aliis locis exsecratur ideas Platonis）。[②] 在《伦理学》中，他也攻击了此学说，虽然他所给的理由是毫无用处的（他的理由是无效的：nihil valent rationes suae）。[③] 他为何攻击柏拉图

① 《六天造物注疏》，1，13。
② 同上，6，2。
③ 同上。

呢？因为他仅仅是一位自然哲学家，只因为世间物体本身的原因而关注它们，他具有科学之言（sermo scientiae）的天赋，却没有被赋予智慧之言（sermo sapientiae）。亚里士多德拒绝鄙视感性世界，也拒绝把确定性局限在对超越者的认识之上，在这一点上，他对柏拉图的反对是正确的。后者在对智慧之路（via sapientiae）的热衷下，摧毁了科学之路（via scientiae）。他也正确地就这一点批评了柏拉图，但他自己走到了相反的极端，并摧毁了智慧之言。[①]的确，在否认模型说的时候，亚里士多德必 260
然陷入了对神之造物和神之预定的否认。这样，他的错误要比柏拉图的更糟糕。柏拉图坚持模型说，而就像我们已经见到的那样，这是形而上学的钥匙与核心。这样，由于亚里士多德抛弃了模型说，他就把自己从形而上学家的行列之中剔除出去了（我们在这里是在波纳文图拉的意义上来说形而上学的）。

但是，我们已经超越了柏拉图，并从奥古斯丁那里学到了东西，后者被赋予了智慧之言和科学之言。[②]因为奥古斯丁知道，理念是包含在圣言之中的，而圣言是造物之原型。圣父完美地认知到自身，而这一认知的行动就是他自身的肖像和表达：这是他的圣言，他表达出来的相似性（similitudo expressiva）。[③]圣言是发自圣父的，他是神性的，是神性的子（“filius”指的是 similitudo hypostastica，意为“自立体的相似性”，也就是 similitudo connaturalis，“共同本性的相似性”）。作为肖像（Imago），作为圣父的代表，作为表达出来的相似性（similitudo expressa），圣言也表达及代表了圣父所能引发的一切（quidquid Pater potest，凡是圣父所能做的）。[④]假如有人能认知圣言，他也就会认识到一切可知的对象（si igitur intelligis Verbum, intelligis omnia scibilia：假如你认识到圣言，那么你也就认识了一切可知事物）。[⑤]在圣子或圣言中，圣父表达了他所能创造的一切（即所有可能的存在物，它们都以理念或原型的形式在圣言中

① 《讲道》，18。
② 《讲道》，4，19。
③ 《短论》，1，3。
④ 《六天造物注疏》，3，4。
⑤ 同上。

得到表象）和他将要创造的一切。[①] 所以，可能的和现实中的万物之“理念”都包含在了圣言之中，这些理念不仅涉及共相，也涉及单个或个体的物体。[②] 它们在数目上是无限的，因为它们表象了一切可能的物体，表象了上帝无限的大能。[③] 当人们说“在圣言中有着无限多的理念”的时候，指的并不是这些理念在上帝之中确实是相互区分的。因为在上帝那里，除了三个位格的区分之外，没有任何其他区分：当它们被视为存在于上帝中的时候，它们与神性本质就没有区分，它们相互之间也没有区分（ideae sunt unum secundum rem：按事实来看，这些理念都是同一个）。[④] 由此可见，由于它们并没有区分，它们就不构成一个实在的等级。[⑤] 然而，虽然理念在本体论上来看是同一的，而且在它们之间没有实在的区分，但它们有一个理性的区分。这样，按照理解的方式来看，它们就是多个的（plures secundum rationem intelligendi）。[⑥] 此区分的根基不可能是神性本质中的实在区分，因为不仅理念在本体上与纯一的神性本质相同一，而且
261 就上帝对受造物而言，也没有实在的关系，因为上帝并不依赖受造物——虽然就受造物对上帝而言，却有着实在的关系。上帝与受造物不同，因此，从理念所指称或指涉的那些物体的角度来看，理念也就按其理解的方式（secundum rationem intelligendi）而相互区分。在上帝中，理念是同一的；但从我们的角度来看，它们却像处在上帝这无所不知者和那些被认知到的物体之间似的。它们之间的区分不是就它们本身是什么而言的区分（也就是说并不是实在的区分），而是就它们所指涉的是什么而言的区分，而此区分的根基就在于被指涉的物体（即受造物）的实在的多个，而非神性本质或神之认知中的任何实在区分。

柏拉图在向这样一种理念论而努力，但他缺少信仰之光，无法上升到真实的学说，因此必然半途而废：为了获得理念的真实学说，必须要有

① 《六天造物注疏》，1，13。
② 《四部语录注疏》，1，35，唯一的一章，4。
③ 同上，5。
④ 同上，2。
⑤ 同上，6。
⑥ 同上，3。

关于圣言的认识。另外，正如受造物是借由圣言之媒介而被创造且除了通过圣言就无法被创造的那样，除非考虑到它们与圣言的关系，否则它们也无法被真正地认识。亚里士多德是（且的确是）一位杰出的自然哲学家，但哪怕就他有限的研究对象而言，他也不可能真正达到认知，因为他并不考虑它们与圣言的关系，不把它们视为神性肖像之映像。

2. 那么，上帝认识一切在时间中会实现的有限的善的事物，这种知识被波纳文图拉称作认可之认知（cognitio approbationis），上帝之意志的欣然认可（beneplacitum voluntatis）覆及了对此类物体的认知。他不仅认识一切曾有过的、正存在的和在时间长河中将会出现的善的事物，还认识一切恶的事物。波纳文图拉将这种认识称为直观之认知（cognitio visionis）。不用说，波纳文图拉并不打算暗示恶在上帝那里有着模型理念：恶其实是受造物那里的缺失，这样的受造物没有成为按它们在上帝那里所对应的理念而应该成为的样子。上帝也认识一切可能的事物，这种认知被波纳文图拉称作智性的认知（cognitio intelligentiae）。它的对象是可能的事物，按数目来说是无限的，而前两种认知的对象是有限的。[①] 这三种知识类型在上帝之中却不是偶性，并不相分：从本体论上来看，它们在上帝之中是同一个认识的活动，与神性本质同一。

上帝的认知活动是无限和永恒的，这样，万物都展现在他眼前，甚 262
至包括未来的事件：在神之认知中，没有先后顺序的区分；我们就算说上帝的“预知”，也必须把未来理解为涉及对象自身（在这个意义上它们在时间上有先后顺序，上帝也知道它们在时间上的先后）；但如果涉及神之认知本身，情况就不是这样了。上帝借由同一个永恒的活动来认识万物，在此活动中，没有时间先后，没有以前和以后。但是，上帝通过这同一个活动而以永恒的方式认识万物，并认识到它们在时间上是有先后的。所以，波纳文图拉就“上帝以当下的方式（praesenter）认识万物”这句话提出了一个区分，他指出，这种当下性（praesentialitas）必然要放在与上帝的关联之下（a parte cognoscentis：从认知者的角度出发）被理解，而

---

① 参见《四部语录注疏》，1，39；1，2 和 3。《论基督的知识》（*De Scientia Christi*），1。

不是在与被认知的对象的关联之下（a parte cognitorum：从被认知的角度出发）来理解。如果是在后一种情况下来理解，那就会得出结论，万物之间相互而言都是当下的。而这是错误的，因为它们并不都是同时和当下的，虽然它们对上帝而言都是当下的。[①]他说，[②]试着想象一只眼睛不动地专注看着一堵墙，并且在一个直观的活动中，观察到在墙下的所有人和物体的运动。这只眼睛没有变化，它的直观活动也没有变化，但墙下的事物有了变化。波纳文图拉说道，这个例子所要说明的东西和这个例子本身是非常不同的，因为神之认知是无法以这种方式来描绘的，但这个例子能够帮助我们试图理解神之认知的真正含义。

3. 假如没有神性的理念，假如上帝没有对自身以及他所能引发或将引发的一切的认知，那也就不会有造物了。因为造物要求造物主自己要有认知和意志。由此，亚里士多德在拒绝理念的同时也就拒绝了造物。并且他还教授了世界——一个不由上帝所创造的世界——的永恒，这一点就并不让人吃惊了。至少所有的希腊教会博士都认为他持有这个观点（比如尼撒的圣格列高利、纳西安的格列高利、大马士革的约翰和巴西流，以及所有的阿拉伯诠释者），而此时你从不会发现亚里士多德本人说到世界有一个开端：他确实谴责了柏拉图，后者是希腊哲学家中唯一一位似乎说到时间有开端的。[③]波纳文图拉没有必要如此小心翼翼地说话，因为亚里士多德肯定不相信世界是从无中被创造出来的。

托马斯从哲学的角度出发，并没有在造物的理念与世界的永恒之间
263 发现任何不相容的地方。这样，对他而言，世界在时间中可能是没有开端的，却是被造的，也就是说，上帝可能从永恒创造了世界。然而，波纳文图拉却认为，世界之永恒是不可能的，而且上帝不可能从永恒出发创造它。如果它是受造的，那么时间也就必然有一个开端。那么，否认时间有着一个开端也就等于是在否认世界是被造的；而证明了没有一个开端的永恒运动或时间，也就不可能证明世界是被造的。所以，波纳文图拉认为，

---

① 参见《四部语录注疏》，39，2，3，结论。
② 同上，2，结论。
③ 《六天造物注疏》，6，4。

亚里士多德主义关于世界永恒的观点与对造物之否认**必然地**联系在一起，而托马斯是不同意这个观点的。这一观点使得波纳文图拉与亚里士多德的对立变得尖锐。波纳文图拉和托马斯自然都接受世界在时间中有一个开端这一事实，因为这是神学所教授的。不过，他们俩在“是否可能从永恒中造物”这一抽象的可能性问题上产生了意见分歧。波纳文图拉深信这是不可能的，自然地，如果它可能，就会使得他对亚里士多德坚定地采取敌对态度。亚里士多德把这一点视为事实，而不只是可能。对波纳文图拉而言，这必然就显得是在宣称世界并不依赖上帝，他认为，这归根结底是因为这位哲学家抛弃了模型说。

波纳文图拉是出于哪些理由认为没有开端的永恒运动或时间是不可能的呢？他的论述或多或少就是托马斯用来当作对他自己的学说加以反驳的那些论述。下面给出几个例子：

（1）如果世界是从永恒起就存在的，我们将得出结论，可以对无限做加法。比如这样一来，就会已经有了无限多的太阳的周转，而每天又可再加上一个周转。但是，对无限做加法是不可能的，所以，世界不可能是一直就已经存在着的。[①]

托马斯回答道，[②]如果时间被认为是永恒的，那它的无限就是从过去来看（ex parte ante）而非从未来的角度（ex parte post）得出的。有一个无限，它以当前为终点受限，而从有限的这一端而递加。对此是没有可信的反驳的。对于托马斯的说法，波纳文图拉回应道，如果只考虑过去，那么我们就必须承认有无限多的月亮的周转。但一个太阳的周转也就有着12个月球的周转。如此，我们就面对着两个无限的数目，其中的一个为另一个的12倍。这是不可能的。

（2）不可能已经有无限的序列已经经过。这样，如果时间是永恒的， 264
也就是说，没有一个起点，世界也就绝不可能到达今日。但它很明显到了今日。[③]

① 《四部语录注疏》，2，1，1，1，2，1。

② 《反异教大全》，2，38。

③ 《四部语录注疏》，2，1，1，1，2，3。

对此，托马斯回答道，[①]每一次经历或穿越（transitus）都要求有起点和终点。但如果时间是无限长的，那也就不会有起点，也就没有经历，这样，我们对此也就无可反驳了。波纳文图拉回应道，在过去要么有一个距离今日的周转无限久远的太阳之周转，要么没有。如果有的话，那么那个周转是直接跟在那个离今日之周转无限远的周转后面的吗？此周转是否也距离今日无限远呢？如果不是，那么假设中的那个无限远的周转也就不可能是无限远的，因为在“第一”和“第二”周转之间的间隔是有限的。如果是这样，那么第三和第四个周转等又如何呢？它们离今日之周转是否都是无限久远的呢？如果是，那今日的周转离它们也就不比离第一周转更近。在此情况下，也就没有先后次序了，它们就都变成同时的了，这是荒唐的。

（3）同时存在无限多的具体事物，这是不可能的。但是，如果世界永恒存在，那么现在也就会有无限多的灵魂存在。所以，世界不可能是永恒存在的。[②]

对此，托马斯回答道，[③]有人说，人之灵魂在身体死后就不存在了；而其他人认为，只有一个（共同的）理智存留了下来；又有人持灵魂转世的学说；还有一些作者认为，那些没有排序的物体（in his quae ordinem non habent）是有可能以无限的数目现实地存在的。托马斯本人自然并不秉持前三个意见中的任何一个，至于第四个意见，他最终的态度似乎是不确定的。这样，波纳文图拉能够非常尖锐地说，灵魂转世学说在哲学上是个错误，而且与亚里士多德的灵魂论相悖；仅留存一个普遍理智的学说则是个更加严重的谬误。对于现实地存在着无限多数目的可能性，他相信这
265 也是个错误的观点，因为无限的数量不可能得到排序，从而也就不可能依照神的预定，而事实上，上帝所创造的万物都要依照他的预定。

所以与亚里士多德相反，波纳文图拉坚信，我们是有可能以哲学的方式来证明世界有一个开端的，而且永恒造物的思想包含了一个“显明

① 《反异教大全》，2，38；《神学大全》，Ia，46，2，针对 6。
② 《四部语录注疏》，2，1，1，1，2，5。
③ 《反异教大全》，2，38。

的矛盾”。因为如果世界是从无中被创造的，它就在不存在之后有了存在（esse post non-esse），[①]也就不可能从永恒出发而存在。托马斯回答道，那些声明从永恒中造物的人并不是在说世界是在无之后（post nihilum）被创造的，而是在说，它是“从无中被创造”的，也就是与“从某物中被创造”正好相反。这也就是在说，这里根本就没有蕴含时间的观念。在波纳文图拉眼中，说世界是永恒的和不是受造的（这是一个用哲学即可证明为伪的谬误）已经够糟糕了，但要说它是从无中永恒受造的，那就是明显的自相矛盾。“这是违背理性的，所以我不相信任何一位具有一点头脑的哲学家会曾如此认为。”[②]

4. 如果模型说被否认了，如果上帝没有创造世界，我们自然也就能得出结论，上帝只认知他自身，也只作为一个目的因、作为欲望和爱的对象（ut desideratum et amatum）而进行推动，他也不知道他身外的任何个别事物。[③]在这种情况下，上帝不可能执行预定，因为在他之中并没有事物之根据（rationes rerum：物体之理念），通过后者，他认识万物。[④]波纳文图拉的学说当然是说上帝知道与他自身不同的事物，但他是在他自身中以及通过他自身（也就是借由模型理念）而认知它们的。如果他不这么认为的话，他就必定要说，神之认知是从上帝之外的物体那里获得其满全或完满的，也就是说，神之认知在某种形式上依赖着受造物。实际上，上帝是完完全全独立的：受造物依赖他，而且不能赋予他任何更多的完满。[⑤]但如果上帝是封闭在自身之内的，也就是说他没有关于受造物的知识，也不执行任何预定，那么我们就可由此得出，世界的变化或运动要么出于偶然——但这是不可能的。那么，它就出于必然，就像阿拉伯哲学家们所认为的那样，也就是说，天体的运行影响着世界万物之运转。但假若如此，
那么一切关于在此生中的奖罚的学说也就消失了。事实上，你永远不会发 266

① 《四部语录注疏》，2，1，1，1，2，6。
② 同上，结论。
③ 《六天造物注疏》，6，2。
④ 同上，3。
⑤ 参见《四部语录注疏》，1，39，1，1，结论。

现亚里士多德提到此生之后的幸福。[①] 所有这一切结论都是随着他对模型说的否认而得来的。模型说是真正的形而上学的钥匙，缺乏它的话，一位哲学家如果要讨论形而上学主题，就不可避免地要陷入谬误。

5. 从模型说我们可以得出，在受造物和上帝之间有着一种相似。但是，我们必须区分不同种类的相似性（similitudo），从而获得一个关于受造物与上帝之关系的正确观念，以便一方面避免走向泛神论，另一方面则避免得出存在着一个独立的世界的结论。在《语录》注疏中，[②] 波纳文图拉说道，相似性可以指两个物体在第三者中的相同（他称之为 similitudo secundum univocationem，按同名同义的相似性）；它也可以指一个物体与另一个物体的相像，而不是在第三者那里有任何相同点，在此意义上我们说受造物与上帝相像。在同一条结论中（对第二点的结论，针对 2），他区分了同名同义的相似性或分有的相似性（similitudo univocationis sive participationis）和模仿或表达的相似性（similitudo imitationis, et expressionis）。接着，他提到，前者并不符合受造物与上帝的关系，因为两者间是没有一个共同的概念的（quia nihil est commune，也就是说，因为受造物与上帝之间没有共同点）。他所指的是，上帝和受造物并不**以同名同义的方式**（univocally，或确切地说，在同一个意义上）分有存在，因为假如它们果真如此，那么受造物就会是上帝，其结果就是泛神论。但是，受造物是对上帝的模仿，它模仿的是它在上帝那里所对应的理念，而上帝在有限的受造物身上外在地表达了他那里的理念。所以，当波纳文图拉拒绝分有的相似性（similitudo participationis）的时候，我们必须把分有理解为以同名同义的意识分有着对上帝和受造物而言共同的东西，用他的话来说，也就是分有一个共同的第三者（tertium commune）。

人们可以反驳说，如果在上帝和受造物之间没有任何相同之处，那也就不会有相似性了。但是，波纳文图拉所期望排除的是**同名同义**的共同点，他把**类比**（analogy）作为这种共同点的对立面。受造物与上帝（exemplaris ad exemplatum：模型与按模型所造之物）的相似是一种类比，

① 《六天造物注疏》，6，3。

② 1，35，唯一的一章，结论。

另一种类比则是比例（proportionalitas）的类比，即两者间所持有的关系（habitudo duorum ad duo），此类比存在于不同种类的物体集合之间，虽
然在涉及受造物与上帝之关系的情况下，只有受造物才属于某一个种的集 267
合。所以，教师与他的班级的关系就如同舵手与船的关系，因为两者的作用都是引导。[①] 在后一处，波纳文图拉区分了广义上的比例，这包括了可比性与严格意义上的比例，它存在于同一集合的成员之间，比如在数字之间。当然，严格意义下的比例是不存在于上帝和受造物之间的。

然而，虽然波纳文图拉提到了可比性的类比，但他最关切的却是那些相似性的类比，因为他热衷于在造物界寻找上帝的表达、展现、肖像和痕迹（vestigia）。所以，在《语录》注疏中，[②] 他在排除了借由本性中的任何一种相同之处的相似性（similitudo per convenientiam omnimodam in natura，这种相似性存在于三个神性位格之间，因为每一个神性位格都与上帝的本质同一）和借由对某一个普遍本性之分有的相似性（similitudo per participationem alicuius naturae universalis，这种相似性符合人与驴之间的相似，因为两者都属于共同的属“动物”）之后，认可了可比性（similitudo secundum proportionalitatem：按可比性的类似。在此，他给出了舵手和驾车人与他们所引导的对象间关系的例子）和借由秩序之相应的相似性（similitudo per convenientiam ordinis。如同按模型所造的与模型相似那样：sicut exemplatum assimilatur exemplari），并接着讨论后面这些类比的种类。这两者存在于受造物与上帝之间（如同已经提到的那样）。

波纳文图拉说，每一个受造物都是上帝的痕迹（vestigium），而这两种类型的类比——即按模型所造的（exemplatum）与模型（exemplar）之间的类比以及比例的类比——适用于一切受造物。第一种指的就是每一个受造物都是上帝所造的结果，并且通过神性理念与上帝相似，第二种指的则是受造物也产生效应，虽然它不是以与上帝创造出他的结果相一致的方式来产生效应的（sicut enim Deus producit suum effectum, sic et agens creatum, licet non omnino，因为受造物并非其效应的所有原因）。然

① 参见《四部语录注疏》，1，3，1，唯一的一章，2，3；1，48，1，1，结论。
② 《四部语录注疏》，2，16，1，1，结论。

而，尽管每一个受造物都是上帝的痕迹（vestigium Dei），但这种受造物与上帝之普遍的相似相比却是遥远的（magis de longinquo）：还有另一种更近些（de proximo）以及更具有表达性的相似性，但它只属于某些特别的受造物。一切受造物都以上帝为目的，但只有理性的受造物才直接（immediate）以上帝为目的，没有理性的受造物则通过中介（mediante creatura rationali：通过理性受造物的中介）以上帝为目的。只有理性受
268 造物才会认识上帝，才会赞美上帝并有意识地服务上帝，也就从而与上帝有着更多的相似，比没有理性的受造物要有更多的与上帝的秩序上的相符（convenientia ordinis）。而与秩序的相应性（convenientia ordinis）越强，相似性或肖像性（similitudo）也就越大、越紧密，且越明确。波纳文图拉将这种紧密的相似性称作“肖像”（imago）。每一个受造物就是上帝的痕迹（vestigium Dei），但是只有理性受造物才是一个上帝的肖像（imago Dei），因为它是在拥有精神力量这一点上与上帝相似的，通过这些精神力量，它能够变得越来越与上帝相近。

如果我们去考察可比性这种类比，就可以观察到理性的受造物与非理性的受造物有着类似的区分。如果我们合理地有所保留和承认一些默许，我们可以说，上帝与受造物之间的关系就如同原因与其效应之间的关系。同样，这样的关系也是受造物与其效应之间的关系，适用于一切作为主动的动者的受造物：但是，讨论中的效应对其动者来说是**外在的**，而就理性受造物而言（而且只有它们那里），所涉及的则是一种**内在的**比例。在上帝那里，三个位格有着本性上的统一，而在人身上，则存在着一个本性与三种能力间的统一，这三种能力相互有序，它们之间的关联在某种意义上与上帝中的关系有着相似性（quasi consimili modo se habentium, sicut se habent personae in divinis：差不多以相似于神圣的事物之三个位格中的相互关联的方式而相互关联）。波纳文图拉并不是在说，我们能够通过自然之光，从对人之本性的考察出发来证明三位一体的学说，因为他否认可能会有任何对此奥秘的哲学性证明。他指的是，在信仰之光的引导下，我们能够在人的理性本性之中找到与三位一体的类比。由于神性与三个位格间的关系也就如同（quasi consimili modo：差不多以相似的方式）

人之本性或本质与其三种能力之间的关系。这也就是“表达出来的”关系之类似。由此，人也就被称作上帝之肖像。“表达出来的”这一描述指的是，真福三位一体在人之本性的构建中以某种程度表达了出来，并展现自身。很明显，对波纳文图拉而言，相似（exemplati ad exemplar：按照模型被创造的与模型之间的）之类比要比比例之类比更具奠基性，后者实际上只是为了服务于前者而得到讨论的，而且离开了前者的话，它也就没有任何具体的价值或意义了。

以这种方式，波纳文图拉能够按照受造物与上帝之相似性的远近来划分一个存在的等级。纯粹感性物体的世界是上帝的痕迹（vestigium Dei）或上帝的影子（umbra Dei），虽然在那里他也发现了三位一体的类比，但这是外在的写下来的书（liber scriptus forinsecus）。当一个仅仅是 269
自然哲学家的人考察造物界时，它就只不过是自然（natura）：这样一个人是读不懂自然这部书的，自然对他来说不是上帝的痕迹，而只是为了自身而被考察的对象，且没有指向上帝。[1] 理性受造物高于纯粹感性的受造物，并且是上帝之肖像（imago Dei），在特殊含义上的上帝之肖像。然而，“上帝之肖像”这一短语本身也是一种广泛的运用，因为它不仅指人和天使这些自然实体，也指那些由于拥有恩宠而得到的超性相似性。相比于人之纯粹自然本性，处于恩宠中的灵魂是更高含义上的上帝之肖像。而在天堂中的灵魂享有对上帝的直观，它们又是一个更深层次的意义上的上帝之肖像。所以，有着很多级别的类比，有着不同程度的与上帝的相似，而每一级别、每一程度都必须在圣言的关联中被加以思索，后者是与圣父同本性的肖像，是万物之模型。在受造物中，它按照不同程度的“表达”而得到映照。我们必须不仅注意到那一贯的神学与哲学之融汇，也要注意到，不同程度的相似性也与人之理智和精神生活密切相关。个人上升到上帝那里的进程包括服从奥古斯丁的进入自己的内心的命令，而从那为影子或纯粹为痕迹的东西那里转离。那些感性所观察的世界，从那外在的写下来的书转向内在的对上帝的映照——上帝之肖像，亦即那内在的写下来的

[1] 《六天造物注疏》，12，15。

书（liber scriptus intrinsecus）——最终达到默观上帝本身，那万物的模型（exemplatum）。波纳文图拉没有把神学和哲学视为不相干的两种相互分隔的学科，这使得他把他关于宇宙的观点和他关于灵修和神秘主义的生活之观点联系了起来。这样，他也就可以被当之无愧地称作一位特别体现基督教内涵的思想家。

6. 这个极好地映照了神性造物主的世界是不是所有可能的世界中最好的那个呢？我们首先必须区分两个问题。上帝能否创造出比这个世界更好的世界？上帝是否曾经能够创造出比这个世界更好的世界？波纳文图拉对第一个问题的回答是这样的：上帝之前是可以造出一个比现在这个世界更好的世界的，他可以创造出更高贵的本质，而且这是不可否认的，否认了它就等于限制了上帝之大能。而就第二个问题而言，一切都取决于你说的“世界”和“更好”指的是什么。如果你指的是构成世界的那些实体，那
270 你到底是要问上帝是否可以把实体创造得更好（也就是把它们创造为更高贵的本质或实体，即创造出更高级的类种）呢，还是要问，上帝能否在偶性上把它们创造得更好（也就是说，使这些东西的类种不变）呢？如果是前者，那么回答是，上帝的确可以把实体换为更高贵的，但这就不会是同一个世界了，而上帝也没有从而把**这个**世界变得更好。而如果是后者，那么上帝是可以把这个世界变得更好的。比如，如果上帝把某人变成天使，此人就不再是一个人了，而上帝并没有把这个人变得更好。但是，上帝可以通过增加某人的理智和道德质性使他变得更好。[①] 而且，上帝可以把**这个人**或**这匹马**变成一个更好的人和一匹更好的马。不过，如果有人问到上帝能否把人本身变得更好（指的是通过让人有更好的环境而变得更好），我们还是得再做一次区分。绝对地来看，他是可以的。但如果考虑到他让人有更好的环境，而由此让人变得更好，或许原因在于他无法把人本身变得更好〔而只能改变其所在的环境〕。比如，若上帝使所有人都很好地服务于他，从绝对的角度来看，他也就可以把人变得更好。但如果考虑到上帝允许人服务于他（不论好或不好）的目的，如果无视人之自由意志而

---

① 《四部语录注疏》，1，44，1，1，结论。

使得人如此，那他就不是在让人变得更好。最后，如果有人问，如果上帝曾经可以或现在也可以造出更好的世界，却为何不曾这么做或现在为何不这么做，除了回答“他就是要这样，而且他自身是知道理由的”（solutio non potest dari nisi haec, quia voluit, et rationem ipse novit）之外，别无答案。[①]

① 《四部语录注疏》，1，44，1，1，结论，针对4。

第二十八章

波纳文图拉（四）：质料性造物

万物中的形质复合——个体化——光——形式的多样——种子原理

271 1. 波纳文图拉从他的老师——哈勒斯的亚历山大那里接受了万物之形质复合（hylomorphic composition）的学说。此学说讲的是万物皆由质料和形式组合而成。在此，他所说的“质料”指的当然是最广义上的潜能之原理，而非与“精神”相对的意义上的质料。“质料**本身**不是精神性的或形体性的”，而是在其自身就接受精神性的或形体性的形式而言，毫无区分或倾向性。但由于质料从来不是独立存在的，它总是精神性的或形体性的，我们从中可以得出，当下现实地存在于形体性实体中的质料就其种而言，与存在于精神性实体中的质料是有区分的。[①]“质料”能够以多于一种的方式来被考察。如果从“缺失”（per privationem）的角度来考察它，并且从一切形式（无论是本质性的还是偶性的形式）中将其抽象出来，那我们就必须承认，它在万物中是相同的，“因为无论两者中哪一种的质料从一切形式和偶性中抽象出来，就都见不到任何区分”。但如果以类比的方式（secundum analogiam：按类比）来考察质料，也就是说将其视为潜能、形式之基础的话，就可以做一个区分。单纯就存在而言（in ratione entis：在存在的意义上），当质料被视为在为形式提供基础的时候，在精神性和质料性的受造物中，它在本质上都是相同的，因为精神性

① 《四部语录注疏》，2，3，1，1，2，结论，针对3。

的和质料性的受造物都存在和自存；我们也可以考察它们的存在本身，却不用进而考虑它们究竟是以何种方式存在的，或它们是何种物体。这种方式也就是形而上学家考虑质料的方式，由此，在形而上学家眼中，在精神性和物质性的受造物中，质料是相同的。然而，若仅仅就其与广义上的运动（也就是被理解为变化）之关系来考虑质料的话，那么在那些不能发生本质性变化或可接受形体性形式的受造物中和在那些能够发生本质性变化 272
或可接受形体性形式的受造物中，它就是不同的，虽说它们从类比上来看可以被视为相似的，比如，天使也可接受神的影响。自然哲学家或物理学家（physicus）都如此来考虑质料。

我们不用再探讨波纳文图拉所做的更多的区分了，也不用试图对他的学说加以评判。我们可以说，他那关于万物之形质复合的学说是这样的：质料是潜能本身之原理。精神性的和质料性的受造物都是依赖他者而存在的存在者，而非自存的存在者。这样，如果从一切形式中就抽象出来而考虑潜能，并把它视为伴同存在的原理，我们就可以和形而上学家一同说，两者中的质料在本质上是相同的。然而，如果我们以其现实存在的方式来考虑它，也就是说在其之于一个具体形式（无论是精神性的还是质料性的）的关系中来考虑它，那它在两者中就不相同。自然哲学家考虑有形物体，并探讨质料而非其抽象本质，他把质料视为存在于一个特定的种类的存在者中。这样的质料与某一特定形式处在一种具体的关联之中。在这个意义上的质料是不存在于精神性存在者之中的。当然，有人可以反驳说，如果质料是具体存在着的，是与一个形式结合在一起的，是具有不同种且各不相同的，那么在质料本身中就必然要有什么使得质料属于不同的种。由此，在精神性和质料性受造物的秩序中，它的相似性也就仅为类比性质的了。但是，波纳文图拉承认道，质料从来不会脱离形式而存在，而且他只是说，如果以从形式抽象出来的方式来考虑它（而我们是可以这样来考虑它的），那么我们可以合理地认为它在本质上是相同的。如果天使有着可能性的因素，在他们之中有着潜能的因素——而他们的确也有，那他们必然就拥有质料。因为，质料就其自身而言就是可能性或潜能。只有在作为纯粹现实的存在者中，在没有任何潜能或可能性的存在者那里，才是没有质料的。

2. 质料是不是个体化的原理？波纳文图拉说，[①]有些思想家基于亚里士多德的论述，会这么认为，但我们很难理解为什么对万物来说普遍的东西会是区分和个体性的原理性原因。而在另一方面，说形式是个体化的原理，并且在种的形式之后再去设定一个个体性的形式，这就走了另一个极
273 端，而且忘记了每一受造的形式都有可能再有一个与它类似的形式。更好的方式是认为，个体化是从质料和形式的现实结合中产生的。质料与形式通过结合，实际上相互占有。在蜡中压下不同的印痕而有了章，没有蜡，也就不可能有多个章，而没有不同的压印，也不可能有多个章。同样，如果要有区分和多数，那质料就是必要的，但形式同样必要，因为区分和个数的增加就预设了在构成一个实体的要素之间要有一个构建。一个个体实体是特定的东西，属于一个特定的种，是因为形式而变成这样的。而它是**这个**东西，则主要是因为质料，通过它，形式在时间和空间中获得位置。个体化指的基本上是某个实体，一个由质料和形式所组成的实体，但它也指某个被视为偶性的东西，也就是数。个体（discretio individualis：个体的区分）指的是两种东西：一是从两个原理（质料和形式）之结合中发出的个体化，二是与他者的区分，这就是数的起源，不过前者（个体化）是更基本的意义。

在与质料结合所形成的形式为理性形式的时候，人格（discretio personalis）就出现了。由此，它还把理性本性之尊严赋予了个体性，理性本性在受造的本性中占有最高的地位，而且不再潜能地拥有另一个更高的实体性形式。但是，要构建人格，还需要一点，也就是在基底（suppositum）中不可有一个具有显赫和尊贵的本性，在基底中，那理性的本性必须要有现实的显赫（actualem eminentiam）。（在基督身上，人之本性虽然完满且完整，却不拥有现实的显赫，所以也就不成其为人格。）“所以，我们必须说，就像个体化源自质料中的一个自然形式之存在那样，人格源自实体中的一个尊贵和更显赫的自然之存在。”[②]

① 《四部语录注疏》，2，3，1，2，3，结论。
② 同上，2，3，1，2，2，结论。

由于波纳文图拉认为天使有着质料（一种精神性的质料），所以他可以承认同一个种中有多个天使，而不是像托马斯那样认为天使有多少个，就有多少种天使。圣经展现给我们的是，有些天使施行类似的功能，而这也就是存在之类似的一个论据；而“对慈爱的热爱”也要求同一个种中有多个天使。[①]

3. 在形体性的受造物中，有着一个一切有形物体均拥有的实体性的 274
形式，也就是光的形式。[②] 光是在第一天被创造的，在太阳被创造的三天前。而在波纳文图拉看来，它是有形体的，虽然圣奥古斯丁把光的创造诠释为天使被创造。确切来说，它不是一个形体而是一个形体之形式，是第一个实体性形式，一切有形物体都拥有它，它也是这些东西的活动的原理。而不同种类的有形体按它们在光的形式上分有的多少，构成了一个具有不同程度的等级。所以，“火”（empyrean）代表的是阶梯的一端，地面则代表另一端，那低级的一端。通过这种方式，奥古斯丁所钟爱的和可追溯到普罗提诺和柏拉图将善的理念与太阳做比较的那个光之主题在波纳文图拉的哲学中也找到了一个显著的位置。

4. 很显然，如果说波纳文图拉认为，光是一个实体性形式，一切有形体都拥有它，那他也必然认为，同一实体中可以有多个实体性形式。对他而言，这样认为是毫无困难的，因为他把形式视作为形体作预备以接受其他的、更高的完满的东西。对托马斯来说，实体形式是有界限的和定义性的，这样，在同一个形体之内，也就不可能有多于一个的实体形式。而对波纳文图拉而言，形式可以说是向前并向上展望的，它的作用不是勾勒形体并对其划定界限，而是预备它来接受更新的可能性和完满。在《六天造物注疏》中，[③] 他甚至写到，要说最终形式是附加给原始质料，而没有一个对它的倾向或潜能，也没有任何中介的形式，这是疯狂的（insanum）。就像认知的天赋预备了智慧的天赋，而它本身也没有被智慧的天赋所取消，神学的美德也没有被这些天赋所取消那样，一个形式为另一个更高的

① 《四部语录注疏》，2，3，1，2，1。
② 参见《四部语录注疏》，2，13。
③ 《六天造物注疏》，4，10。

形式作预备。而后者一旦被接受了，也不会驱赶前者，而是使得前者更加完满。

5. 波纳文图拉这位公然宣称跟随奥古斯丁传统步履的思想家接受种子原理（rationes seminales）的学说是预料之中的事，特别是此学说强调造物主之运作并弱化自然行动者之自主性。虽然在圣波纳文图拉和奥古斯
275 丁那里，此学说都不是现代意义上的“科学”：对这两人来说，真正的圣经诠释，或（更好地来说）认可启示内容的哲学，都要求如此。在波纳文图拉那里，还有一个原因是他的伟大前人——那被赋予了智慧之言和科学之言的杰出基督教哲学家——是如此认为的。“我相信应该持有这个观点，这不仅因为理性让我们倾向它，也因为奥古斯丁的权威在他就《创世记》的文字意义的诠释中肯定了这一点。”[①]

所以波纳文图拉认为，物体的形式已经蕴藏在质料当中了（latitatio formarum：形式之蕴藏）。不过，他拒绝接受在时间之中表象的物体之形式原初就是以现实在质料中得到形式（就像被布所遮掩的一幅画那样）的观点，因为如此一来，某个行动者就只不过是揭示了它们（就像那个把布从画上拿走并使得图画显现的人一样）。按照此观点，我们不可能在同一时间的同一物中发现对立的、互斥的形式。他也不接受“在引入形式中，上帝是唯一的效果因”这个观点。因为这就意味着，上帝以与他创造理性的人之灵魂相同的方式创造了一切形式，而第二行动者实际上什么都没有做，而明显的是，后者的行动的确也参与引发了效应。这两个观点之中，后一个会使得受造的行动者之行动减弱或消失，前一个则会让其减少到最小。波纳文图拉不愿意接受其中任何一个观点。他宁可接受这么一个观点，即“显得像是亚里士多德的观点，而且现在也普遍为哲学与神学的博士们所接受”，也就是说，“几乎所有的自然形式，至少是形体性的形式（比如，元素的形式和混合物的形式），都包含在质料的潜能之中，后来则通过某个行动者被引向现实（educuntur in actum）”。这可以通过两种方式来理解。其一，它可以指质料既有接收形式的潜能也有在产生形式的过

---

① 《四部语录注疏》，2，7，2，2，1，回应。

程中共同运作的倾向，而在某一特定行动者中要被产生的形式是把此行动者作为其效果原理和原初的原理的，这样，形式的引入是由行动者对形式的增加而发生的，就像一根燃烧着的蜡烛可以点燃多根蜡烛一样。其二，它也可以指质料蕴含了所要引入的形式，通过它，形式在一定程度上被产生出来，而且它也是所要产生的形式，虽然这是在如下意义上来说的，即 276
形式与质料是一同被造了的，它也是在质料中被造了的，但此时它并非现实的，而是作为一种潜在的形式。按照第一个假设，诸形式其实并不是被行动者创造的，因为它们并不是从无中产生的，尽管一个新的本质似乎无论如何还是产生出来了。而按照第二个假设，没有任何新的本质或实质产生出来，而潜在或蕴含的形式被引入到了现实之中，并被赋予了一个新的性向（dispositio）。所以，第二个假设要比第一个假设更少赋予受造的行动者以主动性，因为受造的行动者仅仅使得先前以及以某种方式存在的东西以另一种方式存在，而第一个假设认为受造的行动者会产生一些实在的新东西出来，就算并非以从无中创造的形式。如果一个园丁修剪玫瑰树，使玫瑰花骨朵能够绽开为玫瑰花，那他也就做到了一些事，这是对的；但如果他能够从另外一种树中造出玫瑰树，那他能做的就更多了。于是，波纳文图拉一心避免把与创造能力相似的能力赋予一个受造的行动者，他也就选择了第二个假设，此假设较少归因于受造的行动者之运作，而更多地归因于造物主之运作。

因此，被引入的形式原本就已经以潜在的状态存在于质料之中了。这些潜在的形式就是种子原理。一个种子原理是一种主动的能力，它处在质料之中，而主动的能力是要被引入的形式之本质，它与形式的关系也就是未完全的存在（esse incompletum）与完全的存在（esse completum）的关系，或处在潜能中的存在（esse in potentia）与现实的存在（esse in actu）的关系。[①] 所以，质料是育苗地（seminarium）或温床，在那里，上帝创造了处在潜在状态中的形体性形式，之后，潜在形式也就可以从那里被引入到现实状态中。这不仅适用于无机物，也适用于禽兽以及植物的

① 《四部语录注疏》，2，18，1，3，回应。

灵魂。不用说，波纳文图拉当然意识到，对一个生物的出生而言，个体行动者的行动是必要的。但是，他不会承认灵魂遗传说。按照这种理论，一个新生物的灵魂是通过对其父母之灵魂的“增长”而实现的，与此同时却不减少后者，这是因为此理论蕴含了“受造的形式能够从无中产生一个相似的形式来”的观点。[①]然而，真正发生的情况是，上一代生物对它们已经领受的东西——即种子原理——加以作用，而种子原理是包含了新灵魂之萌芽的主动能力或潜能，尽管为了使潜能成为现实，上一代生物的行动
277 是必要的。所以，波纳文图拉在赋予受造的行动者以太少的能动性或认为它们根本没有做什么与赋予它们在他看来过多的能力之间，选择了一条居中的道路。他的一般原则是，上帝从无创造了万物，而一个受造的行动者只能产生出已经在潜在状态中存在的东西。[②]然而，对于他就种子原理的理论之具体运作，想要寻求一个确切的描绘和解释是无用的。因为这部分地建基在先天的哲学论述之上，而非建基在经验观察或科学实验之上。

---

① 《四部语录注疏》，2，15，1，1，回应。
② 参见同上，2，7，2，2，2，回应。

第二十九章

波纳文图拉（五）：人之灵魂

人之灵魂的统一——灵魂与身体的关系——人之灵魂的不死——阿维洛伊主义之单一灵魂论的谬误——对可感对象与第一逻辑原理之认知——对精神性现实的认知——光照——灵魂向上帝的上升进程——波纳文图拉作为基督徒生活之哲学家

1. 我们已经看到，按照波纳文图拉的说法，生物之灵魂是以种子的 278
形式（seminaliter）产生的。但这当然不适用于人之灵魂，它是由上帝直接创造的，被他从无中创造。人之灵魂是上帝的肖像，受到与上帝合一的召唤。就此（propter dignitatem：按其尊严），创造它是上帝给自己保留的活动。这一论述涉及神学。但波纳文图拉也辩论道，因为人之灵魂是不死、不会毁坏的，因此只有那自身具有生命和永恒万物的本原才能够引发其创造。人之灵魂的不死也就蕴含了一个原则：灵魂中的"质料"不可能是实体变化中的一个要素。但是，受造行动者的活动局限在对可变质料的运作之上，而创造一个有着不变质料的实体超出了此类行动者的能力。我们可以从中得出，灵魂遗传说的观点必须被驳斥，就算奥古斯丁有时有此倾向，因为他认为自己可以通过它来解释原罪的遗传。[①]

上帝所创造的是什么呢？它就是整个的人之灵魂，而不仅仅是理性机能这一部分。人身上有一个灵魂，具有理性和感性的能力，这就是上

① 《四部语录注疏》，2，18，2，3，回应。

帝所创造的灵魂。身体已经以种子的形式包含在亚当这位人类始祖的身体中了。它通过精子被传递，但这并不意味着身体有着一个从质料之潜能引出的感性灵魂，而且此灵魂与所创造的和被注入身体的理性灵魂有区别。的确，精子不仅包含了父亲之营养的丰盈，也包含了他的根基之湿润（humiditas radicalis[①]），这样，胚胎在灵魂被注入之前就具有一个主动的对感知的倾向，这是一种雏形的感性。而一旦灵魂被注入了，此性向
279 （disposition）就是对通过灵魂的力量而产生的感性活动的倾向：而在灵魂注入之后，胚胎就完整地获得了灵魂，此雏形的感性也就停止了存在，或更好地说，被纳入灵魂活动之中了。灵魂是感知和理知的原理。换言之，波纳文图拉小心地坚持生活的延续性和世代相传的现实，同时避免把人的灵魂一分为二。[②]

2. 人之灵魂是身体的形式：波纳文图拉使用了亚里士多德的学说，反对那些认为所有人之灵魂都是同一实体的人。“理性灵魂是人之身体的现实和完满（entelechy）：因此，由于人之身体是相互区分的，使这些身体变得完满的理性灵魂也是相互区分的。”[③] 灵魂是一个存在着的、活着的、智性的形式，并被赋予了自由。[④] 按照圣奥古斯丁的判断，它在身体的每一个部位都是临在的，波纳文图拉认为，这一点要比说灵魂首要地是在某个特定身体部位（比如心脏）的理论更可取。“因为，它是整个身体的形式，就在整个身体上临在。由于它是单纯的，并不会在这里以一部分的形式临在，在那里又以一部分的形式临在。又由于它是身体之充足的运动原理（motor sufficiens：充足的动者），因此它也就没有一个特殊的位置，不在某一点或某一特定部位临在。”[⑤]

但是，虽然波纳文图拉接受了亚里士多德的灵魂定义（即灵魂是身体之形式），他的大体倾向却是柏拉图主义和奥古斯丁主义的。因为他坚

① 中世纪医学术语。中世纪医学认为，有的肉体是从父母那里获得的，而非从食物之营养中长出的。这种从父母那里而来的人作为物种的肉体，就被称作“根基之湿润”。——译者注

② 参见《四部语录注疏》，2，30，3，1 与 31，1，1。

③ 同上，18，2，1，反对意见 1。

④ 《短论》，2，9。

⑤ 《四部语录注疏》，1，8，2，唯一的一章，3，回应。

持说到，人之灵魂是一个精神性的实体，由精神性的形式和质料组成。我
们不能仅仅认为灵魂中有着那出于它而存在的东西（ex quo est）与那存
在的东西（quod est）的组合，因为灵魂能够运作和被运作、动或被动，
而这也就是有着“质料”的论据，这是被动和可变性的原理。虽然此质料
超越了外延和可毁性，因为它是精神性的而非形体性的质料。[①] 此学说会
显得与人之灵魂的单纯性相冲突，但波纳文图拉指出，[②]此“单纯性”有着
不同的含义和程度。“单纯性”可以指没有质量的部分，这种单纯性灵魂
是具有的，与形体物体相比，它是单纯的。它也可以指没有构建部分，这
种单纯性灵魂却没有。然而要点是，灵魂虽是身体的形式和身体之运动原 280
理，却远远不止这些。它能够自存，它是这个东西（hoc aliquid），虽说
由于这个东西是部分被动和可变的，它必定要具有精神性质料。人之灵魂
的形质说也就是要来保证其尊严和其离开身体后自存的能力。

如果灵魂是由形式和精神性质料组成的，那我们就能得出结论，它是凭借自己的原理而被个体化的。[③] 如果是这样，那它为何要与身体结合在一起呢？它可是一个自主的个体性精神实体。对此的回答是，灵魂即便是一个精神实体，它也仍然是如此得以构建的，以至于它可以赋予身体以形式，而且也具有如此行为的自然倾向。反之，身体虽由质料和形式组成，却有着一个被形式完满的趋向（appetitus）。两者的合一则是为了双方的完满，而非为了损害身体或灵魂。[④] 灵魂存在的首要目的不是驱动身体，[⑤] 而是享受上帝。不过，它只有在使得身体获得形式的时候，才完整地执行了它的能力和潜能，而有朝一日，在复活的时候，它也会与身体结合。这一点，亚里士多德是不知道的，而且他对此的无知也不足为奇，因为“除非哲学家有着信仰之光的引导，否则他必定会陷入某些谬误”[⑥]。

3. 人之灵魂的形质复合学说当然使得对灵魂不死的证明变得容易，因

① 《四部语录注疏》，2，17，1，2，回应。
② 同上，针对 5。
③ 同上，2，18，2，1，针对 1。
④ 参见同上，17，1，2，针对 6。
⑤ 同上，18，2，1，针对 6。
⑥ 同上。

为波纳文图拉并没有像亚里士多德学说那样把灵魂如此紧密地与身体相连接。但他最青睐的证明是从就灵魂之最终目的的思考（ex consideratione finis：从对目的的思索出发）那里得来的证明。灵魂觅求完美的幸福（这一点无人质疑，“除非他的理智完全颠倒了”）。但如果害怕失去他已经拥有的东西，那么没人是能够完美地幸福的，这一惧怕让他痛苦。所以，灵魂有着对完美幸福的自然渴望，它必定是本性就不朽的。当然，此证明预设了上帝的存在已经获得完美幸福的可能性，也预设了有着一个自然地对人之幸福的渴望。但这是波纳文图拉最青睐的证明，因为它与灵魂朝向上
281 帝的运动结合在一起：对他来说，这是首要论据（ratio principalis）[1]。

以一种非常相似的方式，他从对于形式因的考虑（也就是从灵魂作为上帝肖像的思索）出发加以论述。[2] 由于灵魂被创造为以获得幸福为目的，而后者在于拥有至高的善，即上帝，它也就必然能拥有上帝（capax Dei：能够领受上帝）。由此，它也就必然要在上帝之肖像和相似性中被创造。但如果它是有死的，那它就不会是在上帝的相似性中被创造的。所以，它必定是不死的。而且（ex parte materiae：从质料这一方面来论述），波纳文图拉宣称，理性灵魂的形式具有如此高贵的尊严，以至于它使得灵魂变得与上帝相似。结果，与此形式相连接的质料（即精神质料）只有在与此形式的结合中，才会找到满足与完满。由此，此质料必然同样是不死的。

波纳文图拉给出了其他的论述，比如从在身后之赏罚的必要性[3]出发的论述，以及指出这么一种情况——上帝创造了善，然而最终它却要走向消失并毫无意义——是不可能的，从而加以论述。在后一个论述中，他论述道，善行若最终要变成恶的和无用的，是有悖神之公正的。而一切道德学说都教授我们，宁死也不可行不义。但如果灵魂是可死的，那它坚持正义就将毫无意义，而且与神的公正相悖，虽然所有道德哲学家都称赞坚持正义为美德。更具亚里士多德特点的，是从灵魂能思索自身的能力出发、

---

① 《四部语录注疏》，2，19，1，1，回应。
② 同上。
③ 同上，反对意见，3，4。

从它那对身体没有内在依赖性的智性活动出发的论证。我们可以由此得出，灵魂高于形体性质料，并且是不会毁坏的。[①]然而，虽然对我们来说，或许这些亚里士多德式的证明更容易被接受，因为它们没有过多预设，也不涉及神学，但在波纳文图拉的眼里，从奥古斯丁那里借来的证明或建立在奥古斯丁思想线索之上的证明更有说服力，特别是从对真福之渴求出发的那个论证。波纳文图拉提供了奥古斯丁式的关于灵魂对永恒真理的理解和同化的证明，[②]但它并不是证明灵魂不朽的最有力的方式（potissimus modus）。此项资格是为从对真福之渴求出发而得到的论证准备的。

如果又有人反驳波纳文图拉，提到这种形式的证明预设了要与上帝合一的渴望，即对完整意义上的真福的渴望。此渴望只有在恩宠的行动下才能被激发，由此而属于超性的秩序，而非自然的秩序，后者是哲学家研 282
究的对象。对此，这位圣徒毫无疑问会回答，他根本没有任何意图去否认恩宠的运作或它的超性特征。但另一方面，真正的哲学家在思考世界本身和人生本身的时候，恰恰把这两个被给予的内容中的一个看成了对完满幸福的渴望。就算此渴望蕴含着恩宠的运作，它也仍然是在经验中被给予的，而且由此可以被哲学家思考。如果哲学家不能不通过回溯到神学来解释它，那这只不过又是对波纳文图拉之原理的一个证明，即除非受到了信仰之光照，否则没有一种哲学是让人满意的。换言之，一位“托马斯主义者”系统性地从经验中被给予的内容里过滤掉一切他认为超性的内容，而他作为哲学家考察的是剩下来的“自然”。像波纳文图拉那样的哲学家则从被给出的完整意义上的自然开始。很明显，恩宠的“被给予”并不是在通过没有信仰的协助之理性而可被确切见到和把握到那层意思上说的。但是，恩宠的某些效应的确是在经验中被给予的，哲学家们则要考察这些东西，虽然如果不回溯到神学他就无法解释它们。所以说，托马斯主义的进路与波纳文图拉的进路是不同的，我们也不能把它们强硬地放在同一框架中，否则就会扭曲前者或后者。

4. 上文关于人之灵魂的论述蕴含了灵魂之个体性，但波纳文图拉清楚

---

① 《四部语录注疏》，7，及以下；参见《论灵魂》，第 3 卷。

② 《四部语录注疏》，2，11。

地知道阿维洛伊学派对亚里士多德的诠释，他对此做出了明确的反驳和论辩。阿维洛伊认为，主动和被动理智都在死后仍然存在。而且，无论亚里士多德本人曾如何教授，他的诠释者阿维洛伊肯定认为，这两种理智都不是为每个人各自拥有的个体理智，而是统一的实体，是宇宙性的智性。然而，此观点不仅是异端，与基督教对立，而且是违背理性和经验的。[①] 这是违背理性的，因为理性灵魂显然是人作为人之完满。而人与人之间有着区分，作为人而不仅仅作为生物，他们是个体的人格。这是违背经验的，因为不同人有着不同的想法，这是经验。而且，说思想中的区分来自对不
283 同的人之想象中的心象（species），也就是在说，仅感官提供其素材的可毁坏的想象力在人与人之间相互区分是无济于事的。因为就观念而言，人与人之间也有差别，比如关于美德的观念，它并不建立在感性认知上面，也不是从想象中的心象中抽象得来的。在波纳文图拉看来，说“智性灵魂依赖身体，所以不能通过身体而获得其个体性”是一个好的论述，因为灵魂不是通过身体而获得个体性的，而是通过灵魂自己的两个构建性本原（精神质料和精神形式）获得个体性的。

5. 至于灵魂关于可感对象认知的内容，这是依赖感性认知的。就灵魂凭自身并没有感性对象之种类的认知而言，波纳文图拉与亚里士多德是一致的。人之理智是在一个“赤裸裸的”状态中被创造的，要依靠感官和想象力。[②] 感性对象作用在感官之上，并在其中产生一个感性的心象，后者又在感知机能上作用，从而出现了感性认知（perception）。我们要注意的是，波纳文图拉承认在感性中有着被动的因素，在这一点上，他与圣奥古斯丁的学说有着分歧，但同时他认为，灵魂之感性机能或感性能力是对感性之内容做判断的。比如，在“这个是白色的”这一判断中，对心象之被动接受在于感官之中，做出此判断的行动则是灵魂机能来执行的。[③] 当然，此判断不是一种思索性的判断，而是一种自发的意识。但它是可能的，因为感知的机能是一个理性灵魂之感性机能，是灵魂把感性的活动传

① 《四部语录注疏》，2，18，2，1，回应。
② 同上，2，3，2，2，1，回应和针对 4。
③ 同上，2，8，1，3，2，针对 7。

达给身体的。[①] 比如，颜色和触觉的两种心象互相分离的感知在“共通感”（common sense）中被结合在一起，并被保存在想象力之中，但它与“记忆”（memory）并非一回事，如果后者被理解为被回忆（recordatio）或随意回忆的话。[②] 主动和被动的理智一起协作，把心象从想象力的图像中抽象出来。主动和被动的理智并非两个能力，并不是其中一个可以独立于另一个运作。相反，它们是灵魂之同一智性机能的两个“区分”。事实上我们可以说，主动理智进行抽象，而被动理智是接受者。但是，波纳文图拉还添加了一点，他对主动理智有着抽象出心象并对此加以判断的能力加 284
以肯定，虽然这只有在主动理智的协助下才可以进行，而主动理智的活动依靠被动理智中包含的心象之传达。实际上，只有一个完整的智性活动，而主动和被动的理智在这一活动中是相互协助的。[③]

于是，显而易见，除了不同的“奥古斯丁主义”（比如拒绝在灵魂之不同机能间做一个实在的区分），就我们获取感性对象知识的方式而言，波纳文图拉的观点与亚里士多德的理论或多或少是相近的。就此类认知而言，他承认灵魂起初是个白板（tabula rasa）；[④] 他也没有给天赋观念留下一席之地。另外，对天赋观念的拒绝也适用于我们关于第一原理的认知。有人说，这些原理是天生就在主动理智之中的，虽然就可能理智而言，它们可能是后天的，但这种理论既不符合亚里士多德的话，也不符合真理。因为，假如这些原理天生就在主动理智之中，那么为何它无法在不借助感官的情况下将这些原理传达给被动理智呢？而且为何后者不是从一开始就知道这些原理的呢？一个修正过的天赋观念理论说道，原理以其最普遍的形式与生俱来，结论或特别的应用则是后天获得的。但从这一观点出发，我们很难解释为何一个孩子不知道这些原理的最普遍形式。此外，甚至这种修正的天赋观念理论也是与亚里士多德和奥古斯丁相悖的。波纳文图拉毫无疑问考虑到了一点：一个与亚里士多德和奥古斯丁都相悖的理论不可

---

① 《四部语录注疏》，2，25，2，唯一的一章，6，回应。

② 同上，2，7，2，1，2，回应。此处，波纳文图拉区分了作为习性（habit）的记忆（对心象的保留：retentio speciei）与回忆或追忆（recordatio）的活动。

③ 同上，2，24，1，2，4。

④ 同上，回应。

能是真的。于是我们就只能说，这些原理只在理智被赋予了自然之光的意义上是天赋的，然而在理智已经获得了相应的心象或观念的认知之后，理智之光使得它能够以普遍形式来把握原理。比如，在依靠感性而认识到心象或观念之前，没人能够认识到整体或部分是什么。但他一旦获取了这些观念，理智之光就使得他能够把握到整体大于部分这个原理。[①] 所以在这一点上，波纳文图拉与托马斯是一致的。

6. 虽然我们没有关于感性对象或其本质、或关于无论是逻辑的还是
285 数学的第一原理的天赋认知，但这并不意味着我们关于精神性实在的认知是通过感性认知而获得的。“上帝并不是通过感官得出的相似性而被认知的”[②]，他是通过灵魂对自身的思索而被认识的。在此生中是没有对上帝、对神之本质的直观的。然而，灵魂是在上帝的肖像中被创造的，而且在它的渴求和意志中，它也是以上帝为定位的。所以，灵魂对它自身的本性和意志之导向的思索，使得它能在无需外部世界的情况下构成关于上帝的观念。在这个意义上，上帝的观念是“天赋”的，虽说这并不是指每一个人都从一开始就构成了清晰且明了的关于上帝的确切认识。意志的导向和它对完满的幸福之渴求是神之行动自身的效应，而对此渴望的思索则将所渴望的对象的存在展示给灵魂。这的确已经以一种模糊的意识的形式为人所知了，虽然它并不一定要是一个明了的观念。“关于这一真理（上帝的存在）的认知是天生就在理性心灵之中的，因为心灵是上帝的肖像，通过它，心灵有了一个对上帝的自然的欲求，以及对他的认识和记忆。心灵是在上帝的肖像中被创造的，它自然而然也以上帝为目的，并渴望在他那里得到真福。”[③] 关于上帝的认识有不同的种类：上帝有着对其自身的全面认识，真福者清晰地（clare et perspicue）认识到他，我们则局部地、以一种隐藏的方式认识到他（ex parte et in aenigmate：局部且模糊不清地）。最后一种认识是以蕴含的方式包含在每一个灵魂都拥有的这样的一个认识

---

① 《四部语录注疏》，2，39，1，2，回应。

② 同上，2，39，1，2，回应。

③ 《论三位一体之奥秘》，1，1，回应。

之中的，即灵魂并不是一直都存在的，它必然有一个开端。[①]

关于美德的认知也必须在“它们并不是从感性认知中推导出来的”这一意义上为“天赋”的。一个不义的人能够知道什么是正义，然而很明显他不可能是通过在他灵魂中临在的正义来得知正义的，因为他并不拥有正义；他也不是通过对感性的心象之抽象而获得它的，因为它并不是感性的对象，在感性世界中也找不到与其相似者。他也不可能是通过其效应而认识它的，因为除非他先前就知道什么是正义，否则他无法认出正义的效应，正如一个人无法辨认人类活动的结果，除非他先前就知道人是什么。[②] 所以，必然要有某些先天的（a priori）或天赋的关于美德的知识。这些知识在何种意义上是“天赋”的呢？从在心灵一开始便有着关于美德的清晰观念或其智性相似性的意义上来说，并没有什么天赋观念（species
innata：天生的心象）：然而，在灵魂中临在着一个自然之光，通过它，灵 286
魂能够认知真理和正直，同样临在的还有意志之意向或倾向。所以，灵魂知道正直是什么、意志之意向或倾向是什么。它以此认识到什么是意向之正直（rectitudo affectionis）。由于这是爱，于是它也就知道什么是爱，就算它并不现实地拥有爱这种德性。[③]

所以，正如关于上帝的认识是天赋的，在与此相同的意义上，关于美德的知识也是天赋的。但这并不是说，它在作为一种明了的心象或观念的意义上是天赋的。说它是天赋的，指的是灵魂在自身中有着构成明了的观念所需的一切质料，它不需要参照感性世界。波纳文图拉所说的天赋观念是一种蕴藏着的天赋观念。当然，我们关于美德的认识和关于上帝的认知有着巨大的差别。因为我们在此生是永远不会把握到上帝的本质的，但我们有可能把握到美德的本质。然而，我们获得美德的知识的方式和获得上帝的知识的方式是相似的，而且我们可以说，灵魂拥有关于原理的天赋知识，这对其行动来说是必需的。它通过自我反思而得知上帝是什么、惧怕是什么以及爱是什么，由此，它也知道它应该惧怕什么，也知道要爱上

① 《论三位一体之奥秘》，1，2，针对 14。
② 《论基督的知识》，4，23。
③ 《四部语录注疏》，1，17，1，唯一的一章，4，回应。

帝。[①] 如果有人引用亚里士多德的名言"不曾在感知中的也不在理智之中"（nihil est in intellectu, quod prius non fuerit in sensu）来反驳此观点，那回答是，此言语只能理解为它仅是就感性对象以及那些灵魂可以通过从感性心象中抽象而构成的观念之获取而言的。[②]

7. 然而，尽管波纳文图拉不会承认与我们周围的世界相关的那些第一原理，或者说甚至行为之第一原理都不是从一开始就以明确的方式在我们的心灵之中的，它们也不是脱离心灵自身的活动而从外部被注入心灵的，但我们从中却并不能得出他预备放弃奥古斯丁光照说的结论：正好相反，他认为此学说是形而上学的主要真理之一。

真理是物与理智的一致（adaequatio rei et intellectus），[③] 这涉及被认知的对象和进行认知的理智。为了让这个意义上的真理（即被把握到的真理）存在，需要主体和客体两方的条件，即后者的不变性和前者的不可错
287 性。[④] 但是，如果波纳文图拉预备以此来附和《泰阿泰德篇》中的言语，并且认为若要确切的认知（cognitio certitudinalis）存在就需要两个条件，那他必然要面对柏拉图和奥古斯丁所面对的问题，因为没有一个受造的对象是严格地不变的，而且一切可感对象都是可毁灭的。而人的心灵本身就任何一类对象而言，也并非不可错的。所以，它必须从外部获得帮助，因此波纳文图拉顺理成章地回溯到了奥古斯丁的光照论，这对他来说也恰好适用：不仅因为奥古斯丁持有这个理论，还因为它不仅强调了人之理智对上帝的依赖性，也强调了上帝在人之灵魂中的内在活动。对他来说，这既是一条知识论又是一条宗教真理。这是可以从自然研究和对确定性之要求的考察中被确立为必然结论的，也是我们可以在宗教意义上有益地对此默想的。实际上，对他来说，智性生活和灵修生活是无法完全分离的。

因此，人的心灵是会有变化、疑惑、谬误的，而我们所经验到和认识到的现象也是可变的。另一方面，人的心灵的确拥有确定认知，并

---

① 《四部语录注疏》，2，39，1，2，回应。
② 同上。
③ 《四部语录注疏》，1，回应；针对 1，2，3。参见《短论》，6，8。
④ 《论基督的知识》，4，回应。

且意识得到这一点，这样，我们也就能把握到不变的本质和原理。然而，只有上帝是不变的，这也就意味着，人之心灵获得上帝的帮助，而且它的确定认知之对象被看作在一定意义上扎根于上帝、存在于永恒原理（rationibus aeternis）或神之理念当中。但是，我们并不直接把握这些神之理念本身。波纳文图拉随同奥古斯丁指出，要追随柏拉图的学说，也就打开了怀疑主义的大门，因为如果唯一可获得的确定知识是对永恒的原型或模型的直接认知，那结论一定是，人之心灵无法获得真正的确定性。[1] 从另一方面来看，说永恒原理（ratio aeterna）在从事认知的心灵那里获得的并非永恒原理本身，而只是其影响——一种心灵之习性（habitus mentis），这种说法是不够的。因为，后者会自己变成受造的，也受制于心灵置于其下的那些条件，而它是心灵的一个性向（disposition）。[2] 这样，那些永恒原理就必然要对人之心灵起到直接的规范作用，虽然它们自身在此不为人所见。正是它们推动心灵并在心灵之确定的判断中引导着心灵的，永恒原理使得心灵把握到在思辨和道德秩序中的那些确定和永恒的 288
真理，使心灵即便在涉及感性对象的时候，也能够做出确定的和为真的判断：是它们的行动（也就是神性光照）使得心灵把握到经验对象之流逝和变化中的不变和持衡的本质。这并不意味着波纳文图拉在这里肯定与他给出的亚里士多德就我们对感性世界之认知的学说相矛盾。但这确实意味着，他认为这一学说是不足够的。若没有感性认知，我们就永远不会知道感性对象；理智是进行抽象的，这也是真切的。但是，要让心灵在对象中认识到不变的原理（ratio）之映照，并能够就此做出一个无错的判断，神性光照——即永恒原理的直接行动——就是必要的。为了使我们产生关于感性对象的观念，感性认知是必需的，但我们对它们所做的判断之持衡和必要性则要归因于永恒原理的行动，因为我们的经验之感性对象以及认知它们的心灵都不是自身不可错的。我们心灵中的隐晦（obtenebratae）心象受到了心理印象（phantasmata）之模糊性的影响，所以心灵为了能认识它们，便需受到光照。“因为，如果具有真实知识指的是知道一个事物

① 《论基督的知识》，4，回应。
② 同上。

不可能是别的，那必然就只有上帝才能引发我们获得认知，他认识真理而且在自身中拥有真理。”[①] 所以，心灵是通过永恒原理来对我们通过感官认识到的那些对象做判断的。[②]

在《心向上帝的旅程》中，[③] 波纳文图拉描述了外部的感性对象是如何先在中介中、后又通过感官的中介以及在内感官中产生出自身的相似性（similitudo）的。一个特定的感性或感知机能通过某一特定的感性而运作，并判断此对象是白色的还是黑色的，或者它到底是什么，内在的感性则判断此对象是让人愉悦的、美的，或正好相反。智性机能则转向心象，询问为何被表象了的对象是美的，并通过它所拥有的一个特定特性来判断它是美的。但是，此判断意味着要涉及美的理念，这是持衡的和不变的，不受时空的限制。这也就是神之光照起作用的地方，也就是借由那引导性
289 和规范性的永恒原理来解释判断之不变和超越时间的那一面。这不是在取代或消除感官的运作或抽象活动。一切被认知的感性对象都是通过三种运作——把握（apprehensio）、愉悦（oblectatio）和判断（diiudicatio）——而进入心灵的，但最后一个运作必须是在永恒原理的光照下进行的，这样，它才会是真实和确定的。

现在，就像我们先前已经见到的那样，永恒原理在本体论上被认出，并在实际中与上帝的圣言同一。于是，是圣言在光照着人之心灵，同一个圣言也照亮了每一个来到世上的人。“基督是内心中的教师，除非通过他，否则没有人会认识到真理。〔他〕并非通过他的言语而是通过他在内心中光照着我们，才使我们得以发言，……他对每一个灵魂而言都是亲密临在的，并通过他最清澈的理念，他的光芒照在了我们心灵的隐晦的观念之上。”[④] 我们没有对上帝圣言的直观，即便我们心中有着如此亲密的光照，它对我们来说仍然是不可见的、无法通达的（inaccessibilis）：我们只能从观察它的效应出发，推论出它的临在。[⑤] 所以，波纳文图拉的光照学说

① 《六天造物注疏》，12，5。
② 《心向上帝的旅程》，2，9。
③ 同上，2，4—6。
④ 《六天造物注疏》，12，5。
⑤ 同上，12，11。

以及他对奥古斯丁的诠释并不涉及本体主义。他的学说使他那看上去属于亚里士多德主义的对抽象的肯定，以及他对哪怕是第一原理真正的天赋特性的否认，都得到了完满。由此，他的学说被赋予了一个特别的、并非亚里士多德主义的而是奥古斯丁主义的面貌和色彩。我们是进行抽象的，但我们并不仅仅通过抽象而获取智性的、持衡的认知对象，我们也需要神性光照：我们是能够通过内在的思索获得道德原理的，然而，如果没有神性之光的规范性和引导性行动，我们就无法认识到它们不变的、必要的特性。亚里士多德没有见到这一点。他没有认识到，除非我们把受造物视为由神性模型（exemplar）塑造的产物（exemplata），否则我们就无法完整地认识它们，如果缺乏圣言——即永恒原理（Ratio Aeterna）——的光照，我们就无法对它们形成确定的判断。模型说和光照是紧密联系在一起的，真正的形而上学家同时认识两者：亚里士多德却一个都不知道。

8. 灵魂只有四个机能，生长和感性能力、理智和意志。但波纳文图拉还区分了灵魂的不同“方面”，特别是根据其注意力指向的对象和这种指向的方式，区分了理智或心灵。那么，我们就不能错误地认为，在他那里，理性（ratio）、理智（intellectus）、智性（intelligentia）和心灵之巅 290
峰（apex mentis）或意识之火花（synderesis scintilla）[①]指的都是灵魂的不同机能：其实，它们指涉的是理性灵魂在从可感的受造物上升到上帝自身这一进程之中的不同功能。在《语录》注疏[②]中，他明确说到理性之较低级和较高级的划分（ratio inferior and ratio superior：低级理性和高级理性）并不是将理性划分为不同的机能：这种划分是对任务（officia）和性向（dispositiones）的划分，而不仅是对不同方面（aspectus）的划分。低级的理性是转向感性对象的理性，而“较低”和“较高”这些概念指的是同一机能之不同功能或任务。但在此我还得补充一点，即针对智性对象的理性是得以加强并更具活力的，针对感性对象的理性则在某种方式上被弱化和贬低了。所以，虽然只有同一个理性，但高级和低级理性的区分不仅对应着不同的功能，也对应着同一理性之不同的性向。

---

① 《心向上帝的旅程》，1，6。

② 《四部语录注疏》，2，24，1，2，2，回应。

心灵上升的不同阶段不怎么需要太多的展开，因为它们与灵修和神秘神学的联系要多于和我们所说的哲学之间的联系。但由于它们与波纳文图拉所理解的哲学有关联，我们可以简短地描述一下它们，因为它们阐明了他尽可能地将哲学与神学紧密结合的倾向。他跟着奥古斯丁和维克托学派的步伐，追溯了灵魂的上升阶段（那些阶段对应着灵魂中的不同潜能，并引导着他从自然的领域上升到恩宠的领域）。从灵魂之感性能力（sensualitas）出发，他展示了灵魂是如何得以在感性对象中发觉上帝的痕迹（vestigia Dei）的，因为灵魂先把感性物体看作上帝的效应，随后将它们视为上帝亲临其中的物体。之后，他与奥古斯丁一同，在灵魂退隐进入自身并把它自己的自然构建和自然能力视为上帝之肖像的时候，伴随着灵魂。智性也就被视为上帝在灵魂中借由恩宠而得以复新和提升的机能，它是通过上帝的圣言从而能够这样思考的。在这一阶段，灵魂却仍然是在肖像中思索上帝的。肖像即灵魂自身，即便灵魂此时已经通过恩宠而得到了提升。它还可以更进一步，超越于我们之外（supra nos）来默想上帝。首先，它把上帝思索为存在者，随后将其思索为至善。存在是善的，而把上
291 帝思索为存在者、存在的完满，就能得以认识到存在者为至善，是其自身的发散（diffusivum sui），由此进而思索真福圣三。理性也就不能比这上升得更远了。在此之外，则是神秘默想之光明的黑暗和神魂超拔，是超越了心灵的爱之巅峰（apex affectus）。而意志是人之同一灵魂的一个机能，而且并不是一个不同的偶性，虽然它是从灵魂之实体中发出。所以，要说意志之爱超越了理性，其实也就等于是在说灵魂通过爱如此紧密地与上帝联系在一起，以至于所倾注进入灵魂的光芒使其目眩。除此之外则只有一个更高的阶段，这是重生后才会有的，而这就是天堂中的对上帝的直观。

9. 我们要记住的是，对波纳文图拉来说，形而上学的三个枢要点是造物、模型说和光照。之所以说他的形而上系统是一个整体，就因为在其中，造物学说表明了世界是从上帝那里发出的，它从无中被创造出来并完全依赖上帝。模型说则表明，受造物的世界与上帝的关系是模仿者与被模仿的模型的关系，也就是按照模型所造的与模型的关系。光照的学说则追溯了灵魂通过对受造物的默想、对自身的默想以及最终对完美存在者的默

想而回归上帝的旅程。神的行动一直受到强调。从无中造物的学说是可以得到证明的，同样，上帝在受造物中（特别是在灵魂中）的临在和活动也可以被证明。在对每一条真理的把握中，上帝的活动都介入了，而且即便创建灵魂上升的更高阶段需要神学内容，在一定意义上却有着一个程度不断加强的上帝行动的延续性。在每个人获得真理的时候，上帝都在他的心灵中运作，而在此阶段，上帝的活动并不是充分的，人通过对自己的自然能力的运用，便也是在活动着的：在更高的阶段，上帝的活动不断增强，直到在神魂超拔，此时上帝占有了灵魂，而人之智性活动被取代了。

所以，波纳文图拉可以被称作基督教生活的哲学家，他同时运用了理性和信仰来得出一个综合。这种理性和信仰、哲学与神学的融合，都在他赋予基督的位置那里得到了强调，这个位置即上帝的圣言。如果没有认识到万物是通过上帝的圣言而被创造的，而且万物都映照着上帝的圣言，即圣父之同本性的肖像，那么，造物和模型说就无法得到正确的理解。同样，如果没有认识到，是上帝的圣言光照着每一个人的，上帝的圣言是灵
魂超越自身来到上帝那里所要通过的门，上帝的圣言通过他所派遣出来的 292
圣神点燃了灵魂并引导它走出它的各种限制、走出了明确的观念，而进入到与上帝神魂超拔的合一之中，那么，不同阶段的光照也就无法被正确地理解。最终，是上帝的圣言把圣父展现给我们，并为我们开启了通往天堂中真福直观的道德道路的。实际上，基督是一切科学之中介（medium omnium scientiarum）[1]，他既是形而上学的也是神学的中介。因为，一个人就算是这样的形而上学家，也无法通过自然理性的运用而获得对圣言的认识，缺乏圣言之光照，他无法构成真实和确定的判断，只有在光照下他才会做出这样的判断，即使他全然没有意识到光照的事实。另外，他的科学除非从神学那里获得圆满，否则就是不完全的，会因为缺乏完整性而有缺陷。

---

① 《六天造物注疏》，1，11。

第三十章

大阿尔伯特

生平和学术活动——哲学和神学——上帝——造物——灵魂——大阿尔伯特的声誉和重要性

293 1. 大阿尔伯特（Albert the Great，也称“圣阿尔伯特”）于 1206 年出生在施瓦本（Swabia）[①] 的劳因根（Lauingen），但他离开了德国，到帕多瓦学习诸艺，并于 1223 年在那里加入了多明我会。他在科隆和其他地方教授神学，后于 1245 年在巴黎获得博士学位。1245—1248 年，托马斯·阿奎那是他的学生之一。随后，他在托马斯的陪伴下回到了科隆，目的是在那里创立一座多明我会的学院。然而，他的纯粹的学术活动被交付给他的行政工作打断了。于是，从 1254 年直到 1257 年，他都是德国教省 [②] 的教省长官，于 1260—1262 年担任雷根斯堡的主教。到罗马的旅行以及在波希米亚地区呼吁人们参加十字军东征的讲道同样占据了他的时间。但是，他似乎把科隆当成了他平时的居住地。1277 年，他从科隆出发到巴黎，为的是替托马斯·阿奎那（于 1274 年去世）的观点作辩护。他最后是在科隆于 1280 年 11 月 15 日去世的。

从大阿尔伯特的著作和活动我们明显可以看出，他是一个具有广泛知识兴趣和爱好的人，这样的人几乎不可能忽视巴黎艺学院中亚里士多德

① 德国的一个地区，包括当今的巴登符腾堡州和巴伐利亚州的部分地区。——译者注

② 天主教的修会是按地域划分的，比如在德国地区的修会为一个教省，法国地区则有属于同一修会的另一个教省，以此类推。——译者注

主义的兴起，特别是他清楚地知道这些新的倾向所引起的争论和麻烦。作为一个思想开放并对知识感兴趣的人，他不是那种对新兴运动采取毫不妥协的敌对态度的人。他对新柏拉图和奥古斯丁传统也有着很强的倾向。所以，在采纳了亚里士多德主义的成分并将其融入自己的哲学的同时，他也保留了很多奥古斯丁的和非亚里士多德的传统。他的哲学处在更完全地融合亚里士多德主义（这是他的学生托马斯·阿奎那所做到的）之前，具有过渡时期的特点。另外，他首先是一位神学家，不可能在没有察觉到亚里士多德思想与基督教学说几个关键的冲突点的情况下，不带丝毫批判地接 294
纳亚里士多德。这种做法在艺学院的一派中时兴起来，但他无法接受。因此，尽管他阐述了亚里士多德的许多逻辑学和物理学著作（比如《物理学》《论天》和《论宇宙》）以及形而上学和伦理学著作（《尼各马可伦理学》和《政治学》），但他毫不犹豫地指出了这位哲学家所犯的错误，并通过发表《论理智之统一》（*De unitate intellectus*）来反对阿维洛伊，这一点不足为奇。他表示，自己阐述亚里士多德的意图在于使拉丁学者能了解亚里士多德。他也声称，他给出的仅仅是对亚里士多德观点的客观复述。但不管怎样，他不可能在批评亚里士多德的时候却一点都不展现他自己的思想，即便他的注疏大部分是不偏不倚的转述和对该哲学家作品的解释。

我们发现，要以一定的精确性来确定阿尔伯特著作的写作时间或发表顺序是不可能的。但是，他对彼得·隆巴之《四部语录》和《论受造物大全》（*Summa de Creaturis*）所做的注疏的发表，似乎是在他对亚里士多德作品进行阐述之前。他也发表了对伪狄奥尼修斯著作的注疏。《论理智之统一》似乎是在 1270 年之后撰写的，《神学大全》（*Summa theologiae*）则未完成，它或许是由多人汇编而成的。

我们不能不谈到大阿尔伯特的兴趣和活动中值得注意的一个方面，即他对物理科学的兴趣。他以一种开明的态度，强调观察和实验对于物理科学的必要性。在他的《论植物》（*De vegetalibus*）和《论动物》（*De animalibus*）中，他总结了自己和一些更早的作者的观察结果。就他对树木和植物的描述而言，他谈到，他写下来的是自己经验的结果，或从他所知道的通过观察和证实其观点的那些作者那里借用的内容，因为就此类内容而言，只有经验才可为其赋予确定性。① 他的思索常常是通情达理的，例如，与认为赤道以南的地球不适合人类居住的观点相反，他肯定其对立面或许是对的，虽然两极的寒冷会过于强烈以至于人类不可居住。然而，有动物生活在那里，所以我们必须设定，它们应该有着足够厚的皮毛从而在这种气候中保护它们，而这种皮毛或许是白色的。无论如何，以为
295 生活在地球下端的人会掉下来是毫无道理的，因为“下端”这一概念只是相对于我们来说的。② 当然，大阿尔伯特非常依赖前人的观点、观察和经验。但他经常诉诸他自己的观察，比如他对鸟群迁徙的观察或对植物之本性的观察。而且，他也显示出了很强的常识，比如，他表明，“‘热带地区’无法居住”的先天论述无法取代我们所知的那些地域有人居住的事实证据。而且，当他提到月晕或“彩虹”的时候，③ 他说，依照亚里士多德的观点，此现象在五十年之内只发生两回，然而事实上他和其他人在一年中就曾观察到两次，所以，亚里士多德必然是从传闻而非自身经验得知这一信息的。无论如何，不管大阿尔伯特所得出的特定结论会有什么价值，好奇的精神和对经验和实验的信赖都把他与后来的许多经院学者区分开来了。探寻的精神和广泛的兴趣使得他在这一方面与亚里士多德相近，因为那位哲学家④ 自己清楚地意识到科学中的经验研究的价值，虽然他以后的学徒或许会毫不迟疑地接受他的学说，而缺乏他的探寻精神和多方的兴趣。

2. 大阿尔伯特对神学和哲学的区分是有明确表述的。同样，他也指明了，在把启示内容作为其基础的神学与作为没有协助的自然理性之结果的神学之间有着区分，后者属于形而上学。所以，形而上学或第一哲学把上帝视为第一存在者（secundum quod substat proprietatibus entis primi：按作为第一存在者之特性基底的那个），神学则讨论信仰所知的上

---

① 卷 6，《论蔬菜和植物》（*de Veget. et Plantis*），论述 1，第 1 章。

② 参见《论位置之本性》（*De Natura Locorum*），论述 1，第 6、7、8、12 章。

③ 卷 3，《〈天象论〉注疏》（*Meteorum*），论述 4，第 11 章。

④ 在没有特殊标注而提到“philosopher”的时候，中世纪的作者指的就是亚里士多德。所以，我们在这也就将他称为“那位哲学家”，以后则不再一一注明。——译者注

帝（secundum quod substat attributis quae per fidem attribuuntur：按照作为信仰所归于它的诸属性之基底的那个）。而且，那位哲学家是在被赋予所有人的普遍理性之光的影响下展开探索的，借由此光芒，他发现了第一原理，而神学家是通过超性的信仰之光展开研究的，借由此光芒，他获得了启示的信理。[①] 所以，圣阿尔伯特对那些否认或贬低哲学的人没有什么好感，因为他不仅在神学论述中使用了逻辑，而且认识到哲学本身是一个独立的学科。他反对那些声称把哲学论述介绍到神学中是一种错误行为的人，他承认这些论述不可能是原初的，因为信理之证明仿佛为先天的 296
（tamquam ex priori），也就是说，神学家展现出的信理是从启示得来的，并非哲学论述之结论。但是，他接着说道，在面对有敌意的哲学家所提出的反驳时，哲学论述能够因其辅助的能力而具有实用性。他提到了那些虽无知却要以一切方式来攻击对哲学之运用的人，这些人就像"无知的动物那样，在诋毁他们根本不知道的东西"[②]。甚至在讲道者修会（Order of Preachers）[③] 中也有着与哲学和此类"世俗"科学的对抗。圣阿尔伯特最大的贡献之一则是在他自己的修会中推进了对哲学的研习和运用。

3. 圣阿尔伯特的学说并不是一个同质的系统，而更多地是亚里士多德主义要素与新柏拉图主义要素的混合。比如，在提出从运动出发的对上帝存在的证明时，他选择求助于亚里士多德。[④] 他论述道，无限的原理（principia）链是不可能的且自相矛盾，因为这实际上也就是指没有任何原理（principium）了。第一原理（primum principium）之为第一原理，必然是从自身而非他者那里获得其存在的：它的存在（esse）必然就是它的实体（substance）和本质（essence）。[⑤] 它必然就是第一存在者，没有任何偶性或潜能掺和在内。阿尔伯特也表明，它是理性的、活生生的、全能的、自由的，等等。它是其自身的智性，在上帝对自身的认知之中，是

---

① 《神学大全》，1，1，4，针对 2 和针对 3。

② 《伪狄奥尼修斯书信 9B 注疏》（*Comm. in Epist. 9 B. Dion. Areop.*），7，2。

③ 西文中多明戈修会的正式名称，因为此修会的创立就是为了向民众讲道。所以此修会的缩写也是 O. P.（Ordo Praedicatorum）。——译者注

④ 卷 1，《论普遍性之原因和特性》（*de causis et proc. universitatis*），1，7。

⑤ 同上，1，8。

没有主体和客体之分的。而他的意志并不是与他的本质相区分的什么东西。最后，他小心地把上帝——第一原理——与世界区分开来。此时，他说道，在我们用来称呼上帝的名字中，没有一个可以在其原初的意义上谓述上帝。比如，他被称为实体，这并不是因为他与实体属于同一范畴。同样，“存在”这一概念原初指的是存在的普遍抽象概念，这是不能用来谓述上帝的。[①] 总而言之，说我们知道上帝不是什么要比说他是什么更加准确。[②] 这样，我们可以说，在阿尔伯特的哲学中，按亚里士多德的说法，
297 上帝被描述为第一的不动的推动者，是纯粹的现实和认识自身的理智。但是，重点在于上帝超越了我们的一切概念和我们用来谓述他的一切名字，而这一事实来自伪狄奥尼修斯。

4. 亚里士多德与伪狄奥尼修斯的结合保障了神之超越性，这一结合还是类比学说之基础。但是，在讨论世界之创造的时候，阿尔伯特是依照漫步派的意见来阐释亚里士多德的，也就是说，他所依照的实际上是新柏拉图主义的诠释。所以，他使用了流出（fluxus）和流溢（emanatio）这些词语（fluxus est emanatio formae a primo fonte, qui omnium formarum est fons et origo：流出就是形式从第一源泉发出的流溢，第一源泉是所有形式的源泉和起始），[③] 并认为，第一原理（intellectus universaliter agens：普遍运作的理性）是第二智性从中流出的源头。后者则是第三智性从中流出的源头，以此类推。从每一个下属的智性中，上一个智性可获得与其自身相应的领域，直到地球最终得以产生。大体框架（大阿尔伯特给出了几个特定的框架，从“古人”那里挑选而来）会显得破坏了神之超越性和不变性，破坏了上帝的造物行动。但是，大阿尔伯特当然并不认为，通过流溢过程，上帝会有所减少或经历变化。同时，他坚持认为，一个下属的原因只有在依赖一个更高的原因时并在后者的协助下，才得以进行运作。这样，整个进程最终都是发自上帝的。此进程以不同的方式被表象为善之不同程度的发散，或光之不同程度的发散。然而，在大阿尔伯特的这一造物

① 卷 1,《论普遍性之原因和特性》，3，6。
② 《伪狄奥尼修斯书信 9B 注疏》，1。
③ 卷 1,《论普遍性之原因和特性》，4，1。

描述中，很明显他受到的《原因之书》、新柏拉图主义者和新柏拉图主义化了的亚里士多德主义者的影响，要远远超过他所受的历史上真实的亚里士多德的影响。但另一方面，他似乎并没有意识到，新柏拉图主义之流溢概念，虽不是严格意义上的泛神论（因为在此上帝仍然与万物有着区分），却与基督教之从无之中的自由造物之信理不完全协调。我没有一刻想要暗示圣阿尔伯特有意用新柏拉图主义的流溢说取代基督教信理：相反，他试图以前者之概念来表述后者，与此同时却没有意识到这一企图所涉及的困难。

圣阿尔伯特在认为理性并不以确定的方式证明世界在时间中的起源（也就是说，世界并非从永恒中被创造），[①] 并认为天使和人之灵魂都由质料和形式组成时，他便与奥古斯丁-方济各传统分道扬镳了。此时在他的 298
理解中，质料明显与质量有关。但另一方面，他接受了种子原理以及光作为身体性的形式（forma corporeitatis）的学说。而且，圣阿尔伯特除了接受时而从亚里士多德主义、时而从奥古斯丁主义或新柏拉图主义那里借来的学说之外，还从其中的一个传统那里采纳了表述，却在另一传统的意义上来诠释它。比如，他说到在神性之光中见到了本质，此时他指的是人之理性以及其运作是对神性之光的映照，是后者之效应，但并不要求造物界与理性的活动范围之外及之上有一个上帝的特定光照活动。大体来讲，他追随了亚里士多德的抽象理论。而且，阿尔伯特也绝对没有总是把他的想法表达得很清楚。所以，本质和存在的区分被他当成了实在的区分还是概念性的区分，这一点是有疑问的。因为，他否认了天使中有着质料存在，却肯定了它们是由“本质部分”组成的。认为他持有实在区分的理论看上去的确是合理的。他有时也在此意义上表述；但又有一些时候，他却如此表述，似乎他持有阿维洛伊主义的概念区分理论。对于如何诠释他的这一观点或其他几点思想，我们遇到了困难，因为他习惯给出不同的理论，却不给出确定的示意表明他自己到底采用哪种解决方案。他在哪里仅仅是在复述他人的观点，又在哪里是在对所涉及的观点加以肯定，并不总是很清

① 《〈物理学〉注疏》（*In Phys.*），8，1，13。

楚。由此，我们不可能说大阿尔伯特有一个完整的“系统”：他的思想事实上是对亚里士多德哲学加以接纳的进程的一个阶段，为的是把后者当作思想工具，从而表述基督教世界观。圣阿尔伯特的伟大学生托马斯·阿奎那将对亚里士多德哲学的接纳和吸收发展的进程向前推进了一大步。但就算是夸大了后者的亚里士多德主义，也是错误的。两位人物都在很大程度上停留在了奥古斯丁传统中：虽然他们都按照亚里士多德的范畴来诠释奥古斯丁，但圣阿尔伯特是以一种不完整的方式这么做的，托马斯则使用了一种更加完整的方式。

5. 圣阿尔伯特确信，灵魂的不死是可以用理性加以证明的。所以，在他关于自然和灵魂之起源的书中，[①]他给出了好几个证明。比如，他论述
299 道，灵魂在其理性运作中超越了质料，它在自身中拥有此类运作的原理，这样，它就不可能按其存在或本质（secundum esse et essentiam）依赖身体。但是，他也不允许为所有人中的主动理智之统一性作辩论。此类论述如果有着证明力度，也就会否认人格性的不死。他不仅在他的《论灵魂》（*De Anima*）中，而且在他就此主题而专门撰写的著作《反阿维洛伊论理智之统一书》（*Libellus de unitate intellectus contra Averroem*）中讨论到了这一内容。在说到此问题很困难且只有受过训练并习惯形而上学思维的哲学家们才可以参与讨论之后，[②]他接着阐述了 30 个由阿维洛伊主义者提出的或能够提出的用以支持他们的论争的论证，并说道，它们是不容易回应的。然而，他接着又给出了 36 个反对阿维洛伊主义者的论证，勾勒了他关于理性灵魂的观点，并按顺序回应了[③]阿维洛伊主义者的 30 个论证。理性灵魂是人的形式，由此，它在个体的人中必然也有这么多个：但是，在数目上为多的必然也就在实体上为多。如果这能够被证明，就像理性灵魂的不死也可以被证明那样，那么多个理性灵魂在死后就也是留存的。而且，存在（esse）是任何物体之最终形式（formae ultimae）的现实，而人

---

① 《论灵魂之本性和起源》（*Liber de natura et origine animae*），2，6；同时参见《论灵魂》，3。

② 第 3 章。

③ 第 7 章。

的最终或最后的形式则是理性灵魂。那么，个体的人要么有着他们自己的分离的存在，要么就没有。如果你说，他们并不拥有自己的个体存在，你就必须准备承认他们并非个体的人，这明显就是错的。而如果你承认每个人都有着自己的个体存在，那他也就必然要有他自己的理性灵魂。

6. 圣阿尔伯特在他还在世时就已经享有很高的声誉，而罗杰·培根告诉我们，“就像亚里士多德那样，阿维森纳和阿维洛伊在学院中被引用（allegantur），而他也如此”，虽然培根远不是其作品的崇拜者。罗杰·培根指的是，对圣阿尔伯特的引用提及了他的名字，这与当时流行的不提在世作者之名的习俗正好相反。这也就证明了阿尔伯特为自己所赢得的声誉。此声誉无疑大部分是由于这位圣徒的博学以及他作为神学家、哲学家、科学家和诠释者的多方兴趣。他对犹太哲学和阿拉伯哲学有着广泛的知识，并常常引用其他作者的观点。由此，尽管他的思想和表达常常不很 300
确定，且他在历史内容上也有错误，但他的著作给人们留下一种印象，觉得他是一位知识广博、博览群书且对多种思想感兴趣的人。他的学生，多明我会修士斯特拉斯堡的乌利克（Ulric of Strasbourg），发展了圣阿尔伯特思想中新柏拉图主义的一面，并把他称作“我们时代的奇迹”。[①] 但是，除了对经验科学的热衷之外，圣阿尔伯特的思想对我们的意义主要在于他对托马斯·阿奎那的影响。托马斯与斯特拉斯堡的乌利克和弗里堡的约翰（John of Fribourg）不同，他发展了阿尔伯特思想中亚里士多德主义的一面。圣阿尔伯特比他的这位学生要活得长，他致力于保存对后者的记忆。我们读到，在圣阿尔伯特老年时，他在弥撒仪式中的追思部分中总是想起托马斯，并且一想到曾为人世间的花朵和荣誉的后者已经逝去，他就会流泪。

圣阿尔伯特作为一个博学的和具有广泛兴趣的人的声誉是当之无愧的。然而，他的主要功绩是——就像不少历史学家所注意到的那样——他发现了对基督教西方而言，在亚里士多德系统和阿拉伯哲学家们的著作中有着多么珍贵的宝藏。从很晚近的时候回望 13 世纪，在此阶段之后的贫

---

① 《论至善》（*Summa de bono*），4，3，9。

瘠的经院学式的亚里士多德主义文本中，人们会倾向于思索亚里士多德主义的侵入和它的主导地位的不断上升。这种亚里士多德主义为了咬文嚼字而牺牲了精神，并完全误解了那位伟大希腊哲学家的探索心灵、他对科学的兴趣及其结论的暂时性。但是，从这个角度来看待 13 世纪是不合时宜的，因为后世那种败坏了的亚里士多德主义的态度并非圣阿尔伯特的态度。基督教西方本身并没有可以与亚里士多德和阿拉伯学者相提并论的纯粹哲学或自然科学。圣阿尔伯特很清楚地意识到了这一事实，他发现必须要对亚里士多德主义采取确定的态度，并认识到不可简单地忽视它。他也很正确地确信，想要忽视它的企图将是一种浪费，甚至将带来灾难性后果。他当然也察觉到了，在某些观点上，亚里士多德和阿拉伯学者持有与信理不相容的学说。但同时他也意识到，部分否定它的需要并不是全盘否
301 定它的理由。他致力于把亚里士多德主义介绍给使用拉丁文的学者，并把它的价值展现给他们，同时指出其谬误之处。他接受了这个或那个观点，拒绝了这个或那个理论，这些在他意识到亚里士多德主义整体的重要性和价值这一事实面前，都不是重点了。为了鉴别他在这一方面的功绩，我们并不需要成为一个严格的亚里士多德主义者。例如，过分强调圣阿尔伯特关于亚里士多德的某些科学观察方面的自主性，以至于无视他通过使得人们关注亚里士多德并展现出亚里士多德主义之丰富内涵而做出的巨大贡献，也会是个错误。年月的流逝很不幸地在亚里士多德传统中造成了僵化，但我们不能因此指责大阿尔伯特。如果我们试着假想没有亚里士多德主义，中世纪哲学会如何的话，如果我们把托马斯的综合和司各脱的哲学略去的话，如果我们把所有亚里士多德要素都从波纳文图拉的哲学中剔除出去的话，我们就很难把亚里士多德主义的入侵视为历史上的不幸了。

第三十一章

圣托马斯·阿奎那（一）

生平——著作——阐释托马斯哲学的模式——托马斯哲学的精神

1. 托马斯·阿奎那（Thomas Aquinas）于1224年底或1225年初出生 302
在离那不勒斯不远的罗卡塞卡城堡。他的父亲是阿奎诺（Aquino）的伯爵。五岁时，他的父母把他作为一名献身者（oblate）[①]交托给蒙特卡西诺的本笃会修道院，在那里，这位未来的圣徒和教会博士获得了基础教育。他从1230—1239年一直待在这所修道院。随着皇帝腓特烈二世驱赶了那里的僧侣，这个男孩回到自己的家庭住了几个月，后于同年秋去了那不勒斯大学，那时他十四岁。这座城市有一所多明我会修院，托马斯被他们的生活所吸引，于是在1244年加入了这所修会。对他的家庭来说，这一举措完全是不可接受的，他们无疑希望这位男孩进入蒙特卡西诺修道院，并以此作为教会仕途的一个进阶。或许是由于来自家庭的反对，他的院长决定在自己去参加一个修会全体会议的时候，把托马斯一同带到博洛尼亚，从那里，他又把他送往巴黎大学。然而在路上，托马斯被他的兄弟们绑架了，并被囚禁在阿奎诺约一年之久。忠实于修会的决心使得他成功地面对了这次考验。1245年秋，他得以启程去巴黎。

大约从1245年到1248年夏，托马斯一直待在巴黎。1248年他随同大阿尔伯特去了科隆，大阿尔伯特在那里创立了一所向整个多明我会开放

---

① "Oblate"指的是被父母交托给修道院准备充当僧侣的儿童。——译者注

的总会学院（studium generale），他们一直在那里待到1252年。在巴黎及之后在科隆这一时期，托马斯和大阿尔伯特交往甚密，后者意识到了他这位学生的能力。很明显，托马斯对学习和研究的嗜好无论如何必然在与一位如此博学和有着如此强烈好奇心的教授的交往中得到了激励，但我们不能以为圣阿尔伯特企图使用亚里士多德主义中有价值的部分这一点对他
303 的学生的思想没有产生直接影响。就算托马斯在他生涯的早期并没有想到要完成他的老师所开创的事业，他至少也必定深深地受到了后者开放的思想的影响。托马斯并不拥有他的老师那种涉猎一切领域的好奇心（我们或许也可以说，他在如何有效利用他的智力方面有着更好的感觉），但他确实拥有更强的系统性能力。那位较年长的学者的博学和思想之开放与这位更年轻的学生的思辨能力和综合能力的交汇，结出了灿烂的果实，这就是意料之中的事了。托马斯用亚里士多德的术语来保存基督教意识形态的表述；也是他把亚里士多德主义用作神学的工具和哲学的分析与综合工具。但是，陪伴圣阿尔伯特在巴黎和科隆的旅居生活，对他的思想发展所起的重要影响无疑是首要的。我们是否选择把圣阿尔伯特的系统视为一种不完全的托马斯主义，这实际上并无太多干系：主要原因在于圣阿尔伯特（mutatis mutandis：在做了必要的修正的条件下）是托马斯的苏格拉底。

1252年，托马斯从科隆回到巴黎继续他的学习，并作为圣经神学学士（Baccalaureus Biblicus）教授圣经（1252—1254年）和彼得·隆巴的《四部语录》（1254—1256年），在这一阶段的最后，他获得了教学资格，可以在神学院教书。同年，他成了硕士（Magister），并作为多明我会的教授，一直授课至1259年。我们已经提到大学里关于多明我会和方济各会教席的争论。1259年，他离开巴黎去了意大利，并且一直到1268年，都在附属教皇宫廷的教廷学院（studium curiae）教授神学。所以，他于1259—1261年与亚历山大四世（Alexander IV）一起待在阿纳尼（Anagni），于1261—1264年和1265—1267年与乌尔班四世一起待在奥尔维耶托（Orvieto）和罗马的圣撒比纳（Santa Sabina），于1267—1268年与克莱门特四世（Clement IV）一起待在维泰博（Viterbo）。在乌尔班四世的宫廷中，他遇到了著名翻译家穆尔贝克的威廉。乌尔班四世还把一

项任务交付给了托马斯，让他为基督圣体节（Corpus Christi）写作节日礼赞。

1268 年，托马斯回到巴黎并在那里授课，直至 1272 年，他卷入了与阿维洛伊主义者以及那些攻击修会团的人的争端。1272 年，他被派遣到那不勒斯去创立一所多明我会的总会学院。他在那里继续他的教学生涯，
直到 1274 年教皇格列高利十世召他到里昂去参加大公会。他开始了旅途 304
但没能抵达目的地，于 1274 年 3 月 7 日在位于那不勒斯和罗马之间的富撒诺瓦（Fossanuova）的熙笃会（Cistercian）隐修院中去世，享年四十九岁。他将一生都奉献给了研究和教学。他的一生并没有很多外部活动，除了早年的囚禁、或多或少要做的旅行以及卷入的纷争之外，也没有什么特别的起伏。不过，他的一生是奉献给对真理之追求和辩护的一生，也是被深沉的灵修渗透和激励的一生。在某种方式上，托马斯 · 阿奎那更像传说中的教授（有很多故事讲他多么热衷于抽象，或有多么专心，以至于他根本就察觉不到周围发生的事），但他远不只是一位教授或神学家，因为他是一位圣徒。而就算他的虔诚和爱并不表现在他的学院著作的篇章中，他晚年的神魂超拔以及与上帝的合一见证了这样一个事实：他所写下来的就是他所经验到的现实。

2. 托马斯对彼得 · 隆巴的《四部语录》的注疏大约出自 1254—1256 年，《论自然之原理》（*De principiis naturae*）则大约出自 1255 年，《论存在者与本质》（*De ente et essentia*）出自 1256 年，《论真》则出自 1256—1259 年。《随意提问问题集》（*Quaestiones quodlibetales*）的第 7、8、9、10 和 11 个问题大约也都是在 1259 年之前（也就是托马斯离开巴黎前往意大利之前）撰写的。《对波爱修之〈论七原理〉注疏》（*In Boethium de Hebdomadibus*）和《对波爱修之〈论三位一体〉之注疏》（*In Boethium de Trinitate*）也可算是这一阶段的作品。在意大利的时候，托马斯撰写了《反异教大全》（*Summa contra Gentiles*）、《论潜能》（*De Potentia*）、《反希腊人之谬误》（*Contra errores Graecorum*）、《论卖与买》（*De emptione et venditione*）和《论君主之统治》（*De regimine principum*）。一些亚里士多德注疏也属于这一阶段：比如，《物理学》的注疏就可能出自这一

阶段，《形而上学》《尼各马可伦理学》和《论灵魂》的注疏也出自这一阶段，或许还有《政治学》的注疏。在回到巴黎之际（他在那里卷入了与阿维洛伊主义者的争论），他撰写了《反低声细语者论世界之永恒》（*De aeternitate mundi contra murmurantes*）和《反阿维洛伊主义者论理智之统一》（*De unitate intellectus contra Averroistas*）、（或许）《论恶》（*De Malo*）、《论精神性受造物》（*De spiritualibus creaturis*）、《论灵魂》（*De anima*）[即《辩论问题》（*Quaestio disputata*）]、《论成为肉身的圣言之合一》（*De unione Verbi incarnati*），以及《随意提问问题集》的
305 第 1—6 个问题，对《原因之书》《天象学》[1] 和《解释篇》的注疏也都属于这一阶段。在那不勒斯逗留期间，托马斯撰写了《论元素之混合》（*De mixtione elementorum*）、《论心之运动》（*De motu cordis*）、《论德性》（*De virtutibus*），以及对亚里士多德的《论天》和《论生成与毁灭》的注疏。至于《神学大全》（*Summa Theologica*），它是在 1265 年（最早）和 1273 年之间所撰写的，第一部分（Pars prima）是在巴黎撰写的，第二部分的上半部分（Prima secundae）和下半部分（Secunda secundae）是在意大利撰写的，第三部分（Tertia pars）则是于 1272—1273 年在巴黎撰写的。《补充》（*Supplementum*）是由托马斯之前的著作编撰而成的，这是托马斯从 1261 年起的秘书皮派诺的雷吉纳尔德（Reginald of Piperno）所添加的。我们必须补充的是，奥弗涅的彼得（Peter of Auvergne）补充完成了《论天》和《政治学》（从第 3 卷第 7 讲起）的注疏，卢卡的托勒密（Ptolemy of Lucca）则撰写了《论君主之统治》的部分章节，托马斯仅仅撰写了这部书的第一卷以及第二卷的开头四章。《神学手册》（*Compendium theologiae*）是一部未完成的作品，是托马斯晚年的产物，但我们不是很确定它到底是在他于 1268 年回到巴黎之前还是之后撰写的。

有一些托名托马斯而写的作品确实并不出自他的手笔。另一些短小的作品的真实性也有疑问，比如《论理智内言之本性》（*De natura verbi intellectus*）。上面列出来的时间顺序并不是公认的，比如，马丁·格拉布

---

① 对《天象学》的补充附录似乎是一位不知名的作者完成的，他借用了奥弗涅的彼得的思想。

曼蒙席[①]和芒多内神父就认为，某些作品的编年与上述不同。关于这些内容，读者可参考书后列出的相关文献。

3. 试着为这位经院学者中最伟大的人物的“哲学系统”给出一个令人满意的大纲，这就等于尝试完成一项难以想象的艰巨任务。人们是否应该试图做一个系统性的或发生性的诠释，这在我看来实在不是一个急切的问题，因为托马斯一生中的创造阶段只有 20 年。而且，虽然在此阶段有着对观点的修订和发展，然而他的情况却并不像柏拉图或谢林那样，在前后不同阶段有着发展变化。[②]以发生学的方式来讨论柏拉图的思想或许确实值得一试（尽管我在本书第 1 卷中出于方便和清晰的考虑，而采取了一个大体上为系统性的诠释形式），讨论谢林的思想则必须要从发生学的角度出发。但是，我们没有什么实际的理由反对以系统性的形式来阐述托马 306
斯的系统。正好相反，有诸多理由可以佐证为什么应该以系统性的方式来阐述它。

困难其实在于这些问题：系统性诠释该采取哪种确切的形式呢？另外，对于其内容的组成部分，我们该划出哪些重点、给予何种诠释呢？托马斯是一位神学家，虽然他把启示神学与哲学区分开了，但他并没有就哲学本身来对哲学展开一个系统性的阐述（甚至在他的《反异教大全》中都有神学）。所以，诠释的方法已经由这位圣徒自己规定下来了。

对此，人们或许可以反驳说，托马斯确实为自己的哲学阐述确定了出发点。吉尔松先生则在他关于托马斯的杰出著作中[③]论述道，正确地诠释托马斯哲学的方式是按照托马斯神学的顺序来诠释它。托马斯是一位神学家，他的哲学必须在他与神学之关联的视角下得到考察。就我们对托马斯的哲学认知而言，如果像《神学大全》那样的神学作品流失，与他对亚里士多德作品所做的注疏流失相比，前者会是一个更大的灾难。不仅这么说是真的，而且，托马斯认为，哲学内容或哲学家（即同时为神学家的

---

① 蒙席（Monsigor）是教皇授予有功神父的荣誉头衔。——译者注

② 不过最新的研究倾向于指出在托马斯的思想中有着比人们有时所以为的更多的发展。

③ 《托马斯主义》(*Le Thomisme*)，第五版，巴黎，1944 年。

哲学家）所考察的内容是可以由启示展现却还没有被启示展现（可被启示者：le révélable），然而并不需要启示就可被得知的那些东西，也就是人之理性可核实的东西，比如，上帝是有智慧的。正如吉尔松正确地指出的那样，对托马斯来说，问题并不是如何在不败坏**哲学**的本质和本性的同时把哲学引入到神学中来，而是如何把哲学引入神学却不败坏**神学**的本质和本性。神学讨论的是启示了的内容，而启示也就必须保存得完整无缺。但是，有些神学中教授的真理是可以不通过启示而被确定得知的（比如，上帝存在），同时也有某些并没有得到启示却或许会被启示的真理，它们对理解上帝之造物的全貌十分重要。所以，托马斯的哲学应该在其与神学的关联中得到考察。另外，从托马斯包括其神学著作在内的著作中收集哲学
307 的有关内容，并按照自己所认为的哲学系统该有的样子构建出一个哲学系统，而不顾托马斯本人可能会拒绝承认这样的系统与他的实际意图相符，是个错误的做法。对一位哲学家来说，以此方式来构建托马斯系统是有其合理性的，然而，历史学家却必须坚持托马斯本人的方法。

吉尔松先生以他一贯的清晰思路和信服力阐述了他的观点。在我看来，大体上说我们必须承认他的观点。比如，从知识论出发对托马斯的哲学作历史性的阐述，特别是将这一理论与心理学或关于灵魂的学说分离开来，并不代表托马斯自己的思路，虽说这在对“托马斯主义”的阐述中或许是合理的。另一方面，托马斯在撰写《神学大全》之前，确实写了一些哲学作品。在《神学大全》中，对上帝存在的证明很明显也包含了许多哲学思想。然而，这些哲学思想并不是单纯的观念，而是依照托马斯自己哲学的原理从具体的经验中抽象得出的。所以在我看来，从具体的感性世界出发，并在开始讨论他的自然神学之前考察托马斯有关可感世界的某些理论是足够合理的。此步骤也就是我实际所采用的。

还有一点。托马斯是一位表达极其清晰的作者。但不管怎样，对他的某些学说的诠释还是存在着分歧。在一部一般的哲学史作品中完整地讨论不同诠释之支持和反对，却是不可能的：我们所能做的仅仅是提供一个在我们自己眼中显得恰当的诠释。同时，就本书作者而言，他并不愿意说，对于这些不同诠释意见的内容，自己能够给出一个绝对正确的诠

释。毕竟，哪一位伟大哲学家的系统有着一个完整的和得到普遍认同的诠释呢？柏拉图、亚里士多德、笛卡尔、莱布尼茨、康德、黑格尔？就某些清晰而谨慎地表达出自己思想的哲学家——比如托马斯——而言，其思想系统的主要内容是有着一个通常被认可的诠释的。但是，这种认可是不是 308
或会不会是绝对的和普遍的，这是有疑问的。一位哲学家或许会清晰地写作，然而，对于他的系统中出现的所有问题，他可能并没有给出一个最终的思想，特别是在他或许没有意识到其中的某些问题的时候：期待任何一位哲学家回应一切问题、解决一切困难，甚至要他让自己的系统如此紧密和完整，以至于根本没有任何可以做出不同诠释的余地，这种想法是荒唐的。本书作者对托马斯·阿奎那的天才有着无比的敬重和仰望，但他并不认为，把圣徒之有限的思想与绝对精神混为一谈或声称后者的系统具有那种托马斯本人即使做梦也确实从未想过要宣称的权威性有任何益处。

4. 托马斯的哲学在本质上是实在的和具体的，他确实采纳了亚里士多德所说的“第一哲学或形而上学研究的是作为存在的存在”这句话。但非常清楚的是，他给自己所设的任务是对存在者的解释，只要这是人的思想能够获得的。换言之，他并没有预设一个可从中推演出实在的概念。他从存在中的世界出发，探寻其存在到底是什么。而且，他的思想集中在至高存在上面，在那不仅拥有存在的存在者上面，此存在就是它自身的存在，这也就是存在的满溢，是那自存着的存在本身。他的思想一直都与具体事物、存在着的事物保持联系，两者都具有存在，而它们所具有的存在是一种衍生的、从他者那里领受的存在。然而，它们从中领取存在的存在者却不是从别处领受其存在的，它就是存在本身。在这个意义上，说托马斯主义是一种“存在哲学”是正确的，虽然这非常有误导性，因为存在主义者的存在（Existenz）与托马斯的存在（esse）并不是一回事。托马斯研究存在问题的进路也不是当今那些自称存在主义者的人的进路。

有人认为，托马斯在把存在带到哲学舞台的前沿时，他也就超越了关于本质的哲学，特别是超越了柏拉图哲学和受到柏拉图启发的哲学系统。此观点当然有其正确之处：尽管柏拉图并没有无视关于存在的问题，其哲学的显著特色是以本质来解释世界。而甚至对亚里士多德来说，上 309

帝虽为纯粹的现实，却还首先是思想（Thought）或理念（Idea），也就是“位格化”了的柏拉图的至善。然而，虽然亚里士多德致力于讨论形式和世界中的秩序，以及发展之可被理解和认识的进程，但他并没有解释世界的存在。很明显，他并不认为这一点需要解释。而在新柏拉图主义中，尽管世界的起源得到了解释，流溢的大体框架也首先是本质之流溢的框架，然而，存在确实被忽视了：上帝首要地是纯一或至善，而非自存的存在本身（ipsum esse subsistens），而非“我是自有者”（I am who am）。[①] 但我们应该记住，从无中造物并不是任何希腊哲学家独立于犹太教或基督教而获得的思想。如果缺乏此思想，世界的起源也就会倾向于被解释为本质之必要的产生。那些依赖和使用新柏拉图术语的基督教哲学家们把世界描绘成从上帝那里开始的流出或流溢，甚至托马斯有时也使用这些辞藻。但无论他的术语是怎样的，一位正统的基督教哲学家都会把世界视为上帝自由创造的，视为从自存的存在本身那里获得其存在的。当托马斯坚持认为上帝是自存的存在（subsistent existence），坚持上帝之本质并不首要是善或思想而是存在这一事实的时候，他只是在阐述犹太教和基督教就世界和上帝间关系的看法。我并不打算影射造物的思想无法通过理性获得，但希腊哲学家们没有获得此思想，而且，按照他们关于神的观念，他们也不太可能获得这个思想，这仍是一个事实。

我之后会讨论托马斯与亚里士多德的大体关系。但是，现在我或许可以指出亚里士多德主义对托马斯的哲学面貌和进程的一个巨大影响。我们会期待托马斯这位基督徒、神学家、修会成员会强调灵魂与上帝的关系，并且会从被某些现代哲学家称作“主体性”的那个角度出发，并且期待他和波纳文图拉一样，把内心生活放置在其哲学的显著位置。然而事实却是，托马斯哲学的一个主要特性就在于其“客观性”而非“主观性”。人之理智的直接对象是质料性物体的本质，而托马斯是通过对感性经验的
310 思索建立起他的哲学的。在他给出的上帝存在证明中，论述的进程总是从感性世界推导到上帝的。毫无疑问，其中一些证明也可以把灵魂本身拿来

---

① 参见思高圣经，《出谷记》，3，14。——译者注

作为起点，从而以不同的方式展开，不过事实上这不是托马斯所走的道路。他所谓的更显明的道路（via manifestior）是最依赖亚里士多德自己的论述的。对那些认为“真理就是主观性”的人来说，托马斯的这种亚里士多德主义之“客观性”会显得让人不安。但与此同时，它是一个巨大力量的源泉，因为这也就意味着，他的论述可以就其自身而得到考察，可以脱离托马斯的生平，就其本身之优缺点来得到考察。而且，说他如何“一厢情愿”基本上毫无意义，有意义的问题则是论证自身的客观说服力。另外一个结果就是托马斯的哲学在某种意义上会显得“现代”，而波纳文图拉的哲学几乎不会如此。后者常常会显得在本质上就与中世纪的普遍面貌和中世纪的灵修生活及传统连接在一起，以至于它在现代的“世俗”哲学面前，显得完全处在不同的层面。然而，托马斯主义的哲学可以独立于基督教的灵修，而且它在很大程度上也可以独立于中世纪的普遍面貌和背景，因此也就可以直接与更加当下的系统竞争。众所周知，历史上出现过一次对托马斯主义的复兴，但想象波纳文图拉主义的复兴却是有些困难的，除非我们同时要改变哲学的概念，而在这种情况下，现代哲学家和波纳文图拉不会在同一意义上说话。

然而，托马斯是一位基督教哲学家。就像已经提到的那样，托马斯在说到“形而上学是考察作为存在的存在的科学”的时候，是跟随着亚里士多德的。但他的思想环绕着具体事物，而且他是一位基督教神学家，这一事实使得他也强调“第一哲学完全以对上帝的认识为最终目的”，并强调“对上帝的认识是每个人类认知和运作的最终目的”。[1]但是，人得以被创造，确实是为了获得一个比他在此生凭借自然理性之行动所能获得的要更深和更密切的对上帝的认知。所以，启示在道德上是必要的，其目的是使人的心灵被提升到比他的理性在此生中所能达到的位置更高的地方。而且，他应该期待和热切地努力向往“超越了此生一切状态的那个”。[2] 311
形而上学有其自身的对象，所以也具有自己的结构。但是，它的方向是向上，且需要通过神学获得完满，否则，人就无法认识到自己被创造的目的

① 《反异教大全》，3，25。
② 同上，1，5。

是什么，也就不会渴求目的并向着目的而努力。而且，形而上学的原初对象——即上帝——超越了形而上学家的理解能力和普遍的自然理性。由于对上帝的完整认识或对他的直观在此生是无法获得的，此生中对上帝的概念性认识则借由神秘主义而获得完满。神秘神学并不进入到哲学的领域，而托马斯的哲学可以脱离它而被加以考虑。但我们不能忘记，对托马斯来说，哲学认知既不是充分的，也不是最终形式的知识。

第三十二章

圣托马斯·阿奎那（二）：哲学和神学

哲学与神学的区分——启示的道德必要性——就同一对象的同一思想中，信仰与科学的不兼容——自然目的和超性目的——托马斯和波纳文图拉——作为“创新者”的托马斯

1. 托马斯在信理神学和哲学间做出了形式上的明确的区分，这是一个不容置疑和无可辩驳的事实。哲学以及其他的人类科学仅仅依赖理性之光：哲学家使用人之理性所获知的原理（当然，在此，上帝同时有着自然的协作，但不是以超性的信仰之光获得的），并论证得出结论，它们是人之推理的结果。而在另一方面，虽然神学家当然也运用理性，但他是借由权威、通过信仰领受他的原理的。他接受这些原理，因为它们是被启示了的。把逻辑引入神学、开始从被启示了的前提出发从而理性地推出结论，这一实践使得经院神学得以发展，但这并没有把神学变成哲学。因为原理——那被给予的内容——是作为启示了的内容而被接受的。比如，神学家或许会使用从哲学那里借来的范畴或推理形式来稍微更好地理解三位一体的奥秘，但他并没有借此而停止做神学家，因为在所有的时间，他都是通过上帝启示的权威而接受同一个神之本性中的三个位格的信理的：这对他来说是被给予的，是原理，是通过信仰而接受的启示了的前提，而非某个哲学论证的结论。而且，哲学家以经验世界为出发点，进行理性推理，从而获得可以通过受造物而得知的关于上帝的认识，神学家则从上帝出发，上帝展现了自身，而神学中的自然方法也就是从上帝本身出发进而讨 312

论受造物，而非从受造物上升到上帝。后一种方式是哲学家所采用的，而且是他必须采用的。

313 从这里我们可以得出，神学和哲学的首要区别在于，神学家获得的原理是被启示了的，而且他把他讨论的对象也视为被启示了的，或可以从启示中推演出来的。哲学家则仅仅通过理性而把握到他的原理，并且不把他所讨论的对象视为启示了的，而是当作可被自然理性之光所把握到的东西来对待。换言之，神学和哲学之间的根本区分不在于具体讨论对象的区别。有些真理是神学的恰当对象，因为它们不可能通过理性而被得知（比如，三位一体的奥秘），其他真理则仅仅是哲学的恰当对象，因为它们并非被启示了的。然而，还有一些真理是神学与哲学所共有的，因为它们被启示了，但同时也可以通过理性而被得知。由于此类真理的存在，所以我们也就不可能说神学与哲学相互区分主要是因为它们各自考察不同的真理：在某些情况下，它们讨论的是同样的真理，虽然它们的讨论方式是不同的。神学家把它们视为被启示了的，而哲学家把它们视为人之推理的结论。比如，哲学家通过推理得出上帝是造物主，而神学家也讨论作为造物主的上帝。但是，对哲学家来说，关于上帝是造物主的认识是从一个纯粹理性的论述中作为其结论而获得的。然而，神学家从启示中接受了上帝是造物主这一事实，因此对他来说，这是一个前提而非结论，这不是作为假设的前提，而是得到了启示的前提。用专业的话来说，两者间的区分并非“从质料上”来考虑的真理的不同，也并非构成神学真理和哲学真理之区别的内容上的不同，而是“从形式上”来考虑的真理的不同。这也就是在说，同一真理可以分别被神学家和哲学家表述出来，但神学家是以一种与哲学家不同的方式得出这一结果的，他们也以不同的方式对它加以考察。“不同的认知方式也就引入了诸科学间的区分。”（Diversa ratio cognoscibilis diversitatem scientiarum inducit...）所以，没有理由说另一门科学为何不能讨论同样的对象。一门科学将对象作为启示的内容加以考察，哲学科学则按此对象可为自然理性所知的方式来考察它。所以，属于
314 神圣学说的神学与作为哲学之一部分的神学有着类的区分。[①] 在信理神学

① 《神学大全》，Ia，1，1，针对2。

和自然神学之间，有着一定的重叠之处，但这两门学科是有着类别的区分的。

2. 依照托马斯的观点，哲学的整体几乎都是以认识上帝为目的的，至少在自然神学预设以及要求很多哲学研究这层意义上来说是这样的；自然神学是讨论上帝的形而上学。托马斯说道，自然神学是哲学学习的最后一部分。[①] 另外，他的这一陈述并不支持这么一个看法，即我们应以自然神学为起点来阐述托马斯哲学。但不管怎样，我现在想要指出的是，托马斯认为，要恰当掌握自然神学，需要很多预先的学习和思索，由此他坚持认为，启示在道德上是必要的，因为上帝是人之目的。而且，自然神学不仅要求比大多数人所付出的更多的思索和学习，而且就算真理被发现了，历史也展现了出来，其中也常常混杂了谬误。异教徒哲学家们当然发现了上帝的存在，但他们的思索常常掺杂了谬误，哲学家要么没有恰当地认识到上帝的统一性或否认了上帝的预定，要么没有见到上帝是造物主。假如这仅仅是天文学或自然科学的问题，错误倒没有太大关系，因为即使人就天文或科学问题持有错误观点，他仍能很好地达到目的。但上帝自身是人之目的，而关于上帝的认识则是为了让人能够正确地朝此目的前进所必需的。因此，关于上帝的真理非常重要，而且错误地思考上帝会产生灾难性后果。那么，若我们承认上帝是人之目的，我们就会认识到，发现对生活如此重要的真理的任务不可仅仅留给那些具有能力、热忱和闲暇来发现这些真理的人之没有协助的力量，这些真理也应该被启示。[②]

3. 如此一来，这样一个问题就立刻出现了：同一个人是否可以在同一时间信仰（借由信仰之权威而接受）并知道（作为理性证明的结果）同一条真理呢？比如，如果上帝的存在被一位哲学家证明了，那它是否可同时借由信仰而被信仰呢？在《论真》[③] 中，托马斯全面地回答道，就涉及同 315
一对象的信仰和认知而言，同一真理既被科学性地（哲学性地）认识，同时被同一个人（通过信仰）而相信，这是不可能的。在这一前提下，一个

① 《反异教大全》，1，4。
② 参见《神学大全》，Ia，1，1；《反异教大全》，1，4。
③ 14，9。

证明了上帝之统一性的人会显得不可能通过信仰而相信同一真理。那么，为了不显得此人无法对信条给予赞同，托马斯发现自己被迫提出，类似上帝之统一性的真理不能被恰当地称为信条，而要被称作“信条的前导”（praeambula ad articulos）。[①] 不过，他补充说道，对一个不能理解或无暇考虑哲学证明的人来说，没有任何东西能阻止它们成为信仰的对象。[②] 而且，他坚持他的意见，认为此类真理适合被设为信仰的内容。[③] 一个理解证明却在当下没有注意到或考虑到此证明的人能否就上帝之统一而实行他的信仰，这个问题托马斯没有明确回答。至于信经的开头一句（Credo in unum Deum：我信唯一的上帝），似乎是在要求所有人都信仰上帝的统一性，那么，在托马斯的前提下，他就得说，这里的上帝统一性并不能单独来理解，而是要与接下来的内容连在一起被理解，也就是说作为在三个位格中的本性的统一得到理解。

然而，在这里继续深入探索这个问题并讨论没有受过教育的人是通过何种信仰来相信哲学家们（通过证明）所认知的真理的，这一做法并不合适，这不仅因为它是一个神学问题，还因为托马斯其实并没有明确地讨论过这个问题：提到它的主要目的在于阐明托马斯在哲学和神学之间做了一个实在的区分。另外，当我们说到“哲学家”，它不应该被理解为把神学家排除在外了：大部分经院学者既是神学家，也是哲学家，托马斯区分的是学科而不是人。从托马斯对世界之永恒这一问题（我之后会讨论它）所站的立场来看，他是以严肃态度看待这一区分的。他认为，世界的被创
316 造是可以被证明的，但他并不认为理性能够证明世界并不是从永恒中被创造的，虽然它可以驳斥那些用来证明世界**是**从永恒中创造出来的论证。而另一方面，我们通过启示知道世界并不是从永恒中被创造的，相反，它在时间中有一个开端。换言之，神学家能够通过启示知道世界并不是从永恒中创造的，但哲学家并不能证明这一点——或更好地来说，没有人能提出一个可以证明此论点为真的论证。这一区别很明显预设了或蕴含了一个将

① 《神学大全》，Ia，2，2，针对 1；《论真》，14，9，针对 9。
② 《神学大全》，Ia，2，2，针对 1。
③ 《反异教大全》，1，4。

哲学和神学分为两门学科的实际区分。

4. 有时人们说，托马斯与奥古斯丁的区别在于，奥古斯丁考虑具体情况中的人，也就是把人视为被呼唤朝向一个超性目的的人，而托马斯区分了两个目的：超性目的和自然目的。他把超性目的视为神学家考虑的内容，自然目的则是哲学家的对象。那么，说托马斯区分了两个目的，这是真切的。他在《论真》中写道，哲学家思考的最终的善与神学家思考的最终的善是不同的，因为哲学家思考的最终的善（bonum ultimum）与人之能力成比例；而神学家思考的最终的善超越了自然的能力，也就是永生，在此他指的当然并不是简单地生存下来，而是对上帝的直观。这一区分非常重要，而且在道德领域和政治领域都有反响。在道德领域，这一区分体现为了教会与国家之目的的不同，也规定了这两种社会之间应该存在的关系。但是，此区分并不意味着有两个不同的、与这两个相互排斥的秩序相对应的目的，也就是说，一个目的对应着超性秩序，另一个则对应着“纯粹自然”[①]秩序。他真正要说的是，这个区分是同一具体的人之中两种知识和活动秩序的区分。上帝创造了具体的人，其目的是超性的，他是以完满的幸福为目的的，而这只有在此生之后通过对上帝的直观才可获得。至于后者，人在凭借没有上帝对自身之协助的自然力量的情况下去执行，是无法获得的。但在此生中，人能凭借执行他的自然能力获得一种不完满的
幸福，也就是从受造物出发获得对上帝的哲学认知，并获得且执行自然德 317
性。[②]很明显，这些目的并不是排他性的，因为人可以获得不完满的幸福，他的自然目的也就在于这种幸福，而在此，他并未由此而无法获得超性的目的。自然的目的，即不完满的幸福，与人之本性和人之能力是成比例的。但是，由于人是为了一个超性的最终目的而被创造的，所以自然目的无法满足他，就像托马斯在《反异教大全》中论述的那样，[③]它是不完满的，而且指向它之外的另一个目的。

---

① 《论真》，14，3。

② 参见《对波爱修之〈论三位一体〉之注疏》，6，4，5；《四部语录注疏》，1，前言，1，1；《论真》，14，2；《神学大全》，Ia，IIae，5，5。

③ 《反异教大全》，3，27，及以下。

这会如何影响神学与哲学间的关系问题呢？是这样的：人有一个最终目的，即超性的真福，但此目的的存在并不能为自然理性所知，因为它超越了人之本性的能力，就算人是为了获得那样的目的而被创造，并从恩宠那里获得能力来达到这个目的的。这样，这个目的也就无法被哲学家猜测到：对它的考虑仅仅是神学家身上的任务。另一方面，人能通过对他的自然能力之执行，在此生获得一个不完满且有限的自然幸福。这一目的之存在以及获得它所需的手段被哲学家发现了，他能够从受造物出发证明上帝的存在，获得对上帝某些模拟性的认知，定义自然德性以及获得它们的手段。所以我们可以说，哲学家考虑人之目的是在其能够被人之理性发现的意义上说的，也就是说，考虑那不完满的和不完整的目的。但是，神学家和哲学家都考虑具体的人：区别在于，哲学家能够见到并考虑人之本性自身，却不能发现人之中的所有一切，他只能部分地发现人的使命，这恰恰因为人是为了一个超越他本性之能力的目的而被创造的。所以，如果我们说对托马斯来说，哲学家把人放置在一个假设性的纯粹自然状态中加以考察，也就是说，假设我们认为人从不曾也从未被召唤朝向一个超性的目的，那么我们就错了。当托马斯问到上帝能否在纯粹的自然东西（in puris naturalibus）[1] 中创造人的时候，他只不过在问，上帝能否在没有使人成圣的恩宠的情况下创造人（后者就算在这个假设中也是为了一个超性
318 目的而被造的），这也就是在问，上帝能否先创造人而不给他任何获得目的的手段（这是后来才给予他的）。他并不是像后来的作者们诠释的那样，在质疑上帝能否给人一个纯粹自然的最终目的。不管纯粹自然状态这个思想本身的优越之处是怎样的（我并不想讨论这一点），这与托马斯关于哲学的构想没有任何关系。所以，他与圣奥古斯丁的区别并非人们有时所说的那么大，虽然他比奥古斯丁更加清晰地定义了哲学和神学这两门科学：他所做的是在亚里士多德哲学中表述奥古斯丁主义，这一事实迫使他使用自然目的这一概念，尽管他诠释它的方式使得我们不能说，他在哲学上采用了一个与奥古斯丁全然不同的起点。

---

① 《四部语录注疏》，2，29，1，2；2，29，2，3。《神学大全》，Ia，95，1，4。《随意提问问题集》，1，8。

实际上，一种纯粹的自然状态的思想看上去是由卡耶坦（Cajetan）引入到托马斯主义中的。苏亚雷斯本人采纳了这一思想，并说道，“卡耶坦和更现代的神学家们考虑到一种第三状态，他们把这个状态称作纯粹自然的，这是一个可以被思考为可能的状态，虽然它实际上并不存在”。[①] 多米尼克斯·苏托（Dominicus Soto）[②]认为，此思想是对托马斯思想的扭曲；而托雷托斯（Toletus）[③]提出，我们心中有着对上帝之直观的自然的渴求和欲求，此观点源于司各脱，并且看上去是托马斯的观点，不过它与卡耶坦的观点正好相反。

5. 托马斯肯定相信，在**理论上**哲学家是有可能不依赖启示而创建一个真正的形而上学系统的。这样一个系统必然是不完满的、不恰当的和不完整的，因为形而上学家的首要关注点是真理本身，而上帝是一切真理之原理。形而上学家通过纯粹的人之理性的考察，是不可能发现对真理本身和对上帝的全部认知的，而此认知对于人获得其最终目的而言却是必要的。若一个人仅仅身为哲学家，那么他无法就人之超性目的或获取此目的的超性手段发言，并且因为人之拯救需要关于此类事物的认知，哲学知识
的不足也就显而易见了。在另一方面，不完整性和不恰当性并不一定意味 319
着错误。上帝为纯一的真理，这一事实并没有因为这位哲学家无法述说或得知三位一体而被破坏，后一真理使前面的真理变得完满，但前面的真理并没有因此而错误——即便只考虑它自身。如果这位哲学家说，上帝是纯一的，没有就三位一体说任何东西，因为三位一体的思想根本从未进入他的脑海，或者，如果这位哲学家知道三位一体的学说，但他本人不信，而仅仅满足于说上帝为纯一，又或者，这位哲学家即使表达出了这样的观点，即三位一体与神之统一性不兼容，但此时他仍没有正确理解三位一体，那么，就算在这些情况下，“上帝的本性是统一的”这一陈述仍然为真。当然，如果这位哲学家确定地说上帝只是一个位格，那么他就表述了

---

① 《论恩宠》（*De Gratia*），前言，4，第1章，第2条。

② 《四部语录注疏》，4，49，2，1；第903页，1613年版。

③ 《圣托马斯大全注疏》（*In Summam Sancti Thomae*），Ia，1，1，t. 1，第17—19页，1869年版。

错误的内容。但是，如果他只是说上帝为纯一而且是位格性的，而并没有进一步说上帝是一个位格，那么他所说的就是真的。一位哲学家或许不太可能止步于说上帝是位格性的，但这至少在理论上是可能的。除非我们愿意谴责人之理性本身或至少阻止它发现真正的形而上学，否则我们就必须承认，抽象地看，甚至对一位异教徒哲学家来说，建立一种让人满意的形而上学仍然是可能的。托马斯距离跟着波纳文图拉把亚里士多德从形而上学家的行列中排除出去还有很远：相反，后者在托马斯的眼中恰恰是杰出的哲学家，是人类思维的理性能力没有神性信仰协助的真切化身。于是，托马斯试图尽量以最“友好”的意义（也就是在与基督教启示最相符的意义上）来诠释亚里士多德。

如果我们仅仅要强调托马斯对待哲学的态度的这一方面，那么一位托马斯主义者似乎不可能合理地对现代哲学采取一种一以贯之的敌对的、针锋相对的态度。如果我们采纳了波纳文图拉的立场，且认为形而上学家除非在信仰之光中做哲学（当然，这并不是说把他的哲学论证建立在神学前提之上），否则他们是无法获得真理的，那么我们也就只能料想到，一个排斥超性的一面的哲学家或一个把宗教限制在理性范围内的哲学家会不幸地误入歧途。但是，如果我们愿意承认哪怕一位异教徒哲学家有可能发展出一个或多或少让人满意的形而上学，那么我们就不能毫无道理地认为
320 在人类努力思想的这些世纪中，没有任何真理被人发现。这也就会显得，一位托马斯主义者会期待在现代哲学家们的著作中找到新鲜的精神启发，而他也应该以起初的好感和期待而非先天的怀疑、保守甚至敌对态度来接触他们。

另一方面，虽然托马斯对异教徒哲学家们的态度（特别是对亚里士多德的态度）与波纳文图拉的不同，但我们不能错误地夸大二人世界观的差异。就像上文已经提过的那样，托马斯给出了说那些理性所能发现的关于上帝的真理可以让人作为预设来信仰的理由。他所给出的一些理由与我在这里讨论的那个特别问题并不相干。比如，许多人为每日的粮食而操劳，即便有能力，他们也根本没有时间进行形而上学思索，所以，这些对他们的生活具有重要性的形而上学真理也就得作为预设来让他们相信

了：否则他们根本无法认识这些真理，[①]就像我们中的大部分人根本没有时间或精力自己去发现美洲一样，但我们并非不愿意因为他人的证据而接受美洲存在这一事实。但从这里我们并不能必然得出，那些有时间和能力做形而上思索的人将很有可能得出错误结论只不过是因为形而上思索是困难的，而且要求长时间的注意力和精力的集中。而“某些人”——就像托马斯所说的那样——很懒，这一点我们也得记住。然而，我们还得记住一点，[②]由于我们的理性在判断中的软弱以及想象的侵入，人之思想结论中的真理常常（plerumque）与谬误混杂在一起。在那些真实地得到了证明的结论中，有时（aliquando）夹杂着一个错误的、没有被证明的结论，但它借由或然论述或狡辩之力，在证明的名义下自称是有效的。实际结果将是，就连那些确定和扎实的结论也不再被很多人真诚地接受，特别是当他们见到哲学家们所教授的是不同的学说，而他们自己没有能力把一个真实地得到证明的学说与一个建立在或然论述或谬论之上的学说区分开来时。类似地，在《神学大全》中，托马斯说道，只有少数人在经 321
历很长时间后，在“其中还混杂着很多谬误”的情况下，获得了关于上帝的真理。[③]当这位圣徒说“即便是那些可以被理性证明的关于上帝的真理也最好被树立为信仰之对象、被视为要通过权威而被接受的东西”时，他的确强调了大多数人的实际需要，而非形而上学家本身的思辨之不足。但他也承认了谬误常常与真理混杂在一起，这要么是因为过分急于下结论，要么就是因为激情、情感或想象力产生了影响。或许他本人并没有就亚里士多德而言以完美的一贯性使用此观念，而且过分愿意以与基督教教义最相符的意义来诠释亚里士多德，但他在理论上承认了人之理性在当前状态下的软弱（虽然没有承认其彻底的误用）。相应地，虽然他与波纳文图拉之间的区别在于，他承认了对异教徒哲学家来说，有着发展出“让人满意”的形而上学的抽象可能性，而且此可能性在亚里士多德身上还有一个具体的实现，并且，他也拒绝容许说此形而上学的

① 《反异教大全》，1，4。
② 同上。
③ 《神学大全》，Ia，1，1，文中。

不完整性会使得形而上学系统变得无效，但他也承认，一个独立的形而上学系统很有可能会包含谬误。

或许，这两人的抽象观点大体上都由他们对亚里士多德的态度所决定，这并不是异想天开的说法。当然，人们可以反驳说这是本末倒置，但如果我们考虑到他们生活和写作的实际状况，那么，这也就会显得更加合情合理了。拉丁基督教世界第一次接触到一个不受基督教影响的大型哲学体系，而它的热烈倡导者——比如阿维洛伊——把它描述为人类智慧的最高产物。亚里士多德的伟大，他的系统之深厚及内容之丰富广泛是 13 世纪基督教哲学家不可忽视它的原因。但后者可以以这样或那样的方式来对待它。一方面，按照阿维洛伊的诠释，亚里士多德主义在许多要点上与基督教教义相冲突，就此而言，他们可能对亚里士多德形而上学采取敌对和不接纳的态度。但是，如果采纳这种方式（就像波纳文图拉所做的那样），
322 那就要么不得不说，亚里士多德的系统肯定了哲学真理，然而在哲学中为真的或许在神学中不为真，因为上帝可以取消自然逻辑，要么就必须说，亚里士多德在他的形而上学方面出错了。波纳文图拉采纳了第二种说法。但为何在波纳文图拉看来，亚里士多德出错了呢？这很明显是因为任何一种独立的哲学都必然要在重要之处出错，就因为它是独立的：只有在基督教信仰的光芒中，完整的让人满意的哲学系统才能发展出来，因为只有在基督教信仰的光芒中，哲学家才能够使得他的哲学为启示开放。如果没有这光芒，他就会建立一个自足和封闭的系统，而如果他这么做，那么他的系统将会至少部分地有缺陷，特别是关于那些最关键的、讨论上帝和人之目的的部分。而另一方面，如果这些基督教哲学家把亚里士多德系统视为一个用来表达真理并把神学的神性真理与哲学结合在一起的极佳工具，那他们就得承认异教徒哲学家拥有获得形而上学真理的能力，即便在阿维洛伊与其他人所给出的诠释之下必须承认，哪怕那位哲学家也有出错的地方。这是托马斯选择的道路。

6. 当人们在很晚的时候回望 13 世纪，他们并不总能发现如下事实：托马斯是一位创新者，而且他对亚里士多德主义的采纳曾是大胆和“现代”的。托马斯面对的是一个影响和重要性不断增长的系统，它在很多

方面显得与基督教传统格格不入，但是，它很自然地吸引了很多学生和老师（特别是在巴黎的艺学院中），就是因为它的壮观及其显明的一贯性和全面性。阿奎那大胆地面对它，并利用亚里士多德主义建立起他自己的系统，这根本就不是什么蒙昧主义的作为：恰恰相反，这是极度“现代”的，而且它对经院哲学的未来发展以及在总体上对哲学史来说是最为重要的。晚期中世纪以及文艺复兴时期的一些经院学者蒙昧地死守亚里士多德的一切观点（哪怕是在科学问题上），以至于败坏了亚里士多德主义的名声，但在托马斯那里情况却并非如此：事实上，他们根 323
本就没有遵从托马斯的精神。这位圣徒通过使用那新出现的工具，为基督教思想做出了在任何意义上来说都无与伦比的贡献，而且他当然也以从基督教立场出发的最友好的态度诠释了亚里士多德，因为核心是表明（如果他在此能成功的话）亚里士多德并非与阿维洛伊捆绑在一起的。而且，说托马斯没有确切诠释的意识，这是错误的：或许人们会不同意他对亚里士多德的所有诠释，但在当时的环境之下，他没有多少历史信息可以使用，可他却是有史以来最负责和最有辨识力的亚里士多德诠释者，这是毫无疑问的。

总的来看，我们必须强调，虽然托马斯采纳了亚里士多德主义，将其作为工具来表述自己的系统，但他并非那位哲学家的盲目崇拜者。他不会由于青睐那位异教徒思想家而背弃奥古斯丁。在神学上，他自然地追随了奥古斯丁的脚步，虽然他将亚里士多德哲学作为工具，从而能够系统化，下定义，并从神学信理出发做逻辑性论述，而这种方式是奥古斯丁的态度所不知的：在哲学上，他的思想有一大部分是直接源于亚里士多德的，但他也常常以符合奥古斯丁思想的方式来诠释亚里士多德，或使用亚里士多德的范畴来表达奥古斯丁（虽然更确切的说法或许是，他把亚里士多德关于神的学说诠释为至少不排除神对世界的认识）。在讨论神的理念的时候，他说到，亚里士多德批评了柏拉图，因为后者把理念视为独立于具体物体和理智的，言下之意则是，如果柏拉图把理念放置在了上帝的思想中，亚里士多德是不应该批评柏拉图的。这当然是从神学角度尽量以好的方向（in meliorem partem）去诠释亚里士多德。尽管这样的诠释使亚里士多德显得与奥古斯丁更加相近，但它并没有体现出亚里士多德关于神之认知的实际理论。然而，我以后还会谈到托马斯与亚里士多德的关系。

第三十三章

圣托马斯·阿奎那（三）：受造存在者的诸原理

从有形存在者出发的原因——形质说——对种子原理的拒斥——对实体形式之多样的理论的拒斥——把形质复合局限在有形实体上——潜能与实现——存在与本质

1. 如其名所示，《神学大全》是一部神学总览。在其中，托马斯讨论 324
的第一个哲学问题就是上帝存在的问题，之后是对上帝之本性的讨论，之后是神性位格，再之后是造物。同样，在更类似于哲学论述的《反异教大全》(虽然它还不能完全被称作哲学论述，因为它也讨论纯粹信理的主题，比如三位一体或道成肉身）中，托马斯也是从上帝的存在开始讨论的。那么，将托马斯关于上帝存在的证明当作对其哲学的阐述的开端，就显得自然而然了。但托马斯自己说过，他的哲学中讨论上帝的部分是在哲学的其他分支之后的，而且除此事实之外（这在前一章中已经提到)，这些证明本身也预设了一些基础概念和原则，而托马斯在撰写这两部大全之前还写了别的书，如《论存在者与本质》。所以，从上帝存在的证明开始阐述，根本就不自然。而吉尔松先生自己虽坚持认为，阐述托马斯哲学的自然方式也应该是按照两部大全中的顺序展开，但他实际上先考察了一些基本观念和原则。另一方面，我们无法讨论托马斯的全部一般形而上学以及他的那些自然神学明确包含或内在地蕴含着的所有思想：这里有必要对我们讨论的基础加以限定。

对一位熟悉现代哲学之思路和问题的现代读者来说，从托马斯的知

识论开始讨论并提出这位圣徒是否为形而上认知之可能性提供了知识论上
325 的合法性，似乎是件很自然的事。然而，虽然托马斯肯定有“知识论”，但他并不生活在康德之后，而且知识论问题在他的哲学中并未占据它在后世哲学中所拥有的那种地位。对我来说，阐述托马斯哲学的自然出发点是对有形实体的考察。毕竟，托马斯明确地教授道，人之理智在此生中的直接和恰当的对象是质料性物体之本质。托马斯的自然神学预设的基础概念和原则在他看来并不是天生具有的，而是通过抽象和思索我们对具体对象的经验而被把握到的。所以，借由对质料性实体之考察而发展出这些基础概念和原理是合情合理的。托马斯的上帝存在证明是后天证明，它们从受造物出发上升到上帝。揭示上帝存在的是受造物的本性，因为经验之直接对象缺乏自足的独立性。另外，我们还可以通过理性的自然之光得知，我们所能获得的关于上帝的认知仅仅是通过对受造物及其与上帝之关系的思索而获得的对上帝的认知。由此，从对经验之具体对象的考察开始，也就显得同样是自然的。通过对这些具体对象的思索，我们获得了那些基础原则，后者引导我们发展出上帝存在的证明。

2. 至于有形实体，托马斯从一开始就采纳了常识性的立场（按照此立场，存在着多个实体）。人之心灵依靠感性经验获得认知，心灵所知的第一具体对象则是它通过感知而接触到的质料性对象。对这些对象的思索立即使得心灵形成一种区分，或更恰当地说，使它发现了对象本身中的一个区分。如果我在春天从窗子往外看，我见到萌生绿色嫩芽的山毛榉树，而在秋天我见到这些叶子变了颜色，虽然那是公园里的同一株山毛榉树。在春天和秋天，这棵山毛榉树在实体上是同一的，仍然是山毛榉，但它的叶子颜色不同。颜色变了，而山毛榉树并未在实体上发生改变。同样，如果我到育苗地去，第一年我见到的落叶松是小树，以后我见到它们长成了
326 大树，它们的大小改变了，但仍是落叶松。我在这地方见到的田野里的奶牛一会儿在这片草地，一会在另一片草地上，站着或躺着；一会儿在做这件事，一会儿在做那件事，吃草或咀嚼其反刍物或者睡觉；人们一会儿对它们做这事，一会儿做那事，给它们挤奶或洒水，或驱赶它们。但在这所有时间里，它们都是同样的奶牛。思索使得心灵在实体和偶性之间做出区

分，并且区分不同的偶性，而托马斯从亚里士多德那里接受了十范畴的学说，即实体和九个偶性范畴的学说。

至此，思索只是将我们引导到了偶性变化的思想和范畴的概念：但是，进一步的思索会把心灵介绍到一个更深层的质料存在物之构建上。在奶牛吃草的时候，草也就不再是它原来长在田野上的那种草了，它通过消化成了另外的物体。而在另一方面，它并没有简单地停止存在，在这变化的过程中，有着不变的东西。此变化是实体性的，因为发生变化的是草本身，而不仅是其颜色或大小。而对实体变化的分析使得心灵辨别出两个要素，一个要素是草和草变成的肉所共有的，而另一要素是赋予前者以规定的，赋予其以实体性的，使它先是草而后来成为奶牛肉。而且，最终我们可以设想任何一种质料性实体转变为另一实体，当然不一定是直接的或立刻的，而是至少间接地或通过中间环节的，也就是在一系列变化之后。于是我们也就在一方面得到一个承载变化的基底之概念，而若**就其自身来看**，此基底不能被称作任何特定的实体，在另一方面，我们获得了一个规定性的和决定性的要素。前一个要素是“原始质料”，即实体变化之无规定的基底，第二个要素则是实体形式，它使得实体成为它那样的实体，把后者置入其特定的类别中，并将其规定为草、奶牛、氧气、氢气或别的任何东西。每一个质料性实体都以此方式，由质料和形式组成。

这样，托马斯接受了亚里士多德的质料性实体为形质复合体的学说，把原始质料定义为纯粹的潜能，并把实体形式定义为一个物理身体的第一实现。“第一实现”指的是将一个身体置入其特别的类别以及定义其本质
的那个原理。原始质料的一切形式都处在潜能状态，后者可以是身体的形 327
式，但就其自身而言，它是没有任何形式的，是纯粹的潜能：它就像亚里士多德所说的那样，既不是一个什么东西，也不是质量，也非质性，也非其他规定存在者的范畴中的任何一个（nec quid nec quantum nec quale nec aliud quidquam eorum quibus determinatur ens）。[①] 由此，它并非自存的，因为“有一个存在者现实地以没有实现或形式的方式而存在”的说法是自

① 《〈形而上学〉第七卷注疏》（*In 7 Metaph.*），第 2 讲。

相矛盾的：而它也并不在时间上先于形式，而是与形式同时被创造的。[①]因此，托马斯很明白地说道，只有具体的实体——个体的质料和形式的组合——才在质料性世界中具体地实际存在。但是，虽然他在否定共相之分离性存在这一点上与亚里士多德意见一致（虽然我们马上将见到，就此陈述我们要有一定的保留），他也随着亚里士多德表示形式必须被个体化。形式是普遍的要素，因为它将一个对象置入其类比，置入其种，使得它成为一匹马、一棵榆树或一块铁：这样，它需要被个体化，从而成为某一特定实体之形式。而个体化的原则是什么呢？只有可能是质料。但是，质料本身是纯粹的潜能：它没有那些用来将形式个体化的必要的规定。质量等偶性在逻辑上是在实体之形式组合之后的。所以，托马斯不得不说，个体化的原则是在量上有了规定的质料（materia signata quantitate），指的是质料需要量上的规定，它从自身与形式的结合中获得此规定。这是一个很难理解的概念，因为，虽然质料而非形式才是量之多数的基础，但质料就其自身而言是没有任何量的规定的：这个概念的确是亚里士多德思想中的一个柏拉图主义残留。亚里士多德拒绝并攻击了柏拉图关于理念（form[②]）的理论。但他的柏拉图主义训练影响了他，使得他认为其自身是普遍的形式（form）需要个体化，而托马斯在这一点上跟随了他。当然，托马斯并没有把形式设想为分离地存在着并在随后被个体化的，因为感性对象的形式并不以时间上的在先存在于组合实体之前。但是，个体化的思想肯定源自柏拉图对形式的思索和描述方式：亚里士多德用内在的实体形
328 式取代了“超越的”模型形式，但是，历史学家不应该对亚里士多德思想中的和随后出现在托马斯思想中的柏拉图传统视而不见。

3. 这个学说的一个逻辑上的后果是“原始质料自身是纯粹的潜能”，而托马斯拒绝了奥古斯丁关于种子原理的学说：[③]要承认此理论，就必须

---

① 《神学大全》，Ia，66，1，文中。

② 亚里士多德的“形式”和柏拉图的“理念”在英文文献中是同一个词，即“form”。——译者注

③ 《四部语录注疏》，2，18，1，2。

把实现看作以某种方式属于那就自身而言没有任何实现的东西。[①] 在一个有效的行动者的作用之下，非精神性的形式从质料的潜能中被引导出来，但它们并非此前就作为起始的形式（inchoate forms）在原始质料中存在的。当然，行动者并未运作在原始质料本身之上，因为后者无法通过自身而存在。但是，行动者修正或者说改变了一个被给予的有形实体之性向，导致它发展出一种对新形式的需求，而此形式则被行动者从质料之潜能中引导出来。所以，如同对亚里士多德来说的那样，阿奎那也预设了一种"缺失"（privation）或对一个实体还未获得却由于行动者在它之中所做的改变而"要求"获得的那个新形式的需要。比如，水处在能变成蒸汽的潜能之中，但直到被一个行动者加热到一定程度，它才会变成蒸汽，而在达到此程度这一点上，它也就获得了对蒸汽之形式的需要，此需要并不是从外部而来的，而是由质料之潜能引出的。

4. 正如托马斯拒绝了种子原理这一较早的学说，他也拒绝了后来的在组合实体中具有多个实体形式的学说，他肯定地说到，在每一个实体中，只有一个实体形式。在《四部语录注疏》中，托马斯看上去的确接受了身体性之形式（forma corporeitatis）是有形实体中的第一个实体形式的说法。[②] 然而，就算先前接受了此学说，他在之后也肯定拒绝了这个说法。在《反异教大全》中，[③] 他论述道，如果第一形式把实体构建为实体，那么接下来的形式也将在某物中产生，此物也就已经是"那某个在现实中的物"（hoc aliquid in actu），也就是某个现实自存的东西。所以，这种形式就只可能是偶性形式。他也反对阿维斯布罗的理论，[④] 并指出，只有第一形式才可能是实体形式，因为它传递的是实体的特性。结果，随后的其他 329
形式将为偶性，它们都产生于一个已经被构建了的实体之中。（当然，这

---

① 托马斯肯定是使用了种子原理这一名称的，但是他就此所指的首先是具体对象之现实的力量，比如那掌控生物的生成和将其限制在一个物种之中的积极力量，而非认为在原始质料之中有着起始的形式的那个学说。他若不是拒绝了后面的这一理论，就是认为此学说并不与圣奥古斯丁的学说相吻合（参见《四部语录注疏》，2，18，1，2；《神学大全》，Ia，115，2；《论真》，5，9，针对 8 和针对 9）。

② 参见《四部语录注疏》，1，8，5，2；2，3，1，1。

③ 《反异教大全》，4，81。

④ 《随意提问问题集》，11，5，5，文中。

也必然意味着实体形式直接进入质料中而为其形式。）此观点引发了不少反对，它被视为一个危险的新发明，就像我们之后讨论托马斯的亚里士多德主义所产生的争端时会看到的那样。

5. 托马斯把质料性实体中存在着的形质复合严格地局限在质料世界中：他没有像波纳文图拉那样将其延展到非形体性的受造界、延展到天使那里。托马斯认为，不基于启示而理性地证明天使存在，这一路径是可行的，因为它们的存在是存有之等级特性所必需的。我们可以见到从无机实体开始，经过植物形式、动物之无理性的感性形式、人之理性形式，直到上帝无限且纯粹的现实的上升。但在这个等级之中，有一个空档。人的理性灵魂是受造的、有限的和在身体之中的，而上帝是无限和纯粹的精神：所以，认为在人之灵魂和上帝之间有着有限的、受造的但没有身体的精神形式，这是合理的。此阶梯的最高处是上帝的绝对纯一：在有限世界之顶峰的则是人，他的一部分是精神性的，一部分是身体性的。所以，在上帝和人之间，也就必然存在着完全为精神却并不拥有神性之绝对的纯一的物体。①

这一论证思路并不新鲜：在希腊哲学那里就有人使用它了，比如波塞多尼奥斯。托马斯也受到了亚里士多德关于与天穹运动相联系的分离智性的影响，这种天文观在阿维森纳的哲学里又出现了，托马斯对此是熟悉的。不过，他最具说服力的论据源于存在的等级之需求的那个。他在不同等级的形式间做一般区分的时候，也按照认知对象的不同区分了天使的不同的“品”。那些最清晰地认识到上帝之至善本身并由此充满了炽爱的天使是撒拉弗（Seraphim），这是最高品的天使。那些就个体受造物——比如个体的人——而与上帝之预定联系在一起的天使则是狭义的天使，它们
330 构成了最低的一品。负责天体运动（这是与世界相关的普遍原因）等的天使，则是德能天使（Virtues）。所以，托马斯并不是首要地因为要解释天穹之运动而预设有天使存在的。

这样，天使也就存在了，但我们仍然要问，它们是不是由质料和形

---

① 参见《论精神性受造物》，1，5。

式组成的？托马斯确定地说，它们并非此类组合体，因为它们为智性，与它们所相应的对象则为非质料性的对象，所以它们在存在之等级中的位置也就恰恰要求它们完全为非质料性的。[1] 另外，正如圣托马斯在质料中置入了对量的迫切需求那样（这可能其实并不与它纯粹潜能的特性相兼容），他无论如何不能将形质说赋予天使。例如圣波纳文图拉就论述到，天使们必然具有形质性的构成，因为否则的话，他们就会是纯粹的现实，而只有上帝才是纯粹的现实；但是圣托马斯通过肯定了在天使中本质与存在之间的区别就足以确保他们的偶然性以及他们与上帝绝对的区分，来回应此论述。[2] 不久之后，我会回到这一区分上来。

否认天使有着形质复合，也就等于否认了在同一种中天使有着多个，因为质料是个体化的原则，而在天使中是没有质料的。每一个天使都是纯形式：这样，每一个天使也就用尽了其所属的种之中的一切潜能，从而成为其自身之种。天使的列品不是说有着如此多的天使的种，它们是由按功能划分出的不同等级的天使构成的，而不是由不同种类的天使构成的。这是有意思的一点，因为我们记得亚里士多德在《形而上学》中讨论到有多个动者即分离的智性的时候，就曾提出这样一个问题，即如果质料是个体化的原则，那么这是如何可能的呢？（虽然他并没有回答此问题。）波纳文图拉则承认天使有形质复合，于是他也就能够承认并且的确承认了，在同一种中有多个天使。托马斯则一方面坚持认为，质料是个体化的原则，另一方面却否认天使中有质料，他也就不得不否认在种中有着多个天使。这样，对托马斯来说，智性也就确实变成了分离的共相，当然，虽说这并 331
非在把概念自立化的意义上说的。亚里士多德诸多发现中的一个就是，分离的形式必然是智性的，虽然他没有察觉到他关于分离智性的理论与柏拉图之分离的理念之间的历史联系。

6. 在质料性实体之形质复合被奠定之后，我们马上就可以看到这些实体的本质可变性。变化当然不是杂乱无章的，而是按照一个特殊的节奏

---

① 《神学大全》，Ia，50，2；《论精神性受造物》，1，1。

② 《论精神性受造物》，1，1；《神学大全》，Ia，50，2，针对4；《反异教大全》，2，30；《随意提问问题集》，9，4，1。

发生的。（我们不能以为某一特定实体能够直接变成任意一个别的实体，而变化也受到了普遍原因——比如天体——的导向和影响。）然而，实体变化只能在有形体中发生，只有质料——即变化之基底——才使得此变化成为可能。按照托马斯从亚里士多德那里采纳的原则，也就是说改变了的或被动的都是“被他者”（ab alio）所改变的或被动的，那么，借助于依赖的秩序中是不可能有无穷后退的原则的，我们可以直接从有形世界中的变化论证出一个不动的推动者的实在。然而，要继续从自然出发来证明上帝的实在，还必须更深入地理解有限存在者的构建。

托马斯把形质复合局限在有形世界。但是，还有一个更加根本的区分，而形式和质料的区分仅仅是这种区分的一个例子而已。就像我们已经见到的那样，原始质料是纯粹的潜能，而形式是实现，这样，质料和形式的区分即为潜能与实现的区分，但后一个区分的运用面比前一个区分的要更广泛。天使中并没有质料，却有潜能。（波纳文图拉论证道，因为质料是潜能，所以它也能够在天使中。因此他也就不得不承认身体性之形式——forma corporeitatis，从而把身体性的质料与一般意义上的质料区分开来。另一方面，托马斯却不得不赋予质料以一种对数量的需要，而后者是从形式进入质料的，因为他把质料视为纯粹的潜能，却否认天使中有质料。显然，他们两人的观念中都存在着困难。）天使会通过执行理智和意志的行动而变化，就算它们不可能发生实体变化：也就是说，在它们中，也是有着某些潜能的。所以，潜能和实现的区分贯穿了整个造物界，而形式和质料的区分仅仅存在于有形的受造界中。要使潜能还原为实现，需要一个其自身即为实现的原则，所以就此原则来看，
332 我们应该能够从一切受造物中都有的根本区分出发，推论出一个纯粹实现的实在，即上帝。但我们首先应该考虑到天使中的潜能之基础。另外，我们也应该注意到，亚里士多德在《形而上学》中已经讨论了潜能和实现的区分。

7. 我们已经见到，托马斯把形质复合局限在了有限实体之上。但是，有一个涉及所有有限存在者的更深层的复合。有限存在者之所以为存在者，是因为它实际存在，因为它有着实在：实体是实存的那个或有着存在

的那个，而“实存是一个实体可以借由它而被称为存在者的那个”。[①]一个有形存在者的本质是由质料与形式组成的实体，一个非质料性的有限存在者之本质则是纯粹形式。但是，一个质料性实体或一个非质料性实体之所以成为一个实在的物体（ens），通过的是实存（esse），实存与本质的关系就如同实现与潜能的关系。所以说，实现与潜能的复合可以在一切有限物体中（而不仅仅在有形物体中）被找到。没有一个有限的存在者是必然存在的。它所拥有的实存与本质是相分的，前者是一个与潜能相分的实现。然而形式在本质的范围中起着规定或完满的作用，但是，使得本质得以实现的是实存。“在不由质料和形式组成的理性实体中（在它们之中形式是一个自存的实体），形式也就是它们的是其所是，实存则是形式得以存在的实现。由此，在它们之中也就只有实现与潜能的复合，也就是实体与实存的复合……然而，在由质料与形式复合而成的实体中，有着双重的实现与潜能的复合。第一个在实体本身之中，也就是质料与形式的复合，第二个复合则是已经为复合体的实体与实存的复合。这第二个复合也可称为那‘所是’与‘存在’的复合，或‘通过它而是’与‘所是’的复合。”[②]这样，实存（existence）就既不是质料也不是形式，既不是本质也不是本质的一个部分。它是本质所存在的或获得存在的实现，“存在表示了某种实现，因为一个事物并不因为在潜能中而被称作存在，相反，因为它是一个实现，它才会被称作存在”。[③]它既非质料或形式，也就不可能属于一个实体性或偶性形式。它不属于本质的范围，而是形式借之以存在的那个。

托马斯是否把本质与实存的区分视为一个实在区分，这一问题曾在 333
学院中引发激烈的争论。显然，这个问题的答案在很大程度上取决于“实在区分”这个短语被赋予的含义。如果实在区分指的是两个可以相互分离的东西之区分的话，那么，托马斯肯定并不认为本质与实存之间有这么一个区分，因为这两者并非可以分离的物理对象。罗马的吉尔斯确实是这么

① 《反异教大全》，2，54。
② 同上。
③ 同上，1，22。

认为的，他把此区分视为物理上的区分，但对托马斯来说，此区分是形而上的，本质与实存是每一个有限存在者的两种构建性的形而上本原。然而，如果实在区分指的是并不受制于心灵，也就是说是客观的，那么在我看来，不只是托马斯认为在本质与实存间有着这样的区分，而且这一区分对他的系统来说也有着本质上的重要意义，他赋予了它以极大的重要性。托马斯说，存在是从外部来的（adveniens extra），也就是从上帝那里来的，是实存之原因。它是实现（act），与它所实现（actualise）的潜能相区分。托马斯坚持认为，只有在上帝那里，本质与实存才是同一的：上帝必然存在，因为他的本质就是实存。一切其他物体都领受实存或“分有”实存。而所领受的必然要与领受者相区分。[①] 托马斯论述道，那些实存与本质相区分的物体必然是从他者那里领受到其实存的，而且只有在说上帝的时候，说他的实存不与他的本质相区分才是真的。在我看来，这一点清楚地表明，本质与实存之区分是客观的、不受制于心灵的。“第三条”证明上帝实存的道路似乎也预设了在有限物体中，本质与实存之间有着一个实在的区分。

实存是以这么一种方式来规定本质的：它是实现，本质通过它而拥有存在；但另一方面，实存作为实现也是被作为潜能的本质所规定的，因为后者规定它为这种或那种本质之实存。[②] 然而，说本质在获得实存之前是存在着的（这将是一种概念上的自相矛盾），或者说有着一种中性的存在，此存在在与本质相结合之前，并不是任何特别物体之实存，这都是不
334 可想象的：这两个本原并不像两种物理性的物体那样是结合在一起的，但它们是两个构建性本原，并且是作为个体物体一同被创造的本原。没有任何本质是脱离实存的，也没有任何脱离本质的实存。这两者在一起一同被创造。而如果一个物体的实存没有了，那具体本质也就不复存在了。这样，对有限物体来说，实存并不是偶性：它是有限存在者借以成为存在者的那个。我们如果依赖想象力，就会把本质和实存设想为两个东西，两个存在者。但是，理解托马斯这一学说的许多困难正是由于运用了想象力，

① 参见《神学大全》，Ia，3，4；《反异教大全》，1，22。

② 《论潜能》，7，2，针对 9。

并且以为如果他认为这是一个实在的区分，那么他必然就是在罗马的吉尔斯的那种夸张和误导的方式上来理解此区分的。

穆斯林哲学家们已经讨论过存在与本质的关系问题了。比如，阿尔法拉比说道，对一个有限对象之本质的分析并不会揭示其实存。假如它真的揭示了，那么，只要知道人之本性是什么，我们也就足以得知人是存在的。然而事实并非如此。所以，本质与实存是有区分的，阿尔法拉比则得出了一个不太幸运的结论，他认为对本质来说，实存是偶性。在这一点上，阿维森纳遵循着阿尔法拉比的看法。虽然托马斯肯定没有把实存视为一个"偶性"，但在《论存在者与本质》[①]中，他借鉴了阿尔法拉比和阿维森纳讨论此区分的方式。每一个不属于本质概念的东西都是从外部而来并被赋予某物的，它也就与本质一起构成了一个组合。没有一个本质能够脱离那些构成本质部分的东西而得到领会，然而，每一个有限本质却能够脱离实存而被领会，实存不需要被包含在本质之中来思考。我能够在并不知道"人"或"凤凰"是否存在于自然中的情况下理解它们。然而如此诠释托马斯，就好像他认为，在领受其实在之前，本质自身也就为某物了，或者说它拥有属于它自身的一个弱的实存了：它只有通过实存才能存在，而且受造的实存总是这种或那种本质之实存。受造的实存和本质是一起出现的。虽然这两个构建性本原存在着客观区分，但实存是更加基本的那个。因为，受造的实存是某潜能之实现，后者脱离实存就没有任何实现，而实存是"万物中最完满的那个"以及"一切完满中的完满"。[②]

所以，托马斯发现在一切有限存在者的核心处都有着一定的不稳定 335
性，即偶然性或非必然性，这直接指向了一个作为有限实在之源泉的存在者，这个存在者是实在的，它是本质与实在之组合的发起者，且它自身不可能再由实在和本质组成。但是，它必然拥有实存以充当它的本质，因为它是必然存在的。指责弗兰西斯·苏亚雷斯（1548—1617年）和其他否认"实在区分"的经院学者们，说他们否认了有限存在者之偶然的特性，这的确会是荒诞的（苏亚雷斯否认在本质与实存之间有一个实在的区分，

① 第4章。
② 《论潜能》，7，2，针对9。

他认为，有限对象之所以是有限的，是因为它受制于他者）。但我个人对托马斯本人持有实在区分的观点并没有任何怀疑，只要此实在区分不是在罗马的吉尔斯所诠释的意义上来理解的。对托马斯来说，实存并非本质的一个状态，相反，它将本质置入了实现的状态之中。

人们或许可以提出反驳，说我避开了这里的实际问题，也就是本质和存在之间的区分究竟是以何种方式为客观的、独立于心灵的。但是，托马斯并没有以这样的方式来陈述他的学说，以至于就其含义而言不可能有任何争端。无论如何，对我来说，托马斯认为，在本质和实在之间的区分是两个形而上原则之间的客观区分，而且这两个原则构成了受造的有限物的整个存在，其中，一个原则（实在）之于另一个原则（本质），就如同实现之于潜能，这一点在我看来是清楚的。而且，除非托马斯认为这是一个“实在”区分，否则我们无法解释他如何能够赋予它如此的重要性。

第三十四章

圣托马斯·阿奎那（四）：上帝存在的证明

证明之必要性——安瑟伦的论述——证明之可能性——前三个证明——第四个证明——从目的出发的证明——以“第三条路”为基础

1. 在真正开始展开他关于上帝存在的证明之前，托马斯试图说明的 336
是，提供此类证明并非无用的或多余的，因为关于上帝的观念正确地来说并不是天赋观念，“上帝存在”也不是一个其对立面无法被理解或设想的命题。诚然，在我们生活的世界，无神论十分普遍，强大而有影响力的哲学消除了上帝观念，或试图把它解释为虚无，无数男女都在没有对上帝的任何信仰的背景下被教育成人，这样一来我们似乎可以顺理成章地认为上帝的存在需要被证明。所以，在《神学大全》中，①他使用了一节的篇幅来回应“上帝是否是自明的”（utrum Deum esse sit per se notum）这一问题。他还用了《反异教大全》②中的两章来讨论“某些人所持的意见，即上帝不能被证明，因为他是自明的”（de opinione dicentium quod Deum esse demonstrari non potest, cum sit per se notum）。

大马士革的圣约翰③说道，关于上帝存在的认识天生就在人的心灵之

① 《神学大全》，Ia，2，1。

② 《反异教大全》，1，10—11。（另外，科普勒斯顿的拉丁文摘录有个小错误，原文为“quum”，经译者与德国 WBG 出版社出的拉丁文德语对照版的《反异教大全》对照后，应该是“cum”。——译者注）

③ 《论正统信仰》，1，3。

内。但托马斯解释道，这种关于上帝的天生的认识是混杂而模糊的，且需要阐明才得以明确。人有着对至福（beatitudo）的自然渴求，而一个自然的渴求也就预设了有一个自然的认识，然而，虽然真正的幸福只能在上帝
337 那里找到，但这并不意味着每一个人都有着关于上帝本身的自然认识：由于他渴求幸福，他有着一个关于幸福的模糊观念，但他或许把幸福设想为一种来自感官的愉悦，或对财富的拥有。而在能够认识到幸福只能在上帝那里找到之前，他还需要更多的思索。换言之，即便追求幸福的自然渴望或许可以构成对上帝存在之证明的基础，但它还是需要有个证明。此外，在某种意义上，真理存在，这是自明的（per se notum），因为一个说“没有真理”的人不可避免地会认为“没有真理”这句话为真〔也就是说知道“真”这个概念〕。然而，我们并不能从这里得出结论：此人也知道有着一个原初的或第一的真理（Truth）——真理之源泉，上帝。若想认识到这一点，他必须有更多的思索。我们要再次强调的是，虽然离开了上帝我们是无法认识到任何东西的，但从这里我们并不能得出结论，认为我们在认识到任何东西的时候也有确实的对上帝的认识，因为上帝的影响使得我们能够认识到任何一个对象，但他的影响并不是直观的对象，而是只能经由思索而得知的。①

托马斯说道，总而言之，我们必须在凭借自身自明的（per se notum secundum se）和对我们来说是自明的（per se notum quoad nos）之间做一个区分。当谓词包含在主词中，我们说，此命题是借自身而自明的（per se nota secundum se），就像在“人是生物”这个命题中那样，因为人就是一个有理性的生物。而“上帝存在”这个命题也是一个借自身而自明的命题，因为上帝的本质就是他的存在，而且我们不可能在知道上帝的本质（即上帝是什么）的情况下，却不知道上帝的存在（即他是）。然而，人没有关于上帝本性的先天知识，而只能在知道了上帝的存在后，认识到上帝

① 就“天赋”的关于上帝的认识而言，托马斯的态度并不显得与波纳文图拉的态度有着实质性区分。这在某种意义上是真切的，因为他们两者没有一人承认会有着一个天赋上帝的观念。但波纳文图拉认为，有一种起初蕴含在内的对上帝的意识，或至少上帝的观念只能通过内在的思索而变得明了。而托马斯给出的那些证明全都是经由外部世界进行的。即便我们强调波纳文图拉知识论的“亚里士多德主义”的一面，这两位哲学家就自然神学的重点和进路而言，仍然确实有区别。

的本质是其存在。因此，即使上帝存在的命题是凭借其自身以自明的，它对我们来说也不是自明的。

2. 至于安瑟伦给出的上帝存在之“本体论的”或先天的证明，托马斯回答道，首先，并不是每个人都把上帝理解为“不可设想比他更伟大者的那位”。这一观察虽然毫无疑问是正确的，但可能并非完全相关的，除了就这一点而言：安瑟伦认为，所有人都将“上帝”理解为他想要证明其实在的那个存在者，即至高存在者。但我们必须记得，安瑟伦认为，他的 338
论证是一个论述或证明，而非对上帝的直接直观的表述。他在《反异教大全》和《神学大全》中相继讨论到，安瑟伦的论证涉及一个非法的从观念的秩序到实在的秩序的过渡。比如我们承认，上帝被理解为不可设想比他更伟大者的那位，但我们无法由此必然得出这样一个存在者实在（也就是在心灵之外）的结论，而只能得出，它的存在是被考虑为在心灵之外的。然而单独来看，这却并非推翻安瑟伦的论证的一个恰当的论据，因为它忽略了上帝的特性，亦即不可设想比他更伟大者的那位的特性。这样一个存在者是其自身之实在，而如果这样一个存在者是有可能实在的，那么，它就必然要实在，是必然的存在者。然而，认为有一个仅仅可能的必然存在者是荒诞的。但就像我们已经见到的那样，托马斯又说到，理智并没有上帝之本性的**先天认识**。换言之，由于人之理智的软弱，我们无法先天地觉察到一个至高完满的存在者（也就是一个其本质为实在的存在者）之实证可能性。而我们得出这样一个存在者是实在的，并不是通过对此存在者的观念加以分析或思索，而是通过从其效果出发的论述，也就是**后天的**方式。

3. 如果上帝之存在无法先天地、借由关于上帝的概念及其本质而得到证明，那么它就必然要以后天的方式，亦即通过对上帝之运作的考察来得到证明。或许会有人反驳说这是不可能的，因为上帝的运作是有限的，而上帝是无限的，所以效果和原因不成比例，而论证进程的结论也就会无限地比前提蕴含更多的内容。此论证从可感对象开始，因此也应以一个可感对象为结论，而在对上帝存在的证明中，它却进而得出了一个无限地超越一切可感对象的对象。

托马斯并没有详细地讨论这一反驳。而且若要期待他在此前就讨论并回应康德对形而上学的批评，那就是对时间顺序的颠倒。但他指出，虽然从对那些与原因不成比例的效果的考察出发，我们并不能获得对原因的完美认识，但我们可以由此得知有这一原因的实在。我们可以从效果出
339 发，论述到原因的实在，而如果效果是仅能从一种特定的原因发出的那样，我们也就可以合法地推论到有此类原因的实存。（对"效果"这一词语的使用一定不能被视为乞题——petitio principii。托马斯是从涉及世界的事实出发进行论述的。他论述到，这些事实都需要一个充足的本体论解释。当然，他预设了因果原则并不仅仅为主观的，且只能在康德式的意义上被局限在"现象"界中加以运用。的确如此。但是，他非常清楚地意识到我们必须指出，可感对象是效果，因为它们在自身中并没有包含充足的本体论解释。）

一位现代托马斯主义者期望在中世纪之后的哲学思想背景下诠释这位圣徒的自然神学，并为其辩护，我们也就可以合理地期待他就思辨理性和形而上学之合法性做一些论述。就算他认为，证明的责任首要地落在了形而上学的反对者身上，他也不能忽视一点，即形而上学论述和结论之合法性乃至重要性都受到了挑战这一事实，而他也就得面对这一挑战。然而，我很不解，如何能够合理地期待一位中世纪哲学的历史学家把托马斯当作一位同时代的人来对待，而且不仅意识到康德对思辨理性的批评，同时意识到逻辑实证主义者们针对形而上学所采取的态度呢？不过，托马斯主义关于认知的理论本身至少也提供了一个针对自然神学的有力反驳。按照托马斯的论述，人之理智的恰当对象是质料对象是什么（quidditas）或其本质：理智从感性对象出发，依赖心理印象（phantasm），并通过它在身体中的状态而与感性对象相应。托马斯并不承认有天赋观念，也不回溯到对上帝的直观认知。而如果严格运用亚里士多德的原则，即"先前不在感知中的，也就不在理智中"（Nihil in intellectu quod non prius fuerit in sensu），就会显得人之理智被局限在了对有形对象的认知上，而由于它的本性或至少由于其当前的状态，因此不能超越它们。由于此反驳出自托马斯自己的理论，于是我们必须探讨这位圣徒是否有过回应此反驳的企图，

如果有，他又是如何回应它的。我将在后面讨论托马斯关于人的认知的理 340
论，[①] 但在这里，我先对看似为托马斯就这一点所秉持的立场给出一个简短的叙述，既不展开也不提供参照。

无论是精神性的还是有形的对象，它们只有在分有存在（也就是在实现中）的时候，才是可被认知的，而理智本身在这种情况下则是把握存在的机能。所以就其本身而言，理智的对象是一切存在；理智之原初对象是存在。然而，有一种特殊种类的理智（也就是人之理智）是与身体融为一体的，并依赖感性而执行其功能。然而，这一事实也就意味着它必须从感性物体出发，于是自然而然地，它只能就感性物体与超越感性的对象之间的一种关系并作为对这种关系的展现去认识此超越性对象（这里不考虑自我认知）。由于人之理智是在其自然和本身的对象中的，与其当下的状态达成比例的是有形对象，但这并没有摧毁理智与存在的原初定位。如果诸有形对象与一个超越了它们本身的对象之间存在着可以被觉察的关系，那么，理智就能够认识到这样一个对象的存在。另外，由于质料对象展现出了超越感性者，理智也就能获得对后者之本性的一些认识，但这样一种认识并不可能是恰当的或完满的，因为感性对象不可能以恰当和完满的方式揭示超越者的特性。我之后会提到我们对上帝的自然认知。[②] 就目前而言，在指出托马斯说有形物体是人之理智的自然对象时，他要说的是人之理智在它的当下状况中是以有形对象的本质为定位的，但如同人之理智与身体之为一体的这一处境并没有摧毁其作为理智的首要特性一样，它凭借与身体一体的状况而获得的朝向有形对象的定位，也没有摧毁它朝向存在本身的原初定位。所以，它也能获得一些对上帝的自然认识，因为有形对象与他相连并揭示了他。但这个认识必定是不完满的、不恰当的，而且不可能具有直观特性。

4. 托马斯给出的关于上帝存在的五个证明中的第一个是从运动出发的，这在亚里士多德那里可以找到，[③] 迈蒙尼德和圣阿尔伯特也使用过它。

---

① 见第 38 章。
② 见第 35 章。
③ 《形而上学》第二卷；《物理学》第八卷。

通过感知，我们认识到世界之中有的物体被推动了，而运动是一个事实。
341 在这里，运动是在广泛的亚里士多德意义上被理解为潜能成为实现的，而托马斯跟随着亚里士多德论述道，除非通过另一个已经在实现中的东西，否则一个东西是不可能从潜能被激发而成为实现的。在这个意义上，“每一个被推动的物体都是由另外一个物体推动的”。如果另一物体本身是被推动的，那它必然由另外一个动者推动。由于无穷尽的系列是不可能的，所以我们最终得出了一个不动的推动者，一个第一动者，“而所有人都把这理解为上帝”[1]。这一论证被托马斯称作“更显明的道路”（manifestior via）[2]。在《反异教大全》中，[3] 他以很长的篇幅对此进行了讨论。

第二个证明在亚里士多德《形而上学》第二卷[4]中被提到，并被阿维森纳、里尔的阿兰（Alan of Lille）和圣阿尔伯特所使用，它也从可感世界出发，但这回是从动力因之序列出发的。不可能有任何东西是自因，因为若要如此，它就必然要在自己的存在之前存在了。而另一方面，在动力因序列中是不可能有无穷倒退的。所以，必然要有一个第一动力因，“所有人都称其为上帝”。

第三个证明是迈蒙尼德从阿维森纳那里拿来并展开的，它以如下事实为出发点：有些存在者生成即毁灭，这便表明它们有可能不存在也可能存在，它们是偶然的而非必然的，因为如果它们是必然的，那它们就永远是已经存在的了，既不会生成也不会毁灭。随后托马斯论述道，必须要有一个必然的存在者，它是偶然存在者成为实在的原因。如果没有必然存在者，就不会有任何物体实在。

在这里，我必须加上几个说明，尽管只可用寥寥数语。第一，当托马斯说到无穷序列是不可能的（而此原则在所有三个证明中都被使用了），他并不是在设想一个在时间上向前延展的序列，在设想着一个所谓“水平”的序列。比如，他并不是在说因为孩子的生命来自父母，而父母的生

① 《神学大全》，Ia，2，3，文中。
② 同上。
③ 《反异教大全》，1，13。
④ 第 2 章。

命来自他们的父母（等等），所以必然有第一对父母，这第一对父母是没有父母的，而且是由上帝直接创造的。托马斯并不相信“世界并不是从永恒中创造的”可以在哲学上得到证明：他承认世界从永恒中的创造是抽象可能的，而要承认这一点，也就要同时认可存在着一个没有开始的序列之可能性。他所否认的是，在现实存在的原因顺序中会有无限序列，也就是 342
说有着一个无穷的“垂直”序列。假设世界的确是从永恒中被造的，那么就会有一个无穷的水平或历史序列，然而整个序列包含的都是偶然的存在者，因为它没有一个开端并不使得它成为必然。这整个序列也就必然要依赖处于这序列之外的他者。但如果你向上升，却总不到顶，你也就对这个序列之存在没有任何解释。所以，我们必定要得出“存在着一个本身并不依赖他者的存在者”这一结论。

第二，对接下来的说明所做的考虑将表明，那所谓的数学上的无限序列与托马斯的证明毫不相干。托马斯所否认的并不是此类无穷序列的可能性，而是就依赖性而言的本体秩序中无穷序列的可能性。换言之，他否认经验世界的运动和偶然可以没有任何终极的和恰当的本体论解释。

第三，托马斯认为不动的推动者或第一原因或必然存在者就是我们所称的上帝，或许这是贸然之举。很显然，如果有任何东西存在，也就一定要有一个必然存在者：思想必定会得出这一结论，除非整个形而上学被推翻了。但不怎么明显的是，此必然存在者必定是被我们称为上帝的那个位格存在者。一个纯粹哲学的论述并不使得我们获得由耶稣基督揭示并由教会宣讲的完整的上帝观念，这一点无须赘述。但先不讨论耶稣基督所揭示的以及教会所宣讲的上帝之完整观念，我们可以提一个问题：纯粹的哲学论述能否给我们一个位格性的存在者？因为他是在寻求他所信仰的上帝之存在的论据，他或许的确太过急于把第一动者、第一原因和必然存在者与基督教和宗教体验的上帝等同起来了。我认为，我们必须承认，如果单独来看，托马斯在《神学大全》中附在证明之后的那段话（et hoc omnes intelligunt Deum, causam efficientem primam quam omnes Deum nominant, quod omnes dicunt Deum：所有人都认识到是上帝的那个，他是第一动力因，后者被所有人称作上帝，所有人也都说这个是上帝）也就构成了一个

343 过于仓促的论断。然而，先不管《神学大全》为神学教科书的总结这一点，这些表述也不应该被分割开来。比如，关于一个必然存在者之实在的总结性证明并不包含明确的论述来展示此存在者到底是质料性的还是非质料性的。这样，证明结尾处的言语，即“每一个都把此存在者称为神”，或许会显得没有充足的保证。但在下一个问题的第一节中，托马斯问道，如果上帝是质料性的，是一个有形物，情况会怎样？他接着论述道，上帝不是这样一个物体。所以，这个问题中的陈述也就应该被理解为在表达所有那些信仰上帝的人都认识到他是第一原因和必然的存在者这一事实，而并非要无理地压抑更多的论述。无论如何，托马斯仅仅勾勒了他的这些证明：他并不是想要撰写一部反对认信了的无神论者的论述。假如遇到马克思主义者，他无疑会以一种不同的、或至少更详细的方式来展开这些证明：而事实是，他的主要关注点在于证明“信仰的前导”（praeambula fidei）。甚至在《反异教大全》中，这位圣徒也不是首先与无神论者，而是先与穆斯林打交道的，后者坚信上帝。

5. 第四个证明在亚里士多德《形而上学》[①] 中的一些讨论那里也得到了提示，并且主要可以在圣奥古斯丁和安瑟伦那里被找到。它由在世界中的物体里的完满、善与真的程度等等开始。在这里，我们可以对此做出比较性的判断，如“这个比那个更美”“这个比那个好”。以此类判断有客观基础为前提，托马斯论述完满的程度必然也就蕴含了有着最好的、最真实的等等存在者之存在，而这也将是最高的存在者（maxime ens）。

到此为止，此论述只达到了一个相对最好的程度。如果能够肯定，的确有着真理、善和存在的程度（即存在之等级），那么也就必然要有一个存在者或几个相比之下或相对来说至高的存在者。但这还不足以证明上帝的存在，托马斯继而论述道，至善者必定也是一切事物中善的原因。另外，由于善、真和存在可以互换，那么也就必然要有一个至高的存在者作为任何一个其他存在者中之存在、善、真以及所有完满的原因，而这被我们称为上帝（et hoc dicimus Deum）。

---

① 2，1；4，4。

由于此论述的概念是一个超越一切可感对象的存在者，因此它所涉 344
及的完满也就明显只能是那些可以自存的完满——纯粹的完满。它们不涉及任何必然的与广延或质料间的关系。此论述在柏拉图那里有其起源，并且预设了分有的概念。偶然的存在者并不就其自身而拥有它们的存在，也不就其自身而拥有其完满或本体上的真，它们的完满是从他者那里获得的，是分有他者而得的。完满之至高原因也就必然要为完满，它不可能从他者那里获得其完满。这样，此论述就在于将前面几个论证中已经使用过的原则运用到纯粹的完满上：实际上它并没有离开其他证明的大体思想，虽然它有着柏拉图式的起源。然而，它所带来的主要困难之一是——就像我们已经提醒过的那样，在证明确实有着一个存在者作为绝对和自存的完满之前，先要证明的确有不同客观程度的存在和完满。

6. 第五条道路是目的论证明，由于它古老、清晰和具有说服力，康德对它有着很大敬意，尽管按照《纯粹理性批判》中的原则，他拒绝承认它有着证明力。

托马斯论述道，我们见到，无机物体的运作也有其目的。由于它总是发生或频繁发生，这不可能是偶然的，必定是一个意图的结果。但是，无机物体是没有认识的，除非有一个理性且拥有知识的主体在引导它们，否则它们不可能倾向于一个目的，就像“弓箭手射箭”一样。所以，也就存在着一个理性存在者，一切自然存在者都由他而导向目的：而这被我们称为上帝。在《反异教大全》中，这位圣徒以一种稍微有些不同的方式陈述了此论述，他论证道，当很多具有不同甚至相反质性的东西为了实现同一个秩序而共同运作，这种情况必定是从一个智性的原因或预定（Providence）发出的，这个原因或预定被我们称为上帝。如果说《神学大全》给出的证明强调了无机物体之内在目的性，那么《反异教大全》所给出的证明则更多地强调了许多物体在实现同一世界秩序或和谐中的协作。此证明就其自身而言指向一个宇宙之设计者、掌控者或建筑者，就像
康德所说的那样，为了展示此建筑者不只是“工匠神”，更是造物主，还 345
需要更多论述。

7. 这些证明大体都以托马斯所使用的那种大胆且简洁明了的方式得到

了陈述，只有第一个证明是例外。它在《反异教大全》中获得了比较详细的展开，在此之外，其他证明都只是简单地勾勒而成的。然而，我们至今没有提及阿奎那（在我们看来）不太幸运的物理上的例子。他说到，火是一切热的物体之原因。我们没有提到它，是因为此类例子实际上与证明本身的有效或无效毫不相干。托马斯的现代学徒们不仅需要以更多的细节来展开这些证明，还得考虑到托马斯本人几乎不会想到的那些困难和反驳，而且他们也必须给予这些证明所基于的原则本身以合法性。所以，就托马斯所给出的第五个证明而言，现代的托马斯主义者必须要考虑到当前的一些理论，它们声称不需要假设一个与宇宙不同的精神性的动者，就可以理性地描述宇宙的秩序和目的性。而就其他证明而言，一位现代托马斯主义者不仅要面对康德主义的批判，来证明他所依据的论据是正确的，他还要面对逻辑实证主义者的反驳，去证明“上帝”一词确有其含义。然而，对历史学家来说，任务并非以当今必须使用的那种方式来发展这些证明，也不是为这些证明提供合法性。托马斯陈述这些证明的方式或许会在读者那里引起一些不满，但我们要记住的是，这位圣徒首要地是一位神学家，而且就像已经提到的那样，他并不那么关注于为证明提供一个完整透彻的讨论，而是想要以总结的方式提供一个“信仰的前导”（praeambula fidei）。所以他使用了传统的证明，这些证明在亚里士多德那里有根据或显得有根据，而且亚里士多德的一些后继者也使用过。

托马斯给出了五个证明。在这五个证明中，他明显更青睐第一个，至少将其称为“更显明的道路”。然而，无论我们如何看待这个陈述，基本的证明其实是第三条道路或“方式”（way），即从偶然性出发的证明。偶然性的论据在第一个证明中被运用到了运动或改变的特定事实上，在
346 第二个证明中被运用到了因果秩序或原因产生的秩序之上，在第四个证明中被运用到了完满的程度上，在第五个证明中则被运用到了目的和无机物体在维持宇宙秩序中的协作上。从偶然性出发的论证建立在每一个物体都必须要有其充足理由（也就是其存在的理由）这一事实之上。变化或运动要在一个不动的推动者那里找到它的充足根据，次要原因和效果的序列要在一个没有原因的原因那里找到其根据，有限的完满要在绝对的完满

那里找到其根据，自然中的目的和秩序则要在一个智性或设计者那里找到其根据。圣奥古斯丁和波纳文图拉所给出的上帝存在证明的"内在性"在托马斯的五路证明中是不存在的，但如果有人愿意，当然可以把同样的原则运用在自我之上。托马斯的五路证明可以说是对《智能篇》（*Book of Wisdom*）[1] 中的语句和圣保罗在《罗马书》（*Romans*）[2] 中所说的话的诠释，即上帝可以从他的工程中被人得知，但他是超越他的工程的。

① 第十三章。《智能篇》是天主教和东正教的圣经中的一部，新教和合本圣经则没有收录。——译者注

② 第一章。

第三十五章

圣托马斯·阿奎那（五）：上帝的本性

否定的道路——肯定的道路——模拟[①]——模拟的种类——一个困难——神性理念——在神之属性间没有实在的区分——上帝作为实存本身

347 1. 一旦必然存在者的实存得以确定，我们似乎也就可以顺理成章地进而探讨上帝的本性了。仅仅知道有一个必然存在者实存，这是非常不尽如人意的。除非我们同时知道，这个必然存在者到底是何种存在者。但马上就出现了一个困难。我们在此生中是没有对神性本质的直观的。我们要获得认知，就必须依赖感性，而我们所构建的观念是从我们对受造物的经验中获取的。语言也是被构建出来表述这些观念的，而这样就首要地指涉我们的经验，它似乎只有在我们的经验范围内才有客观的指涉。那么，我们是如何获知一个超越感性经验的存在者的呢？我们又是如何构建出那些以某种形式表达了这样一个超越我们的经验范围以及受造物世界的存在者之本性的观念的呢？任何人类语言的言辞是如何可能使用在神性存在者身上的呢？

托马斯清楚地意识到了这个困难。实际上，如果他真的需要帮助，经历了伪狄奥尼修斯影响的整个基督教哲学传统（而他本人又是依赖新柏

① "Analogy"，国内学者通常翻译为"类比"，但由于这个词在这里所指的并非直截了当的类比，而是"依据相似的言语来解释事物的某种意义"（谷寒松编《基督宗教外语汉语神学词典》，"analogy"词条），所以此处采用译名"模拟"。——译者注

拉图主义的）有助于防止他陷入对人之理性能力的任何一种过度自信，以至于以为它能穿透神之本质。黑格尔式的那种理性主义对他的思想来说是很陌生的。我们见到，他提出我们并不能认识到上帝是什么（quid sit：他的本质），而只能认识到他是否存在（an sit）或他存在（quod sit：他的实存）。若单独来看这一表述，它似乎涉及关于神之本性的完全的不可知论，但这并不是托马斯所要说的。此表述必须依照他的大体学说和他对此的解释来进行阐释。所以在《反异教大全》中，[①]他提出："神性的实体由于其无限广大而超越了我们的理智所获得的一切形式；而我们不能够借由认识 348
到它是什么来把握它，但我们可以通过认识到它不是什么而获得一些关于它的观念。"比如，我们认识到他不是（且不可能是）一个身体性的实体。通过否认他有身体，我们构建了一个关于他的本性的观念，因为我们知道他并不是有形物体，虽然这并没有给我们一个关于神性实体本身的具有肯定内容的观念。我们有越多的谓词可以说上帝不是什么，也就越接近关于他的认识。

这也就是著名的去除的道路（via remotionis）或否定的道路（via negativa），伪狄奥尼修斯和那些深受新柏拉图主义影响的基督教作者们都对它钟爱有加。但就否定的道路而言，托马斯加上了一句非常有用的话。[②]他说，考虑到一个我们能够定义的受造的实体，我们首先赋予它一个属（genus），借由后者，我们大体知道它是什么。然后我们添加一个区分，通过这个区分，它与其他东西区别开来了。然而就上帝而言，我们不可能认为他属于一个属，他超越了一切属（genera），我们也没有办法通过具体的区分，将他与其他存在者区分开来（per affirmativas differentias：通过肯定的区分）。尽管我们无法像获得关于人性的清晰观念那样（也就是说，通过一连串的肯定性的区分，比如"有生命的""感性的""动物性的""有理性的"）接近一个清晰的关于上帝本性的观念，但我们可以通过否定的道路（也就是通过一连串否定的区分）而获得关于他的本性的一些观念。比如，如果我们说，上帝不是偶性，那我们也就将他与一切偶性

① 《反异教大全》，1，14。
② 同上。

区分开来了。如果我们说，他不是有形的，那我们也就将他与某些实体区分开来了。我们可以如此推进，直到获得一个仅仅（propria consideratio：恰当的考虑）属于他的观念，后者足以将他与一切其他存在区分开来。

然而我们需要记住，那些不可言说上帝的谓词之所以不可言说上帝，并非因为上帝缺乏这些谓词所表达出来的任何完满，而是因为他的满溢无穷尽地超越了有限的完满。我们的自然认知是在感官中发起的，并且只能达到可以在感性对象的协助下可以抵达的限度。[①] 由于感性对象是上帝创造的，我们可以获知上帝实存，但我们不可能通过它们而获得任何恰当的关于上帝的认识，因为它们是与上帝的大能不成比例的效果。但我们能够
349 得知，就他恰恰作为一切可观对象的原因而言，什么必然为真。作为它们的原因，他超越了它们，他自身不可能是一个可感对象。那么，我们也就可以说，一切与他作为第一原因以及必然存在者不兼容的谓词都可以否定地来言说他。但这并非因为他的缺陷而将这些谓词与他分离，而是因为他远远地超越了它们（haec non removentur ab eo propter ejus defectum, sed quia superexcedit）。[②] 所以，如果我们说上帝并不是有形的，我们并不是在说上帝要比有形体少什么，说他**缺乏**有形体所具有的完满，而是在说，他高于有形体，他并不拥有那些必然被包含在有形实体中的不完满之处。

通过否定的道路，托马斯所展现出来的上帝必然不可能有形体，因为不动的推动者以及必然的存在者一定是纯粹的实现，而每一个有形实体都是在潜能中的。另外，在上帝中不可能有任何复合，既没有质料与形式的复合，也没有实体与偶性或本质与存在的复合。假如有着（比如）本质与存在的复合，那么上帝的存在也就源于他者，而这是不可能的，因为上帝是第一原因。总之，上帝那里不可能有任何复合，因为这将不符合他作为第一原因、必然存在者、纯粹实现的情况。我们用“纯一”这个肯定的表述来表达这种没有复合的状况。但是，关于神性纯一的观念是通过从上帝身上移除一切在受造物中存在的复合性形式而获得的，因此，“纯一”在这里指的也就是没有任何复合。我们无法构建一个神之纯一性本身的恰

---

① 《神学大全》，Ia，12，12，文中。

② 同上。

当观念，因为它超越了我们的经验：不过我们知道，它与受造物中的单纯或相对单一性正好是相反的。在受造物中，我们经验到，更加复杂的实体是更高级的，就像人要比牡蛎更高级一样。但是，上帝的纯一性指的是他在一个没有分隔且永恒的实现中拥有他的存在和满溢。

类似地，上帝是无限和完满的，因为他的存在（esse）并不是领受到的和有限的，而是自存的（self-existent）。他是不变的，因为必然的存在者是必然为它所是的那个，且不可被改变。他是永恒的，因为时间要求运动，而在不变的存在者中是没有运动的。他是纯一的，因为他是单纯且无限的。托马斯说道，严格来说上帝并不是永恒的（eternal），而是永恒本身（eternity），因为他是一个没有分割的行动中的其本身的自存的存在。我们没有必要一一列举所有经过否定的道路而被认识到的上帝的属性：在 350
证明了上帝作为不动的推动者、第一原因和必然存在者实存之后，便只需给出几个例子以展示如何如此认识上帝。托马斯接着从上帝那里移除了一切与上帝作为不动的推动者、第一原因和必然存在者不兼容的受造物之谓述，也就是说，这些谓述以否定的形式来言说上帝。在上帝那里不可能有身体形态、组合、界限、不完满、时间性等。

2. 例如“不变”“无限”那样的谓述或名字已经以其特别的形式指出了它们与否定的道路之间的关系，不变的存在者也就等于非变化中的存在者，而无限就是非有限的。但是，也有其他被用在上帝身上的谓词并不提及此类关联，比如善、有智慧，等等。而且，托马斯说到，[①] 比如“非有形态”这样的谓词就否认了上帝具有形态，亦即将形态从上帝那里移除；而“善”或“有智慧”这类谓词则是以肯定的或实证的形式来谓述神性实体的。那么，除了否定的道路之外，也有一条肯定的或实证的道路。但是，如果这些完满——如善、智慧等——是在受造物中被我们经验到的，那么，要是我们用来表达这些完满的词语所表达的是我们从受造物那里得来的观念，该怎么办呢？我们不就把运用于经验范围的观念和词语用到了上帝身上吗？我们不就遭遇了以下困境吗？这个困境是：我们要么以那些

① 《神学大全》，Ia，13，2，文中。

只能用在受造物上的谓词来谓述上帝，在这种情况下，我们关于上帝的命题也就是一些伪命题；要么我们就已经使得这些谓词脱离了对受造物的指涉，而在这种情况下，它们又是没有内容的，因为它们是从我们对受造物的经验中获得的，而且表达了此经验。

首先，托马斯坚持认为，当我们以肯定的谓词来言说上帝时，它们是以实证的方式来述说神之本性或实体的。他也就不会同意那些把一切对上帝的言说与否定言说等同起来的人的观点，像迈蒙尼德那样，他也不会认同像“上帝是善的”或“上帝是活生生的”这样的命题仅仅是指“上帝是一切善的原因”或“上帝是生命的原因”。当我们说到上帝是活生生的
351 或上帝是生命，我们并不仅仅是在说上帝不是非活生生的：“上帝是活生生的”这一命题有着“上帝不是形体”这一命题所缺乏的肯定性程度。当一个人说“上帝是活生生的”，他也不是在说“上帝是一切有生之物的生命的原因”：他是在说某些关于上帝本身的肯定的东西。如果“上帝是活生生的”这一命题指的不过是“上帝是一切有生之物的原因”，那我们还不如就说“上帝是形体”，因为他是一切形体的原因。然而我们不说“上帝是形体”，却说“上帝是活生生的”，这说明后一命题要比“上帝是生命的原因”拥有更多的含义，而这样一种肯定的陈述是就神性实体而给出的。

另一方面，我们借以认识上帝本性的那些实证观念，没有一个是能完满地表象上帝的。我们的上帝观念只在我们的理智能认识上帝的程度上表象着上帝。然而，我们只是通过可感物体认识上帝的，因为这些物体表象了或映照了上帝。而由于受造物只是以不完满的方式表象或映照着上帝，我们从自己对自然世界的经验中所获得的观念便只能就其自身而言以不完满的方式表象上帝。当我们说到“上帝是善的”或“上帝是活生生的”时，我们指的是他包含了或者（更恰当地说）他就是善或生命的完满，但这是在一种超越了一切并排除了一切受造物中的不完满和限制的意义上来说的。至于所谓述的是什么（比如善），我们用以谓述上帝的肯定谓词指的是一种没有任何缺陷的完满，而至于谓述它的方式，每一个此类的谓词都涉及了一个缺陷，因为我们用这个词语的时候，我们以理智所

认识的方式来表达这个词。从中我们可以得出，此类谓词既是以肯定也是以否定的方式来言说上帝的，就像伪狄奥尼修斯所提到的那样：肯定的时候，是按照其名字的内涵（propter nominis rationem），否定的时候，则是按其指谓的方式（propter significandi modum）。比如，当我们说上帝是智慧时，此肯定的命题就完满本身而言为真，但如果我们指的是上帝恰恰是在我们所经验到的智慧的意义上为智慧的话，那它就是伪命题。上帝是智慧的，但"是智慧"是在超越了人之经验的意义上说的。他并不是把智慧作为一种内在的智性或形式来拥有的。换言之，我们以一种"超卓越"（supereminent）的方式肯定上帝智慧、善或生命的本质，否认上帝会有人之智慧所附着的不完满，就如同我们所经验到的智慧那样。[①] 所以，当我们说上帝是善的，并不意味着上帝是善的原因，或者上帝不是恶 352
的，而是在说，我们在受造物中所说的善，在上帝那里以更高尚的形式（secundum modum altiorem）预先存在。但这并不意味着善属于上帝是因为他是善的原因，而是因为他是善，他的善发散到物体中，就像奥古斯丁所说的那样，"因为他是善，所以我们存在"。[②]

3. 所以，上述考虑的结论是，我们在此生中不可能认识到神性本质本身，而只能以其在受造物中得到表象的形式来认识它，所以，我们用在上帝身上的名字指谓的是在受造物中展现出来的完满。从这个事实中，我们可以得出几条重要的结论。第一条是，我们用在上帝和受造物上的名字不能以单义的方式来理解。比如，当我们说到一个人是有智慧的以及上帝是智慧的，"智慧"这个谓词并不是以单义的方式来理解的，也就是说，不是准确地以同一含义。我们的智慧概念是从受造物那里获取的，而如果我们恰恰把这个概念用在了上帝身上，我们就说了一些关于上帝的错误的话，因为上帝并不——也不可能——在"一个人是智慧"这层意义上是智慧的。另一方面，我们用在上帝身上的名字却也不是单纯多义的，也就是说，它们在含义上也并不是全然不同的。如果它们单纯为多义的，我们就不得不得出结论：我们不能从受造物那里获得对上帝的认识。如果谓述人

---

① 《反异教大全》，1，30。
② 《神学大全》，Ia，13，2。

的智慧和谓述上帝的智慧所指的对象是完全不同的，那么用在上帝身上的“智慧的”一词也就没有内容、没有意义了，因为我们关于智慧的认识是从受造物那里获取的，并不建立在对神性智慧的直接经验上。人们当然可以反驳说，虽然，如果谓述上帝的诸词项是以多义的方式使用的，我们就不可以从受造物出发来获得对上帝的任何认识，这的确是真的，但是，从这里我们却不能得出结论，认为我们能够从受造物出发认识上帝。不过，托马斯坚持说，我们能够从受造物出发认识上帝，这是建立在“受造物作为上帝的效果必然要展现上帝”这一事实之上的（虽然说它们并非以完美的方式来展现上帝的）。

然而，如果被我们先从经验中获取随后运用于上帝的那些概念既非以单义的形式亦非以多义的形式来使用的，那它们是在哪种意义上被使用的呢？是否有着折中的方式呢？托马斯回应道，它们是在模拟的意义上被
353 使用的。当某一属性以模拟的方式来谓述两个不同的存在者时，也就意味着，它是按照两者与一个第三者间的关系被加以谓述的，或是按照前者与后者间的关系被加以谓述的。对于第一种情况，托马斯提到了他最青睐的例子——健康。[①]“健康”这个词以不同的意义被用来谓述动物、医药和面色。医药的健康与动物的健康不是同一意义上的，因为“健康”这个概念不是被单义地使用的。而它所使用的各种含义也并非多义的或纯粹比喻性的，就像我们说微笑着的草坪那样。托马斯说，但这却并非我们用属性来谓述上帝和受造物的情况，因为上帝和受造物没有任何与第三者之间的关系：我们谓述上帝和受造物的属性，是因为受造物对上帝有着一个实在的关系。比如，当我们用存在谓述上帝和受造物的时候，我们把存在首先并首要地赋予上帝（他是自存的存在者），次要地赋予受造物（它们依赖上帝而存在）。我们不能以单义的形式用存在谓述上帝和受造物，因为它们并不是以同一方式拥有存在的；我们也不是以多义的形式来谓述存在的，因为受造物有其存在，虽然它们的存在并不如同神性的存在那样是独立的，而是有依赖性的，是一种分有的存在。

---

① 《反异教大全》，1，34；《神学大全》，Ia，13，5。

至于我们用在上帝和受造物身上的那些词语的含义，它们是以首要的方式来述说上帝、以次要的方式来述说受造物的。我们已经见到，存在是本质性地属于上帝的，但它并不本质性地属于受造物，这是因为它们是依赖上帝而有存在的：它是存在，但它是一种与神性之存在不同的存在，因为它是获取的、后来的、有依赖性的、有限的。然而，虽然所指谓的对象是首要地属于上帝的，但名字是首要地谓述受造物的。理由是，我们在认识上帝之前先认识受造物，这样，因为我们关于智慧的认识是从受造物那里获取的，而这个词首要指的是我们从受造物那里获取的概念，那么，智慧的观念和词语也就首要地谓述受造物，而以模拟的方式谓述上帝，虽 354
说实际上，所指谓的对象——智慧本身——首要地属于上帝。

4. 模拟性的谓述建立在相似的基础之上。在《论真》[①] 中，托马斯对比例的相似（convenientia proportionis）与类比的相似（convenientia proportionalitatis）做了区分。数字 8 和 4 有着一个比例的相似，而 6 与 3 的比例和 4 与 2 的比例有着类比的相似，也就是两种比例之间的相似。这样，一般意义上的模拟性的谓述也就可以按照两种相似性而加以使用了。就受造的实体和偶性的存在之谓述来说，它依照比例的模拟性谓述，在受造实体和偶性中，任意一个都与另一个有着联系，这就是一个按照比例的相似的模拟性谓述的例子。而就眼睛和智性的直观而言，用直观来谓述，则是一个按照类比的相似的模拟性谓述的例子。有形的直观与眼睛的关系，也就相当于智性把握或直观与心灵的关系。眼睛与它所看到的东西之间的关系，以及心灵与它的智性把握之间的关系，两者有着相似性。此相似性使得我们在这两种情况下都可以说“直观”。在这两种情况下，我们既不是以单义的方式也不是以完全多义的方式使用“直观”这个词的，相反，我们是以模拟的方式来使用它的。

由于上帝和受造物并没有双向的实在关系，我们也就不可能以模拟的形式，用任何一个谓词对上帝和受造物进行谓述，而对实体和偶性来说，我们是有可能以这种方式用存在对它们进行谓述的：受造物对上帝有

---

① 《论真》，2，11，文中。

着一个实在的关系，但上帝对受造物却没有实在的关系。上帝也不像实体被包含在偶性的定义中那样被包含在受造物中。然而，这却并不意味着在上帝与受造物之间没有任何比例的模拟。虽然上帝并不是通过一个实在的关系与受造物联系在一起的，但受造物对上帝有着一个实在的关系，而我们通过这个关系，是能够把同一个词项用在上帝和受造物之上的。存在着一些不与质料结合为一体的完满，而且在它们所谓述的那存在者中，它们并不必然蕴含着任何缺陷或不完满。存在、智慧和善都是此类完满的例子。很明显，我们从受造物那里获得关于存在、善或智慧的认知，但这既
355 不意味着这些完满首要地存在于受造物中，而次要地存在于上帝那里，也不意味着它们首要地对受造物加以谓述，而次要地对上帝加以谓述。正好相反，比如善首要地存在于上帝那里（上帝是无限的善以及一切受造物中的善之原因），它首要地用来谓述上帝，而仅仅次要地谓述受造物，即使受造物中的善是我们首先获知的。比例的模拟借受造物对上帝的关系以及与他的相似，这是有可能的。我不久之后还会再讨论这一点。

有人提出，托马斯最终抛弃了类比的模拟，而只保留了比例的模拟（在可接受的意义上），但这在我看来却是不大可能的。在《四部语录注疏》[①]中，他提到了这两种模拟。而且，哪怕是在他更晚一些的著作（比如《论潜能》《反异教大全》和《神学大全》）中，他像是在强调比例的模拟，但这在我看来也并不是他放弃了类比的模拟的征象。此类模拟性的谓述可以通过两种方式来使用，象征性地或恰当地。我们可以说上帝是“太阳”，这指的是，如同太阳对身体中的眼睛那样，上帝对灵魂亦是如此。但我们此时是以象征的方式来说话的，因为“太阳”这个词语指涉的是一个质料性物体，而不可谓述一个精神性的存在者，除非以象征性的方式。但我们可以说，在上帝与他的智性活动间的关系和人与他的智性活动间的关系之间，有着一定的相似。在这里，我们并不仅仅以象征性的方式来说话，因为智性活动本身就是一种纯粹的完满。

一切模拟的基础，也就是那个使得模拟性谓述成为可能的基础，是

① 《四部语录注疏》，4，49，2，1，针对 6。

受造物与上帝的相似性。我们并不仅仅因为上帝是所有有智慧的事物的原因而用智慧来谓述上帝，因为在此情况下，我们同样可以说上帝是石头——既然他是所有石头的原因。但我们称呼他为智慧的，是因为作为上帝之效果的受造物展现了上帝，并与他相似，还因为如智慧这样的纯粹完满可以形式性地谓述上帝。但这种相似是什么呢？第一，它仅仅是单方面的相似，因为我们无法恰当地说上帝与受造物相似。上帝是绝对的标准。第二，受造物仅仅是以不完满的方式与上帝相似的，它们不可能具有与他的完满的相似性。这指的是，受造物既与上帝相似，也与他不相似。它与上帝相似是因为它是对上帝的模仿，而说它与上帝不相似，是因为它与上 356
帝的相似是不完满的、有缺陷的。因此，模拟性的谓述在于单义和多义谓述之间。在模拟性的谓述中，谓词在运用于上帝和受造物的时候，它既非以确切同一含义，亦非以完全不同的含义来这样谓述的。它同时以相似和不相似的意义被谓述。[①] 关于同时的相似和区分的概念对模拟来说是关键的。的确，从逻辑立场出发来看，此概念或许会引起不小的困难。但这不是讨论现代实证主义者对模拟之反驳的地方。

托马斯区分了比例的模拟（analogia secundum convenientiam proportionis）和类比的模拟（analogia secundum convenientiam proportionalitatis）。就像我们已经见到的那样，就存在而言，他并不承认我们可以把在实体和偶性之间的比例的模拟运用在上帝与受造物之间。在自然神学中，他所说的比例的模拟指的是一个谓词以原初的形式被运用在模拟的一极（也就是上帝）之上，却次要地且不完满地被运用在模拟的另一极（即受造物）之上，因为后者与上帝有着实在的关系和相似性。由此赋予模拟的两极的完满也是在这两者中实际存在的，却并不是以同样的方式。在同一时刻，同一个谓词在既不完全不同也不完全相同的意义上被使用。自托马斯之后，术语有了变化，这种模拟现在被称作归属的模拟（analogy of attribution）。类比的模拟（即两种比例间的相似）有时被称作比例的模拟，从而与归属的模拟相区分。但并非所有经院学者和托马斯哲学诠

---

① 参见《神学大全》，Ia，13，5，文中。

释者都是以确切的同一方式来使用这些术语的。

有些经院学者认为，（比如）存在者是可以谓述上帝和受造物的，但这样的谓述只能借由类比的模拟而非归属的模拟。我虽然不打算参与到关于类比的模拟本身之价值的讨论中，不过，我不明白我们如何能在归属的模拟以外还有另外一种方法来得知上帝有着某种完满。一切模拟的谓述都建立在受造物对上帝的实在关系和相似之上。而在我看来，类比的模拟预设了比例的模拟或归属的模拟，而后者比前两种模拟要更加根本。

357 5. 我们如果去读托马斯就模拟所写的论述，会觉得他仅仅是在考察我们言说上帝的方式，以及我们陈述的言语和概念蕴含。此外，我们也会觉得他并不是在创建关于我们就上帝的实在认知的理论。但是，托马斯的一个基本原则是，受造物的完满必然在上帝那里以超卓越的形式存在，以一种与上帝之无限和精神性相符合的形式存在。比如，如果上帝创造了有理性的存在者，上帝就必然拥有理性，我们不可以假设他缺乏理性。另外，一个精神存在者必定是一个智性的形式，就像亚里士多德所说的那样，而无限的精神性存在者就必定拥有无限的智性。另一方面，上帝的智性却不可能是一种与他的本质或本性有区别的机能，因为上帝是纯粹的实现，而且不是一个组合物，他也不会以时间的先后来认知物体，因为他是不变的，也不可能有偶性规定。他借由他的永恒，认识到未来时间，通过他的永恒，一切事物对他来说都是当下的。[1] 上帝必定拥有理性之完满，但我们无法构成一个恰当的关于神之智性是什么的概念，因为我们对此没有经验：我们对神性智性的认识是不完满的、不恰当的，却并不是错误的。这是一种模拟的认识。只有在我们没有意识到此认识之不完满性，并试图将有限智性本身安置到上帝身上时，它才会是错误的：我们不得不以人的概念和语言来思考和言说上帝，因为我们没有其他可用的概念或语言。但与此同时，我们明白我们的概念和语言是不完满的。比如，我们不得不说上帝“预见了”未来的事件，但我们明白，对上帝来说，没有过去和将来。类似地，考虑到与上帝不同的其他对象，我们必须赋予上帝以自由意志，

---

① 参见《神学大全》，Ia，14，13。

但上帝的自由意志并不涉及变化：他自由地意愿在时间中创造世界，但他是从永恒中产生这个意愿的，并借由那与他的本质同一的意志实现这个意愿，这种实现也是他的意志活动。所以，我们没有恰当的关于上帝自由意志的概念：但受造物对上帝的关系向我们表明，上帝必定是拥有自由意志的，我们也能够认识到，神性自由意志不可能指那些东西。但神性自由意志的肯定性实在超越了我们的理解，这恰恰因为我们是受造物而非上帝。只有上帝才能领会他自身。

然而我们很难否认，与模拟理论一起出现了一个严重的困难。举例 358
来说，如果我们关于智性的观念是从人之智性中获得的，那么很明显它本身无法被运用在上帝身上。托马斯坚持认为，没有一个既用在上帝身上也用在受造物身上的同一概念是以单义的形式被运用的。另一方面，除非我们情愿默许不可知论，否则我们就不会容许此类谓词仅仅以同名异义的形式被运用。那么，在我们关于神之智性的观念中，实在内容是什么呢？如果托马斯只是追随否定的道路，这个困难也就不会出现了：他也就只是在说，上帝不是非智性的，或者说他是超智性的，同时承认，我们就“神之智性是什么”没有任何肯定的观念。但托马斯并不仅仅跟随否定的道路，他也承认肯定的道路。因此，我们关于神之智性的观念也就有着一个肯定的内容，但这一肯定内容会是什么呢？回答会不会是通过对人之智性的界限的否定，对有限性、推论性、潜在性等的否定而获得一个肯定的内容呢？然而在这种情况下，我们要么会获得一个关于神之智性本身的肯定概念，要么会获得一个关于脱离了有限性或无限的智性之本质的概念，它也就会显得就上帝和受造物而言是单义的，甚至会显得，否定要么把内容统统消除了，要么就将其转变为了一个针对神和人之智性为单义的关于智性本质的观念。正是由于这个原因，邓斯·司各脱后来坚持说到，我们能够构成可运用在上帝和受造物上的单义概念，虽然在实际的秩序中，上帝和受造物之间并没有一种单义的关系。有时有人说，模拟性概念部分地与单义概念一样，部分地与后者不同。但同样的困难还是出现了。“同一”这一要素将成为一个单义的要素，而“区分”这一要素将是否定性的，或是没有内容的，因为我们没有对上帝的直接经验，也就无法从中获取观念。

但是，对这一点的更多考察就留给我们对托马斯的知识理论的讨论吧。[①]

6. 当然，关于神之智性的内容使得我们提出这样一个问题，即托马斯是怎样思考神性理念的学说的。首先，他肯定，在神的心灵之中必定是有理念的，在神之心灵中，必须要设定有理念（necesse est ponere in mente
359 divina ideas），[②]因为上帝并不偶然地创造万物，而是通过智性，依照他在他的心灵中所持有的模范理念（exemplary idea）创造万物的。托马斯说，柏拉图错误地认为有着不存在于任何理智之中的理念，他还说亚里士多德为此也责备了柏拉图。亚里士多德不相信有自由的通过上帝的造物，事实上，他之所以责备柏拉图，并不是因为柏拉图认为理念独立于神之心灵，而是因为柏拉图认为，理念超脱人的心灵而自立存在（如果从它们的主观实在性来看），还脱离物体而自立存在（如果从它们作为形式的客观实在性来看）。所以，托马斯因为申明了理念存在于神之心灵中，追随了那个由柏拉图开启、在中期柏拉图主义和新柏拉图主义中得到发展的传统，此传统在基督教环境中和奥古斯丁以及追随他的那些人的哲学中源远流长。

新柏拉图主义者们之所以把理念视为在纯思（Nous）——第二个本体（hypostasis）或第一个漫出的神性存在者——之中，而不在太一或至高的神性之中，原因之一就是，他们认为如果神中有多个理念，会有损神的统一性。当托马斯在上帝中所能承认的唯一实在区分是三位一体中三个神性位格间的区分（而他不是作为哲学家来考虑此区分的）时，他是如何面对这一困难的呢？他的回答是，从一个角度出发，我们应该说在上帝中有着多个理念，就像奥古斯丁所说的那样，因为上帝知道他要创造的每一个物体；而从另一个角度出发，在上帝中却不可能有多个理念，因为这与上帝之单纯性相悖。他所指的是，如果说到理念时我们指的是理念的内容，那么我们也就必须承认在上帝中有多个理念，因为上帝认识很多对象。但如果说到理念的时候，我们指的是主观心灵之规定（即心象），我们就不可承认在上帝中有着多个理念，因为上帝的理智是与他那没有分割的本质同一的，且不可能获得任何规定或任何一种类型的组合。上帝不仅

① 参见第 38 章，第 4 节。
② 《神学大全》，Ia，15，1。

认识到他的神性本质本身，也认识到他的神性本质是可以为在它之外的诸
多受造物所模仿的。此认知之实现在上帝之中是纯一的和不可分割的，并
与他的本质同一。但因为上帝不仅认识到他的神性本质可以为诸多受造物
所模仿，也认识到他在认识他的本质的同时，还认识诸多受造物，因此我
们也能够说而且必须说，在上帝中有着多个理念，因为这里“理念”指的
并非神性本质本身，而是作为这个或那个对象模型的神性本质。此外，它
也是许多对象的模型。换言之，我们关于上帝的陈述为真或为伪，必须根 360
据人类语言来衡量。绝对地否定在上帝中有着多个理念，这将是对上帝
认识多个对象的否定。但上帝认识到他的本质是可以为诸多受造物所模仿
的，这一为真的内容却不可如此表述，以至于蕴含了在神性理智中有着多
个实在的心象或真实区分的分殊（modification）。[①]

对神性理念的讨论有一定的意义，因为它表明托马斯并不是一个单纯的亚里士多德主义者，至少在这一点上，他追随了柏拉图和奥古斯丁的传统。的确，虽然他明确认识到自己必须保证不损害神性的单纯性，但他并不满足于说上帝借由其理智之一个实现、一个“理念”而认识到他的本质在诸多受造物中是被模仿的。他还声称，在上帝中有着多个理念。当然，他给出了这么做的理由，但我们还是有这么一个印象，觉得有一个未被提及的理由是他对奥古斯丁和奥古斯丁之表述方式的敬重。然而，我们确实还是要做一个区分。我们今天在使用“观念”（idea）[②]一词时，自然而然地是在说主观的观念或心灵之状态，在这个意义上，托马斯并不承认上帝中有着一个实在地相互区分的多个观念。但托马斯最主要地是把“理念”（idea）放在模型形式（exemplary form）的意义上加以思考的，又因为神之理智认识到神之本质是可为诸多受造物所模仿的，它可以作为诸多对象之模型，所以托马斯也就觉得有理由说在上帝中有着诸多的原理（rationes），尽管他不得不坚持提到，这种多数只在于上帝就受造物的多数而言对他本质的认识，并不在于上帝中的实在区分。

---

① 参见《神学大全》，Ia，15，1—3；《反异教大全》，1，53—54。

② 在中文翻译里，按照语境的不同，“idea”有着不同的译法。比如在柏拉图主义的语境下，它被翻译为“理念”，而在近现代哲学语境下，它被翻译为“观念”。所以在原文中，同一词有时为“理念”，有时则为“观念”。——译者注

7. 我们说过了神之智性和神之意志、神之至善、统一性、单纯性等等。上帝的这些属性是实在地相互区分的吗？如果它们并不相互区分，我们有什么理由如此言说它们，就好像它们是不同的呢？上帝的属性并不实在地相互区分，因为上帝是单纯的：这些属性都与上帝的本质同一。神之智性既不是实在地与神之本质相分的，也不是实在地与他的意志相区分的。神之公义和神之慈爱在上帝中的存在是同一的。我们的语言结构逼迫
361 我们以主语和谓语的方式来言说，但就算抛开这一事实，我们还是只能零碎地理喻神之完满。我们只有从对受造物的考察来获得关于上帝的自然认识。受造物是上帝的效果，而由于受造物之完满（即上帝在受造物中的展现或映照）是不同的，我们也就使用不同的名字来指称这个不同的完满。但如果我们能够领会神之本质本身，并能给予它恰当的名字，那我们也就只会用一个名字了。①然而，我们却无法领会神之本质，而且我们只是在借由多个概念来认识它：所以，我们也就必须使用不同的词语来表达神之本质，虽然与此同时，我们知道与这些名字相对应的实在是同一个单纯的实在。如果有人反驳说，将一个对象设想得与它不同是在错误地设想它，那么我们的回答是，我们知道上帝实际上是一个单纯的存在者，但我们以组合的方式来设想我们所知的实际上非组合的对象。这指的其实也就是，我们的理智是有限的、推论式的，它们除了通过他在受造物中的不同映照之外，无法以别的方式来认识他。因此我们关于上帝的认识是不恰当和不完满的，但并不是错误的。②在上帝中，的确有着一个我们有组合性和不同区分的概念的基础，但此基础并不是在上帝中的神性属性间的那个实在区分，而仅仅是他无限的完满，这恰恰是因为它的无限充溢，所以也就无法被人的心灵在一个概念中把握。

8. 依照托马斯的观点，③上帝最恰当的名字是他在燃烧的荆棘丛④中告诉摩西的那个名字：是者（Qui est）⑤。在上帝那里，并不存在实在的本质

① 《反异教大全》，1，31。

② 参见《神学大全》，Ia，13，12，文中和针对 3。

③ 《神学大全》，Ia，13，11；《反异教大全》，1，22。

④ 《出谷记》，3，14。

⑤ 中文圣经将其翻译为“自有者”，然而这一翻译并不能清晰地体现它在这里所要表达的含义，故在此自行按字面意义将其翻译为“是者”。——译者注

与存在的区分。他不是从他者那里获取他的存在的——他自己就是他的存在。他的本质也就是存在。然而，本质与存在的区分在任何一个受造物中都未曾缺席。每个受造物都是善的，每个受造物都是真实的，但没有一个受造物是其自身的存在：存在并不属于任何一个受造物的本质。存在本身（ipsum esse）是上帝之本质，而从这本质中获取的名字是最适合上帝的。比如，上帝是善，他的善与他的本质同一，但善在我们的人类经验中是随
着存在而来并伴随着它的，它被认识为次要的，但是，说上帝是存在本 362
身，也就给出了他的内在本性。任何一个别的名字在某种方式上都是不恰当的。比如，如果我们说上帝是无限的公义，我们说的是一个事实。但由于我们的理性必然要在公义和仁慈之间做区分（就算我们知道它们在上帝之中是同一的），所以，说上帝是无限的公义是对神之本质的一个不恰当的表达。我们用来言说上帝的名字是从我们对有规定的形式之经验中获取的，并首要地表达了这些形式，但“是者”这个名字指称的不是一个有规定的形式，而是“实体之无限的海洋”。

第三十六章

圣托马斯·阿奎那（六）：造物

从无中造物——只有上帝才能创造——上帝自由地创造——造物之动机——从永恒中造物的不可能性还未得到证明——上帝能够创造出现实的无限吗？——上帝的全能——恶的问题

363 1. 由于上帝是世界的第一因，由于有限存在者是偶然的存在者，它们的实存来自必然存在者，所以，有限的存在者必须通过造物而从上帝那里发出。另外，此造物必定是从无中造物的。如果受造物是从先存的质料中被造的，那么此质料要么是上帝本身，要么就是上帝之外的东西。但上帝不可能是造物的质料，因为他是单纯的、精神性的和不变的。也不可能有独立于第一因的东西，所以也就只可能有一个独一的必然存在者。因此，上帝是绝对在先的。另外，如果说他是不可能变化的，那他也就不可能将他自身在造物中外化，他也就必然是从无中（ex nihilo）造物的。这个短语不可以被理解为意味着曾经有过乌有，随后出现了某物，也不是在说“从无中”这个短语必须被理解为不是出于某物（non ex aliquo）。所以，那个说从无中不会有任何物体产生的反驳是与此无关的，因为无在这里并没有被视为动力因或质料因。在造物中，上帝是动力因，根本就没有什么质料因。[①] 所以，造物并非恰当意义上的运动或改变。而由于它并非一个运动，因此在造物之行动中，也就没有前后秩序。

① 关于“从无中创造”（creatio ex nihilo）的含义，参见《论潜能》，3，1，针对7；《神学大全》，Ia，45，1，针对3。

以造物的行动来看，造物界与上帝在受造物中有着一个实在的关系，上帝是受造物之存在的本原。每一个受造物都因为他而被创造，因此也就与上帝这造物主有着实在的关系。但我们不可反过来说，上帝与受造物有着实在的关联。这样一个关联要么是与神之实体同一的，要么是上帝中的一个偶性，但神之实体不可能以必要的方式与造物界联系在一起，因为如 364
果是这样，上帝就其存在本身而言就以某种方式依赖于受造物了，然而在另一方面，绝对纯一的上帝是不可能获得或具有偶性的。[①] 说上帝作为造物主，与受造物没有实在的联系，这话乍一听肯定是很奇怪的，因为我们似乎可以从中推出结论，上帝并不关心他的受造物。但这一陈述是托马斯的形而上学和关于神之本性的学说之严格的逻辑结论。托马斯根本没法承认上帝通过他自身的实体而与受造物相关联，因为在这种情况下，就不只是造物界要必然为永恒的了，而我们从启示中得知，造物界并非永恒的，而且在这种情况下，上帝也就不会是分离于受造物而存在的：上帝和受造物将构成一个整体，这样就无法解释个体受造物的生成和毁灭。而另一方面，如果将关系理解为九个偶性范畴中的一个，那就不可承认，在上帝那里有着这样的关系。的确，有着此类的偶性也就会容许在时间中的造物，但在上帝那里是不可能获得此类偶性的，因为上帝是纯粹的实现，是没有潜在的。所以，托马斯无法承认作为造物主的上帝与受造物之间有着实在的关系。他必须说，此关系仅仅为理性之思想性关系（relatio rationis：思想的关系），是由人之理智赋予上帝的。此属性却是合理的，因为上帝是造物主，而我们在以人之语言表述这一事实的时候，无法不以上帝好像是与受造物相联的方式来述说：重要的是，在说到受造物与上帝相联系，以及上帝与受造物相联系的时候，我们应该记住，是受造物依赖上帝，而不是上帝依赖受造物，由此，它们之间的实在联系也就是一种依赖性的关系，仅仅在受造物那里存在。

2. 造物的能力是只归属于上帝的，且无法传达给任何受造物。[②] 有些哲学家——比如阿维森纳——引入了中介的存在者，他们这么做的原因是

---

① 《反异教大全》，2，11—13；《神学大全》，Ia，45，3；《论潜能》，3，3。

② 参见《论潜能》，3，4。

他们将上帝视为凭借其本性的必然而造物的，这样，在至高神性的绝对纯一和受造物的诸多之间就必须要有中介性的等级。但是，上帝并没有借由本性之必然而造物，所以我们也就没有理由认为他为何不是直接地创造了诸多受造物的。彼得·隆巴认为，造物的能力是可以由这么一种方式从上
365 帝传达给受造物的，以至于后者可以作为工具而运作，却不借由他自身的力量。但这是不可能的，因为如果受造物会以任何方式参与造物，那就会涉及它自己的能力和行动，而此能力与此受造物一样是有限的，它也不可能完成一个需要无限大能的行动，也就是一个跨越了不存在和存在之间的鸿沟的行动。

3. 但如果上帝不是凭借本性的必然而造物的，那他是如何造物的呢？一个智性存在者没有任何无意识要素，而同时是完满地自明的（self-luminous）和“自有”（self-possessed）的，此存在者也就不可能不依照智慧而行动，且他同时是充分意识到和认识到这一点的。简单来说，上帝必须有一个动机、一个目的而行动，即向着一个善。但是，上帝的本性不仅仅是无限的智性，而且是无限的意志，此意志是自由的。上帝必然爱他自身，因为他自身就是无限的善，但与他相区分的事物对他来说却并不是必需的，因为作为无限的完满，他是自足的（self-sufficient）：就这些东西而言，他的意志是自由的。所以，虽然我们知道上帝的理智和意志并不是与他的本质实际相区分的，我们仍然要说，上帝自由地选择了一个他所认识到为善的对象或目的。这里所使用的语言当然是拟人化的了，但我们只有人之言语可使用。如不澄清上帝造物的那一意志行动并非盲目的，也非必然的，而是一种随着对善之把握而得来的行动（以人之方式来表达的话）——虽然此善对上帝来说，并非必然——我们就无法表达上帝自由地创造了世界这一真理。

4. 上帝在造物时，行动的动机是什么呢？上帝是无限的完满，他也就不可能为了获取什么东西而进行造物。他为的是赐予、发散他的善（intendit solum communicare suam perfectionem quae est ejus bonitas：他为的只是传达他的完满，这是他的善）而造物的。[1] 当有人说，上帝为了

① 《神学大全》，Ia，44，4。

他自身的荣耀而造物，这话不可被理解为上帝需要他还没有的东西，更
不可被理解为他想要获得一群赞美者，而应该被理解为上帝的意志是不
可能依赖任何与上帝不同的东西的，而且他自身作为无限的至善，必然
是他无限意志行动的目的。而在造物的行动中，目的则是他自己的至
善，他的至善可以传达给他身外的诸存在者。神之善被表象在所有受造
物身上，虽说有理性的受造物以它们独有的方式将上帝作为它们的目 366
的，因为它们能够认识和爱上帝：所有的受造物都通过对上帝的表象和
对他的至善的分有而荣耀上帝，有理性的受造物则能够有意识地赞赏和
爱神的至善。所以上帝的荣耀是其善的展现，它不是与受造物的善相分
离之物，因为受造物在展现神之至善的同时获得它们的目的，并为自身
做了最好的事。[①]

5. 上帝自由地创造了世界，这一点本身并没有表明他是在时间中创造它的，或者说世界有一个开端。这一假设曾被证明是不可能的，而这是托马斯所不能接受的。他认为，世界从无中被创造是可以从哲学上得到证明的。但他坚持认为没有一个用来证明造物是发生在时间之中（也就是说，从思想上来看，时间有一个可指定的起点）的哲学证明是让人信服的，在这一点上，他与大阿尔伯特的观点相左。另一方面，托马斯反对阿维洛伊主义者，他认为从哲学上来证明世界不可能在时间上有起点或证明时间中的造物是不可能的。换言之，虽然他清楚地意识到世界确实是在时间中而非从永恒中被创造的，他确信此事实是可以通过天启而得知的，他还确信，哲学家无法确定世界是在时间中还是从永恒被创造。所以他反对那些低声细语者们（murmurantes），并提出（就我们能认识到的范围而言）从永恒中的造物是可能的。事实上，这也表明了他指出（或者说至少他确信自己能指出）波纳文图拉所提出的那种用来证明从永恒中造物之不可能性的论述是难以让人信服的。然而我们没有必要重复托马斯的回应，因为我们在讨论波纳文图拉的哲学的时候，已经提到过这些内容或它们当中的至少一些内容了。[②] 这里只需回忆起，托马斯并不认为一个没有开端的序列

① 参见《神学大全》，Ia，65，2。
② 原文第 262—265 页。

的观念中含有任何矛盾。在他的眼中，并不会出现“世界是否有可能已经经过了无限的时间”这种问题，因为，如果并没有序列中的第一起点，严格说来也就没有什么经过一个无穷序列。另外，对托马斯来说，一个序列可以在前面一段（ex parte ante）是无限的，而在后面一段（ex parte post）
367 是有限的，而在其有限的末端可以再增加。总而言之，被置入存在之中和从永恒中存在，这二者是没有矛盾的：如果上帝是永恒的，上帝也可以从永恒中造物。

另一方面，托马斯也拒绝了那些用来证明世界必然从永恒中被造的论述。“我们必须坚定地认为，就像大公教会[1]信仰所教授的那样，世界并不是一直都存在着的。此观点是不可能被任何自然哲学证明所驳斥的。”[2]比如，人们可以论辩说，既然上帝是世界的原因，而且上帝是永恒的，因此世界作为上帝的效果必然也是永恒的。由于上帝不会变化，因为他并不包含潜能的要素，也不可能获得新的规定或形态，因此造物的行动，也就是上帝自由的造物行动，也就必然是永恒的。所以，此行动的效果就必然也是永恒的。当然，托马斯必须同意造物行动本身——也就是上帝的意志行动——是永恒的，因为它与上帝的本质是同一的。但是，他论述道，这一点的推论仅仅是上帝从永恒中自由地意愿创造世界，从其中并不能得出“世界是从永恒进入实在的”这一结论。如果我们仅仅作为哲学家来考察这一问题，也就是说我们不考虑从天启那里获得的认识，即上帝确实是在时间中创造了世界的，那我们所有能说的也就是，或许上帝自由地从永恒中意愿世界在时间中进入实在：但我们没有理由得出结论说，上帝**必定**是从永恒中意愿世界从永恒中产生的。换言之，上帝之造物行动当然是永恒的，但是，此行动之外在效果也将随着它被上帝所意愿的方式而产生，而如果上帝所意愿的是这一外在效果在不存在之后获得存在（esse post non-esse），那么，它就不会从永恒中获得存在（esse ab aeterno），即

① “Catholic”一词来自希腊文，原意为“普遍”。在西方拉丁教会分裂为天主教和新教之前，用“天主教”来翻译这个单词并不妥，托马斯在说这句话的时候，想到的也是普世教会，与此对立的是当时的一些异端，所以这里沿用在拉丁早期教父那就被使用的含义，将这个词翻译为“大公教会”。——译者注

② 《论潜能》，3，17。

便造物行动在确切地被视为上帝之行动的时候是永恒的。[①]

6. 波纳文图拉证明世界必定是在时间中而不可能是从永恒中被创造的，理由之一是这样的：如果世界是从永恒中被创造的，那么现在就会有无限多的不朽的人之灵魂存在，因而也就会有现实的无限多的数目存在，而这是不可能的。就上帝创造无限的数目这一点，托马斯持何种观点呢？这个问题与在质料以外的多数（extra genus quantitatis）的问题一同出现，因为托马斯追随亚里士多德，拒绝了有着无限之量的可能。在 368
《论真》中，[②]这位圣徒写道，说上帝不可能创造出现实的无限数量，唯一的有效理由在于这样一种无限的概念中所包含的本质自身会冲突或矛盾，不过他没有就此做出任何确定性的回答。在《神学大全》中，[③]他断言，不可能有现实的无限数量，因为每一个受造的量必然都是有一定数量的，而无限的数量就不会有一定的数量。但在《反低声细语者论世界之永恒》中，当讨论到反对一个有关世界从永恒中被创造的论点，即将有无限多数量的不朽的人之灵魂现实存在的时候，他回应道，上帝也有可能创造出一个没有人的世界，或者他有可能从永恒创造了世界，却在创造人的那一刻才创造了人。而在另一方面，“上帝不可能创造现实的无限，这仍没有得到证明”。最后这句话或许是托马斯改变想法或对自己先前所做的证明之有效性犹豫不决的征象，但他没有明确地提到他在《神学大全》中所写到的那些。这句话或许仅仅是一种“转向对方的论述”（argumentum ad hominem）[④]，也就是说，他在对反驳方说“你还没有证明现实存在着的无限数量是不可能的呢”。无论如何，考虑到《神学大全》中的言论，以及《论世界之永恒》的写作时间与前者的相近，我们不能鲁莽地得出结论认为，针对现实中无限数量之不可能性，托马斯不只是可能有着犹豫。

7. 提到上帝有能力或没有能力创造出现实的无限数量，自然引发了一个更广阔的问题，即上帝的全能该在何种意义上来理解。如果全能指的

---

① 关于这个问题，参见《反异教大全》，2，31—37；《神学大全》，Ia，46，1；《论潜能》，3，17；《反低声细语者论世界之永恒》。

② 《论真》，2，10。

③ 《神学大全》，Ia，7，4；1，46，针对 8。

④ 这个短语是在现代才被用来在“人身攻击”的意义上使用的。—— 译者注

是能做一切事情，那么，如果他并不能使得人变成马或使已经发生的事情变得没有发生，他怎么会是全能的呢？在回答这个问题的时候，托马斯首先说到，全能这个神之属性指的是上帝可以做一切可能的事。他接着说道，但是“一切可能的事”却不可被理解为等同于“一切对上帝来说可能的事”，因为如果这样的话，那我们在说上帝是全能的时候，指的也就应该是上帝能够做一切他能够做的事，而这句话等于没有告诉我们任何内
369 容。那么，我们该如何理解“一切可能的事”这个短语呢？〔它指的是〕与存在没有内在冲突的东西就是可能的，换言之，这个东西的实在不会包含矛盾。在其概念中已经包含着矛盾的东西既非现实的亦非可能的，它是一种不存在。比如，一个人——只要他仍是一个人——同时要是一匹马，这就包含了矛盾：人是有理性的，而马是没有理性的，有理性和没有理性是对立面。我们当然可以说有一个人马或一个马样的人，但这些措辞没有指称任何东西，不管是现实中还是可能中的东西。它们只不过是词语，没有指称任何可以被认识到的物体。所以，说上帝的全能指的是上帝能做一切可能的事，并没有指上帝能力的有限，因为能力只有在针对可能性的时候才有含义。任何有或能够有存在的物体都是上帝全能的对象，但是，内在有着矛盾的东西就根本不是对象。“因此，更好的说法是，涉及矛盾的东西不可能被实现，而不是上帝无法实现它。”①

然而，我们不可以想象在上帝身后有着一个矛盾律，而且上帝也是受制于它的，就像希腊的神灵受制于命运女神莫伊拉（Moira）那样。上帝是至高存在者，是自存的存在者本身，他的造物意志是要创造出他自身的相似，也就是能够分有存在的某物。会涉及矛盾的是与存在本身离得最远的：它与上帝没有也永远不会有任何相似，它不会拥有任何存在。如果上帝能够意愿出现矛盾，那他就要脱离他的本性，而可能去爱那与他自身毫无相似之处的东西，去爱那根本是无的东西，而这是完全不可想象的。如果上帝能够如此行动，他也就不是上帝了。这里并不是说，上帝受到矛盾律的限制，而是说，矛盾律是建立在上帝本性之上的。因此，与彼

① 参见《神学大全》，Ia，25，3—4；《论潜能》，1，7。

得·达米安一同（或与列奥·契斯托夫[①]一同），认为上帝在可以做自相矛盾的事情这层意义上是高于矛盾律的，也就等于认为上帝可以用一种与他的本性不一致的、相悖的方式行动，而这是一种荒唐的观点。[②]

但是，这并不意味着上帝只能实现他所做的那些。由于上帝确实意愿他所创造了并现实存在着的事物的秩序，他不可能意愿另外一种秩序，这是真的，因为神之意志是不会改变的，我们有限的意志却会改变。但 370
是，问题并不涉及出于假设（ex suppositione）的上帝能力，也就是上帝已经做了选择的假设，而是涉及绝对的神之能力，也就是说，上帝到底是被限制在了只能意愿他已经意愿了的那现实秩序中，还是有可能意愿另外一个秩序。回答是，上帝并不是必然地意愿现在的事物之秩序的，原因是，造物的目的是神之至善，它超越了任何受造的秩序，并且在一个特定的秩序和造物的目的之间，没有也不会有任何避让的联系。神之至善和受造秩序是不兼容的，并且不可能有任何一个受造的秩序、任何一个宇宙对神之至善来说是必然的，后者是无限的，不可能有任何添加。如果一个受造秩序与神之至善（即与其目的）相符，那么神之智慧也就必然要选择此秩序，但因为神之至善是无限的，而造物界必然是有限的，因此没有一个受造的秩序能够在完整意义上与神之至善相符。[③]

综上所述，上帝是否可能创造出比他已经创造了的事物更好的事物，或是否能够将他所创造的事物变得更好，这个问题的答案也就显而易见了。[④]在某种意义上，上帝必然总是以最好的可能方式去行动，因为上帝的行动是与他的本质以及无限的至善同一的。但我们不可因此得出结论，认为上帝行动的外在对象（即受造物）必然是可能的最好的。另外，借由自身的至善，上帝要是造物，必须要创造出最好可能的那个。由于上帝的能力是无限的，也就总是可能会有一个比上帝所确实创造出来的宇宙更好

---

① 列奥·契斯托夫（Leo Chestov）或列奥·谢什多夫（Leo Shestov，1866—1938年），俄国存在主义哲学家。——译者注

② 参见《反异教大全》，1，84。

③ 参见《神学大全》，Ia，19，3；I，25，5。《反异教大全》，2，26—27。《论潜能》，1，5。

④ 《神学大全》，Ia，25，6。

的宇宙。至于他为什么选择创造某个特定的秩序，这就是他的奥秘了。所以，托马斯说，绝对地来说，上帝可以将某物造得比任何被给予的物体都要好。但如果此问题是就先存的宇宙而提出的，那么我们就得做一个区分了。就其实体或本质而言，上帝不可能将某个特定事物变得比它现实所是的那样更好，因为这就等于创造另外一样东西了。比如，有理性的生命就自身而言高于仅仅为感性的生命，但如果上帝要将一匹马变得有理性，那它就不再是一匹马了，在此我们也就不能说，上帝将一匹马变得更好了。
371 同样，如果上帝改变宇宙的秩序，那它就不再是同一个宇宙了。另一方面，上帝可以在偶性上让一个物体变得更好，比如他可以增加一个人的身体健康，或者在超性秩序上，他可以增加其恩宠。

显而易见，托马斯并不同意莱布尼茨式的“乐观主义”，或者说他不认为这个世界是所有可能的世界中最好的一个。就神之全面来看，“一切可能世界中最好的那个”这一短语并不显得有很多含义：只有在从一开始也就是假设上帝出于其本性之必然而创造的时候，这个短语才有含义。从这里我们也就可以得出，世界必然从上帝那里发出，而因为上帝是至善本身，所以世界必然是可能的最好的那个。但如果上帝并非从本性之必然而造物，而是依照他的本性、智性和意愿而造物，也就是说，自由地创造，而如果上帝是全能的，他就必然会一直有可能创造出一个更好的世界。那他为何创造此特定的世界呢？对于这个问题，我们无法给出恰当的答案，虽然我们当然可以试图回答上帝为什么创造了一个有着痛苦和恶的世界的问题：也就是说，只要我们记住我们并不是要获得对此问题在此生中的任何全面解决方案——因为我们的理智不完满，而且我们无法探测神之决策和计划——我们就可以试图回答关于恶的问题。

8. 在意愿这个宇宙的时候，上帝并不是在意愿其中包含的恶。上帝必然地爱他自己的本质，这是无限的至善，而他自由地意愿造物，后者是他善的传达。他不可能爱与善对立的东西，即恶。但是，用人的语言来说，上帝不是预见到了世界中的诸恶，却还是意愿这个世界吗？假若恶是一个实在的存在者、一种被创造出来的东西，那么，我们也就得将其归咎于造物主上帝了，因为并非如摩尼教徒们所想的那样，存在着一个最终的恶之本原。但恶并不是一个实在的存在者，而是像圣奥古斯丁的追随普罗提诺所说的那样，是一种缺失。它并非某物（aliquid），并非一种实在的东西；上帝也不可能创造了恶，因为它不是可以被创造出来的。它仅仅作为对那些本身为善、为存在的东西的缺失而存在。另外，恶本身甚至不可能是由人之意志作为对象所意愿的，因为意志的对象必然为善或至少要显得如此。托马斯说，通奸者并不想要恶，并不是恰恰想要罪本身，他所要
的是一个涉及恶的行动所带来的快感。或许可以反驳说，有些人沉沦在魔 372
鬼般的邪恶中，并恰恰因为要冒犯上帝而做了恶事，但即使在这种情况下，它也是一种显现出来的善，比如完全的独立性，这是意志的对象：这种恶的对上帝的对抗显得是一种善，且是在善的外表下（sub specie boni）而被意愿的。所以，没有一个意志恰好可以意愿恶本身。而上帝在创造一个他已经预见到其中诸恶的世界时，必须要说，他并没有意愿恶，而是意愿这个世界本身为善，他意愿容许他所预见到的恶的发生。

然而，我们却不可想象说，在坚持恶自身是一种缺失的时候，托马斯想要暗示恶不是真实的，也就是说恶是一种幻觉。这将是对他的观点的完全误解。恶并不是存在者，不是实在物（entitas），也就是说它并不属于存在的十个范畴中的任何一个。但在回答恶是否存在的问题时，答案却必须是肯定的。这听上去当然是一个悖论，但托马斯要说的是，恶是作为缺失而存在于善之中的，而非就其本身而言是一个实在的物体。缺乏视力对石头来说必然不是一种缺失，因为视觉不属于石头，石头的“眼盲”也仅仅是缺乏一种与石头的本性不相容的能力。但人的眼盲是一种缺失，是对某种属于人的本性之满全的东西的缺失。然而，眼盲却并非一个实在的物体，它是对视力的缺乏，而缺失也是存在的、真实的，它根本不是什么不真实的幻觉。离开了它存在于其中的存在者，它就没有任何意义或任何存在，但当存在于此存在者之中时，缺失就是足够真实的。类似地，恶就其本身不可能引发任何东西，但是它存在，并且可以通过它所存在于其中的那个善的东西而引发效果。比如，堕落了的天使之意志中的扭曲本身不可能为某种原因，但它是真实的缺失，并且可以通过它所存在于其中的那个实在存在者而作为原因。的确，它所存在于其中的那个存在者越有能

力，其效果也就越大。[1]

上帝并未将恶作为某种实在的物体而创造出来，但我们难道不是要说，他在某种意义上意愿了恶，因为他创造了一个他预见到恶将会出现于其中的世界吗？在这里，我们有必要区分自然界中的恶和道德上的恶（malum culpae：罪之恶）。上帝当然容许了自然界中的恶，而且在某种意义上，我们甚至可以说上帝意愿它。上帝当然并非就其自身而言（per se）
373 意愿它的，但是他意愿了一个宇宙、一个自然秩序，其中至少包含了自然的不足和痛苦的可能性。上帝意愿创造感性的生物，那他也就意愿能感受到痛苦和快乐的能力，自然地来看，这是无法与人之本性相分离的。他并没有意愿痛苦本身，但他意愿到，伴随着一个本性（一个善），有着一个受苦的能力。托马斯还提到，宇宙之完满也要求在不可毁灭的存在者之外有着可毁灭的存在者，而如果有着可毁灭的存在者，那么毁灭、死亡都会按照自然规律而发生。那么，上帝并不是就其自身而言意愿要有败坏（corruption[2]）的（不用说，这词并非在道德意义来使用的）。但我们可以说，他偶发地（per accidens）引发了败坏，因为他意愿创造一个宇宙，这个宇宙的秩序为了某些存在者而要求有缺陷和败坏的能力存在。另外，维持公义的秩序也要求道德的恶受到惩罚（malum poenae：罪之惩罚），相比之下，我们可以说上帝意愿并引发了惩罚，但这并非就其自身而言的，而是为了维持公义的秩序。

所以，在讨论自然中的恶的时候，托马斯倾向于将上帝描述为一位艺术家，而将宇宙描述为艺术作品。这艺术作品的完满要求很多东西，在其中我们必定能找到一些无法永生的、会遭受苦难的东西。因此，我们可以说上帝为了善，为了整个宇宙中的善，他不仅就其自身而言，而且偶发地意愿自然中的恶。然而，当涉及道德秩序（自由的秩序）和将人类视为自由的代理人时，他的观点就发生了变化。自由是好的，没有它，人就无法给予上帝所应得的爱，就无法有任何功绩（等等）：自由使得人比他在

---

① 参见《神学大全》，Ia，48，1—3。

② 在本体意义上来讲的时候，这个词已经被固定翻译成了“毁灭”而非道德意义上的败坏，科普勒斯顿括号里做的补充说明是针对“corruption”一词在英文中的多义而言的。——译者注

假若没有自由的情况下更加像上帝。另一方面，人之自由也包括了选择背离上帝和道德律法的自由，也就是包含了犯罪的自由。上帝并没有在任何意义上想要道德的失序或罪，但他容许了罪的发生。为什么？为的是一个更高的善，也就是人会是自由的，而且会出于其自由的选择而爱和服务于上帝。宇宙之自然的完满要求有一些能够且将会死亡的生物，这样，就像我们已经见到的那样，我们可以说，上帝偶发地意愿了死亡。但尽管宇宙之完满要求人必须是自由的，它并没有要求人去滥用他的自由或者去犯罪，因此我们就不能说，上帝要么是就其自身而言，要么是偶发地意愿 374
要求有恶的。无论如何，在自然秩序中不可能有一个既自由又无法犯罪的人，这样，说上帝容许道德之恶就是对的，虽然他只是为了一个更高的善才容许它的。

当然，如果要引入来自神学的思考，那么对于这一主题还有许多可说的，而对此问题，单纯的哲学性质的考虑远不及一个结合了神学和哲学真理的讨论那么让人满意。比如，堕落和拯救的教导以纯粹哲学理论无法达到的方式揭示了恶的问题。然而，这里却不得不略过建立在启示和信理神学上的论述。对与上帝联系在一起的恶的问题，托马斯的哲学回答可以用两个命题加以总结：第一个是，上帝并没有在任何意义上意愿要有道德的恶，而仅仅容许了它的发生，为的是获得一个比防止恶的发生所要获得的更高的善，也就是说，若要防止其发生，人就不可被创造为自由的；第二个则是，虽然上帝没有就其自身而言意愿自然界中的恶，他可以说是偶发地意愿了某些自然界中的恶，为的是宇宙之完满。我说“某些自然界中的恶”，是因为托马斯并不想暗示上帝意愿了一切自然界中的恶，就算从偶发的角度来看。败坏或死亡属于某一种存在者，但是，很多自然界中的恶和痛苦并不是与此宇宙之完满或善联系在一起的，而是属于人的道德之恶：它们并非“不可避免的”。上帝仅仅是容许了此类自然中的恶的发生。[①]

① 关于恶和它与上帝之间关系的主题，可参见《神学大全》，Ia，19，9；Ia，48—49。《反异教大全》，3，4—5。《论恶》，问题1—3。《论潜能》，1，6。

第三十七章

圣托马斯·阿奎那（七）：心理学

人之中的一个实体性形式——灵魂的能力——内感官——自由意志——最高贵的能力——不死——主动和被动的智性之于所有人并不是在数目上同一的

375 1. 我们已经见到，[①] 托马斯保留了亚里士多德的形质说，并抛弃了前人的观点，为实体中的实体性形式的唯一做了辩护。或许，托马斯先是接受了有一个身体性的形式（forma corporeitatis）的存在为一个质料性实体之第一实体形式的说法；[②] 但无论如何，他很快就对此观点提出反对意见，并且认为，种的实体形式是直接被加在原始质料之上的，而非通过其他任何一种实体形式的中介。他将此学说运用在了人身上。他认为，在人这个组合体（compositum）中，只有一个实体形式。此唯一的实体形式是理性灵魂，它直接把形式加在质料之上：没有什么身体性的形式，更没有什么生长和感性的实体形式。人是一个统一体，如果我们假设有多个实体形式的话，那么此统一体也就会受损。"人"这个名字既不仅仅被用在灵魂上，也不仅仅用于身体，而是一同被应用在灵魂与身体上，即应用在组合性的实体上。

托马斯追随着亚里士多德，强调了人之实体的整体性。人之中的同一灵魂将他作为人的一切规定——也就是他的身体性（通过给予原始质料

① 第三十三章。
② 参见《四部语录注疏》，1，8，5，2；2，3，1，1。

形式）和他的生长、感性以及理性运作——都赋予了他。在植物中，将生命以及生长和繁衍的能力赋予植物的，只有生长原则或灵魂；在无理性的动物中，则只有感性灵魂，它不仅是生长性生命，也是感性生命之本原。在人身上，则只有一个理性本原或灵魂，它不仅是它所独有的运作之本原，也是生长和感性之功能的本原。死亡来临时，灵魂与身体分离，身体分解：这不仅仅是理性功能停止了，因为感性和生长功能也停止了，这一 376
切的运作之同一本原不再给予质料以形式了——而在此之前，它是赋予其以形式的。这样，一个原本统一的人之实体消失了，得到的是多个实体，新的实体形式是从质料之潜能中被引发出来的。

所以，柏拉图式的灵魂与身体之关系的观点对托马斯来说很明显是不可接受的。是一个个人察觉到他在做理性思考和理解，而且他有感觉和感性活动。但脱离了身体，人就没有了感性，所以身体——而不仅仅是灵魂——是属于人的。[①] 从这里就可以得出，灵魂与身体的结合不可能是什么不自然的事：它不可能是对在某种先前状态中所犯下的一项罪行的惩罚，如奥力振所以为的那样。比如，人的灵魂有感知的能力，但它不能脱离身体而执行此功能；它有着理知的能力，却没有天赋观念，且必须依赖感性经验来构成观念，为此，它需要一个身体。而灵魂之所以与身体结合在一起，是因为它需要身体，因为它在本性上就是身体之形式。灵魂与身体的结合并不会有损于灵魂，而是为了它的益处（propter animam：为了灵魂）。质料是为了形式而存在的，而并不是反过来；而灵魂与身体之结合是为了它（灵魂）可以依照其本性而行动。[②]

2. 尽管托马斯强调了人的统一性，即身体与灵魂的紧密联系，但他还是认为，在灵魂与其机能之间以及机能本身之间，是有着实在区分的。只有在上帝那里，行动之能力和行动本身是与实体同一的，因为只有在上帝那里是没有潜能的：在人之灵魂中，有着针对其实现而言处在潜能状态的机能或行动能力，这些也就要按照不同的行动和对象作区分。[③] 这些

---

① 《神学大全》，Ia，76，1。

② 参见《神学大全》，Ia，76，5；Ia，89，1。

③ 同上，Ia，77，1—3；《论灵魂》，1，讲座 2。

377 能力中的某一些属于灵魂本身，且本质上不依赖身体器官，其他的一些则属于组合体（compositum），而且若没有身体就无法执行。所以说，前者即便与身体分离，之后也还是会留在灵魂里，后者则仅仅以潜在或潜能（virtute）的形式留在灵魂中，这里指的是，灵魂仍然有着一种近似的力量来执行这些机能，但这只有在它与身体相结合的时候才可实现：而在与身体分离的状态中，它并不能使用它们。比如，理性或智性的机能并不本质性地依赖身体，虽说在灵魂与身体之结合的状况下，就质料性认知而言，有着一种依赖性（随后我们会解释这里指的是什么），然而若没有身体，感知能力很明显是无法得到执行的。另一方面，若没有灵魂，身体也无法执行感知。所以，感知的"主体"既不仅仅是灵魂，也不单独为身体，而是人这一组合体。感知不能被简单地认为是灵魂在使用一个身体时产生的东西（像奥古斯丁所想的那样）；在产生感知的时候，身体和灵魂都承担着相应的角色，感知的能力也就属于结合中的两者，而非分别属于它们中的某一个。

在能力或机能中，有着一个特定的等级排列。生长机能包含了营养、生长和繁殖的能力，它的对象只是与灵魂结合在一起的身体，通过此结合，身体由于灵魂而变成活生生的。感性机能——包括外感官（如视觉、听觉、嗅觉、触觉）和内感官，即共同感（sensus communis）、想象力（phantasia）、判断力（vis aestimativa）及记忆力（vis memorativa）——的对象不只是有感知的主体之身体，而是每一个可被感知的身体。理性机能（包含主动和被动理智）的对象不只是可被感知的身体，而是普遍意义上的存在。所以，越高级的能力，其对象也就越广泛和全面。第一种机能涉及到的是主体自己的身体，但其他两种机能，即感知和理性机能，也涉及外在于主体本身的对象。而对此事实的考察告诉我们，在那些已经提到了的能力之外，还有其他的能力。如果我们要考察借由认知而在主体中得到把握的外部对象之恰当性，我们就会发现有着两种机能，即感知机能和理性机能。前者的范围要比后者更有局限性，但如果我们考察灵魂对外部对象的偏好和倾向，我们就会发现有另外两种能力，一种是运动能力，通
378 过它，主体通过自身运动而获得对象，另一种是欲求能力（appetition），

通过它，对象作为一个目的（finis）而被欲求。运动能力属于感性生命层面。但欲求能力有两方面，它既包含感性层面上的欲望，即感性欲求，也包含理性层面上的欲望，即意愿（volition）。所以，在生命之生长层面，我们就能发现有三种能力，即营养、生长和繁殖能力；在感性层面，则有着五种外感知、四种内感知、运动能力和感性欲求；在生命之理性层面上，有主动理智、被动理智和意志。在人身上，它们统统都有。

这些机能和能力从灵魂作为它们的本原的地方发出，但它们并不是实在地相互区分的。它们有着不同的形式对象（比如，视觉将颜色作为对象），它们的活动是不同的，这样，它们实际上也就是不同的能力（operatio sequitur esse：行动跟随存在）。然而，实在的区分必然是一种无充足理由的添加。比如在内感知中，有一种是记忆力或感性记忆，动物通过它记住朋友或敌人，记住哪些给它带来愉悦，哪些又会带来伤害。按照托马斯的说法，对过去的记忆属于感性记忆，因为过去指谓的是个体，而感性记忆是涉及个体的。然而，如果当我们说到记忆，指的是对观念和概念的保留，举例而言，这也就涉及理智，那么我们就可以说理性记忆。但理性记忆并非一种与理智——更确切地说是被动理智——有着实在区分的能力：它是在它的某个方面或功能之下被看待的理智本身。而且，把握某个真理的行动和保持在对此真理之把握中的行动，并不发自那个不同于我们用来推理的机能或能力的机能：理性（intellectus）和知性（ratio）不是不同的机能，因为是同一个心灵在把握真理以及从此真理推到另一个真理。“较高的知性”（ratio superior）也并不涉及永恒物体，此机能不同于“较低的知性”（ratio inferior），我们通过后者而获得对有限物体的理性认知。这两者是同一个机能，虽说依照不同的对象和行动而获得了不同的名称，就像奥古斯丁所说的那样。这同样适用于思辨和实践理性，这两者也是同一个机能。

3. 我们可以就“内感知”之主体再说几句。动物和人都有内感知。托马斯说到，[①]阿维森纳在他的《论灵魂》一书中设定了五种内感知，但 379

① 《神学大全》，Ia，78，4。

实际上只有四种。在此处的上下文中，托马斯所说的“感知”指的是什么呢？很显然，这指的并非我们使用这一词语时所指的“感知”，因为我们在使用感知一词的时候，指的是五种外感知。那么，他为什么把它们叫作“感知”呢？他所要指明的是，它们是属于感性生命的行动，而且并不涉及理性。比如，必须要有一种直觉性的行动，鸟能够由此“判断”它所见到的哪些树枝会对筑巢有用：它不可能仅仅凭借视觉而发现用处，视觉以颜色为目的，而另一方面，它此时的“判断”却并不是一种真正意义上推理或判断。所以，它具有一种“内感知”，通过后者而认识到树枝的用处。

首先，必定要有一个用来区分和汇集各个外感官之信息的内感知。眼睛见到颜色，耳朵听到声音，但是，虽然视觉将一种颜色与其他颜色区分开来，但它不能区分颜色和声音，因为它无法聆听。出于同样的理由，它也不能把声音归属于一个被见到的对象，比如在一个人对他的狗讲话的情况下。此区分和汇集的功能是由一般感知或共通感（sensus communis）来执行的。其次，动物能够保存它通过感知而获得的形式，而此功能是由想象力（phantasia 或 imaginatio）执行的，这是“那些通过感知而获得的形式的仓库”。再次，动物能够认识到它无法借感知而获得的东西，比如某物对它有用这个事实，或某人某物是友好的或不友好的，而此任务是由判断力去执行的。最后，记忆力保存了此类认识。托马斯说，就感性形式而言，人和动物是没有区别的，因为它们以同样的方式受到外部感性对象的影响。但是，就并非通过外感知而被认识到的事物而言，人和动物是不同的。后者通过直觉认识到此类物体为有用或无用，友好或敌对，人则对个别事物加以比较。所以在人那里，托马斯把在动物那里被他称作估量力的东西称作认知力（vis cogitativa）。这里所涉及的东西要多于直觉。

380 4. 除了五个外感知、四个内感知、运动能力、感性欲求和理性认知的机能（我将在下一章，即讨论托马斯知识论的时候，回到这个话题），人还有意志（voluntas）。意志与感性欲求是不同的，因为它是就善本身或普遍的善而言（bonum sub communi ratione boni：在善之普遍意义下的善）而欲求善的，而感性欲求所追求的并非一般的善，而是感知所提供的个别对象。另外，意志按其本性是以一般的善为定位的，它也就必然追求一般的善。此必然性却并非一种强迫的必然性，后者是以强力强加给意志的。它从意志本身出发，意志出于本身对最终目的或幸福的渴求。由于意志是一种欲求机能，也就不可脱离它的自然欲求对象、它的自然的目的（finis）来理解，而托马斯跟随着亚里士多德说，此对象是幸福、快乐、普遍的善。我们必然想要幸福，不可能不欲求幸福，但这里所提到的必然性却并非一种外在的、通过强力而强加于人的必然性（necessitas coactionis：强迫的必然性），而是自然必然性（necessitas naturalis），它发自意志之本性。

尽管人必然地欲求幸福，但这并不是在说就他的个别选择而言，他是不自由的。有一些个别的善的物体，它们对幸福而言不是必需的，人有选择或不选择它们的自由。另外，尽管真正的幸福唯独在于拥有上帝，唯独在于获得那无限的善，但这并不意味着每一个人都必须要有一个有意识的对上帝的渴求，或者说他必须要必然地意愿有将他带到上帝那里的那些手段。在此生中，理智没有获得作为无限善和幸福之唯一源泉的上帝的直观，但若要规定意志，此直观就是必需的：人必然渴求幸福，但对他来说，幸福和上帝之间的联系并不是那么稳定地明确的，以至于他无法渴求不同于上帝的东西。当然，在某种意义上，他一直都是意愿上帝的，因为他必然意愿要幸福，事实上（de facto），幸福也只在于获得上帝这无限的善。但由于他缺乏对上帝作为无限善的清晰直观，他会觉得那些其实并不必要地与他的幸福相联系的对象是必要地相连的，也会将他的幸福视为在上帝之外的某物中。无论他所意愿的是什么，他要的是一种善（他必然在善的概念下有意愿），但他并不必然地意愿那确实的无限善。在一种经过 381
了诠释的意义上，我们可以说他一直就是意愿上帝的。但针对他有意识的选择来说，他可以意愿上帝之外的东西，甚至可以排除上帝。比如说，如果他对真理闭上了眼，而把注意力转移到感性愉悦上，把他的幸福置于其中，他在道德上就是有罪的。但这并不改变这么一个事实：他沉溺于失序的感性快感之中，这种情形与获得真实幸福之间的不兼容性，在他看来并不能那么让人信服地自明，因此也就不能说服他，使他不把沉溺于失序的感性快感作为自己的目的。我们也可以从理智之行动中找到一个相应的例子。如果某人知道这个概念的含义是什么，对他来说，也就不可能不赞同理性秩序中的第一原理，比如同一律。但是，在涉及一系列推理的时候（比如在关于上帝存在的形而上证明中），他会拒绝对此加以赞同，这并不是因为论证本身的不足，而是因为他并不希望对此加以赞同，而把他的理智从认识或停留在前提和结论间的必然联系上移开。类似地，一个人必然是在善之概念下（sub ratione boni）进行意愿的，他必然渴求幸福；但他有可能将他的注意力转离幸福与上帝之间的必然联系，而允许上帝之外的某物作为真正幸福的源泉显现在他眼前。

自由意志（liberum arbitrium）并不是一种与意志相区分的能力或机能。但是，在它们之间有着一种心灵上的区分，因为“意志”的概念指的是作为我们一切意愿之本原的那个机能，无论它们是必然的（针对目的，即幸福而言）还是自由的（就为了目的的手段选择而言），而“自由意志”指的是作为我们对达成目的的手段之自由选择的本原的那同一个机能。就像已经提到的那样，托马斯认为，虽然人必然地意愿目的，即幸福。然而对于特定手段和此目的之间的联系，他却没有一个让他信服的直观，所以，就选择手段而言，他是自由的，他既不是在内心也并非外在地被必然地规定的。人是自由的，这是从“他是理性的”这一事实得出的。一头羊通过自然直觉“判断”它要避开狼，但人是通过他智性的自由行动而得出判断的。[①] 与直觉不同，理性在它关于个别选择的判断之中，并没有受到规定。选择涉及的是达到最终目的（幸福）的手段，一个人可以从多于一
382 个角度出发，考虑某一个体对象；他可以从它作为善的角度来考虑它，并判断出它应该被选择，他也可能从它作为恶的角度来考虑它，也就是从它缺乏善的角度判断出应该避开它。[②] 所以，自由意志是人得以凭借做出自由判断的能力。[③] 这样，自由就会显得属于理智而非意志。但托马斯提出，[④] 当说到自由意志被人当作做出自由判断的能力，这里指的不是任何一种判断，而是决定性的对选择的判断，此判断终止了从“一个人可以从

① 《神学大全》，Ia，83，1。
② 同上，Ia，IIae，13，6。
③ 《论真》，24，4 和 6。
④ 同上，24，6。

不同角度来考虑问题”而发出的考虑。比如，当问到我到底是出去散步还是不去的时候，我可以把散步视为有益的，视为健康锻炼，也可以视为有害的，因为它占用了下午邮差取信前写信的时间。说我将出去散步（或不去，无论选择哪种）的决定性判断是在意志的影响之下做出的。所以，自由意志属于意志，但它并不绝对地指谓意志，而是在其与理性之间的关系上来指谓它的。判断本身属于理性，但判断的自由直接属于意志。但是，托马斯关于自由的论述的确是理性主义的。

5. 在对于“理智和意志何者是更加高尚的机能”这一问题的回答中，托马斯的理性主义就很明显了。他回答道，绝对地来说，理智是更高贵的机能，因为理智通过认知而拥有对象，通过心灵的相似而在自身中包含着对象，而意志是倾向于对象的，此对象是外在的。在自身中拥有对象之完美要比倾向于处在身外的对象更加完美。所以，就身体性对象而言，关于它们的认识要比倾向于它们的意愿更高贵，因为通过知识，我们在自身中拥有了这些对象的形式，而这些形式以一种比它们存在于有形物体中时更高贵的方式存在于理性灵魂之中。类似地，我们是通过认知行动而拥有上帝的，真福直观的本质也就在于此认知行动。另一方面，虽然理智对对象的拥有本身要比意志的倾向之于对象更加高贵，但意志在某些特定方面，也就是出于某些原因（secundum quid）、某些偶性的原因，要比理智更加
高贵。比如在此生中，我们关于上帝的认识是不完满的、模拟性的，我们 383
仅仅间接地认识上帝，但意志是直接地倾向于上帝的：所以，对上帝的爱要比关于上帝的认识更加完美。在涉及没有灵魂高贵的对象（即那些有形物体）的情况下，我们可以有直接的认知，而此类认知要比意志更完美。但在涉及上帝的情况下，由于他是一个超越了人之灵魂的对象，我们在此生中对其只有间接的认知，那么我们对上帝的爱就要比对上帝的认识更加完美。在天堂中的真福直观中，当灵魂直接见到上帝的本质时，理智相对意志之本质性的优越也就重新得到了体现。在采纳亚里士多德理性主义态度的同时，托马斯以这种方式将其放在基督教的框架中加以诠释。[①]

---

① 《论真》，22，11；参见《神学大全》，Ia，82，3。

6. 我们已经看到，托马斯拒绝了柏拉图和奥古斯丁主义关于灵魂与身体之关系的看法，他采纳了亚里士多德的看法，把灵魂视为身体的形式，并强调了这两者之结合的紧密性。没有什么身体性形式（forma corporeitatis）。在人身上只有一个实体形式，即理性灵魂，它直接赋予原始质料以形式，并且是人在生长、感知和理性层面上的一切活动的原因：感知并不是灵魂使用身体的行动，而是组合体（compositum）的行动。我们没有天赋观念，但心灵的认知要依赖感性经验。所以出现了这样一个问题：是不是要强调灵魂与身体的紧密结合，由此排除离开了身体的灵魂可能会自存？换言之，亚里士多德关于灵魂与身体之关系的学说难道不是与位格性不死相互不兼容的吗？如果采用柏拉图关于灵魂的理论，那不死也就得到了保障；而如果采用亚里士多德的灵魂论，就会显得要牺牲掉不死，因为灵魂与身体是如此紧密地结合在一起，以至于它离开了身体就无法自存。

灵魂的确是身体的形式，依照托马斯的观点，它永远保留了赋予身体以形式的资质，这恰恰是因为它在本质上就是身体的形式。但是，它是一个理性灵魂，它的能力也不只局限于给予身体以形式。在实际讨论灵魂之不死的时候，托马斯论述道，灵魂是不会毁灭的，因为它是一个自存的
384 形式。会毁灭的东西在毁灭的时候，它要么是凭借自身而毁灭的，要么是偶发地毁灭的，也就是说，通过它的存在所依赖的物的毁灭而毁灭。就其所有行动而言，动物的灵魂依赖身体，身体毁灭的时候，它的灵魂也就毁灭了（corruptio per accidens：偶发地毁灭）：然而，理性灵魂是一个自存性的形式，它不可能受到身体之毁灭的影响，因为它并非本质性地依赖身体的。[①] 如果这是托马斯对证明不死所能说的一切的话，那么他很明显就犯了一个很严重的乞题（petitio principii）的错误，因为这里就预设了人之灵魂是一个自存的形式（forma subsistens），而这恰恰是要被证明的一点。然而，托马斯论述的是，理性灵魂必然是精神性的，是一个自存的形式，因为它能认识到一切身体之本性。假如它是质料性的，它就会被限定

① 《神学大全》，Ia，75，6；《反异教大全》，2，79。

在某一种对象上，就像视觉器官的功能被限定为感知颜色一样。而且，如果它本质地依赖身体器官，它也就会被限制在对某些特定种类的身体性对象之认知上，而事实并非如此。[①] 而假如它本身是个身体，是质料性的，它也就不会自我反思了。[②] 出于这些以及其他理由，人之灵魂作为理性灵魂，必然是非质料性的，即精神性的，从这里可以得出，它是不可毁灭的，或本性为不死的。从自然的角度来看，它当然可以被创造了它的上帝所消灭，但它的不死是从本性发出的，而非由恩宠所赐，除了它的实存这一方面，就如同一切受造物的实存一样。这是上帝赐予的。

托马斯也从对留存于存在的渴望出发做了论述。有一个对不死的渴望，而上帝植入的那种自然的渴望不可能是无望的。[③] “一种自然的渴望不可能是无望的。而人有着对留存于存在的自然欲求。这一事实表明，万物都渴求存在，而人对存在本身（而非像动物那样仅仅认识到此时和此地的存在）有着理性认知。所以，人会就灵魂而言获得不朽，凭借灵魂，他认识到不受时间限制的存在本身。”[④] 人与无理性的动物不同，他能够认识到与当下一刻分离的永恒存在，与此认知相对应的是对不死的渴望。由于此渴望是自然之创造者植入的，它也就不可能是无望的（frustra 或 inane）。后来邓斯·司各脱对这一观点提出了反驳，并论述道，就自然欲 385
望（desiderium naturale）而言，人与动物是在同一层面的，它们都自然地逃避死亡。而就自发的或有意识的欲望而言，在得以论述到它应该被满足之前，我们首先得证明，对它的满足是可能的。[⑤] 人们可能回应道，对此欲望的满足之可能性在证明灵魂并非本质性地依赖于身体的时候，也就得到了证明。这也就等于要承认，从灵魂之精神性出发的论述是基本的。

从托马斯的知识论出发，考虑到他坚持认为人之观念起源于感性经验，还坚持心灵印象在此类观念构成中所起的作用，他在说人之心灵并不本质地依赖身体时，似乎产生了自相矛盾。而且，这也会显得，灵魂在分

---

① 《神学大全》，Ia，75，2。
② 《反异教大全》，2，49。
③ 《神学大全》，Ia，75，6。
④ 《反异教大全》，2，79。
⑤ 《牛津著作》，4，43，第 29 条，及以下。

离状态下无法产生理性活动。然而，就第一点而言，他认为，心灵需要身体来进行活动，但这并非把身体作为心灵活动的器官，因为此活动是单纯的心灵活动。心灵需要身体，是因为在此生中，灵魂与身体相结合，而人之心灵的自然对象是身体性的。换言之，心灵并非本质性地依赖身体而自存的。那么，它能否在与身体分离的状况下执行其行动呢？就它随着此状况而获得的认知模式而言，它是可以执行行动的。在与身体相结合的时候，理性灵魂只有通过转向心灵印象（convertendo se ad phantasmata）才能获得认知。但当它处在与身体分离的状况下，它就不再无法完满和直接地认识到它自身、其他的灵魂或天使了。在此情况下，灵魂看上去确实最好处在分离的状态下，而不是与身体结合在一起，因为精神是比有形物体更加高尚的认知对象。但托马斯不可能承认这一点，因为他坚持，灵魂之本性是要与身体结合在一起的，而且它们的结合对灵魂是有益的。于是，他不再犹豫，并得出结论，分离的状况是在本性之外的（praeter naturam），而且灵魂在分离状态下的认知模式也在本性之外。[1]

7. 托马斯在证明灵魂之不死的时候，指的自然是位格性的不死。他反对阿维洛伊主义者并论述道，理智并不是一个与人之灵魂相区分的实体，对所有人来说也并不都是共同的，而是理智“依照身体的多数而成为
386 多数”。[2] 假设所有人只有同一个理智，我们就无法解释不同的人那里的观念和理智行动的多样和不同。在人与人之间，不只有着感知和心灵印象的区分，他们的理智生活和活动也是不同的。以为他们只有同一个理智，就像以为他们只有同一个视力一样荒唐。

重要的是要认识到，并非阿维洛伊针对主动理智之唯一性和分离性的观点必然取缔了位格之不死（有些中世纪哲学家肯定持有位格不死的观点，而他们把主动理智与上帝或上帝在灵魂中的活动等同了起来），而是他就被动理智以及主动理智的唯一性和分离性的观点否认了位格之不死。在《反阿维洛伊主义者论理智之统一》的开头，托马斯就点明了阿维洛伊是他的主要敌人。如果阿维洛伊的理论被接受，那么“就会得出，在死亡

---

① 《神学大全》，Ia，89，1，及以下。
② 同上，Ia，76，2。

之后，人的灵魂没有任何留存，留下的只有同一个理智。由此，惩罚和奖赏也就被取缔了”。当然，这并不是在说托马斯接受了主动理智之唯一性的理论：比如，在《反异教大全》[1]和《神学大全》[2]中，他都反驳了此观点。他的论点之一是，假如主动理智在所有人身上都只是唯一的一个，那么，其功能之实施也就不受制于个人，也就是说会是持续的。然而实际上我们可以任意地进行智性活动，也可停止。另外，托马斯是如此诠释亚里士多德《论灵魂》[3]中那一段著名的话的：他认为，亚里士多德所教授的是，主动理智在个人身上有着个体的活动。我们无法确切地说托马斯对亚里士多德的诠释是错误的，虽然我倾向于这个观点。但是，他对亚里士多德的诠释错误与否，很明显丝毫不影响他关于主动理智的观点之真实性。[4]

托马斯在《反阿维洛伊主义者论理智之统一》和《反异教大全》[5]中论述并驳斥了被动理智之唯一性的学说。他的论述在大多数情况下预设了亚里士多德的心理学和知识论，但此预设是意料之中的，这不仅因为托马斯在他的理解和诠释下接受了亚里士多德的学说，还因为阿维洛伊主义者 387
们也是亚里士多德主义者。所以，说托马斯预设了亚里士多德的心理学和知识论，这也就等于在说，他试图向阿维洛伊主义者展示，他们关于被动理智的唯一性和分离性理论与他们自己的原则是不相容的。如果灵魂是身体的形式，那么所有人身上的被动理智怎么会只是一个呢？一个本原不可能是多个实体之形式。而且，如果被动理智是一个分离的本原，那它也就是永恒的了。那么，它就会含有一切智性心象（species intelligibiles），这些不是获取的，而每一个人也应该能够理解人所认识到的所有事物，而事实明显并非如此。另外，如果主动理智是分离的、永恒的，它就要从永恒一直行动，也就会从永恒中获取认知，但就理性活动而言，这会使得感知和想象力毫无用处，经验则表明，它们是不可缺的。那么，如何解释不同人的不同理智能力呢？在这一方面，人和人的不同在某种程度上肯定建立

① 《反异教大全》，2，76。
② 《神学大全》，Ia，79，4—5。
③ 《论灵魂》，3，5；430a. 17，及以下。
④ 关于亚里士多德，参见《反异教大全》，2，78；《论灵魂》，评注，3，第 10 节。
⑤ 《反异教大全》，2，73—75。

在他们理智之下的诸能力之区分上。

对我们今天的人来说，要理解阿维洛伊理论所制造的兴奋和它所引起的兴趣，是有些困难的。但它显然与基督教关于灵魂不死和死后奖罚的学说是不相容的，就算托马斯表现出要把亚里士多德与阿维洛伊区分开的愿望，阿维洛伊的学说所产生的道德和宗教后果，对托马斯来说仍然要比阿维洛伊想要将其理论建立在那位希腊哲学家之上的企图更加重要。奥古斯丁主义者和亚里士多德主义者共同反驳了阿维洛伊主义者。我们可以将其比作那些显得危及人之位格性的现代形而上和心理学系统所引起的反响。举例而言，绝对观念论，就在这一点上引起了那些本来互不相容的哲学家们的共同反对。

第三十八章

圣托马斯·阿奎那（八）：知识

托马斯的“知识论”——知识的进程；关于共相和个体的知识——灵魂对自身的认知——形而上学的可能性

1. 在托马斯那里去寻找一种知识之证成意义上的知识论，亦即那种面 388
对这种或那种主观观念论而对知识的客观性加以证明或试图加以证明的知识论，这种企图看起来会是徒劳的。每一个人，甚至那自诩怀疑主义者的人，也都确信某种知识是可以获得的，这对托马斯和奥古斯丁来说，都是显而易见的。对托马斯来说，与如何应对还未出现的主观观念论来确证我们就外部世界的知识之客观性或如何应对远在未来的康德批判来展现形而上学之合法性这些问题相比，如何在亚里士多德的心理学面前确保和确证形而上学才更是一个知识论问题。当然，这并不是说，托马斯主义的原理不可能发展出对主观观念论和康德主义的回应，但我们不可以犯下时间顺序混乱的错误，让历史上的托马斯来回答他没有遇到的那些问题。确实，把托马斯的知识论与他的心理学说分开讨论，本身就是历史顺序错误。然而我认为，对此可以有合理的理由，因为知识的问题来自心理学，那我们就可以只是为了方便起见，对这个问题单独加以讨论。为了清楚地阐释这个问题，我们首先必须按照托马斯·阿奎那的学说，简短地描绘一下我们获得自然观念和知识的方式。

2. 身体性的对象作用在感官之上，感知则是组合体（灵魂和身体）的活动，而非灵魂单独的活动，如同奥古斯丁所认为的那样。感官本来就注定是用来把握单个物体的，它们无法把握共相。禽兽有感知，然而它们无法把握普遍观念。在想象力中产生的图形或图像表象了通过感官而获
389 得的个体质料性对象，一个个体对象或诸个体对象之图像本身也是个体的。人的智性认知却是针对共相的：在人的智性运作中，他在抽象中把握到了质料性对象的形式；他把握到的是一个共相。比如，通过感知，我们只能把握到个体的人或树，而内在的影像或图像却总是个体的。就算我们有一个组合了的关于人的影像，但它不表象某个独特的实际存在的人，而是以混杂的形式表象许多个人，它仍然是个体的，因为是个体人的影像或个体人影像的部分重叠在一起，构成了一个或许就现实存在的个体人来说为“属”的影像，然而就其自身而言，它仍然是个体的，即一个个体的想象中的人的影像。然而，心灵却可以认识到作为人本身的普遍观念，这个观念在其外延中包含了所有人。某个人的影像当然不可以被运用到所有人身上，然而关于人的智性观念是适用于所有人的，就算它的获取要依赖于对个体人的感性把握。人的影像必然是一个要么有头发、要么没有头发的人。如果是前者，它在这一方面就不代表没有头发的人，如果是后者，它在这一方面就不代表有头发的人。然而，如果我们构成一个作为理性生物的人的观念，这个观念就代表了所有人，无论他们秃顶或不秃顶、白或黑、高或矮，因为它是人之本质的观念。

那么，从感性和个体的知识到智性认知的转变是如何发生的呢？虽然感知是灵魂与身体同一的活动，但理性和精神性的灵魂不可能直接受到一个质料性物体或图像的影响：所以，必须要有一种灵魂自身的活动，因为概念不可能仅仅是被动地构成的。此活动也就是一个“光照”着图像，并从中抽象出共相或“智性心象”的主动智性。于是，托马斯提到了“光照”，但他并不是在完全的奥古斯丁意义上来用这个词的（至少没有依照可能是对奥古斯丁含义之真实诠释的意义）。他指的是主动理性通过它的自然能力，而且不需要上帝的任何特殊光照，即可使得影像中的智性一面变得可见，并揭示蕴含在影像内的形式和潜在的普遍要素。主动理性则
390 自己抽象出这个普遍的要素，在被动理性中制造“接受的心象”（species impressa）。被动理性对主动理性的这个规定所做的反应则是心灵之言

（verbum mentis，亦即接受的心象），这是完全意义上的普遍概念。主动理智的功能纯粹是主动的，从影像的个体要素中抽象出普遍的要素，在被动理智中引起接受的心象。人之理智中并不包含任何天赋观念，它处在能够接收概念的潜能状态：所以，它必须被引入现实，而这一步骤必须由一个自己处在现实之中的原理加以引发。由于这一主动原理没有任何自身固有的观念可以提供，所以它必须从感官所提供的材料中找寻其原材料，也就是说，它必须把智性要素从心理印象中抽象出来。抽象指的是理性地把普遍的部分从造成特殊性的因素中分离出来。这样，主动理智就从一个特殊的心理印象（phantasm）中分离出了人的普遍本质，抛开了一切属于一个特别的人或某些特别的人的特殊性因素。由于主动理智是纯粹现实的，它就不可能把共相印在自身之上；它把后者印在了人之理智的潜能要素（即被动理智）之上，而对这一烙印的反应则是完整意义上的概念，即心灵之言。

然而，重要的是要认识到抽象概念并不是认知的对象，而是认知的手段。如果概念（即理性之形态本身）即认知对象，那我们的知识也就会成为对观念的知识，而非关于存在于思想之外的物体的知识；科学判断也就不涉及在思想之外的物体，而只是在思想内的概念了。然而实际上，概念是一种在心灵中被制造出来的与对象的相似，所以，心灵通过它认识到对象：在托马斯的语言中，它是借此（对象）被认识的那个（id quo intelligitur），而非那个被认识到的（对象）（id quod intelligitur）。[①] 当然，心灵有着反思它自身的形态的能力，这样，也就能够把概念变成对象。但它仅仅是在次要的意义上是知识的对象，它首要地是知识的工具。在说这一点的时候，托马斯避免把自己放在会成为主观观念论者的那个位置，后者会把他引入到这种形式的观念论的困难中。他自己的理论所要反对的其实是柏拉图的理论，但这并没有改变这样一个事实：在采取这个态度的时候，他的确逃离了一个基本上无法脱身的圈套。

由于认为理智直接认知到本质（共相），托马斯就得出了一个逻辑结 391
论，认为人之心灵并非直接认识到单个质料性物体的。当然，重点在于

① 《神学大全》，Ia，5，2。

“心灵”和“认知”，因为不可否认的是，人能够通过感性从而把握个体的感性质料性对象：感知的对象恰恰就是可感的个体。然而，理智是从个体化了的质料中抽象出理智的心象的，这里，它只能对共相有直接的认知。不过，即使在抽象出理智的心象之后，理智也只通过一种“转向”来执行其认知活动，也就是转向心灵印象，在其中把握到共相。由此，他对个体物体有着一种反思性的或间接的认知，心灵印象表象了这些个体物体。所以，对苏格拉底的感性的把握使得心灵抽象出“人”这个共相，但只有在心灵转向心灵印象的情况下，抽象观念对理智来说才是认知的手段和工具，这样，它才得以构成一个判断，说苏格拉底是人。所以，我们不能错误地认为，在托马斯看来理智没有对身体性个体的认知，他所认为的是，心灵对此类个体只有间接的认知，它的直接认知对象是共相。[①] 但是，这不可以被拿来暗示理性认知的首要对象就是抽象观念本身：比如，心灵把握了形式性的要素，把握到了苏格拉底那里潜在的普遍要素，它从这一个个体化了的质料中抽象出此形式。用专业术语来说，它的首要认知对象是直接的共相，在个体中把握到的共相：而它只是后来才把握到作为共相的共相，即反思性的共相的。

这里应该添加两个解释性的补充。第一，在说到心灵是通过从个体化了的质料中抽象，从而在身体性的个体中抽象出共相形式的时候，托马斯解释道，他要说的是，在心灵抽象出例如人的观念的时候，它是从这个肉和这些骨头中进行抽象的，也就是从特殊的个体化质料中，而非从一般意义上的质料——“智性质料”（即作为质量之载体的实体）——中进行抽象的。身体性进入到人之观念本身，虽然特殊质料并不进入关于人的普
392 遍观念。[②] 第二，托马斯并不想暗指个体物体本身不可能成为理性认知的直接对象，而是要说，个体的感性或身体性物体无法成为其认知对象。换言之，个体的身体性对象确切来说并非因为它是个体而无法成为理性认知的直接对象，而是因为它是质料性的，而心灵只能通过从作为个体化原则

---

① 《神学大全》，Ia，86，1。

② 同上，Ia，85，1。

的质料中进行抽象，即从这个或那个质料中进行抽象，才能认识到它。[1]

3. 在托马斯看来，人之心灵原本是处在认知之中的潜能，然而它没有天赋观念。说观念是天赋的，仅仅是就心灵具有一个自然的抽象和构建观念的倾向而言的：至于现实的观念，心灵原本是一块白板。另外，心灵认知的源泉是感知，因为灵魂作为身体之形式，以质料性对象之本质作为认知的自然对象。理性灵魂仅凭活动来认知自身，它并不是在其本质中，而是在它从感性对象那里抽象出的理智心象中把握到自身的。[2] 所以说，灵魂关于自身的认知并非“我们的一切认知以感性认知为起始并依赖于此”这一普遍规则的例外。托马斯说到理智在此生中与身体相结合时，除了转向心灵印象（nisi convertendo se ad phantasmata），无法获得任何认知，他的这一说法正表述了上述事实。[3] 人的心灵不是脱离心灵印象而进行思考的，这一点在考察内心活动的时候显而易见，它依赖着心灵印象，这表现在想象力的混乱（比如在疯子那里）会妨碍认知这一事实上。这种情况的原因是，认知能力是与其对象相对应的。[4] 简而言之，人之灵魂——就像亚里士多德所说的那样——只能通过心灵印象来理解事物，我们则可以说，理智中的任何对象，先前也在感知中（nihil in intellectu quod prius non fuerit in sensu）。

4. 从这里我们明显可以得出，人的心灵不可能在此生中获得对无质料实体的直接认知，后者不是并且不可能是感官之对象。[5] 但在这些前提下，上帝不可能是感官之对象，但并没有出现比如我们是否会有任何形而上的知识这一问题，或人之心灵能否超越感性物体而获得任何关于上帝的认知这一类问题。如果我们的理智是依赖心理印象的，那么它们是如何认
识到那些没有对应心理印象的对象的呢？后者是不对感官起作用的。[6] 依 393
照此原理——先前不在感知中的，也就不在理智之中（nihil in intellectu

① 《神学大全》，Ia，86，1，针对3。
② 同上，Ia，87，1。
③ 同上，Ia，84，7。
④ 同上，Ia，84，7。
⑤ 同上，Ia，88，1。
⑥ 同上，Ia，84，7，针对3。

quod prius non fuerit in sensu）——如果我们不能说，上帝先前在感知中（quod Deus prius fuerit in sensu），我们又如何能获得对上帝的认知呢？换言之，一旦有了托马斯的心理学和知识论，托马斯的自然神学会显得不可避免地失去了有效性：我们不能超越感知对象，且不可获得对精神对象的认知。

为了理解托马斯对这个严肃的反驳的回应，我们必须提到他关于理智本身的理论。诸感官必然被规定为要接受一种特别的对象，然而理智却是理解存在的机能，它是无质料的。理智本身是可以接纳一切存在者的。理智的对象是智性的：那些处于现实之中的对象之外的东西并不是智性的；在现实之中的对象分有存在，而因为它在现实之中，即分有存在，所以它才是智性的。如果我们恰恰把人之理智视为理智，我们就必须承认它的首要对象就是存在。理智以存在者之普遍概念来考察其对象：理智是通过万物借其而被创造的那一位而成为可能的。不过，首先进入到理智的概念中的是存在者。因为任何一个物体都是在它处于实现之际，才可被认知……因此，存在者是理智之恰当的对象。（Intellectus respicit suum obiectum secundum communem rationem entis; eo quod intellectus possibilis est quo est omnia fieri.[①] Primo autem in conceptione intellectus cadit ens; quia secundum hoc unumquodque cognoscibile est, inquantum est actu... Unde ens est proprium obiectum intellectus.[②]）因此，理智的第一运动也是面对存在的，且并不针对特殊的感性存在，而理智只能够就质料性对象之为存在者而言认识其本质。人之理智作为一种特殊的理智，以一种特定的存在者为对象，这是次要的。由于它与身体相结合，以及其由此转向心灵印象（conversio ad phantasma）的必要性，人之理智在自身与身体相结合的状态中，以感性对象为其本性的和“恰当的”把握对象，但它并没有失去它对普遍意义上的存在的定位。作为人之理智，它必须从感性、质料性存在者出发，它被局限在质料性本质之上，虽然它是因为非质料性的对象在感性世界中并通过后者而得以展现（因为质料性物体与非质料性的对象

---

① 《神学大全》，Ia，79，7。
② 同上，Ia，5，2。

有着联系）才能够这么做的。作为与身体结合的理智，作为白板，它的本性的对象是质料性本质，它并不直接地凭借其自身力量而把握上帝；但是，有限和偶然存在的感性对象揭示了它们与上帝的关联，于是理智得以认识到上帝的存在。另外，感性对象作为上帝的效果，在某种程度上展 394
现了上帝，这样，理智就能够获得关于上帝本性的某些认识，虽然此认知（当然）不可能超过一种模拟性的认识。转向心灵印象的必要性意味着我们不能直接认识上帝，但由于感性对象展现了他的存在，并使得我们得以获得一种关于其本性之模拟性的、间接的和不完满的认识：我们能够认识到作为原因（ut causam）的上帝，并通过超越和去除的方法（et per excessum, et per remotionem）来认识他。①

此观点的一个前设是人之理智的活动。如果人之理智仅仅是被动的，如果转向心灵印象指的是观念单纯地是被动地被引发的，那么很明显，没有任何关于上帝的自然认知，因为感性对象并非上帝，而关于上帝以及其他非质料性存在者是没有心灵印象的（non sunt phantasmata）。理智之主动能力使它能够读取感性存在者中与非质料性存在者的关联。感性认知并不是我们智性认知的全部且完美的原因，它是智性认知的原因之质料（materia causae）：心灵印象由主动理智通过其抽象运作而变得现实可知。这样，就像感性认知并不是智性认知的全部原因一样，“那么假如智性认知的范围比感性认知的要广，也就不足为奇了”②。我们只能靠去除的方法（per remotionem），通过否认它们具有感性对象所特有的特性，或者通过模拟的方式，去认知这些非质料性的对象。但假若没有理智的主动能力，我们就根本无法认识它们。③

前面已经提到过的另一个困难仍然存在。如果我们以肯定的概念“比位格性要更多”来表述它，它是否就有了一个肯定的内容呢？比如，如果我们说“上帝是人格性的”，我们显然并不是把人格赋予了上帝。但如果我们指的仅仅是上帝并不比我们所知为人格性的东西更低，那我们

---

① 《神学大全》，Ia，84，7，针对 3。
② 同上，Ia，84，6，文中和针对 3。
③ 参见同上，Ia，84，7，文中和针对 3。

关于神之人格的观念是否有着肯定的内容呢？“不比人格性要低”是不是一个有着肯定性的观念呢？如果我们以肯定性的方式，将其表述为“比人格性要高”，它是否有一个肯定性内容呢？如果没有，我们就被局限在了
395 否定的道路上，只能通过去除的方法来认识上帝。但是，托马斯并未简单地遵从否定的道路：他也使用肯定的道路，认为我们能够通过超越的方式（per excessum）来认识上帝。那么，打个比方，如果我们在将智慧视为一种属于上帝的东西的时候，是在说我们是以更卓越的方式（modo eminentiori）这么做的，这时，很难看出我们关于神性智慧的观念的内容实际上是什么。它必须建立在人之智慧上面，这是我们唯一能自然地直接经验到的智慧。而它不可能恰好就是人之智慧。但如果它是一种没有人之智慧的限制和形式的人性智慧，那我们就没有关于无限制的智慧的经验，此观念会有什么样的肯定性内容呢？如果我们决定认为，此观念有着一个肯定性的内容，那么我们看上去就必须要么认为关于人之智慧的观念加上一个对此限制的否定是一个肯定性的观念，要么就必须跟随司各脱说，我们能够获得智慧之本质的观念，亦即此观念能够以单义的形式同时谓述上帝和人。后一种理论虽然在某些方面有用，却并不能完全让人满意，因为托马斯和司各脱都不认为智慧或任何一种其他的完满能够在上帝和受造物中以单义的形式得以实现。至于第一个回答，乍一听像是在躲避困难，然而进一步的思索则表明，说上帝是有智慧的，在此是指上帝要比（在人的意义上）有智慧更高，并不等于在说上帝不是（在人的意义上）有智慧的。一块石头并非（在人的意义上）有智慧的，它也并不高于有智慧者：它比有智慧要低。如果我们在使用“有智慧”一词时，所指谓的恰恰是我们所经验到的智慧，也就是人之智慧，那么我们就能够真实地说，不只石头不是有智慧的，连上帝也不是有智慧的。但是，这两个命题的含义却并不相等。如果含义不相等，那么在“上帝不是有智慧的”这个命题中也就必然要有一个肯定的内容（也就是说，上帝要比专属于人的智慧更高）。所以，“上帝是有智慧的”（“有智慧的”指的是无限地高于在人的意义上所说的有智慧）这一命题有着一个肯定性的内容。要求模拟性观念的内容完美地清晰或有表达力，以至于它们能完美地以人之经验的方式得到理

解，这是对模拟的特性的完全误解。托马斯并不是唯理主义者，虽然他认为我们能够获得某种关于上帝的认知（aliqualis cognitio Dei）。此对象（即上帝）的无限性指的是，有限的人之心灵无法获得一个恰当且完满的关于上帝本性的观念。但这并不意味着它不可以获得一个不完满且不恰当
的关于上帝本性的观念。认识到上帝有理智，也就等于认识到了关于上帝 396
的一些肯定的东西，因为它至少告诉了我们上帝并不像一块石头或植物那样是没有理性的，尽管对神之理智本身的理解超出了我们的理解能力。

让我们回到人格性这个例子上来。申明上帝是人格性的，这要基于这一论据：必然的存在者和第一因不可能比发自它并依赖于它的那些存在者缺乏完满。另一方面，亚里士多德和托马斯主义的心理学和知识论阻止了我们认为此类论述会给予我们一个恰当的关于神之人格本身是什么的观念。如果有人声称他有这样一个观念，这也就是从经验中获得的，且它不可避免地表象着经验材料。实际上，这将意味着我们可以肯定，上帝是**一个**位格，而结果则会是哲学与神学间的冲突。然而，如果我们认识到，人们仅仅通过哲学论述是无法获得关于神之人格的恰当观念的，我们也就会意识到，从哲学角度来看，我们对此可以说的全部内容也就是“上帝是人格性的”，而非“上帝是**一个**位格”。当天启告诉我们上帝是一个本性中的三个位格时，我们关于上帝的认识也就得到了扩展，但在神学和哲学中并没有矛盾。另外，当我们说“上帝是人格性的”时，我们实际上指的是他不比我们所经验到的人格性要低，也就是说，人格性的完满必然要以一种它能存在于无限存在者中的方式而存在于上帝之中。如果有人反驳说这是在乞题，因为问题恰恰在于人格性和无限性是否兼容，我们可以回答说，关于上帝的人格性的证明和关于他的无限性的证明是互不依赖的，由此，我们知道人格性和无限性必定是相容的，即便我们对神之位格性或神之无限性并没有直接的经验。我们关于神之人格性的观念是有着某种肯定内容的，这一点体现在这样一个事实上：“上帝是超人格的”（也就是指高于我们直接作为人格性所经验到的）这个命题的含义与“上帝不是人格性的”（也就是指在任何意义上都不同，就像石头不是人格性的）这个命题的含义是不同的。如果我们有理由相信，在“上帝不是人格性的”与“石头不

是人格性的”这两个命题中，上帝和石头是在同等意义上不是人格性的，我们就会发现，崇拜和祈祷都是无意义的。但是，“上帝是人格性的”这
397 一命题直接揭示了崇拜和祈祷是合适的，就算我们没有一个恰当的关于上帝之位格性本身的观念。就一个无序的存在者而言，我们只能获得一个有限的和类比的知识，这恰恰是因为我们自身是有限的。然而，一个有限和不完美的知识与根本没有知识并不是一回事。

第三十九章

圣托马斯·阿奎那（九）：道德学说

幸福主义——对上帝的直观——善与恶——美德——自然法——永恒的律法和在上帝那里的道德的奠基——在亚里士多德那里不被承认、但为托马斯所承认的自然美德；宗教的美德

在这里详细讨论托马斯的道德理论是不切实际的，但我们可以对一 398
些要点加以讨论，从而展现它与亚里士多德伦理学的关系。

1. 在《尼各马可伦理学》中，亚里士多德论述道，每一个行动者都是为了一个目的而行动的，人作为行动者却是为了幸福而行动的，其前景是对幸福的获取。他说，幸福必定在于一种活动，首要地在于那种使得人之最高机能得到完满的活动，而且这一活动以最高和最高贵的对象为目的。所以，他得出结论说，人之幸福首要地在于理论静观（theoria），即对最高对象的静观，主要是对不动的推动者——神的静观，虽然他也认为对其他的善的享用（比如对友谊以及在适当的程度上对外在善的享用）对完美的幸福来说都是必需的。[①] 因此，亚里士多德的伦理学是以幸福论、目的论和特别突出的理性主义为特性的，因为对他来说，静观指的是哲学思索：他并不是在指宗教现象，比如普罗提诺的神魂超拔。另外，道德行动的目的（telos）是在此生中所要获得的目的：就亚里士多德的伦理学而言，根本没有任何关于在来生对上帝之直观的

① 关于对亚里士多德伦理学更加充分的讨论，参见本哲学史的第1卷，第332—350页（原书页码）。

提示，且他是否相信个人的不死仍然存疑。亚里士多德那里的幸福之人是哲学家，而非圣徒。

托马斯采纳了一种类似于道德幸福论和目的论的观点，他关于人的行为之目的的理论在某些方面也是理性主义式的。但我们很快就可以看到一个重大的转变，这显示出他与亚里士多德伦理学之间的一个重要区分。真正属于道德领域的人之行动是自由的行动，也就是发自恰恰作为
399 人、作为一个理性且自由的存在者的行动。这些人性的行动（actiones humanae）——与人之行动（actiones hominis）相区分——发自人的意志，而意志的对象是善（bonum）。为了他所把握到的目的而行动，这是特别属于人的，而每一个人性行动都是为了一个把握到的目的。但某一个特别的人性行动为之执行的一个特别的目的，并不是也不可能完满地满足人的意志，后者以普遍善为目的，且只在对普遍善的获得中得到满足。具体来说，普遍善是什么呢？比如，它并不在财富之中，因为财富仅仅是获得目的的手段，而普遍善必然是最终目的，它自身不可能是另外一个目的的手段。它也不可能在感性快感之中，因为后者仅仅使得身体完满，而非整个人的完满。它亦不可能在于权力，因为权力并没有使得整个人完满，也不完全满足意志，另外，权力也可以被滥用，但至高和普遍善被滥用或被用来达到一个卑鄙或邪恶的目的是不可想象的。它甚至也不可能在于对思辨科学的考察，因为哲学思辨肯定不完全满足于理智和意志。我们的自然认识是从感性经验中得来的，而人渴望认识至高因本身，后者却无法通过形而上学获得。亚里士多德或许说过，人的善在于对思辨科学的考察，但他所说的是不完满的幸福，也就是在此生可获得的幸福。完满的幸福——至高目的——却并不在任何受造的事物之中，而只在上帝那里，上帝本身是至高和无限的善。上帝是具体的普遍善，而且，虽然他是万物之目的，是有理性和无理性受造物的目的，但只有理性受造物才能够通过认知和爱的道路来获得此最终善：只有理性受造物才能够获得对上帝的直观，而完美的幸福只有在这里才可找到。在此生中，人能够认识到上帝存在，也能获得一个关于上帝本性之不完满和模拟性的认识，但是，只有在来世，他才能认识到上帝本身，而除此之外，没有一个其他的目的能够使

得人完全满足。[①]

托马斯说，亚里士多德所说的是在此生中能够获得的不完满的幸福。但就像我已经提到的那样，亚里士多德并没有在他的伦理学中提到任何其他的幸福。他的伦理学是人在此生中的行为的伦理学，而托马斯没过多久 400
就引入了关于只有在来世才可获得的完美幸福的考虑。这种幸福主要在于对上帝的直观，虽然它当然也包括对意志的满足，而其他的善——比如朋友的伴随——都有益于幸福之好的存在（bene esse），虽说除了上帝之外，没有一种其他的善对幸福是**必要的**。[②] 所以，托马斯的道德理论马上就转移到与亚里士多德道德理论不同的层面上了，因为，虽然托马斯使用的或许是亚里士多德的语言，但他把死后的生命以及上帝的直观引入了道德理论，这对亚里士多德思想来说是陌生的。[③] 亚里士多德所说的幸福，在托马斯那里被称作不完美的幸福或暂时的幸福，或此生可获得的幸福，而他把这不完美的幸福视为以完美幸福为定位的，后者却只有在来世才可获得，且主要在于对上帝的直观。

2. 托马斯说道，人之完美的幸福在于上帝的直观，对这位圣徒的任何一位诠释者来说，这一点都会引起一个很难的问题，此问题要比乍看之下重要得多。一般的描述托马斯伦理学的方式，是尽量使其与亚里士多德伦理学靠拢（只要它还与托马斯作为一位基督论者的身份相符合），以及认为托马斯是一位将人置于其“自然秩序”中来考察的道德哲学家，而不提及人之超性目的。所以，当他作为一位道德哲学家提到幸福的时候，他也就是在说自然的幸福，而获得至高善（即上帝），在自然秩序中的人来说，也将此作为其定位，而不需要超性恩宠。他与亚里士多德的区分也就应该在于，与后者不同的是，他添加了对此生之后的生命的考虑，亚里士多德对此却一字不提。幸福也就首要地在于此生可获得的关于上帝的自然认知与爱（不完美的自然幸福）以及来生（完美的自然幸福）。致使我们

---

① 关于上述内容，详见《神学大全》，Ia，IIae，问题 1—3。

② 见《神学大全》，Ia，IIae，4。

③ 这一点是针对托马斯在《神学大全》里所提到的道德学说而言的。我并不是想要暗示托马斯拒绝了一个纯粹哲学性伦理学的可能性。

获得此真福或与获得真福相吻合的那些行动就是善的，与获得此真福相悖的那些则是恶的。在我们期待他继续作为道德哲学家来论述的时候，托马斯却提到了获得神之本质的直观（这是人之超性目的，且若没有超性的恩
401 宠就无法获得），这一事实是因为他实际上并没有在哲学家和神学家的角色之间做出彻底的方法论式的划分。在某些时候，他是作为其中一个角色来论述的，而另一些时候，他则是作为其中另一个角色来论述的，角色的变化却没有明显的征象。另一种做法则是将对上帝的直观一说仅仅解释为人在此生之后的生命中可以获得的认识，而非超性的对上帝本质的直观，而且人并没有什么超性的目的。这种方式也会将托马斯变成一个道德哲学家，他引入了对来生的考虑，使亚里士多德的伦理学变得完善。

对于此诠释的支持者们来说，很不幸的是，托马斯所指的并不只是真正意义上的上帝直观，他甚至说到了对上帝直观的“自然渴望”。“至高和完美的幸福之可能唯独在于对神之本质的直观。”有些诠释者说，这里指的并不是作为至高善，即作为他本身的上帝直观，而仅仅是对上帝作为第一原因的直观。但托马斯怎么能够说到关于作为第一原因的上帝的认识，就好像此类认知就是或可能是对神之本质的直观呢？通过自然之光，我们能够认识到上帝是第一原因，但托马斯提到，“对于完美的幸福来说，理智必须达到第一原因之本质”。[①] 而且，“至高的幸福在于对神之本质的直观，这是善的根本本质”。[②] 为了获得此直观，在人之中有着一个自然的渴望，因为人出于本性，本来就渴望认识到第一原因之本性。[③] 而无论托马斯在说这话的时候是否正确，在我看来，这会意味着他所指的仅仅是卡耶坦所说的“服从的能力”（potentia obedientialis），这是不可思议的：如果“自然渴望”不是某种肯定性的东西，那它会是什么呢？另一方面，以为托马斯意在否认真福的上帝直观之超性和来自恩宠的特性，这是毫无根据的。为了解除这个困难，有些诠释者（比如苏亚雷斯）说托马斯想要做的是肯定在人之中，有着一个条件性的自然渴望，这也就是说，在上帝

① 《神学大全》，Ia，IIae，3，8。
② 同上，4，4。
③ 同上，3，8。

将人提升到了超性秩序，并给予了他获得此超性目的的手段的条件下。毫
无疑问，这是一个合理的观点，但是，这里是否有必要预设托马斯所说的
自然渴望所指的内容要多于认识到第一原因之本性的渴望呢？是否要预设
此渴望是具体的，也就是说，在人被提升到了超性秩序，且他的使命就是 402
一个超性目的的条件下，此渴望是对上帝直观的渴望呢？换言之，我的建
议是，托马斯所考虑的是具体状况下的人，而当他在说人之中有着一个认
识上帝之本质以及达到对上帝之直观的“自然渴望”时，他意在指出，人
类想要尽可能多地认识最高因的渴望，在具体的现实秩序中的是一种看见
上帝的渴望。就像意志自然地以普遍善为定位、它的这一运动只有在拥有
了上帝时才能够静止并得到完满一样，理智也以真理为目的，且只有在对
绝对的真理之直观中才得到完满。

或许有人反驳说，这要么意味着人对真福直观有着自然渴望（这时“自然”一词是在与超性相对立的意义上来使用的），而在此情况下，也就很难保证超性秩序的恩宠特性，要么意味着托马斯在说“自然”的时候，他仅仅是在我们通常使用这个词的意义上来说它的（也就是作为“不自然”的对立面，而非“超性”的对立面），而这是在不合理地任意诠释托马斯。我想说的是，托马斯是在奥古斯丁也会如此说的意义上来说的，也就是说他考虑到了具体情况下的人，而这种状况下的人有着朝向超性目的的使命。而在他说到，人有着认识上帝本质的自然渴望时，他是在说，人有着认识上帝的本性的自然渴望。他并不是要暗示人在一种假设性的状况中会有着这么一种自然渴望，无论是在绝对的还是条件性的意义上来说。他要说的只是人之理智指向真理的自然运动及其所涉及的概念是上帝直观，并不是因为人之理智本身能够直观到上帝，无论是在此生还是在来生。我并不认为托马斯在说到自然渴望（desiderium naturale）时，考虑到的是自然之假设性状况。而且，如果是这样，那么他的道德理论就不是也不可能是纯粹的哲学理论了。他的道德理论一部分是神学性的，一部分是哲学性的：他使用了亚里士多德的伦理学，却将其融入基督教的上下文中。不管怎样，亚里士多德自身也把人视为在具体情况下的人，因为他知道人在具体情况下是什么，而托马斯要比亚里士多德更清楚具

体情况下的人实际是什么，他也就完全有理由在他认为亚里士多德的某些思想涉及具体的人且与基督教立场相兼容的时候使用此思想了。

403 托马斯提到了不完美的幸福、人的时间中的善，等等，这是千真万确的。但这并不意味着他将人放在了一种假设性的纯粹自然的状况中加以考虑。如果托马斯说到，教会的创建是为了帮助人获得他的超性的善，国家是为了获得他的时间中的善而创立的，我们就不能荒唐地得出结论说，当他在人与国家的关系中考察人的时候，他是在一个纯粹假设性的状况中来考察人的：他是在某种特定的方面和功能上来考察人的。这并不是说，托马斯忽视了获取人之真实目的超越了人没有恩宠协助的能力这一事实。但在他的道德理论中，他将人视为以此目的为定位，受到召唤而以此为目的的。在回答真福是否一旦获得就会丢失这个问题时，他回答道，此生之不完美的幸福可能丢失，但来生之完美的幸福不会再遗失，因为一旦有人直观到了神之本质，他也就不可能不认识这一本质。[①] 这足够明显地表明，他是在说超性的真福。在对第二个反驳的回应中，他说到，意志是因其自然必然性而以最终目的为定位的。[②] 这并不是在说，他所提到的最终目的要么是纯粹自然的，要么，如果它是超性的，那上帝也就不可能创造了人却不将其引向此目的。意志必然渴望幸福——真福，而事实上（de facto），真福只能在上帝的直观中〔才能找到〕：所以，我们可以说，具体的人必然渴望上帝直观。

在我看来，此诠释也在《反异教大全》的学说那里得到了肯定。首先，[③] 托马斯论述道，每一个智性本体的目的就是认识上帝。一切受造物都是以上帝为最终目的而得到定位的，[④] 理性受造物则是首要地且特别是凭借它们最高等的机能（理智）来以上帝为其定位的。但是，即便人之目的和幸福必然首要地在于对上帝的认识，然而它所涉及的知识并非通过哲学论述而获取的知识。通过证明，我们更确切地得知了上帝不是什么，而

① 《神学大全》，Ia，IIae，5，4。
② 同上。
③ 《反异教大全》，3，25。
④ 同上，3，18。

非他是什么。[1]而且，人之幸福不可能在于通过信仰而获得的对上帝的认识，即便通过信仰，我们能够获得比通过哲学证明所获得的更多的关于上帝的认识。“自然渴望”是通过对最终目的——即完满的幸福——的获得而得到满足的，但“借由信仰的认识并不满足此渴望，而是点燃了它，因 404
为每一个人都渴望见到他所相信的对象”。[2]所以，人之最终目的和幸福必然在于对上帝本身的直观，在于对神之本质的直观，此直观是圣经中的对我们的许诺，通过这个直观，我们将“面对面地”观看上帝。[3]另一方面，只需阅读托马斯的著作，我们就可以看到，他很清楚“没有一个受造的实体能够凭借它自然的能力而获得在本质中的上帝”，[4]而且要获得此直观，就要求超性的提升和协助。[5]

那么，“自然渴望”是怎样的呢？难道托马斯没有明确地说到，“因为自然渴望不可能是无效的（inane），而且，如果人们不可能获得对神之实体的认识的话，那么此自然渴望就是无效的，那么岂不是必须说，理智有可能直观到上帝的实体吗”？[6]即便此直观在此生中是无法获得的。[7]是否真的有着对上帝直观的“自然渴望”呢，超性真福的恩宠特性难道不是受到了威胁吗？首先要指出的是，托马斯明确说到，人不能通过他自身的努力而获得上帝直观：只有通过上帝的恩宠，他才有可能获得它，就像他清楚地肯定的那样。[8]但是，如果说，有着一种对上帝直观的“自然渴望”，而且这个自然渴望不可能是无效的，那么此处要解释为何上帝的恩宠并非在某种意义上由于人的努力而获得的的确有其困难，虽说唯独它使得对这一最终目的的获得成为可能。在此上下文中，我们不可能确定地得出，托马斯在说“自然渴望”的时候确切指的是什么。但是，认为他是在考虑理智在实际和具体秩序中来认识绝对真理的自然渴望，这似乎是合

① 《反异教大全》，3，39。
② 同上，3，40。
③ 同上，3，51。
④ 同上，3，52。
⑤ 同上，3，52—54。
⑥ 同上，3，51。
⑦ 同上，3，47—48。
⑧ 同上，3，52。

乎情理的。人之理智有着对幸福的自然定位，这必定在于对绝对真理的认知，但是，在实际和具体秩序中的人是以一个超性目的为定位的，其他任何低于此的目的都无法满足他。至于在通过启示所得知的事实之光照下的
405 自然渴望，我们就可以说，人有着对上帝直观的“自然渴望”。在《论真》中，[①] 托马斯说人依照其本性，有着对神性事物静观（aliqua contemplatio divinorum，也就是人通过本性的力量能够获得的那类静观）的某种自然欲求，而且他的欲望倾向于超性和恩宠的目的（上帝直观），这是恩宠之功。在此，托马斯并未承认有一个严格意义上的对上帝直观之“自然渴望”，而在我看来，我们颇有理由认为，在《神学大全》与《反异教大全》中提到对上帝直观的自然渴望的时候，他不是在作为一个严格意义上的哲学家[②] 进行发言，而是同时作为一位神学家和哲学家在进行论述，这也就是说，他预设了超性的秩序，并将经验材料放在这一预设的上下文中加以诠释。无论如何，上述内容已足以展现亚里士多德和托马斯关于人之目的的观点之不同了。[③]

3. 所以，意志渴望幸福、真福，将其作为自身的目的，而人的行动为善或为恶，就在于这些行动是或不是获得此目的的手段。当然，幸福应该仅仅被理解为针对人本身的，针对作为理性存在者的人，其目的则是使得人作为一个理性存在者得到完满的善，即并不是真的作为一个没有身体的智性（因为人并非没有身体的智性），而是指他的感性和生长倾向的满足建立在他的原初倾向得到满足这一前提之上，后者是理性的：目的是那使得人本身得以完满的〔东西〕，人本身则是理性存在者，而不仅仅是生物。每一个个体的人性行动，换句话说，每一个经过考虑的行动，要么是符合理性秩序的（其直接目的也就与最终目的相协调），要么是不符合理性秩序的（其直接目的与最终目的不相容）。一种无意的行动，比如挥手赶苍蝇这种反射性的动作，可能会是“中性的”，但没有一种人性行动、

① 《论真》，27，2。

② 参见《论真》，见之前的文献出处，也可参见《论恶》，5，1，15。

③ 就对上帝直观的“自然渴望”的问题，参见 A. 莫特（A. Motte）在《托马斯主义简报》（*Bulletin Thomiste*）1931 年（第 651—676 页）和 1934 年（第 573—590 页）中对诸观点的总结和讨论。

思虑的行动会是中性的，既不善也不恶。[①]

4. 托马斯追随亚里士多德，将道德和理智的德性视为习性，视为心灵之好的智性或习性，一个人能够凭借它们而正直地生活。[②]有德性的习
性是通过善的行动构成的，且使得随后为了同一目的的行为成为可能。某 406
人有可能具有除了明智之外的理智德性，却缺乏道德德性。[③]道德德性在于一种中道（in medio consistit）。道德德性的目的则是确保理性在灵魂的欲望部分的统领地位，或是使得欲望部分能够符合理性的统领；但是，这种符合也意味着避免过多和不足的极端。当然，如果有人考虑的是与理性的单纯符合，德性是一种极端以及与理性的不符合，不管这是由过多或不足所引起的，这就构建了另一个极端（说德性在于中道并不是在说它在于平庸）；而如果有人将道德德性和与其相关的质料，即所涉及的情感和欲望联系在一起考量，就可将其视为在于一种中道了。采取亚里士多德的这个理论会显得让人难以为（比如）童贞或自愿的贫穷做辩护，但是圣托马斯指出，（比如）完满的贞洁只有在与受到上帝光照的理性相符合的时候，才是具有德性的。如果按上帝的意愿或邀请，并且为了人的属灵的归属来遵循它的话，它就符合理性之统领，且因而在托马斯的用语中为一种中道：然而，如果是出于迷信或虚荣来遵循它的话，它就是一种过多。总体来说，一种德性在与一个情境相关联的情况下来看，会显得是极端的，而在与另一情境相关的时候，则为中道。[④]换言之，有德性的行动中的根本因素是与理智的规则之相符合，而引导人之行动朝向他的最终目的。

5. 人之行动的标尺和度量是理性，因为是理性以他的目的为方向来引导他的行动的。因此，给出秩序、施加义务的也是理性。但这并不意味着理性是义务的抽象来源，或理性可以任意强加它喜欢的义务。实践理性的首要对象是善，善有其目的之本性，而实践理性认识到善是人类行动的目的，并阐明了其第一原则：善即要得到施行和遵守，恶则要得到避

① 《神学大全》，Ia，IIae，18，9。
② 同上，Ia，IIae，55，及以下。
③ 同上，Ia，IIae，58，4—5。
④ 同上，Ia，IIae，64，1。

免（Bonum est faciendum et prosequendum，et malum vitandum）。善是要做的，恶则是要避开的。[1] 但对人来说，善的东西也就是符合他的本性的
407 东西，作为一个理性存在者，他对此有自然的倾向。所以，人和一切其他实体一样，有着一种保持自身存在的自然倾向；理性则思索此倾向，采取那些维持生命所必要的手段的命令则必须被遵守。相反，自杀则是要避免的。而且，人与其他生物一样，有着繁衍和抚育后代的倾向，而作为理性存在者，他又有着寻求真理（特别是涉及上帝的真理）的自然倾向。所以，理性命令人们繁衍后代、教育儿童，还命令人们去寻求真理，特别是为了获得人之目的而必要的真理。所以，义务是由理性施加的，但它直接建立在人之本性上；道德律法是理性的和自然的，这指的是，它不是随性的和偶然的：这是自然法（lex naturalis），它在人性身上有着根基，虽然是理性表述它和命令人们要服从它的。

由于自然法建立在人之本性本身上，建立在那个对所有人来说都相同的本性上，所以它首要针对的是对人性必要的那些事物。比如，我们有维持个人生命的义务，但这并不是在说所有人实际上都要以同样的方式维持自己的生命：一个人必须吃饭，但这并不意味着他有义务吃这个或那个、吃这么多或那么多。换言之，行动可以是善的且顺应自然的，但同时不是必要的。另外，虽然理性认识到没有人能够不吃东西而维持其生命，而且没有人能够在离开了对上帝的认识的情况下正当地安排他的生活，它也认识到，物种繁殖的义务并没有落在个人身上，而是落在了大众身上，虽然并非每一个人都实际满足了这个义务，此义务仍然得到了满足（这也可以是托马斯就有些人认为守贞违反了自然法而做的回应）。[2]

自然法是建立在人之本性上的，因此它是无法改变的，因为人性在根本上一直都会保持原样，而且对所有人都是一样的。我们也不可对其进行“添加”，也就是说，对人的生命有用的那些训诫可以是神的律法或人之律法颁布的，即使这些训诫并不直接属于自然法，但它是不可以被改变

① 《神学大全》，Ia，IIae，94，2。
② 参见同上，Ia，IIae，152，2。

的——如果我们将改变理解为削减法律的话。[①]

自然法的首要训诫（比如维持生命）是完全不可改变的，因为为了 408
人之善益，它们必定要得到遵守，且这些首要训诫之直接结论也是不可改变的。虽然托马斯承认，它们由于某些特别的原因，在一些特殊情况下会有所改变，但托马斯所想的并不是我们所说的“难办案例”，而是类似以色列人拿走埃及人财物那一类情况。他的意思是，上帝作为至高无上的主和万物之所有者，在此情况下是作为执法者在行动的，他把涉及的财物之所有权从埃及人身上转移到了以色列人身上，这样，以色列人实际上就并没有犯盗窃罪。所以托马斯承认，在特殊情况下，自然法之第二层次的训诫会改变，他指的是经院学家们所说的“质料的转变”（mutatio materiae），而非训诫本身中有改变：其实是行动的情况有改变，以致它不再属于禁令了，而不是禁令本身改变了。

另外，恰恰因为自然法建立在人性本身之上，因此就最普遍的原则而言，人们不可能对此一无所知，虽说他们在针对一个特殊情况运用原则的时候，或许会因受到情感的左右而失误。至于随后的那些训诫，人或许由于偏见或激情，会对此有所不知，正因如此，自然法就更应该由实证的神法所证实了。[②]

6. 就像我们已经见到的那样，义务是对自由意志的束缚，使其履行为一种为获得最终目的而必需的义务，此目的并不是假设性的（即可以被欲求或不被欲求的目的），而是绝对的，这里指的是意志不得不欲求它，而此善必须要以人性来诠释。至此，托马斯的伦理学是紧随着亚里士多德的。还有更多的吗？由理智所颁布的自然法是否没有任何超越性的基础？当然，以他的普遍目的论为背景来看，亚里士多德的幸福论式伦理学符合这一解释，但它不是建立在神之中的，也不可能如此，因为亚里士多德的神并不是造物神，他也没有执行预定：他是目的因，却不是第一动力因或至高的模范因。然而，在托马斯那里，要是伦理学与形而上学之间没有证明的联系，这是极为奇怪的。实际上，我们发现，他一直都在强调此联系。 409

---

① 《神学大全》，Ia，IIae，94，5。

② 同上，Ia，IIae，95，6；99，2，针对 2。

在预设了上帝创造并统领世界万物（对此的证明并不属于伦理学）的情况下，神之智慧必然要被理解为以其最终目的来引导人之行动。以一种拟人的方式来说，上帝有着关于人的范型理念以及实现人之本性、获得人之目的所需的行动的范型理念，而引导人之行动来获得此目的的上帝之智慧也就构成了永恒法。由于上帝是永恒的，他关于人的理念也是永恒的，在上帝这一方面来看（ex parte Dei），律法的颁布是永恒的，虽说从受造物的这一方面来看（ex parte creaturae），情况并非如此。[1] 永恒法存在于上帝之中，它是自然法的起源和源泉，后者是对永恒法的分有。永恒法在人之自然倾向中以被动的方式得到了表达，而他借着理性之光而对这些倾向加以反思，永恒法就从而得以被颁布。由于每一个人都自然地拥有朝向人之目的的倾向，也拥有理性之光，永恒法也就充分地向每个人都颁布了。自然法是正当理性下达的普遍命令之全体，它涉及追求自然的善、躲避人性之恶。至少在理论上，人之理性能够借着它自己的光芒，获得对这些命令或训诫的认知。然而，就像我们已经见到的那样，由于那些与正当理性不相符的情感和倾向会使人误入歧途，又由于并非所有人都有时间、能力或耐心，自己去发现完全的自然法，因此上帝以树立训诫的方式来表述自然法，在道德上是有必要的，就像他在十诫中对摩西的天启那样。此外，这里还要补充提到，人事实上（de facto）有着一个超性的目的，而为了让他获得此超性目的，上帝就必须解释超性律法，并将其置于自然法之上。"因为人命中注定就是要以永恒真福为目的，所以在自然法与人法之外，也必须要有一个由神给予的律法，引导他抵达目的地。"[2]

清楚地意识到自然法之基础在于永恒法中的根基，也就是说后者是自然法的形而上奠基，是非常重要的。然而，这一点并不意味着自然法是
410 随性的或任意的，或有可能与它现在的形态相异：永恒法并不是原本建立在神之意志上的，它原本建立在神之理性上（如果我们想到人性之模型理念的话）。一旦有了人之本性，那么，自然法也就不可能与它现在的形体相异。另一方面，我们不可想象上帝是处在道德律法的制约之下的，好像

① 《神学大全》，Ia，IIae，9，1；93，1，及以下。

② 同上，Ia，IIae，91，4。

这是与他不同的东西似的。上帝知道，他的神性本质能够以多种有限的方式得到模仿，而这些方式中的一个就是人之本性，在人之本性中，他见到其存在之律法，并意愿要此律法：他意愿要它，是因为他爱他自身，那至高善，还因为他不可能与自身不一致。所以，道德律法最终是建立在神性本质本身之上的，于是也就无法改变：上帝当然是意愿它的，但它不可能建立在神性意志的一个任意行动之上。所以，说道德律法原本并不受制于神的意志，这根本就不等于在说有着某个道德律法，它以一种神秘的方式站在上帝身后并统治着上帝。上帝本身是至高的价值，并且是一切价值之源泉和标尺：诸价值是依赖于他的，但这是在“诸价值是对上帝的分有或对他的有限映照”的意义上来说的，而并不是说，上帝随意地将它们作为价值的特性赋予它们。托马斯关于道德律法之形而上建基或有神论式的建基的学说并没有以任何方式危及其理性的或必要的性质：最终，道德律法就是它所示的那样，这正因为上帝是他所是的那个，因为人的本性之存在的律法也就表达在自然法中，而人的本性本身依赖于上帝。

7. 最后可以指出的是，托马斯认识到上帝是造物主和最高主宰，这使得他承认亚里士多德不曾想到过的，且就他关于神的观点来看也不可能想到的那些价值——比如宗教（religio）这一德性——是自然价值，当然，这是他与其他经院学者的共同点。宗教是人借以对上帝加以敬拜和崇拜的美德，人们应该如此，因为他是“造物之第一原理和事物之主宰者”。此德性要高于其他道德德性，因为它与上帝的关系更紧密，而上帝是最终目的。[1]但它又低于公义之德性（as a virtus annexa：作为一种下属性的德性），因为通过宗教德性，人对上帝偿还了崇拜和敬拜的债，然而这个债是公义中所欠缺的。[2]所以说，宗教建立在人与上帝的关系（也就是受造物与造物主的关系，人臣服于上主）之上。由于亚里士多德并未将他的 411
神视为造物主，或视为有意识地执行治理和预定，而是仅仅将他视为目的因，认为他封闭在自我之中，牵动世界，却对此没有意识。亚里士多德并没有想到，在人与那不动的推动者之间有着人格性的关系，虽然他当然期

① 就宗教之德性，参见《神学大全》，Ia，IIae，81，1—8。
② 同上，Ia，IIae，80，唯一的一章。

待人能够认识到并在某种意义上敬仰那不动的推动者，这是哲学思索最高贵的对象。然而，托马斯有着一个清晰的上帝观念，作为造物主以及赋予宇宙之预定的主宰者，他能够见到并且也的确见到了，人之首要责任是在行动中表达出此关系，这是由他的存在本身所决定的。亚里士多德的具有德性的人在某种意义上是最不受制约的人，而在托马斯那里，有德性的人在某种意义上却是最受制约的人，也就是说，是一个真实地认识到，并完整地表达出他受制于上帝的这一关系的人。

第四十章

圣托马斯·阿奎那（十）：政治哲学

托马斯和亚里士多德——人类社会与政府的自然起源——由上帝所意愿的人类社会与政治权威——教会与国家——个人与国家——法律——主权——宪法——托马斯的政治理论：构成其系统总体的部分

1. 托马斯的伦理理论，或者说道德生活的理论，在哲学方面是建立在亚里士多德的道德理论之上的。虽说托马斯赋予了它一个神学的基础，而这在亚里士多德的理论中是没有的。而且，由于托马斯作为一位基督徒，认为人实际上只有一个目的，即超性的目的，因此在他眼里，一种单纯哲学性的伦理学就不可避免地是实践之不充足的引导思想，于是托马斯的理论也就变得更加复杂：他的政治理论亦是如此，在其中，他采纳了亚里士多德之讨论的大体框架，但同时也让此政治理论变得具有“开放性”。亚里士多德肯定预设了国家会满足个人的一切需求，或在理想状态下会满足这些欲求；[①] 然而托马斯不可能这样认为，因为他相信，保障人们去获得其最终目的的是教会而非国家。这就意味着，托马斯不得不讨论一个在亚里士多德那里没有讨论过也不可能讨论过的问题，那就是国家与教会之间的关系问题。其他中世纪政治理论的作者们同样如此。换言之，虽然就政治理论之主题和讨论方法而言，托马斯在很大程度上借用了亚里士多德的 412

① 至少这是亚里士多德所采纳的观点，而且我们也很难说他明确否定过这一点，虽说理论沉思之个人主义理想会突破城邦国家的自足理想。

理论，不过，他以基督教中世纪的角度来考虑对象，并依照他的基督教信仰之急切需要，修订和增补了他的亚里士多德主义。一位马克思主义者会希望指出中世纪经济、社会和政治条件对托马斯理论的影响，但亚里士多德和托马斯之间的重要区分并不是因为前者生活在一个古希腊城邦国家，而后者生活在封建时代；此重要区别在于，对前者来说，人之自然目的是
413 自足的，而且是通过在国家中的生活而获得的，而对后者来说，人之目的是超性的，且只有在来生才可完全获得。亚里士多德主义与基督教关于人及其目的的观点之融合，是否构成了一个全然连贯且前后一致的综合，或者说这样的融合在一定程度上是不是一个脆弱的联盟，这是另外一个问题了。在此，我们要强调的是，中世纪的状态在托马斯身上的影响要大于基督教本身对他的影响，后者并不产生于中世纪，也不局限于中世纪。教会与国家之间的关系问题所取得的具体形式当然要在中世纪的状况下来考虑；但归根结底，这个问题产生于两种不同的关于人及其使命的观点，而这个问题在某一特定时间、通过某一特定思想者而获得的确切表述，是具有偶然性的。

2. 正如对亚里士多德来说那样，对托马斯来说，国家是一个自然机构，建立在人之本性之上。在《论君主之统治》的开头，[①] 他论述道，每一个受造物都有其自身的目的，虽然有些受造物会必然地取得其目的或本能地获得其目的，但人必须要在其理性的引导之下，才可获得他的目的。然而，人并非隔离的个体，并不仅仅作为个体在使用他的个人理性之下即可获得其目的，他在本性上是一个社会性的和政治性的存在者，生来就是要在共同体中与他的同类一起生活的。实际上，人比其他生物更需要社会。因为自然虽然赋予了生物以皮毛和防御的工具等，但它让人毫无预备，人处在一个必须使用理智来为自己谋生的处境当中，而这一点只有与其他人合作才可做到。分工合作是必要的，如此一来，才可以让一个人从事医药，另一个从事农业，等等。但是，人类社会性本性最明显的征象是他通过语言的媒介向他人表达思想的能力。其他生物只能够通过非常一般

① 1，1。

的符号来表达情感，然而人能够完全地（totaliter）表达他的想法。这也就表明，人出于本性地就是为了社会而生的，这要比其他群居生物更加明显，甚至要超过蚂蚁和蜜蜂。

所以社会对人来说，是出于人之本性的。但如果社会属于人之本性，那么政府亦是如此。正如起到统领和统一功能的原理（灵魂）一旦离开，人和动物的身体就要散架，人类社会也可能因为人的数量众多以及人之自然的自私倾向而解体，除非由某人为共同的利益而谋划，并在共同利益的 414
思虑之下来指导个人的活动。只要哪里有一群数量众多的受造物，而且它们有着一个要获得的共同利益，哪里也就必须要有一个共同的统治力量。在身体中，有着一个主要的躯体部分，也就是头脑或心脏；身体由灵魂统治，而在灵魂中，那些冲动和欲望的部分则受到理性的引导；在宇宙中宏观地来看，低级的事物按神之预定的安排，受到高级事物的统治。那么，什么对于宏观宇宙而言为真，且对于作为个体的人来说为真，它对人类社会而言也必然为真。

3. 如果人类社会和政府是自然的，是在人的本性中预先就被安排了的，我们也就可以得出结论，社会和政府有着神性的合法性和权威，因为人的本性是由上帝所造的。在创造人的时候，上帝就已经意愿要有人类社会和政治政府，所以国家不能被说成单纯是罪的结果。如果没有人犯错，那么很明显，国家的一些活动和机构也就没有存在的必要了。但即便是在无罪的状态之中，如果无罪状态持续下去，那么也必须有一个权威来为共同利益作谋划。“人从本性上来说就是社会生物。所以在无罪状态下，人也是要生活在社会中的。但是，由许多个人所组成的共同的社会生活只有在有一个人为了共同利益而掌管大局时才是可能的。”[①] 另外，即便在无罪状态中，也会有能力上的不平等，如果有人在知识和正义上较为杰出，那么，如果他没有机会为了共同利益，通过引导共同活动来执行他那出色的天赋，这一点是不应该的。

4. 托马斯在宣称国家为一个自然的机构时，也就在一定意义上赋予

---

① 《神学大全》，Ia，96，4。

了它一个功利主义的基础。不过，他的功利主义是亚里士多德式的；他肯定没有把国家简单地视为一种启蒙的利己主义之创造物。当然，他承认利己主义的力量，也承认人的社会倾向和冲动，此外，尽管有着利己主义的倾向存在，他仍然认为是这种社会倾向使得社会得以持存。由于霍布斯将自私视为唯一基本的本能冲动，那么，一旦社会是由启蒙利己主义的智慧
415 引导所塑造的，他就不得不去寻找一个有效的可以凝聚人的实践原则。但事实上，如果人之本性中没有任何社会倾向，那么权力和启蒙利己主义都不足以使社会持久。换言之，托马斯的那种基督教化了的亚里士多德主义使得他既可以避免“国家之为原罪的结果”这一观念，也可以避免“国家纯粹是利己主义的创造物”这一观念，奥古斯丁似乎倾向于认同前者。国家在人性中有预先的基础，而由于人性是由上帝所造，所以国家也是为上帝所意愿的。于是，我们也就得出一个重要的结论，即国家是一种有自身存在权的机构，它有着自身特有的目的，有着自己的范围。这样，就国家和教会的关系而言，托马斯不可能采取一种极端的态度。如果他要前后一致，他也就不能把教会变为一个超级国家，把国家变成教会的附属品。国家是一个“完美的社会”（communitas perfecta），也就是说，它拥有所有获得其目的——公民的共同利益（bonum commune）——的必要手段。[①]要获得共同利益，首先就得预设国家中所有公民之间的和平，第二是预设公民活动的同一导向是有益的（ad bene agendum），第三则是预设生活需要拥有恰当的保障。国家的管理则要保证共同利益的这些必要条件。对共同利益来说，同样必要的是扫除对良好生活的障碍，比如外敌威胁和国家内部犯罪活动造成的有损国家团结的影响等，君主则拥有扫除这些障碍的必要手段，即武装力量和司法系统。[②]教会的目的是超性的目的，进而高于国家的目的。这样，教会就是一个高于国家的社会，在有关超性生活的那些问题上，国家必须屈从于教会，但这并没有改变国家为一个“完美的社会”并且在其本身的范围内具有自主性这一事实。用后来的神学术语来说，托马斯也就必须被视为支持教会对国家拥有直接权力的人物。当但丁

① 参见《神学大全》，Ia，IIae，90，2。
② 参见《论基督精神的统治》，1，15。

在他的《帝制论》（*De Monarchia*）中承认了教会和国家两个范围的时候，他与托马斯的思路是一致的，至少涉及了后者的政治理论中亚里士多德主义的一面。[①]

然而，亚里士多德关于国家的思想与基督教关于教会的思想之综合 416
在一定程度上是不稳定的。在《论君主之统治》中，[②]托马斯声称社会的目的是好的生活，而好的生活就是依照德性的生活，这样一来，德性的生活也就是人类社会之目的。接着他又说，人之最终目的并非德性的生活，而是通过德性的生活达到对上帝的享有，而获得此目的就超越了人之本性。“由于人并非借由人之能力，而是借由神的能力获得享有上帝这一目的的，按照使徒的话来说，是‘借由上帝的恩宠，获得永生’，[③]那么引导人抵达这一目的并不是人之职能，而是上帝的安排。”引导人抵达他的最终目的，这是被交付给基督及其教会的任务，这样，在基督的新盟约中，国王们必须听从司铎。托马斯当然承认国王手中有着引导人和地面事物的权力，但把他诠释为是想否认国家有自身的范围，绝不可能是一个正确的诠释。他坚持说到，以获得永生的福祉为定位，来实现他的臣民的好的生活，是国王的任务：“他应该命令，设立那些会引导到天上永福的事务，而竭尽所能地禁止其对立面。”[④]要点是，托马斯并不是在说人本来有着两个最终目的，一个世间的和一个超性的，而是在说，君主在引导世间事务中的职责是使获得此目的成为可能。[⑤]教会在国家之上的力量并非一种直接的权力（potestas directa），因为管理经济和维持和平是国家的职责，而非教会的职责。但是，国家必须以人之超性目的为长远目标来管理这些事务。换言之，国家可以是一个“完美的社会”，但如果把人提升到超性的秩序，也就意味着国家其实是教会的婢女。相比于中世纪的实践，这一观点更多地是建立在基督教信仰上的，无须多说，这并非亚里士多德的观

---

① 但丁实际上更加关心的是面对教皇的权威来维持皇帝的权威，由于他的帝国梦想，他也有点滞后了，但是他非常小心地追随这两个范围的理论。

② 1，14。

③ 《罗马书》，6，23。

④ 《论基督精神的统治》，1，15。

⑤ 托马斯当然是针对一位基督教君主而言的。

点，他并不知道人的永恒及超性的目的。在托马斯的思想中，存在着对亚
417 里士多德政治理论和基督教信仰之要求的一定程度的综合，我并不是要试图否定这一点，但就像我已经示意过的那样，我的确认为这个综合是有些不稳定的。如果亚里士多德的要素得到强调，那么，结果就是教会与国家在某种理论上的分离，而这对于托马斯思想来说是陌生的。实际上，他关于教会和国家的观点与他关于信仰和理性之关系的观点十分相似。后者有着它自身的空间，但哲学还是低于神学，类似地，国家有着自己的范围，但它却在任何程度上仍然是教会的婢女。相反，如果有人非常紧密地依附历史上的亚里士多德思想，而认为哲学在其空间中具有绝对的自主性，那么他就自然会在政治理论中倾向于认为国家在其范围中是绝对自主的。这也就是阿维洛伊主义者们所做的事，但托马斯根本就不是阿维洛伊主义者。可以说，托马斯的政治理论在一定程度上的确体现了当时的情况，其中，民主国家变得自信，而教会的权威仍未被明确地驳斥。托马斯的亚里士多德主义允许他将国家视为一个完美的社会，但是他的基督教、他对人只有一个最终目的的确信，有效地防止了他将国家视为一个绝对自主的社会。

5. 一个类似的含糊之处出现在了托马斯关于个人与国家之关系的学说当中。在《神学大全》里，[①] 他说到，因为部分从属于全体，就像不完满的从属于完满的那样，又由于个体是完美社会的一部分，因此，法律也就有必要恰当地关注大众的幸福。他确实是在试着展示，法律首要涉及的是共同利益而非个人的利益，但他的确是像在说个体公民屈从于他所为其部分的那个整体。“部分是为了整体而存在的”这一原则也被托马斯不止一处地用在了个人与共同体之间的关系上。比如他论述道，[②] 公共权威有权剥夺一个在重罪之下的公民的生命，其基础就是个体从属于他作为其一部分的共同体，而后者为其目的。当他在《伦理学》注释中[③] 强调说，勇
418 气体现在为了最好的事物而付出自己的生命，正如一个人为了国家而死的

① 《神学大全》，Ia，IIae，90，2。
② 同上，Ia，IIae，65，1。
③ 《伦理学》，第 4 讲。

情况。这也是这一原则的实际运用。

如果说"部分按整体定位"这个体现了托马斯的亚里士多德主义的原则得到了强调，那么也就会显得他在很大程度上使得个人屈从于国家。但托马斯也坚持说，那个追寻大众之共同利益的人也在追寻他自己的理由，因为除非共同的利益得到实现，否则个人利益无法实现。虽说在这一章节的内容中，他确实说到正确的理性确认共同利益要高于个人利益。[①] 然而，这一原则也不应被过分强调，因为托马斯是一位基督教神学家和哲学家，同时也是亚里士多德的崇拜者，而且就像我们已经见到的那样，他也很清楚地知道人的最终目的在国家的范围之外，实际上，人身上最重要的一点就是人的超性使命了。因此，托马斯是否有"专制主义"就无从谈起了，即便他的亚里士多德主义会让他无法接受赫伯特·斯宾塞（Herbert Spencer）的那种关于国家的理论，即国家有着实证功能和道德功能。"人"是一个人格，具有他自身的价值，他并不仅仅是一个"个人"。

6. 托马斯关于法律和主权的起源及其本性的理论清楚地表明，专制主义对托马斯的思想来说是陌生的。存在着四种律法：永恒法，自然法，神的实证法，以及人的实证法。神的实证法是确实受到了神的启示的律法，他将律法不完整地启示给犹太人，而完整地通过基督启示出来。[②] 国家的律法则是人的实证法。这样，作为人的立法者首先要运用自然法，[③] 并通过制裁来支持此律法。[④] 比如，自然法禁止谋杀，理性则指出要有实证的法规来清晰定义谋杀并添加对谋杀行为的制裁，因为自然法本身并没有在细节上为"谋杀"给出清楚的定义，也没有提供直接的制裁手段。所以，立法者的首要功能是定义以及阐明自然法，将其运用到个别案例上，并使之生效。因此，人之实证法是从自然法中衍生出来的，而且每一条人的律法都只有在它衍生于自然法的情况下，才是一条真正的律法。"但如 419

① 《神学大全》，Ia，IIae，47，10，见文中和 ad 2。
② 同上，Ia，IIae，91，5。
③ 同上，3。
④ 同上，95，1。

果它在某处与自然法相左，那么它就不成立为律法，而只是对律法的歪曲。”[1] 统治者并没有权力颁布违背自然法或与之（当然，或是与神法）不相容的法律。他最终是从上帝那里获得他的立法权的，因为一切权威都来自上帝，他要为自己对此权力的使用负责。他自身屈从于自然法，而且无权跨越它或命令他的臣民做出任何与其不相容的事情。公正的人类律法在良心中借着永恒法而起到制约作用，它们最终是从后者那里衍生出来的。但是，不公正的律法在良心中没有任何制约。那么，一条律法有可能因为它与共同利益相冲突而不公，或因为它仅仅是为立法者的自私和私人的目的而被颁布的，从而附加给臣民一个不公正的负担，或因为它以不公平的方式附加给臣民以负担，而这些法律更多地是暴力行动而非真正的法律，它们在良心中没有制约力，除了在那如果不被遵从就会引发一个更大的恶的情况下以外。至于那些与神法相悖的法律，我们绝不可以服从它们，因为我们应该服从上帝而不是服从人。[2]

7. 我们将看到，立法者的权力在托马斯的思想中远远不是绝对的；同样地，在考虑到他关于主权和政府的思想时，这一点也是很清楚的。托马斯认为，政治主权源于上帝，这是所有人都承认的；他也有可能认为，上帝将主权赋予他的那些作为一个整体的子民，后者则将主权委派给当前的一个或多个统治者。但是，后一观点在我看来并不像有些作者所说的那样明确，因为我们可以举出文本依据，从而说明他也有与其相左的观点。然而，不可否认的是，他说到了统治者代表人民，而且他大致表明，[3] 统治者只有在代表（gerit personam）人民的时候，[4] 才拥有立法权。[5] 此类言论可以合理地被用来说明，他的确认为主权是从上帝那里出发，并通过人民来到统治者身上的，虽然同时也必须承认，托马斯很少以正式而明确的方式来讨论这一问题。无论如何，主权者拥有其主权仅仅是为了人民整体
420 的利益，而非他自身的利益。如果滥用权力，他就成了暴君。托马斯驳斥

① 《神学大全》，Ia，IIae，95，2。
② 参见同上，Ia，IIae，96，4。
③ 参见同上，Ia，IIae，90，3。
④ 虽然此处显然指的是选举政府。
⑤ 参见《神学大全》，Ia，IIae，97，3，针对 3。

了弑杀暴君的行为，并以详细的篇幅讨论了那些会随着反抗暴君而出现的恶。比如，如果反叛失败，暴君会变得更加残暴，而如果反叛成功，结果也只是一个暴君取代另一个。但是，迫使暴君退位是合法的，特别是在人们有权自己选君主的情况下。（托马斯指的可能是一种选举式的君主制。）在这种情况下，人民剥夺暴君的权力并没有错——就算他们曾无时间限制地屈从于他，因为他没有与他的臣民守信，所以他应该被剥夺权力。[①] 然而，就那些会随着反叛而来的恶而言，应该宁可预先做好准备，预防君主制变成暴君统治，而非忍受逐渐建立起来的暴政，然后起义。在可行的情况下，如果一个人有变成暴君的倾向，那就不可将他立为君主。但在任何情况下，君主的权力必须都要有节制，这样，他的统治就不容易转变为暴君制。实际上，最好的宪法就是"混合"宪法，其中，有些位置要交给贵族，有些位置要交给民众，换言之，某些长官的选举权应该在民众手中。[②]

8. 在对政体形式的归类方面，托马斯追随了亚里士多德。他认为，有着三种好的政体类型（依法的民主制，贵族制，君主制）和三种坏的政体类型（平民政体和不负责任的民主制，寡头政体，僭主制）。僭主制是坏的政体中最糟糕的，君主制则是好的政体中最佳的。君主制赋予了一个更加紧密的整体，而且比其他整体更容易导向和平。它也更加"自然"，因为它与理性支配灵魂和心灵支配身体其他部分的规则有着相似之处。另外，蜜蜂有着它们的君主制，而上帝统领万物。[③] 然而换言之，用现代的术语来说，托马斯更加青睐有限的君主制或宪政君主制，虽然他并不认 421
为哪一种特别的良好政体形式是由上帝安排的：重要的并非政体的确切形式，而是其对共同利益的促进。如果在实践中，政体形式成为重要的思虑对象，这是因为它与共同利益之间的关系使得它变得重要。所以说，托马斯的政治理论在性质上是灵活的，而非死板的或教条化的。他虽然驳斥专制主义，但也在暗中驳斥了自由放任主义（Laissez-faire）理论。统治者的任务是促进公众利益，而这只有在他促进了公民之经济福祉时才做得

---

① 《论基督精神的统治》，1，6。
② 《神学大全》，Ia，IIae，105，1。
③ 《论基督精神的统治》，1，2。

到。总而言之，托马斯的政治理论之特性是适度、平衡和常识感。

9. 总的来说，我们必须指出，托马斯的政治理论是他整个哲学系统中不可分割的一部分，而非某种附加物。上帝是至高的君主和宇宙之主宰，但他并不是唯一的原因，即便他是第一因和最终目的因。他以理性的方式，引导有理性的受造物去达到它们的目的，并使它们按照理性向它们展现为恰当和正当的那些〔原则〕来行动。任何一个受造物引导另一个的权利——不管是父亲引导家庭成员的权利还是君主引导臣民的权利——都建立在理性之上，并且必须依照理性来执行。由于一切权力和权威都来自上帝，并且是为一个特定目的而被给予的，因此没有任何受造物有权针对另一个理性受造物执行无限制、随心所欲或任意的权力。所以，法律被定义为“理性为了共同利益而做的安排，并由对共同体负有责任的那位〔君主〕去颁布和执行”。[①] 君主在宇宙之整体秩序中有着一个自然的地位，他的权威必须作为那用来引导宇宙的整体规划的一部分来执行。任何认为君主是完全独立的且不负任何责任的思想，在本质上对托马斯来说都是陌生的。君主有着他的职责，臣民也有他们的责任：“司法公正”应该存在于君主和他的臣民之中，并引导一切德性以实现共同利益。[②] 但是，这些责任必须被放在万物中的有效手段与目的之关系下来考量。由于人是社会生物，因此政治社会是必要的，这样，人的本性才能得到完满。但是，人在政治社会中生活的使命必须在认识到人被创造的最终目的之前提下来
422 思索。在人之超性目的和自然目的之间，必须要有相应的和谐，以及后者对前者相应的从属关系。这样，在任何其他东西面前，人必须首先选择获得他的最终目的。如果君主命令他以一种与他的最终目的不相符的方式行动，他就必须不屈从于这位君主。对托马斯来说，任何一种认为个人必须完全和绝对服从国家的思想都必然是可憎的。这并不是因为他在政治事务上是一名“教皇追随者”（他不是这样的人），而是因为他的整个神学政治学系统。在此系统中，较低的与较高一层的秩序、从属和比例都占主导地位，然而低级的却并没有完全被奴役，或在道德上被消灭。在整个造物和

① 《神学大全》，Ia，IIae，90，4。
② 同上，Ia，IIae，58，6。

预定的计划之中，人有其位置：滥用以及事实上的夸大都不能改变建立在上帝自身之上的理想制度和等级秩序。政府形式有可能发生改变，但人自身有着一种固定而持久的本质或本性，国家的必要性和道德合法性就建立在这一本性之上。国家既不是上帝也不是敌基督：它是上帝引导具有理性的生物达到其本身目的的诸手段之一。

关于托马斯之美学理论的注释

我们不能说，在托马斯的哲学中有着一个关于美学理论的正式讨论，而他就此主题所能说的，大体上是从其他作者那里借用的，因此，虽然他的言论可以被拿来当作一个美学理论的出发点，但要基于这些言论发展出一个美学理论，并将此理论冠于他的名下，好像是他自己发展出这样一种理论似的，这会是一个错误。然而无论如何，我们还是可以指出，他在说“美的东西就是那些其表象让人愉悦的东西”（pulchra dicuntur quae visa placent）的时候，[①] 他并不是想要否认美的客观性。他说到，美在于恰当的比例，而且属于形式因，它是认知能力的对象，而善是欲望的对象。[②] 对美而言，有三个要素是必要的：完整性或完满性，恰当的比例，清晰性。[③] 形式通过颜色等方式，如其所是地显现出来，它是无利害的（非欲望性）领会的对象。所以，托马斯承认美之客观性，也承认美之欣赏或体验是自成一类（sui generis）的东西，承认它不能被单纯地等同于智性认知，也不可以被简化为对善的领会。

---

① 《神学大全》，Ia，5，4，针对1。

② 同上。

③ 同上，Ia，39，8。

第四十一章

圣托马斯和亚里士多德：争论

托马斯对亚里士多德的运用——托马斯主义中的非亚里士多德要素——托马斯主义综合中潜在的紧张关系——对托马斯主义之“创新”的反对

423 1. 虽然圣阿尔伯特在对亚里士多德主义的运用方面已经做了一些工作，但托马斯试图将亚里士多德系统与基督教神学加以完全调和。他试图达到这一调和的意图是明显的，因为排斥亚里士多德系统也就意味着排斥了中世纪世界所知的最强大、最全面的思想综合。此外，托马斯有着系统化的天赋，他清楚地意识到，亚里士多德哲学的原则若被加以运用，将对实现一个系统化的神学和哲学综合产生多大作用。但我在说托马斯意识到了亚里士多德主义的“有用之处”时，我并不是想说他的进路是实用主义的。他认为亚里士多德的原则为真，而且正因为真，所以他才认为它们有用。当然，想要暗示托马斯主义哲学是单纯的亚里士多德主义，这是荒唐的，因为他引用了像圣奥古斯丁和伪狄奥尼修斯那样的作者〔的思想〕，也引用了他在中世纪的前人们以及犹太（特别是迈蒙尼德）和阿拉伯哲学家〔的思想〕。但无论如何，托马斯主义的综合是通过对基本的亚里士多德原则的运用而得到统一的。托马斯哲学的很大一部分的确是亚里士多德学说，但这是一种经过一个伟大头脑反思过的亚里士多德学说。如果说，托马斯采纳了亚里士多德主义，那么，他之所以采纳它，首先是因为他认为其为真，而并不简单地因为亚里士多德名声显赫，又或者因为一个“未受洗礼”的亚里士多德可能对正统造成威胁：像托马斯那样的严肃思想家是忠于真理的，如果他不认为它是一个基本上为真的系统，他是肯定不会采纳这样一个异教徒哲学家的系统的，特别是在他所提出的某些思想与传统相悖，并会造成不解与谣言、引起激动的反驳的时候。然而，他所秉持的关于哲学之真理的信念却并没有使得托马斯机械地采纳一个难以消化的 424
系统：他对亚里士多德主义给予了很多的思索和关注，我们可以从他对亚里士多德作品所作的注疏中看到这一点；他自己的作品则表明，他对自己采用的原则之蕴含及其与基督教信仰间的关系肯定有着深思熟虑。如果我在此指出，在托马斯的思想中，基督教和亚里士多德主义的综合在某些方面不稳定，我并不是想收回我已经说过的那些话，并暗示这位圣徒只是机械地采纳了亚里士多德主义，虽然我认为他的确没有完全意识到，他的基督教信仰和亚里士多德主义在某些方面存在着潜在的紧张关系。然而，如果情况的确如此，我们也不必惊讶，托马斯是一位伟大的神学家和哲学家，但他不是一个无限的思想，而一个比他弱得多的头脑可以回顾并发现一个伟大头脑系统里可能的弱点，与此同时后者之伟大却并没有因此而遭到削减。

关于托马斯对亚里士多德主题的以系统化为目的的运用，此处的篇幅有限，只能供我们举出一两个例子。亚里士多德哲学中的基本思想之一是潜能与现实的思想。正如在他之前的亚氏本人一样，托马斯发现了在质料世界的偶性和实体性变化中、在万物运动（在亚里士多德的广义上来说的运动）中的现实与潜能的交互作用和关系。当采纳亚氏的这一原则——除了借由那个自身在现实中的推动者之动力之外，没有任何东西能从潜能进入现实的原则——的时候，他追随亚里士多德从他所观察到的运动和变化的事实，论述到不动的推动者的存在。但托马斯比亚里士多德看得更远，他见到在每一个有限的事物中，都有着双向的原则，即本质和存在。本质为其在潜能中的存在，而且此物并不是以必要的原则存在的，这样，他就得以不只论述亚里士多德的不动的推动者，也可论述到必要的存在者，即造物主上帝。另外，他也能够发现上帝的本质即存在，而不只是思考自我的思想，而是本身的自存者（ipsum esse subsistens）。于是，他在追随亚里士多德的同时，也能够超越亚里士多德。在有限存在者中，亚里士多德没有清晰地区分存在与本质，也没有推导到作为神之本质的存在本身的思想，一切有限存在者的存在都是从此存在发出的。

425 亚里士多德哲学中的另一个基本思想是关于目的性的，此思想在某种意义上的确比他关于潜能与现实的思想要更加基本，因为一切潜能到现实的转变都是以获得某一目的为前提而发生的，而潜能也只是为了实现一个目的而存在的。托马斯在他的宇宙论、心理学、伦理学和政治学说中使用了目的性的思想，这一点无须赘言，但要指出的是，这种使用协助他解释了造物。上帝依照智慧而行动，为了一个目的而创造了世界，但这目的也就是上帝本身而非他者：所以，为了展现他自身的完美，他通过分有而将其传达给了受造物，并通过发散他自身的至善而创造了世界。受造物为了上帝（propter Deum）而存在，上帝是它们的最终目的，虽然他并不以同样的方式为所有受造物的目的，只有理性受造物才能通过知识和爱来拥有上帝。当然，受造物也有最近的目的，即它们的本性之完满，但这种对受造物本性的完满是处于万物的最终目的——上帝之荣耀，对他的神性完美的展现——之下的，这恰恰就在受造物之完满中得到了展现，因此，上帝的荣耀和受造物的善也就根本不是什么对立的思想。通过这种方式，托马斯得以在基督教的文本中使用亚里士多德关于目的的学说，或者更好地说，他通过一种能更好地将其与基督教相融合的方式来使用它。

在托马斯从亚里士多德那里所借用的或依赖他的哲学而思考得来的不同思想中，我们要提到的应该是以下这一思想：灵魂为身体的形式，且通过被它赋予了形式的质料而获得个体性；灵魂自身并不是一个完整的实体，灵魂与身体一起构成了一个完整的实体，即人。对灵魂与身体的紧密统一的强调，以及对柏拉图就这一问题的理论的驳斥，使得我们更容易解释灵魂为什么要与身体结合在一起（灵魂按其本性即为身体的形式），但它在承认灵魂之不朽的情况下，则意味着灵魂要求身体的复活。[①] 使用作

① 对此的回答是：这只可能是一种相伴的现象（conveniens），而非严格的要求，因为它不能通过自然的手段而实现。我们也就似乎面临着这样一个难题，即除非有着上帝的干预，否则灵魂在死后会停留在一种“不自然”的状态，要么就是灵魂与身体之结合的理论必须得到修订。

为个体化原则的这一学说的后果是，天使由于没有质料，所以不可能在同一
种中有多个，这一学说激起了托马斯主义批评者的敌意，就像我们马上要见 426
到的那样。认为在任何实体中只有一个实体形式的学说也是如此，此学说如果运用在人身上，也就意味着驳斥了一切身体形式（forma corporeitatis）的说法。

采纳了亚里士多德的心理学，自然而然就意味着要采纳亚里士多德的知识论，并且要坚持认为人的知识来自感性经验以及对其所做的反思。这就意味着要驳斥天赋观念的看法，即便是潜在的天赋观念，也意味着对神之光照的驳斥，或者说，意味着要将神之光照阐释成等同于理性的自然之光，而上帝在此是按照秩序，与自然协同运作着的。就人对上帝的类比性的认知而言，此学说引起了困难，就像我们先前所见的那样。

但是，虽然托马斯毫不迟疑地采取了一种亚里士多德主义的立场，即便这使得他与传统理论发生了冲突，但他只是在认为亚里士多德的观点本身为真且与基督教启示相容的情况下才这么做的。在涉及明显与基督教教义相悖的观点时，托马斯驳斥了它们，或认为对亚里士多德就这样的内容之阿维洛伊式的诠释并不是真正的诠释，或至少认为亚里士多德的实际论述并未要求一定做如此诠释。比如，在评注亚里士多德将神描述为思考自身的思想这一点的时候，托马斯说到，从这里我们并不能推导出上帝不认识他自己之外的事物，因为认识他自身就等于认识万物。[①] 然而，或许历史上的亚里士多德并不认为不动的推动者认识世界，可能也不认为他会执行预定：他是作为目的因的运动的原因，而非运动的动力因。类似地，就像已经提到的那样，在评注亚里士多德在《论灵魂》中涉及主动理性和它在死亡之后的持存隐晦的论述时，托马斯以善意的方式（in meliorem partem）而非在亚里士多德的意义上对这一章节加以诠释：我们不必得出结论说，对亚里士多德来说理性在所有人身上就是一个，没有个人人格的不朽。托马斯致力于从阿维洛伊的罗网中救出亚里士多德，并证明他的哲学并不必然带来对神之预定的否认或对人格不朽的否认，他也成功做

---

①　《〈形而上学〉第十二卷注疏》，第 11 讲。

427 到了这一点，即便他对亚里士多德就这些内容之所想做出的诠释可能并不正确。

2. 托马斯的亚里士多德主义是如此明显，以至于有时人们会倾向于忘记了其思想中的非亚里士多德的要素，尽管这些要素肯定存在。比如，亚里士多德的《形而上学》中的神虽是目的因，却并非动力因，世界是永恒的，且并非由上帝所造。亚里士多德还考虑到了至少有多个与不同的天穹相对应的不动的推动者之可能性，他并没有阐明这些动者之间以及它们与最高的不动的推动者之间的关系。[1] 托马斯的自然神学中的上帝却是第一动力因和造物主，也是目的因。他并不仅仅是与万物隔离的，也不仅仅是爱欲之对象，相反，他向外运作，造物，维持，协作并执行神之预定。托马斯在允许从永恒中造物的可能性并没有被证明驳斥的时候，或许向亚里士多德做了一定的妥协。然而，即便世界在时间中可能没有开端，但其创造、其对上帝的最终依赖是可以得到证明的。托马斯所承认的也就仅仅是从永恒中造物（creatio ab aeterno）的思想并没有被证明为自相矛盾，而不是说造物不能得到证明。可以说，托马斯在自然神学中的立场构成了一种对亚里士多德立场的补充或完满，而它不能被说成非亚里士多德的。但是要记住，对托马斯来说，上帝依照理性而意愿创造万物，他是动力因、造物主和范型因。也就是说，他创造了世界，后者是对他的神性本质的有限模仿，而他知道，他的本质向往是有多重方式可得以模仿的。换言之，对于神性理念而言，托马斯使用了奥古斯丁的思想，从哲学上来说，这一思想是从新柏拉图主义那里来的，这是柏拉图哲学和传统的又一个发展。亚里士多德反驳了柏拉图的范型理念，也反驳了柏拉图的工匠神，然而，这两个思想在圣奥古斯丁的思想中都存在，也都得到了他的转化和加工，从而变得具有哲学连贯性，同时与从无中造物（creatio ex nihilo）的思想结合在了一起。希腊人没有得出这一思想，而托马斯对这些观点的接受在这一点上将他与圣奥古斯丁联系在一起了，并且通过普罗提诺，与柏拉图（而非亚里士多德）联系在了一起。

---

① 参见本《哲学史》的第 1 卷，第 315—316 页。

此外，托马斯的基督教信仰很频繁地影响了和作用于他的哲学。比 428
如，他确信人有着一个超性的最终目的，而且只有这么一个超性的最终目的，他也就必须把人的智性上升视为对上帝本身的认知，而非一位形而上学家或天文学家的认知；他也必须把人的最终目标置于此生之外，而非此生之内。于是，他就转化了亚里士多德的幸福概念。他必然要认识到，国家在满足全体人民的需求时，是不充足的，他也就得承认，就价值和尊严而言，国家从属于教会，他不仅不得不允许人的道德生活中的神性制裁，也不得不把伦理学与自然神学结合在一起。事实上，他也要承认自然的道德生活在获得永福这一方面是不足的，因为后者在性质上是超性的，不能仅凭人的手段而获得。毫无疑问，类似这样的神学对哲学产生影响的例子还有许多，但我现在想强调的是托马斯的基督教信仰和他的亚里士多德主义在某些方面的潜在紧张关系。

3. 如果把亚里士多德的哲学视为一个完整的系统，那么我们在企图将它与一个超性的宗教加以结合的时候，就会发现其中有着一定的紧张关系。对亚里士多主义哲学家来说，真正要紧的是普遍性和整体性，而非个体本身：此观点可以被称作物理学家的观点，部分地也是艺术家的观点。个体为了整个物种之善而存在：物种通过个体的繁衍而得以持存；个体的人要么在此生中获得他的福祉，要么根本得不到福祉。宇宙并非人的布景且从属于人，相反，人是宇宙中的一物，是宇宙的部分。思虑天体要比思虑人更有价值。而另一方面，对基督徒来说，个体人有着一个超性的使命，他的使命不仅是在世间的，他的最终福祉在此生也无法获得，也不可通过他自己的自然努力而获得。个人处在与上帝的位格性关联之中，无论如何强调基督教整体性的一面，每个个人之人格确实最终还是要比整个物质宇宙更有价值，后者是为了人而存在的，尽管人和物质宇宙最终都是为了上帝而存在的。我们确实可以合理地采取一种将人视为宇宙中一员的观点，因为人就是宇宙的一个部分，借他的身体而根植于物质宇宙之中，而 429
如果就像托马斯那样采纳了亚里士多德的心理学，即认为灵魂为身体之形式，借身体得以个体化，并在认知上也依赖身体的学说，那么就要更多地强调人作为宇宙中的一员在其中的位置。从这个观点出发，也就会认为例如生理上的缺陷和生理上的痛苦、死亡以及个体的损坏都是为了宇宙的善与和谐，就像影子使得整个画面中的光更加可见那样。同样地，从这一观点出发，托马斯说部分为了整体而存在，肢体则为了整个身体而存在（他在这里使用了有机体的例子来做比喻）。就像已经承认了的那一点一样，在这一观点之下有着一条真理，它也得到了激烈的捍卫，以此来更正错误的个人主义和人类中心主义：受造的宇宙是为了上帝的荣耀而存在的，人则是宇宙的一部分，这是毫无疑问的。但也有另外一种观点，即人是为了上帝的荣耀而存在的，物质宇宙则是为了人而存在的。真正关键的并不是量，而是质性。从量上来看，人是渺小的，但从质性上来看，在单独一个个人边上，一切天体都显得微不足道。另外，"人"是为了上帝的荣耀而存在的；人并不仅仅是人这一类种，也是不朽的人格的共同体，他们之中的任何一个都有着超性的使命。思虑人要比思虑星空更有价值，人类历史要比天文学更加重要。人的痛苦不能被简单地解释为"人为的"。我并不是要说这两个观点不能结合。托马斯也曾试图结合两者。但我的确认为，把它们结合在一起会带来某种紧张关系，而这种紧张关系在托马斯的综合中是存在着的。

由于历史性地来说，亚里士多德主义是一个"封闭的"系统（这指的是亚里士多德并没有意识到而且也不可能意识到超性的秩序，还由于它是一个没有启示协助的理性的产物），它自然也就给中世纪的人们带来了自然理性的潜力：它是他们所知的最伟大的理性成就。这就意味着，任何一位接受并使用了亚里士多德哲学的神学家——譬如托马斯——不得不承
430 认哲学的理论自主性，即便他也承认神学是外在的规范和标准。只要这是神学家的一个问题，那么神学和哲学之间的平衡当然也就能得以保持。但当它成为那些并不首先是神学家的思想者的问题时，在这里被授予哲学的地位也就会变成哲学的独立宣言。当今回顾这一段发展，同时想到人的倾向、性格、脾气和理性的倾向，我们也就会见到，接纳一个众所周知没有接受启示的协助、只靠思虑而得来的伟大哲学系统，几乎肯定迟早要带来一个后果，即哲学脱离神学，走上自主的道路。在这个意义上（另外，此判断是历史性的，而非价值判断），托马斯所取得的综合是内在地不稳定

的。在当时，完整的亚里士多德的到来也就几乎定然意味着，从长远来看，会出现一个独立的哲学，它先是想在与神学维持和谐（有时是诚恳的，有时则可能是违心的）的条件下获得自主，然而在最后，它会企图取代神学，将神学内容吸纳到它自身之中。在基督教时代的开端，我们看到神学家们使用希腊哲学的这个或那个要素，帮助自己表述启示的内容，而这一历程在中世纪的经院学发展中持续了下去。但长久来看，一个完全成熟的哲学系统的出现只会是一个挑战，尽管它为托马斯综合的发明做出了不可估量的贡献。当前，笔者并非意在讨论亚里士多德哲学在产生一个基督教神学和哲学综合中所起到的作用，也不是有意要以任何方式贬低托马斯·阿奎那所取得的成就，而是要指出，当哲学思想变得大致完善，并获得了一定的自主性时，人们也就不要期待它会永远满足于像浪子回头故事里的那位长子一样乖乖待在家里。托马斯将哲学视为亚里士多德一人所为，而这种做法在历史上来看并不能阻挡哲学的发展，在此意义上，他的综合是有着一个潜在的紧张关系的。

4. 我最后要提一下托马斯主义者对亚里士多德思想的采纳所引起的对立，尽管不得不尽量言简意赅。此对立要在阿维洛伊主义——即阿维洛伊式的亚里士多德解读——所引起的警觉之背景下来考察。下一章将讨论这
一解读。阿维洛伊主义者们被指责为宁可承认一位异教徒哲学家的权威， 431
也不承认圣奥古斯丁和众圣徒的权威，并损害了启示的完整性。这一指责当然并非毫无道理。有些狂热的传统主义者认为，托马斯向敌人出卖了过去。相应地，他们尽其所能地把托马斯主义也一同牵扯到了对阿维洛伊主义的谴责中来。这段往事提醒我们，在托马斯自己的那个时代，他以他的方式成为革新者，并走出了新的道路：回忆起这一点，在托马斯主义代表传统的这个年代，对神学的稳固和确定是有益的。这些头脑发热的人对托马斯提出的几点尖锐批评现在对我们来说，不一定会显得有什么惊愕之处。当时这些地方受到攻击的原因在性质上大体是神学的。这样也就可见，托马斯的亚里士多德主义曾一度被视为“危险的”，而且，这位作者在我们面前是正统之中流砥柱，却曾一度被狂热分子视为至少是新奇玩意的播种者。发出此攻击的并不局限于他的修会之外的人。他

甚至也得容忍多明我会成员的敌意，只是渐渐地，托马斯主义才成为多明我会的官方哲学。

托马斯关于实体形式之唯一性的理论是受到攻击的主要观点之一。1270 年，于巴黎进行的一场在主教面前所做的争辩中，这一理论遭到了攻击。多明我会修士和方济各会修士们，特别是方济各会修士佩卡姆（Peckham），指责托马斯持有与圣徒们（特别是奥古斯丁和安瑟伦）所教授的学说相悖的观点。佩卡姆和多明我会修士罗伯特·基尔沃比（Robert Kilwardby）在他们的信件中全力主张了这一点，他们指责的主要基础是，托马斯学说无法解释基督死去的身体如何与他活着时的身体保持同一，因为按照托马斯的说法，在人这个实体中只有一个实体形式，而此形式（即灵魂）在死亡之际会离开身体，其他的形式则是从质料中由潜能进入现实的。当然，托马斯认为，人死亡后的身体与他活着时的身体不是确切同一的，但在某种意义上（secundum quid）是同一的。[①] 佩卡姆和他的朋友们则认为，此理论对圣徒的身体和圣骸敬拜具有致命打击。然而托马斯认为，基督死亡了的身体一直都是与神性结合在一起的，而且即便在墓穴里的时候，他也与上帝的圣言结合在一起，并且也是值得敬拜的。质料之被
432 动性的学说和天使的单纯性的学说也都属于那些例外中的革新思想。

1277 年 3 月 7 日，巴黎主教史蒂芬·唐皮耶（Stephen Tempier）谴责了 219 条论点，并威胁要绝罚任何一个持有这些论点的人。此谴责主要是针对阿维洛伊主义者的，特别是布拉班特的西格尔和达契亚的波爱修（Boethius of Dacia），但有一定数量的论点是布拉班特的西格尔与托马斯所共同持有的。这样，主教的谴责也就波及了托马斯。所以，关于世界必然的独一性、质料为个体化的原则、天使的个体化和它们与宇宙的关系的理论都遭到了谴责。虽说实体形式的独一性除了在经院学的讨论和辩论中被批评之外，并没有出现在谴责中，并且似乎从来没有在巴黎被正式地谴责过。

1277 年的 3 月 18 日，紧随巴黎谴责之后出现的是牛津谴责，推动它

① 《神学大全》，IIIa，50，5。

的是多明我会修士罗伯特·基尔沃比，他是坎特伯雷的大主教。这次谴责提到了包括实体形式之独一性和质料之被动性在内的数条论点。基尔沃比在一封信中写到，他禁止这些危险的论点，但他并没有把它们描述为异端。实际上，他看上去并不过分热衷于其禁令可能导致的结果，因为对于任何不再提出触犯禁令的论点的人，他都给了 40 天的豁免。基尔沃比在坎特伯雷大主教区里的继任者，方济各会修士佩卡姆，在 1284 年 10 月 29 日又重复了他的谴责，虽然此时托马斯主义在多明我会已经得到了正式认可。然而，佩卡姆在 1286 年 4 月 30 日又一次禁止了新的论点，并宣称它们为异端邪说。

在此期间，托马斯主义在多明我会修士中的受欢迎度不断上升，鉴于他们中的一位做出了如此出色的成就，这也是预料之中的事。1278 年米兰的多明我会的会议和 1279 年巴黎的会议都采取了措施来对抗敌对态度，后者在牛津的多明我会成员当中很明显。巴黎的会议禁止谴责托马斯主义，虽然并没有下令要接受它。1286 年巴黎的另一次会议宣称，那些对托马斯主义显露出敌意的教授们必须离职，虽然直到 14 世纪，修会成员才被强制接受托马斯主义。在 13 世纪的最后 20 年，托马斯主义不断 433
增长的受欢迎程度自然而然地促进了多明我会的作者们对托马斯主义受到的攻击做出回应。所以方济各会修士威廉·德·拉·马雷（William de la Mare）发表的《对托马斯兄弟的修正》（*Correctorium Fratris Thomas*）引出了一系列的对此《修正》的修正。例如，博洛尼亚的兰伯特（Rambert of Bologna）在这一世纪接近尾声的时候发表了《对高于败坏的真理之辩护》（*Apologeticum veritatis super corruptorium*）（他们把马雷的《修正》称为《败坏》），方济各会修士们又反过来对此加以回应。1279 年，后者在他们于阿西西召开的全体会议上禁止接受 1277 年在巴黎所谴责的那些论点，而在 1282 年，斯特拉斯堡的全体会议命令那些使用托马斯《神学大全》的人必须参考威廉·德·拉·马雷的《修正》。然而，方济各会修士们和其他人的攻击在 1323 年 7 月 18 日托马斯被封为圣徒之后也就自然而然销声匿迹了。1325 年，巴黎主教撤销了巴黎谴责。在牛津，似乎并没有任何类似的正式撤销，但佩卡姆的继任者们不再肯定或重申他的批判，于是此论战也就渐渐停息了。早在 14 世纪，萨顿的托马斯（Thomas of Sutton）就按照所有人的见证，把托马斯称作公共博士（Common Doctor[①]）（in ore omnium communis doctor dicitur：被众口同声地宣称为教会博士）。

由于其完整性、清晰性和深度，托马斯主义自然而然在基督教思想家那里奠定了它的地位：它是经过了严密论证的对神学和哲学的综合，它吸取过去并融入自身，同时使用了古典世界最伟大的纯粹哲学系统。但是，虽然托马斯主义或它的某些方面首先引起了怀疑和敌意，面对此系统不可否认的优点必然会自然而然地消退，但我们不能想当然地认为，托马斯主义在中世纪教会的智性生活中就取得了它自利奥十三世（Leo XIII）的教皇通谕《永远之父》（*Aeterni Patris*）开始才获得的官方地位。比如，彼得·隆巴的《四部语录》在很多年里还一直被注疏。在宗教改革的时候，大学里不仅有阐释托马斯、邓斯·司各脱和罗马的吉尔斯学说的教席，还有阐释如奥卡姆的威廉和加布里埃尔·比尔（Gabriel Biel）等唯名论者的学说的教席。事实上，规则一般是不同的，虽然托马斯主义在较早
434 的时候就成了多明我会的官方系统，但要在好多个世纪后，它才在一切实际意义上成为教会的官方系统。（我并不是要说，在所有宗教修会团体和教会的高级教育机构都被要求遵循这位永远之父[②]的托马斯主义之后，情况也是如此。在这一点上，它与司各脱主义不同。但是，托马斯主义肯定是作为一个规范而被提出的，一位天主教哲学家只有在有着在他看来必要的理性理由的时候，才可与之相左，而且在这么做的时候，他应该保持尊重的态度。托马斯主义所获得的独一无二的地位必须在当今的历史条件下才可得到理解，而在中世纪，这些条件是不具备的。）

---

① 托马斯·阿奎那在天主教会的一个称号。——译者注

② “Aeterni Patris”（永远之父）是梵蒂冈第一大公会上教皇利奥十三世所颁发的一份诏书的名称，在其中他将托马斯的哲学认定为神学思考的基础。——译者注

第四十二章

拉丁阿维洛伊主义：布拉班特的西格尔

“拉丁阿维洛伊主义”的观点——布拉班特的西格尔——但丁和布拉班特的西格尔——对阿维洛伊主义的反对；谴责

1.“拉丁阿维洛伊主义”这个概念已经变得过于普遍，以至于很难被 435
使用。但我们要认识到，这个名字所描述的那个运动是完整的或极端的亚里士多德主义的一支：它的真正庇护者是亚里士多德，而非阿维洛伊，虽然后者肯定被视为它的杰出诠释者，而且人们遵从了他对亚里士多德之单灵说的诠释。被动理智和主动理智在所有人之中都是同一的，而且，此同一的理智是唯一在死后留存的，所以排除了个体的人格之不死，此学说在13世纪被理解为极端亚里士多德主义的特征。由于这一学说得到了阿维洛伊式亚里士多德诠释的支持，因此持有此学说者便以阿维洛伊主义者之名为人所知。我不认为对此术语的使用会有例外，因为我们可以清楚地看出，“阿维洛伊主义者们”视自身为亚里士多德主义者，而非阿维洛伊主义者。他们应该属于巴黎艺学院，并且非常强调他们追随阿维洛伊诠释下的亚里士多德，以至于他们传授与基督教教义相悖的哲学学说。他们的学说中显著的一点是，在所有人中，只有一个理性灵魂，此学说也引起了最大的关注。在这一问题上，他们采纳了阿维洛伊对亚里士多德晦涩且含糊的理论所做的解释，他们认为，不只主动理性，还包括被动理性，在所有人中都只是一个，并且是同一的。此立场的合理结论则是对个人不朽以及在来世之赏罚的否认。他们的另一个异质的学说是关于世界之永恒的，此学说恰巧毫无疑问是亚里士多德主义的观点。就这一点，重要的是要指出阿维洛伊主义者与托马斯之间的区别。对托马斯来说，〔受造的〕世界之
436 永恒并没有被证明为不可能，虽然它当然也没有被证明为真。（我们却从启示中得知了“世界并非从永恒中被创造的”这个事实。）阿维洛伊主义者认为，世界之永恒以及变化和运动的永恒是可以在哲学上得到证明的。此外，他们中的一些人似乎跟随亚里士多德，否定了神的预定，并跟随阿维洛伊而持有宿命论。所以，我们可以毫无困难地理解为什么神学家们要攻击阿维洛伊主义者。他们要么像波纳文图拉那样直接攻击亚里士多德本人，要么像托马斯那样论述道，阿维洛伊主义的这些论点不仅内在为伪，而且无法代表亚里士多德的真实思想，或至少不代表他的明确学说。

因此，阿维洛伊主义者或极端亚里士多德主义者不得不让他们的哲学学说与神学教义相调和，除非他们准备（而他们并没这样的打算）简单地否认后者。换言之，他们必须提出某种有关理性与信仰之关系的理论，而这个理论必须能够让他们与亚里士多德一样认为，在所有人身上只有一个理性灵魂，同时也要让他们与教会一同认为，每个人都有着他自己的个体灵魂。有时人们说，为了获得这一和解，他们使用了双重真理的理论，并认为，一个东西可以在哲学中或依照理性为真，它的对立面则可以在神学中或依照信仰为真。的确，布拉班特的西格尔也如此论述，从而暗示亚里士多德和阿维洛伊的某些论点是不可驳斥的，虽然其对立面依照信仰为真。因此，人们也就可以理性地证明，在所有人身上，只有一个理性灵魂，虽然信仰让我们确认每一个人的身体都有其自己的灵魂。从逻辑角度来看，此观点会使得哲学和神学、理性和信仰两者中有一个要被驳斥，但阿维洛伊主义者们却像是在说，在哲学家所讨论的自然秩序之中，理性灵魂就应该在所有人身上都只是同一个，但上帝以奥秘的方式使得理性灵魂变成了多个。哲学家使用他的自然理性，他的自然理性告诉他，理性灵魂在所有人身上都是一个，而神学家讨论的是超性的智性，并诠释上帝的启示，他向我们保证上帝以神奇的方式让自然不可变多的东西成为多个。在这一意义上，在哲学上为真的东西在神学上为伪，反之亦然。当然，这个
437 自我辩护的模式对神学家来说没有吸引力，他们并不准备承认上帝参与并

引发了奇迹，实现了理性认为不可能的事。他们对阿维洛伊主义者采纳的另一个自我辩护的方法也毫无好感，阿维洛伊主义者们争辩道，他们只是在传达亚里士多德的学说。按照当时的一篇或许由波纳文图拉所做的讲道的说法，“有些哲学学生说，某些事物按信仰并不为真，而当有人告诉他们某物与信仰相悖，他们就回应道，亚里士多德是这么说的，但他们自己并不赞同这一点，他们只是在陈述亚里士多德的话”。神学家们将这个辩护视为简单的遁词，就阿维洛伊主义者对亚里士多德的态度而言，这个看法也是恰当的。

2. 在阿维洛伊主义者或极端亚里士多德主义者中，最突出的是布拉班特的西格尔（Siger of Brabant），他大约生于1235年，后来成为巴黎的艺学院中的一名教师。1270年，他因为他的阿维洛伊主义学说而被谴责，他看似不只是在为自己辩护，说他只是在陈述亚里士多德的观点，且并不企图提出与信仰相悖的看法，同时，他还在一定程度上修订了自己的观点。也有人提出，他由于托马斯的著作而回心转意了，然而并没有确凿的证据表明他确实抛弃了阿维洛伊主义。如果他这么做了，我们也就难以解释他为什么会被牵扯到1277年的谴责中去，为什么宗教审判官西蒙·杜瓦尔（Simon du Val）在那一年命令他到法庭面前来。无论如何，在西格尔的著作编年的问题得到解决之前，关于他的观念发生转变的问题也就无法得到确切的回答。至今发现的作品包括《论理性灵魂》（*De anima intellectiva*）、《论世界之永恒》（*De aeternitate mundi*）、《论诸原因之必要性和偶然性》（*De necessitate et contingentia causarum*）、《论生成与毁灭手册》（*Compendium de generatione et corruptione*），还有《自然问题》（*Quaestiones naturales*）、《道德问题》（*Quaestiones morales*）、《逻辑问题》（*Quaestones logicales*）的部分篇章，还包括《〈形而上学〉注疏之问题集》（*Quaestiones in Metaphysicam*）、《〈物理学〉注疏之问题集》（*Quaestiones in Physicam*）、《论灵魂三书注疏问题集》（*Quaestiones in libros tres de Anima*）、六篇《不可能的论点》（*Impossibilia*），以及《论理智》（*De intellectu*）和《论幸福一书》（*Liber de felicitate*）的残篇。在此，《论理智》像是对托马斯的《反阿维洛伊主义者论理智之统一》的回应，在此回应中，西格尔认为，主动理智在上帝之中，人在世间的幸福则在于与主动理智的合一。然而，西格尔是否仍然是一位单灵论者，却取决于他关于被动理智的单一或多个的看法：不进一步把主动理智与上帝等同
438 起来的话，就无法得出结论认为他仍然是一个阿维洛伊意义上的单灵论者。如果说，西格尔向罗马的宗教审判庭提出了上诉，那是因为他觉得自己被指责脱离正统。约 1282 年，他被发了疯的秘书刺杀，在奥尔维耶托去世。

若只就其与阿维洛伊主义争辩的关系而提及布拉班特的西格尔，就只部分地体现了他的思想，因为他讨论的是一个系统，他并非简单地跟随阿维洛伊的几点内容。虽然按照他本人的说法，他的系统是一个真正的亚里士多德主义系统，却在几个重要的方面与历史上的亚里士多德有着很大差异。比如，亚里士多德将神视为作为最终目的因的第一动者，而非第一动力因。西格尔则跟从阿维洛伊，把上帝看作第一造物因。然而，上帝是借助中介性的原因而间接运作的，这些中介是循序渐进的流溢的理智，在这一方面，西格尔跟从的却是阿维森纳而非阿维洛伊。因此，就像范·斯坦伯尔根说到的那样，人们不可能以严格的精确性将西格尔的哲学称作极端的阿维洛伊主义。如果我们想起历史上的亚里士多德，〔就会发现〕它也不能被确切地称作极端的亚里士多德主义，虽说如果想到西格尔的意图，此称呼还是恰当的。关于造物之永恒的问题，西格尔跟随了“亚里士多德”，但这更多是因为阿拉伯哲学家们在这一点上追随了“亚里士多德”，而不是出于亚里士多德本人就此所做的论述，因为后者根本就没有想到有造物。同样，西格尔认为一切地上的事件都由天体运动所规定，这更像是伊斯兰哲学。另外，认为没有任何物种有着起源，因此也就没有第一个人，这种思想源于亚里士多德，而规定好的事件永恒循环发生的思想在亚里士多德那里是找不到的。

对于显著的阿维洛伊主义论点（如单灵论、世界之永恒等），西格尔似乎收回了他的异端观点。比如在注疏《论灵魂》的时候，他不仅承认阿维洛伊的单灵论不为真，还进而认同了托马斯和其他人用以反驳这个观点的论述。因此，他认为在两个不同的人那里，两个不同的个别行动是不
439 可能同时从一个在数量上同一的智性能力或原则中发出的。同样，在他

就《物理学》所著的“问题”[①]中，他承认运动不是永恒的，而且有一个开端，尽管这个开端难以得到理性论证。然而，就像已经提到的那样，我们很难确凿地确认，这表面上的明显转变是否蕴含着一个真实的观念上的转变，或者这是不是面对 1270 年的谴责而采取的一个明智的路线。

3. 但丁不仅把布拉班特的西格尔放在了天堂之中，甚至以托马斯的口吻来赞颂他，然而托马斯却是前者的反对者。这是难以解释的。芒多内一方面相信布拉班特的西格尔是一位真正的阿维洛伊主义者，另一方面又相信但丁是一位反阿维洛伊主义者，他不得不表示，但丁很可能并不熟悉西格尔的理论。但是，就像吉尔松所指出的那样，但丁也把修院院长弗洛雷的约希姆（Abbot Joachim of Flores）置于天堂之中，后者的学说同时遭到了托马斯和波纳文图拉的驳斥。说但丁不知道自己就约希姆和西格尔的情况在做什么，是极其不可能的。吉尔松本人暗示道，在《神曲》中出现的西格尔形态并非历史上的西格尔，而是一个象征。托马斯象征着思辨神学，圣伯纳德象征着神秘神学，炼狱中的亚里士多德则代表了哲学，而西格尔作为一位基督徒，在天堂里代表了哲学。所以，当但丁让托马斯称赞布拉班特的西格尔时，他并不是想让历史上的托马斯称赞历史上的西格尔，而是让思辨神学来称赞哲学。（吉尔松以类似的方式解释了《神曲》中波纳文图拉对约希姆的称赞。）

吉尔松先生对这一问题的解释在我看来是合理的。然而还有别的可能性。布鲁诺·纳尔迪论述道（亚新·帕拉齐欧也跟从他的看法），此问题的解释在于，但丁自己并不是一位纯粹的托马斯主义者，他不仅融汇了从其他经院学文献中得来的学说，也融汇了穆斯林哲学家的学说，尤其是他特别欣赏的阿维洛伊的学说。由于但丁无法将阿维森纳和阿维洛伊置于天堂之中，他就将他们放到了炼狱里，然而，他又按照常规把穆罕默德放在了地狱。但由于西格尔是基督徒，就被但丁放在了天堂。因此，但丁也就是经过深思熟虑而这么做的，这表现了他对西格尔对穆斯林哲学之忠诚的欣赏。

就算布鲁诺·纳尔迪针对但丁的哲学来源所说的那些话是真的，在 440

① 中世纪哲学著作的一种体裁，以一个专门的问题为标题，类似于专题论文，一部著作由多篇这样的论文组成。——译者注

我看来，他的解释也是可以与吉尔松的解释相结合的。如果但丁欣赏穆斯林哲学家，并受到了他们的影响，这也就可以解释他为什么把西格尔放在了天堂之中。但是，这可以解释他为何借着托马斯之口来称赞西格尔吗？如果但丁知道西格尔是一位阿维洛伊主义者，他自然也就知道托马斯是一位反对阿维洛伊主义的人士。难道事实或许并非像吉尔松所建议的那样，但丁把托马斯描绘为思辨哲学的象征，将西格尔这位阿维洛伊主义者当作哲学的象征，真的是因为西格尔是艺学院的一名成员，而不是神学家吗？在这种情况下，就像吉尔松所说的那样，托马斯对西格尔的称赞也就简单地代表了神学对哲学的肯定。

由于范·斯坦伯尔根反驳说，在阿维洛伊主义与神学相冲突的地方，布拉班特的西格尔抛弃了前者，并采纳了托马斯的立场，这使得整个局面变得复杂。如果这是真的，假如但丁知道西格尔改变了自己的立场，那么，对托马斯如何可能称赞西格尔做出解释所面临的困难也就明显大大减弱了。换言之，为了恰当地解释这位诗人为何不仅把布拉班特的西格尔置于天堂，还让他的对手托马斯来称赞他，我们不仅必须获得关于但丁之哲学倾向的确切认识，也要获得关于西格尔观点转变的恰当认识。[①]

4. 我们已经见到，托马斯的哲学引起了其他经院学哲学家的不小反对，但如果有人试图把托马斯卷入到对阿维洛伊式亚里士多德主义的谴责中来，那我们可以说，无论如何，托马斯关于实体形式之独一性的学说是内部的问题，且可以与真正的阿维洛伊主义争论相区分。在这个纠纷中，神学家们（包括托马斯）都是团结一致反对异端哲学家的。因此，方济各会修士们（从哈勒斯的亚历山大和波纳文图拉到邓斯·司各脱）与多明我会修士们（如阿尔伯特和托马斯）、奥斯定会成员们（如罗马的吉尔斯），以及世俗神职人员（如根特的亨利）的观点都是一致的。从哲学观
441 点来看，他们的反对中最重要的一个特征当然是他们对触犯正统的理论的反驳了。在这一方面，我们可以提到圣阿尔伯特的《反对阿维洛伊论理性

① 参见芒多内，《布拉班特的西格尔》（*Siger de Brabant*），第二版，1911 年；布鲁诺·纳尔迪，《〈神曲〉中的布拉班的西格尔》（*Sigieri di Brabante nella Divina Commedia*）和《但丁的哲学源头》（*le fonti della filosofia di Dante*），1912 年；范·斯坦伯尔根，《布拉班特的西格尔的作品与学说》（*Les œuvres et la doctrine de Siger de Brabant*），1938 年；吉尔松，《但丁与哲学》（*Dante et la philosophie*），1939 年（英译本，1948 年）。

之统一》（*De unitate intellectus contra Averroem*，1256年）、托马斯的《反阿维洛伊主义者论理智之统一》（1270年）、罗马的吉尔斯的《反对阿维洛伊论可能理智之纯洁性》（*De purificatione intellectus possibilis contra Averroem*）和他的《哲学家们的谬误》（*Errores Philosophorum*，这本书中列出了亚里士多德和穆斯林哲学家们的谬误，但没有提到布拉班特的西格尔），以及拉蒙·柳利的《反波爱修和西格尔之谬误篇》（*Liber contra errores Boetii et Segerii*，1298年）、《驳斥阿维洛伊之某些谬误书》（*Liber reprobationis aliquorum errorum Averrois*）、《拉蒙与阿维洛伊主义者之论辩》（*Disputatio Raymundi et Averroistae*）以及《反对阿维洛伊主义者的讲道》（*Sermones contra Averroistas*）。

然而，神学家们并不满足于写作并反驳阿维洛伊主义者，他们还致力于借用教会权威来巩固官方的谴责。这也是意料之中的事，就像阿维洛伊主义的哲学与信仰在重要观点上的冲突所表明的那样。此外，考虑到如单灵论与宿命论这一类理论的理论性和可能的实践后果，这也是显而易见的。相应地，1270年巴黎主教史蒂芬·唐皮耶谴责了单灵论的学说、对个人人格之不朽的否定、宿命论、世界之永恒以及对神之预定的否定。然而，尽管面临着谴责，但阿维洛伊主义者们仍继续秘密教授这些学说（就像托马斯所描绘的那样，“在角落里，孩子面前”），虽然1272年艺学院的教授们已经被禁止讨论神学内容，而且1276年在大学里私密教学也被禁止。这又引起了1277年3月7日的另一个谴责：巴黎主教谴责了219条论点，并绝罚任何一个坚持这些论点的人。谴责的主要对象是布拉班特的西格尔和达契亚的波爱修的学说，它涉及“双重真理”这一遁词。达契亚的波爱修与布拉班特的西格尔是同一时代的人，他支持亚里士多德所提出的智性的福祉这一思想，并认为，只有哲学家们才会获得真正的幸福，非哲学家们则是在向自然秩序犯罪。有些被谴责的观点——如“没有比献身哲学更加杰出的状态了”和“世界上唯独哲学家为智慧之人”——似乎发自波爱修的学说，看起来像是对他的学说的总结。波爱修作为艺学院的教授，对超性秩序一字不提，并且把亚里士多德关于福祉的看法视为恰当的，至少在从理性的角度来看是这样的。

第四十三章

方济各会的思想家们

罗杰·培根，生平和著作——罗杰·培根的哲学——阿令斯帕尔塔的马修——彼得·约翰·奥利维——罗杰·马斯顿——米德尔顿的理查——拉蒙·柳利

442 1. 罗杰·培根（Roger Bacon，约 1212—1292 年后）是最值得关注的中世纪思想家之一，他被称作美妙博士（Doctor Mirabilis）。只因为他对经验科学的兴趣和尊重，以及在科学中运用数学，他就已经是值得关注的了。但令他更让人感兴趣的却在于，他的科学性与他对哲学本身的强烈兴趣结合在一起这一事实。而这两个兴趣都与方济各会所特有的一种典型的对神秘学的强调结合在一起。这样，传统的要素就与科学的见解相融合了，后者实际上对与他同时代的大部分神学家和哲学家来说是陌生的。[1] 另外，罗杰·培根性格冲动，有时缺乏宽容且脾气火爆，他坚信他自己的意见为真且非常有价值，也坚信他那个时代很多主流思想家是愚昧的，特别是巴黎那些人。他不仅作为哲学家，而且作为人，都是值得人们关注的。在他的修会里，他就像一只雷厉风行的海燕，同时他也是修会引以为傲的人物，并且是不列颠哲学杰出人物中的一位。如果把罗杰·培根和弗兰西斯·培根（Francis Bacon，1561—1626 年）相比较，后者并不一定就会占上风。就像亚当逊教授所说的那样，“公平地讲，非常有可能的是，

① 我指的当然是实验科学。

我们在说起培根的科学革新时，其实说的是 13 世纪那位被人遗忘了的修士，而非 17 世纪那位出色和著名的大臣”。[①] 布里吉则提出，虽然弗兰西斯·培根“作为一名作家〔比罗杰·培根〕要杰出得多，但罗杰·培根的判断要更加正确，而且对标志着科学发现的演绎和归纳都把握得更牢靠”。[②]

罗杰·培根出生在伊尔切斯特，在牛津师从亚当·马什（Adam
Marsh）和罗伯特·格罗斯泰斯特。培根对后者崇拜有加，说他懂得数学 443
和光学，而且能够知道一切事物。格罗斯泰斯特也精通语言，能了解古代哲人。[③] 培根从牛津去了巴黎，在那里教了几年书。他对巴黎的教授没有太多敬意。他曾说过，哈勒斯的亚历山大的《大全》比一匹马还要沉，[④] 虽然他认为此书并非由亚历山大本人所著。他还责备神学家们干预哲学，责备他们对科学无知，也责备他们毫无根据地推崇哈勒斯的亚历山大和大阿尔伯特。[⑤] 对科学和语言的无知是他对同时代思想家的主要攻击点，虽然人们对彼得·隆巴之《四部语录》的崇拜也遭到了他的诟病，他说，此书的依据是圣经，但对经文的解读却存在谬误。换言之，他的批评（常常是不公允的，比如他对阿尔伯特的批评）展现出他思想的双重特性，献身科学的精神与对神学和形而上学传统的保守态度结合在一起。至于亚里士多德，培根是这位哲学家的崇拜者，但他觉得其作品的拉丁译文很糟，还会误导人，如果能办到，他会把这些译文付之一炬。[⑥]

然而，培根尽管没有借用巴黎大学的伟大人物的思想，而且用他本国的人与巴黎学者对比，认为前者更加优越，但他至少在巴黎遇到了一位对他的思想有着持续影响的人物——马里库尔的彼得（Peter of Maricourt）[⑦]，一位皮卡蒂人，《论磁铁之信》（*Epistola de magnete*）和

---

① 罗杰·培根：《中世纪的科学哲学》（*The Philosophy of Science in the Middle Ages*），第 7 页。

② J. H. 布里吉：《〈大著作〉导论》，第 xci—xcii 页。

③ 《第三部著作》，第 25 章。

④ 同上，第 25 章。

⑤ 同上，第 322 页，及以下。

⑥ 《哲学指南》，第 469 页。

⑦ 彼得有个别名叫“Peregrinus”（在外旅行之人），有可能是因为他参加了一次十字军东征。

《局部星盘新论》(*Nova compositio Astrolabii particularis*[①])的作者。按照罗杰·培根的说法，[②]他是一位令我们可以放心为他的科学成就而称赞的人。“过去三年，他专注于一面可以从远处点燃火焰的镜子，拉丁语学者从没有解决过或尝试去解决这个问题，虽然关于这个问题，他们著有书籍。”很明显，彼得激发了罗杰·培根对经验科学的爱好，并且因为询问自然本身而非试图先天地、在不对经验加以考虑的情况下回答问题，从而赢得了他的尊重。

444 大约1250年，培根加入了方济各会，并从那时到1257年一直在牛津教书，1257年，他因为引起了上级的猜疑和敌意，不得不放弃公开教课。然而，他仍然被允许写作（尽管这些作品不被允许发表）。1266年6月，培根的朋友、教皇克莱门特四世要培根把著作送给他，但教皇不久后去世，至于手稿有没有抵达罗马，以及假如它们到达了罗马，又受到了怎样的对待，人们无法确切得知。无论如何，在1277年，培根又因为要捍卫他自己的天象学观点并批评史蒂芬·唐皮耶对星相学的谴责而撰写《天文学之鉴》(*Speculum astronomiae*)，由此陷入麻烦。当时方济各会的会长阿斯科利的耶柔米（Jerome of Ascoli）怀疑培根在教授新思想，于是派人把他带到巴黎的修会大会，结果培根在1278年锒铛入狱。他似乎在狱中一直待到了1292年，在这一年或不久之后，他就去世了，被埋葬在牛津的方济各会教堂里。

培根的主要著作是《大著作》(*Opus Maius*)，他或许完成了这部著作并把它送给了教皇。《小著作》(*Opus Minus*)和《第三部著作》(*Opus Tertium*)大致是对《大著作》中的内容的总结，虽然它们也含有另外的内容，比如培根在《小著作》中讨论到了神学中的七宗罪问题。一系列其他作品，如《论亚里士多德〈物理学〉八书问题集》(*Quaestiones supra libros octo Physicorum Aristotelis*)和《论第一哲学诸书问题集》(*Quaestiones supra libros Primae Philosophiae*)，收录在已问世的十六卷本《罗杰·培根至今被编辑的作品集》(*Opera hactenus inedita Rogeri Baconi*)的十四

① “Astrolabium particulare”指的是只在同一纬度上使用的星盘。——译者注

② 《第三部著作》，第13章。

卷中。在这些作品中，有些似乎属于规划中的《主要书稿》(*Scriptum Principale*) 的部分。培根也分别撰写了一部《哲学指南》(*Compendium Philosophiae*)、一部《哲学学习指南》(*Compendium studii Philosophiae*) 和一部《神学学习指南》(*Compendium studii Theologiae*)。

2. 在《大著作》第一部分中，培根列举了人之所以无知和无法获得真理的四个主要原因：盲从徒有虚名的权威，习惯的影响，大众的偏见，以及制造很有智慧的假象以来掩盖自己的无知。亚里士多德、塞涅卡和阿维洛伊这样的人也意识到了前三种谬误的原因，但第四种是最危险的，因为它使得人们把无价值的盲从权威、习惯和大众偏见的结果当成了真正的智慧，从而掩盖自己的无知。比如，就因为亚里士多德说了什么，什么就被视为真的了。但阿维森纳或许就这一点纠正过亚里士多德，阿维洛伊可能又纠正过阿维森纳。而且由于教父们并没有从事科学研究，人们想当然地以为此类研究毫无价值，但当时的状况是非常不同的，能为他们的这类 445
举动辩解的，对我们来说却不一定足以辩解。人们意识不到数学和语言学习的价值，从而出于偏见贬低这些学问。

在第二部分，培根强调了神学在诸科学中的主导地位：一切真理都包含在圣经中。但是，为了阐明圣经，我们需要教会法和哲学的帮助。哲学以及对理性的普遍运用不可被排斥，因为理性来自上帝。上帝是主动理智（培根如此诠释奥古斯丁，同时提到了亚里士多德和阿维森纳），并且光照了个人的心灵，在心灵的活动中协助它。哲学的目的是引导人认知并服侍上主：它以道德哲学为巅峰。异教徒的思辨和道德科学当然是不足的，只有在基督教神学和基督教伦理学中，它们才得到完善，但是，谴责或忽视真理的任何一部分都是不对的。培根提出，实际上，哲学并非异教徒的发明，而是已经启示给了圣祖们的。随后，启示由于人的堕落而变得模糊，但异教徒哲学家们又自行发现了它，或它的一部分。这些哲学家中最伟大的是亚里士多德，他是真正有智慧的人，并且在很多地方改进了他的前人所说的东西（虽然他自己的理论也还需要修正）。总之，我们应该以智慧的方式利用异教徒哲学，而不是对其加以无知的排斥或谴责，另一方面，我们也不可如奴隶般地跟随某一位哲学家。我们的任务是继续发展并完善前人所做的工作，并在脑海中记住，虽然真理的功能是将人引向上帝，但我们不应该认为乍一看似乎与神学没有直接关联的东西就都是毫无价值的：一切类别的真理最终都会引向上帝。

培根在第三部分中讨论了语言这个主题，强调了对语言之科学研究的实践重要性。不真正学会希伯来语和希腊语，就无法恰当地诠释和翻译圣经，也无法对手稿中可能存在的错误进行修正。我们也需要对希腊和阿拉伯哲学家文本的优质的翻译。但是，为了翻译，且要避免奴性的硬译，略识语言是不够的。

446 在第四部分，培根讨论了数学，这是通往其他科学的“大门和钥匙”。先祖们研习数学，希腊人通过迦勒底人和埃及人认识到数学。但在拉丁学者那里，数学被忽视了。然而数学如同天赋的一样（quasi innata），或至少是可以容易且直接地学到的，并不像其他科学那样依赖经验，于是我们也可以说，它是其他科学的前提。逻辑和语法在一定程度上也依赖数学，没有数学就无法在天文学里取得任何进步，这是显而易见的。数学对神学也有用：举例而言，数学天文学能够证明地球与天空相比是无足轻重的，更不用说数学对解决经文中的编年问题也有用，它也能反映儒略历[1]的不足，教皇应对此加以关注。培根接着讨论了光以及它的传播、反射和折射，讨论了日食和月食、潮汐和地球的球形形状、宇宙的唯一性，等等。然而他接着讨论了地理和天象学。人们对天象学是抱有怀疑态度的，因为它与宿命论连接在一起，但这种怀疑并不合理。天体的影响和运动牵涉到地面和人的活动，并且甚至在人身上也会产生自然倾向，但它们并不摧毁自由意志：我们要尽可能地获取知识，并为一个好的目标来使用它们。培根赞同亚里士多德为亚历山大大帝提出的有关如何对待有堕落风俗的部落的建议：改变他们的气候，也就是说，改变他们的定居点，从而改变他们的道德风尚。

光学构成了第五部分的内容，在这一部分中，培根讨论了眼睛的结

[1] “Julian Calendar”，罗马历法的一种，由尤利乌斯·恺撒（又译“儒略·恺撒”）颁布，因而以他的名字命名，后来被格列高利历（即如今的公历）取代，后者以教皇格列高利的名字命名。——译者注

构、视觉的原理和视觉的条件、反射、折射，以及在最后讨论了光学的实践运用。他提出，可以在高处竖立镜子来侦察敌人的阵容和运动，使用折射可以使小的物体看似巨大，使远的物体显得很近。没有证据表明培根真的发明了望远镜，但他已经想到了此物的可能性。

在第六部分，培根考虑了经验科学。推理能使人获得正确的结论，
但它只有在得到经验的证明之后，才能消除怀疑。这就是几何要用到图示 447
和形状的原因之一。很多人信以为真的意见被经验推翻。然而有着两种经验。在一种经验中，我们使用身体感官，有仪器和可信的见证人协助，另一种经验则是对精神事物的体验，这种经验需要恩宠才可获得。后一种经验历经不同的阶段，一直到以神魂超拔的神秘状态为其最高阶段。前一种经验可以用来延长生命（通过改进医学并发明毒药之解药），可用来发明爆破用的化学物质，把低级金属转变为黄金并提炼黄金，以及用来说服异教徒不再错误地相信魔法。

最后，在《大著作》的第七部分，培根讨论了道德哲学，这要比语文学、数学和经验科学更高一层。这些科学都是与不同种类的行动连接在一起的，道德哲学却与我们借之而变得善或恶的行动连接在一起，它教导人认识到他与上帝、他的近人以及他自己的关系。所以，它是与神学紧密连接在一起的，并分享后者的尊贵。培根预设了包含着基督教启示的“形而上学原则”，讨论了公民道德，并以更大的篇幅讨论了个人道德。在此，他使用了希腊、罗马和穆斯林哲学家的著作，特别是罗马的斯多亚主义者塞涅卡的著作。在结论中，他讨论了接受基督教信仰的根据。启示是必要的，基督徒顺从权威接受信仰，但在与非基督徒打交道的时候，我们不能简单地以权威为依据，而是必须以理服人。所以，哲学能够证明上帝存在与上帝的唯一和无限，而圣徒作者们之所以可信，是因为他们个人的圣洁、智慧，并有圣迹为据，他们在破坏面前坚定不移，他们的信仰则团结统一，尽管他们出身卑微、时运不济，却最终取得了胜利。培根以人融入基督以及借着基督而分有永生为这部著作的结尾。在此生中，人还有什么更多的追求呢（Et quid potest homo plus petere in hac vita）?

上面的论述可以反映培根哲学的双重特性。他强调哲学与神学的关

系、哲学在引导人走向上帝方面的功能以及哲学实践和道德的方面，还强
448 调了他的哲学中所赋予的对上帝和精神事物内在认知的地位，以神魂超拔为巅峰，强调了他在神学和哲学之间所奠定的关系、他关于上帝为主动理智之光照的学说[①]、他对“种子原理”学说的采纳（指的是在发展中，质料本身也有着一种主动的倾向）、受造物之普遍的形质组成、形式的复多性（从身体形式一直到个体之形式，forma individualis），这一切都标志着他是奥古斯丁学说的追随者。尽管培根尊重亚里士多德，却也频频曲解他，甚至把他肯定从未持有的观点安到他的头上。这样，他在亚里士多德主义那里，看到了实际上并不存在的基督教神学的要素。他虽然提到了托马斯，却似乎并没有受到托马斯主义立场的影响，或对此有什么特别的兴趣。另一方面，他兴趣广泛，坚持经验科学，并且坚持使用数学来发展天文学和实践运用科学，这些都标志着他是未来的使者。在性格方面，他有些自以为是，缺乏耐心，有时他也倾向于不公允的批判和谴责。但他指出了当时的科学以及当时道德和教会生活中的许多缺点。自然而然地，他在发展其科学理论时，在很大程度上依赖了其他思想家，但是，他敏锐地认识到了这些理论发展和运用的潜力。而且，就像已经说过的那样，他比那位英格兰大法官弗兰西斯·培根要更加牢靠地掌握科学方法，更好地结合运用演绎和归纳。后者因为坚持经验和观察，被人描绘得好像在早先的哲学家中无可比拟，或已经有过类似的想法。

3. 另一位不同类型的奥古斯丁主义者是阿夸斯帕尔塔的马修（Matthew of Aquasparta，约 1240—1302 年），他在巴黎上过大学，在博洛尼亚和罗马教书，并于1287年成为方济各会的会长，1288年，他被授予枢机职位。他的作品有《四部语录注疏》、《辩论问题集》（*Quaestiones disputatae*）和《随意提问问题集》（*Quaestiones quodlibetales*），以及一些其他作品。他一般坚持波纳文图拉的立场，并将圣奥古斯丁视为智慧的伟大源泉。于
449 是，尽管他承认人对有形对象的观念只有依赖感官经验才可形成，但他拒绝承认有形的对象能够在身体之外的东西上起作用：灵魂本身对感官负

① 这一学说显然不是阿维洛伊式的。后者的单灵论受到了培根的谴责，他认为这是错误的和异端的。

责，就像奥古斯丁所认为的那样，尽管感知当然要求一个能被感性对象所影响到的感官。另外，主动理智将感性心象（species sensibilis）加以转化，并在被动理智中产生观念。就这一点，马修明确以奥古斯丁为依据。[①]然而，仅仅是灵魂的活动并不足以解释知识：我们还需要神之光照。那什么是神之光照呢？实际上，这是上帝与人之理智的运动的协同活动，通过这种协作，理智也就受到推动而认识到对象。上帝使得我们认识到我们已经获得其感性心象的对象，这一运动就是神性光照。对象与它的永恒范型基础——永恒原理（ratio aeterna）或神性理念发生关联；是神性之光使我们得以认识到这个关系的。永恒原理（rationes aeternae）在理智上执行着一种规范性的效应。但我们并没有观察到神性之光或其协同运作，永恒理念也不是可以被直接认识到的对象。它们是作为推动理智来认识受造的本质的原理而被我们认识到的，也就是说，是如同推动着使得（人）认识到他者的对象（ut obiectum movens et in aliud ducens），而非作为导向自身的对象（obiectum in se ducens）。[②]这样，神性之光在一切人身上运作，无论其善恶如何，这一点理解起来也就一点都不困难了，因为这里并不涉及对神性理念或神之本质的直观。上帝在受造物的一切活动中协同运作，但人的心灵是按照一种特殊的方式而被创造为上帝的肖像的，而上帝与心灵活动的协同运作也就很正确地被称作光照。

在此前已经提到过的同一部书《论认知》（*De cognitione*）中，马修提到了理智借由某种反思（per quandam reflexionem）来认识单个物体的学说。这是托马斯主义的论点，但他反驳了这个说法。他说，要理解此观点是困难的，因为通过反思而成为心理印象（per reflexionem ad phantasma）来认识个体物体指的也就是，理智要么在心灵印象（phantasma）中认识单个物体，要么直接就其本身认识到它。托马斯主义排除了后一种论点，而在另外一方面，心理印象也还不是按其现实为可被理解的（intelligibile actu），而是要从中抽象出理性心象（species intelligibilis）。马修反驳了托马斯主义的这一观点，并声称理智是通过单个心象（species singulares）

① 《论认知》之辩论问题，第 291 页和第 280 页。
② 同上，第 254 页。

450 而直接认识到单个物体本身的。感性直观把握到对象之存在，智性直观则把握到个体是什么或其本质是什么。但除非心灵首先有着一种对单个物体的直观，否则它是无法抽象出普遍的概念来的。于是，普遍的心象（species universalis）是以单个的心象（species singularis）为前提的。当然，如果“可理解的”指的是可以得到演绎证明，那么，单个物体并不是可理解的，因为它是偶然的，并具有流逝性。但如果“可理解的”指的是能够为理智所把握，那么在这个情况下，我们就必须允许“单个物体为可理解的”这类说法。[①] 如果不这样的话，人们就无法满意地解释抽象和普遍观念之实在性的根基。

马修所反驳的另一个托马斯理论是这样的：灵魂在与身体相结合的时候，是没有关于自身及其性向和能力的直接直观的，不过它间接地知道它自身以及它的性向是存在着的。它借助从心理印象抽象得来的心象来认识对象，通过对这个抽象活动的知觉，它也得知自己的存在。马修反驳了这个认为灵魂仅仅间接认识自身的理论，认为此理论与奥古斯丁的学说相悖，而且人们也没有理由一定持有此观点。设定灵魂是如此深入地渗透进身体，以至于如果没有图像和心理印象，它就不可把握任何事物，并认为它也只能间接地认识到自己和它自己的性向，这是毫无道理的。“以为理智如此盲目，以至于无法见到自身，却又认为灵魂通过理智才认识到万物，这根本就是荒唐的。”[②] 马修非常谨慎地阐述了他自己的理论。就知识之**开端**而言，“我毫不怀疑地说，灵魂既不能直观到自身，也不能直观到在它之中的习性，而且认知的第一个行动也不可能指向它本身或它之中的东西”。[③] 为了知识的开端，灵魂需要从身体感官发出的刺激，并通过反思自己被觉察到的自身之认知行动，认识到自己的能力和自己是存在着的。但是，在这之后，灵魂转向了自己本身（quadam spirituali conversione in semetipsam revocata est：通过一种精神性的转向，它就被呼唤转向自

① 《论认知》，第 311 页。
② 同上，第 328 页。
③ 同上，第 329 页。

身)。[1] 这样，它就能获得对自身和自己习性的直接直观，这些并不是推理得来的结论，后者不是直观得来的，而是一个心灵观见的直接对象。为了让智性直观发生，需要四个条件，这与感性直观的条件类似，也就是说，需要一个可见的对象（且它要作为可见的在面前），要有一个恰当的观见能力，需要（对象和认知能力间的）相符性，还需要光照。这一切条件都已经得到了满足或可以被满足。灵魂是一个智性可见的对象，而且在理智面前是当下的。理智是一种非物质的能力，并不内在地依赖感官。理 451
智和灵魂本身都是智性的有限对象，对灵魂来说，没有比它自己更恰当的对象了，而神学的光照是一直都在的。[2]

因此，阿夸斯帕尔塔的马修紧随了奥古斯丁传统，尽管他是以并不极端且合乎情理的方式这么做的。他坚持种子原理和身体形式（forma corporeitatis）学说，也就在预料之中了。另外，他还持有波纳文图拉关于受造物之普遍的形质组成的学说，否认本质和存在之间的实在区分为受造物之有限性和偶然性提供了恰当的解释。

4. 相比之下，有一位不怎么紧随传统的奥古斯丁主义者，彼得·约翰·奥利维（Peter John Olivi，约 1248—1298 年）。他是方济各会属灵派（spirituals）的一位著名人物。他紧持一切受造物之形质组成的理论，以及天使在同一种中有着多个的理论，而且追随复多形式的理论。但是，他不仅否认了种子原理的存在，甚至还认为对它的否定符合奥古斯丁的学说。司各脱的在物体本身中的形式区分（distinctio formalis a parte rei）的学说在他的哲学中已经被预见到了，这个区分处于实在区分和概念性区分之间。而且，此区分存在于神之属性之间，如同后来的司各脱所想的那样。奥利维也因为采取了约翰·菲洛普努斯的冲力（impetus）概念而引人注目。这个理论指的是，当一个抛射体被推动的时候，推动者或抛物者赋予了此抛射体以冲力或动力，后者在抛射体脱离了与动者的接触之后，仍使得它能持续运动，虽然空气阻力和其他阻力会阻挡它的力量。接纳这

---

① 《论认知》，第 329 页。

② 关于灵魂对自身的直观以及对单个物体之智性认知的学说，也出现在了方济各会修士维塔尔·杜福尔（Vital du Four）那里。

个理论也就意味着要抛弃亚里士多德关于“非自然”运动的理论，关于这一点我们最好保留到下一卷再讨论，在那里，我们将对此学说与那些从此学说中得出新结论并由此为物理世界之新认识铺垫道路的那些思想家一并加以论述。对物体本身中的形式区分的进一步讨论也将等到讨论司各脱系统的时候再说。我提到奥利维的真实原因是要简短地提及他关于灵魂以及它与身体之关系的理论。1311 年的维埃纳大公会谴责了这个理论，或其
452 中的一部分。然而它值得一提，这是因为以往的某些作者曾声称此大公会想要谴责某些学说，虽然这并非此大公会的本意。

按照奥利维的说法，在人的灵魂中，有着三个“部分”，即生长原理或形式、感性原理或形式以及理性原理或形式。这三个形式一同构建了同一个人性灵魂，即理性灵魂，它们是整个灵魂的构建性部分。在持有这个复多形式的学说上，并没有太多新奇之处。但是奥利维从他的理论中得出了一个特别的结论，即这三个形式部分由灵魂的精神性质料所统一，因此较高的形式仅仅是通过精神性质料的中介才推动较低的形式的。另外，他还得出结论说，生长和感性的部分赋予身体以形式，理性部分本身却并不赋予身体以形式，虽然它推动其他部分，后者是其工具和从属部分。他说到，这三个部分根植于精神性质料，这一点确保了人的统一性以及灵魂与身体的实体性统一。但同时，他也拒绝允许灵魂之理性部分直接赋予身体以形式。最后一点在方济各会成员当中也引起了反对。他们的反对理由之一是，如果理性灵魂真的并不直接而仅仅间接地通过感性形式赋予身体以形式的话，由此就可以得出结论，基督作为人也是由理性灵魂和身体组成的，而后者是教父们所传授的。[①] 这事在 1311 年维埃纳大公会的谴责中得以了结，大公会谴责了理性或智性灵魂并不直接（per se：通过自身）且本质性地（essentialiter）赋予身体以形式的说法，并声明此观点为异端。然而，大公会并没有谴责复多形式的学说，也没有肯定托马斯主义的学说，后来有些作者想要这么说。大公会与会者们，或至少他们之中的

① 支持奥利维的论点的人给出了这么一个理由，即如果理性形式是直接赋予身体形式的，那么它就会同样把自身的不朽赋予身体，或在它赋予身体形式的时候失去它自己的不朽。

大多数，自己就持有复多形式的学说。大公会只希望保证人的统一性，从而肯定理性灵魂是直接赋予身体以形式的。在提到基督论时，这一点显而易见。基督的人性在于有着一个可朽的人性身体和理性的人性灵魂，后者赋予身体以形式，这两者一起构成了人性。大公会并不关心身体形式（forma corporeitatis）的问题或人的灵魂中是否有不同“部分”的问题；大公会所主张的仅仅是“理性灵魂直接地赋予了身体以形式，从而是属于 453
人的”这一原则：它所要谴责的是把理性灵魂和人的身体分离开来，而非复多形式的理论。所以，说维埃纳大公会申明人的灵魂直接赋予原始质料以形式，以及说教会把托马斯主义的理论列为官方理论，是错误的。

5. 如果说，彼得·约翰·奥利维是一位在某些观点上脱离了奥古斯丁传统的独立的思想家，并且为方济各会后来的思想发展阶段铺垫了道路，那么，罗杰·马斯顿（Roger Marston，卒于 1303 年）则是一名诚心诚意的奥古斯丁主义者。他一度担任方济各会在英国教省的主教。他拥抱了所有显露出“奥古斯丁主义”特征的理论，比如对单个物体之智性把握、意志高于理性、受造物普遍的形质组成、复多形式等。他还批评了托马斯，因为后者承认从永恒造物明显是可能的，也因为后者抛弃了种子原理的学说。的确，这位坚定的英国保守人士甚至觉得阿夸斯帕尔塔的马修也过分妥协了，他坚决拒绝任何淡化那结。被他视为奥古斯丁和安瑟伦的真实学说的企图。我们应该宁可跟随“圣徒”，也不追随那些“地狱里的人”，后者指的是异教徒哲学家。

在其《论灵魂》（*De Anima*）中，罗杰·马斯顿给出了针对圣奥古斯丁就神性光照学说的毫不妥协的阐释。如果主动理智指的是灵魂中可认知真理的一个自然性向（sicut perspicuitas naturalis in oculo：如同在眼睛中的自然的清晰性），那么主动理智或许的确可以被称作灵魂的一部分。但如果主动理智指的是光照的行动，那我们就必须说它是一个独立的、没有质料的实体，即上帝本身。[①] 主动理智为非受造的或永恒的光，它印照在心灵上，就像印章压在蜡上一样，它还是认知不变真理的原理。[②] 作为

---

① 《论灵魂》，第 259 页。
② 同上，第 263 页。

永恒之光，上帝提供给我们的并不是概念或判断的条件，而是永恒的真理。[①] 比如，永恒之光并没有把整体和部分的概念输入到我们的心灵中去。相反，通过永恒之光的辐射，心灵把握到了这两个概念之间确定无疑的关
454 联，也就是整体大于部分这一永恒真理。所以，永恒原理是确凿和无误的判断之基础（rationes aeternae aliqualiter attinguntur：〔这些真理〕在某种性质上触及永恒的理念）。人类就基本真理都具有共识，对此的解释在于同一神性之光是一切心灵的光照。罗杰·马斯顿也拒绝允许说此神性之光仅仅在于作为神性理智之有限的模仿而创造了人之理智。那些否认主动理智是原初和非受造的光的人"喝醉了哲学的琼浆玉液"，从而扭曲了圣奥古斯丁与圣徒们的本义。[②] 如果圣奥古斯丁并无意去说这些人认为他说过的话，那他的论述就毫无意义，而且会乞题，因为如果人之理智被视为它自己光照的源头，人们就不用讨论非受造之光的存在了，但圣奥古斯丁确实讨论到了这一点。[③]

6. 另一位重要的英国方济各会修士是米德尔顿的理查（Richard of Middleton），他在牛津和巴黎学习。他于 1278 年前往巴黎，在获得学位之后，获得了一个方济各会神学教席，并在此位置上一直待到 1286 年，同年他成为图卢兹的圣路易（St. Louis of Toulouse）的私人教师，后者是西西里的查尔斯二世之子。他去世的日期并不确定，但有可能在新旧世纪交接之际。他整合了常见的彼得·隆巴之《四部语录注疏》，也是《辩论问题集》（*Quaestiones Disputatae*）和《随意提问问题集》（*Quadlibets*）的作者。

在某些方面，米德尔顿的理查跟从了一般的方济各传统，比如，他认为从永恒中造物是不可能的，因为这就蕴含着一个观点，即在受造物中有着一个受造的、无限的普遍形质复合。他也持有复多形式以及意志之首要地位的观点。在其他几点上，他却采纳了托马斯主义的立场，就此而言，他代表了方济各会思想家们当中的向一种修正的奥古斯丁主义发展的

---

① 《论灵魂》，第 262 页。
② 同上，第 273 页。
③ 同上，第 256 页。

新潮流，这个潮流最伟大的例子就是邓斯·司各脱。于是，理查不仅仅坚持说一切有效的上帝存在证明都是后天的，还说我们对精神性以及物质存在者的理性认知都是从感性经验中抽象得来的，我们没有必要预设任何特别的光照或把主动理智与上帝等同起来。另一方面，他又说心灵能把握到单个物体，虽然它是通过与它把握普遍的对象那样，通过同一概念来认知到它的。

此外，理查或多或少还有一些原创思想。这些思想中的一个不很 455
成功的想法是，心灵直接获得的并非个体存在物本身，而是其代表性存在（esse repraesentatum）。他还发明了纯粹可能的原理（principium pure possibile），为的是解释在一个受造的天使的行动之下如何产生新的形式。乍看之下，这会显得就是原始质料，但精神性存在者和有形存在者中的质料是不同质性的。在理查的眼里，质料也具有一定的属于它自身的现实，而纯粹可能的原理却没有属于它自身的现实性，它是与质料一同被造的，且不可能脱离后者而自主存在。如果质料被理解为自然变化的原初基础，也就是作为对消灭了的和生成了的身体共同具有的原理，并且会获得形式，那么，它也就实在地与纯粹可能的原理是有区别的，后者自己被转变成了形式。于是，纯粹可能的原理也就可以被称作质料之潜能（potentia materiae），如果我们把质料之潜能理解为受造的行动者，从而实现形式的原理的话，在这种情况下，质料之潜能是实在地与质料本身有区别的。相反，如果把质料之潜能理解为质料的那种可以获得形式的能力，那么它与质料就是等同的，但在这种情况下，它就实在地与纯粹可能的原理相区分。[①] 换言之，获得形式的能力并不等同于成为形式的能力。理查除了预设了作为变化之载体的质料（此质料有着属于自己的现实，并可获得形式），还预设了一种能获得形式的东西，这是一种纯粹可能的原理，并且被转化为质料所获得的形式。他认为此理论是对种子原理的改进，并试图把圣奥古斯丁诠释为持有存在着这种可以转化为形式的纯粹可能的原理的观点。他不认为奥古斯丁在说质料有着主动的力量，因为那样的话就会

---

① 《四部语录注疏》，2，12，1，10。

出现诸形式之蕴藏在质料中的情况。凭借积极的潜能，我们可以说形式在太初即以潜能的形式被创造了，但我们并不能就此认为此说法指的就是有“种子”存在。涉及的原理在质料之中，理查称之为质料之更加内在的部分，且为质料之被动的潜能。但就像我们已经见到的那样，它并不与作为变化之载体和作为形式之接受者的质料相同一。[①] 所以，它并非完全有
456 别于质料的，但它在普通意义上还是与质料有区别。这似乎暗含了托马斯主义关于原始质料的见解，在一定程度上好像也的确如此。但理查拒绝放弃传统的关于质料具有其自己的现实的观点，因此他也必须把组合物中的质料与纯粹可能的原理相区分，后者则在受造的行动者的作用之下变成了形式。

每一个受造物除了由质料和形式所构成，还是由本质和存在构成的。但存在并不实在地与本质相区分，就好像它对其来说是一种附加上去的偶性。存在添加了什么呢？一个双重的关系：一种与它自身相关的思想关系（relatio rationis），因为存在赋予本质以尊严地位，使之成为自立体或实体，也赋予其与造物主的实在关系。[②] 就此内容，米德尔顿的理查采纳了根特的亨利的立场。

在《米德尔顿的理查》（*Richard de Middleton*）[③] 结尾，耶稣会神父霍才德斯（Père E. Hocedez）写道：理查结束了一个时代（Richard finit une époque）。他是炽爱学派 [④]（Seraphic School）的最后一位代表人物，他试图达成一个综合（prudemment nouvelle：谨慎地革新），把波纳文图拉的主要论点进行加深和完善，之后融入他所认为的亚里士多德主义和托马斯神学的最好部分当中。米德尔顿的理查融汇了奥古斯丁传统以外的思想，这是显而易见的，但我并不同意霍才德斯神父的说法，他认为这种思想运动“缺乏发展前景”，还说司各脱把方济各会哲学“带到了新的道路上，这些道路很快就会走向唯名论”。理查的哲学其实是发展到司各脱主义的

---

① 《四部语录注疏》，2，12，1，1。
② 同上，2，3，1，1；《随意提问问题集》，1，8。
③ 巴黎，1927 年。
④ 波纳文图拉被尊称为“炽爱博士”，“炽爱学派”指的是跟从波纳文图拉的学派。——译者注

一个阶段，司各脱主义的确向亚里士多德主义开启了大门，但肯定不是唯名论的，也没有唯名论倾向。

7. 拉蒙·柳利（Raymond Lull，1232/35—1315 年）当属最有趣的方济各会哲学家之一了。他出生在马略卡（Majorca），曾一度在国王詹姆士二世的宫廷中做事。约 1265 年，他有了一次宗教皈依的体验，于是离开家庭，献身于他认为人生最伟大的事业，即与伊斯兰做斗争，并协助根除阿维洛伊主义。以此为目标，他用了九年时间学习阿拉伯语和哲学，这一阶段学习的初步成果是他的《大艺》（*Ars Magna*），之后他又撰写了《哲学原理篇》（*Liber principiorum philosophiae*）。他加入了圣方济各的第三 457
修会，并旅行到非洲去使摩尔人皈依。他在巴黎教书，并与阿维洛伊主义做斗争。他在逻辑、哲学、神学和诗歌领域均有著作。他使用母语加泰罗尼亚语写作，也用阿拉伯语写作。最终，1315 年他在突尼斯殉难。除了上面所提到的两部作品之外，我们还可以提到他的《证明术》（*Ars demonstrativa*）、《小艺》（*Ars brevis*）、《最终普遍之艺》（*Ars generalis ultima*），以及反阿维洛伊主义的著作，比如《驳波爱修和西格尔之谬误书》（也就是驳斥达契亚的波爱修和布拉班特的西格尔的）、《论理解之自然模式》（*De naturali modo intelligendi*）、《驳斥阿维洛伊之某些谬误书》、《拉蒙与阿维洛伊主义者之论辩》和《反对阿维洛伊主义者的讲道》。当时这些只构成了这位使徒和旅行家、诗人和神秘主义者多得令人吃惊的著作的一部分。

拉蒙·柳利的传教兴趣对他的哲学来说并非无关紧要的：在一定程度上，它塑造了他对哲学的一般态度，他强调哲学要服务于神学。他很清楚信仰和理性之间的区分。他把信仰比作油，油浮在水面上是不会与水相混杂的，就算水变少了也是如此。然而他对使穆斯林皈依的兴趣使得他自然而然地不仅要强调哲学，而且要强调它从属于神学，同时也坚持理性能够使人接受信仰的教条。我们应该在这个态度下来理解他使用“必然根据”来“证明”基督教信条的做法。他并不比安瑟伦或圣维克托的理查更多地反对（现代意义上的）对信仰之理性化，后者说到了三位一体的“必然根据”。柳利明确申明，信仰讨论人之理性无法理解的对象，但他希望能向穆斯林指出，基督教信仰与理性并不冲突，并指出理性能够回应对信条的反驳。而且他相信，对阿维洛伊主义者们之“双重真理”理论的指责是合理的，而且这个理论是自相矛盾且荒唐的，并因此致力于证明，极端地分隔神学与哲学是不必要的。神学教义与理性是相谐的，而且不可能被理性推翻。至于阿维洛伊主义者自己的理论，他论述道，这些理论既违背
458 了理性也违背了信仰。比如，单灵论有悖于意识的证实：我们能意识到，我们的思想和意志是我们自己的。

如果我们只是观察柳利所持有的熟悉的“奥古斯丁主义”理论——比如，造物不可能从永恒开始、受造物普遍为形质复合体、复多形式的理论、意志高于理智，等等——就会觉得在他的哲学中似乎就没有什么特别有趣的特点。但我们在他的《结合术》（*Ars combinatoria*）中找到了一个有趣的特点。拉蒙·柳利首先预设了某些一般的原理或范畴，它们是自明的，而且所有科学都共同拥有这些原理或范畴，这指的是如果没有它们，就不可能有哲学，也不可能有任何其他科学。它们中间最重要的是9个绝对的谓词：善、伟大、永恒、大能、智慧、意志、美德、真理、荣耀。（这些谓词表达了上帝的属性。）还有另外9个概念，被用来表达（受造物之间的）关系：区分、相同性、相反性、开始、中间、末端、大多数、等同性、少数。另外还有一组基本的问题涉及美德和恶习，比如：如何、合适、哪里，等等。柳利赋予了数字“9”以特殊重要性，它也出现在了《普遍之艺》（*Ars generalis*）当中。在其他作品中，他给出了不同数目的神之属性或绝对谓词，比如在《论无限的意志和有序的意志》（*Liber de voluntate infinita et ordinata*）一书中，他给出了12个谓词，而在《论可能的和不可能的》（*De possibili et impossibili*）中，他给出了20个这样的谓词：重点在于有着基本的观念，它们是哲学和科学之本。

在预设了这些基本观念之后，拉蒙·柳利似乎在说，通过它们之间的结合，人们可以发现单个科学的原理，甚至还会发现新的真理。为了使得结合成为可能，他使用了象征主义，这指的是字母象征着基本概念；他也使用了表格、分组这样的手工方法。比如，字母A象征上帝，而在他之后的作品中，有着九个原理（principia），它们都由字母所代表，并环

绕着代表上帝的字母 A。使用图形和同心圆则可以有 120 种方式来对这些字母进行组合。所以，有些作者在柳利的设计中见到了莱布尼茨所梦想的普遍语言（caracteristica universalis）和组合术（Ars combinatoria）的前身，对此我们不必诧异。莱布尼茨的组合术是一种代数象征法，通过对组合术的使用，我们不仅可从已经确凿认识到为真的真理中演绎出基本概念，甚至可以演绎出新的真理。就像前面已经提到的那样，柳利的确像是 459
在说有时有着这种目的，而且，如果这是他的真正意图所在，那么我们明显就要认为他脱离了经院学传统。但事实上，他明确说到，他的目的是让人更容易运用记忆。[1] 另外，我们必须记得他的传教兴趣，这也意味着他的设计为的是阐明和诠释，而非一种严格意义上的演绎。莱布尼茨的确受到了柳利的影响，但这一事实并不能证明后者本身的意图。依照方济各会修士奥托·凯尔谢（Otto Keicher）博士的看法，[2] 原理不仅构成了《普遍之艺》的核心，也是拉蒙·柳利整个系统的精髓，虽然被柳利视为基础的那些概念很明显在一定意义上构成了他系统的基础，但这并不意味着他的“艺”仅仅树立了一些特定的原理或范畴。亚里士多德本人也认为这是远远不够的。当然，如果强调他的“艺”之阐释性和教学性特征，那么我们根本没有必要去讨论什么是其中的本质性和非本质性内容了。但是，如果我们选择将其视为莱布尼茨理论之先驱，那么，也就有必要对柳利的图示法以及手工操作方法与从基本概念之组合中演绎出科学原理的一般思想加以区分。因为，就莱布尼茨的一般原理而言，柳利或许的确预见了他的理论，即便他的“逻辑代数”有极大的缺陷。这大致就是伯恩哈德·盖尔（Bernhard Geyer）[3] 博士的观点，我也认为此观点是正确的。柳利依赖三个主要原理展开演绎：[4] 一、只要是肯定上帝与受造存在者之间的最大和谐的，都视为真；二、将最完美的视为上帝的属性；三、认为上帝是最

① 《证明术手册》（*Compendium artis demonstrative*），前言。

② 《论文集》，7，4—5，第 19 页。

③ 宇贝博格-盖尔（Ueberweg-Geyer）：《教父和经院哲学》（*Die patristische und scholastische Philosophie*），第 460 页。

④ 参见隆普雷在《天主教神学词典》（*Dictionnaire de théologie catholique*）第 9 卷中的词条“柳利”（“Lulle”）。

完美事物的创造者，并认为上帝创造的是更好的那些事物，这是不可反驳的。这无疑体现了柳利和奥古斯丁传统之间的精神亲缘性，也让人想起几个世纪之后莱布尼茨系统中的重要观点。

第四十四章

罗马的吉尔斯和根特的亨利

一、罗马的吉尔斯：生平和著作——吉尔斯作为思想家的独立性——本质与存在——形式与质料；灵魂与身体——政治理论

二、根特的亨利：生平和著作——折中主义，体现在光照和天赋观念理论之上——关于形而上学的观点——本质与存在——关于上帝存在的证明——亨利哲学的一般精神和重要性

一、罗马的吉尔斯

1. 罗马的吉尔斯（Giles of Rome）生于1247年或稍微早一些，大 460
约在1260年加入了奥古斯丁隐修士团体。他在巴黎学习，并且似乎在1269—1272年间听过托马斯·阿奎那的讲座。他似乎在1270年撰写了《哲学家们的谬误》，在书中，他列举了亚里士多德、阿维洛伊、阿维森纳、阿尔加则、肯迪和迈蒙尼德的错误。他对《论生成与毁灭》《论灵魂》《物理学》《形而上学》和亚里士多德逻辑作品的注疏，还有对《四部语录》第一部的注疏，以及《论基督身体诸论点》（*Theoremata de Corpore Christi*）和《论可能理智之成为多个》（*De plurificatione intellectus possibilis*）等作品似乎都是在1277年之前撰写的。同年，巴黎主教史蒂芬·唐皮耶发布了著名的谴责（3月7日）。在1277年圣诞节和1278年复活节之间，吉尔斯则撰写了《论形式之程度》（*De gradibus formarum*），在其中，他的观点与涉及复多形式的那一条谴责发生了强烈冲突。为此，以及因为类似

的触犯，吉尔斯被要求收回他的观点，然而他拒绝这么做，于是他不得继续留在巴黎大学，而此时他还没能完成他的神学学业。在离开巴黎的这一阶段，他撰写了《论存在与本质诸论点》（*Theoremata de esse et essentia*）以及对《四部语录》第二部和第三部书的注疏。

1285 年，吉尔斯回到了巴黎，并获得许可，被授予神学硕士学位，不过条件是他必须先公开收回错误观点。之后他在巴黎教授神学，直到 1292 年被选举为修会会长。1295 年，他被任命为布尔日的大主教。他在 1285 年回到巴黎之后所撰写的作品有《论存在与本质之论辩问题集》（*Quaestiones disputatae de esse et essentia*）、《随意提问问题集》（*Quaestiones*
461 *Quodlibetales*，这是对《原因之书》的注疏）。他的解经类作品有《六天造物注疏》（*In Hexaēmeron*），他的政治论文包括《论君主统治》（*De regimine principum*）、《论教会权力》（*De potestate ecclesiastica*）。吉尔斯于 1316 年在阿维尼翁去世。

2. 罗马的吉尔斯有时被人描述为一名“托马斯主义者”。然而，尽管他本人在反驳方济各会思想家的时候，与托马斯就某些地方有着共识，但他并不能被称作托马斯的门徒。他是一名独立的思想家，他的独立性甚至在他的那些乍看上去是在追随托马斯的问题上都有所表现。比如，他虽然主张本质与存在之间有着实在的区分，但他同样确实超越了托马斯就此问题所教授的内容。另外，虽然他在 1277 年拒绝了复多形式的说法，并宣称此学说与大公信仰相悖，[1] 但我们看到，这并不一直是他的观点。在对《论灵魂》的注疏中，他很犹豫且带有怀疑地提到了人身上只有一个实体形式的观点，在《论基督身体诸论点》中同样如此。[2] 而在《哲学家们的谬误》中，他说到，认为人身上只有一个实体形式的学说是错误的。[3] 很明显，他以“奥古斯丁主义”或方济各会的观点为起点，然后才逐步发展到与此对立的理论。[4] 在这个方面，他毫无疑问受到了托马斯的影响，但

---

① 《论形式之程度》（*De gradibus formarum*），手稿页 211v。

② 《论基督身体诸论点》，第 47 个论点，手稿页 36v。

③ 《哲学家们的谬误》，1，11。

④ 关于《哲学家们的谬误》之真伪和撰写日期的问题，参见 J. 科赫（J. Koch）编的版本，见文献目录。

是，他似乎并没有简单地不加质疑地接受托马斯的学说。在他希望批评或远离托马斯的观点时，他并没有迟疑。而在他同意托马斯观点的时候，也有证据表明他的赞同是出于个人的思索和反思，而并不是因为他曾是托马斯的门徒。有一个传说认为罗马的吉尔斯是一名托马斯主义者，这实际上是从他曾一度听过托马斯的讲座这一事实得出的结论，但参加一位教授的讲座并不能保证成为他的门徒。

3. 罗马的吉尔斯无疑受到了新柏拉图主义分有理论的影响。存在（esse）从上帝那里溢出，并且是对神之存在的分有。本质接受了存在，它与后者实在地区分。就有形物体而言，它被本质所接受这一点在经验上即可树立，因为它们有着一个存在的起始点，而不是一直都与存在联系在一起。这一事实表明，它们相对于存在处在潜能的地位，而存在则是实在地与感性事物之本质相区分的。确实，如果在一切受造物身上，存在 462
不是实在地与本质相区分的话，那么，受造物也就不是受造物了，它们就会通过自身的本质而存在，从而也就独立于上帝造物的活动。所以，实在区分是对造物学说的一个根本保障。不用说，受造的存在是对神之存在的分有，这个说法并非有意要隐含泛神论。吉尔斯所要坚持的，恰恰是有限物体和分有之受造的特性。就质料性物体而言，本质在吉尔斯那里指的是其形式和质料的组合。复合或有形的本质拥有一种存在的模式（modus essendi），这是从形式和质料的复合中获得的（而在无形的受造物那里，存在的模式仅仅来自形式）。但是，它并不在真正意义上自己拥有存在（esse simpliciter），因为它是从他者那里获得存在的。讲存在的模式赋予本质，似乎把后者变成了一种东西，而吉尔斯学说也明确强调了此理论的这个方面。他说到，本质与存在不仅是实在区分，也是可分离的。事实上，在认为它们是可分离之物这一点上，他没有丝毫迟疑。

实在区分理论的夸张版本使得罗马的吉尔斯与根特的亨利之间有了一场激烈的论战。后者在他的第一个《随意提问问题》（*Quodlibet*，1276年）中攻击了吉尔斯的学说。《论存在与本质之论辩问题集》中有吉尔斯对亨利的回应，但后者在他的第十个《随意提问问题》（1286年）中又重新拾起了他的攻击，对此，吉尔斯在他第十个《辩论问题》（*Quaestio disputata*）中做了回应，他提到，除非存在与本质是实在区分的，否则就不可能毁灭受造物。所以他仍然认为，他的实在区分是绝对必要的，为的是保证受造物对上帝的完全依赖性。他教授道，本质和存在之间有一个实在区分，这一事实把他与托马斯连接在了一起，但托马斯肯定没有教授过本质和存在是两个可分离之物：这是吉尔斯自己做出的贡献，尽管它有些奇怪。

4. 罗马的吉尔斯倾向于认为，只要心灵察觉到有实在的区分，那它就是可分离的，正如他关于本质和存在的理论所表明的那样。心灵从个体那里抽象出普遍心象（而抽象是被动理智所做的，主动理智光照被动理
463 智和心理印象），它从对象那里把握到没有质料的形式。所以，形式与质料是实在区分且可分离的。而质料只在有形物体中才是个体化的原则，因此，如果质料和从它引申出来的所有个体条件都被取缔，那么所有类种的个体也就都只有一个了。或许这是从质料为个体化原则这个论点推出的一个合理结论，但无论如何，极端实在主义的倾向是很明显的，部分原因是吉尔斯把“实在区分”与“从……分离”混为了一谈。

另外，形式（灵魂）和身体是实在区分且可相互分离的。这一思想当然并不新鲜。但吉尔斯也暗示道，在与形式分离之后，身体将仍然为身体，也就是说，仍然是个体的同一个身体，因为在实际分离之前，它就已经是可分离的了。[①] 在此意义上的身体指的是有广延以及有组织的质料。碰巧此理论也简单地解释了基督的身体在十字架上死前与死后是如何为个体的同一个身体的。他不需要使用身体形式（forma corporeitatis）的学说，他也不相信这个学说，而且也没有必要指出，基督的身体在墓穴中与他死亡之前的身体之个体同一性仅是因为与神性的相连。此外，罗马的吉尔斯攻击复多形式的理论并认为它与神学正统不相容的原因之一在于，在他看来，它威胁了关于基督死亡的学说。如果在人的身体中有着复多形式，其中只有一个在死亡时分开了，而这个形式是人所特有的，

① 吉尔斯的理论看上去似乎是在主张灵魂（即形式）在与身体分离的状态中就不是个体的了，但我们在此必须记得，对吉尔斯和托马斯来说，灵魂都是通过与质料的结合个体化而获得其个体性的。

在其他生物那里却没有，那么，我们也就不能说基督有着身体的死亡。神学理由并非他攻击复多形式理论的唯一理由，比如，他还相信不同的形式是相互矛盾的，因此不可能在同一个实体中出现。

5.《论教会权力》（*De ecclesiastica potestate*）值得一提，这不仅是因为其内容——它讨论了教会与国家之间的关系——还因为教皇卜尼法斯八世（Boniface VIII）在他著名的诏书《唯一至圣（的教会）》（*Unam* 464
Sanctam，1302 年 11 月 18 日）中使用了它。吉尔斯为之后成为法国国王的那位王子"美男子菲利普"（Philip the Fair）所撰写的《论君主统治》，是依据亚里士多德和托马斯的理论而撰写的。但在《论教会权力》中，他提出了教皇专制、教皇主权乃至教会在世俗事务上之立法权的学说。这是故意与君主的主张对抗，因此特别受卜尼法斯八世的欢迎。在此作品中，他在很大程度上依赖了奥古斯丁对国家所表明的态度，这要远远多于他对托马斯的政治思想的借用。圣奥古斯丁在写作的时候，所想到的主要是一个异教徒的帝国。吉尔斯在引用他所写的内容时，面对的是他同时代的王国，并添加了教皇至高权的学说。[①] 有着两种权力、两柄剑，一柄是教皇的，而另一柄是国王的。然而，世俗权力是从属于精神权力的。"如果世俗权力犯了错，它就会受到比它高一等的精神权力的审判，而如果精神权力——特别是教皇的权力犯了错，它就只能被上帝审判。"[②] 法国国王腓力四世指责卜尼法斯八世在《唯一至圣（的教会）》中申明的宗座甚至在世俗事务上也有比国王更高的权力的说法，教皇则回应道，这并不是他的意图所在：他并不想要篡夺国王的权力，而是想表明，国王如同教会任何其他成员一样，都在罪的理由（ratio peccati）下归教会掌管。然而，罗马的吉尔斯作为一名神学家个人，再次看上去要比卜尼法斯八世走得更远。他承认有着两柄剑和两种权力，一种权力被授予君主，另一种被授予教会，特别是教皇。但是，他接着说，虽然司铎们，特别是教皇，在新的律

---

① 我在这里不是想说奥古斯丁拒绝罗马主教区的卓越地位，但我不能荒唐地说他主张教皇在世俗事务上立法权的学说。

② 1，5。

法（这里指的是基督教的盟约①）之下并不应该在挥舞精神权力这把剑的同时挥舞世俗权力的剑，但这并不是因为教会不拥有世俗权力，而正是因为它拥有此权力为的不是用它，而是引导（non ad usum, sed ad nutum）。换言之，就像基督拥有一切世俗和精神权力，却并未实际运用他的世俗权力一样，教会也拥有对世俗事务的权力，却并不急着马上使用并持久
465 地执行此权力。如同身体以灵魂为定位且在灵魂之下，世俗权力也以精神权力为定位，且在后者之下。教会甚至在世间的事务方面也有至高的立法权，对此，合理的结论则是，国王们即教会的军官。②“一切世间的事务都处在教会，特别是至高的教皇之主宰和权力之下。”③在1302年9月之前，维泰博的詹姆斯（James of Viterbo）在他的《论基督精神的统治》（*De regimine Christiano*）中，也追随了此理论。

1287年，当罗马的吉尔斯还在世，他就被封为了他所在修会的教会博士，这给予了他极大的荣誉，而这不仅仅是就他已经撰写的作品而言，也是就他以后会写的作品而言的。

二、根特的亨利

6. 根特的亨利（Henry of Ghent）出生在图尔奈或根特，他的出生日期不好确定。（不管怎样，他的家族是来自根特的，但与传说不同，他并不出生在贵族家庭。）1267年之前，他是图尔奈的团体司铎（Canon④），1276年他成了布鲁日的总执事。1279年，他成为图尔奈的首席总执事。他的总执事职责似乎并不是特别劳神，因为他还在巴黎教书，先是在艺学院，后来（自1276年起）在神学院。1277年，他成了协助巴黎主教史蒂芬·唐皮耶的神学家委员会的一员。他的作品有《神学大全》（*Summa Theologica*）、十五篇《随意提问问题》（*Quodlibets*）、《亚里士多德〈形

---

① 与犹太教作为旧的盟约相对，因为上帝与他的子民立法，基督教作为新盟约从而有了新的律法，因此这种新的盟约被称作“新的律法”。——译者注

② 参见1，8—9。

③ 2，4。

④ 天主教会神职人员的一个种类，即那种并非修会成员，却以团体方式聚居在一起的世俗司铎。——译者注

而上学〉第一卷至第六卷注疏问题集》（*Quaestiones super Metaphysicam Aristotelis*）（1—6）、《协同范畴使用的词语篇》（*Syncathegorematum*[①] *Liber*）和一部《〈原因之书〉注疏》（*Commentum in Librum de Causis*），但最后三部作品到底是不是他的作品，却并不十分确定，那部对亚里士多德《物理学》的注疏也属于这种情况。所以，《神学大全》和《随意提问问题》构成了我们了解亨利之作品的确凿渠道。他于1293年6月29日去世。他从未是圣母忠仆会（Servite Order）的成员，虽然有人曾这么以为。

7. 根特的亨利是一名折中的思想家，他既不能被称作奥古斯丁主义者，也不能被称作亚里士多德主义者。他的折中主义可以由他的认识论来说明。如果有人读到“我们的一切知识都在感知那里有其起源”（omnis cognitio nostra a sensu ortum habet）[②]这一论点，他会以为亨利是一位坚定的亚里士多德主义者，对奥古斯丁主义毫无好感，特别是当他同时读到亨利说过的“人能够不需要任何特别的神性光照，而只需在上帝按自然秩序的协助下凭借人之自然能力，即可认识到受造物上为真的内容”。[③]但这 466
只是他的思想的一个方面。我们通过感官经验所获得的对受造物的认知不过是一种肤浅的知识，虽然我们能够不通过光照而认识到在受造物上为真的内容，但没有光照，我们却无法知道此内容为真。这也就是为什么仅仅建立在感官经验上的认知是肤浅的。“智性心象”（species intelligibilis）并不比“感性心象”（species sensibilis）包含有更多的内容：通过后者，我们把握到对象之个体的一面，而通过前者，我们则把握到普遍的一面。然而，这两方面没有一个给予了我们以对象在神性理念中的智性本质，而不把握到智性本质，我们便无法就此对象构建一个确切的判断。对象之“真实”（Veritas）在于它与不变真理的关系，而为了把握到此关系，我们

---

① “Categorema”是亚里士多德逻辑中的范畴，可做主词和谓词，但在一个命题中，有的词语并不是十范畴中的某一个，却承担重要的逻辑功能，此类词语在中世纪逻辑中被称作“syncategorema”，中文尚未有固定的翻译术语，故此处以词组对其加以描述。——译者注

② 《神学大全》，3，3，4；3，4，4。

③ 同上，1，2，11和13。

需要神性光照。[①]于是，当根特的亨利说到我们的知识来源于感性时，他对知识的范围做了限制："认识到一个在受造物中为真的内容是一码事，认识到其为真则是另一码事。"他以奥古斯丁主义的方式来理解一物之"真"，而要把握到此"真"，光照是必需的。或许相比之下，他并没有太多地使用光照理论，并在一定程度上淡化了奥古斯丁主义，但奥古斯丁主义的要素肯定是存在于他的思想之中的：感性和理智之自然运作解释了人之一般知识，相比之下，这是一种关于对象的肤浅知识，它们没有也无法解释人类认知之整个可能的领域。

在亨利的内在主义学说中，我们也可见到类似的折中倾向。他拒绝了柏拉图的内在主义和回忆说，也拒绝了阿维森纳关于在此生中观念是由形式的赋予者（Dator formarum）印入人的心灵的学说，但他没有接受（在一般诠释之下的）亚里士多德的学说，即我们的一切观点均来源于对感性经验的反思。亨利把阿维森纳的一个说法占为己有，即存在、物和必要性的观念均为同一类观念，它们是由一个并不在其先且更为人所知的印象直接印入灵魂中的。[②]另一方面，原始观念——其中最重要和最为终极的一个就是关于存在的观念——在严格意义上却并不是内在的，而是与
467 对感性对象之经验一同被接受的，即便它们并非由此经验导出的。[③]心灵似乎是从自身那里获得这些观念的，而非由于感性经验而构成这些观念的。[④]由于存在的观念包含了非受造和受造的存在者，[⑤]关于上帝的观念可以在一定程度上被称作内在的。但是，这并不意味着人与生俱来就有着一个其起源不依赖经验的实际的上帝观念：此观念只是潜在地为内在的，指的是人从存在的观念中构成此观念，后者虽然是对具体对象的经验的前提，但只有在有了经验之后，才会浮现出来并清晰地被意识到，以及实际形成。由于形而上学实际上在于对存在之观念的讨论和对受造的存在者之智性本质和非受造的存在者之关系的认识，我们也就期待他强调光照的必

① 《神学大全》，1，2，16。
② 阿维森纳：《形而上学》，1，2，1；亨利：《神学大全》，1，12，9及3，1，7。
③ 参见《神学大全》，1，11，6；1，5，5。
④ 参见同上，1，11，8。
⑤ 有一个限定使得此断言在严格意义上并不正确，就此见第十节。

要性。但亨利经常不提到任何特定的光照而描述观念和知识的生成，这可能是由于受到了亚里士多德和阿维森纳的影响。他对折中主义的倾向看上去使得他在连贯性这一点上有一些漫不经心。

8. 自然哲学家或所谓的物理学家（physicus）从单个对象出发，进而通过抽象，构成感性对象之普遍概念，形而上学家则从存在——或物（res）或某物（aliquid）——之观念出发，进而发现潜在地包含于此观念之中的智性本质。[①] 当然，物理学[②] 的领域和形而上学领域之间有一定的重叠，例如，当形而上学家说人是理性的动物，他和物理学家所把握到的是同一个对象，而后者说人是身体和灵魂；但是，形而上学家与物理学家的出发点和研究进路是不同的。形而上学家从更加普遍的东西出发，进而研究更具体的东西，从属出发进而研究类，由此定义人之智性本质，物理学家则从人类个体出发，通过抽象，把握和阐述所有人的物理构成。

存在者或物（res）在最广泛的意义上包含了按照意见的事物（res secundum opinionem）（比如一座金山），这类事物只在心灵中存在，同时包含了按照真的事物（res secundum veritatem），它有着心灵之外的现
实或潜在的存在，[③] 而第二种意义上的存在者才是形而上学存在者（ens 468
metaphysicum），即形而上学之对象。正如存在者（ens）在最广泛的意义上被类比地划分，形而上学存在者也被类比地划分为存在本身（ipsum esse），即上帝，和获得存在的存在者（cui convenit esse），即受造物。因此，存在不是一个属或一个谓词。此外，后一种意义上的存在者，即获得或在生成中获得存在的某物（aliquid cui convenit vel natum est convenire esse），包含并被类比地划分为实体和偶性，实体是可以自存的（esse in se），而偶性是要在另一物即实体中存在的（esse in alio）。对亚里士多德来说，形而上学无疑也是关于作为存在的存在的科学，这是对的，但是对亚里士多德来说，存在的观念并非一个可以通过对其进行分析从而发现

① 《随意提问问题集》，4，4，143。

② 当时的物理指的是自然哲学，也就是亚里士多德在《物理学》中所讨论的对象。——译者注

③ 同上，7，1，389。

存在之类比性划分的出发点：根特的亨利在这一点上受到了阿维森纳的启发，后者的哲学也影响了司各脱思想体系的建构。按照根特的亨利以及司各脱的说法，形而上学家研究存在的观念，形而上学则首先在概念层面展开。

从这一观点来看，不只从本质层面通达存在层面是困难的，按照意见的事物和按照真的事物之间也会产生混淆。然而，亨利认为，被实现了的本质或客观上有可能被实现的本质有着且可被视为有着其自身的某种实在性，而这一点也是可发觉的，它们有着一种本质存在（esse essentiae），拥有这一存在，使得它们与纯粹的思想事物（entia rationis）相区分。亨利从阿维森纳那里吸收了关于本质存在的理论，但这一理论不应被理解为意味着有一种初始的存在，就好像本质有着一种未充分发展的外在于心灵的存在似的。亨利指责罗马的吉尔斯持有此类理论：这类理论认为本质现实地存在于心灵之中，它是可以被定义的，而且是一种智性本质。[①] 其智性、内在可能性都使其与按照意见的事物区分开来，比如，与“半人半羊”这一自然矛盾的观念相区分。至于本质层面与存在层面的关系，很明显我们只有通过对单个事物的经验才能够认识到单个事物的存在（亨利的哲学中没有关于单个事物的演绎问题），而具有普遍性质的智性本质，与其说是从存在的观念中演绎得来的，不如说是被“规划”在存在的观念之
469 下的。就像我们已经见到的那样，自然哲学家在人身上看到其自然组成部分，即身体和灵魂，但形而上学家依据属和种及其智性本质，将人定义为理性的动物。因此，智性本质是作为一种特别的实体，被安置在存在的概念及其（类比性）“对比”之下的；“人确实存在”这一事实则是通过经验得知的。另一方面，智性本质是上帝中的理念的一种映像（是按模型或理念所造的：exemplatum 或 ideatum），上帝的理念是范型或绝对本质，而上帝通过本质认识单个事物，本质在数目上不同的实体或主体（supposita）中可变为多：在上帝那里，并没有这种关于单个事物的理念，但他在种的本质中，而且是通过此本质认识到它们的。[②] 于是也就显得，要么单个事

① 参见《随意提问问题集》，3，2，80。

② 司各脱攻击了根特的亨利的这一理论。

物在某种方式上被包含在了普遍的理念之中，并且至少在理论上可以从普遍理念中将其推演出来，要么我们就得放弃任何可以使单个事物具有可知性的可能。[1] 亨利却不会允许个体性给种的本质再额外添加任何实在的要素：[2] 个体事物相互区别，仅仅是凭借它们现实地存在以及在心灵之外存在这一事实。那么，如果说个体化不能通过一个实在的附加要素得到阐释，它就必须通过某种否定来加以阐释，这是一种双重否定，也就是对内部或内在的区分的否定以及对其与另一物同一性的否定。司各脱抨击了这一观点，因为个体化原理不可能为否定，否定也必须先预设一个肯定的东西；但是，亨利确实预设了某一肯定之物，即存在。[3]

上述内容看似是对亨利学说之不同方面的一番混乱而又可能无关紧要的叙述，但我做出此番叙述，是为了让人认识到他的系统中的一个根本困难。形而上学是对存在的观念和智性本质的研究，而个体被认为只有在被包含在本质之中时才是可理解的，那么，亨利的形而上学就是柏拉图式的，他的个体化理论却是奥卡姆观点的先驱，后者认为我们没有必要去寻求任何个体化原则，因为一个东西只要存在，即为个体。如果第一个观点要求以本质来解释对象，那么第二个观点则要求以存在、造物和制造来解释对象；亨利把这两个观点混杂在一起，却并没有实现任何充分的调和。 470

9. 我们已经看到，根特的亨利赋予智性本质一种与存在之存在（esse existentiae）相区分的本质存在（esse essentiae）。这里所涉及的区分在本质上是什么呢？首先，亨利拒绝了罗马的吉尔斯的理论，后者把此区分置于自然层面，并使得它成为本质与存在这两个可分离的东西之间的区分。亨利在他的《随意提问问题集》中的问题一（第九节）、问题十（第七节）和问题十一（第三节）中反驳了这一理论。假若罗马的吉尔斯所预设的意义上的那种与本质相区别的存在是存在的，那么存在自身就会是一个本质，而且需要另一存在以存在，如此一来就会导致无穷倒退的问题。另外，实在地与本质相区分的存在到底是什么呢，它是实体还是偶性呢？我

① 参见《随意提问问题集》，2，1，46。
② 同上，8，57f。
③ 关于亨利的双重否定学说，参见《随意提问问题集》，5，8，245，及以下。

们无法作答。另外，亨利拒绝把实在区分理解为形而上的区分：一个存在的物体之本质与相对存在或不存在绝非同一种情况，在事物的具体秩序之中，一个东西要么存在，要么就不存在。存在并非一个事物之构建性要素或原理，假若如此，那么事物就会是本质和存在的综合。然而，任何由本质和存在相加所产生的综合都是心灵的作用。[1]另一方面，本质的概念内容与存在的概念内容并非等同的：在我们看来，一个存在着的本质的观念比纯粹的本质的观念包含更多的东西。所以，此区分虽然不是一个实在区分，但也不是一个纯粹的逻辑区分，而是一种“概念”区分，表达了涉及同一单纯物体的不同概念（intentiones[2]）。[3]

但是，如果实现了的本质要比被构想为可能的本质包含更多的内容，同时也不重新引入本质与存在的实在区分，那这种“更多”会是什么呢？依照根特的亨利的说法，它在于关系之中，即效果与原因的关系，受造物与造物主的关系。对受造物来说，存在与依赖上帝是一回事：作为上帝的效果与从其获得存在之存在（esse existentiae ab ipso）是一回事，即与上帝的联系（respectus）或关系是一回事。[4]如果仅仅以其可能性来理解，本质就是一种按模型所造之物（exemplatum），并且依赖上帝的认知，实
471 现了的或存在的本质则依赖上帝造物的大能，[5]于是，关于后者的观念也就比关于前者的观念包含得更多。然而，虽然实现了的本质与上帝的关系是一种实在的依存关系，但它并不是与具体秩序中的本质有着实在区分的。那么，从形而上的角度来看，只有上帝才可以被思考为与任何其他存在者没有任何关联的。而受造物除了与上帝的双重关系（即作为按模型所造之物与模型之间的关系，以及作为效果和原因间的关系）之外，什么都不是。通过第一种关系本身，本质并不在上帝“之外”存在；通过第二种关系，它作为一个实现了的本质而存在，但除了此关系，它并没有存在之

---

① 参见《随意提问问题集》，3，9，100；《神学大全》，21，4，10。

② 现代哲学中习惯把“intention”翻译为“意向”，然而“intentio”一词在中世纪指的就是概念，是心灵所构成的对象。——译者注

③ 参见《神学大全》，21，4，7，及以下；27，1，25；28，4，7。

④ 《随意提问问题集》，10，7，153。

⑤ 《神学大全》，21，4，10。

存在（esse existentiae），因为存在的存在和与上帝的关系（respectum ad Deum）是等同的。

10. 根特的亨利承认后天的上帝存在证明，但他将它们视为物理学意义上的（他关于物理学或自然哲学的观点以及他关于形而上学的观点只能得出这样一个结论），而且他认为，这样的证明也低于先天证明。物理证明可以让我们认识到卓越的大写的存在，但不能向我们揭示这一大写存在的本质：就这类证明而言，上帝的存在是一个事实的存在，但并不同时被揭示为一个合法的存在。然而，形而上学证明使我们看到，上帝的存在是必然地包含在他的本质之中的，或者更恰当地说，是与他的本质同一的。[①] 类似地，只有形而上学证明才能够稳固地确定上帝的唯一性，因为它指出神性本质内在地与成为多个是矛盾的。[②]

根特的亨利将上帝的先天观念（即关于一个至高可构想的、不可能不存在的单纯完美之物的先天观念）设定为原初观念中的一个，也就是像“存在”“物体或本质”和“必要性”这样的原初观念。我们或许以为他会试图从一个原初的同名同义的存在概念出发，推导出必然存在者与偶然存在者的概念。然而，实际上他却拒绝承认存在概念具有同名同义的特性。我们对“什么是必然存在者”的认识和我们对“何为偶然存在者”的认识，是以同等比例增长的：我们如果缺乏对前者的某种不完满的认识，那么就不可能对后者有着某种不完满的认识，同样，如果对前者没有完满的认识，那么对后者也无法有完满的认识。[③] 并不存在上帝与受造物所共有的同名同义的存在概念：相反，有着两个概念，一个是必然存在者的概念，另一个则是偶然存在者的概念，而我们的存在概念必然是非此即 472
彼的。然而，我们会把这两者混淆起来。有着两种不同的无规定性，否定的无规定性和缺失性的无规定性。当一个存在者排除了有限意义上的一切规定的可能性，它就是在否定意义上无规定的，只有上帝在这一意义上是无规定的，而当一个存在者能够或必须被规定，却尚未被规定或从其规定

① 参见《神学大全》，24，6，7；22，4；22，5。
② 同上，22，3；25，2—3。
③ 同上，24，8，6；7，7。

性中被抽象出来的时候，这一存在者就是在缺失的意义上无规定的。[1]因此，如果我们以抽离其规定的方式对存在加以考察，那么我们所考察的就是**受造的**存在者。具体而言，它必然要么是实体，要么就是偶性，但它能够以抽离这些规定的方式来加以考察，而这种缺失性的无规定之物（privative indeterminatum）的概念并不包含上帝，后者是否定式的无规定之物（negative indeterminatum）。但心灵很容易混淆两者，并将其混为一谈，尽管事实上这是两个概念。在指出这一点并排除上帝与受造物之间共有的任何同名同义的存在概念的基础上，根特的亨利希望以此来避开阿维森纳的必然造物的思想，这个思想看上去是认为有一个原初的，且从中可导出必然和偶然存在者的一个同名同义的存在概念的结果。然而亨利近乎宣称，这两个存在的概念是同名异义的，因此，司各脱指责了他。确实，亨利提出了一个类比的理论，并主张“存在”也并非完全以同名异义的方式被运用在上帝和受造物身上的，[2]但他过分强调了存在的概念要么是上帝的概念，要么就是受造物的概念，而且这两者之间没有任何肯定的共性，而只有否定的共性（然而此否定亦即无规定性却又没有任何肯定的基础）。由此，司各脱的指责就显得很有道理了。[3]司各脱反驳道，就亨利之见，任何一个从受造物出发而推论到上帝的论证都必然是谬误，而且，如果司各脱所反对的亨利思想的这一面被着重强调，那么确保人对上帝之哲学性认知的唯一方法就是承认有着一个先天的关于上帝的观念，此观念是无法从对受造物的经验中导出的。

11. 如前所述，根特的亨利是一位折中主义者，我们也给出了他的折中主义的例子。他反驳罗马的吉尔斯的实在区分的理论（甚至也反驳了托
473 马斯的理论，尽管吉尔斯是他抨击的特定对象），也拒斥从永恒中造物的可能性。他还驳斥了托马斯主义关于个体化的理论，拒绝受造物中普遍形质复合的学说，以及就除了人之外的质料物体而言反对复多形式的学说。在《随意提问问题集》的第一个问题中，亨利采纳了托马斯关于人身上的

---

① 参见《神学大全》，21，2，14。
② 参见同上，21，2，6 和 8。
③ 参见同上，21，2，17；21，2，针对 3。

实体形式之单一性的理论，但在第二个问题中，他改变了他的观点，并承认人的身上有着身体形式（forma corporeitatis）。然而在另一方面，尽管他假定有着一个限定类型的特殊光照，并主张自由意志高于理性，但他也从亚里士多德那里借用了很多思想，同时受到了阿维森纳哲学的强烈影响。此外，他关于个体化的理论表明，与奥卡姆运动中的思想家相比，他与其前人有更多的相似之处。然而，不加限定地把一位思想家称作“折中主义者”也就意味着说他没有实现任何综合，他的哲学只是将借自不同思想资源的见解并置在一起的集合。就根特的亨利的情况而言，如此描绘他会是不公正的。他确实并不总是前后一致，他的观点与思想趋势也并不总是相互调和得很好，但他肯定属于基督教思想中的柏拉图传统，而他从亚里士多德和亚里士多德主义哲学家那里所借用的思想并没有真正影响这一事实。波纳文图拉自己也使用了亚里士多德思想，但他仍然是一位奥古斯丁主义者。亨利作为一位形而上学家，其思想的主要发展趋势是建构一个关于智性对象的形而上学、一个本质形而上学，而非关于具体物体的形而上学，而这正表明他是一位遵循柏拉图传统的哲学家。

但是，如果我们说亨利属于柏拉图传统，那也必须承认他是一位基督教哲学家。因此，他明确地支持从无中自由造物的学说。他并不试图从存在的观念中推导出受造物的存在。由于他想要避免将造物做成必然的，因此他拒斥作为形而上学演绎之起点的存在概念的同名同义性。当然，柏拉图也从未尝试过这种“观念论式”的演绎，但亨利与柏拉图和其他异教徒希腊哲学家不同，他对于造物有某种明确的观点：他强调了一切受造物对上帝的依赖，主张在自身与上帝的关系之外，它们就什么都不是。他的思想中突出的基督教要素将其置于奥古斯丁传统之中，他从中获得了他的光照学说和潜在的天赋观念（即那些可以在心灵中构成的观念）的学说。 474
另一方面，尽管他试图避免他所认为的阿维森纳哲学中的谬误，但他的哲学受到了这位穆斯林哲学家的强烈影响，所以吉尔松先生能够就这一思想关联，论及一种阿维森纳化的奥古斯丁主义（augustinisme avicennisant）。亨利除了把作为光照者的上帝（奥古斯丁）和阿维森纳的分离的主动理智结合在一起（这并非亨利独有的进路），他那种温和的内在主义学说也顺理成章地使其更倾向于一种关于智性本质的形而上学，而非关于具体事物的形而上学。另外，如同阿维森纳那样，亨利赋予被认为是可能的本质以某种并不独立于上帝的实在性或对象性，这些本质是神性理智的必然结果，也因此至少就其本身而言是可以从神性理智中演绎而来的。但在讨论存在和具体存在着的造物界时，他就必须与阿维森纳分道扬镳了。后者认为，神性的意志与神性理智是受制于同一个必然性的，存在的涌现与本质的涌现是同时发生的。而处于从属地位的诸智性延展了第一因的活动，并使得普遍变成了特殊。然而根特的亨利作为一位基督教思想家不可能这么认为：他必须承认自由的造物和在时间中造物的思想。他十分清楚地认识到，如果完全被理智把握意味着以本质来解释，那么感性事物和具体事物是不能完全被理智把握到的。因此，他在形而上学和自然哲学之间做出了明确的区分，从而使得每一门科学都有自己的出发点和进行模式。

尽管根特的亨利的思想中有着柏拉图主义和阿维森纳主义的倾向，但他在一定意义上帮唯名论铺就了道路。对光照的坚持会很容易使人产生某种怀疑主义，也就是怀疑心灵是否能够在感性经验的基础上获取形而上学系统，而亨利在讨论受造物世界的时候倾向于简化（比如否认本质与存在有着实在的区分，而且他的个体化理论隐隐地拒绝实在主义），如果将其他内容分隔开来，只看这一点的话，这就会被视为 14 世纪的简化趋势和概念主义的先驱。当然，这只是他的哲学的一个方面，而且也并非最重要和最有特性的一面，但这仍是真实存在的一面。奥卡姆在其他方面批评
475 了亨利的思想，但这并不意味着亨利的思想在奥卡姆作为主要人物的那场运动中毫无影响。亨利被称作 13 世纪和 14 世纪之间的一个“过渡性”人物，这一点是无法否认的。但在奥卡姆之前，还出现了邓斯·司各脱，他也频繁地批评了亨利，就像亨利批评罗马的吉尔斯那样。司各脱试图发展出一个对奥古斯丁主义和亚里士多德主义的综合，并为其合理性辩护，虽然他与亨利是针锋相对的，但这一努力让人满意地达成了亨利并未如此让人满意地达到的目的。

第四十五章

司各脱（一）

生平——著作——司各脱哲学的精神

1. 约翰·邓斯·司各脱（John Duns Scotus），精妙博士（Doctor Subtilis），出生在苏格兰罗克斯堡的马克斯顿，他的姓氏“邓斯”源于贝里克郡的一个地名。现在我们可以确认他是苏格兰人，这不仅因为在他的那个时代，“Scoti”不再被不加区分地用来称呼苏格兰人和爱尔兰人，还因为人们发现了一系列不容置疑的权威性文件为此作证。不过，即使他出生的国家是确定的，然而他的出生日期也仍然不那么确定，尽管他有可能是在1265年或1266年出生的，在1278年加入了小兄弟会（Order of Friars Minor）[①]，在1280年正式成为修士，并于1291年被祝圣为神父。传统上认为他的去世日期为1308年11月8日。他在科隆去世，并被埋葬在这个城市的方济各会教堂里。 476

司各脱的学院生涯具体日期并不是很确定，但是，他好像在牛津短期逗留了一段时间，之后于1293—1296年在巴黎学习，师从西班牙的贡萨尔维斯（Gonsalvus of Spain）。依照传统观点，司各脱随后前往牛津，在那里，他评注了《四部语录》，并撰写了《牛津著作》（*Opus Oxoniense*，即就《四部语录》所著的牛津注疏）。在《牛津著作》的第四部书中，司各脱引用了教皇本笃十一世1304年1月31日的一篇诏书，这不是反

---

① 方济各会的官方称呼，拉丁文写法为“Ordo Fratrum Minorum”，缩写为“O. F. M.”。——译者注

对传统说法的依据，因为司各脱肯定在之后润色过这部作品，并做了增补。[1]1302 年，司各脱回到巴黎，在那里又评注了《四部语录》。但是，1303 年他被逐出巴黎，因为他支持教皇的党派反对国王“美男子菲利普”。在被驱逐之后他在哪里逗留，这一点不是很清楚：人们提到的地方包括牛津、科隆和博洛尼亚。无论如何，他于 1303—1304 学年在牛津教书，1304 年回到巴黎，并在 1305 年获得了神学博士学位。他有可能又一次短暂地回过牛津，但在 1307 之夏被遣往科隆之时，他肯定是在巴黎忙
477 于注疏《四部语录》。在科隆，他重拾了教书的行当，而正如上所述，他在 1308 年去世了，去世时大约是 42 岁或 43 岁。

2. 很遗憾，司各脱生平的确切过程不为人知，但更加令人遗憾的是，在卢克·沃丁（Luke Wadding）所编辑的版本中，某些在他名下的作品之真实性也是不确定的。然而，幸得两部浩大的《四部语录注疏》的真实性不容置疑，虽说传统形式下流传下来的《牛津著作》和《巴黎笔录》（*Reportata Parisiensia*）并非全部出于司各脱之手。至于《牛津著作》，司各脱所留下来的原本手稿——即《编集》（*Ordinatio*），其手稿至今没有被发现——被学生做了增补，后者希望完成老师的工作，并给他的思想做一个完整的诠释。就《巴黎笔录》而言，也有类似的情况，因为学生们也期望给出司各脱学说的一个完整的面貌，而从不同的源头收集了片面的报道，却没有认真地尝试去发现这些拼图部分之相应的权威和价值。被任命来监督司各脱作品之批判编辑版的组委会获得了一个艰难的任务；但是，虽然牛津和巴黎的注疏基本上反映了司各脱的思想，但只有等到注疏的批判版出版之后，特别是要等到《编集》或《司各脱篇》（*Liber Scoti*）在剔除了添补从而以原初形式得到编辑的时候，人们才可得出他的思想的一个可靠的最终面貌。

《论第一原理》（*De primo principio*）的真实性并没有受到质疑，西格诺图神父指出，这是司各脱在科隆写的最后一部著作，尽管他所列举的论据还不是最终决定性的。《随意提问问题集》（*Quaestiones Quodlibetales*）

---

① 据说司各脱也在剑桥教过书，就在他于牛津任教之前或之后。

也是真实的，[①] 46 篇《汇编》（*Collationes*）同样如此（沃丁只知道有 40 篇汇编，但巴利奇又发现了另外 6 篇），同样真实的还有《注亚里士多德〈形而上学〉精微问题集》（*Quaestiones subtilissimae super libros Metaphysicorum Aristotelis*）的前 9 部书。至于《论灵魂》（*De Anima*），其真实性是有争议的，佩尔斯特认为此书是真正的司各脱之作，隆普雷则试图证明这是假的，尽管他的论据被弗莱格（Fleig）称作不充足的。现 478
在人们普遍接受此书是真的，甚至包括隆普雷。另一方面，《思辨语法》（*Grammatica speculativa*）现在被认为是爱尔福特的托马斯（Thomas of Erfurt）的著作，《论万物之本原》（*De rerum principio*）则被认为是假的，至少它部分地抄袭了（或许）方丹的戈弗雷（Godfrey of Fontaines）的《随意提问问题集》。同样为假的还有《按文字意义诠释〈形而上学〉》（*Metaphysica textualis*），它被认为或许是安东瓦涅·安德雷（Antoine André）的作品。《形而上学结论》（*Conclusiones metaphysicae*）和对亚里士多德之《物理学》和《天象论》的注疏也被认为是假的。

清晰地界定哪些作品为司各脱本人所著，而哪些并不出自他本人之手，明显是很重要的。比如，出现在《论万物之本原》中的某些学说并没有出现在被认定的真正的司各脱作品中。于是，如果要接受《论万物之本原》为真（就像已经提到的那样，而现在这种观点已经被否定了），那也就要认为，司各脱先前教授过一个后来被他放弃了的学说，因为我们不能主张他的思想有着明显的矛盾。若要声称他就某些比较次要的论述有着观点上的转变（尽管实际上并无此转变），或许并非一个至关紧要的错误，即便结果是，我们对司各脱学说发展的描述是准确的。然而，确定《诸论点》（*Theoremata*）的真伪，则是非常紧要的问题。在此作品中，作者认为，“有着一个唯一的最终原理”“上帝是无限的”“上帝是有理性的”等论点是无法被证明的。此类论点至少在第一眼看来，就明显会与已经确证为真的司各脱作品中的学说产生矛盾。那么，若要接受《诸论点》为真，要么就要预设司各脱有思想上的突变，要么就得尝试一个困难的诠释和调

---

① P. 葛罗宇（P. Glorieux）:《随意提问问题集文献》（*La littérature quodlibétique*），第 2 卷（托马斯主义图书集，21），巴黎，1935 年。

和工作。

对《诸论点》之真实性的最早的攻击，是德·巴斯利（de Basly）神父在 1918 年提出的。隆普雷神父将攻击延续了下去，他论述道，未发现任何手稿可以明确表明《诸论点》是司各脱的作品，而这部著作所蕴含的学说也与被确证为司各脱作品的著作中的学说相悖。而且奥卡姆和萨顿的托马斯在攻击司各脱的自然神学时，也从未把此作拿来作为司各脱的作品加以引用。另外，《诸论点》中的学说在性质上是唯名论的，应该被算作奥卡姆学派的作品。雷丁的约翰（John of Reading）认识司各脱，他在讨论上帝存在是否可以通过理性的自然之光得到证明的时候，引用了
479 司各脱的真作，却对《诸论点》一字不提。这些论述看上去是有说服力的，并作为确定的答案被广泛接受，直到巴利奇（Balic）神父提出其他论据来反驳隆普雷的说法。值得注意的是，隆普雷的论述大多是建立在内在的证据上的，巴利奇则试图指出，不仅这些从内在的证据所举出的论述是难以让人信服的，而且从外在的证据中，我们可以提出有说服力的论据来证明《诸论点》确实是司各脱的著作。有四部手稿都明确地指出此书作者为司各脱，而在《论第一原理》的第 4 章，出现了“在下文中，就如同在《诸论点》中一样，预设了有着可以相信的对象”（In sequenti, scilicet in *Theorematibus*, ponentur credibilia）的言语。“如同在《诸论点》中”这一词组不可能是由沃丁添加的，因为在几部手稿中都能见到。另外，在把《诸论点》说成是司各脱作品的几个人中，有若阿内斯·卡侬尼克斯（Joannes Canonicus），他是 14 世纪的一位司各脱主义者。鲍德利（Baudry）随即试图指出，即便《诸论点》中的一些理论展露出唯名论的精神，然而此作之基本学说也并不出自奥卡姆主义，而且吉尔松［在《中世纪学说与文献史档案》（*Archives d'histoire doctrinale et littéraire du moyen âge*，1937—1938 年）中］试图证明前面十六条论点与确凿真实的司各脱作品并不冲突。依照吉尔松的说法，司各脱在《诸论点》中是以哲学家的姿态来写作的，而在《牛津著作》（此作为神学著作）中，则表明了形而上学在神学的协助之下会有什么成果。即便《诸论点》中的结论似乎与奥卡姆的某些结论相近，但它们的精神是不同的，因为司各脱相信神

学家能给出关于上帝存在和属性的形而上学和证明性的论据，奥卡姆则否认这一点，并且只依赖信仰。吉尔松在他的著作《中世纪的哲学》（*La philosophie au moyen âge*）最后一版中，对《诸论点》是否为司各脱真实作品的问题没有下断言。但他认为，如果《诸论点》是司各脱的作品，将其所含的学说与《牛津著作》的学说相协调并不难。纯粹的哲学家在普遍意义上讨论存在，不可能在超越作为因果链中的第一因的第一动者的情况下，却仍是因果链的一部分；他不可能获得同时既为神学家又为哲学家所 480
可能获得的上帝概念。

我对吉尔松先生的反驳之有效性持怀疑态度。在《牛津著作》中，司各脱提到，形而上学家能够认识到上帝的许多属性，[①] 而且在两部注疏中，他都声称，人能够获得关于上帝的自然认识，尽管他并不能够出于纯粹的自然能力（ex puris naturalibus）来认识诸如三位一体这样的真理。[②] 我认为我们很难假设司各脱在说人能够出于纯粹的自然能力认识到关于上帝的真理时，他是作为一位同时是神学家的形而上学家在思考的。我也并不认为司各脱想要把关于上帝的纯粹哲学家认知局限在对他作为第一动者的认识之上：他明确地提出，形而上学家能够比**自然哲学家**（physicus）走得更远。[③] 另外，在我看来，假设《诸论点》是司各脱的著作，那么，司各脱在《论第一原理》中证明了上帝或第一原理是智性的，之后却又在《诸论点》中声称，此真理是一种可信的对象，却不能被证明，这种情况是极其奇怪的。在对上帝的观点方面，他肯定对自然理性的范围做出了一定的限制（他并不认为上帝的全知是可以通过自然理性得到严格证明的）；但从《注疏》以及《论第一原理》和《汇编》来看，司各脱无疑认为自然神学是可能的，不管哲学家是否也是一位神学家。[④] 当然，如果外在证据

---

① 《牛津著作》，前言，4，第 32 条。

② 同上，1，3，1；《巴黎笔录》，1，3，1；《巴黎笔录》，前言，3，第 1 条和第 4 条。

③ 《巴黎笔录》，前言，3，1。

④ 明格斯在接受《诸论点》为真的同时试图指出，在此作品中，司各脱在最严格的亚里士多德意义上去理解证明，即作为出于原因的证明（demonstratio cx causis）。如果这能得到证明，那么《诸论点》和被司各脱确证为真作的那些作品之间当然就没有矛盾了。隆普雷反对这位作者的这种诠释。参见明格斯，卷 2，第 29—30 页；隆普雷，第 109 页（参见书后参考文献）。

确实证明《诸论点》真的是司各脱本人的著作，那么我们就得借用吉尔松先生的那种理论来解释《诸论点》和司各脱其他著作间的明显冲突了。但目前在我看来，指出它们之间没有什么冲突是一种过于勉强的调和。我提议，在对司各脱的自然神学的诠释中，不要考虑《诸论点》。如上所述，
481 我承认，如果此作之真实性得到了令人满意的证明，那么我们就要被迫和吉尔松一起说，在此作中，就获得关于上帝的自然认知而言，司各脱仅仅是在思索自然哲学家的能力。不过，我要说的是，似乎并没有任何恰当或迫切的理由来声明那些被确定为司各脱真实著作中的形而上学家必然就是具有信仰背景的形而上学家。所以我将出于实用目的，将《诸论点》视为伪作，而与此同时，我却不会假装确定地解决了此争议，或假装再添加其他作者已经提到的任何要否认此作为真迹的原因。

我们已经较为详细地讨论了《诸论点》的问题，为的是指出准确诠释司各脱思想的困难所在。即便有人认为《诸论点》和《牛津著作》中的学说并不相左，且能够互相调和，此调和的结果也只会是一种即使初次了解《牛津著作》也很难得到的关于司各脱哲学的图景。但是，就算《诸论点》的真实性并未得到证明，而且否认其为真作似乎更好，诠释的便利也并不是一部作品之真伪的确凿标准。而如今当有人试图重新树立此书的真实性时，我们也不可排除未来某日它会被证实为司各脱真作的可能，即便内在的证据指向与此相反的结论。

3. 对司各脱哲学的普遍阐释有许多种，有人把司各脱诠释为一个革命者，将其视作奥卡姆和路德之直接先驱，也有人试图缩小司各脱主义和托马斯主义之间的巨大差异，并把司各脱诠释为托马斯工作的继承人。第一种是朗德利（Landry）的诠释，我们可以不考虑它，至少不这么极端地看问题，因为它过分稀奇且缺乏根据，另一方面，我们却无法否认司各脱主义与托马斯主义的确有着区别。但是，我们是否要将司各脱视为一位方济各传统的延续者呢？他采纳了很多从亚里士多德和其他不是方济各会成员的中世纪前人那里得来的思想。或者，我们是否要把他视为一位延续了托马斯的亚里士多德传统，同时又以他所认为的真理对托马斯做了更正的
482 思想家呢？再或者，我们是否还是把他简单地视为一位独立的思想者，同

时——就像所有哲学家必须做的那样——在提出和讨论的问题方面也依赖于前面的思想家呢？这个问题很难回答，而任何想要决定性地回答它的企图都必须延后到司各脱著作批判版得到编辑。但前面每个建议似乎都有些道理。司各脱的确是一位方济各会博士，就算他放弃了之前的方济各思想家所普遍持有的一些学说，他也肯定认为自己是忠于方济各传统的。而且，就算司各脱肯定批判过托马斯有关一些重要观点的看法，我们也可以认为，他延续了托马斯为之努力了一生的综合事业。最后，司各脱肯定是一位独立的思想家，但同时他也建立在已有的基础上。尽管司各脱主义并不涉及与过去的完全决裂，然而，强调它的相对原创和独立的方面，从而得出司各脱主义和其他系统间的区分，这是非常合情合理的。

在其思想的某些方面，司各脱的确延续了奥古斯丁主义-方济各传统：比如在他关于意志高于理智的论点上，也在他承认有着复多形式以及他对安瑟伦之上帝存在证明的使用之上。另外，也有人已经证明，司各脱并没有发明所谓的物体本身中的形式区分，它在之前的一些方济各思想家们那里已经被使用了。然而，司各脱经常对他从传统中采用的要素给出一个特别的烙印或重点。因此，在对意志和理智之关系的讨论中，他着重于自由而非爱，虽然他认为爱比知识要卓越，这种卓越性与他的一个理论紧密相连，即上帝是至高的实践原理，并且人们爱上帝要高于爱其他的一切。另外，虽然他使用了安瑟伦的论述，即所谓的“本体论论据”，但他并不认为这是一个确凿的对上帝存在的证明。他认为，在有效使用它之前，先要给它一定的“渲染”，他还认为，这并非对上帝存在的一个确凿证明，因为唯一的确凿证明是后天经验性的。

然而，司各脱虽在某些方面延续了奥古斯丁主义-方济各传统，但在其他方面，他却脱离了传统。他是否教授天使之形质组成学说，这一点不
是很清楚，但他明确拒绝了种子原理的学说，也拒绝了关于人之理智的特 483
别光照的学说。他在从永恒中造物的思想那里并未发现矛盾，波纳文图拉却认为有矛盾，就算他关于这一点的表述要比托马斯的更加迟疑。亚里士多德主义在司各脱主义中的影响要比在波纳文图拉那里渗透得更深，特别要提到的是阿维森纳的影响。比如，司各脱坚持说，形而上学的对象是作

为存在的存在，在他对这一点的坚持上，就像在他对上帝的讨论中那样，他看上去受到了这位伊斯兰哲学家的影响，后者的名字在司各脱的作品中不时会出现。亚里士多德本人声称，形而上学或第一哲学是作为存在的存在之科学，的确是这样，但是，亚里士多德形而上学实际上以四因说为核心，司各脱则详细讨论了存在的观念和本质，此动机似乎部分地来自阿维森纳。司各脱对共相的讨论也受到了阿维森纳的影响。

然而，就算司各脱受到亚里士多德及其诠释者的影响要比他受波纳文图拉的影响更大，就算他援引亚里士多德作为根据来提出这个或那个理论，他也还远不是“那位哲学家”的一位追随者，他会毫不犹豫地批评后者。但是，除了个别批评之外，司各脱的哲学灵感——我们可以说——与亚里士多德的是不同的。在他眼中，上帝作为第一动者的概念是个非常不恰当的概念，因为这并不超越物理世界，从而获得那超越的、无限的存在者概念，而一切有限的东西在本质上都是依赖它的。另外，从司各脱的伦理理论出发可得出，亚里士多德的伦理学必然是不足的，因为建立在神之意愿上的责任概念没有在其中出现。当然，可以说任何一位基督教哲学家都会就此觉得亚里士多德是有缺陷的，而托马斯被迫用奥古斯丁来补充亚里士多德。但是，重点在于司各脱并没有刻意去“阐述”亚里士多德或把后者的说法与他所认定为真的内容相“融合”。比如，由于司各脱主义中有着一个严格意义上的道德哲学，因此他的哲学对亚里士多德主义的依赖或借用并不明显。

484 近年来关于司各脱对托马斯的态度的描述与之前有时所做的描述大相径庭：很自然，一直有着一种要使他与托马斯主义的分歧最小化的趋势。比如，有人指出，在他的争论中，他常常在脑海中针对别的思想家，比如根特的亨利。这当然是对的，但他常常批评托马斯主义的立场，提出托马斯的论述并反驳它们，这个事实也仍然成立。但是，不管这个或那个单个批评合理与否，司各脱肯定不是为了批评而批评的。比如，在他就单个对象而坚持有某种智性直观的时候，或者在他强调“共同本性”之实在却并不陷入早期中世纪哲学家的极端实在论的时候，他这么做并不单单是为了与托马斯相区分，而是为了确保知识之客观性，如同他自己所相信的那样。同样，在他坚持存在概念之同名同义特性的时候，他这么做是因为他将自己的学说看成为了避免不可知论而必须要坚持的，这样是为了确保自然神学之客观性。他广泛使用事物本身中的形式区分，并不单纯是为了显示他的微妙，而是因为他认为出于事实以及我们概念之客观指谓的原因，必须要有这种运用，虽然他当然是一个微妙且有时会折磨人的思想家和逻辑学家。由于司各脱可以被视为托马斯主义的后继者或延续者，我们于是也得认识到，他致力于更正他在托马斯哲学中发现的危险的缺陷和趋势，无论他的发现正确与否。

我们应该牢牢记住，司各脱想要在理论上确保人之认知的客观性，特别是自然神学的客观性，而认识到他的这一关切，可以平衡那个将他视为重要的具有破坏力的批评家的趋势。的确，司各脱在关于什么构成证明这一点上是有些严厉，例如，他不会容许那些用来证明灵魂之不朽的证明被看作有效的、具有证明力量的。但不管怎样，他的哲学仍然是中世纪的伟大综合之一，具有构建性和积极的思想。而且它也有一个宗教灵感，就
像我们所见的那样，在他的著作中有时会出现对上帝的呼唤，这并不能被 485
简单地视为一种写作传统。

无论如何，我们在把司各脱主义视为中世纪思想发展的一个阶段时，也就无须否认它在事实上帮助激发了 14 世纪的批判运动。当司各脱声称有些神之属性不能通过自然理性得到证明的时候，当他否认用来推论出人之灵魂的不朽的论据之证明力的时候，他的意图并非动摇肯定性的哲学。然而，纯粹从历史角度来看，他的批判明显为奥卡姆那种更极端的批判铺垫了道路。后者对司各脱主义抱有敌意，这一点实际上与这里讨论的问题无关。类似地，虽然“司各脱使整个道德律法依赖于上帝的意志”这种说法是很不正确的，但我们很难否认，他的哲学中的唯意志论要素为奥卡姆的威权主义铺垫了道路，比如他关于道德义务的说法，又比如他声称十诫中那些次要的训诫在严格意义上不属于自然法，在特殊情况下，上帝可以免除这些训诫。我在这里并不是要说奥卡姆主义是司各脱主义的合法继承者，而只是在说，托马斯主义在取得了中世纪最高的综合之后，自然会期待批判理智或哲学之批判性功能的出现，而实际上，司各脱对批判的有限

而温和的运用，为极端的毁灭性的批判做了铺垫，后者是奥卡姆主义的特征。此类历史性判断并不必然意味着司各脱的批判是不合理的，以及以后的思想家的极端批判是不合理的：决定它的应该是哲学家，而非历史学家。当然，如果《诸论点》被证明为真作，那么也可被用来强调司各脱主义批判性的一面。

总而言之，司各脱的哲学既回顾过去，也面向未来。作为一个肯定的和建构性的系统，它属于 13 世纪，这个世纪见证了波纳文图拉和托马斯的哲学，但就其批判性的一面和唯意志论的要素而言，它已经面向 14 世纪了，虽然唯意志论要素也和奥古斯丁传统有关。司各脱哲学是逻辑学
486 技巧的胜利，充满了严谨和耐心的思索；他的哲学是一位受到传统的深刻影响，却有力、活泼和具有原创性的思想家的成果。他的确属于“独断性哲学”阶段的末期，但同时，他又是新时代的使者。

第四十六章

司各脱（二）：知识

人之理智的原初对象——为何理智依赖心理印象——灵魂在此生中无法直观自身——单个事物的智性把握——神学是否为一门科学？——我们的认知建立在感觉经验的基础上，智性活动不需要特殊的光照——直观认知和抽象认知——归纳

1. 我们的理智原本的自然对象是作为存在的存在，万物从中得出，而任何可知的事物都属于理智的范围。[①] 司各脱给出了几种证明，其中一个是从阿维森纳那里借用的，即假若存在不是理智之原本的认知对象，那么，存在就可以用一个更加终极之物的概念来加以描述和解释，而这是不可能的。但如果作为存在的存在是理智之自然对象，且如果存在被认为包括了任何一个可知对象，那不就意味着，上帝这无限的存在者也是人之理智的自然对象吗？在某种意义上，回答应该是肯定的，因为存在包括了无限和有限的存在者，但由此人们却不可推出人就有着关于上帝的直接认知，因为在目前的状况下，人之理智是直接以感性事物为对象的。然而司各脱提出，如果我们说的是理智的原初对象，那么自然就要把理智本身的原初对象视为其原初对象，而非在这种或那种特殊情况下的原初对象。比如，我们不说视觉之原初对象是眼睛在烛光下可看到的物体，但是，我们把视觉单纯作为一种能力或机能的对象视为其原初对象。[②] 于是，即便人

① 《牛津著作》，前言，问题 1。
② 同上，1，3，3，第 24 条。

在他的当前状况（homo viator：路途上的人）下是首先认识到受造物的，也并不意味着其理智之原初的恰当对象并非作为存在的存在。我们或许还可以补充说，此学说并不意味着人之理智有着一个自然的认知神之本质本身的能力，或认知圣三中神性位格的能力，因为存在的普遍（且同名同义）的概念并不包含着此特殊本质作为特殊者，因为受造物并不是对上帝
488 之如此完美的模仿，以至于它们揭示出神性本质本身。[1] 神性本质本身仅仅自然地推动（movet）神性理智，且也仅为其自然对象。它只有通过上帝的自由选择和活动，才会被人之理智所认识，而非凭借人之理智的自然力量被认识。

但如果司各脱把作为存在的存在视为人之理智的原初对象，那么他肯定没有把超自然和自然认知混淆在一起。他同样肯定想要拒绝托马斯就人的心灵之原初对象的观点，或他所以为的托马斯在这一问题上的观点。托马斯[2]认为，人之理智的自然对象是物质事物之本质，在从单个事物中被抽象得来时，此本质就变得可知了。天使之理智则是认知不存在事物中的本质的，但在当前的状况下，人之理智与身体结合这一点是无法做到的。人之理智从本性上也是要与身体结合的，与身体分离，则超越了自然（praeter naturam）。于是，托马斯论述道，人之理智的自然对象是物质物体的形式，而我们是从"心理印象"中通过抽象认识到这种形式的，因此，人之理智的认知必然就要依赖"心理印象"，从而依赖感性经验。[3] 司各脱[4]对托马斯的诠释是，后者教授到，从心理印象所抽象到的本质是人之理智作为一种能力或某种机能本身的原初对象，而不是人在此生当前状况下的原初对象。他对此回应道，一位神学家，（也就是说）一位接受来生以及永福教义的人，是不应持有此观点的。在天堂，灵魂直接认识到非物质的物体。然而理智在天堂中和在地面的能力是相同的。因此，如果它

---

① 《牛津著作》，3，2，16；参见《随意提问问题集》，14：灵魂能否通过其自然的完善认知神圣对象中位格之三位一体？（Utrum anima suae naturali perfectioni relicta possit cognoscere Trinitatem personarum in Divinis.）

② 《神学大全》，Ia，12，4。

③ 参见同上，Ia，85，1。

④ 《牛津著作》，1，3，3，第 1 条，及以下。

在天堂能认识到非物质的东西，我们就不可以说，它的原初对象是物质物体之本质：如果我们把理智视为一种能力，那么它的原初对象必须包含非物质和物质的东西，即便在此生中，它不能够直接认识到非物质的东西。在此生中，它被限定在某种特定的对象上，这一点应该是次要的，而非首要的。如果有人回答说，在天堂中，灵魂被提升了，从而能直接认识到非物质对象，对此，司各脱回应说，此认知要么超越了理智的力量，要么没
有超越。如果是后一种情况，那么，出于自然力量（ex natura potentiae） 489
来考虑理智的原初对象，它就不会是物质物体之本质的，而如果是前一种情况，那么天堂中的理智就变成了另一种能力，而这肯定不是托马斯想要的说法。

司各脱还论述道，如果托马斯的观点正确，那么对我们的理智来说，形而上学就是不可能的了，因为形而上学是关于作为存在的存在的学说。如果人之理智的原初对象是物质物体的本质，那么它就不会比视觉能力更多地认识到作为存在的存在，后者不会在它的自然对象（比如颜色和光）之外还认识别的东西。[①] 如果这个托马斯主义的观点是正确的，那么在其专门意义上理解的形而上学也就不可能了，或者说它也就不会超越物理学了。总而言之，“把被视为一种能力的理智限制在感性事物上，于是，它也就仅仅是借由其认知形式才超越感性的，这似乎不妥”。也就是说，这种看法并不认为理智也借由其对象超越了感性。

由于司各脱也认为[②] 在人之理智中，有着一个自然的欲望想要明确地认识到“原因”，而一个自然的欲望是不会得不到满足的，又因为他得出结论说，理智之自然对象不可能在物质物体之中，后者是非物质原因的效果，他实际上看上去与他自身所说的“我们不可能会有关于神性本质的自然认知”相矛盾。但是，我们要记住，他并不否认人之理智在其当前状况下有着范围的限制，虽然他坚持说，我们不可把一个在某种状况之中的能力之对象与此能力本质之对象相混淆。另外，他并不认为，对作为存在的存在所做的分析会给出关于神性本质本身的认知，因为，即便存在是人之

---

① 《牛津著作》，1，3，3，第 1 条，及以下。

② 同上，1，3，3，第 3 条。

理智的原初和恰当的对象，我们也无法从中得出我们不能通过某种在抽象之外的方式获得存在之观念的结论。总之，我们可以说，司各脱接受了亚里士多德关于抽象的说法，虽然他并没有把积极理智和消极理智视为两种不同的能力，而是将它们视为同一能力之两个方面或两种功能。[①]

2. 至于为何人之理智在当前状况下、在此生中依赖心理印象（phantasm），司各脱声称，这是由于神之智慧创立了秩序，而此秩序要
490 么是对原罪之惩罚，要么是我们不同能力之协和运作（propter naturalem concordiam potentiarum animae in operando：为的是灵魂诸能力之运作中的和谐）的前景，感官和想象力把握到个体物体，理智则把握此物之普遍的本质，或因为我们的脆弱（ex infirmitate）而无法做到。他重申道，理智在当前的状况下，只是被可以想象到或感知到的对象直接推动的，其原因要么是惩罚性的正义（forte propter peccatum, sicut videtur Augustinus dicere：由于罪，就好像是奥古斯丁说的那样），要么是一个自然原因，因为在此生的状况下，诸能力的秩序与和谐是这么要求的。所以，这里的“自然”指的是在一种特殊状况或条件之下的自然，而非在绝对层面上来考虑的自然：司各脱坚持提到这一点。[②] 这并不是一个很让人满意或非常清晰和确定的解释，但是，司各脱在此很明确地说，理智在其绝对意义上来看是关于作为存在的存在的能力，他坚决地拒绝那种被他视作托马斯主义的学说。司各脱是否公平地诠释了托马斯，则是另一码事。有时，托马斯明确地说理智之恰当对象是存在。[③]

然而，托马斯坚持，转向心理印象（conversio ad phantasma）[④] 之必要性是出于本性的。他论述道，假如此必然性单纯是与身体之结合的结果，而非属于灵魂本性本身，它就会为了身体之利益（而非为了灵魂之利益），不允许灵魂与身体结合，因为灵魂就会因为与身体结合而在其自然运作中受阻。司各脱强调了托马斯学说的这一方面，从而得出结论认为，

---

① 《论灵魂》，13。
② 参见《牛津著作》，1，3，3，第 24 条；2，3，8，第 13 条。
③ 比如，在《神学大全》，Ia，5，2 那里。
④ 《神学大全》，Ia，89，1。

从逻辑上来看，托马斯主义不能够为形而上学之可能性提供依据。

3. 司各脱关于人之理智的原初对象的观点自然影响到了他对关于灵魂就自身认识的辩论问题的处理。依照托马斯·阿奎那的看法，灵魂在其当前状况——也就是其自然状况——之下，是通过对感性对象加以抽象而获得认知的。由此，他得出结论说，灵魂没有关于其本质的直接认知，它间接地认识到自身，是通过对它的抽象观念和在这些观念中认识对象的行动加以反思而认识到的。[①] 然而，司各脱认为，尽管灵魂在此生中的确缺乏对自身的直接直观，对灵魂来说，它还是理智的自然对象。另外，假如 491
"它若不是受到阻挠"，也确实会直观到自身。[②] 然而，他进而指出了我们已经提到过的这种阻挠的原因。司各脱和托马斯的区别涉及对一个事实的解释，而非此事实本身。两人一致认为，灵魂在此生中确实是没有对自身的直观的，但是，托马斯用人之灵魂的本性来解释这一事实，并攻击了柏拉图关于灵魂与身体之关系的观点；司各脱则是用一种阻碍（而不是绝对意义上的人的灵魂）来解释这一点的。他甚至提议，此阻碍或许是由于罪而出现的；他还引用圣奥古斯丁的理论来支持这一提议。托马斯的态度导致了他对亚里士多德心理学的采用，而司各脱的立场可以与奥古斯丁传统结合在一起。在这一点上，我们不应把司各脱视为一位创新者或革命者，或托马斯主义之摧毁性的批判者，而是应该把他看作奥古斯丁-方济各传统的一位维护者。

4. 我们已经看到，司各脱认为，他关于理智之原初对象的学说对形而上学之维护和辩护来说，是根本性的：他也认为，他关于对个体物体之智性把握的理性的学说对于维护人之认知的客观性来说是根本的。依照托马斯的观点，[③] 理智不可能直接认识到物质性事物，因为理智只是通过从质料中抽象出共相而获得认知的，质料则是个体化的原则。然而，他承认心灵对单个事物有着一个间接的认知，因为它除了"转向心理印象之外"，别无方式去认知到抽象出来的共相。想象力一直都是起作用的，而一个图

① 参见《神学大全》，Ia，87，1。
② 《牛津著作》，2，3，8，第 13 条。
③ 《神学大全》，Ia，36，1。

像是某个个体物体的图像；但是，理智认知的原初和直接的对象是共相。

司各脱拒绝对这一托马斯主义的学说做出解释。对这一学说的反驳和称其为错误的、甚至为异端的说法（因为宗徒们相信某一个见得到、摸得着的道德个体是上帝），来自一部伪司各脱著作《论万物之本原》，不过在司各脱的真作中，后者的立场也是完全明显的。对于亚里士多德关于抽象的说法，他一般是接受的，但他坚持认为，理智有着一种对个体物体之
492 混杂的第一直观。他的原理是，更高一层的能力认识得到较低的能力所把握的对象，尽管那更高一层的能力是以一种比较低一层的能力更完美的方式来认识对象的。于是，理智在知觉（perception）中是共同运作的，它直观地认识到为真的偶然命题，并从而进行推理。此类命题涉及那些被直观地认识为存在之物的单个事物。因此，虽然抽象的和科学的认知涉及的是共相，就像亚里士多德正确地如此说道，我们必须要承认有着一种智性的关于作为存在着的个体物体的认知。[①] 就像已经提到的那样，如巴腾尼乌斯·明格斯神父（Parthenius Minges）[②]这样的学者认为，司各脱所持有的这种对托马斯观点的激烈反驳，出自并非真实司各脱作品的《论万物之本原》。在他的真作中所找到的有些言辞也会使人以为，司各脱就单个事物之智性认知的立场与他关于灵魂对自身之直观的立场是确切平行的。他坚持道，单个事物本身是可知的，而且人之理智至少拥有理解它的微弱能力。但他好像也隐隐地在说，甚至明确说过，灵魂在其当前条件下，是无法这么做的。“单个事物本身是可知的，这是就物体本身而言的，但它对某种理智而言是不可知的，比如对我们的理智来说就是如此，这并非出于个体物体本身之不可知。”[③] 还有，“不认知到单个事物并非缺乏完美”，但是，“如果你说我们的理智不理解个体物体，我回应说，这是一种它在其当前状况下（所持有的）对完美的缺失”。[④] 然而，司各脱好像是想说，我们没有关于单个事物作为单个事物的清晰认知，这一缺陷并非由于单个

---

① 《牛津著作》，4，45，3，第 17 条。

② 《约翰·邓斯·司各脱的哲学与神学作品》（*J. Duns Scotus Doctrina Philosophica et Theologica*），第 247 页。

③ 《牛津著作》，2，3，6，第 16 条。

④ 同上，2，3，9，第 9 条。

事物缺乏可知性，而是由于在此生中我们理性运作的不完美。然而，我们仍然有一种原初的（尽管比较混杂）对单个事物作为存在着的事物之智性直观。这就像是《随意提问问题集》[①]所表达的看法，在那里，司各脱论述道，如果说我们有着对共相的智性认知，并且有着对个体物体之感性经验，这种情况不应该被理解成我们是在说此两种能力是平等且完全不同的，因此理智根本不会认知到个体。但是，由于第一级的能力是从属于更高层的，而尽管更高层的能力以较低的能力所不及的方式运作，这一点的 493
反面却不可被假设为真。感官不能认识到共相，从这一点出发并不能得出理智不能认识个体的结论。理智能够获得关于作为存在着的个体的直观认知，即便它关于本质的认知是关于共相的认知。

如果我们愿意接受《论灵魂》为真作，那么司各脱的意见就毫无疑问有了定论。在这部作品中，[②]司各脱拒绝了托马斯主义关于我们对单个事物之认知的学说，也拒绝了托马斯主义关于个体化原则的学说，前一个学说以后一个为基础。他论述道，单个事物有如下特性：（a）它本身就是可认知的；（b）甚至在我们的当前状况下，对我们来说也是可知的；（c）如果所涉及的是清晰的认知，那么在当前状况下，我们无法获得这样的认知。单个事物本身就是可知的，因为本身不可知的也就无法为理智所认知，然而，单个事物肯定是被神和天使之理智所认知的。甚至在我们当前的状况下，它也可被我们认知。归纳过程就揭示了这一点，且我们能够爱单个事物，爱则预设了认知。然而，在我们当前的状况下，对我们来说，它不是在完整和清晰的状态（sub propria ratione：在恰当的概念下）之中的。如果两个质料性物体被剥离一切偶性区分（地点、颜色、形状等），感性和理智就无法将两者区分开，即便它们的“个体性”（haecceitas：司各脱的“此在”）仍然存在，这就表明，我们在当前的状况下，是没有对一事物之个体性的清晰而完整的认知的。所以，如果我们想说的是，在当前状况下，理智并不被个体性本身所推动，也不清晰和完整地认识到它，我们就可以说，感性之对象是单个事物，理智对象是共相。可我们却

① 《随意提问问题集》，13，8—10。
② 《论灵魂》，22。

无权说，理智就没有对单个事物作为存在着的东西的直观了。如果我们这么说，我们就摧毁了认知之客观性。“如果没有先前对个体的认知，那么，从个体中抽象出共相是不可能的。因为，在这种情况下，理智是在没有认识到它从何者中抽象的情况下进行抽象的。”[①] 很明显，司各脱之所以拒绝了托马斯的学说，不仅因为他拒绝托马斯关于个体化的思想，也并不仅仅因为类似归纳这样的进程似乎是在证明托马斯学说是错误的，更是因为他坚信托马斯的学说威胁到了科学和普遍认知之客观性——尽管托马斯对后
494 者多加强调。司各脱并不打算拒绝亚里士多德关于人之科学为普遍的这一学说（这一点他说得很明白），但他认为，接受我们对单个事物作为存在着的事物的智性直观来对这一观点加以补充是必要的，而且他将此补充视为事实所必须要求的。对捍卫人之认知的客观性的关切，也展现在司各脱对共相问题的讨论上。但对此问题的讨论，最好还是留到关于形而上学的下一章为妥，在那里，我们可以将其与个体化问题放在一起来讨论。

5. 从一种观点出发，就像人们一直认为的那样，司各脱对科学的理想是数学科学。如果科学是以亚里士多德在《后分析篇》中对此词的使用来理解的，也就是说，科学涉及对象之必然性，以及其明证性和确切性，我们就不能说涉及道成肉身以及上帝与人之一般关系的神学是一门科学，因为道成肉身并非一个必然的且可以通过推演而得知的事件。[②] 另一方面，如果我们把神学视为在讨论其最原初的对象，即讨论上帝以及就其本身而言的上帝，那么它讨论的就是像三位一体那样的必然真理，而且它就是一门科学。但我们必须补充道，它就本身而言是一门科学，对我们来说却并非如此，因为它所涉及的真理虽是确定的，但对我们来说却并非自明的。如果有人无法理解几何学家的论述，却依照他们的言辞去接受他们的结论，那么，对此人来说，几何就是信仰，而非科学，虽然就其本身而言它仍然是一门科学。[③] 神学在被视为讨论就其自身而言的上帝的时候，本身是一门科学，尽管对我们来说并非如此，因为，尽管对象是必然的，但它

① 《论灵魂》，22，3。
② 《牛津著作》，前言，3，第 28 条。
③ 同上，前言，第 2 侧，第 4 条。

的内容是通过信仰而被接受的。神学在讨论上帝的外在行动时，讨论的是“偶然性的”，即不是必然的时间，那么在此意义上，神学就不是科学。司各脱明显把几何学拿来当成了严格意义上的科学。

然而，还得补充的是，司各脱在否认神学是上面所提到的意义上的科学时，并不意图贬低神学，或要让人质疑其确定性。他明确提到，如果以亚里士多德在《尼各马可伦理学》第六卷书中的意义来理解“科学”，即与意见和猜测相对立，而非以其最严格意义来理解它的话，它就是一门 495
科学，因为它是确定且为真的，虽然它的更恰当的称呼应该是“智慧”。[①]另外，神学并不从属于形而上学，因为虽然它的对象在某种程度上包含在形而上学的对象中，如理性的自然之光所认识到的上帝也包含在形而上学的对象中，但神学并不从形而上学那里获得其原理，而且信理神学的真理也不能借由存在本身之原理而得到证明。信理神学的原理是就信仰而接受的，是凭借权威的，它们并不可由自然理性而被证明，也不能够被形而上学家证明。另一方面，严格意义上的形而上学并不是神学的下属科学，因为形而上学家也并不从神学家那里借用原理。[②]

按照司各脱的看法，神学是一门实践科学。但是，他非常谨慎且详尽地解释了他在此所要说的含义。[③]“甚至必要的神学”，即对涉及上帝本身之确定真理的神学认识，也是在逻辑上先于我们借之选择上帝的意志行动的，好的行为之第一原理则是从中得到的。司各脱讨论了根特的亨利和其他人的观点，并拒绝了它们而保留了自己的意见。于是，他与托马斯分道扬镳，后者提出，[④]神学是一门思辨科学，在后者声称神学是一门科学的时候，[⑤]司各脱同样与其分道扬镳。正如我们就他关于意志和理智的观点而会期待的那样，司各脱在神学作为人之好的行为之规范这一方面，强调了神学。

上述思考涉及信理神学，或许会显得并不重要。但如果我们理解了

---

① 《牛津著作》，前言，3，第28条。
② 同上，前言，3，第29条。
③ 同上，前言，4。
④ 《神学大全》，Ia，1，4。
⑤ 同上，Ia，1，2。

司各脱对于信理神学的态度，我们就能够见到，某些用来反对他的指责是多么地不公正和错误。如果有人简单地说，托马斯将神学视为一门科学，一门思辨科学，而司各脱声称神学并非科学，而且如果要把它称作科学，它将是一门实践科学，那么人们就会随之以为，在司各脱看来，神学学说仅仅具有实践或实用价值，的确也有人把司各脱与康德相比较。但是，如果我们考虑到司各脱想表达的含义，这种诠释显然是不公允的和错误的。
496 比如，就确定性而言，司各脱并没有否认神学是一门科学；他只是在说，如果在将几何学看作一门科学那种意义上定义科学的话，神学就不可被称作科学。托马斯会同意这一观点。他指出，神学是一门科学，因为其原理是从另一门更高的科学那里得来的，而此科学是上帝和那些获得永福者所独有的，于是它们就是绝对确定的。而它并不与几何或算术在同等意义上是一门科学，因为它的原理对理性的自然之光来说并非自明的。[①] 而且，司各脱说到，神学对我们来说是一门实践科学，主要是因为启示被给予我们，作为我们正确的行为规范，我们也会抵达我们的最终目的。而对托马斯来说，[②] 神学本来就是一门思辨科学，虽然并不仅仅如此，因为它讨论神性的东西要多于讨论人之行动。换言之，他们在此的主要分歧在于二者所强调的方面的不同：这种分歧，就托马斯对理智和理论思辨的普遍强调以及司各脱对意志和爱的普遍强调而言，自然处于意料之中，而这一点要更多地在亚里士多德主义和奥古斯丁主义传统之下来理解，而非在康德主义和实用主义下来考虑。如果有人期望把司各脱塑造为一名早于康德的康德主义者，就司各脱关于信理神学的学说而言，他是找不到牢靠的证据支持他的看法的。

6. 就如我们已经见到的那样，虽然司各脱坚持认为理智之原初对象是普遍的存在，而不只是质料性的本质，他的亚里士多德主义导致他同样强调一个事实，即我们确实的认知是从感知起源的。所以，天赋观念是不存在的。在《注亚里士多德〈形而上学〉精微问题集》中，[③] 他肯定道，

---

① 《神学大全》，Ia，1，4。

② 同上，Ia，1，4。

③ 2，1，第 2 条。

理智并不借由其自身的构造而拥有任何自然的认知，无论这是简单的还是符合的观念，“因为我们的一切认知都发自感知”。这甚至对关于第一原理的认知也是适用的。“因为首先，感官是被某个简单和非复合的对象所推动的，而通过感官的运动，理智被推动且把握到简单的对象：这是理智的第一行动。然而，在把握了简单的对象后，随后有另一行动，它把简单对象聚集在一起，在这集合之后，如此结合起来的对象是一个第一原理的话，理智就能够对其真理加以认可。”对第一原理的自然认知指的也就是简单的概念得到理解且被结合起来，理智通过它的自然之光而直接对此加 497
以认可，即对此原理之真理的认可。“但是，对概念的认知是从感性对象那里获得的。”司各脱指的也就是这个。比如，我们从感性经验中获得关于“整体”和“部分”的观念，在理智构成这些概念的时候，它直接就见到了整体大于部分这一命题之真。关于“什么是整体”和“什么是部分”的认知则源于感性经验，但是理智的自然之光使得它直接见到了第一原理作为一个复合对象之真。针对阿维洛伊的反驳，即在此情况之下，所有人都会认可第一原理，而事实上，基督徒们却并不认同“从无中没有任何物体得到创造”这一原理，司各脱回应道，他所说的是严格意义上的第一原理，比如矛盾律的原理以及整体大于部分的原理，而非某些人所以为的第一原理或从第一原理可能推导出来的结论。然而在《巴黎注疏》中，[1]他坚持道，理智就那些像是清楚地从第一原理所得出的原理和结论而言，是不会犯错的。在同一处，他说到理智是白板（tabula nuda），且没有内在的原理或观念。

司各脱也拒绝了“理智必须要有特别光照，才可把握到确定的真理”这种说法。于是，他列出了根特的亨利为光照论[2]辩护的诸论据，并进而批判它们。他反驳道，亨利的论据像是有一个结论，即一切确定且自然的认知是不可能的。[3]比如，如果说，对一个一直处在变化中的对象（而按照亨利的说法，感性对象是一直处在变化之中的）来说，确定性是无法获

① 2，23，第 3 条。
② 《牛津著作》，1，3，4，第 2—4 条。
③ 同上，1，3，4，第 5 条。

得的，那么光照也就起不到任何作用，因为在我们并非以对象之确实形态来认识它的时候，我们就没有获得确定性。司各脱补充道，不管怎样，认为感性对象是持续变化着的这一学说是赫拉克利特的学说，而且是错误的。类似地，如果灵魂之变化的特性以及其观念是确定性的障碍，那么，光照也无法修补这一缺陷。总而言之，亨利的观点将导致怀疑论。

于是，司各脱为人之理性的活动和自然能力做了辩护，一个类似的
498 倾向在他驳斥托马斯关于灵魂的学说（即灵魂在与身体分离时，不会从物自体那里获得新的观念）的时候，也展现了出来。[①] 他大致上以托马斯在《四部语录注疏》[②] 中所使用的那种措辞，提出了对后者的意见，并论述道，灵魂的本性中就有认知、抽象、意愿的能力，因为灵魂本身就是能够脱离于身体而存在的，我们得以合法地得出结论说，它在这个分离的状态下是能够通过自然的渠道获得新知识的。司各脱说，托马斯的意见贬低了人之灵魂。当然，司各脱自己的意见与他认为在此生中——即按照这个状态，也就是出于罪的状态（pro statu isto, forte ex peccato）——灵魂依赖感性的观点有关。这与他对认为灵魂纯粹是被动的，且是心灵印象（phantasm）引起的观念的学说的拒绝有关。因此，在与身体相分离的状态中，灵魂并没有停止获取新知识，也不局限在直观活动上：它能够执行抽象的能力。

7. 司各脱区分了直观和抽象的知识。直观的知识是关于一个在当下的现实存在中的对象的知识，如果它是关于一个并不实际存在的当下的对象的知识，那么这是与它自身的本性相悖的。[③] 然而，司各脱在完美的直观知识和不完美的直观知识之间作了区分，前者是就一个对象作为当下的对象的直接知识，后者则是对一个在未来存在的具有存在的对象的知识，也就是预见到其存在，或对一个在过去存在的对象的知识，作为记忆中的知识。[④] 另一方面，抽象知识是关于一个从其存在或不存在中抽象出来的对

---

① 《牛津著作》，4，45，2。
② 4，50，1，1；以及参见《神学大全》，Ia，89，1—4。
③ 《牛津著作》，1，2，7，第 42 条；2，9，2，第 29 条。
④ 同上，3，14，3，第 6 条。

象之本质的知识。[1] 直观知识和抽象知识的区别并不在于前者是关于一个存在着的对象的知识，而后者是关于一个不存在的对象的知识，而是说，前者是就前者之存在且现实存在的知识，而后者是对一个对象从存在中抽象出来而关于它的本质的知识，不管此对象是否现实存在。“能够有一个关于不存在的对象的抽象知识，也就能有关于存在的对象的抽象知识，但只能有关于作为存在者的存在的对象的直观知识。”[2] 我们还应该添加“以及当下”的词组，因为“与直观知识的本性相悖的是，它会是有关一个并
不现实存在且当下的某物的东西”。[3] 相应地，司各脱说，尽管享真福的 499
人能够看见他在上帝之中（即在真福直观中）存在着并正在书写，但此知识并非一个直观知识，因为“我并不真正当下地在上帝之中，而这是得享真福之人在天堂所见到的”。[4] 司各脱关于抽象知识的观点，即关于抽象出存在和非存在的本质的知识的观点，使得人们将他思想的这一方面与现代的现象学学派的方法进行对比。

8. 司各脱被足够多的亚里士多德逻辑的精神所渗透，因此他强调演绎，并有着一个关于证明的严谨观念；但他说了一些关于归纳的有趣的话。我们不可能经验到一个特别类型的自然发生的所有例子；但是，对一定数量的例子的经验足以向科学家指出，它来自一个自然的原因，并会一直随着这个原因而出现。“无论在大多数例子中（也就是说，在我们能够观察到的例子中）发生了什么，它并不随着一个自由的原因而发生，相反，它是此原因之自然的效果。”理智认可此命题为真。它见到，自由的原因是不会产生同样的效果的；如果此原因能够产生另一个效果，我们应该能够观察得到。如果某一个效果频繁地由同一个原因引发（司各脱指的是，在我们的经验范围内，如果同一原因引发了同一效果），此原因在这一方面就不会是一个自由的原因，也不会是一个偶然的原因，而必定是此效果之自然原因。有时我们对效果有着经验，却无法将效果追溯到一个自

① 《牛津著作》，2，3，9，第6条。
② 《随意提问问题集》，7，第8条。
③ 《牛津著作》，2，9，2，第29条。
④ 同上，4，14，3，第6条。

明的因果关系中，在这种情况下，我们可以继续从此效果中再往下推导，从而获得一种比我们通过经验获得的知识要更加确定的知识，而在另一些情况下，我们对原因有着经验，但我们无法证明原因和效果之间的必然联系，而只知道此效果是从这个作为自然原因的原因那里得来的。[①]

---

① 同上，1，3，4，第 9 条。

第四十七章

司各脱（三）：形而上学

存在与它的超验属性——存在之单义概念——形式性的客观区分——本质和存在——共相——形质说——反对种子原理，保留复多形式——个体化

1. 形而上学是关于作为存在之存在的科学。关于存在的概念是一切 500
概念中最简单的，无法再被进一步还原到更加终极的概念那里：所以说，存在是无法被定义的。[1] 我们能够通过存在自身而明确地认识到它，因为在它最广泛的意指中，它仅仅指那不包含矛盾的东西，即那不是内在地不可能的东西。而任何一个其他的概念，任何一个关于某一种明确的存在的种的概念，都包含了存在的概念。[2] 存在在其最广泛的含义上包含了那些具有心灵之外存在的东西，也包含了那些具有心灵中存在的东西，[3] 它超越了一切属。[4]

有着不同的存在者的属性（passiones entis，我们也可以将它们称作存在的范畴，如果我们不以亚里士多德的意义来理解“范畴”这个词的话），也有着不同的可相互转换的属性（passiones convertibiles）和析取的属性（passiones disiunctae）。前者是那些由一个名称所指称的存在之

① 《随意提问问题集》，7，第 14 条；1，39，第 13 条。
② 《牛津著作》，1，3，2，第 24 条。
③ 《随意提问问题集》，3，第 2 条。
④ 《牛津著作》，2，1，4，第 26 条。

范畴，它们并不是相互区分的对子，而是可以与存在相互转换。例如一、真、善，它们都是可相互转换的属性。每一个存在者都由于它是一个存在者的事实而为一、真和善，这些可相互转换的属性与存在之间并没有什么实在的区分，但有着一个形式的区分，因为它们指称的是存在的不同方面。[①] 如果单个地来看，析取的属性并非简单地可以与存在相互转换的，而如果组成一对来看，它们就是可相互转换的。例如，并非所有的存在者都是必然的，并非所有存在者都是偶然的，然而，每一个存在者都一定是必然或偶然的。类似地，并非每一个存在者都是单纯的现实，也并非每一个存在者都是潜能。然而，每一个存在者必然要么是现实，要么是潜能，或者在一个方面为现实，在另一个方面是潜能。司各脱谈到，析取的属性是超越性的，[②]因为尽管没有哪个单个的析取的属性包括了一切存在者，
501 或可以简单地与存在之概念相互转换，但它并没有将一个对象放置在某一个特定的属或亚里士多德意义上的范畴之中。实际上，比如认为一个存在者是偶然的，这并没有告诉人们它是实体还是偶性。

由于司各脱认为存在的概念是单义的，即在我们马上要讨论到的那个意义上是单义的，这样就显得他在企图演绎出析取的属性之现实性，但这并非他的本意。我们从存在的概念中是永远无法推导出某个偶然事物的存在的；我们也不能够证明假如必然的东西存在，那么偶然的东西就存在，尽管我们能够证明，如果偶然的东西存在，那么必然的东西存在，如果有限的东西存在，那么无限的东西存在。换言之，我们无法将一个较不完美的析取的属性之存在从一个更完美的析取的属性中推演出来，尽管倒过来的话，我们可以证明。偶然的存在者现实存在，这只能通过经验而被认识到。[③]

2. 我们已经见到，在司各脱看来，要想保障形而上学之可能性，我们就必须认为理智之首要的对象是一般的存在。在这么说的时候，我并不是想要暗示司各脱的理智之首要对象的学说仅仅是出于实用的考虑的。而

① 《牛津著作》，1，3，3，第 7 条；2，16，第 17 条。
② 同上，1，8，3，第 19 条。
③ 同上，1，39，第 13 条。

是想说，他认为，理智本身是把握一般存在的功能，而且在持有这个观点的同时，他指出了在他看来从托马斯主义的立场会得出的不幸的结论。类似地，司各脱也认为，除非有着一个就上帝和受造物而言单义的存在的概念，否则就不可能有关于上帝的形而上认识。但他并非出于一种纯粹功利主义的理由而肯定存在概念有着单义特征的学说的；他确信，确实有着这么一种单义的概念，并指出除非承认其存在，否则我们就无法确保任何关于上帝形而上认识的可能性。我们的概念是依赖感官的感知而形成的，并直接表象着质料是什么或质料的本质。但没有一个关于质料性的所是的概念本身是可以运用在上帝身上的，因为上帝并不包含在质料性的东西中。因此，除非我们能够构成一个不只局限在质料性的所是之上的概念，此概念却是无限的物体与有限之物所共有的，那么我们就不可能通过对上帝而言恰当的概念获得一个关于上帝的真知识。如果根特的亨利关于存在的概念在运用到上帝和受造物身上具有同名异义的特征的学说是真的，那么就 502
可以得出结论，人的心灵（至少在此生中）仅仅局限在关于受造物的认识之上；不可知论就会是亨利理论的结果。[①] 如果说我首先提到了此问题的这个方面，我这么做并不是为了暗示司各脱仅仅是被功利主义的或实用主义的考虑所推动的，而是想要指出此问题在司各脱眼里并不是一个单纯的学院的问题。

司各脱所说的存在之单义概念指的是什么呢？他在《牛津著作》[②] 中写道："为了在单义这个词的解释上不产生纷争，我说单义概念，指的是那个统一的概念，其统一性足以导致在用它来做谓词而对同一对象加以肯定和否定的时候，会出现矛盾。因此，它才足够充当三段论的中词，于是两个端词在一个中词中统一起来，而不会有歧义谬误，在这两者间获得一个（结论）。"（et ne fiat contentio de nomine univocationis, conceptum univocum dico, qui ita est unus, quod ejus unitas sufficit ad contradictionem, affirmando et negando ipsum de eodem. Sufficit etiam pro medio syllogistico, ut extrema unita in medio sic uno, sine fallacia aequivocationis,

---

① 《牛津著作》，1，8，3，第 4 条，及以下。这代表了司各脱对亨利学说的诠释。
② 同上，1，3，2，第 5 条。

concludantur inter se unum.）因此，司各脱的第一个要点是，单义概念是这样一种概念，如果某人在同时就同一对象肯定和否定一个思想，那么其统一性足以使得它陷入一个矛盾。如果有人说，“这条狗（即狗这种动物）在跑”，同时又说，“这条狗（指的是星座或狗鱼）并不在跑”，那么在此并没有实质上的矛盾，因为“在跑”和“不在跑”所述说的并非同一个对象：矛盾仅仅是字面上的。类似地，如果有人说“独角兽在跑（指的是仅在心灵中存在的独角兽）”和说“独角兽并不存在（指的是独角兽没有心灵之外的在自然中的存在）”，这时也没有实质的矛盾。然而司各脱指的是一个如果用它对同一对象既肯定又否定的话，足以引起一个实质的矛盾的词。例如，如果有人说独角兽存在和不存在，而在两个判断中，都以指谓心灵之外的存在来理解“存在”，那么就会出现一个实在的矛盾。类似地，如果有人说上帝存在和上帝不存在，在两种情况下指的都是实存，那就有一个矛盾。司各脱说的“足以”（sufficit）指的是什么呢？在“上帝存在”和“上帝不存在”的判断中，要制造一个矛盾，只要“存在”指的是虚无或非存在的反面，就足够了。在说上帝与虚无相对立和说上帝不与
503 虚无相对立的时候，就有了一个矛盾。我们必须记住，司各脱在认为存在着一个单义的存在概念，它可以运用在上帝和受造物身上，于是我们可以说上帝存在以及受造物存在的时候，他所使用的“存在”一词在含义上是相统一的。他当然非常清楚上帝和受造物实际上是以不同的方式与虚无相对立的，也不打算否认这一点。然而他的要点是，如果你在说“存在”的时候，指的是虚无或非存在之对立面，那么你就可以在同样的意义上对上帝和受造物都使用“存在”这个词，而不考虑它们与虚无相对立之具体方式。相应地，他说“足以引起矛盾”（sufficit ad contradictionem），为的是不隐含上帝与受造物是以同一方式与虚无相对立的这个结果。但尽管它们以不同的方式与虚无对立，但它们无论如何都指谓着虚无的单纯的对立，即一个如果同时对同一对象进行肯定和否定的谓述就会引起矛盾的概念，此概念可以通过单义的方式来述说上帝和受造物。

至于他关于三段论的阐述，司各脱说道，一个在他的理解之下的单义概念，也就是一个当它作为中词被用到一个三段论中，其所拥有的含

义是在两个前提中都以充分的方式同义的概念，它可以防止犯下歧义谬误的毛病。举个粗略的例子，如果有人论述道，“每一头 ram（公羊）都是生物；此对象（指的是一个用来泵水的工具）是一个 ram（夯锤）；因此，此对象是生物”，这个三段论就涉及歧义谬误，而且无效。现在来看看这个论述：如果在某些受造物那里有智慧，那么在上帝那里就必然有智慧；然而，在某些受造物那里是有着智慧的；因此，在上帝那里有着智慧。如果“智慧”这个词是以同名异义的方式来使用的，即以完全不同的意义来使用的，那么此论述就是个谬论：要此论述有效，那么用在上帝和受造物之上的智慧的观念必须充足地同义，从而避免歧义。司各脱在此是在攻击根特的亨利，按照后者的看法，我们用在上帝和受造物上面的谓词是同名异义的，尽管这两种含义很相似，使得我们可使用一个词语来称谓两者。司各脱反对说，如要承认亨利的意见为真，就必须承认每一个从受造物出发推论到上帝的论述都使用了歧义谬误，因此是谬论。司各脱所声
称的单义性并不局限于存在的概念。“任何一个共同属于上帝和受造物的 504
东西都与是否有限或无限无关，是无差异地属于存在的。”[1] 如果考虑到抽离出无限和有限之差异的存在，也就是说，仅仅指谓虚无之对立面，那就有了一个存在之单义的概念，而存在之超越性的属性，即可相互转换的属性（passiones convertibiles）也能够引出单义的概念。如果可以构成一个存在的单义概念，那么也就能构建出一、真、善的单义概念。[2] 那么，智慧又如何呢？善是一个可相互转换的属性（passio convertibilis），因为每一个存在者单纯通过其为存在者这一事实而为善；但并非每一个存在者都是智慧的。司各脱回应道，[3] 那些析取的属性——例如必然或可能、现实或潜能——是在这样一个意义上为超越的，即在析取的组合中，没有一个部分将其谓述的主词规定为属于某个特定的属，而智慧以及类似的属性也可以被称作超越性的，指的是超越了将存在划分为各个属的界限。

司各脱非常强调单义性的学说。一切关于上帝的形而上学探索都

---

① 《牛津著作》，1，8，3，第 18 条。

② 同上，1，8，3，第 19 条。

③ 同上。

涉及对某一属性的考虑，并且从我们关于它的观念中移除了在受造物的属性中所发现的不完美的部分。以此方式，我们获得了关于这个属性的形式性内涵（ratio formalis）之本质的观念，从而能够在一个极致完美的意义上，将其运用在上帝身上。司各脱提到了智慧、理智和意志的例子。[1] 首先，我们从智慧的观念中移除有限的智慧之不完美性，这样就获得了智慧的形式性内涵，也就是智慧本身。然后我们以最完满的方式（perfectissime），用智慧来谓述上帝。“因此，任何一个涉及上帝的探讨都预设了理智拥有同样的单义概念，这是它从受造物那里获得的。”[2] 如果否认我们能够因此而构建一个智慧之形式性内涵的观念，就会得出我们无法获得关于上帝的知识的结论。一方面，我们的知识是建立在我们关于受造物的经验之上的，而另一方面，我们却无法将在受造物那里发现的属性就这样用来确切地谓述上帝。因此，除非我们能够获取一个具有一个单义的共有的中词，否则就没有一个从受造物出发来论证上帝的论述会是可能的或有效的。司各脱认为，我们能够获得一个不涉及有限或无限、非受造的或受造的存在的单义概念，这是一个经验事实。[3]

505 司各脱同意根特的亨利的说法，即上帝并不在一个属中，但他并不同意亨利对存在概念之单义特征的否定。“我秉持着折中的观点，也就是说，应该有着某个为他和受造物所共有的概念，这是与上帝之单纯性相容的，但此概念不是一个像属那样的普遍概念。”[4] 而在司各脱看来，根特的亨利认为，存在的概念在被运用在上帝和受造物之上时是同名异义的，我们很容易理解司各脱为何会拒绝承认这个观点。但他对托马斯的模拟的理论又持何种态度呢？第一，司各脱坚定地肯定了上帝和受造物在实在的秩序之中是完全不同的，它们首要地在实在中区分，因为它们不在任何一种实在中有着共同点（sunt primo diversa in realitate, quia in nulla realitate conveniunt）。[5] 因此，要指责司各脱有着斯宾诺莎主义的嫌疑明显是荒

---

① 《牛津著作》，1，3，2，第10条。
② 同上。
③ 参见同上，1，3，2，第6条。
④ 同上，1，8，3，第16条。
⑤ 同上，1，8，3，第11条。

谬的。第二，司各脱并不拒绝归属的模拟，因为他承认存在首要且主要地是属于上帝的，他教授道，受造物之于上帝，就像被测量的东西之于标尺，或被超越的东西之于超越者（mensurata ad mensuram, vel excessa ad excedens），[1]而在《论灵魂》中，[2]他说道，万物皆有朝向第一存在者，即上帝的谓述（omnia entia habent attributionem ad ens primum, quod est Deus）。然而，第三，他坚持认为模拟本身预设了一个单义的概念，因为除非有一个对上帝和受造物来说共有的概念，否则我们无法将受造物作为被测量的东西与作为标尺的上帝进行比较。[3]在此生中，人只有通过从受造物那里获取的概念去认识上帝，除非这些概念是受造物与上帝所共有的，否则我们永远无法将作为不完美的东西的受造物与完美的上帝进行对比。即便那些教授口头上否认单义性，但实际上他们已经预设了它。[4]假若没有单义的概念，我们就只有关于上帝的否定的知识了，而事实并非如此。我们可以说，上帝不是一块石头，但我们也可以说奇美拉（Chimera）也不是石头，这样的话，说上帝不是石头的时候，我们对他的了解并不比我们对奇美拉的了解更多。[5]而且，认识到某物是上帝的效果，本身并不足以给予我们关于上帝的认识。石头是上帝创造出来的效果，但我们不能说上帝是石头，因为他是石头的原因，而我们的确说他是智慧的，而这就预设了一个智慧的单义概念，它是（在司各脱的意义上）超越性的。总而言之，司各脱的学说是，尽管一切受造物相对上帝都具有一个本质性的依赖关系，但除非我们能够构建出上帝和受造物所共有的单义概念，否则此 506
事实并不足以让我们获得任何关于上帝的肯定性的知识，因为我们并没有对上帝的直观。于是他说道，“一切存在者都有着向第一存在者，即上帝的谓述……；然而即便如此，我们还是能够从它们当中抽象出一个共同的概念，它由存在这个词表达出来，这是在逻辑上说的，虽然它在自然和

① 《牛津著作》，1，8，3，第12条。
② 《论灵魂》，21，第14条。
③ 《牛津著作》，1，8，3，第12条。
④ 《巴黎笔录》，1，3，1，第7条。
⑤ 《牛津著作》，1，3，2；1，8，3，第9条。

形而上学上来说，并不是这样一个概念”，[①]也就是说，无论是作为自然哲学家还是作为形而上学家来看均是如此。

最后一句话引起了关于司各脱是否认为存在之单义概念实际上局限在逻辑秩序上的问题。有的作者肯定了他的确如此认为。刚才所引用的《论灵魂》中的话语像是在肯定这一点，而上面所引用的司各脱的论述，即上帝和受造物首要地在实在中区分，因为它们在任何一种实在中都没有共同点（sunt primo diversa in realitate, quia in nulla realitate conveniunt），看上去也是在教授同一种说法。但如果单义的存在概念被如此局限在逻辑秩序上，以至于它是一个思想之物（ens rationis），那它怎么会帮助确保关于上帝的客观认识呢？另外，在《牛津著作》中[②]，司各脱考虑了对他认为质料有着其自身之存在（esse）的理论的反驳。此反驳说，在模拟的情况下，某一物或某一属性仅仅是在首要的模拟中才实在地存在，而在另一个模拟中，除了以与首要模拟相关联的方式之外，并不实在存在。健康是实在地在于生物之中的，但它仅仅是通过朝向他物的谓述（per attributionem ad illud），才在尿液之中的。存在是来自形式的：因此它并不真实地在质料之中，而是通过它与形式的关系才在那里的。在回应此反驳的时候，司各脱说，所给出的例子是毫无价值的，因为有着一百个与其相反的例子。他接着说：“由于在存在的意义上（in ratione essendi），没有比从受造物到上帝更强的模拟了，而存在是以此种方式首要并主要地属于上帝的，因此它也实在地且单义地属于受造物；善、智慧以及类似的概念亦是如此。”[③]他在此处同时使用了“实在且单义地”（realiter et univoce）这两个词。如果单义性的学说是为了保障从受造物出发能获得对上帝的客观认识，那么此学说的核心就会是单义概念并不仅仅为一种思想之物，而且在心灵之外的实在中也应该有一个基础或相应的对象。另一
507 方面，司各脱坚持认为，上帝并不在一个属中，而且上帝和受造物在实在的秩序中是首要地不同的。这两个断言该如何相互调和呢？

---

① 《论灵魂》，21，第 14 条。
② 《牛津著作》，2，12，2，第 2 条。
③ 同上，2，12，2，第 8 条。

存在的概念是从受造物那里抽象得来的，而且它是一种没有规定的关于存在的概念；它在逻辑上先于将存在划分为无限和有限的区分。但实际上，每一个存在者必然要么是有限的，要么是无限的。在这个意义上，存在之单义概念作为比无限与有限之划分要更在先的概念，拥有一种属于逻辑秩序的统一性。自然哲学家显然并不在此意义上来讨论存在，形而上学家也不这么做，因为他所关心的是实际存在的存在者和可能的存在者，因为既不有限，也不无限的存在概念并不是一个可能存在者的概念。而另一方面，即便每一个现实的存在者要么是有限的，要么是无限的，每一个存在者都真实地与虚无相对立，虽说是以不同的方式，从而对应着存在的单义概念是有着一个实在的基础的。作为第一意向（intentio prima），存在的概念基础在实在之上，否则它就无法被抽象出来，且拥有客观的指谓，而作为第二意向（intentio secunda），它是一个思想之物；但是，存在的概念本身无论被视为第一意向还是第二意向，它都不表达任何一个在心灵之外拥有形式性存在（formal existence）的东西。所以，它是一个逻辑概念。逻辑学家“考察运用在第一意向上的第二意向”，司各脱在讨论到共相的时候这么说，[①] 而对逻辑学家来说它是单义的，但对研究实在的物体的哲学家来说，它是同名异义的。[②] 于是我们可以说，存在之单义概念是一个思想之物。而另一方面，存在的单义概念在现实中有着一个实在的基础。这种情况与共相有着相似之处。毫无疑问，司各脱并未恰当地考虑一切可能的对他理论的反驳，但实际情况似乎是他企图驳回根特的亨利的学说，他认为此学说会威胁到此生中关于上帝的客观知识或使之变得不可能，但他并没有全神贯注地应对此问题的各种复杂性以及那些或许会因其理论本身而产生的各种困难。然而，我们需要记住的是，司 508
各脱在存在的属性之间和在属性与存在之间设定了一个形式区分（formal distinction）。“我认为，存在有很多属性，它们并不是与存在本身不同的事物，就像亚里士多德在《形而上学》第四卷的开篇之处所证明的那样。

① 《牛津著作》，2，3，1，第7条。

② 对司各脱来说，“同名异义”指的是有着区分或不同的含义。例如，科学家讨论实际的形体，而这是一个不同意义上的形体，但是可以构建出一个一般的形体之共同的概念。

但是，它们在形式上和在其所是之上（formally and quidditatively）相互之间有着区分，也就是说，通过一个形式的、有着客观基础的区分，并通过一个实在的且具有所是的形式性（a real and quidditative formality），与存在相区分。”[①] 在此种情况下，存在之单义概念不可能只是一个思想之物，亦即一个纯粹主观的构建。相应存在的单义概念，在心灵之外，是并不存在一个独立的或可分离的物体的；但对应此概念则有着一个心灵之外的基础。可以说，如果不是想说在心灵之外的实在中有着任何东西来对应着，那么概念存在的单义概念并不是单纯逻辑上的。

3. 我已经详细讨论了单义性的学说，不仅因为此学说是司各脱主义的特征之一，还因为司各脱认为此学说很重要，它是自然神学的保障。我现在简短地考察一下司各脱的另一个典型的学说，也就是以物出发的形式性区分，即客观的形式性区分，它在司各脱的体系中扮演着重要的角色，其作用之一刚刚已提及。

形式性区分的学说并不是司各脱的发明；比如，在奥利维的哲学里就能找到这一学说，也有人将其放在波纳文图拉本人名下。无论如何，它在方济各会的思想家那里，变成了一个共同的学说，而司各脱所做的是将此学说从前人那里拿来，且广泛地加以运用。简言之，此学说有着一个比实在区分要更弱的区分，但它比一个单纯潜在的区分要更客观。在两个物理上至少是通过上帝的大能可分离的东西之间有着实在的区分。很明显，人的两只手有着实在区分，因为它们是不同的东西；但在任何一个质料性事物中，也有着形式和质料的实在区分。一个单纯思维上的区分指的是心灵所做的区分，而在事物自身那里却没有对应着的客观区分。例如，在一
509 个事物与它的定义之间的区分，在“人”和“有理性的生物”之间的区分，就是单纯思维上的。当心灵在一个对象中区分出两个或更多的客观不同，却有着通过上帝的大能也无法相互分离的形式性（formalitates）的时候，就有着一个形式性区分。例如，司各脱确信在神的属性之间有着形式性的区分。仁慈和公正是形式性的区分，尽管神性的公正和神性的仁慈是

① 《牛津著作》，2，16，唯一的一个问题，第17条。

不可分离的，因为它们虽然是形式上的区分，但各自都与神的本质相同一。

灵魂论中的一个例子会使司各脱的意思变得更加清楚。在人身上只有一个灵魂，而且在人的感性灵魂和智性或理性灵魂中不可能有着一个实在的区分：人是通过同一个生命的本原来思考和进行感知活动的。甚至连上帝也不能够把人的理性灵魂与其感性灵魂分开，因为这么做之后它就不再是人的灵魂了。另一方面，感知却并非思考：理性活动可以离开感知活动而存在（例如在天使那里），感知活动也能够离开理性活动而存在（例如在无理性的动物之纯粹的感性灵魂那里）。那么，在人身上，感性和理性的原理是在形式上区分的，有着一个客观的区分，也就是说，独立于心灵的区分活动；但它们并不是实质上的有区分的不同东西，它们是同一物——人之灵魂——中的不同的形式性（formalitates）。

司各脱为什么要肯定这个形式区分的存在呢，他为何不满足于将其称作一个在物中具有基础的思想上的区分（distinctio rationis cum fundamento in re）呢？当然，最终的理由是他认为知识的本性以及知识对象的本性不仅保证了这样一个区分，也要求有这样一个区分。知识是对存在者的把握，而如果心灵被迫去承认对象中的区分，也就是说，它并不是简单地主动地在对象中构建出一个区分，而是发现了一个使它不得不认识到的一个区分，这个区分不可能是一个单纯的思维上的区分，而是心灵中的区分之基础必须是一个客观的区分。另一方面，在有的例子中，此区分之基础不可能是对象中所存在着的不同的可分离的因素。因此，必然要给一个比实在区分——例如人的身体和灵魂间的区分——更弱却又建立在对象中的客观区分上的一个区分空间，此区分只有可能是在同一个对象之不
同的，但不可分离的形式性之间的。这样一个区分会维持知识之客观性， 510
却不会损害对象之统一性。当然，人们可以反驳说，司各脱所运用的形式区分至少在某些情况下损害了对象之必不可少的统一性，而且向“实在论”做了过多的让步；但司各脱似乎认为，如要维持知识之客观性，此区分是必要的。

4. 司各脱对其形式性区分之运用的诸问题之一，是关于存在与本质之

区分的问题。[1] 他拒绝承认在存在与本质之间有一个实在的区分："这显然是错误的，即存在与本质是不同的物。"[2] 类似地，"这个命题为伪，就像存在与本质之间的关系一样，运作（operari）与潜能的关系也是如此，因为存在实在地与本质同一，而且并不是从本质发出来的，但行动或运作却是从潜能发出来的，而且并不与潜能实际同一"。[3] 这一断言，即存在是与本质不同的单纯就是错误的（simpliciter falsum est, quod esse sit aliud ab essentia），看上去针对的确实是托马斯的说法，例如，因此，所有这样的物，其存在与其本性不同，也就有着与其不同的存在（Ergo oportet quod omnis talis res, cuius esse est aliud a natura sua, habeat esse ab alio）；[4] 但是，鉴于司各脱对实在区分的理解，他对存在和本质之间有着实在区分的否认更多地与罗马的吉尔斯相关，对后者来说，存在与本质是在物理上可分的，而非针对托马斯·阿奎那的。

但是，当司各脱讨论存在与本质之关系的时候，他的矛头并未那么多地指向托马斯甚至罗马的吉尔斯，而是针对根特的亨利的。亨利并不认为在受造物那里存在和本质间有着实在的区分，但他区分了本质之存在（esse essentiae）和存在之存在（esse existentiae），前者是上帝所知道的本质的状态，后者是其在被创造之后的状态，造物并没有给本质添加什么肯定性的要素，而只是添加了一个与上帝的关系。亨利说到这个关于存在之存在的学说，目的是保障科学，因为它是关于本质的无时间性的真理的知识，而不涉及其对象之现实的存在。但是，司各脱论述道，亨利的学说
511 摧毁了基督教关于造物的思想。例如，造物是从无中的创造；但如果石头在被造之前就已经有了真正实在的存在（esse verum reale），那么，当他被动力因生产的时候，它就并非从无中被创造了。[5] 另外，由于上帝是永恒地认识本质的，我们也就可以从这个思想推导出本质在现实存在之前就

① 必须承认的是，司各脱局限于否认实在的区分，并且没有隐含地将形式的对象性区分运用于受造物中的存在与本质的关系；但是，司各脱主义者在这一点上的学说在我看来是一个对司各脱的想法之合理的诠释。

② 《牛津著作》，4，1，第 38 条。

③ 同上，2，16，第 10 条。

④ 《论存在者与本质》，5。

⑤ 《牛津著作》，1，26，第 3 条。

已经拥有了一个实在存在（esse reale）的结论，而造物是永恒的：那么，我们也就必须承认，在上帝之外还有其他的必然存在者。只有现实存在的东西才具有实在存在，而可能的存在（esse possibile）只是一种依照他者的存在（esse secundum quid）。[①] 被认识到的本质可以说拥有减弱的存在（esse diminutum）；但在神性的心灵中，某一本质在其实际产生之前的存在仅仅是一种被认识到了的存在（esse cognitum）。司各脱和托马斯在这一点上意见一致，即都认为造物指的是对整个对象从无中的创造，且在造物之前的本质并不拥有其自身的存在，尽管司各脱与托马斯就关于受造物中的存在与本质间的关系而言有着分歧，因为后者否认了实在区分，而就像已经提到的那样，这个否认实际上是对罗马的吉尔斯所持有的实在区分的否认，而非对托马斯的教导的否认。

5. 司各脱也在他对共相的讨论中运用了形式性区分。就共相而言，司各脱当然并不是一位夸张的实在论者，而苏亚雷斯说，[②] 司各脱教授道，在一个种中，其所有个体都有着一个数量上为一的普遍本性，这至少是在将其从上下文中剥离出来，脱离与苏亚雷斯本人学说的关联的时候，对司各脱观点的曲解。司各脱毫不含糊地说，“现实中的共相仅仅在理智中存在”，而且除了在对象中存在，并没有现实存在的、可以用来谓述对象的共相。[③] 普遍本性在苏格拉底身上和在柏拉图身上并不是在个数上同一的；它不能与神性本质相提并论，后者在三个神性的位格中都是同一的。[④] 但是，有着一个比个数上的同一性要弱的同一性（unitas minor quam numeralis）。尽管一个对象之物理本性是与此对象之这个性（haecceitas：此对象的“这个性”或个体性原理，我们将在随后加以讨论），而尽管它并不能在任何一个其他对象中存在，在人之本性和“苏格拉底性”或苏格拉底的这个性之间，有着一个形式的客观区分，但不存在一个实在的区分，因此，人的本性可以简单地就此加以考虑，而不涉及个体性和普遍 512

① 《牛津著作》，1，30，2，15。

② 《形而上学论辩集》（*Disputationes Metaphysicae*），6，1，编号 2。

③ 《巴黎笔录》，2，12，5，第 12 条。

④ 同上，2，12，5，第 13 条。

性。司各脱提到了阿维森纳，[①]并说马性单纯为马性（equinitas est tantum equinitas），就它自身来看，它既没有单个的存在（esse singulare），也没有普遍的存在（esse universale）。[②]换言之，在这个性和一个具体对象中的本性之间，有着一个物上的形式性区分，而且有必要设定这么一个区分，因为不然的话，假若本性就此自身而言是个体的，例如，它就自身而言就是苏格拉底的本性，那么普遍性的陈述就没有了任何客观性的基础，没有有效性的根基了。逻辑上的共相之抽象预设了在对象中有着本性和这个性的区分。

然而重要的是，我们要记住这个区分并不是一个实在的区分，也就是说，不是在两个可分离的物之间的区分。形式和质料是可分离的；但本性与这个性是不可分离的。即便是神的大能也无法在物理上将苏格拉底的"苏格拉底性"与苏格拉底的人的本性加以分离。因此，即便司各脱有关形式性的客观区分在某种意义上的确是对实在论的一个让步，这也并不意味着苏格拉底的人性是客观的，且在个数上与柏拉图的人性同一。司各脱关注的并不是要支持夸张的实在论，而是要为我们普遍陈述的客观指谓奠基。当然，人们是否赞同他的理论就是另一回事了；但无论如何，指责他陷入了早期中世纪时的夸张实在论形式，是对他的观点的曲解。司各脱愿意与阿维洛伊一起说，[③]理智是在物中制造普遍性的东西（Intellectus est qui facit universalitatem in rebus）；不过他坚持道，此陈述不必被理解为排除出了那个在心灵的运作之先就存在着的实在的，但比个数上的统一性要弱的统一性，因为将其排除出去，我们就无法解释为何"理智被推动去将一个种的概念从苏格拉底和柏拉图身上抽象出来，而不从苏格拉底和一块石头那里抽象出来"。[④]司各脱关心的是科学之客观指谓。

J. 克劳斯（J. Kraus）[⑤]认为，邓斯·司各脱区分了三种共相。第一，

① 见《形而上学》，5，1。
② 同上，5，11。
③ 《论灵魂》，1，8。
④ 《巴黎笔录》，2，12，5，第13条。
⑤ 《邓斯·司各脱关于共同本性的学说》（*Die Lehre des J. Duns Skotus von der natura communis*），弗里堡，1927年。

有着物理上的共相，这是存在于个体对象中的种之本性；第二，有着形而上的共相，这是普遍的本性（这并不是在其于具体物体中存在的意义上来 513
说的），但它具有特性，这个特性是积极理智在抽象中获得的，也就是一种肯定性的无规定性，且在最近的潜能（potentia proxima）之中可以用来谓述多个个体；第三，有着逻辑上的共相，这是严格意义上的共相，它对形而上学的共相在其可谓述性上加以反思并对其进行分析，从而得出其构建性特性。然而，我们不必将这个三重区分理解为在说物理的共相是可分离的，或实在地与它在其之中的对象之个体性相区分的。具体的对象由本性和这个性构成，在它们之间没有实在区分，但有一个在物中的形式区分。司各脱提到了质料与一系列先后的形式，[①] 但这不可误导我们，因为对司各脱来说，在质料和形式之间是有着实在区分的，同一质料可以在不同的前后替换的形式下存在，尽管它不能同时在不同的终极规定的形式下存在。而物理性的共相尽管就其自身来看可以没有区别地对应于这个或那个这个性，却不能自存于心灵之外，且在物理上，是无法从它的这个性那里分离开的。

6. 司各脱教授了形质说，这是足够明显的；[②] 但他是否接受波纳文图拉式的将形质复合也冠于天使的做法，却并不是很清楚。如果《论万物之本原》是他的真作，那他无疑接受了波纳文图拉的看法。然而《论万物之本原》并不是司各脱的作品，而且在他的真实作品中，他从未明确表述过波纳文图拉的学说。所以，明格斯神父在他的《约翰·邓斯·司各脱的哲学和神学学说》（*Joannis Duns Scoti Doctrina philosophica et theologica*）中使用了《论万物之本原》，他不得不承认，“在《四部语录注疏》中，在《随意提问问题集》和《亚里士多德〈形而上学〉诠释问题集》（*Questions on the Metaphysics of Aristotle*）中，司各脱并没有明确表述过这个学说，但多少涉及了一点，暗示或预设过它”。[③] 在我看来，只有在有人一定要基于其他原因而想认为他持有此学说的时候，例如，在有人决

① 参见前文中的文献引用。

② 参见《牛津著作》，2，12，1。

③ 第46页。

定接受《论万物之本原》是司各脱的作品的时候，我们才可以说司各脱在《四部语录注疏》中对质料的讨论“预设”了理性灵魂和天使的形质复合；但实际上，在《论灵魂》[①]中，他说：“或许可以说，灵魂中有着质料。”
514 然而，司各脱在此所做的是阐明灵魂中的质料能够以可能性从亚里士多德和托马斯的前提中推演出来，即便托马斯并不主张这个学说。例如他论述道，如果质料是个体化的原理，就像托马斯（而非司各脱）认为的那样，那么，在理性灵魂中就必然会有质料。说灵魂在与身体分离之后，是通过它与身体的关系与其他灵魂相区别的，这是无用的：一是因为灵魂并不是为了身体而存在的；二是因为与身体的关系或倾向不再存在了，它就只会是一种思想上的关系（relatio rationis）；三是因为此倾向或关系预设了一个基础，即**这一个**灵魂，于是，此这个性不可能来自关系。因此，司各脱在他的《论灵魂》中试图阐述，如果有人与托马斯一同认为质料是个体化原理，他就必须承认在理性灵魂中有着质料，以至于能够解释死亡之后理性灵魂的个体性；他并没有声称此结论代表了他自己的观点。或许这的确代表了司各脱自己的观点，而且他想要指出，托马斯主义者在其前提下，也应该共有此观点；但如果准备否认《论灵魂》的真实性的话，就很难肯定地说，司各脱毫无怀疑地接纳了波纳文图拉的学说，因为这就显得我们并没有什么特别迫切的理由说司各脱或许主张此学说。

但无论司各脱就普遍形质说的意见是什么，他肯定认为质料是实在地与形式相区分的，它是一个自主的物，且是一个基底性的潜能（potentia subjectiva），而不单纯是对象性的潜能（potentia objectiva），也就是说，它是某个存在着的东西，而非某个仅为可能的东西。[②]另外，质料在它至少通过上帝的大能而能够离开形式而独立存在的意义上，是一个绝对的存在者（ens absolutum）。[③]这里涉及一个与另一物相区分且先于后者的物，它能够与后者相分离而存在，并不由此带来任何矛盾。质料与形式一同构成了一个复合物，这一事实证明了它是与形式相区分的，而它在形式

---

① 《论灵魂》，15，第3条，及以下。
② 《牛津著作》，2，12，1，第10条。
③ 参见同上，2，12，2；《巴黎笔录》，2，12，2。

之先，至少在逻辑意义上，这是由它获得形式的事实所证明的，而能够获得形式的东西必然在其之先。[①] 类似地，由于上帝直接创造了质料，他能够直接地维系它，也就是说，不需要任何次等的进行维系的机制。此外，形式并不属于质料的本质，存在（esse）也不属于质料本身，形式将存在 515
赋予质料，因为在实体性的变化中，它就会被移除。[②] 换言之，实体性的变化这一事实假定了质料的真实性。托马斯主义者反驳道，说“质料是一实在的物”是自相矛盾的，因为说质料就其自身现实存在和说它拥有一个形式是一回事。司各脱在对此的回应中说到，现实和形式并不是必然可相互转换的词项。当然，如果现实被理解为指的是被获得的现实，它使得物体变成现实的，并且有着区分，那么质料就是接受性的，就不是现实；但如果在一个广泛的意义上来理解现实和潜能，每一个在其原因之外（extra causam suam）的物体都是在现实中的，甚至是缺失，那么在这个意义上，质料就在现实中，尽管它并不是形式。[③]

7. 司各脱驳斥了种子原理的理论，这是因为他要避免得出受造的动力因在它所引起的变化中进行创造和消灭的结论，此理论就是不必要的，而且也没有任何迫切的理由来接受它。[④] 然而，尽管他拒绝了种子原理的理论，但他保留了复多形式的理论。针对托马斯主义者们所说的，没有必要设定身体性之形式，因为如无必要，勿多设定（sine necessitate non est ponenda pluralitas），司各脱反驳道，在此情况下却有必要（hic enim est necessitas ponendi plura）设定多个东西。他接着论述道，虽然在灵魂离开后，身体就逐渐趋向消散，但它仍然是一个身体（至少在一段时间内），也必定拥有那个使得身体成为身体的形式。[⑤] 另外，墓中的基督的身体必然拥有一个身体性的形式。灵魂离开后，身体自然地倾向消散，我们从这一点并不能得出结论说，身体在与灵魂分离的状态下就没有它自己本有的

---

① 《牛津著作》，参见前文中的文献引用，第 3 条。

② 《巴黎笔录》，2，12，2，第 5 条。

③ 《牛津著作》，2，12，2，第 7 条。将原始质料区分为首要的原始质料（materia primo prima）、次要的原始质料（materia secundo prima）和第三原始质料（materia tertio prima）的做法只能在并非司各脱真作的《论万物之本原》中见到。

④ 《巴黎笔录》，2，18，1。

⑤ 《牛津著作》，4，11，3，第 54 条，及以下。

形式了。我们只能说，它没有一个自己的完美的自存，原因在于身体性的形式是一个不完美的形式，它的作用只是让身体有能力去获得一个更高阶的形式，即灵魂。

但尽管司各脱肯定地说，在人的身体中存在着一个身体性形式，而且在任何有机体中，此形式当然是在上帝注入理性灵魂的同时，由父母
516 传导给后代的，而且它实在地与理性灵魂相区分。它可以与后者分离，却不能设想到他将人的灵魂分裂成了三个实在地区分的形式，甚至是部分，即植物（或营养）、感性和智性的原理。他驳斥了那些在他看来会损坏灵魂之统一性的理论。人的理性灵魂统一地（unitive）囊括了这三种能力，“尽管它们在形式上相区分”。[①] 要说司各脱教授了人身上有三个灵魂的存在，或他认为植物、感性的能力是以身体性形式与理性能力相区分的那种方式与后者相区分的，那就大错特错了。身体性形式与人的灵魂的区分是实在区分，灵魂自身的能力之间的区分则是形式区分，此区分处在同一对象之不可分离的诸形式性（formalitates）之间，却不在可分离的实体或形式之间。

8. 我们必须就司各脱有点晦涩的个体化学说稍加阐述，其晦涩之处在于此学说之积极的一面，而非其消极的一面。

司各脱批判并反驳了托马斯关于个体化原理为原始质料的理论。原始质料不可能是区分和不同的首要原因，因为它本身是不明确且无规定的。[②] 另外，如果质料是个体化的原理，那我们就可以得出结论，在实体发生变化的情况下，那两个毁灭了和产生了的实体恰恰是同一个实体，因为即便形式不同，质料仍是同一的。托马斯的理论似乎蕴含着量实际上是个体化原理的结论，但是，量是一个偶性，而一个实体是不能通过一个偶性而被个体化的。另外，司各脱也试图指出，托马斯主义的个体化观念不当地引用了亚里士多德来以此为证。

个体化的原则却并不是原始质料，也不可能是本性，因为我们所关注的恰恰是本性之个体化。那么它是什么呢？它是一个个体的

---

① 《牛津著作》，2，16，第 17 条。
② 同上，2，3，5，第 1 条。

物性（entitas individualis）。“此物既非质料也非形式，也不是复合物（compositum），因为这里面的任何一个都是本性，它是那存在者之终极实在，此存在者是质料或形式或复合物。”[①] 那个单个的物性（entitas singularis）和本性之物性（entitas naturae）在形式上是相区分的，无论后者到底是质料、形式还是复合物；但它们不是，也不可能是两个物体。它
们并不是相分离的东西；而单个的物性与本性之物性的关系就如同种差与 517
属之间的区分一样。[②] 在《牛津著作》中，“这个性”这个词并没有被用来指个体化的原理，虽然在《巴黎笔录》[③] 和《亚里士多德〈形而上学〉诠释问题集》[④] 中，它是这么被使用的。

要理解此这个性或“单个的或个体的物性”（entitas singularis vel individualis）或“物之最终实在”（ultima realitas entis）并不容易。就像我们已经见到的那样，它既不是质料也不是形式，也不是复合的物体，但它是一个肯定性的物体，是质料、形式和复合的存在者之最终实在。比如人是这一个复合体，他由这一个质料和这一个形式复合而成。此这个性并没有赋予它更多的质性规定，但它将此存在者烙印为这一个存在者。司各脱的观点肯定不能与说每一个本性自身就是个体的理论相提并论，因为他明确地否认了这一点，虽说司各脱在这个性与本性之间设定了一个形式区分的时候，否认它们之间有着实在的区分，这会显得是在指一个物体通过其存在的事实就拥有这个性。他的理论与唯名论者的理论是不同的，因为他设定了本性会与“终极实在”相结合；但由于他说到“终极实在”，这会显得他是在指本性是通过存在获得此终极实在的，然而司各脱说，它并不是存在本身。[⑤]

---

① 《牛津著作》，2，3，6，第 15 条。
② 同上，2，3，6，第 15 条。
③ 2，12，5，第 1、8、13、14 条。
④ 7，13，第 9 和 26 条。
⑤ 《亚里士多德〈形而上学〉诠释问题集》，7，13，第 7 条。

第四十八章

司各脱（四）：自然神学

形而上学和上帝——从受造物出发的对上帝的认识——对上帝存在的证明——上帝之单纯性和智性——上帝的无限性——安瑟伦的论证——无法通过哲学来证明的上帝之属性——神性属性之间的区分——神性的理念——神性的意志——造物

518 1. 司各脱说，上帝并不是在恰当的意义上为形而上学的对象的，[①]尽管形而上学是关于存在的科学，而上帝是第一存在者。属于形而上学的恰当真理是先天的，是从这种科学的原理中获得的，然而形而上学家们仅仅是后天地认识到有关上帝的真理的，所以说，上帝是神学之恰当的对象，在这门科学中，他在他的本质中被认识到，但他只是通过某一个方面（secundum quid）才成为形而上学的对象的，因为哲学家只是在上帝中和通过上帝的效果才认识到上帝的。

这一断言当然并不是指对司各脱来说，哲学家或形而上学家无法获得任何关于上帝的确定知识。“通过我们的自然能力（ex naturalibus），我们能认识到一些关于上帝的真理”，司各脱说道。[②]接着他又解释道，哲学家通过对上帝的效果之考察，可以认识到很多东西。通过理性的自然力量，我们可以推论出上帝是唯一的、至高无上的、至善的，但不能推

① 《巴黎笔录》，前言，3，第 1 条。
② 同上，前言，3，第 6 条。

理出上帝是三个位格。[①] 神学则更多地与神性的位格而非与本质属性打交道，因为大部分的本质属性（essentialia plurima）是可以在形而上学中获知的。[②] 与此相呼应，严格来说，“上帝是神学的对象，而非形而上学的对象”这一断言并不意味着司各脱将对上帝的研究排除在了形而上学之外，因为上帝尽管不是形而上学的首要对象，但他在形而上学中以远比在任何自然哲学中所能达到的更高贵的方式得到了讨论。[③] 在《论第一原理》中，[④] 司各脱重述了哲学家们已经证明了属于上帝的诸完美性，并将 519
它们与其他的完美性加以区分，如大能、普遍的和特殊的预见等更加恰当地属于信仰的内容（credibilia），这些真理并未被哲学家们所证明，却被公教徒们（Catholici）所信仰。司各脱指出，后面的这些真理将在后续论文（tractatu）中得到阐述，他还添加了“即在《诸定理》中”（scilicet in *Theorematibus*）的字样。在第四十章中，我提到了一个想要证明那个后续的论文并不就是《诸论点》的企图，原因在于《诸论点》和《论第一原理》之间有着明显的矛盾，而且就像我已经提到的那样，我提议，我们预设《诸论点》不是司各脱的真实作品，并在这个前提之下去阐述他的自然神学。当然，如果《诸论点》被充分证明是司各脱的作品，那么我们就必须以吉尔松所采取的路线来解释这个明显的矛盾。但无论如何，司各脱都非常清楚地在其确定的真作中指明了哲学家能够通过自然之光来证明很多关于上帝的真理。司各脱就有些论点而言，限制了没有恩典协助的人之理性的范围，这将在接下来的数页中得到阐述，但重要的是要指出，就自然神学而言，司各脱既不是一位怀疑论者，也不是一位不可知论者。而就算《诸论点》是他的真作，这一点也并不足以让人抛弃《四部语录注疏》和《论第一原理》中清晰且充分的证据。

2. 司各脱确定地认为，上帝的存在需要一个理性的证明，而此理性的证明必须是后天的。我之后会讲到他对安瑟伦论证的使用。

---

① 《牛津著作》，1，1，2，第 2 条。
② 同上，前言，4，第 32 条。
③ 同上，前言，4，第 20 条。
④ 比如《论第一原理》，4，第 36、37 条。

首先，人在此生中没有关于上帝的直观认识，因为上帝的直观恰恰是那种将人放置在此生状态之外（extra statum viae）的知识形式。[①] 我们的知识始于感官的东西，而我们关于上帝的自然的概念性知识是通过对经验对象之反思而获得的。[②] 通过对作为上帝之效果的受造物的考察，人的心灵能够构成运用在上帝身上的概念，但要补充的是，相比于建立在神学的本质本身之上的概念，从受造物那里构建出来的关于上帝的概念是不完
520 美的。[③] 于是我们可以得出结论，我们关于上帝的自然知识是不明确且模糊的，因为这并不是关于在他的本质中以当下的方式呈现给理智的上帝的知识。[④]

我们关于上帝的自然知识建立在我们构建单义概念的能力之上，就像在前一章所阐述的那样。司各脱肯定道，“受造物将它们自己的观念（species：心象）印在了理智上，也将它们与上帝所共有的超越性的观念（属性）印在了理智上”；[⑤] 但如果我们无法从受造物那里构建出单义的概念，我们就不可能从对受造物的认识出发，前进到有关上帝的认识。理智在构建了这些概念之后，能够结合它们，组成一个复合的关于上帝的本质性的观念。就像想象力能够将关于山川的图像和金子的图像组合成一个金山的图像一样，理智也能够将善、至尊和现实组合在一起，从而构成一个至善和现实的存在者。[⑥] 显然，我们不能被这个比较误导，以为对司各脱来说，自然神学中心灵的组合能力与想象力和幻想的组合能力是确切地平行的；前一个活动由客观真理主导，并且认识到逻辑必然性，而金山这样的想象构建是“幻想的”，即幻想之随意的作为。

3. 司各脱是如何证明上帝的存在的呢？他在《牛津著作》[⑦] 中提到，从在形而上学中讨论到的受造物的属性（passiones）出发，相比于从自然哲学家所讨论的属性出发，前一种途径更为完满地证明了第一原因的存

① 《随意提问问题集》，7，第 8 条。
② 《牛津著作》，1，3，2，第 1 和 30 条。
③ 同上，前言，1，第 17 条。
④ 《巴黎笔录》，前言，3，2，第 4 条。
⑤ 《牛津著作》，1，3，2，第 18 条。
⑥ 同上。
⑦ 前言，2，第 2 侧，第 21 条。

在。“因为，认识到第一原因是第一的或必然的存在者，要比认识到它是第一推动者更为完美和直接。”在此，司各脱并没有否认自然哲学家能够证明运动这一事实要求有一个超越了物理秩序的第一推动者，并获得了一个必然的存在者，它是其效果之终极且全部的原因。第一推动者本身就简单地是运动之原因；它并不被构想为一切其他事物之存在的原因，它只是一个（必然的）假设，用以解释运动之物理事实。因此，从运动出发的论证离司各脱所青睐的论证是很远的。顺便还可以提一下，假若现在被人们视为伪作的《〈物理学〉注疏》为司各脱的真作的话，接受《诸论点》的 521
困难就会小一些。在前一部著作中，[①]作者表明他相信从运动出发的论据本身并不使得我们获得一个明确的上帝概念，因为它仅仅获得一个第一推动者的概念，而没有指出第一推动者的本性。所以，如果可以认为《诸论点》的作者在提到我们并不能证明上帝是活生生的且是智性的时候，说的是自然哲学，《诸论点》与司各脱的确定真作之间的矛盾似乎就显得能够被消解。然而，由于《亚里士多德〈物理学〉注疏》之真实性并未得到证明，这一主题根本不值得再被讨论。无论如何，司各脱强调了这些建立在形而上学属性（passiones metaphysicae）上的证明，这是真的。另外，在《牛津著作》中，[②]司各脱说到，推动者和被推动者必须有区分的陈述，当“我说，至少就精神性的物来说，这很简单为伪……”时，“仅仅在具有形态的物体上为真”，而且“我也相信，甚至就是在那里，也不一定为真”。

在《论第一原理》中，[③]司各脱从偶然性推论到一个第一原因和必然存在者的存在。很明显，在非存在之后有着具有存在的存在者，它们进入到存在之中，而且是偶然的；而此类存在者需要有一个存在之原因，因为它们不可能是自身的原因，也不可能是由乌有引起的（nec a se nec a nihilo）。如果 A 是一个偶然对象之存在的原因，那么它必然要么是被引起的，要么是没有原因的。如果它自身是被引起的，那么我们就说 B 是 A 的原因；但我们不能无穷后退，因为那样的话就必然要有一个终极的、

① 3，7。
② 2，25，唯一的问题，第 12 条。
③ 《论第一原理》，3。

自身并非被引起的原因。司各脱很清晰地区分了按本质排序（essentialiter ordinata）的序列和按偶性排序（accidentaliter ordinata）的序列，并指出他所否认的并不是一个先后原因的无止境的序列之可能性（其中的每一个本身都是偶然的），而是一个无止境的（垂直的）同时的完全序列之可能性。就像他所说的那样，如果我们承认无穷的先后序列之可能性，那么整个链条就需要一个解释，而此解释在链条之外，因为链条中的每一个
522 环节都是被引发的，而且是偶然的。一个无限的先后跟随的偶然存在者的序列不能自己解释其自身的存在，因为如果每个环节都是偶然的，那么整个链条也就都是偶然的：必须要设定一个超越性的原因。“有序的效果（causatorum）之整体性本身是被引发的；因此，是由某个并不属于这个整体的原因（所引起的）。”① 例如，如果有人设定人类是可以无限回溯的，有着一个无限的先后父子序列，父亲引起了孩子，但在父亲死后，儿子继续存在，且仍然是偶然的。我们需要此地此刻的存在之终极原因，也需要整个父与子序列的终极原因，因为此无穷倒推并不使得此序列为必然的。同样的原理也可以被推广到偶然存在者之一般整体上：偶然存在者的整体要求有一个实在的超越的原因（其本身是没有原因的）。一个无穷的先后序列“是不可能的，除非是以一种无穷的时间延续的性质（durante infinite），整个序列及其每一个环节都依赖于它”。②

接着，司各脱表明了依赖性之本质秩序的第一因必然是现实存在的而非仅仅可能的，它是一个必然的存在者，③ 也就是说，它不可能不存在；④ 而且它是独一的，⑤ 不可能有多于一个的必然存在者。比如，司各脱论述道，假若有着两个拥有共同的必然存在者之本性的存在者，我们就必须在共同的本性和个体性之间进行一个形式上的区分，而这就是与必然存在者不同的东西。如果在一个必然存在者中并没有这样一个区分，我们就可以得出结论说，这两个存在者是不可区分的，因此是同一的。此论述尽

---

① 《论第一原理》，3，3。
② 同上，3，4。
③ 同上，3，第 5 条。
④ 同上，3，第 6 条。
⑤ 同上，3，第 6—7 条。

管是基于司各脱的共同本性和个体化的理论而做出的，却让人想起安瑟伦提出的一个类似的论述。另外，世界万物之独一的本质性秩序也仅仅预设了一个第一效果因（primum effectivum）。接着，司各脱指出，有着一个第一目的因（primum finitivum），[①]以及在卓越性秩序中的一个至高的存在者。[②]他继续指出，第一效果因、第一目的因和第一卓越者（或最完美者，perfectissimum）是同一的。[③]

在《牛津著作》中，[④]司各脱也大多以同样的方式进行论述。我们必须通过考察因果关系（无论是就效果因还是就目的因而言）或被超越者（excessum）和超越者（excedens）的关系，从受造物出发抵达上帝。偶 523
然的存在者，那可被引起的东西，要么不被任何东西引起，要么由它自身或他者引起。由于它不可能是不被任何东西或它自身所引起的，所以它必然是由他者引起的。如果这个他者是第一原因，我们也就找到了我们在寻找的东西：如果不是，那么我们再继续。但是，我们不能在垂直的依赖秩序上永远向上求索（Infinitas autem est impossibilis in ascendendo）。[⑤]我们也不能预设，偶然性的存在者是相互引起的，因为这样的话我们就在兜圈子，而无法抵达任何一个对偶然性的终极解释。说世界是永恒的，这种说法是无用的，因为偶然存在者之永恒的序列本身是要求要有一个原因的。[⑥]类似地，在目的因的秩序中，也必然要有一个并不再指向一个更加终极的目的因的目的因，[⑦]而在卓越性的秩序中，也必须要有一个最为完美的存在者，一个至高的本性（suprema natura）。[⑧]这三者都是同一个存在者。第一效果因的行动参照着目的因，但除了第一存在者本身之外，没有其他东西可能有其目的因。类似地，第一效果因与其效果并不是单义的，也就是说，不可能有着同样的本性，它应该超越后者；而作为第一

① 《论第一原理》，3，第 9 条。
② 同上，第 9—10 条。
③ 同上，第 11—14 条。
④ 《牛津著作》，2，2，第 10 条，及以下。
⑤ 同上，2，2，第 11 条。
⑥ 同上，第 14—15 条。
⑦ 同上，第 17 条。
⑧ 同上，第 18 条。

因，它必然是“最卓越的”存在者。[①]

4. 由于第一存在者是没有原因的，因此它不可能拥有本质性的部分，例如质料和形式，它也不可能有偶性：简言之，它不可能以任何方式被构成，而必须在本质上是单纯的。[②] 它必须是智性的，且拥有一个意志。世界中的那些并不有意识地就一个目的而行动的自然的行动者，仍然是为了一个目的而行动的；而这指的是，它们是通过超越了它们的那个行动者之能力和知识去这么做的。如果这个世界的自然行动者是有目的地行动的，这就预设了首要原因知道目的且意愿它，因为除了通过认识和意志之外，没有任何东西可以被引向一个目的（就像我们可以说一个知道和意愿着目的的射手将箭导向目的那样）。上帝必然地爱他自身且意愿他自身；但他并不是以必然的方式意愿他自身之外的任何东西的，因为在他自身之外，没有任何东西对他来说是必要的。唯有他是一个必要的存在者。由此可以得出，他是自由地而非必然地引起他的效果的。上帝从永恒中认识和理解他能够创造的东西；他对所有可被认识的对象都有着现实和明确的理解，
524 而这种理解是与他自身同一的（idem sibi）。[③]

5. 但是，司各脱给予了最密切关注的乃是上帝之无限性。我们所能构建出来的关于上帝之最单纯和最完美的概念就是绝对无限的存在者的概念。它比善或类似的概念要单纯，因为无限并不是像存在者之属性（passio）那样来谓述它的，而是意指了此存在者的内在模式。它是最完美的概念，因为无限的存在者蕴含了无限的真理、无限的善和任何一个与无限相兼容的完满性。[④] 的确，上帝之中的所有完美性都是无限的，但“它是从本质的无限性中获得其形式完美的，后者是它的根源和奠基”。[⑤] 所有的神性完美都扎根于神的本质，对它的最佳描述是存在之无限：于是，声称对司各脱来说，神之本性在于意志，这是不正确的。“尽管意志在形式上是无限的，但它并不在形式上包含所有的内在完美性……唯独本

① 《牛津著作》。
② 《论第一原理》，4，第 1—4 条。
③ 同上，4，第 14 条。
④ 《牛津著作》，1，2，3，第 17 条。
⑤ 同上，4，3，1，第 32 条。

质以这种方式包含了一切的完美性。”[①]

在《牛津著作》[②]和《论第一原理》[③]中，司各脱为神之无限性给出了一系列证明。第一，司各脱预设了无限性与存在之间的兼容性，将亚里士多德的话作为其第一条论据的表述，第一者是通过无限的运动来推动的；因此它具有无限的潜能（Primum movet motu infinito; ergo habet potentiam infinitam）。司各脱还论述道，如果将这里的结论理解为是从时间上的延续性之无限推导出来的，那么此结论就是无效的，因为时间延续之长短并不使得某物更加完美。但如果我们将其理解为从通过运动而创造出无限多的效果的能力推导出来的，也就是说，它们的关系是先后关系，那么此结论就是有效的。上帝作为第一动力因，能够创造出无穷无尽的效果，他必然是在能力中无限的。另外，由于上帝在他身上以一个更加卓越的方式拥有所有可能的次要的原因之因果性，因此他必然是以内涵的形式在自身中为无限的。[④]第二，上帝必然是无限的，因为他知道无限多智识对象。此论据会显得是一个乞题（petitio principii）；但司各脱给出了一个相对独特的理由来预设上帝知道无限多的智识对象（intelligibilia）。“无论哪些事物在潜力上是无限的，以至于如果被理解为一个接一个的，它们就根本没有尽头，这样的东西如果一起在现实中的话，它们就是在现实中无限的。然而有一点是很清楚的，智识对象就受造的理智来说，是在潜能中无限的，而在非受造的理智中，所有这些智识对象是以现实的方式一起被 525
认识的，受造的理智则要以先后顺序才可认识到它们。于是，那里（在非受造的理智中）有着无限多的现实地被把握到的对象。”[⑤]第三，司各脱从意志之目的性展开了论述。“我们的意志能够欲求和爱一个比任何有限对象都要伟大的对象……而且，似乎有着一个倾向使它尤其去爱一个无限的善……因此，在爱的行动中，显得我们对一个无限的善有着体验；的确，意志在其他对象中似乎无法完全获得安宁……”因此，无限的善必然

① 《牛津著作》，4，13，1，第32条。
② 2，2，第25条，及以下。
③ 4，第15条，及以下。
④ 参见《牛津著作》，1，2，2，第25—29条。
⑤ 《牛津著作》，1，2，2，第30条；参见《论第一原理》，15，及以下。

存在。[①]《牛津著作》[②]的第四个论据是，一个更加完美的存在者并不与有限存在者相冲突，但是，一个更加完美的存在者与最卓越的存在者（ens eminentissimum）是矛盾的。但无限要比有限更加伟大和完美，而无限和存在是相容的。因此，最卓越的存在者必然是无限的。关于无限性的证明与存在的相容性指的也就是我们没法察觉任何不相容性。在《论第一原理》中[③]，司各脱也从“上帝之理智与他的实体同一”这一事实出发，证明了上帝的无限性，并论述道，这样一种同一性是不可能存在于一个有限的存在者之中的。

在至少让他满意地证明了上帝的无限性之后，司各脱就能够证明上帝必然是唯一的且仅仅是唯一的。[④]

6. 在关于神之无限性的讨论中，司各脱引入了所谓的安瑟伦的本体论论证。[⑤]他刚刚也提到，以存在为对象的理智在“存在”和“无限”中没有发现相互间的排斥，假设它们是不兼容的，那么我们将惊异于理智竟没有发现这一不兼容性，“音调中的不和谐就很容易触犯听觉”。如果有着这么一种不兼容性，如果它与理智自己的本有对象是不兼容的，为什么理智没有从无限这个观念“退却”呢？他接着又说，安瑟伦在《宣讲》第一章中的论述可以得到“渲染”（potest colorari），就可以通过这种方式来理解：“上帝是那个没有矛盾而被设想的，一个不可没有矛盾而被设想为更伟大的那个。必须添加‘没有矛盾’一说，这是显然的，因为那个在
526 包含了矛盾的思想中的东西，是无法被设想的。”人们曾说，由于司各脱承认了安瑟伦的论证必须得到“渲染”，因此他拒绝了它，但他并没有简单地拒绝它。除了要用它之外，他为什么要“渲染”它呢？而在实践中他的确使用了它。首先，他试图指出，至高的可被认识的东西（summum cogitabile）是没有矛盾的，也就是说，其本质或其所是之存在（esse quidditativum）是可能的，然后他说，如果至高的可被认识的东西是可能

① 《牛津著作》，1，2，2，第 31 条。
② 1，2，2，第 31—32 条。
③ 《论第一原理》，4，第 21 条。
④ 《牛津著作》，1，2，3；《论第一原理》，4，第 38—40 条。
⑤ 《牛津著作》，1，2，2，第 32 条。

的，那它必然存在，它必然有一个存在之存在（esse existentiae）。在物中的可被认识到的那个要比仅在理智中的可被认识到的那个更伟大（Majus igitur cogitabile est, quod est in re quam quod est tantum in intellectu）。实在地存在的要比那并不实在地存在而仅被设想出来的更能够认识（majus cogitabile），因为实在地存在的东西是“可见的”或能够被直观到的，而能够被直观的比那些仅仅能够被设想或仅仅通过抽象思维而被认识到的东西更“伟大”。由此我们可以得出，至高的可被认识的东西必然真实存在。司各脱并不是在说我们拥有一个对上帝的自然的直观；他是在为关于“实在存在的东西要比并不在心灵之外实在存在的东西更伟大或更完美”这一判断给出一个理由。

因此，说司各脱使用了安瑟伦的论证就是毋庸置疑的了。于是出现了两个问题。第一，对此论述的“渲染”（coloratio）在于什么？第二，司各脱何以认为他对此论述的使用与他清晰断言我们只能后天地证明上帝的存在是融贯的呢？一方面，此渲染在于想要展现最完美存在者的观念是一个关于可能的存在者的观念的尝试；而他主要是通过意识到在最完美的存在者的观念中，没有任何矛盾可以被发觉，从而完成这种尝试的。换言之，他预见了莱布尼茨的企图，即证明上帝的观念是一个关于可能的存在者的观念。因为此观念不包含任何矛盾，而一个不包含任何矛盾的关于存在者的观念就构成了一个关于可能存在者的观念。另一方面，司各脱并不认为，在关于最完美的存在者的观念中，我们无法察觉任何矛盾这一事实是对这最完美存在者的确并不蕴含矛盾的证明。我们无法以证明的方式先天地指出，最完美的存在者是可能的，而这就是他在别处说安瑟伦的论述属于那些仅仅为很可能的说服（persuasiones probabiles）的论证形式的原
因。[①] 这就对我们的第二个问题做出了回应。司各脱将他对安瑟伦的论述 527
之使用视为与他所做的“我们只能以后天的方式来证明”的说法相兼容，因为他并不把安瑟伦的论述视为一个证明，只视为一个“很可能的说服”，一个或然性论证。他并没有像托马斯那样简单地拒绝了安瑟伦的论证，但

① 《巴黎笔录》，1，2，3，第 8 条。

他对这一论证并不满意，并认为它需要“渲染”。另一方面，他并不认为此“渲染”，即论述有关上帝的观念为一个关于可能的存在者的观念，是一个确证。此外，他还将此论证视为很可能的。他将其当作一个辅助性的论述来使用，用以阐述关于上帝的观念中涉及了什么和蕴含了什么，而不是将其当作对上帝存在的一个严格证明。就像他好像在说：“这是我们对此论述所能达到的最佳运用了，如果你接受其前提的话，它是有其用途的。如果需要一个严格的上帝存在的证明，就必须以后天的方式进行。”

7. 司各脱并不认为我们能够通过自然理性证明上帝的所有本质属性。因此，在《论第一原理》[①]中，他写到，对大能、巨大、无处不在、真理、正义、仁慈和天意等针对一切受造物的属性的考察，特别是针对智性受造物的预见等属性的考察，将被推迟到下一篇论文中加以讨论，因为它们是要被信仰的东西（credibilia），也就是说，是启示出来的信仰之对象。当读到（例如）大能并不能通过这些内容而被证明是一个神性属性时，司各脱却毫不迟疑地将上帝之无限性从他无限的大能中推导得出，这会显得挺奇怪；但他区分了在神学的专门意义上（proprie theologice）所说的大能（这是哲学家们所无法确定地证明的）与哲学家们能够证明的无限的能力（potentia infinita）。[②]此区分在于，能在哲学上得到证明（直接或间接地）的，是上帝创造任何可能的效果的能力，而不是他能够直接创造所有可能效果的能力。即便第一因在自身中以更加卓越的方式（eminentius）拥有第二因的因果性，司各脱却说，我们并不能因此而得出结论，认为第一因能够脱离第二因之合作直接产生效果。这并不是因为第一因的因果性需要有什么添加，而是因为效果的不完美（就哲学家所能发现的那样）要求有
528 限原因的合作为自己提供解释。因此，司各脱并不是在攻击上帝之造物能力的可证明性：他说的是，“第一动力因在一个第二因的协作下能做的，它自己也能做到”这一命题，既不是自明的，也不是在哲学上可以得到证明的，而是通过信仰而被认识到的（non est nota ex terminis neque ratione naturali, sed est tantum credita：既不是从词项中被认识到的，也不是通过

① 《论第一原理》，4，第 37 条。
② 《牛津著作》，1，42，唯一的问题，第 2 条。

自然理性被认识到的，而仅仅是被信仰的）。对上帝之普遍的直接因果性的反驳，会摧毁受造物独有的因果性，这是无法仅仅通过理性而得到解决的。[①]

至于神之广大无边和无所不在，司各脱否认上帝的这种属性可以被证明，其依据是他对托马斯之拒绝远处行动（actio in distans）一说的否定。依照托马斯的观点，[②] 远处行动是不可能的，而对司各脱来说，行动者的效力越大，他在远处行动的能力也就越大。"因此，由于上帝是最完美的行动者，我们便无法得出结论说，通过行动之本性，他与任何一个由他所引起的效果（此效果对他来说在本质上是当下的）一起在行动，相反，他是在远处的。"[③] 很难看出就上帝而言，远处行动有可能指的是什么；但就司各脱而言，他并不是在否认上帝是无所不在的，或是在否认无所不在是上帝的一个必然属性，而仅仅是在否认上帝的无所不在是在哲学上可证明的，特别是否认被假定的远处行动之不可能性恰恰是一个显示上帝之无所不在的有效理由。

或许"真"必须要与仁慈和正义一起来看，在上下文中，它与正义的含义相同。至少，如果注疏者们的这个建议不被接受的话，我们就极难看出司各脱指的到底是什么，因为真与诚实被列为了通过自然理性可以认识到的神性属性。[④] 至于正义，司各脱有时像是在说神性之正义能够通过理性的自然之光而得到认识；[⑤] 但当他否定上帝的正义能够在哲学上得到证明的时候，他又似乎是在说无法证明上帝在彼世给予人奖赏或惩罚，因为哲学家无法严格证明灵魂是永生的，[⑥] 或我们无法通过理性来让上帝对人的行事方式变得合理化。上帝在赦免罪和不进行惩罚的意义上是仁慈的，这一点是无法在哲学上得到证明的。最后，至于神的预知，当司各脱 529
说这一点无法在哲学上得到证明的时候，他似乎是在说，并不是任何一种

①　参见《巴黎笔录》，1，42，2，第 4 条；《随意提问问题集》，7，第 4 和 18 条。

②　《神学大全》，Ia，8，1，针对 3。

③　《巴黎笔录》，1，37，2，第 6 条，及以下。

④　参见《论第一原理》，4，第 36 条，及以下。《牛津著作》，前言，2，第 10 条；3，23，第 5 条；3，24，第 22 条。

⑤　参见同上，4，17，第 7 条；《巴黎笔录》，4，17，第 7 条。

⑥　参见《牛津著作》，4，43，2，第 27 条。

预见都无法被证明，只有上帝的那种直接的、不使用第二原因的以及特别的预见性的行动是无法在哲学上被证明的。司各脱肯定认为神性的造物、对世界的维持和掌控是可以被证明的。

8. 司各脱拒绝了托马斯和根特的亨利所说的“在上帝中除了神性的位格之间有着实在区分之外，无任何其他区分”的理论，并提出了一个神性属性间形式性的客观区分的理论。例如，智慧的形式性内涵并不与善的形式性内涵相同一。那么，“无限并不摧毁它所加上的那种内涵”。[①] 然而，如果智慧的单义概念之形式性的特征并不与善的单义概念之形式性特征同一，那么无限的智慧也就在形式上与无限的善有了区分。我们由此可以得出，智慧和善这些神性属性将是在形式上可分的，不受制于人的心灵的运作。另一方面，在上帝中是不可能有复合的，在神性属性之间，也不可能有技术意义上的实在区分。因此，神性属性之间的区分就必然不是一个实在区分，而是一个建立在物之上的形式区分，此表述指的是那些属性实在地或实体性地（in re）同一，但是在形式上有区别。“因此我允许真与善在实在中同一，而不允许真在形式上为善。”[②] 司各脱辩论道，神性本质和神性属性之间以及属性本身之间的区分并不会减弱神之单纯性，因为这些属性并不是上帝中的偶性，它们也不像有限的偶性那样赋予有限的实体以形式。它们是无限的，实在地与神之本性同一，上帝也能被称作真理或智慧，或至善；但是，真、至善和善的形式性内涵是在形式上有着客观区分的。[③]

9. 人们曾经认为，根据司各脱的看法，神性理念依赖上帝的自由意志，因此模范理念是上帝之任意的创造。但实际上，司各脱明确教导道，
530 是神性的理智产生了理念：“神性理智，确切地作为理智，在上帝那里，产生了理想的内涵（rationes ideales），即理想的或智性的本性。”[④] 然而，神的本质是理念的基础。“上帝先认识到他的本质，然而在第二刻，他通

① 《牛津著作》，1，8，4，第 17 条。
② 同上，1，8，4，第 18 条。
③ 同上，第 19 条，及以下。
④ 同上，1，36，第 4 条，参见第 6 条。

过他的本质，把握到了（intelligit）受造物，在此方式上，可认识的对象就其被认识到的存在（in esse cognito）而言，是依赖于神性的理智的，因为它是通过此理智，在被认识到的存在中得到构建的。”[①] 神性理念不依赖神性的意志。“神性的理智在某种方式上——也就是说，在逻辑上先在于神性意志的行动的这一点上——在智性的存在中（in esse intelligibili）创造了这些对象，而就它们而言，神性的理智似乎是一个自然的原因，因为上帝并非就任何东西而言都是一个自由的原因，而仅仅就那些被预设为他所意愿的东西或就他的意志之行动而言，他才是自由的原因。”[②] 可能的东西并不是由神性的大能所创造的，而是由神性的理智创造的，它是在智性的存在中创造它们的。[③]

神性理念在数目上是无限的，它们在实体上是与神性的本质相同一的；但它们并不在形式上与神性的本质同一：[④] 它们是必要的和永恒的，但它们并非在与神性本质一样的意义上、在形式上必要和永恒，因为神性的本质有着一个逻辑先在性。另外，“尽管神性的本质从永恒起就是此石头在其智性存在中的模型因，然而，位格是在智性存在中的石头之先按照另一种首要性的顺序所被‘创造’的……即便它是永恒的”。[⑤] 从逻辑上讲，神性的本质在神性的理智认识到其可被模仿之前就是可被模仿的。[⑥] 神性理念是对神性本质的分有或可能的模仿，它们被神性的理智所认识到，由于神性的本质是无限的，而它是以无限多的方式可被模仿的，因此理念是无限的，但理念之存在并不使上帝创造出与其相应的对象。[⑦]

10. 司各脱并没有教导人们说，神性的意志以一种单纯随性和任意的方式行动，尽管此学说曾被置于他的名下。“上帝中的意志实在地、完美

① 《巴黎笔录》，1，36，2，第 33 条。
② 《牛津著作》，1，3，4，第 20 条。
③ 同上，2，1，2，第 6 条。
④ 《巴黎笔录》，1，36，3，第 7 条。
⑤ 《汇编》，31，第 5 条。
⑥ 《牛津著作》，1，35，第 8 条。
⑦ 同上，1，38，第 5 条。

地且同一地为他的本质”，[①]而神性的意愿则是自身之中的同一的行动。[②]因此，虽然我们并不能因此得出结论认为，上帝以永恒的方式来意愿的
531 东西就必须是以必然的方式永恒存在的，但神性的意志和神性的意志之行动，是实在地同一的，且无法改变。“〔意志的〕运作是在永恒之中的，而存在之存在是在时间中产生的。”[③]从逻辑上来说，就算在上帝那里，理智也在意志之先，而上帝是以最为理智的方式（rationabilissime）来意愿的。而尽管从本体论上来说，只有一个神性意志的行动，我们还是能区分出一个原初的行动（通过它，上帝意愿着目的，即他自己）、一个第二阶的行动（通过它，上帝意愿着直接处在目的之下的东西，例如，先前就预定了被拣选的人）和一个第三阶的行动（通过它，他意愿着那些为了获得此目的——即恩宠——而必需的东西），还有一个第四阶的行动（通过它，他意愿着更远的手段，例如感性世界）。[④]但尽管神性的理智在逻辑上先于神性的意愿活动，但神性的意志并不需要引导。神性的意志并非在它能够犯错或选择不恰当的东西那种意义上是自律的。司各脱有时的确说，神性的意志意愿是因为它意愿，因此我们无法就此给出理由；但他也足够清晰地解释了他想说的含义。在引用了亚里士多德所说的没有受过教育的人要为所有东西寻找一个证明性的原因之后，司各脱论述道，无法得到证明的不只终极的原理，也有偶然的东西，因为偶然的东西并不随着必然的原理而得出。在上帝那里，人性的理念是必然的，但是，为什么上帝意愿人性在这个或那个个体之中，在此时或那时所在，这个问题是无法回答的，除了说“他意愿这个东西存在，所以这是好的，而且也应该存在”。[⑤]司各脱的要点在于，偶然的东西是无法从必然的证明中被演绎得来的，因为如果它们能得到演绎，它们就是必然的而非偶然的了。他说，如果你问，为什么心要跳动，唯一的回答是心就是心：因此，为什么上帝意愿一个东

---

① 《巴黎笔录》，1，45，2，第7条。
② 《牛津著作》，1，17，3，第18条。
③ 同上，1，39，第21条，参见同上，2，1，2，第7条。
④ 同上，3，32，第6条。
⑤ 同上，2，1，2，第65条。

西，对此的唯一回答就是他意愿它。[①]司各脱并非在否认，上帝是为了一个目的（即上帝自身）而行动的，而且上帝“以最理性的方式”行动；但他想要指出，为这并不必然的东西寻求一个必然理由有其荒诞之处。“从一个必然（原理），不会得出一个偶然的东西。”[②]上帝的自由选择是偶然事物之终极原因，而我们不能合法地在上帝的自由意志的背后去寻求一个规定此选择的必然理由。上帝的理智也并没有以必然的理由去规定他的造物之工程，因为造物是自由的；他也不受到对象之善的规定，因为对象还 532
未存在：更准确地说，它们是善的，因为他意愿它们存在。当然，上帝只能创造他本质的模仿，而且不能创造任何恶的东西。

于是，司各脱坚持上帝的意志就他向外的运作而言是自由的；然而他也认为，即便上帝以必然的方式爱自身，而且不可能意愿不爱自身，爱也仍然是自由的。此理论当然显得很独特。上帝的意志对于与他自己不同的有限对象而言是自由的，这是从神之意志的无限性中推导得来的，神的意志之可能有一个无限的对象作为其必然对象，即上帝本身；然而上帝同时必然地和自由地爱自身，这至少乍一看蕴含着一个矛盾。司各脱的立场如下：自由属于意志的完美性，于是它必须在形式方面在上帝之中。由于朝向最终目的的意志是一种最完美的意志，它必然就包含着属于意志之完美性的东西。因此它就必须是自由的。另一方面，神之意志与上帝同一，但它只能意愿和爱那个最终目的，即上帝。调和这两个看似矛盾的命题之原理在意志之至高行动中是必然的，并不取消属于意志之完美性的东西，而是预设了它。“能力本身的内在条件，无论是绝对的还是为了一个完美的行动，都不与运作中的完美性相悖。而自由是意志之绝对的条件，或为了一个意愿的行动之内在条件。因此，自由与一个运作中的完美可能条件相容，而此条件是必然性，特别是当它为可能的时候。”[③]司各脱举了一个例子来展现他的意思。“如果有人自愿纵身跃下悬崖（voluntarie se praecipitat），而在下坠的时候，持续地意愿着这件事，他的确是通过

①　《牛津著作》，1，8，5，第 23 条，及以下。参见《随意提问问题集》，16。
②　《巴黎笔录》，1，10，3，第 4 条。
③　《随意提问问题集》，16，第 8 条。

自然的重力而必然地坠落的，然而他还是自由地意愿着这个坠崖。而上帝虽然必然地通过他自然的生命而生活，但这是通过某种排除出一切自由的必然性，然而他还是自由地意愿着通过这个生命而活着。因此，如果我们将‘生命’理解为上帝通过自由意志所爱的生命的话，那么我们就并没有把上帝的生命置于必然之下（即我们并不认为必然性是上帝的生命的属性）。”[①] 因此，司各脱像是在说我们在上帝中能区分出自然的必然性，通

533 过这个必然性，他爱自身以及他自由的对此必然性的认可，于是他对自身的爱和他自由的对自身的爱就并非不兼容的。有人会认为这个区分并不是特别有用；但无论如何，有一点是很清楚的，司各脱之唯意志论和意志自由的学说并不意味着上帝能够停止爱自身，或者他对自身的爱是偶然的。事实上，司各脱赋予了作为意志之完美性的自由以如此多的价值，以至于他很不情愿地将其从那些在他被迫将其视为必然的行动中排除出去。我们在讨论他关于人的意志的学说时，可以很明显地看到这一点。

11. 司各脱认为，上帝从无中创造的大能是由理性之光证明的。上帝作为第一动力因，必然能够直接创造出一些效果，因为否则的话，他甚至无法间接地创造效果（假设他作为第一动力因已经得到证明）。“因此，上帝能够如此发起效果，于是有的东西是由他而生的（即从上帝那里获得其存在），而不需预设已有任何要素或任何接受它的接受性要素，这对自然理智来说是很明显的。因此，对自然理智来说，明显的是，可以证明有的事物是以此方式由上帝所创造的，尽管那位哲学家（亚里士多德）并没有这么说。”“而我说，亚里士多德没有肯定地说上帝以此方式创造了什么；但是由此（从亚里士多德的意见看来）我们也并不能得出与其相反的结论，即这一点无法通过自然理智而得知。”[②] 另外，上帝能够从无中创造也可以被证明。[③] 但是，造物涉及的关系并不是双向的：受造物朝向上帝的关系是一个实在的关系，而上帝朝向受造物的关系并不是实在的，因为他

① 《随意提问问题集》，16，第 9 条；参见《巴黎笔录》，1，10，3，第 3 条及以下。

② 《巴黎笔录》，2，1，3，第 9—11 条；参见《牛津著作》，2，1，2；《汇编》，13，第 4 条。

③ 《牛津著作》，4，1，1，第 27 条及以下。

不是按照他的本质而为造物主的，否则的话，他就必然会造物，而另一方面，他也无法获得一个偶性的关系。

就时间中的造物能否得到证明而言，司各脱倾向于托马斯的观点，尽管他并不接受托马斯的理由，即时间中的造物无法在哲学中得到证明。虚无（nihil）的逻辑在先性是可以得到证明的，因为“否则就无法承认造
物”。但是逻辑的在先性并不包含时间上的在先。司各脱有点犹豫地说： 534
“虚无在时间上先于世界，这一点并不像是必然的；但是，它在逻辑上先于世界，这看起来是足够的。”[①] 换言之，司各脱反驳了波纳文图拉的“从永恒中造物之不可能在哲学上得到证明”的观点，而且他倾向于认同托马斯的意见，即时间中的创造是不能在哲学上得到证明的，但他在这一问题上的表达要比托马斯更犹豫些。

---

① 《牛津著作》，2，1，3，第19条。

第四十九章

司各脱（五）：灵魂

人的种之形式——灵魂和身体的统一——意志和理智——灵魂之不朽不能严格地被证明

535 1. 理性灵魂是人的种之形式，这是可以在哲学上得到证明的，而阿维洛伊的意见，[①] 即理智是一个分离的原理，是不可理喻的。“一般来说，所有哲学家都将‘理性’作为种差包含在人的定义中，‘理性’指的是智性的灵魂为人的本质部分。”没有一位重要的哲学家否认这一点。“尽管被诅咒的阿维洛伊在那部他和别人都无法读懂的作品《论灵魂》中肯定了，理智是一个分离的实体，它可以通过心理印象与我们结合；他和他的弟子却至今都无法解释此结合，而且他也无法通过此结合来支持人有着理解（真理）的能力。因为按他的说法，人在形式上就只是一种更高等的无理性的生物，由于他那种无理性的感性灵魂而比其他生物更加卓越。”[②]

司各脱用一个省略三段论，证明了理性灵魂是人的形式。“人以形式的和特有的方式来理解（intelligit：智性地把握）；因此智性灵魂是人的特有形式。”[③] 他说，通过亚里士多德的权威，这一前提看上去是足够明了的；但如果有人想否认它，就必须给出一个理性的证明。要以特有的方式来理解（intelligere proprie），指的是通过一个超越了任何种类的感性认知

---

① 《牛津著作》，4，43，2，第 4—5 条。

② 同上，4，43，2，第 5 条。

③ 同上，4，43，2，第 6 条。

的活动来理解。如上所述，在特有的意义上来执行智性的活动就是在执行一个超越了感性能力的活动。这样，感性的把握是一种感官的功能，因为每种感知都有着一类特定的对象，也就是涉及的特定感知之对象。因此，视觉被规定感知颜色，听觉被规定感知声音。但理智并非以这种方式被规定的：它的对象是存在，它并没有像感知那样被绑定在某一个感知的身体感官之上。它能够把握到没有被直接赋予感性的对象，例如属和种的关 536
系。因此，智性认知超越了感官的能力，由此我们可以得出，人能够以特有的方式来理解。[①]

那个原初的省略三段论的结论（“因此，智性灵魂是人之特有的形式”）是从前提推导而来的，这一点可以用两种方式来展示。作为人的一个功能的智性认知必须是在人本身的一个没有广延且并非身体器官之部分或整体的东西那里“获取的”。如果它是在一个有广延的东西那里被获取的，那么它本身就会是有广延的，并且是纯粹的器官性功能，而我们可以证明它并非如此。当司各脱谈到智性认知是“被获取的”，他指的是它并不与我们的实体同一，因为我们并不总是在执行智性认知的能力；因此它必然是我们身上的某个原理的活动。但它不可能是人之质料性部分的活动：因此它必然是一个精神性的形式原理之活动，除了智性灵魂（即那个有着执行智性活动的能力的原理）之外，它还会是什么呢？第二，人是他的意志性活动的主人，他是自由的，而他的意志并未被规定到某一种欲求之对象上。因此它超越了器官性的欲求，但它的活动不可能是任何一种质料形式的活动。由此可以得出，我们是自由的，意志的活动是具有智性形式的活动，而如果我们的自由的活动是我们自己的活动，而它们的确也是，那么，它们所拥有的形式也就必然是我们自己的形式。因此，智性灵魂是人的形式：它是他的种的形式，这使得他与畜生相区分。[②]

2. 在人身上只有一个灵魂，尽管正如已经提到的那样，也有一个身体性的形式。就像我们之前已经见到的那样，在人的灵魂中有着不同的“形式性”，但它们并非实在地相互区分的（可分离），而是以一种建立在

---

① 《牛津著作》，4，43，2，第 6—11 条。
② 同上，4，43，2，第 12 条。

物之上的形式性区分而有着区别，因为智性的、感性的和营养性的活动是在形式上、客观地相区分的；但它们是人之同一个理性灵魂的形式性。因此，这个同一的理性不仅仅是人之理性认知的原理，也是他的感性活动和生命的原理。它赋予了活生生的存在（esse vivum），而且它是那个使得有机体具有生命的形式性原理；[①] 它是人之实体性形式。[②] 于是，灵魂是人
537 的一部分，而它只是在不恰当的方式上被称作自存的，因为它是一个实体的部分，而并不是说它本身即为一个实体；那个复合物（即灵魂和身体所组成的复合物）才是一个就自身而言为一（per se unum）的东西。[③] 处于与身体分离状态之下的灵魂恰当地来说并不是一个人格。[④] 只有当身体恰当地具有拥有灵魂的倾向时，灵魂才使得身体完满，而**这一个**灵魂也对**这一个**身体有着天生的倾向。司各脱说，[⑤] 这意味着灵魂并不能通过它赋予形式的质料而得到个体化，因为灵魂——一个特定的灵魂——是被注入到身体之中的，而灵魂的创造在逻辑上是先于它与身体的合一的。

司各脱认为，理性灵魂并不赋予任何单纯的存在（esse simpliciter），而是赋予了活生生的存在（esse vivum）和感性的存在（esse sensitivum），在这一点上他与托马斯的意见也是不同的：正如已经提到的那样，感性的存在是一个身体性的形式。假若理性灵魂是要将单纯的存在赋予人，那么我们就不可能说人能真正地死亡。死亡涉及"人"这一物体的毁灭，而这就蕴含着灵魂和身体各自拥有自己的形式，作为人的人之存在是他作为一个复合物（compositum）的存在，而非他作为灵魂的存在。如果灵魂赋予的是单纯的存在，那么在身体中也就没有其他的形式，灵魂从身体中分离也就并不意味着人作为人毁灭了。如有死亡发生，人就必须拥有复合性的存在，即一个与其组成部分不同的存在者，无论是分解为部分，还是所有部分放在一起，因为是人之作为复合物的存在在死亡中毁灭了。另外，按照司各脱的说法，托马斯自相矛盾了。"在某处，他说到灵魂在身体中

---

① 《牛津著作》，2，16，第 6 条。
② 同上，2，1，4，第 25 条。
③ 同上，4，12，1，第 19 条。
④ 《随意提问问题集》，9，第 7 条，和 19，第 19 条。
⑤ 同上，2，3，及以下。

的状态要比其在身体之外的状态更加完美，因为它是复合物之部分。”然而同时他又说，灵魂赋予了并从而拥有了单纯的存在，而它因为只是将此存在赋予了自身，因此并没有变得更不完美。“按照你的说法，灵魂在完全分离的状态中也拥有同样的存在，在它与身体结合时，此存在同样拥有……因此它也就不是更不完美，因为它并没有把此存在传达给身体。”[①]

灵魂与身体相结合，是为了整体人的完美，人是由灵魂与身体组合而成的。依照阿奎那的说法，[②]灵魂与身体结合是为了灵魂的善。灵魂在本性中就依赖感性来获得认知，转向心理印象（conversio ad phantasma）
属于其本性，[③]因此，灵魂是为了自己的善而与身体结合的，为的是可以 538
依照其本性而运作。然而对司各脱来说，就像我们已经见到的那样，人之理智朝向质料性东西的方向，它事实上对感官的依赖并不源自人之理性的本性，而是源自灵魂的当下状态，即它在作为一个过路客的身体中的境况（也有另一个解释，即罪可能是对此负责的因素）。托马斯或许会反驳道，在此情况下，它与身体的结合就是为了身体之善，而非为了灵魂，而这是不理智的，“因为质料是为了形式而在那里的，而不是相反”。对这样的反驳，司各脱的回应是，灵魂与身体之结合，并非单纯为了身体之善，而是为了人这个复合物的善。灵魂与身体的结合得以引起的，是人这个复合的存在者为创造性活动之表达，而非灵魂本身或身体本身，目的在于此复合存在者的实现：因此，此复合存在者的存在，是为了整体人之善，为了整体之完美（propter perfectionem totius）。灵魂和身体的结合并不“仅仅为了身体，或仅仅为了灵魂之完满，而是为了整体的完满，它是由这些部分组成的；这样，尽管没有任何完满性能被添加到此部分或那个部分，而没有这样的一个结合，它就不会拥有这些部分，然而，结合却并非徒劳发生的，因为整体的完满性只能以这种方式获得，而这是原本就是其本性所意图的”。[④]

---

① 《牛津著作》，4，43，1，第 2—6 条。
② 《神学大全》，Ia，89，1。
③ 参见同上，Ia，84，7。
④ 《牛津著作》，4，45，2，第 14 条。

3. 在讨论知识那一章的时候，我已经讲了一些关于司各脱就人之智性活动的思想；但我们可以就他涉及意志与理智间关系的理论，给出一个简短的讨论，因为这引起了一些涉及他的一般观点的误解。

理智并不像意志那样是一个自由的能力。“理智之能力并不能让自己不去赞同它所把握到的真理；因为原理之真理通过词项或通过从原理中的推理而变得清晰，因此，它必须赞同它，因为它缺乏自由。”[①] 因此，如果此命题（整体大于部分）之真对理智而言变得清晰，因为它认识到了什么是整体，什么是部分，又或者如果真理性结论（如，苏格拉底是可死的）对理智而言变得清晰，因为它考虑到其前提（所有人都是可死的；苏格拉底是人），那么理智就没有任何自由不去赞同“整体大于部分”这一命题，
539 或不赞同“苏格拉底是可死的”这一结论。因此，理智是一个自然的能力（potentia naturalis）。

因此，意志是自由的，是一个自由的能力，而它在本质上就是自由的，其形式性内涵与其作为欲求的特征相比，更多地在于其自由。[②] 我们必须区分在一个自然倾向意义上的意志和一个自由的意志，而只有自由的意志才是恰当意义上的意志；由此我们也就可以得出，意志因其本性而是自由的，而例如上帝是不能创造出一个理性的理智的，它在本性上就不能犯罪。[③] 但司各脱说，圣保罗通过一个从他的自由意志中发出的活动去意愿“要离世，并与基督同在”；但这一自发的活动与他在自然倾向上来说的自然“意志”是相悖的。[④] 因此，这两者是不同的，但当有人考虑到人对幸福或其最终目的的欲求的时候，此区分是重要的。作为自然欲求或对自我完善的倾向的意志，必然地在所有东西中首要地欲求幸福，又因为幸福或福祉作为一种具体的事实，只能在上帝那里找到，于是在人那里，有着一个向着“特别的”福祉（即上帝）的自然倾向。但是，我们从中却不能得出意志必然是自由的，且恒定地欲求着最终目的，也不能得出它必然

① 《牛津著作》，2，6，2，第 11 条。
② 同上，1，17，3，第 5 条；2，25，第 16 条。
③ 同上，2，6，2，第 8 和 7 条。
④ 同上，3，15，第 37 条。

发出一个有意识且特意的就此对象的活动的结论。[①]司各脱抗议道，他并不是在表明意志能够选择不幸**本身**或恶**本身**："我并不想要福祉"并不等同于"我想要福祉的反面"；它指的是我在这里和现在并未就此而发出一个活动，而并非我做出了一个与其相反的选择，它的对立面不可能是意志之对象。然而，如果我的确发出一个活动，即一个意愿幸福的活动，那么此活动就是自由的，因为每一个发出的意愿活动都是自由的。[②]另外，司各脱毫不迟疑地从他关于意志之本质性自由的学说中推导出结论，即天国里的真福之人自由地意愿和爱上帝。[③]这样，他拒绝了托马斯的学说，即当至善（summum bonum）清晰地呈现时，意志必然地选择了它并爱它。他甚至进一步指出，真福者仍然有着犯罪的能力。但当他这么说的时候，他仅仅是在说意志本身在天国仍是自由的，别无他意，因为它在本质上是自由的，而天国并不摧毁它的自由：从道德上来说，天国里的真福者不仅意愿着不犯罪，而且也不会犯罪，尽管此必然性仅仅是一种在某一个方面 540
（secundum quid）的必然性，发自"荣耀之习性"（habitus gloriae）以及意志中所产生的一种倾向，而非发自一个物理上的对意志的规定。[④]真福者的意志在道德上是不会犯罪的，尽管不是在本性上不可败坏。司各脱在涉及真福者并不意愿罪这一实际事实上并不与托马斯意见相左，他也愿意说他们不会犯罪，只要此处的"不会"没有被理解为蕴含了意志之本质会因此受到损伤。[⑤]

因此，理智是一种自然的能力（potentia naturalis），意志则是一种自由的能力（potentia libera），而基于司各脱坚持说自由是一种完满性，他在涉及理智对意志为首要的或意志对理智是首要的争论中的立场也就无法被质疑了。认知当然在意志所发起的任何一个活动之前，因为意志无法就一个完全不知的对象而做出选择（司各脱并不是"非理性主义者"）。他

---

① 参见《牛津著作》，4，49，10，第 3 条；2，23，第 8 条；1，1，4，第 16 条。《汇编》，16，第 3 条。

② 参见同上，4，49，10，第 8 条及以下。

③ 《牛津著作》，1，1，4，第 13 条及以下。

④ 同上，4，49，6，第 9 条。

⑤ 参见《汇编》，15。

说，意志很难（虽说并非不可能）不倾向于实践理性所最终确定的那个对象；然而，另一方面，意志能够命令理智。当然，司各脱并不是指意志能够命令理智对被它认定为伪的命题作出肯定；意志并不能给理智本身添加任何东西，[①]它也不是理智活动的原因。[②]但是，意志会作为一个动力因以中介的形式协作，通过推动理智对这个或那个智性对象加以认可，从而考虑这个或那个论述。[③]由此可以得出，“意志通过命令理智，成为一个就其活动而言更高级的原因。但理智——如果它是意志活动的一个原因（即通过提供关于对象的认识作为部分原因）——则是一个服务于意志的原因”。[④]

司各脱给出了另一个肯定意志之首要性的理由。因为意志的败坏比理智的败坏要更糟，因此，意志要比理智更加完满；恨上帝要比不认识上帝或不去思考上帝更糟。另外，罪指的是意愿某个恶的东西，思考某个恶的东西却并不一定是罪：只有当意愿给予了它认可，或使得对其所思考的恶有了快感，它才是罪。[⑤]还有，爱是一个比知识更大的善，而爱在意志之中，[⑥]是意志在终极幸福那里所具有的主要角色，它将灵魂与上帝结合，
541 拥有并享用上帝。尽管理智和意志这两种能力都涉及真福，而更高的官能（即意志）是与上帝结合的更加直接的原因。[⑦]司各脱因此拒绝了托马斯关于理智有首要地位以及他关于真福之本质的学说，而是忠于奥古斯丁和方济各传统。的确，采纳托马斯还是司各脱的视角，这似乎并不是非常重要，因为两者都同意从外延来看，真福涉及了两种能力；但在此，我必须解释一下司各脱的立场，从而说明对他的唯意志论和非理性论的指控是多么愚蠢。

4. 面对司各脱清晰的学说，或许会有人期待灵魂的智性活动不仅超越了感性的能力，进而也能在哲学上证明它超越了感性能力和质料，而且他也会试图证明人之灵魂的不朽；但实际上，他并不相信此真理可以

---

① 《巴黎笔录》，2，42，第 7 条。
② 《汇编》，2，第 7 条。
③ 《巴黎笔录》，1，35，1，第 27 条。
④ 《牛津著作》，4，49，附加的问题，第 16 和 18 条。
⑤ 同上，第 17 条。
⑥ 同上，第 21 条。
⑦ 《巴黎笔录》，4，29，第 7 条；《牛津著作》，4，49，3，第 5 条及以下。

在哲学上得到严格的证明，而且他批判了他的前人所做出的论证。这三个命题——第一，理性灵魂是人之种的形式；第二，灵魂是不朽的；第三，在死后灵魂不会停留在一个持恒的与身体相分离的状况中（也就是说，身体会再次复活）——中的第一个命题是通过理性的自然之光而被认识到的。与其相对立的谬误，即阿维洛伊的谬误，“不仅与神学之真理相悖，也与哲学的真理相悖”（即阿维洛伊主义者的学说不仅违背了通过信仰而被得知的真理，也可以在哲学上被驳斥）。“然而，另外两个（命题）并不是通过自然理性而被充分认识到的，尽管对其有着一些可能的和具有说服力的论述（persuasiones probabiles）。的确，对第二个命题来说，有着多个更具说服力的（论证）；因此，那位哲学家（即亚里士多德）像是很明确地（magis expresse）主张这个意见。”但对第三个命题来说，理由更少，因此从这些理由而得出的结论也并不是通过自然理性而被充分得知的。[①]因此，司各脱的一般立场是，我们能够在哲学上证明理性灵魂是人的种之形式；但我们无法以确证的方式在哲学上证明灵魂是不朽的，或身体会复活。对灵魂之不朽的哲学论述比对身体之复活的那些论述有更大的说服力，但它们仍然是可能性的论述，那些先天的论述，即那些建立在灵 542
魂之本性上的论述，比后天的论述要好，例如那些基于在来世中对奖罚的需要的论述。灵魂之不朽可以被认为在道德上可被证明，即从归纳中（ex inductione），但从哲学上来说，它肯定要比其对立面更加能够被证明；但是，用来支持它的论述并非确证的和必然的，并不享有绝对的确定性。[②]

至于亚里士多德的权威，司各脱声称其观点并不是很明确。“因为他在不同的地方以不同的方式说话，他也有不同的原理，从其中的某些原理出发，似乎会得出一个对立的（观点），而从其他原理出发，则会得出另一个观点。因此，他有可能总是就此结论持怀疑态度，而按照他所讨论的材料是否与某一观点更加协调，他有时接近这一端，有时则接近另一端。”[③]无论如何，并不是说哲学家们的所有断言都是被他们用必然的理由

① 《牛津著作》，4，43，2，第26条。
② 参见《巴黎笔录》，4，43，2，第15条及以下。
③ 《牛津著作》，4，43，2，第16条。

加以证明了的；但是“他们常常只有一些可能的说服（某些可能的和有说服力的论述）或以前的哲学家们的普遍意见”。[①] 亚里士多德的权威因此并非对灵魂之不朽的确证论据。

至于托马斯和其他基督教哲学家所采取的论证，它们都并非绝对有效的。在《神学大全》[②] 中，托马斯论述道，人之灵魂并不会由于身体的毁灭便通过偶性而被毁灭，因为它是一个自存的形式；它也不会通过自身而被毁灭，因为存在以一种方式属于自存的形式，以至于形式之自然毁灭意味着形式从自身分离出去。对此，司各脱回应道，托马斯是在转弯抹角回避问题，因为他预设了人的灵魂是一个就其自身而自存的形式（forma per se subsistens），而这一点正是要被证明的。人之灵魂是这种类型的形式，这一命题作为信仰的对象而被接受，但它并不能通过自然理性而被获知。[③] 如果有人反驳说，此批判不公平，因为托马斯先前已用了一章来展示人之灵魂是一个非身体性的和自存的原理，司各脱回应说，尽管我们可以证明理性灵魂在其智性活动中并不使用某个身体器官，且其智性活动超
543 越了感性能力，但我们从中并不必然得出，理性灵魂就其存在而言不依赖于可毁灭的整个复合物。[④] 换言之，人之灵魂并不在其纯粹智性活动中运用一个身体器官的事实并不必然地证明了它的存在并不自然地依赖于复合物之持续存在。因此，我们就必须证明，一个在特定运作中超越质料的形式必然就其存在而言是独立的，而这在司各脱看来并没有得到有效的证明。[⑤]

对于涉及不朽的真福的欲求得来的论述，司各脱说，如果将欲求理解为一个严格意义上的自然欲求，简单来说就是那个按其自然而对某物的倾向，那么很清楚，我们无法证明一个对某物的自然倾向：断言存在着一个朝向某状况的自然倾向，而其可能性仍然是未知的，这就犯了乞题的错误。然而，如果自然倾向指的是一个广泛意义上的自然欲求，即一个发出

---

① 《牛津著作》，4，43，2，第 16 条。
② Ia，75，6。
③ 《牛津著作》，4，43，2，第 23 条。
④ 同上，4，43，2，第 18 条。
⑤ 另见《巴黎笔录》，4，43，2，第 18 条。

的、与一个自然倾向相协调的欲求，那么，直到证明了有着一个严格意义上的自然欲求时，我们才能证明所发出的那个欲求是在这个意义上的一个自然的欲求。可以说，一个在被把握到之时就立刻成了被发出的欲求对象的对象，必然是一个自然欲求或倾向的对象；但在此情况下，我们也可以论述说，因为一个恶人在把握到他的恶习之对象时，就直接倾向于欲求它，他对其有着一种自然的倾向或自然的欲求，而实际上，自然本身并不是恶的，而且肯定不是在每个人的身体上都这样。说一个对象在被它把握到的时候直接就是一个依照正当理由而发出的欲求的对象，是毫无用处的，因为这一整个问题是要发现对不朽的欲求是否与正当的理由相协调：这无法被合理地视为理所当然。另外，如果说，人拥有一个对不朽的自然欲求，因为他自然地逃离死亡，因此不朽至少是一个可能性，那我们同样可以说，一个畜生也拥有一个对不朽的自然欲求，而它能存在且继续存在。[①]

同样，我们也可以回忆一下，司各脱并不是在说不朽的论证并不是 544
可能的或有说服力的，更不用说无用的了：他是在说它们在他看来并不是确证性的。从欲求出发的论述并不是有效的，这是因为，如果说到生理上的逃避死亡或逃避导致死亡的东西的倾向，那么畜生也具有此倾向，而如果说到一个发出的有意识的欲求，那么就不能合理地从对不朽的欲求推导到不朽这个事实，除非首先证明了不朽是一种可能性，而人之灵魂在复合物解体之后仍然能够存在。我们也可以说，此生的苦难需要在来世有一个补偿；但人在此生会受苦，这仍然为真，就像他在此生能有快乐和愉悦一样，这是建立在他的本性之上的，因此，能够受苦，这也是自然的，而我们无法不假思索地辩论道，苦难一定会在来世通过得到幸福而获得平衡。至于来世中必须要有一个赏罚，因此来世一定存在这一论述，在证明上帝的确以此方式来惩罚或奖励人之前，此论述是无效的，而且，司各脱并不认为这一点能够纯粹地由哲学而得到证明。[②] 对人之灵魂的不朽之最佳的论证或许是从理智独立与身体器官出发（也就是从其精神活动出发）的论

① 《牛津著作》，4，43，2，第 29—31 条。
② 同上，4，43，2，第 27 条。

述；但尽管司各脱认为此论证构成了一个高度可能的论证，但他并不将其视为一个绝对有效的论证，因为作为复合物之部分被创造的灵魂有可能只能作为复合物之部分而存在。

第五十章
司各脱（六）：伦理学

人之行动的伦理——没有区分的行动——道德法律和上帝的意愿——政治权威

在本章中，我的目的不是列出司各脱所有的伦理学说，而是要指出，545 人们对他的曾经的指责——即他教授的是道德律法之纯粹任意性，就像它是单纯的且仅仅依赖于神性意志的——大体上是一个不公正的指责。

1. 当拥有其自然的存在（esse naturale）所要求的一切的时候，一个行动是自然地为善（naturaliter bonus）的，正如一个身体在拥有了大小、颜色、形状等特征，且这些特征适合它，并且相互和谐的时候，它就是美的。当一个行动拥有了正当的理由（recta ratio），而非此行动本身之本性所要求的一切，那么它就是在道德上为善的。为了进入道德的秩序，一个行动必须是自由的，因为"一个行为除非发自自由意志，否则就既不值得称赞也不值得谴责"；然而很明显，这对在道德上为善和为恶的行为来说，都是必要的；对在道德上为善的行为来说，在自由之外还需要有一个东西，而这就是与正当理由的契合。[1]"要赋予道德的善，就是要赋予与正当理由的契合性。"[2] 每一个在道德上为善的行动都必须在对象上为善，也就是说，有一个与正当理由相契合的对象；但除了对上帝的爱之外，没有一个行动是仅仅借此为善的，就像除了对上帝的恨之外，这在任何情境之下

① 《牛津著作》，2，40，唯一的问题，第 2—3 条。
② 同上，1，17，3，第 14 条。

都不可能是在道德上为善的，没有任何一个行动是仅借此就为恶的一样。例如，我们是不可能怀着一个恶的意图去爱上帝的，因为这样的话就不会有爱，就像我们也不可能怀着一个善的意图去恨上帝一样。然而，在其他的情况下，“意志的善并不仅仅取决于对象，也取决于所有的处境，主要取决于目的（a fine）”，这在行动之“处境”中是占首要地位的。[①] 但尽管目的在行动之处境中占据首要地位，但行动不仅仅因目的为善而是道德
546 上善的：目的并不会使手段变得合法。“要让一个行动在道德上为善，所有（必要的）处境都必须一同出现在任何一个道德行动中；任何一个处境下的败坏都足以使得此（道德行动）成为在道德上败坏的”；[②]“为了获得好的（结果），我们不应该作恶”。[③] 因此，为了使一个行动在道德上是善的，它就必须是自由的，还必须是在对象上为善的，且要以正当的意图得到实施，通过正确的方式，等等。如果它拥有了这些处境，它将与正当的理由相契合。

2. 任何的人之行动，也就是说，任何一个自由的行动，都在某些方面是善的或恶的：不仅仅当考虑到每一个行动，纯粹在本体论上来看（即作为一种积极的物这个意义上来说）时是善的，而且在任何一个行动都有一个与正当理由要么相契合、要么相悖的意义上来说，它也是善的。然而，因为一个完全为善的道德行为要求一切情境的善，在有的情境缺失其本应有的善的情况下，有的行动就有可能是“无区分的”。例如，要使得施舍成为一个完全善的道德行动，要使它拥有完整的道德价值，就必须以道德的意图来施行它。以恶的意图进行施舍会使得此行为成为恶的，但是，人有可能简单地出于一个直接的倾向而进行施舍，而司各脱说，像这样的一个行为在道德上就是无区分的：它既不是一个恶行，也不完全是一个道德行为。[④] 在承认有着无区别地发出的行动的同时（司各脱坚持认为他所说的并不是像从脸上把苍蝇赶开那样的条件反射般的行动），[⑤] 司各脱采取了

---

① 《巴黎笔录》，4，28，第 6 条。
② 《牛津著作》，1，最后一编，第 1 和 2 条。
③ 同上，4，5，2，第 7 条。
④ 《巴黎笔录》，2，41，第 2 条。
⑤ 参见《牛津著作》，2，41，第 4 条。

一种与托马斯相反的意见；但若要理解他的意见，重要的是要意识到，对司各脱来说，“第一实践原则为：应当爱上帝”。[①]人并没有义务总是将他的行为以实际的或隐含的方式与上帝联系在一起，因为司各脱说，上帝并没有将我们置于此义务之下，但除非做到这一点，否则行动就不会完全地在道德上是善的道德。而另一方面，由于我们并没有义务将一切行动都与他相联系，于是我们就不能得出结论，认为一个与他没有联系的行动就是恶的行为。如果它与对上帝的爱是不兼容的，那它就是恶的，但它没有必要以实际的或隐含的方式与上帝相联系，而以此与对上帝的爱相兼容。在这种情况下，它就是一个无区分的行动。显然，司各脱认为与“习性”相关并不足以赋予一个行动以完全的道德价值。

3. 我们已经看到，一个在道德上为善的行动必须与正当的理由相吻
合。那么，正当理由的规范以及我们行动道德性的规范是什么呢？按司各 547
脱的说法，“神圣的意志是善的原因，而根据他意愿某物的事实，此物即为善……”。[②]此断言从自身来看，自然显得是在暗示道德法则仅仅取决于上帝任意的意愿：但这并不是司各脱的立场，他只是简单地在说上帝所意愿的就是善的，因为上帝即他的本性不可能会意愿任何不为善的东西。然而，司各脱仍然使道德法则在某种意义上依赖于神之意志，他的立场必须得到阐明。神的理智被视为在神的意愿行动之先，它认识到那些与人之本性相符合的行动，永恒且不变的道德法则是就此内容而言所构建的；但它是通过神的意志的选择才获得义务的强制力的。因此我们可以说，道德法则的内容并不依赖神的意志，但是道德法则的义务与其道德强制力取决于此。“只有欲求或意志才是进行命令的。”[③]在实践和思辨的领域，理智说这个为真或为伪，但它并不命令人们去如此行动。司各脱不是在简单地说，人实际要承担义务仅仅是因为上帝意愿创造众人——这当然是足够明显的，因为如果他们不存在，也就不会被强制去做什么；他要说的是，神圣的意志是义务之源头。我们由此似乎可以得出结论说，如果上帝没有选

① 《牛津著作》，4，46，1，第 10 条。
② 《巴黎笔录》，1，48，唯一的问题。
③ 《牛津著作》，4，14，2，第 5 条。

择将义务加到人身上，道德性就会是一种自我完美的事情，也就是说，理智会认识到，一种特定的行动序列是符合人之本性的，也就会判断说，以此方式去行动是合理且明智的。亚里士多德的伦理学是这种立场的代表。然而实际上，上帝意愿了这么一系列行动，而此意志就映照在了道德义务中：触犯法则就不仅仅是非理智的，它也是神学意义上的罪。

道德法则的内容并不单纯地取决于上帝随意的任性或选择，对这一点，司各脱已经说得足够清楚了。在提到亚当的罪的时候，[①]他说："仅仅由于被禁止而为罪的罪，在形式上要比那本身为恶而非因为被禁止而为罪
548 的罪更轻。从那棵树上摘果子吃，就其行动而言，并不比从另一棵树上摘果子吃更多地是罪。它为罪，只是因为从那棵树上摘果子是被禁止的。但是，涉及十诫的所有罪都是在形式上为恶的，这不仅因为它们是被禁止的，而是因为它们是恶的，因此它们被禁止了；因为通过自然法，任何一个训诫的反面都是恶的，而通过自然理性，人可以见到这些训诫的任何一条都是要被遵守的。"在此，司各脱清楚地提到，十诫并非单纯偶然的律令，人可以通过对理性的自然运用而发现它们，这一断言应该含有这样的推论，即上帝也无法改变它们，这并不是因为他受其制约，而是因为它们最终奠基于他的本性。

然而，出现了一种疑难，即上帝似乎取消过十诫中的一些次要的命令（即第二重律法的命令）。例如他让以色列人去掠夺埃及人，还命令亚伯拉罕献祭他的儿子以撒。司各脱在讨论此问题的时候首先问到，是否所有的十诫都属于自然法，然后他进一步做了区分。那些自明的或从自明的实践原理中推导而来的道德律法属于最严格意义上的自然法，在这些原理和结论的情况下，它们是无法取消的。例如上帝不能容许人们有着他自己以外的神，或妄称他的名字，因为此类行为与人之目的——爱上帝本身——是不兼容的，后者必然包含了崇拜和尊重。另一方面，一条道德律令可以属于自然法，但这并不是因为它必然为自明原理的结论，而是因为它与那些首要、必然和自明的原理相和谐。第二重律法中的律令就属于这

---

① 《巴黎笔录》，2，22，唯一的问题，第3条。

种类型。而就这些命令而言，他可以取消它们。[①] 司各脱接着论述了或提出了如下观点，[②] 即就算爱邻人也属于严格意义上的自然法，因此我必然应该意愿我的邻人爱上帝，这也并不必然导向我应该意愿他爱这个或那个特别的善的结论。然而这并不阻碍司各脱继续说，[③] 十诫的律令在任何状况下都有约束力，而在书写下来的律法被给予之前，所有人都必须遵守它们，“因为它们是写在心上的，或者可能通过父母所学到的上帝的外在训 549
导而传递给他们的后代”。另外，他还解释道，以色列的子民们在掠夺埃及人的时候，并不真的需要取消什么律令，因为上帝作为至高的上主，把埃及人的财物转给了以色列人，这样，后者并没有拿走不属于他们的东西。无论如何，司各脱的一般立场是，十诫的第一重律法里最前面的两条律令属于最严格意义上的自然法（对于第三条律令，即遵守安息日，他表示了怀疑），而第二重律令并不属于严格意义上的自然法，尽管它们的确在广泛意义上是属于自然法的。因此，上帝能够在第二重律令的情况下，取消律令的约束，尽管他不能取消那些严格属于自然法的律令。就律令的约束性被取消这一点，司各脱与托马斯的意见相左，后者并不允许说，上帝能够（恰当地说）就十诫中的任何一条律令而言取消其约束力，因为它们都直接或间接地来自原初的实践原理。托马斯主义者用困扰司各脱的取消律令的那些例子解释质料改变（mutatio materiae）的例子，这其实和司各脱自己解释以色列人掠夺埃及人的方式是差不多的。

在这里，我并不是要呼吁大家讨论经文片段，因为它们不属于哲学；但要注意的是，即便司各脱在某些律令的情况下允许了取消其约束力的可能性，但他拒绝就那些严格属于自然法的律令而言允许取消其约束力可能性这一事实明确地表明，他并没有将整套道德律法单纯视作神性意志之任意的决定。他或许认为私有财产制有不可侵犯性，随之的偷窃的错误都并不在很大程度上与自然法相连接，以至于没有任何例外会是合法的，甚至在“特别困难的情况”下也没有；但他肯定地说，如果一条道德律令属于

① 《牛津著作》，3，37，唯一的问题，第 5—8 条。
② 同上，3，37，唯一的问题，第 11 条。
③ 同上，3，37，唯一的问题，第 13—15 条。

严格意义上的自然法，那么它就是不可改变的。无可否认，司各脱说了类似神性意志是正当之第一规则这样的话，以及“任何不包含矛盾的都不与绝对意义上的神性意志相悖，这样，无论上帝做什么或会做什么，都是正
550 确的和公正的”；① 但他绝对不认为上帝能够不矛盾地发出命令或允许那些与自明的实践原理或必然从中得出的原理相对立的事情。我们或许应该将司各脱涉及道德义务的学说与他关于十诫之第二重律令的学说紧密联系在一起加以考察。首要的律令是自明的，它们是如此内在紧密地与自明的原则相联系，以至于其义务特性显而易见。然而，第二重律令并不是可以直接从首要的实践原理那里推演出来的，即便它们与这些原理以及其直接结论之间的和谐是明确的。因此，它们的义务特性并不是自明的或必然的，而是依赖于神性意志的。它们的内容并非纯粹任意的，因为它们与必要原理相协调，这是明确的；但其联系并不那么严，以至于上帝无法制造例外。如果是他的意志在使得第二重律令与必要原理相协调，而使得前者成为完全意义上具有道德义务的，那么，他的意志也可以取消其约束性。

如此一来，司各脱似乎就走了一条介于托马斯和奥卡姆之间的道路。他与托马斯一样认为，有着不可改变的道德原理，而他并不教授“所有的道德律令都依赖于上帝意志的决定”。另一方面，与托马斯相比，他赋予了神性意愿在规定道德秩序这一方面以一种更大程度的显要地位，而他似乎认为，至少就某些特定的训诫而言，义务依赖于意志，与依赖于理智的义务相区分。那么，如果我们考察司各脱的哲学本身，我们就必须同意，他的道德学说并不关涉任意的神之威权，而如果我们考察思想之历史发展的话，我们也必须同意，他的道德学说帮助铺垫了奥卡姆的道路，在后者眼里，道德律法（包括整个十诫）都是神性意志的任意创造。

4. 至于政治权威，司各脱小心地把它与父权权威区分开来，② 而且他似乎意指它建立在自由的认可之上。“政治权威……可以通过普遍的认可以及共同体本身的选择而为正当的。”③ 司各脱提到了那些认为自己若没有

① 《巴黎笔录》，4，46，4，第 8 条。
② 同上，4，15，4，第 10—11 条。
③ 《牛津著作》，4，15，2，第 7 条。

权威就无法行动的人，以及那些在一起商讨以便将共同体之照护托付给一
个团体或个人的人，它要么仅仅被托付给了一个个人，于是其后续者必须 551
从选举中得出，要么被托付给了一个人和他的后代。[①] 他在另一个地方[②]
说到了很多独立的人，他们“为了获得一个持续的和平状态，能够通过所
有人的认同，从他们中选出一位君主……”。

合法的权威是立法者所需的要素之一，他所需的另一个要素是“明智”，即依照与正当理由的一致来立法的能力。[③] 立法者不可通过意在为自己谋求私利的法律，而是要通过意在谋求共同善的法律，这是立法的目的。[④] 另外，人的实证法不应与自然的道德律或实证的神的律法相冲突。就像托马斯一样，司各脱对独裁政府或作为道德源头的国家观念并不抱有任何赞成。

---

① 同上，4，14，2，第 7 条。
② 《巴黎笔录》，4，15，4，第 11 条。
③ 《牛津著作》，4，14，2，第 6 条。
④ 同上，4，14，2，第 7 条。

第五十一章

总结性的回顾

神学和哲学——“基督教哲学”——托马斯主义的综合——观察和阐释中世纪哲学的不同方式

552 很明显，对中世纪哲学的任何普遍回顾都将是下一卷书的内容；但是，在此点明本卷中所讨论过的哲学历程的一些普遍方面还是有价值的，尽管奥卡姆主义——这是在第3卷中要考虑的——在此处并不会被提到，这限制了现在反思的广度。

1. 我们可以从哲学与神学的关系这一角度来考察从罗马帝国至13世纪之综合这段时间基督教世界的哲学发展。在基督教时代的前几个世纪，几乎没有任何现代意义上的哲学，即与神学相区分的自主科学。教父们当然清楚理性与信仰、科学结论与神学内容的区别，但区分理性与信仰不必然等同于清晰地区分哲学与神学。那些急于说明基督教信仰的合理特征的基督教护教者与作者们借用理性来说明一些观点，例如“神是唯一的”。就此而言，我们可以说他们发展了哲学主题。甚至那些对希腊哲学采取敌对态度的作者也必须运用理性来为基督教辩护，他们也关注了一些属于哲学领域的主题。然而，尽管我们能够把这些主题分离出来，并讨论那些属于哲学的内容，但想要假装这种类型的基督教护教者是专业哲学家，是无济于事的。这位护教者或许在某种程度上从哲学家那里借用了思想，然而他把“哲学”视为了对真理的扭曲以及基督教的敌人。至于那些对希腊哲学持明显赞许态度的基督教作者，他们倾向于把希腊哲学视为对基督教智

慧的预备，而后者不仅包含了启示出来的信仰的奥秘，也包含了以基督徒 553
之眼所审视的所有有关世界和人生的真理。由于教父们不仅使用理性来理解启示的内容，更正关于启示的陈述并为之辩护，还讨论了希腊哲学家所考虑过的主题，因此他们不仅推动了神学的发展，也为一种与基督教神学相容的哲学之构建提供了素材。但是，他们是神学家和经文诠释家，而非严格意义上的哲学家。除非偶然或恰切地涉及哲学，〔在更多的情况下，〕甚至当他们确实在从事哲学讨论时，他们也是完成基督教智慧甚于建构一种特别的哲学或哲学分支，而历史上的情况的确如此。甚至在奥古斯丁那里，情况也是如此，因为即使他的作品中可以重新构建出一个哲学，但他首先是一位神学家，且对建立一个独立的哲学系统并不在意。

像尼撒的圣格列高利和奥古斯丁这样的教父在他们的著作中使用了从新柏拉图主义那里借来的要素，他们在新柏拉图主义的材料中发现了能帮助他们发展出一个灵修生活之“哲学”的东西。作为基督徒和圣徒，他们对灵修生活非常关注。自然而然地，他们用听上去非常像柏拉图主义和新柏拉图主义术语的话来表述灵魂和灵魂与身体的关系，以及它向上帝那里的上升。但由于他们不可能脱离神学和启示来考虑灵魂向上帝的上升（而且他们根本就不打算这么做），他们的哲学很多集中于灵魂与它向上帝的上升，也就不可避免地与他们的神学交融，并成为后者的一部分。比如把奥古斯丁的光照说视为一个纯粹的哲学学说是不容易的：此学说确实应该在考虑到他关于灵魂与上帝的关系以及灵魂向上帝的上升的情况下来讨论。

教父们的一般态度定调成了我们所说的“奥古斯丁主义”。比如，安瑟伦是一位神学家，但他发现，启示基督宗教奥秘的上帝之存在需要一定程度的证明，于是他发展出了自然神学，尽管把他描绘成着手阐述纯粹哲学系统是错误的。粗略地说来，“信仰寻求理解”（fides quaerens intellectum）这一格言可以向前或向后看。向前从启示之内容出发，并将
理性运用在神学教义之上，为的是尽可能地理解它们，这就产生了经院神 554
学；而向后的话，也就是考虑到启示所定下的先决条件，就发展出了对上帝存在的证明。但在这两种情况下，思考着的的确是神学家的头脑，尽管

在第二种情况下，它在哲学领域之中，并使用哲学方法而运转。

如果说，从教父著作中诞生出的奥古斯丁主义即为“信仰寻求理解”的精神，那它也可以被称作“追寻上帝的人”（homo quaerens Deum）的精神。奥古斯丁主义的这个方面在波纳文图拉那里特别突出，后者的思想深深扎根于方济各会精神的情感灵修之中。人可以思考受造物、世界之外和之内的万物，并发现其本性。但除非他在本性中察觉到上帝的痕迹（vestigium Dei），在自身中察觉到上帝的肖像（imago Dei），并发觉上帝在他的灵魂中的运作——此运作本身是隐秘的，但可以从其效应和能力上被察觉到——否则他的知识是毫无价值的。例如，有一些“奥古斯丁主义者”无疑出于保守主义观点和对传统的尊重而持有光照论的学说，但对于像波纳文图拉这样的人来说，保持这个学说远远不止于传统主义。有人说，假如在两种学说中，其中一种认为上帝在更多的地方有着运作，另一种则认为没有那么多，奥古斯丁主义者就会选择那种认为上帝在更多的地方有着运作，而受造物在较少地方有着运作的理论。但这只有在他觉得此学说与灵修经验相融合且能更多表达后者，还觉得它能够与一般神学观点相融合且能成为它的一部分的时候，才是真的。

如果一个人把“信仰寻求理解”这一格言理解为表达了奥古斯丁主义思想并标注了哲学在奥古斯丁主义者心目中的地位，那么我们就可以反驳道，这种描绘太广泛了，而且这样会把那些根本不可被合理称作奥古斯丁主义者的人也归为奥古斯丁主义思想家。从信仰到“理性”，再到经院神学的历程，以及从信仰到哲学的历程，最终都是如下事实的结果，即基督教是作为一个启示了的救赎学说而被交付给世界的，它并不作为一个学院意义上的哲学，甚至也不作为一种经院哲学。基督徒们先是有信仰，而只有在这之后，由于有着为他们所信仰的东西做辩护、解释和理解的欲望，他们才发展出神学以及从属于神学的哲学。在某种意义上，这不只是
555 早期基督教作家和教父们的态度，也是所有那些首先是神学家的中世纪思想家的态度。他们先有信仰，然后试图理解。在托马斯身上，情况也是如此。但是，我们怎么能把托马斯称作奥古斯丁主义者呢？难道我们不是更应该把“奥古斯丁主义”这个术语局限在某些哲学学说上吗？一旦这么做

了，我们也就有办法把奥古斯丁主义和非奥古斯丁主义区分开了：如果不这么做，我们将卷入无穷的困扰。

这个反驳有很多有道理的地方，必须承认，为了能够就其哲学的内容来区分奥古斯丁主义和非奥古斯丁主义，我们首先有必要弄清楚，准备承认哪些学说是奥古斯丁主义的，以及理由是什么。但我目前所说的是神学和哲学之间的关系，就这一点，我认为，圣奥古斯丁本人和13世纪那些伟大的神学哲学家们的态度并没有本质性的区别。当然，这一点是以一个重要的限制为前提的，随后我就会提到这个限制。托马斯·阿奎那当然在哲学和神学之间做了一个形式和方法论的区分，尼撒的圣格列高利、奥古斯丁或安瑟伦都没有清晰地作此区分，但“信仰寻求理解”这个态度却是托马斯的态度。因此，就这一点而言，我应该是情愿把托马斯归类为“奥古斯丁主义者”的。但就学说的内容而言，则应采取另一种态度，这是对的。波纳文图拉也在神学和哲学之间做了一个形式上的区分，虽然他坚持并强调了那些一般被看作“奥古斯丁主义”的学说，而托马斯拒绝认可它们，就这些学说而言，我们可以把波纳文图拉的哲学称作“奥古斯丁主义的”，托马斯的哲学则是“非奥古斯丁主义的”。而且波纳文图拉所强调的独立的哲学之不足要远比托马斯更多，就像我们已经见到的那样。所以有人说，波纳文图拉的系统必须要在神学层面而非哲学层面来寻找。不管怎样，托马斯自己并不相信一个纯粹独立的哲学会在实际上和在实践中完全让人满意，而且他与波纳文图拉一样首先是一名神学家。吉尔松反驳道，对托马斯来说，哲学的范围也就是可被启示的那些东西的范围（le révélable）（这是在吉尔松使用此术语的意义上来说的，很明显并非在其 556
所有意义上），很多迹象都表明他的这个反驳是对的。

我在上面提到的“重要的限制”是这样的。由于托马斯发现了完整的亚里士多德，并在可与神学保持一贯性的条件下采纳了他的学说，因此他为一个对立的哲学提供了素材。就像我在讨论托马斯的时候曾建议过的那样，对亚里士多德系统的使用帮助哲学获得了自我意识并追求独立和自主。在哲学素材仍然稀少时，如教父时代和中世纪早期，不可能有自主的哲学、做自己道路的哲学的问题（不必把逻辑学家的现象看得太重要）。

但一旦脱离神学而进行讨论的亚里士多德主义开始出现并获得了合法地位，且它至少显得是一个完整的哲学系统，那事实上两者就会不可避免地分道扬镳。哲学成长起来了，要求它与生俱来的权利，并离家出走。这无论如何都不是托马斯的意图，他使用亚里士多德主义是为了构建一个庞大的神学和哲学的综合，在其中，神学具有最终的衡量标尺。然而孩子们一旦长大，就不会总是准确地按照父母所期待的那样行动。波纳文图拉、大阿尔伯特、托马斯使用和融入了逐渐增多的新的哲学材料，与此同时，他们都是在抚养一个会走自己的路的孩子。但这三个人在基督教综合这一理想上确实是统一的，虽然他们在很多地方都持有不同意见。他们属于圣徒（Sancti）的行列，而非哲学家（philosophi）。如果我们希望就神学和哲学间的关系找到中世纪思想家之间的极端对立，那就不应该认为安瑟伦、波纳文图拉和托马斯之间的对立多于安瑟伦、波纳文图拉、托马斯、司各脱与拉丁阿维洛伊主义者的对立，或与14世纪的奥卡姆学派之间的对立并列。哲学家们和极端的漫步派学者与教父们、神学家们和圣徒是唱反调的。

2. 上述内容把我们带到了“基督教哲学”这个问题上来。我们能够论
557 及中世纪的“基督教哲学”吗？如果可以，我们又是在何种意义上这么说的呢？如果哲学是人类研究和认知的一个合理以及自主的领域（“自主”指的是哲学家有着自己的方法和主题内容），它就会显得不可能是“基督教”性质的。说有“基督教生物学”或“基督教数学”是荒唐的：一位生物学家或数学家可以是基督徒，然而他的生物学或数学却不会是基督教式的。同样，我们或许会说一位哲学家可以是基督徒，但他的哲学不会如此。他的哲学或许是真的，并且也与基督教兼容。正如数学不可能是异教的、穆斯林的或基督教的，虽然一位数学家可以是异教徒、穆斯林或基督徒，这样，哲学不可以是异教的、穆斯林的或基督教的，而哲学家们可以是异教徒、穆斯林或基督徒。与科学假设相关的问题是，它是真是伪，是否会被观察和实验所证实或推翻，而非它是否由一位基督徒或印度教徒或无神论者所提出。而与哲学学说相关的问题是，它为真或为伪，对它想解释的事实所做的解释更恰当或更不恰当，而非它是否由一名宙斯的信仰者、穆罕默德的追随者或基督教神学家所提出。“基督教哲学”这一词组

最多能指一个与基督教相兼容的哲学，如果指的比这更多，那就不是在说哲学，而是至少在部分上说神学了。

这是一个合理的且可以理解的观点，而且确实代表了托马斯关于哲学的态度的一个方面，这一方面表现为他在神学和哲学之间所做的形式区分。哲学家从受造物开始，而神学家从上帝那里开始；哲学家的原理是通过理性的自然之光而认知到的，神学家的原理则是通过天启得来的；哲学家讨论的是自然的秩序，神学家首先讨论的是超性的秩序。但如果某人坚定坚持托马斯主义的这一面，那他就处在一个比较困难的地步了。波纳文图拉并不认为在信仰之光外会有可能获得一个让人满意的形而上学。比如，范型理念的学说就与关于圣言的神学教义紧密相连。那么，我们是否得说波纳文图拉没有真正意义上的哲学，或者说要从哲学要素中剔除出神学要素呢？但如果这样，难道不是会有构建出一个连波纳文图拉自己都非常不可 558
能承认是对他的思想和意图加以恰当表达的“波纳文图拉哲学”的危险吗？容许波纳文图拉关于哲学的理想为基督教哲学的理想，也就是基督教的一般综合，就像早期基督教作者们努力想要获得的那个综合一样，这不是更加容易吗？历史学家有权采纳这个观点。如果把哲学家单纯地视为一个坚信哲学要么是自立的，要么就是一种根本不是哲学的东西的人，那我们就不会承认存在着一个“基督教哲学”，或者换言之，如果有人单纯地作为托马斯主义者来发言，那他就不得不批评其他任何一种哲学的概念。但如果作为历史学家来发言，并从外部观察的话，他就得承认有着两种哲学的概念，一种是波纳文图拉的，即基督教哲学的概念，另一种则是托马斯和司各脱的，即一个除了在它能与信仰兼容的意义上之外，不能被恰当地称作基督教哲学的概念。从这个角度来看，我们可以说圣波纳文图拉延续了教父们的传统，尽管他在神学和哲学之间做了一个形式上的区分；而在托马斯那里，哲学获得了一个新纲领。在这个意义上，托马斯主义是“现代的”，而且是面向未来的。作为一个自主的哲学系统，托马斯主义能够与其他哲学一同竞争和讨论，波纳文图拉式的那种基督教哲学则很难做到这一点。一个真正的波纳文图拉主义者当然可以和现代哲学家们就不同内容（比如有关上帝存在的证明）而展开辩论，但这一整体系统却很难以同等身份登上哲学的舞台，这恰恰因为它并不单纯是一个哲学系统而是一个基督教的综合。

然而，奥古斯丁、波纳文图拉、阿尔伯特和托马斯的哲学在某种意义上都可以被称作基督教哲学，这难道不是一个事实吗？他们所讨论的问题大多由神学决定，或出于为基督教真理辩护的需要。当亚里士多德论述有一个不动的推动者存在时，他是在回应一个由形而上学（和自然哲学）所规定的问题，但当安瑟伦和波纳文图拉以及托马斯证明上帝的存在时，
559 他们是在展现接受启示之理性基础（启示的内容早就被他们所信仰）。波纳文图拉所关注的是要展现上帝在灵魂中的内在活动。即便托马斯使用了亚里士多德本人的论述，他也不是在简单地回答一个抽象的问题，亦不是有兴趣来证明存在着一个不动的推动者，一个运动的终极原因。他感兴趣的是要证明上帝的存在，对托马斯来说，上帝的意义远大于不动的推动者。他的论述当然可以就其自身来得到讨论，但他是从神学家的立场来讨论这个问题的，他把上帝存在的证明视为“信仰的前导”（praeambulum fidei）。另外，尽管托马斯当然提到哲学或形而上学是作为存在之存在的科学，尽管他声称关于上帝的理性认知是哲学的最高部分，而其他部分是进入这一部分的阶段，这一点肯定可以被视为蕴含在了亚里士多德的言论之中，但在他的《神学大全》（从哲学和神学角度来看，这都是十分重要的作品）中，他遵循了神学所蕴含的秩序，而他的哲学与他的神学密切契合，形成综合。托马斯没有以与巴黎艺学院的教授相同的精神来讨论哲学问题，他是以基督教神学家的精神来讨论它们的。此外，虽然他持有亚里士多德主义立场，并重申了亚里士多德的论述，但我认为，可以说，对托马斯来说，相比于其对一般的存在的讨论，哲学更多地是在自然理性所能引导我们的最大范围内的对上帝、上帝的活动和上帝的效应的研究和讨论。这样，上帝就是他的哲学和他的神学的核心，虽然对他的认识是通过不同的道路获得的，但这是同一个上帝。之前我提出过，托马斯赋予哲学的形式性纲领意味着哲学最终要走自己的道路，而且我认为这是真的。但这不是在说托马斯预见了或渴望把哲学从神学中“分离”出来。相反，他尝试构建一个伟大的综合，而他是作为一个身为哲学家的基督教神学家来

这么做的。后面几个世纪的哲学家们的作为在他眼里会是不正常的、充满谬误的，如果他能知道这个情况，他无疑会深思这一点，而这些情况出现的原因，恰恰与他自己借之声称启示实际上有必要的那种原因相同。

3. 相比于其他哲学家，本书有更多篇章致力于讨论托马斯·阿奎那的哲学，这也是合情合理的，因为在此书中，托马斯主义毫无疑问是所讨 560
论到的内容里最壮观和最全面的综合。我强调了托马斯主义中那些并不源自亚里士多德主义的方面，我认为应该记住这些方面，否则就会忘记托马斯主义其实是个综合而非单纯的对亚里士多德主义从原本意义上的采纳。但无论如何，托马斯主义当然可以被视为基督教西方这么一个运动的巅峰历程：即以亚里士多德所代表的希腊哲学为目标来采纳和使用它。由于哲学在教父时代指的是新柏拉图主义，于是对教父们来说，使用希腊哲学指的也就是使用新柏拉图哲学。比如奥古斯丁并不知道多少与新柏拉图主义相区分的历史上的亚里士多德系统。另外，新柏拉图主义的灵修特性对教父们的思想也有吸引力。新柏拉图主义的范畴在中世纪早期继续主导基督教思想，这是很自然的，因为教父们使用了它们，也因为它们由于伪狄奥尼修斯的著作而变得神圣，当时人们以为他是圣保罗的皈依者。另外，甚至在亚里士多德著作整体都有了从希腊语和阿拉伯语翻译而来的拉丁语版本，从而变得可以使用的时候，真正的亚里士多德主义和真正的新柏拉图主义之间的区分还没有被足够清楚地认识到。而只要《原因之书》和《神学要义》还一直被认为是亚里士多德的著作，特别是穆斯林诠释者们也在很大程度上借用了新柏拉图主义，那么他们也就无法认识到这个区别。当然，我们在《形而上学》中可以清楚地看到，亚里士多德也批评过柏拉图，但此批评的确切性质和范围也并不是很清楚。所以，采纳和使用亚里士多德并不等于要否定和抛弃整个柏拉图主义，而且，尽管托马斯认识到《原因之书》并非亚氏著作，但他对亚里士多德的诠释可以被视为与基督教相协调的，而不仅仅是一种善意的诠释（从一位既为基督徒又为历史学家的观察者的角度来看，它当然如此），而且跟随了他同时代人对亚里士多德的普遍观点。波纳文图拉肯定认为亚里士多德对柏拉图的批评蕴含了对范型论的否定（而在我看来，波纳文图拉的这一看法是很正确的）。

但托马斯并不这么看，他也对亚里士多德做出了相应的诠释。或许会有
561 人认为，托马斯只是在为亚里士多德辩白，但我们不能忘了，“亚里士多德”对托马斯来说，要比亚里士多德对现代希腊哲学史家来说有更广的意义——至少在一定程度上。这是通过诠释家们的眼睛所见到的亚里士多德，而这些诠释家们自身也是哲学家而非纯粹的亚里士多德主义者。甚至刻意的极端亚里士多德主义者——那些拉丁阿维洛伊主义者们，也不是严格意义上的纯正的亚里士多德主义者。如果这么来看，我们就更容易理解亚里士多德在托马斯眼里是怎样成为“那位哲学家”[①]的，我们也就会认识到，在托马斯把亚里士多德主义基督教化的时候，他并不是在简单地用亚里士多德主义替代原来的新柏拉图主义，而是在完成早在基督教早期就已经开始了的吸收希腊哲学精神的进程。在某种意义上，我们可以说新柏拉图主义、奥古斯丁主义、亚里士多德主义和穆斯林以及犹太哲学在托马斯主义里汇总了，这并不是在他所选择的要素被拼凑在一起这个意义上来说的，而是指他在特定基本思想的指导之下，获得了一个真正的融汇和综合。因此，最完整意义上的托马斯主义是基督教神学和希腊哲学的深度综合（与其他要素相结合的亚里士多德主义，或在后来的哲学中得到诠释的亚里士多德主义），使用了从希腊哲学（特别是亚里士多德哲学）那里借来的范畴。

我已经说过，托马斯主义是基督教神学与希腊哲学的综合，而这看似意味着狭义上的托马斯主义（也就是仅仅在托马斯本人哲学意义上的托马斯主义）是希腊哲学的综合，且仅仅是希腊哲学之综合。第一，我们最好说希腊哲学而非亚里士多德主义，原因很简单，托马斯的哲学是柏拉图主义（此处是在广义上使用这个术语）与亚里士多德主义的综合，尽管我们不能忘记穆斯林和犹太哲学家对他思想的形成也有重要的影响。在我这套哲学史的第 1 卷中，我已经论述过柏拉图和亚里士多德应该被视为互补的思想家（至少在某些方面），而且他们之间需要一个综合。托马斯则完成了这一综合。所以，我们不能说他的哲学就是单纯的亚里士多德主义，

---

① 中世纪文献常常用“那位哲学家”专指亚里士多德，因为在中世纪学者的眼里，亚里士多德是哲学家的典范。——译者注

相反，它是与基督教神学进行调和后的对希腊哲学的综合。第二，托马斯 562
主义是一个真正的综合，而非不同的异质性要素的大杂烩。比如，托马斯并没有仅仅将柏拉图和普罗提诺传统中的范型理念思想和亚里士多德学说的实体形式理论拼凑在一块，而是为每个要素各自赋予了一个本体论的地位，让实体形式从属于范型理念，并解释了在何种意义上可以说上帝心中有着“理念”。他还采用了（原本属于）柏拉图主义的分有概念，在使用这个概念的时候，他不是以一种会与他的形而上学中的亚里士多德要素相冲突的方式来使用的。托马斯超越了亚里士多德的形质说，并在本质与存在之间实在的区分之中，对潜能和现实的原则做了意义深远的运用。此区分使得他能够使用柏拉图的分有概念来阐释有限的存在者；同时他把上帝理解为“自存的存在本身”而非不动的推动者，这又使得他可以在使用分有概念时突出造物的思想，后者在柏拉图和亚里士多德那里都是没有的。不用说，托马斯并不是在完整意义上将分有视为前提的，分有的完整概念只有在上帝之存在得到证明后才会成立，但对此思想的阐述的素材则可以在本质与存在的实在区分中被找到。

4. 本书所采用的某些视角会显得前后不太一致，但我们必须记得，就中世纪哲学而言，我们是有可能采取不同的视角来观察的，其实，对任何一个时代的哲学史来说都是如此。一个人除了可以作为托马斯主义者、司各脱主义者、康德主义者、黑格尔主义者、马克思主义者或逻辑实证主义者，从而采取不同的看法、站在不同的角度来阐释哲学的发展，同一个人也有可能区分不同的诠释的原则和模式。他不一定愿意将诸角度和看法中的任何一个视为完全不合情理的并完全放弃，但他也并不打算把其中的一个视为完全为真以及完全恰当的。

所以，采取线性的或发展式的诠释是可能的，至少从某些角度来看也完全是合乎情理的。我们可以认为，基督教思想家们对希腊哲学的吸收
在早期基督教时代是从零开始的，它经由教父们的思想，一直到早期中世 563
纪的经院学家的阶段，一直都在增长，然后由于从阿拉伯语和希腊文翻译过来的亚里士多德著作而突然变得非常丰富，并经由奥弗涅的威廉、哈勒斯的亚历山大、波纳文图拉和圣阿尔伯特的发展，直到在托马斯的综合中

达到巅峰。依照这个诠释的线索，我们必须将波纳文图拉的哲学视为托马斯主义发展的一个阶段，而非一种与托马斯主义同时代却又与其相异的哲学。同时，我们也就会把托马斯的成就视为希腊哲学、伊斯兰和犹太哲学以及基督教思想家所贡献的原创性的思想之不同潮流的汇总，而非用亚里士多德来取代之前的奥古斯丁主义或新柏拉图主义。这样，我们就把托马斯之前的中世纪哲学看作了前托马斯经院学，而非与亚里士多德相对的奥古斯丁主义。这条诠释线索在我看来是合理的，而且它有着不会把托马斯主义曲解为纯粹的亚里士多德主义的巨大优点。甚至把托马斯主义视为亚里士多德化了的柏拉图而不是柏拉图化了的亚里士多德主义都是可能的且是有道理的。前面所提到了托马斯主义之“合成”的特点，以及它与希腊、伊斯兰以及哲学的关联，而不仅是与亚里士多德主义的关联，也支持这种诠释。本哲学史的上一卷在涉及柏拉图和亚里士多德哲学的互补性质的时候，也蕴含了这一点。

另一方面，如果只是顺着这样一条诠释线索，也就有了把中世纪哲学的丰富多样性和不同哲学家的个性置之度外的风险。波纳文图拉的精神与罗杰·培根的不同，与托马斯的也不同，像吉尔松那样的法国哲学史家就指出了这点，他们还突出了不同思想家个人的特别天赋，这一点是功德无量的。由于基督教思想家们有着共同的神学背景，我们也就更要注意突出他们的个体性，于是得以在一个有限的区域内，表述他们的哲学之不同。结果，中世纪哲学或许像是在重复一系列显著的观点，却在相对不
564 重要的地方有着区分。说波纳文图拉的光照论与他的整体思想相关，而托马斯对任何特别光照的否定也要在他的整个系统之下来理解，比起简单地说，波纳文图拉预设了一种特别的光照，而托马斯否定了这一点，他们之间的这一区分或许会显得更加有趣。但如果我们不突出每一位思想家的特点，那我们就无法描述波纳文图拉的整体思想或托马斯的整个系统。就像我在此书中先前已提及的那样，吉尔松很可能夸大了波纳文图拉与托马斯的区别，把波纳文图拉的哲学视为托马斯主义发展过程中的一个阶段，而不是视为一个并列和不同的哲学，也是可以的。然而，不同的人也会对“哲学是什么”有不同的理解。如果有人不接受托马斯主义的观点，他或

许并不会特别倾向于把波纳文图拉视为一个不完整的托马斯主义者，就像一位柏拉图主义者并不会倾向于把柏拉图视为一个不完整的亚里士多德。我想，顽固地坚持这个诠释线索而把吉尔松的诠释视为不合理的，将是一个错误。反之，只是顽固地见到不同思想家的个人特点和精神，而无视以完整的综合为发展结果的大体图景，就也是错误的。视角的狭隘很难引向一种恰当的理解。

另外，把中世纪哲学的发展视为朝向托马斯主义综合的发展，并把前托马斯哲学家们视为此发展的一些阶段，这是可能的。更多地集中讨论不同哲学之特点和不同思想家的个人天赋也是可能的，这样做还可以突出不同的发展线索。于是，我们可以区分不同种类的“奥古斯丁主义”，而不是满足于一个概况性的名词。比如，我们可以把波纳文图拉的专属方济各会的奥古斯丁主义与米德尔顿的理查的那种亚里士多德化了的奥古斯丁主义相区别，或与根特的亨利的阿维森纳式奥古斯丁主义相区分，另外，它也可以在某种程度上与司各脱的奥古斯丁主义相区分。我们可以追溯阿维森纳、阿维洛伊和阿维斯布罗对中世纪思想的不同影响，并尝试相应的分类。于是，也就出现了法国历史学家们所使用的类似阿维森纳式奥古斯丁主义（augustinisme avicennisant）、阿维斯布罗式的奥古斯丁主义
（augustinisme avicebronisant）、拉丁阿维森纳主义（avicennisme latin）这 565
样的词组。对此类影响的讨论当然是有价值的，但通过这样一种讨论所做的分类却不能被视为对中世纪哲学的一个完整的或完全恰当的分类，因为对过去所具有的影响的强调会使得原创的贡献变得模糊，因为把一位哲学家加以归类，认为他是受到了阿维森纳或阿维洛伊的影响，在很大程度上取决于进行分类的人此时恰巧想到的这位哲学家的观点。

此外，我们可以在基督教思想与“人文主义”的关系、它与希腊思想和文化的关系以及它与科学的关系这几个方面来考察中世纪哲学的发展。因此，如果说彼得·达米安代表了一种对人文主义的否定态度，大阿尔伯特和罗杰·培根代表了一种积极的态度，而从政治观点出发，托马斯主义就代表了自然和人文主义与超性的观点之间的调和，这在罗马的吉尔斯的思想中是见不到的。借着他所赋予人的活动在知识和行动领域中的更

高地位，与他的前人和同时代人相比，可以说，托马斯代表了一种人文主义的倾向。

总之，我们可以在不同角度考虑中世纪哲学，每一个角度都有其自身的合法性，而且，我们若要获得对它的恰当理解，也就应该来如此考虑它。但是，对中世纪哲学整体的详细讨论必须留到下一卷，在讨论了 14 世纪的思想之后。在目前这一卷中，托马斯的伟大综合自然地且合情合理地占据了核心地位，虽然就像我们已经见到的那样，中世纪哲学并不是托马斯哲学的同义词。13 世纪是思辨思想的世纪，这一世纪尤其盛产思辨思想家。这是原创思想家的世纪，他们的思想还没有被转变为哲学学派之死板的教条传统。尽管就他们的学说而言，13 世纪的思想家们之间各有千秋，而且互相批评，但他们是在一个受大家共同认可的形而上学原则之背景下这么做的。我们必须区分关于所接纳的形而上原则之运用的批判和
566 对形而上系统本身的批判。至于前者，中世纪的所有伟大思辨思想家都这么做；而后者直到 14 世纪才出现。我以对司各脱的讨论来结束这一卷的内容，从编年的角度来看，他处在 13 世纪和 14 世纪交替之处。但尽管我们可以在他的哲学中察觉到那种后来成了 14 世纪奥卡姆主义运动的特征的极端批判精神的细微迹象，但他对他同时代的人和前人的批判并没有涉及对 13 世纪普遍接受的形而上原则的批判。回顾中世纪，我们可能会倾向于把司各脱的系统视为跨越这两个世纪、跨越托马斯和奥卡姆时代的桥梁。但奥卡姆本人肯定不把司各脱看作与自己志趣相投的。另外，我认为，就算司各脱的哲学的确为一种更极端的批判做了预备，他的系统还是必须被视为中世纪伟大的思辨综合的最后一个。我认为，我们很难否认司各脱在理性心理学、自然神学和伦理学中的某些观点已经前瞻了奥卡姆对形而上学的批判和关于自然与道德的特定的奥卡姆主义观点，但如果单独观看司各脱的哲学本身，而不联想那种为我们所知晓、对他却是未知的未来，我们也就不得不意识到，这是一个与 13 世纪的任何伟大系统一样的系统。这样，在我看来，司各脱就属于本卷而非下一卷。在下一卷中，我希望讨论 14 世纪的哲学、文艺复兴的哲学，以及 15 世纪和 16 世纪对经院学的复兴。

附录

人名的尊称

下面是本书提到的一些中世纪哲学家的尊称。

拉巴努斯·莫鲁斯 Rhabanus Maurus	日耳曼的教师 Praeceptor Germaniae
阿伯拉尔 Abelard	勒帕莱的漫步学者 Peripateticus Palatinus
里尔的阿兰 Alan of Lille	全能博士 Doctor universalis
阿维洛伊 Averroes	诠释者 Commentator
哈勒斯的亚历山大 Alexander of Hales	不可辩驳的博士 Doctor irrefragibilis
圣波纳文图拉 St. Bonaventure	炽爱博士 Doctor seraphicus
圣阿尔伯特 St. Albert the Great	全能博士 Doctor universalis
圣托马斯·阿奎那 St. Tomas Aquinas	天使博士和大众的圣师 Doctor angelicus and Doctor communis
罗杰·培根 Roger Bacon	美妙博士 Doctor Mirabilis
米德尔顿的理查 Richard of Middleton	稳定博士 Doctor solidus

拉蒙·柳利 Raymond Lull	光耀博士 Doctor illuminatus
罗马的吉尔斯 Giles of Rome	至稳定博士 Doctor fundatissimus
根特的亨利 Henry of Ghent	隆重博士 Doctor solernnis
邓斯·司各脱 Duns Scotus	精妙博士 Doctor Subtilis

参考文献

中世纪的一般介绍性作品

BRÉHIER, E. Histoire de la philosophie: tome 1, l'antiquité et le moyen âge. Paris, 1943.

CARLYLE, R. W. & A. J. A History of Mediaeval Political Theory in the West. 4 vols. London, 1903–22.

DEMPF, A. Die Ethik des Mittelalters. Munich, 1930.

Metaphysik des Mittelalters. Munich, 1930.

DE WULF, M. Histoire de la philosophie médiévale. 3 vols. Louvain, 1934–47 (6th edition). English translation of first two vols. by E. C. Messenger, London, 1935–8 (3rd edition).

GEYER, B. Die patristische und scholastische Philosophie. Berlin, 1928. (This is the second volume of the revised edition of Ueberweg.)

GILSON, E. La philosophie au moyen âge. Paris, 1944 (2nd edition, revised and augmented). English translation, 1936.

L'esprit de la philosophie médiévale. 2 vols. Paris, 1944 (2nd edition).

Études de philosophie médiévale. Strasbourg, 1921.

The Unity of Philosophical Experience. London, 1938.

Reason and Revelation in the Middle Ages. New York, 1939.

GRABMANN, M. Die Philosophie des Mittelalters. Berlin, 1921.

Mittelalterliches Geistesleben. 2 vols. Munich, 1926 and 1936.

GRUNWALD, G. Geschichte der Gottesbeweise im Mittelalter bis zum Ausgang der Hochscholastik. Münster, 1907.

(Beiträge zur Geschichte der Philosophie und Theologie des Mittelalters, 6, 3.)

HAURÉAU, B. Histoire de la philosophie scolastique. 3 vols. Paris, 1872–80.

HAWKINS, D. J. B. A Sketch of Mediaeval Philosophy. London, 1946.

LOTTIN, O. Psychologie et morale aux XIIe et XIIIe siècles. Tome 1: Problèmes de Psychologie. Louvain, 1942. Tome 2: Problèmes de Morale. 1948.

Le droit naturel chez S. Thomas d'Aquin et ses prédécesseurs. Bruges, 1931

(2nd edition).

PICAVET, F. Esquisse d'une histoire générale et comparée des philosophies médiévales. Paris, 1907 (2nd edition).

Essais sur l'histoire générale et comparée des théologies et des philosophies médiévales. Paris, 1913.

ROMEYER, B. La philosophie chrétienne jusqu'à Descartes. 3 vols. Paris, 1935–7.

RUGGIERO, G. DE. La filosofia del cristianesimo. 3 vols. Bari.

STÖCKL, A. Geschichte der Philosophie des Mittelalters. 3 vols. Mainz,1864–6.

VIGNAUX, P. La pensée au moyen âge. Paris, 1938.

第二章　教父阶段

一般的合集类文本

Migne (edit.), Patrologia Graeca. Paris.

Migne (edit.), Patrologia Latina. Paris.

Die griechischen christlichen Schriftsteller der ersten drei Jahrhunderte. Leipzig.

Corpus scriptorum ecclesiasticorum Latinorum. Vienna.

Ante-Nicene Christian Library, Translations of the writings of the Fathers down to A.D. 325. Edinburgh.

A Library of the Fathers (English translations). Oxford.

Ancient Christian Writers: the works of the Fathers in Translation. Westminster, Maryland, U.S.A., 1946 (edit. J. Quasten and J. C. Plumpe).

特殊文本

ARISTIDES. Apology. In *Zwei griechische Apologeten*, J. Geffcken. Leipzig, 1907.

Apology. In *Texte und Untersuchungen*, IV. E. Hennecke (edit.). Leipzig, 1893.

ARNOBIUS. Libri 7 adversus gentes. Appended to *Lactantii opera omnia* (L. C. Firmiani). Paris, 1845.

ATHENAGORAS. Apology. In *Zwei griechische Apologeten*. J. Geffcken. Leipzig, 1907.

Libellus pro Christianis and Oratio de resurrectione cadaverum in *Texte und Untersuchungen*, IV. E. Schwartz (edit.). Leipzig, 1891.

CLEMENT OF ALEXANDRIA. The Exhortation to the Greeks, etc. G. W. Butterworth (edit.). London, 1919.

EUSEBIUS. The Proof of the Gospel (*Demonstratio Evangelica*). 2 vols. W. J. Ferrar (edit.). London, 1920.

GREGORY OF NYSSA, ST. The Catechetical Oration of St. Gregory of Nyssa. J. H.

Srawley (edit.). London, 1917.

La Création de l'homme. J. Laplace and J. Daniélou. Paris, 1943.

HIPPOLYTUS. Philosophumena. 2 vols. F. Legge (edit.). London, 1921.

IRENAEUS, ST. The Treatise of Irenaeus of Lugdunum against the Heresies. F. R. Montgomery Hitchcock (edit.). London, 1916.

JUSTIN MARTYR, ST. The Dialogue with Trypho. A. L. Williams (edit.). London, 1930.

LACTANTIUS. Opera omnia. L. C. Firmiani. Paris, 1843.

MINUCIUS FELIX. The Octavius of Minucius Felix. J. H. Freese (edit.). London (no date).

ORIGEN. Homélies sur la Genèse. L. Doutreleau (edit.). Paris, 1943. Origen on First Principles. G. W. Butterworth (edit.). London, 1936.

TATIAN. Oratio ad Graecos. In *Texte und Untersuchungen*, IV. E. Schwartz (edit.). Leipzig, 1888.

TERTULLIAN. Tertullian concerning the Resurrection of the Flesh. A. Souter (edit.). London, 1922.

Tertullian against Praxeas. A. Souter (edit.). London, 1920.

Tertullian's Apology. J. E. B. Mayer (edit.). Cambridge, 1917.

其他著作

ARNOU, R. De 'platonismo' Patrum. Rome, 1935.

BALTHASAR, HANS VON. Présence et pensée. Essai sur la philosophie religieuse de Grégoire de Nysse. Paris, 1943.

BARDY, G. Clément d'Alexandrie. Paris, 1926.

BAYLIS, H. J. Minucius Felix. London, 1928.

DANIÉLOU, J. Platonisme et théologie mystique. Essai sur la doctrine spirituelle de saint Grégoire de Nysse. Paris, 1944.

DIEKAMP, F. Die Gotteslehre des heiligen Gregor von Nyssa. Münster, 1896.

ERMONI, V. Saint Jean Damascène. Paris, 1904.

FAIRWEATHER, W. Origen and the Greek Patristic Philosophy. London, 1901.

FAYE, E. DÉ. Gnostiques et gnosticisme. Paris, 1925 (2nd edition).

HITCHCOCK, F. R. MONTGOMERY. Irenaeus of Lugdunum. Cambridge, 1914.

LEBRETON, J. Histoire du dogme de la Trinité. Paris, 1910.

MONDÉSERT, C. Clément d'Alexandrie. Lyons, 1944.

MORGAN, J. The Importance of Tertullian in the development of Christian dogma. London, 1928.

PICHON, R. Étude sur les mouvements philosophiques et religieux sous le règne dc Constantin. Paris, 1903.

PRESTIGE, G. L. God in Patristic Thought. London, 1936.

PUECH, A. Histoire de la littérature grecque chrétienne depuis les origines jusqu'à la fin du IVe siècle. 3 vols. Paris, 1928–30.

RIVIÈRE, J. Saint Basile, évêque de Césarée. Paris, 1930.

THAMIN, R. Saint Ambroise et la morale chrétienne au IVe siècle. Paris, 1895.

第三章至第八章　圣奥古斯丁

原始文本

Patrologia Latina (Migne), vols. 32–47.

Corpus scriptorum ecclesiasticorum latinorum, vols. 12, 25, 28, 33, 34, 36, 40, 41–4, 51–3, 57, 58, 60, 63 ...

City of God. 2 vols. (Everyman Edition). London, 1945.

Confessions. F. J. Sheed. London, 1943.

The Letters of St. Augustine. W. J. Sparrow-Simpson (edit.). London, 1919.

研究专著

BARDY, G. Saint Augustin. Paris, 1946 (6th edition).

BOURKE, V. J. Augustine's Quest of Wisdom. Milwaukee, 1945.

BOYER, C. Christianisme et néo-platonisme dans la formation de saint Augustin. Paris, 1920.

L'idée de vérité dans la philosophie de saint Augustin. Paris, 1920.

Essais sur la doctrine de saint Augustin. Paris, 1932,

COMBES, G. La doctrine politique de saint Augustin. Paris, 1927.

FIGGIS, J. N. The Political Aspects of St. Augustine's City of God. London, 1921.

GILSON, E. Introduction à l'étude de saint Augustin. Paris, 1943 (2nd edition).

GRABMANN, M. Der göttliche Grund menschlicher Wahrheitserkenntnis nach Augustinus and Thomas von Aquin. Cologne, 1924.

Die Grundgedanken des heiligen Augustinus über Seele und Gott. Cologne, 1929 (2nd edition).

HENRY, P. L'extase d'Ostie. Paris, 1938.

HESSEN, J. Augustins Metaphysik der Erkenntnis. Berlin, 1931.

LE BLOND, J. M. Les conversions de saint Augustin. Paris, 1948.

MARTIN, J. La doctrine sociale de saint Augustin. Paris, 1912.

Saint Augustin. Paris, 1923 (2nd edition).

MAUSBACH, J. Die Ethik des heiligen Augustinus. 2 vols. Freiburg, 1929 (2nd edition).

MESSENGER, E. C. Evolution and Theology. London, 1931. (For Augustine's theory of *rationes seminales*.)

MUÑOZ VEGA, P. Introducción a la síntesis de San Augustin. Rome, 1945.
PORTALIÉ, E. Augustin, saint. Dictionnaire de théologie catholique, vol. 1. Paris, 1902.
SWITALSKI, B. Neoplatonism and the Ethics of St. Augustine. New York, 1946.

圣奥古斯丁去世 1500 周年纪念文集

A Monument to St. Augustine. London, 1930.
Aurelius Augustinus. Cologne, 1930.
S. Agostino. Milan, 1931.
Études sur S. Augustin. *Archives de Philosophie*, vol. 7, cahier 2. Paris, 1930.
Religion y Cultura. XV Centenario de la Muerte de San Augustin. Madrid, 1931.
Mélanges augustiniens. Paris, 1930.
Miscellanea agostiniana. 2 vols. Rome, 1930–1.

第九章　伪狄奥尼修斯

原始文本

Patrologia Graeca, vols. 3–4.
Dionysius the Areopagite on the Divine Names and the Mystical Theology. C. E. Rolt (edit.). London, 1920.

第十章　波爱修、卡西多尔、依西多尔

原始文本

Patrologia Latina (Migne); vols. 63–4 (Boethius), 69–70 (Cassiodorus), 81–4 (Isidore).
BOETHIUS. The Theological Tractates and The Consolation of Philosophy. H. F. Stewart and E. K. Rand (edit.). London, 1926.
De Consolatione Philosophiae. A. Fortescue (edit.). London, 1925.

研究专著

BARRETT, H. M. Boethius: Some Aspects of his Times and Work. Cambridge, 1940.
PATCH, H. R. The Tradition of Boethius, a Study of h.is Importance in Medieval Culture. New York, 1935.
RAND, E. K. Founders of the Middle Ages; ch. 5, Boethius the Scholastic. Harvard U.P., 1941.

第十一章 加洛林复兴

原始文本

Patrologia Latina (Migne); vols. 100–1 (Alcuin), 107–12 (Rhabanus Maurus).

研究专著

BUXTON, E. M. WILMOT. Alcuin. London, 1922.

LAISTNER, M. L. W. Thought and Letters in Western Europe, A.D. 500–900. London, 1931.

TAYLOR, H. O. The Mediaeval Mind, vol. 1. London, 1911.

TURNAU, D. Rabanus Maurus praeceptor Germaniae. Munich, 1900.

第十二章至第十三章 约翰·司各脱·爱留根纳

原始文本

Patrologia Latina (Migne); vol. 122.

Selections (in English) in *Selections from Mediaeval Philosophers*, vol. 1, by R. McKeon. London, 1930.

研究专著

BETT, H. Johannes Scotus Eriugena, a Study in Mediaeval Philosophy. Cambridge, 1925.

CAPPUYNS, M. Jean Scot Erigène, sa vie, son œuvre, sa pensée. Paris, 1933.

SCHNEIDER, A. Die Erkenntnislehre des Johannes Eriugena im Rahmen ihrer metaphysischen und anthropologischen Voraussetzungen. 2 vols. Berlin, 1921–3.

SEUL, W. Die Gotteserkenntnis bei Johannes Skotus Eriugena unter Berücksichtigung ihrer neo-platonischen und augustinischen Elemente. Bonn, 1932.

第十四章 共相问题

原始文本

Patrologia Latina (Migne); vols. 105 (Fredegisius), 139 (Gerbert of Aurillac), 144–5 (St. Peter Damian), 158–9 (St. Anselm), 160 (Odo of Tournai), 163 (William of Champeaux), 178 (Abelard), 188 (Gilbert de la Porrée), 199 (John of Salisbury), 175–7 (Hugh of St. Victor).

B. GEYER. Die philosophischen Schriften Peter Abelards. 4 vols. Münster, 1919–33.

Selections from Abelard in *Selections from Mediaeval Philosophers*, vol. 1, by R. McKeon. London, 1930.

研究专著

BERTHAUD, A. Gilbert de la Porrée et sa philosophie. Poitiers, 1892.

CARRÉ, M. H. Realists and Nominalists. Oxford. 1946.

COUSIN, V. Ouvrages inédits d'Abélard. Paris, 1836.

DE WULF, M. Le problème des universaux dans son évolution historique du IXe au XIIIe siècle. Archiv für Geschichte der Philosophie, 1896.

LEFÈVRE, G. Les variations de Guillaume de Champeaux et la question des universaux. Lille, 1898.

OTTAVIANO, C. Pietro Abelardo, La vita, le opere, il pensiero. Rome, 1931.

PICAVET, F. Gerbert ou le pape philosophe. Paris, 1897.

Roscelin philosophe et théologien, d'après la légende et d'après l'histoire. Paris, 1911.

REINERS, J. Der aristotelische Realismus in der Frühscholastik. Bonn, 1907.

Der Nominalismus in der Frühscholastik. Münster, 1910 (Beiträge, 8, 5).

REMUSAT, C. DE. Abaelard. 2 vols. Paris, 1845.

SICKES, J. G. Peter Abaelard. Cambridge, 1932.

第十五章　坎特伯雷的安瑟伦

原始文本

Patrologia Latina (Migne); vols. 158–9.

研究专著

BARTH, K. Fides quaerens intellectum. Anselms Beweis der Existenz Gottes im Zusammenhang seines theologischen Programms. Munich, 1931.

FISCHER, J. Die Erkenntnislehre Anselms von Canterbury. Münster, 1911 (Beiträge, 10, 3).

FILLIÂTRE, C. La philosophie de saint Anselme, ses principes, sa nature, son influence. Paris, 1920.

GILSON, E. Sens et nature de l'argument de saint Anselme, in *Archives d'histoire doctrinale et littéraire du moyen âge*, 1934,

KOYRÉ, A. L'idée de Dieu dans la philosophie de saint Anselme. Paris, 1923.

LEVASTI, A. Sant' Anselmo, Vita e pensiero. Bari, 1929.

第十六章 沙特尔学派

原始文本

Patrologia Latina (Migne); vols. 199 (John of Salisbury, containing also fragments of Bernard of Chartres, columns 666 and 938), 90 (William of Conches' *Philosophia*, among works of Bede).

JANSSEN, W. Der Kommentar des Clarembaldus von Arras zu Boethius De Trinitate. Breslau, 1926.

BARACH, C. S. & WROBEL, J. Bernardus Silvestris, De mundi universitate libri duo. Innsbruck, 1896.

WEBB, C. C. J. Metalogicon. Oxford, 1929.

Policraticus. 2 vols. Oxford, 1909.

研究专著

CLERVAL, A. Les écoles de Chartres au moyen age du Ve au XVIe siécle. Paris, 1895.

FLATTEN, H. Die Philosophie des Wilhelm von Conches. Coblenz, 1929.

SCHARSCHMIDT, C. Joannes Saresberiensis nach Leben und Studien, Schriften und Philosophie. Leipzig, 1862.

WEBB, C. C. J. John of Salisbury. London, 1932.

第十七章 圣维克托学派

原始文本

Patrologia Latina (Minge); vols. 175–7(Hugh), 196 (Richard and Godfrey).

研究专著

EBNER, J. Die Erkenntnislehre Richards von Sankt Viktor. Münster, 1917 (Beiträge, 19, 4).

ETHIER, A. M. Le De Trinitate de Richard de Saint-Victor. Paris, 1939.

KILGENSTEIN, J. Die Gotteslehre des Hugo von Sankt Viktor. Würzburg, 1897.

MIGNON, A. Les origines de la scolastique et Hugues de Saint-Victor. 2 vols. Paris, 1895.

OSTLER, H. Die Psychologie des Hugo von Sankt Viktor. Münster, 1906 (Beiträge, 6, 1).

VERNET, F. Hugues de Saint-Victor. Dictionnaire de théologie catholique, vol. 7.

第十八章 二元主义者和泛神论者

ALPHANDÉRY, P. Les idées morales chez les hétérodoxes latins au dèbut du XIIIe siècle.

Paris, 1903.

BROEKX, E. Le catharisme. Louvain, 1916.

CAPELLE, G. C. Autour du décret de 1210: 111, Amaury de Bène, Étude sur son panthéisme formel. Paris, 1932 (Bibliothèque thomiste, 16).

RUNCIMAN, S. The Mediaeval Manichee. Cambridge, 1947.

THÉRY, G. Autour du décret de 1210: 1, David de Dinant, Étude sur son panthéisme matérialiste. Paris, 1925 (Bibliothèque thomiste, 6).

第十九章　伊斯兰哲学

原始文本

ALFARABI. Alpharabius de intelligentiis, philosophia prima. Venice, 1508.

Alfarabis philosophische Abhandlungen, aus dem arabischen übersetzt. Fr. Dieterici. Leiden, 1892.

Alfarabi über den Ursprung der Wissenschaften. Cl. Baeumker. Münster, 1933.

Alfarabius de Platonis Philosophia. Edited by F. Rosenthal and R. Walzer. Plato Arabus, vol. 2. London, Warburg Institute, 1943.

ALGAZEL. Alagazel's Metaphysics, a Mediaeval Translation. Toronto, 1933.

AVICENNA. Avicennae Opera. Venice, 1495–1546.

Avicennae Metaphysices Compendium. Rome, 1926 (Latin).

AVERROES. Aristotelis opera omnia, Averrois in ea opera commentaria. 11 vols. Venice.

Die Epitome der Metaphysik des Averroës. S. Van den Bergh. Leiden, 1924.

Accord de la religion et de la philosophie, traité d'Ibn Rochd (Averroes), traduit et annoté. L. Gauthier. Algiers, 1905.

研究专著：一般的

BOER, T. J. DE. History of Philosophy in Islam. Translated by E. R. Jones. London, 1903.

CARRA DE VAUX, B. Les penseurs d'Islam. 5 vols. Paris, 1921–6.

GAUTHIER, L. Introduction à l'étude de la philosophie musulmane. Paris, 1923.

MUNK, S. Mélanges de philosophie juive et arabe. Paris, 1927,

O'LEARY, DE LACY. Arabic Thought and its place in History. London, 1922.

The Legacy of Islam. T. Arnold and A. Guillaume (edit.). Oxford, 1931.

研究专著：特殊的

ALONSO, M. Teologia de Averroes. Madrid-Granada, 1947.

AsfN Y PALACIOS, M. Algazel: Dogmatica, moral, ascética. Saragossa, 1901.

CARRA DE VAUX, B. Gazali. Paris, 1902.

Avicenne. Paris, 1900.

GAUTHIER, L. La théorie d'Ibn Rochd sur les rapports de la religion et de la philosophie. Paris, 1909.

Ibn Roschd (Averroès). Paris, 1948.

GOICHON, A. M. Introduction à Avicenne. Paris, 1933.

La distinction de l'essence et de l'existence d'après Ibn Sīnā (Avicenna). Paris, 1937.

La philosophie d'Avicenne. Paris, 1944.

HORTEN, M. Die Metaphysik des Averroës. Halle, 1912.

KLEINE, W. Die Substanzlehre Avicennas bei Thomas von Aquin. Fribourg, 1933.

RENAN, E. Averroès et l'averroisme. Paris, 1869 (3rd edition).

SALIBA, D. Étude sur la métaphysique d'Avicenne. Paris, 1927.

SMITH, M. Al-Ghazālī, the Mystic. London, 1944.

SWEETMAN, J. W. Islam and Christian Theology, vol. 1. London 1945.

WENSINCK, A. J. La Pensée de Ghazzālī. Paris, 1940.

第二十章　犹太哲学

原始文本

Avencebrolis Fons Vitae, ex arabico in latinum translatus ab Johannes Hispano et Dominico Gundissalino, Münster, 1892–5.

MAIMONIDES. Le guide des égarés, traité de théologie et de philosophie. 3 vols. Paris, 1856–66.

研究专著

GUTTMANN, J. Die Philosophie des Judentums. Munich, 1933.

HUSIK, I. A History of Mediaeval Jewish Philosophy. New York, 1918.

LEVY, L. G. Maïmonide. Paris, 1932 (2nd edition).

MUNK, S. Mélanges de philosophie juive et arabe. Paris, 1927.

MUNZ, J. Moses ben Maimon, sein Leben und seine Werke. Frankfurt am M., 1912.

ROHNER, A. Das Schöpfungsproblem bei Moses Maimonides, Albertus Magnus und Thomas von Aquin. Münster, 1913 (Beiträge, 11, 5).

ROTH, L. Spinoza, Descartes and Maimonides. Oxford, 1924.

第二十一章　翻　译

See the bibliography in M. De Wulf's *Histoire de la Philosophie médiévale*, vol. 2, 6th French edition. (In the English translation by Dr. E. C. Messenger the bibliography and the sections by A. Pelzer on the translations have been abridged.) See also B. Geyer's *Die patristische und scholastische Philosophie* (1928), pp. 342–51, with the corresponding bibliography, p. 728.

第二十二章　导　论

BONNEROT. J. La Sorbonne, sa vie, son rôle, son œuvre à travers les siècles. Paris, 1927.

DENIFLE, H. and CHATELAIN, A. Chartularium Universitatis Parisiensis. 4 vols. Paris, 1889–97.

Auctuarium Chartularii Universitatis Parisiensis. 2 vols. Paris, 1894–7.

Les universités françaises au moyen âge. Paris, 1892.

GLORIEUX, P. Répertoire des maîtres en théologie de Paris au XIIIe siècle. 2 vols. Paris, 1933–4.

GRABMANN, M. I divieti ecclesiastici di Aristotele sotto Innocenzo e Gregorio IX. Rome, 1941.

LITTLE, A. G. The Grey Friars in Oxford. Oxford, 1892.

RASHDALL, H. The Universities of Europe in the Middle Ages. New edition, edited by F. M. Powicke and A. B. Emden. 3 vols. Oxford, 1936.

SHARP, D. E. Franciscan Philosophy at Oxford in the Thirteenth Century. Oxford, 1936.

第二十三章　奥弗涅的威廉

原始文本

Opera. 2 vols. Paris, 1674.

研究专著

BAUMGARTNER, M. Die Erkenntnislehre des Wilhelm von Auvergne. Münster, 1895 (Beiträge, 2, 1).

MASNOVO, A. Da Guglielmo d'Auvergne a San Tommaso d'Aquino. Milan, vol. 1 (1930 and 1945); vol. 2 (1934 and 1946); vol. 3 (1945).

第二十四章　罗伯特·格罗斯泰斯特和哈勒斯的亚历山大

原始文本

Die philosophischen Werke des Robert Grosseteste, Bischof von Lincoln. L. Baur. Münster,

1912 (Beiträge, 9).
THOMSON, S. H. The Writings of Robert Grosseteste, Bishop of Lincoln, 1175–1253. Cambridge, 1940 (Bibliographical).
Doctoris irrefragabilis Alexandri de Hales, O.M. Summa Theologica. 3 vols. Quaracchi, 1924–30.

研究专著

BAUR, L. Die Philosophie des Robert Grosseteste. Münster, 1917 (Beiträge, 18, 4–6).
For Alexander of Hales, see introduction to Quaracchi critical edition (supra).

第二十五章至第二十九章　波纳文图拉

原始文本

Opera omnia. 10 vols. Quaracchi, 1882–1902.

研究专著

BISSEN, J. M. L'exemplarisme divin selon saint Bonaventure. Paris, 1929.
DE BENEDICTIS, M. M. The Social Thought of Saint Bonaventure. Washington, 1946.
GILSON, E. The Philosophy of St. Bonaventure. London, 1938.
GRÜNEWALD, S. Franziskanische Mystik. Versuch zu einer Darstellung mit besonderer Berücksichtigung des heiligen Bonaventura. Munich, 1931.
LUTZ, E. Die Psychologie Bonaventuras. Münster, 1909 (Beiträge, 6, 4–5).
LUYCKX, B. A. Die Erkenntnislehre Bonaventuras. Munster, 1923 (Beiträge, 23, 3–4).
O'DONNELL, C. M. The Psychology of St. Bonaventure and St. Thomas Aquinas. Washington, 1937.
ROBERT, P. Hylémorphisme et devenir chez S. Bonaventure. Montreal, 1936.
ROSENMÖLLER, B. Religiöse Erkenntnis nach Bonaventura. Münster, 1925 (Beiträge, 25, 3–4).

第三十章　大阿尔伯特

原始文本

Opera Omnia. A Borgnet. 38 vols. Paris, 1890–9. (See also G. Meersseman. Introductio in opera omnia beati Alberti Magni, O.P. Bruges, 1931.)
De vegetalibus. C. Jessen. Berlin, 1867.
De animalibus. H. Stradler. Münster, 1916 (Beiträge, 15–16).

研究专著

ARENDT, W. Die Staats- und Gesellschaftslehre Alberts des Grossen nach den Quellen daargestellt. Jena, 1929.

BALES, H. Albertus Magnus als Zoologe. Munich, 1928.

FRONOBER, H. Die Lehre von der Materie und Form nach Albert dem Grossen. Breslau, 1909.

GRABMANN, M. Der Einfluss Alberts des Grossen auf das mittelalterliche Geistesleben, in *Mittelalterliches Geistesleben*, vol. 2. Munich, 1936.

LIERTZ, R. Der selige Albert der Grosse als Naturforscher und Lehrer. Munich, 1931.

REILLY, G. C. Psychology of St. Albert the Great compared with that of St. Thomas. Washington, 1934.

SCHEEBEN, H. C. Albertus Magnus. Bonn, 1932.

SCHMIEDER, K. Alberts des Grossen Lehre von natürlichem Gotteswissen. Freiburg im/B., 1932.

SCHNEIDER, A. Die Psychologie Alberts des Grossen. Münster, 1903–6 (Beiträge, 4, 5–6).

第三十一章至第四十一章　圣托马斯·阿奎那

原始文本

Opera omnia (Leonine edition). Rome, 1882. So far 15 vols. have been published.

Opera omnia (Parma edition). 25 vols. Parma, 1852–73. Reprint, New York, 1948.

Opera omnia (Vivès edition). 34 vols. Paris, 1872–80.

The English Dominican Fathers have published translations of the *Summa theologica*, the *Summa contra Gentiles*, and the *Quaestiones disputatae*. London (B.O.W.) There is a volume of selections (in English) in the Everyman Library, London.

Basic Writings of St. Thomas Aquinas, edit. A. Pegis. 2 vols. New York, 1945.

参考文献

BOURKE, V. J. Thomistic Bibliography, 1920–40. St. Louis MO, U.S.A., 1945.

GRABMANN, M. Die echten Schriften des heiligen Thomas von Aquin. Münster, 1920.

(2nd edition) Die Werke des heiligen Thomas von Aquin. Münster, 1931.

MANDONNET, P. Des écrits authentiques de St. Thomas. Fribourg (Switzerland), 1910 (2nd edition).

MANDONNET, P. and DESTREZ, J. Bibliographie thomiste. Paris, 1921.

生　平

CHESTERTON, G. K. St. Thomas Aquinas. London, 1933, 1947.

DE BRUYNE, E. St. Thomas d'Aquin, Le milieu, I'homme, la vision du monde. Brussels, 1928.

GRABMANN, M. Das Seelenleben des heiligen Thomas von Aquin. Munich, 1924.

一般著作

D'ARCY, M. C. Thomas Aquinas. London, 1931.

DE BRUYNE, E. See above.

GILSON, E. Le Thomisme. Paris, 194–4 (5th edition).

English translation, The *Philosophy of St. Thomas Aquinas*. Cambridge, 1924, 1930, 1937.

LATTEY, C. (editor). St. Thomas Aquinas. London, 1924. (Cambridge Summer School Papers.)

MANSER, G. M. Das Wesen des Thomismus. Fribourg (Switzerland), 1931.

MARITAIN, J. St. Thomas Aquinas. London, 1946 (3rd edition).

OLIGIATI, F. A Key to the Study of St. Thomas. Translated by J. S. Zybura. St. Louis (U.S.A.), 1925.

PEILLAUBE, E. Initiation à la philosophie de S. Thomas. Paris, 1926.

RIMAUD, J. Thomisme et méthode. Paris, 1925.

SERTILLANGES, A. D. Foundations of Thomistic philosophy. Translated by G. Anstruther. London, 1931.

S. Thomas d'Aquin. 2 vols. Paris, 1925. (4th edition).

VANN, G. Saint Thomas Aquinas. London, 1940.

形而上学

FINANCE, J. DE. Être et agir dans la philosophie de S. Thomas. Bibliothèque des Archives de philosophie. Paris, 1945.

FOREST, A. La structure métaphysique du concret selon S. Thomas d'Aquin. Paris, 1931.

GILSON, E. L'Être et l'essence. Paris, 1948.

GRABMANN, M. Doctrina S. Thomae de distinctione reali inter essentiam et esse ex documentis ineditis saeculi XIII illustrata. Rome, 1924. (Acta hebdomadae thomisticae.)

HABBEL, J. Die Analogie zwischen Gott und Welt nach Thomas von Aquin und Suarez. Fribourg (Switzerland), 1929.

MARC, A. L'idée de l'être chez S. Thomas et dans la scolastique postérieure. Paris, 1931. (Archives de philosophie, 10, 1.)

PIEPER, J. Die Wirklichkeit und das Gute nach Thomas von Aquin. Münster, 1934.

RÉGNON, T. DE. La métaphysique des causes d'après S. Thomas et Albert le Grand. Paris, 1906.

ROLAND-GOSSELIN, M. D. Le 'De ente et essentia' de S. Thomas d'Aquin. Paris, 1926. (Bibliothèque thomiste, 8.)

SCHULEMANN, G. Das Kausalprinzip in der Philosophie des heiligen Thomas von Aquin. Münster, 1915 (Beiträge, 13, 5).

WÉBERT, J. Essai de métaphysique thomiste. Paris, 1926.

And see General Studies.

自然神学

GARRIGOU-LAGRANGE, R. God: His Existence and His Nature. 2 vols. Translated by B. Rose. London, 1934–6.

PATTERSON, R. L. The Concept of God in the Philosophy of Aquinas. London, 1933.

ROLFES, E. Die Gottesbeweise bei Thomas von Aquin und Aristoteles. Limburg a.d. Lahn, 1927 (2nd edition).

And see General Studies.

宇宙论

LOTTIN, O. Psychologie et morale aux XIIe et XIII siècles. Tome 1 Problèmes de Psychologie. Louvain, 1942.

MONAHAN, W. B. The Psychology of St. Thomas Aquina. London, no date.

O'MAHONY, L. E. The Desire of God in the Philosophy of St. Thomas Aquinas. London, 1929.

PEGIS, A. C. St. Thomas and the Problem of the Soul in the Thirteenth Century. Toronto, 1934.

And see General Studies.

知　识

GRABMANN, M. Der göttliche Grund menschlicher Wahrheitserkenntnis nach Augustinus und Thomas von Aquin. Cologne, 1924.

HUFNAGEL, A. Intuition und Erkenntnis nach Thomas von Aquin. Cologne, 1924.

MARÉCHAL, J. Le point de départ de la métaphysique. Cahier 5; Le thomisme devant la philosophie critique. Louvain, 1926.

MEYER, H. Die Wissenschaftslehre des Thomas von Aquin. Fulda, 1934.

NOEL, L. Notes d'épistémologie thomiste. Louvain, 1925.

PÉGHAIRE, J. Intellectus et Ratio selon S. Thomas d'Aquin. Paris,

RAHNER, K. Geist in Welt. Zur Metaphysik der endlichen Erkenntnis bei Thomas von Aquin. Innsbruck, 1939.

ROMEYER, B. S. Thomas et notre connaissance de l'esprit humain. Paris, 1928 (Archives de philosophie, 6, 2).

ROUSSELOT, P. The Intellectualism of St. Thomas. Translated by Fr. James, O.S.F.C. London, 1935.

TONQUÉDEC, J. DE. Les principes de la philosophie thomiste. La critique de la connaissance. Paris, 1929 (Bibliothèque des Archives de philosophie).

VAN RIET, G. L'épistémologie thomiste. Louvain, 1946.

WILPERT, P. Das Problem der Wahrheitssicherung bei Thomas von Aquin. Münster, 1931(Beiträge, 30, 3).

道德理论

GILSON, E. S. Thomas d'Aquin. (Les moralistes chrétiens.) Paris, 1941 (6th edition).

LEHU, L. La raison règle de la moralité d'après St. Thomas d'Aquin. Paris, 1930.

LOTTIN, O. Le droit naturel chez S. Thomas et ses prédécesseurs. Bruges, 1926.

PIEPER, J. Die ontische Grundlage des Sittlichen nach Thomas von Aquin. Münster, 1929.

ROUSSELOT, P. Pour l'histoire du problème de l'amour au moyen âge. Münster, 1908 (Beiträge, 6, 6).

SERTILLANGES, A. D. La Philosophie Morale de S. Thomas d'Aquin. Paris, 1942 (new edition).

政治理论

DEMONGEOT, M. Le meilleur régime politique selon S. Thoma. Paris, 1928.

GRABMANN, M. Die Kulturphilosophie des heiligen Thomas von Aquin. Augsburg, 1925.

KURZ, E. Individuum und Gemeinschaft beim heiligen Thomas von Aquin. Freiburg im/B., 1932.

MICHEL, G. La notion thomiste du bien commun. Paris, 1932.

ROCCA, G. DELLA. La politica di S. Tommaso. Naples, 1934.

ROLAND-GOSSELIN, B. La doctrine politique de S. Thomas d'Aquin, Paris, 1928.

美学理论

DE WULF, M. Études historiques sur l'esthétique de S. Thomas d'Aquin. Louvain, 1896.

DYROFF, A. Über die Entwicklung und den Wert der Aesthetik des Thomas von Aquino. Berlin, 1929 (Festgabe Ludwig Stern).

MARITAIN, J. Art and Scholasticism. London, 1930.

争　论

EHRLE, F. Der Kampf um die Lehre des heiligen Thomas von Aquin in den ersten fünfzig Jahren nach seinem Tode. In *Zeitschrift für katholische Theologie*, 1913.

第四十二章 拉丁阿维洛伊主义：布拉班特的西格尔

原始文本

BAEUMKER, C. Die Impossibilia des Siger von Brabant. Münster, 1898 (Beiträge, 2, 6).

BARSOTTI, R. Sigeri de Brabant. De aeternitate mundi. Münster, 1933 (Opuscula et Textus, 13).

DWYER, W. J. L'Opuscule de Siger de Brabant 'De Aeternitate Mundi'. Louvain, 1937.

GRABMANN, M. Die Opuscula De summo bono sive de vita philosophi und De sompniis des Boetius von Dacien. In *Mittelalterliches Geistesleben*, vol. 2. 1936.

Neuaufgefundene Werke des Siger von Brabant und Boetius von Dacien. (Proceedings of the Academy of Munich, Philosophy.) 1924.

MANDONNET, P. Siger de Brabant et l'averroïsme latin. (Les Philosophes Belges, 6.) Louvain, 1908, 1911.

STEGMÜLLER, F. Neugefundene Quaestionen des Sigers von Brabant. In *Recherches de théologie ancienne et médiévale*, 1931.

VAN STEENBERGHEN, F. Siger de Brabant d'après ses œuvres inédits. (Les Philosophes Belges, 12.) Louvain, 1931.

研究专著

BAEUMKER, C. Zur Beurteilung Sigers von Brabant. In *Philosophisches Jahrbuch*, 1911.

MANDONNET, P. See above (Les Philosophes Belges, 6–7).

OTTAVIANO, C. S. Tommaso d'Aquino, Saggio contro la dottrina avveroistica dell'unita dell'intelletto. Lanciano, 1930.

SASSEN, F. Siger de Brabant et la double vérité. *Revue néoscolastique*, 1931.

VAN STEENBERGHEN, F. Les œuvres et la doctrine de Siger de Brabant. Brussels, 1938.

See above (Les Philosophes Belges, 12–13). Aristote en Occident. Louvain, 1946.

第四十三章 方济各会的思想家们

培根：原始文本

BREWER, J. S. Fratris Rogeri Baconi opera quaedam hactenus inedita. London, 1859.

BRIDGES, J. H. The Opus Maius of Roger Bacon, 2 vols. Oxford, 1897.

Supplementary volume. Oxford, 1900.

BURKE, R. B. The Opus Maius of Roger Bacon. 2 vols. (English). Philadelphia, 1928.

RASHDALL, H. Fratris Rogeri Baconi Compendium studii theologiae. Aberdeen, 1911.

STEELE, R. Opera hactenus inedita Rogeri Baconi. 16 fascicules so far published. Oxford, 1905–40.

培根：研究专著

BAEUMKER, C. Roger Bacons Naturphilosophie. Münster, 1916.

CARTON, R. La synthèse doctrinale de Roger Bacon. Paris, 1929.

L'expérience mystique de l'illumination intérieure chez Roger Bacon. Paris, 1924.

L'expérience physique chez Roger Bacon, contribution à l'étude de la méthode et de la science expérimentale au XIIIe siècle. 1924.

CHARLES, E. Roger Bacon, sa vie, ses ouvrages, ses doctrines. Paris, 1861.

LITTLE, A. G. Roger Bacon, Essays contributed by various writers. Oxford, 1914.

阿夸斯帕尔塔的马修：原始文本

Quaestiones disputatae de fide et de cognitione. Quaracchi, 1903. A. Daniels (Beiträge, 8, 1–2; Münster, 1909) gives extracts from the Commentary on the Sentences.

阿夸斯帕尔塔的马修：研究专著

LONGPRÉ, E. Matthieu d'Aquasparte. *Dictionnaire de théologie catholique*, vol. 10. 1928.

彼得・约翰・奥利维：原始文本

B. Jansen. Petri Johannis Olivi Quaestiones in 2 librum Sententiarum. 3 vols. Quaracchi, 1922–6.

Petri Joannis Provencalis Quodlibeta. Venice, 1509.

彼得・约翰・奥利维：研究专著

CALLAEY, F. Olieu ou Olivi. *Dictionnaire de théologie catholique*, vol. 11. 1931.

JANSEN, B. Die Erkenntnislehre Olivis. Berlin, 1931.

Die Unsterblichkeitsbeweise bei Olivi und ihre philosophiegeschichtliche Bedeutung. In *Franxiskanische Studien*. 1922.

Quonam spectet definitio Concilii Viennensis de anima. In *Gregorianum*, 1920.

罗杰・马斯顿：原始文本

Fratris Rogeri Marston, O.F.M., Quaestiones disputatae. Quaracchi, 1932.

罗杰・马斯顿：研究专著

BELMOND, S. La théorie de la connaissance d'après Roger Marston. In *France franciscaine*,. 1934.

GILSON, E. Roger Marston, un cas d'augustinisme avicennisant. In *Archives d'histoire doctrinale et littéraire du moyen âge*, 1932.

JARRAUX, L. Pierre Jean Olivi, sa vie, sa doctrine. In *Études franciscaines*, 1933.

PELSTER, F. Roger Marston, ein englischer Vertreter des Augustinismus. In *Scholastik*, 1928.

米德尔顿的理查：原始文本

Quodlibeta. Venice, 1509; Brescia, 1591.

Supra quatuor libros Sententiarum. 4 vols. Brescia, 1591.

米德尔顿的理查：研究专著

HOCEDEZ, E. Richard de Middleton, sa vie, ses œuvres, sa doctrine. Paris, 1925.

拉蒙・柳利：原始文本

Opera omnia, I. Salzinger. 8 vols. Mainz, 1721–42.

Obras de Ramón Lull. Palma, 1745.

O. Keicher (see below) has published the *Declaratio Raymundi* in the Beiträge series.

拉蒙・柳利：研究专著

BLANES, F. SUREDA. El beato Ramón Lull, su época, su Vida, sus obras, sus empresas. Madrid, 1934.

CARRERAS Y ARTAU, T. & J. Historia de la Filosofia Española. Filosofia Christiana de los Siglos XIII al XIV. Vols. I and 2. Madrid, 1939–43.

KEICHER, O. Raymundus Lullus und seine Stellung zur arabischen Philosophie. Münster, 1909 (Beiträge, 7, 4–5).

LONGPRÉ, E. Lulle. In *Dictionnaire de théologie catholique*, vol. 9.

OTTAVIANO, C. L'ars compendiosa de Raymond Lulle. Paris, 1930.

PEERS, E. A. Fool of Love; the Life of Ramon Lull. London, 1946.

PROBST, J. H. Caractère et origine des idées du bienheureux Raymond Lulle. Toulouse, 1912.

La mystique de Raymond Lull et l'Art de Contemplation. Münster, 1914 (Beiträge, 13, 2–3).

第四十四章 罗马的吉尔斯和根特的亨利

罗马的吉尔斯：原始文本

Ancient editions. See Ueberweg-Geyer, Die patristische und scholastische Philosophie, pp. 532–3.

HOCEDEZ, E. Aegidii Romani Theoremata de esse et essentia, texte précedé d'une

introduction historique et critique. Louvain, 1930.
KOCH, J. Giles of Rome; Errores Philosophorum. Critical Text with Notes and Introduction. Translated by J. O. Riedl. Milwaukee, 1944.
SCHOLZ, R. Aegidius Romanus, de ecclesiastica potestate. Weimar, 1929.

罗马的吉尔斯：研究专著

BRUNI, G. Egidio Romano e la sua polemica antitomista. In *Rivista di filosofia neoscolastica*, 1934.
HOCEDEZ, E. Gilles de Rome et saint Thomas. In *Mélanges Mandonnet*. Paris, 1930.
Gilles de Rome et Henri de Gand. In *Gregorianum*, 1927.

根特的亨利：原始文本

Summa theologica. 2 vols. Paris, 1520; 3 vols. Ferrara, 1646.
Quodlibeta, 2 vols. Paris, 1518; Venice, 1608.

根特的亨利：研究专著

HOCEDEZ, E. Gilles de Rome et Henri de Gand. In *Gregorianum*, 1927.
PAULUS, J. Henri de Gand. Essai sur les tendances de sa métaphysique. Paris, 1938.

第四十五章至第五十章　司各脱

原始文本

WADDING, L. Opera Omnia. Lyons, 1639. 12 vols.
Opera Omnia (2nd edition). Paris (Vivès), 1891–5. 26 vols.
B. J. D. Scoti Commentaria Oxoniensia (on the first and second books of the *Sentences*). Quaracchi, 1912–14. 2 vols.
Tractatus de Primo Principio. Quaracchi, 1910.
MULLER, P. M., O.F.M. Tractatus de Primo Principio. Editionem curavit Marianius. Freiburg im/B., 1941.
The critical edition of Scotus's works is yet to come.
Cf. *Ratio criticae editionis operum omnium J. Duns Scoti Relatio a Commissione Scotistica exhibita Capitulo Generali Fratrum Minorum Assisii A.D.* 1939 *celebrato*. Rome, 1939.
For a summary of recent controversy and articles on the works of Scotus, as on his doctrine, cf.:
BETTONI, E., O.F.M. Vent'anni di Studi Scotisti (1920–40). Milan, 1943.

研究专著

BELMOND, S., O.F.M. Essai de synthèse philosophique du Scotisme. Paris, Bureau de 'la France Franciscaine'. 1933.

Dieu. Existence et Cognoscibilité. Paris, 1913.

BETTONI, E., O.F.M. L'ascesa a Dio in Duns Scoto. Milan, 1943.

DE BASLY, D., O.F.M. Scotus Docens ou Duns Scot enseignant la philosophie, la théologie, la mystique. Paris, 'La France Franciscaine'. 1934.

GILSON, E. Avicenne et le point de départ de Duns Scot. Archives d'histoire doctrinale et littéraire du moyen âge, vol. 1, 1927.

Les seize premiers Theoremata et la pensée de Duns Scot. Archives d'histoire doctrinale et littéraire du moyen âge. 1937–8.

GRAJEWSKI, M. J., O.F.M. The Formal Distinction of Duns Scotus. Washington, 1944.

HARRIS, C. Duns Scotus. Oxford, 1927. 2 vols. (Makes copious use of the unauthentic *De Rerum Principio*.)

HEIDEGGER, M. Die Kategorien — und Bedeutungslehre des Duns Scotus. Tübingen, 1916.

KRAUS, J. Die Lehre des J. Duns Skotus von der Natura Communis. Fribourg (Switzerland), 1927.

LANDRY, B. Duns Scot. Paris, 1922.

LONGPRÉ, E., O.F.M. La philosophie du B. Duns Scot. Paris, 1924. (Contains a reply to Landry's work.)

MESSNER, R., O.F.M. Schauendes und begriffliches Erkennen nach Duns Skotus. Freiburg im/B., 1942.

MINGES, P., O.F.M. Der angeblich exzessive Realismus des Duns Skotus. 1908 (Beiträge, 8, 1).

J. Duns Scoti Doctrina Philosophica et Theologica quoad res praecipuas proposita et exposita. Quaracchi. 1930. 2 vols. (Cites spurious writings; but a very useful work.)

PELSTER, F. Handschriftliches zu Skotus mit neuen Angaben über sein Leben. Franzisk. Studien, 1923.

ROHMER, J. La finalité morale chez les théologiens dès saint Augustin à Duns Scot. Paris, 1939.

索　引[①]

（词条的主要出处用加粗字体标出。页码右上角带星号指的是该页有书目信息。用普通字体标出的连续页码，如 195—198，并不表示从 195—198 页的每一页都出现了该词条。同时提及两个人时，通常标示在被批判或受影响的人名下。脚注的缩写用斜体给出时，出处页有对其全称的说明。）

专名索引

A

① 索引中给出的页码均为英文原书页码。页码后面加“f”时指的是该词条出现在本页及下一页，比如某词条后面标注了 100f，就表示该词条出现在了第 100—101 页。页码后面加“ff”时指的是该词条出现在本页及以后若干页，比如某词条后面标注了 100ff，就表示该词条出现在了第 100 页及之后的若干页。页码后面加“n”时指的是该词条出现在本页的注释中，比如某词条后面标注了 99n，就表示该词条出现在了第 99 页的注释中。另外，本书索引起到的作用是为读者标明与相关词条或概念有关的阐释出现在哪几页。在有些情况下，某词条并未直接出现在索引中列出的页码里，但在列出的页码中包含着与该词条相关的讨论内容。

B

C

D

L

M

N

T

W

X

主题索引

D

E

F

H

J

K

L

Q

R

S

T

W

Y

Z

图书在版编目（CIP）数据

科普勒斯顿哲学史. 2, 中世纪哲学 /（英）弗雷德里克·科普勒斯顿著 ; 江璐译. -- 北京 : 九州出版社, 2022.10

ISBN 978-7-5225-1133-7

Ⅰ. ①科… Ⅱ. ①弗… ②江… Ⅲ. ①中世纪哲学－研究 Ⅳ. ①B1

中国版本图书馆CIP数据核字（2022）第157788号

科普勒斯顿哲学史. 2，中世纪哲学

作　者	［英］弗雷德里克·科普勒斯顿　著　江璐　译
责任编辑	杨宝柱　周　春
封面设计	张　萌
出版发行	九州出版社
地　址	北京市西城区阜外大街甲35号（100037）
发行电话	（010）68992190/3/5/6
网　址	www.jiuzhoupress.com
电子信箱	jiuzhou@jiuzhoupress.com
印　刷	天津中印联印务有限公司
开　本	655 毫米 × 1000 毫米　16 开
印　张	41.5
字　数	616 千字
版　次	2022 年 10 月第 1 版
印　次	2022 年 11 月第 1 次印刷
书　号	ISBN 978-7-5225-1133-7
定　价	106.00 元